손에 잡히는 성경의 세계

Search the BIBLE lands

신 종 철 지음

Search the Bible Lands

by

Jong-Cheol Shin, Th.M., Ph.D. cand.

감사의 글

Search the BIBLE lands

성경을 제대로 이해하는 것은 참으로 중요한 일이다. 왜냐하면 성경은 우리 발의 등이요, 우리의 인생 길에 빛이기 때문이다. 기독교는 역사적인 토대 위에서 출발되었다. 이것은 기독교의 경전인 성경을 살펴보면 잘 알 수 있다. 성경은 역사적인 내용들을 많이 포함하고 있다. 그러므로 성경을 더욱더 잘 이해하려면 성경 배후의 역사적인 사건들을 이해하는 것이 필요하다. 이렇게 역사적인 맥락에서 성경을 접근하면 성경이 어려운 것이 아닌 재미있고도 유익한 것이라는 사실을 자연히 알 수 있게 된다.

본서는 이런 목적에서 저술되었다. 즉 성경의 내용과 배경에 대하여 좀 더 알기 쉽게 이해하고 적용하기 위해서이다. 그래서 본서 제목을 「손에 잡히는 성경의 세계」라고 명명했다. 본서의 골격은 필자가 대전에 소재한 혜천대학의 대학생들을 위해 만든 강의안에서 출발되었다. 그리고 '성서의 세계'라는 과목으로 수업을 시작하면서 근 2년 동안 수업 시간에 가르친 내용들, 그리고 학생들이 조별로 연구하고 발표한 내용들을 모아서 보완하고 수정한 것이다. 이렇게 본서가 구성되었기에 제대로 각주를 붙이지 못했다. 이 점은 참으로 아쉬운 부분이나 독자들의 깊은 양해를 바란다. 또한 본서는 일반 대학생들에게 성경에 대하여 좀 더 쉬운 이해를 돕기 위해 J. I. Packer가 편집한 *The Bible Almanac*의 많은 도움을 입었음을 밝힌다. 이미 시중에 성경에 관련된 저서들이 많이 출판되어 나왔다. 그런데 그 내용이 목회자나 신학생들을 위한 것들이 대부분이어서 초신자들이나 기독교를 잘 모르는 대학생들 그리고 일반인들에게 체계적이며, 쉽게 접근시키는데는 어려운 점들이 있었다. 그래서 본서는 좀 더 체계적으로 쉽고 흥미롭게 성경을 이해하도록 하는데 중점을 두었다. 본서는 1차적으로는 성경의 이해를 원하는 일반 대학생들을 위한 교재용으로 준비되었다. 그러나 본서의 내용은 일반 평신도나 신학생들 그리고 목회자들에게도 많은 유익과 정보를 줄 것이라 확신한다. 본서를 구성하는데 있어서 사용된 구약에 관련된 지도는 김의원 교수님이 저술한 「구약역사」를 참조했고 본서의 제3부 제5장 '열두 사도'에 대한 부분은 신성종 목사님이 저술한 「신약역사」에 소개된 열두 사도 부분을 주로 많이 사용했다. 이 부분을 사용하는데 흔쾌하게 허락하신 김의원 교수님, 신성종 목사님께 깊은 감사를 드린다. 또한 제4부 '성경 시대의 생활 풍습'은 J. I. Packer 가 편집한 *Daily Life in Bible Times, Public Life in Bible Times*, 이 두 권의 책을 주로 많이 참조하였다. 이 책들은 노광우 목사님(미국 서부교회 담임목사)께서 이미 10년전에 「성서시대의 일상생활」, 「성서시대의 공공생활」이라는 제목으로 번역, 성광문화사를 통해 국내에 소개하였다. 그래서 필자는 본서가 성경의 세계에 대한 더욱더 풍성한 자료를 가진 대학 교재로 사용되기를 희망했기에 번역본 사용에 대하여 노광우 목사님의 허락을 요청하였다. 이 요청에 흔쾌히 승낙해 주신 목사님께 깊은 감사를 드리며 목사님께서 번역한 부분들 중에서 본서에 필요한 부분을 그대로 싣게 되었음을 밝힌다. 그러나 더 설명을 요하는 부분은 다른 자료를 근거로 더 보충하여 소개하였다. 본서의 특징 중 하나는 사진을 많이 삽입하였다는 점이다. 그래서 사진만 보고도 성경 속에 나타난 지명들과 현장에서 일어난 역사적인 사건들을 쉽게 이해할 수 있도록 하였다. 이 작업은 참으로 오랜 시간과 노력을 요구하게 만들었다. 그러나 이러한 사진 작업은 본서를 대하는 독자들에게 풍요함과 생생한 감동을 던져주는 활력소가 될것이라 생각되었기에 많은 수고를 기쁨으로 감당하게 했다.

본서를 출판하는 데 감사 드릴 분들이 있다. 먼저 이 땅에 하나님의 사역을 감당케 하기 위해 기도와 사랑으로 키워 주시고 훈계해 주신 부모님께 깊은 감사를 드린다. 또한 필자와 함께 '성서의 세계'라는 과목을 같이 공부하고 연구하고 발표했던 혜천대학을 졸업한 학우들에게도 감사의 마음을 표한다. 필자가 특별히 감사 드릴 분들이 있다. 먼저 필자에게 개혁 신학의 골격과 안목을 갖게 해 주신 총신대학교의 박희석 교수님, 김인환 교수님, 문석호 교수님, 그리고 신학대학원의 황성철 교수님, 김길성 교수님, 박용규 교수님, 한국 성서 대학교의 이호우 교수님이다. 이분들은 지금까지 변함없이 필자에게 많은 사랑과 조언을 해주시고 더욱더 깊은 학문적 소양을 갖도록 지도해 주시고 있다. 아울러 고등학교 시절 목회자의 꿈을 구체적으로 갖게 해주시고 총신대학교 진학을 추천해 주신 조유성 원로 목사님(대전 서문교회), 풍성한 목회 경험을 바탕으로 목회에 대한 귀한 조언과 격려를 해주신 조정칠 목사님(대전 혜천대학교회), 인격 목회를 가르쳐 주신 박광옥 목사님(서울 혜성교회), 목회의 기본적인 자질들을 목회 현장에서 가르쳐 주신 김영계 목사님(서울 상도제일교회), 성경을 보는 안목과 삶의 적용 방법을 보여주셨던 옥성석 목사님(일산 충정교회)이다. 그리고 주안에서 귀한 만남을 시작하여 오늘까지 필자에게 많은 도움과 사랑으로 함께 하시는 권병렬 장로님과 오랜 기간동안 변함없이 필자를 아껴주시는 개혁주의신행협회 최석진 장로님께 깊은 감사를 드린다. 본서가 나오기까지 꼼꼼하게 원고를 타이핑하고 교정하는데 수고를 아끼지 않았던 주혜란 자매, 그리고 컴퓨터 앞에서 아빠를 위해 열심히 작업에 수고해 준 나의 아들 동관이가 자랑스럽다. 특별히 필자의 목양 사역을 위해 늘 기도하며 좋은 동역자들로서 하나님의 사역을 기쁨으로 담당하고 있는 예인(Jesus Disciples)교회 성도들에게도 감사 드린다. 필자 옆에서 하나님의 좋은 군사로 건강하게 성장하고 있는 아들 동관이와 딸 진주, 그리고 늘 신앙 안에서 사랑을 아끼지 않는 나의 아내 경숙에게 깊이 감사한다. 마지막으로 본서의 출판을 흔쾌히 허락해 주신 도서 출판 그리심 대표 조경혜 권사님과 특히 본서를 저술하는데 자료 사용을 허락해 주신 성중경 목사님(인천 만수교회), 이원희 목사님(서울 광성교회), 성경 연구 시리즈「백투더 바이블」에 있는 그림 자료들을 기쁨으로 지원해 주시고 사용하게 해주신 장종길 장로님, 그리고 이 책을 편집하시고 구성하는데 구슬땀을 흘리시며 정성을 다해 주신 이성국 집사님, 그리고 모든 그리심 가족들에게도 감사를 드린다.

2003년 7월 1일

申 宗 澈

제2판을 내며...

Search the BIBLE lands

「손에 잡히는 성경의 세계」라는 제목으로 본서가 출판(2003년)된지 어언 5년이 흘렀다. 처음 본서가 출판되었을 때 주변 사람들에게 들었던 칭찬과 격려들, 그리고 조언들을 지금까지 잊지 않고 있다. 본서를 구입해주신 많은 사람들의 사랑으로 제 2판을 출판하게 되었다.

본서가 출판되어 오늘까지 근 5년동안 신학대학과 교회 등에서 강의하면서 아쉬움을 갖게 되었다. 이러한 아쉬움이 제 2판을 출간하면서 수정과 보완의 작업을 하게 했다. 제2판에서는 초판에서 미처 발견하지 못했던 오타들을 수정했고 책을 읽어 나가는데 어색한 부분들을 다시 손질했다. 그리고 이해를 돕기 위해 도표를 첨가하였고 지도들은 좀더 산뜻하게 보안했다.

아무쪼록 본서가 성경을 사랑하는 사람들에게 좋은 도구로 사용되기를 원하고 더욱더 사람들의 사람을 받기를 소망한다.

제2판이 나오기까지 세밀한 배려를 해주신 도서출판 그리심 대표 조경혜 권사님과 편집과 수정에 최선을 다해주신 장종길 장로님께 감사를 드린다.

끝으로 늘 변함없이 하나님의 좋은 군사들로 동역하고 있는 나의 아내 경숙과 아들 동관, 딸 진주에게도 감사한 마음을 전한다. 아울러 본서의 출판과 같은 해에 시작되었던 예인교회와 지금도 변함없이 함께 교회를 섬기고 있는 예인교회 성도들의 사랑에도 깊은 감사를 드린다.

2008. 8. 8

예인교회 목양실에서

申 宗 澈

차례

Search the BIBLE Lands

제1부 프롤로그

rch the BIBLE lands Search the BIBLE lands Search the BIBLE lands Search the BIBLE lands Search the BIBLE lands Search the BIBLE lands Search the BIBLE lands Search the BIBLE lands Search the BIBLE lands Search the BIBLE lands

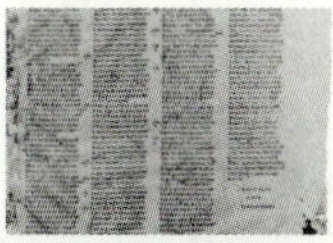

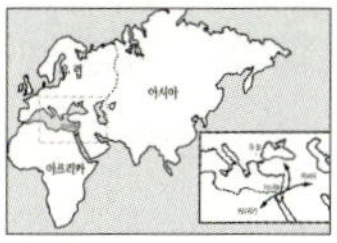

제2부 구약의 세계

Search the BIBLE lands Search the BIBLE lands Search the BIBLE lands Search the BIBLE lands Search the BIBLE lands Search the BIBLE lands Search the BIBLE lands Search the BIBLE lands Search the BIBLE lands Search the BIBLE lan

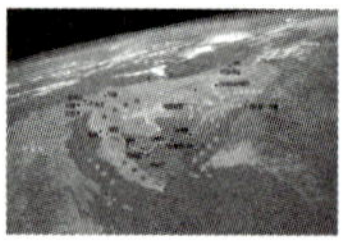

제3부 신약의 세계

제4부 성경 시대의 생활 풍습

h the BIBLE lands Search the BIBLE lands Search the BIBLE lands Search the BIBLE lands Search the BIBLE lands Search the BIBLE lands Search the BIBLE lands Search the BIBLE lands Search the BIBLE lands Search the BIBLE lands

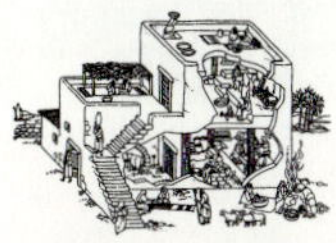

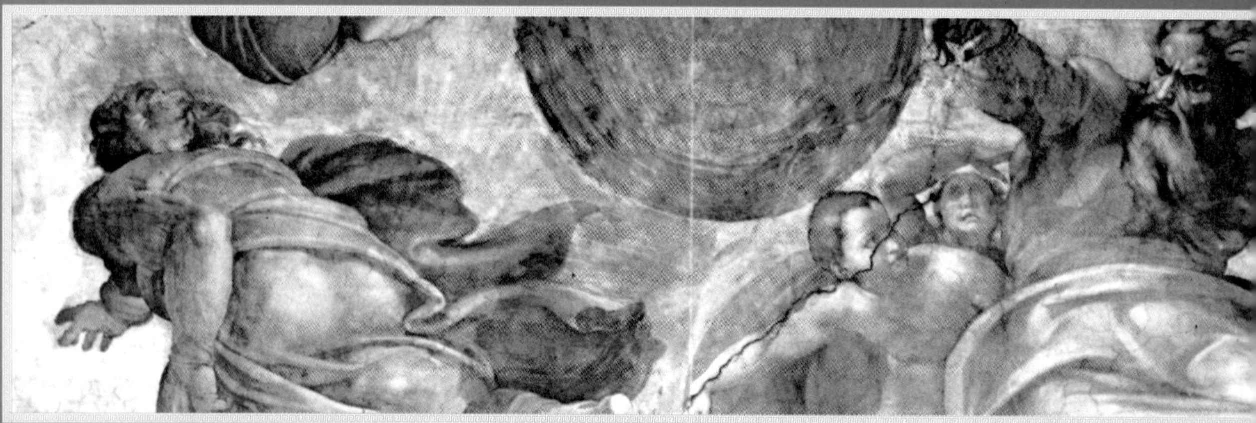

해, 달, 별들의 창조 해, 달, 별들의 창조 해, 달, 별들의 창조 해, 달, 별들의 창조 해, 달, 별들의 창조 해, 달, 별들의 창조 해, 달, 별들의 창조 해, 달, 별들의 창조 해, 달, 별들의 창조 해, 달, 별들의 창조 해, 달,

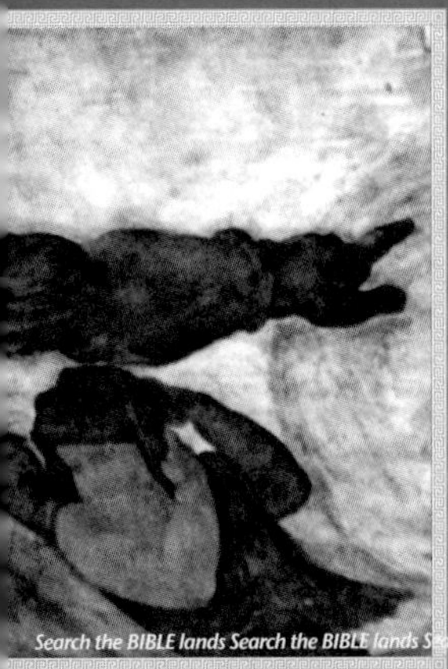

Search the BIBLE lands Search the BIBLE lands Search the BIBLE lands Search the BIBLE lands Search the BIBLE lands Search the BIBLE lands Search the BIBLE lands Search the BIBLE lands Search the BIBLE lands Search the BIBLE lands

조해,달, 별들의 창조해,달, 별들의 창조

제1부
프롤로그

제1장 성경에 대하여

Search the BIBLE Lands

1. 성경은 어떤 책인가?

성경은 창세기에서 시작하여 요한계시록으로 끝나는 책이다. 이 책은 크게 구약(성경)과 신약(성경) 두 부분으로 나누어지는데 구약 39권, 신약 27권으로 총 66권이 모인 기독교의 경전이다. 성경이 어떻게 배열되어 있는지 쉽게 기억할 수 있는 방법이 있다. '성경'(The Bible)이란 영어의 두 음절(The와 Bible)은 두 가지의 큰 부분, 곧 구약과 신약을 우리로 하여금 기억하게 한다. 영어의 테스타먼트(testament)는 단순히 한 뜻(will)을 의미한다. 성경은 보다 오래된 부분과 보다 새로운 부분에 있어서 우리를 위한 하나님의 뜻을 계시한다. 구약의 영어 표현은 'Old'(3)와 'Testament'(9)로 구성된다. 즉 구약에는 총 39권이 있음을 알기 위해 이 두 숫자를 나란히 기억하면 된다. 이스라엘 민족에 몇 지파가 있었는지 기억하기 위해서는 그 두 숫자를 더하면 된다(3+9=12, 즉 12지파이다).

신약이란 단어 역시 'New'(3)와 'Testament'(9)로 구성되는데 신약이 27권이 있다는 것을 기억하기 위해서 두 숫자를 곱하면 된다. 예수님의 제자들의 숫자를 기억하기 위해서는 그 숫자를 더하면 된다(3+9=12. 즉 제자는 12명이다). 신구약 모두에 있어 9에서 3을 빼면 6이 둘이 되고 이들을 나란히 두면 성경 전서의 숫자(66)가 된다.

성경의 처음 책인 창세기는 "태초에 하나님이 천지를 창조하시니라"(창 1:1)로 장엄하고 힘차게 출발하고 있다. 그리고 성경의 마지막 책인 요한계시록에는 우주의 최후에 대해 "또 내가 새 하늘과 새 땅을 보니 처음 하늘과 처음 땅이 없어졌고 바다도 다시 있지 않더라"(계 21:1)라고 예언되어 있다. 창세기는 우주, 지구, 자연, 생명, 인간 모두가 하나님의 불가사의한 힘으로 창조되었음을 기록하고 있으며 요한계시록은 하나님의 창조가 새롭게 완성될 것을 예언한다. 즉 성경은 하나님에 의한 우주의 시작으로부터 인류의 창조, 하나님에 대한 인간의 반역과 하나님의 인류 구원 역사를 기록한 것이다. 나아가 지구와 우주의 종말까지를 일직선상에서 논하고 있다. 이러한 인류 구원의 과정을 성경은 시와 예언, 역사, 연가(戀歌), 전기 등의 다양한 형식과 문체로 제시하고 있다. 따라서 성경은 기독교 신앙의 근본임은 물론이고, 문학과 삶의 방식의 표본으로서도 가치가 높다.

1) 성경은 인류 구원을 위한 하나님의 위대한 계획을 선포한다.

인류를 구원하기 위해서 하나님은 인류의 최소 단위인 개인의 구원부터 시작했다. 이것은 하나님의 인류 구원 전략이 개인의 구원으로부터 가족과 가정, 국가와 인류에게로 착실히 진행되었다는 것이다. 사람의 눈으로 보면 한 개인으로부터 시작하는 것은 번거롭고 시간도 너무 많이 걸릴 것처럼 보일 수도 있다. 그러나 하나님의 눈은 사람의 눈과는 전혀 다르다.

최초의 영어 번역성경인 위클리프 성경

아브라함이 구원받고, 그의 가족이 구원받고, 이스라엘 민족이 구원받고, 아브라함의 자손인 예수 그리스도에 의해 택함 받은 전

인류가 구원받는 것이 구약과 신약을 통해 예언되고 있다. 즉, 성경은 하나님이 총연출하는 인류 구원의 장대한 드라마이다.

2) 구약 성경과 신약 성경이란 무엇인가?

성경은 '구약 성경'과 '신약 성경'으로 구성된 하나님이 인류에게 주신 책이다. 여기에서 말하는 '약'(約)이란 하나님과 인간이 맺은 언약(약속)을 말한다. 그러므로 구약이란 옛 언약이요, 신약은 새 언약이다. 우선 옛 언약인 구약이란 어떤 것인가? 우주 만물을 창조하신 여호와 하나님은 애굽(이집트)에서 노예로 고통 받는 이스라엘인(유대인 또는 히브리인)들의 절규를 들었다. 그리하여 하나님은 그들을 이집트에서 구출하여 약속의 땅 가나안(팔레스타인)으로 이끌어 가는 도중, 시내 산에서 모세를 통해 십계(열 가지 계명)로 대표되는 율법(사람이 반드시 지켜야 할 법)을 내려주셨다. 이것을 시내 산 언약(일명 모세언약)이라고 한다. 시내 산 언약은 하나님에게 선택되어 은혜를 받은 이스라엘 백성들이 율법을 지켜야 할 입장에 있다는 것을 나타낸다. 그러나 이스라엘 백성들은 하나님의 기대를 저버리고 율법을 계속 어겼다. 이 때문에 옛 언약은 깨졌다.

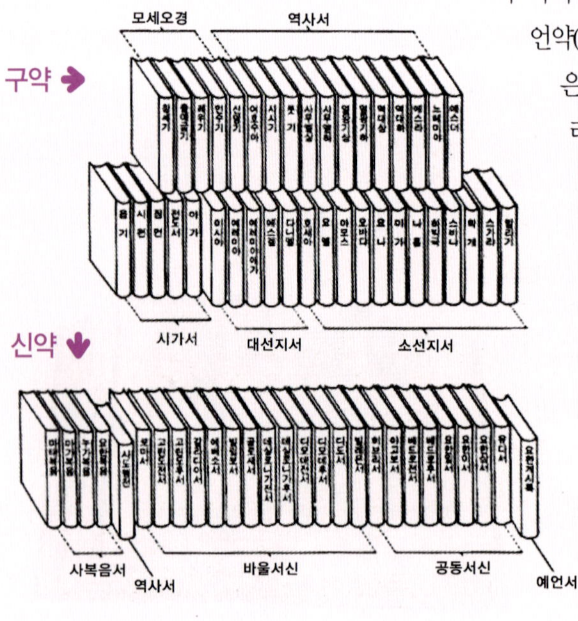

신구약 성경의 구조

하나님의 말씀을 전하는 예언자들은 이스라엘 백성들의 계약 불이행을 비난하고, 언젠가 하나님의 벌이 내려질 것을 예언했다. 그러나 다른 한편에서는 하나님이 새로운 계약을 만들 것임을 예언하기도 했다. 예언자 예레미야는 새로운 언약에서 죄사함을 얻을

참고자료

성경에 나타난 여러 언약들[1]

성경을 자세히 읽어보면 마치 식물이 자라는 것과 같이 그 안에 발전하는 계시의 흐름이 있다. 게할더스 보스(G. Vos)는 "씨앗 → 싹 → 연한줄기 → 잎 → 꽃이피고 열매"를 맺는 것처럼, 성경에는 유기적이고 점진적인 계시의 발전이 나타난다고 했다. 이렇게 발전해 가는 계시의 흐름 가운데 가장 잘 나타난 것이 언약(言約)이라고 했다. 성경에는 여러 가지 언약들이 소개되고 있다. 하나님께서 아담에게 하신 언약, 노아에게 하신 언약, 아브라함에게 하신 언약, 시내산에서 이스라엘 백성들과 하신 언약, 다윗과의 언약. 그리고 새 언약 등이다.

➔ 그렇다면 언약이란 무엇인가?

1) 언약의 히브리어 원어는 '베리트' 헬라어로는 '디아데케'이다. 어떤 신학자들은 이 언약이라는 말을 '계약'으로도 번역한다. 하나님과 인간 사이의 관계 개념을 묘사하고 있는 언약에 대하여 학자들은 다음과 같이 정의한다.

   에드워드 영(E. J. Young)-'양자 사이에 맺어진 은혜와 약속의 주권적인 사역이다.'
   클라인(M. Kline)-'하나님 나라의 주권적인 사역이다.'
   팔버 로벗슨(O. P. Robertson)-'주권적으로 사역된 피로 맺은 약정이다.'
   결국 학자들의 견해를 종합해 보면 '약은 하나님이 주권적으로 인간과 맺으셨기에 깰래야 깨어질 수 없는 하나님의 약속이다'라고 정의할 수 있다.

2) 하나님은 언약(言約)을 통하여 인간의 역사 속에 들어오셨다. 이 언약을 통하여 하나님과 인간과의 관계를 가진다. 즉 언약적인 관계 속에서 하나님은 인간을 대하시게 되는 것이다. 하나님은 자신의 형상대로 인간을 창조하시고 하나님과 인간과의 언약이라는 독특한 관계를 세우셨다.

3) 하나님은 특정한 사람들과 언약관계를 자주 맺으셨다.
   예) 노아(창 6:18), 아브라함(창 15:18), 이스라엘(출 24:8), 다윗(시 89:3). 그리스도 자신이 최후의 만찬에서 언약적 언어로 설명하셨다(눅 22:20).

➔ 그렇다면 언약에는 어떤 개념이 내포되어 있는가?

1) 언약은 약정(約定)이다(약정이나 관계의 개념이 있다).
   언약을 만드는 것은 하나님, 또는 인간이다. 언약을 맺으려면 반드시 상대방이 있다(물론 예외도 있다 : 들짐승과 약정, 창 9:10, 12, 17 참조).

   (1) 언약을 맺을 때 "-연관하여"(in connection with), "-과 함께"(with), "-사이"(between)라는 관계가 성립한다.
   (2) 언약이 성립되는 약정의 성격이 구두 서약(口頭誓約, verbal oath)이라는 점이다 - 창 21:23, 24, 31:31, 출 6:8, 19:8, 신 7:8, 겔 16:8.
   (3) 구두 서약의 상징적 요소:
      • 선물을 증여한다(창 21:28-32)
      • 음식을 먹는다(창 26:28-30)
      • 기념비 세우는 일(창 31:44-46)
      • 피를 뿌린다(출 24:8)
      • 제물을 바친다(시 50:5)
      • 막대기 아래로 지나게 한다(겔 20:37)
      • 동물을 잘라 쪼갠다(창 15:10, 17)

1) Palmer. O. Robertson, *The Christ of the Covenants*(「계약신학과 그리스도」, 김의원 역, 서울 : 기독교문서선교회, 1983)와 김의원, 「구약신학」(총신대학교 신학대학원강의안)을 참조함.

2) 언약(言約)은 피로 맺은 약정(約定)이다 :
피로 맺은 약정(bond in blood) 또는 삶과 죽음의 약정이라는 구절은 하나님과 인간과의 결속을 궁극성을 표현한다. 구약에서 "언약을 체결한다"는 말은 문자적으로는 "언약을 자른다"는 말이다.

(1) 언약의 세 가지 기본적인 형태
- 인간에 의해 이루어지는 인간과의 언약 (창 21:27, 32 삼하 3:12, 13)
- 하나님에 의해 이루어지는 인간과의 언약(창 15:18, 출 24:8, 신 5:2)
- 인간에 의해 주도되는 하나님과 맺은 언약 (왕하 11:17, 23:3, 대하 29:10)

(2) 언약이 이루어질 때 : 제의의식(ritual ceremony)에서 동물이 절단된다(창 15장). 쪼갠 동물 사이로 지나간다. (베리트 - '절단'을 의미한다.)

3) 언약 수립의 과정에서 동물 절단의 의미는 무엇인가?

(1) "죽기까지의 서원"(pledge to death)을 상징한다. 언약자가 만약 서약을 위반할 때: 자기에게 저주(창 15장).
(2) 예레미야 34:18 - 이스라엘의 불충성을 보고 "암소 사이로 지나간 예식"을 기억케 한다. 따라서 예레미야 34:20에서 무엇이라고 말하시는가?
(3) "피의 약정"이란 말은 히브리서 9:22의 말씀과도 조화를 이룬다.
(4) 성경에서의 "피"의 의미는 생명을 표시하기 때문이다. 생명이란 피속에 있다(레 17:11).
(5) 피흘림은 주어진 언약의 의무에서 벗어나는 경우 행해지는 유일한 방법이다. "언약"은 당사자들이 죽음의 고통을 치루고서라도 충성을 해야하는 "피의 약정"이다. 일단 언약관계에 들어가면, 언약 파괴시에는 피흘림만이 주어진 의무를 경감시켜 줄 것이다.
(6) 언약의 조항 : 생명, 또는 죽음을 선택하도록 제시한다. 이것을 범할시는 꼭 죽는다는 조항이 필요하다. 성결된 동물이 언약이 발효되기 위해 죽임을 당해야 한다. 그러나 언약의 당사자가 실제로 꼭 죽어야 하는 것은 아니다. 언약이 파괴될 때에만 언약 체결자의 죽음이 일어나는 것이다. 그러므로 예수님의 죽음은 예언적인 죽음이 아니라 언약적인 죽음의 문맥에서 이해해야 한다. 언약 파괴자를 대신하여 죽은 것이다(代贖의 죽음). 그리스도가 언약의 저주를 자신이 지고 죄인의 자리에서 죽은 것이다(언약적인 죽음). 언약의 당사자들은 피흘림의 과정을 만들어서 서로를 결속한다. 언약에 의해서 그들은 삶과 죽음에까지 묶여지는 것이다.

➔ 구속 언약에 관한 고찰

1) 아담 : 시작의 언약
창세기 3:14-19은 구속 언약에서 아담과 맺은 언약 사역 규정들을 기록하고 있다. 하나님은 창조주께 불충성한 순서에 따라 사탄에게, 여자에게, 그리고 남자에게 말씀하신다. 저주와 축복의 요소들이 각 말씀에서 나타난다.

(1) 사탄에게 하신 말씀(창 3:14-15)
- 하나님은 사탄과 여자가 원수가 되게 하겠다고 하신다.
- 하나님은 사탄의 후손과 여자의 후손 사이에 원수가 되게 하신다.
- 마지막으로 '그'가 '너' 곧 사탄과 대립한다.

(2) 여자에게 하신 말씀: 축복과 저주(창 3:16)
여자에게 하신 말씀은 저주와 축복을 모두 포함한다. 여자는 가장 중요한 축복인 아이를 갖게 된다. 한 후손이 사탄의 후손과 대결하기 위해 탄생할 것이다. 그러나 저주도 포함되고 있다. 하나님은 특히 임신에 있어서 여자의 고통을 크게 증가시킬 것이다. 이 저주는 남편과 의 결혼 관계에도 영향이 미친다. 하나님은 "너는 남편을 사모하고 남편은 너를 다스릴 것이다"라고 명하신다. 결혼관계의 불균형의 저주는 여자의 생활양식속에 자리를 잡게 된다. 여자가 끊임없이 남편을 소유하려 함에 따라 남편은 이에 지나치게 지배하려 할 것이다.

(3) 남자에게 하신 말씀(창 3:17-18)

남자에게 하신 말씀도 저주와 축복을 모두 포함한다. 축복은 인간이 음식을 먹는 사실에서 나타난다. 그러나 저주도 포함된다. "너는 얼굴에 땀을 흘려야 음식을 먹을 것이다"(창 3:19). 자신을 유지하려는 인간의 노력은 심한 노동에 의해서만 가능하게 되었다. 인간의 저주는 양식을 생산하기 위해 심한 노동을 해야 하는데 있다. 최종적인 인간의 저주는 인간을 무덤으로 인도하는 것이다. 창조언약은 인간의 죽음속에서 무서운 성취를 이루게 된다.

2) 노아의 언약: 보존의 언약

창세기 4-11장은 갈라진 두 계열-사탄의 후손과 여자의 후손-의 초기 전개 과정을 그리고 있다. 주로 네 구절이 노아의 언약의 특성을 나타낸다. 즉, 창 6:17-22, 8:20-22, 9:1-7, 9:8-17이 그것이다.

- 노아와의 언약은 창조언약과 구속언약의 면밀한 상호관계를 강조한다.
- 노아 언약은 인간 뿐만 아니라 우주적인 차원에서 구원을 말하고 있다.
- 노아 언약은 하나님의 구원의 특이성을 다룬다.
- 노아 언약은 하나님은 가족을 다루신다는 것을 말한다.
- 노아 언약은 창조세계를 보존한다는 의미를 극대화 시키고 있다.
- 노아 언약의 표적은 언약의 은혜로운 특징인 무지개를 말한다.

3) 아브라함의 언약 : 약속의 언약

아브라함과 하나님의 관계에서 주권적인 면은 조상으로서 처음 부름 받았을 때에 명백해진다. 하나님은 아브라함에게 "너는 너희 본토, 친척, 아비집을 떠나라"(창 12:1)라고 엄숙히 명령하신다. 또한 할례의 표적을 세울 때에도 하나님은 아브라함에게 "나는 전능한 하나님이라 너는 내 앞에서 행하여 완전하라 내가 내 언약을 나와 너 사이에 세우리니"(창 17:1, 2)라고 명하신다. 하나님은 동의나 협정이 아닌 그의 언약에 대한 말을 주권적으로 명령하신다.

"여호와께서 아브람에게 이르시되 너는 너의 본토 친척 아비 집을 떠나 내가 네게 지시할 땅으로 가라 내가 너로 큰 민족을 이루고 네게 복을 주어 네 이름을 창대케 하리니 너는 복의 근원이 될찌라 너를 축복하는 자에게는 내가 복을 내리고 너를 저주하는 자에게는 내가 저주하리니 땅의 모든 족속이 너를 인하여 복을 얻을 것이니라 하신지라"(창 12:1-3).

하나님께서 아브라함에게 세 가지를 약속하셨다. 첫째는 "내가 네게 지시할 땅으로 가라"는 말씀대로 하나님께서 아브라함에게 약속하신 땅은 가나안 땅이었다. 둘째는 "내가 너로 큰 민족을 이루고"라는 말씀대로 하나님께서 아브라함을 통해서 이스라엘 민족을 구별하셨다. 셋째는 "땅의 모든 족속이 너를 인하여 복을 얻을 것이니라"하셨다. 이 세 가지 약속 중에서 앞의 두 가지는 역사 속에서 문자 그대로 성취되었고, 세 번째는 지금도 성취 중에 있다. 세 번째 약속은 아브라함을 통해서 이스라엘 민족이 구별되고, 이스라엘 민족을 통해서 예수님이 오시고, 예수 그리스도를 통해서 구원이 완성되고 그 완성된 복음이 전세계에 전해짐으로 이루어지는 것이다.

4) 모세언약 : 율법의 계약(일명 '시내산 언약'이라고도 한다)

모세언약은 분명히 법적인 관계보다는 계약적인 것에 의존하고 있다. 히타이트 조약의 근본은 법적 조항이 작용하는 역사적 배경을 인식하는 것이다. 이 서류의 역사서문은 과거의 역사상에 비추어 지배하는 군주와 지배받는 봉신의 관계에 있었다. 모세 시대를 이해하는데 이보다 더 기본적인 것은 없다. 하나님은 모세의 계약으로써 그의 백성과 맺은 이전의 약속을 새로이 하신다. 처음에 아담에게서 세워지고 노아와 아브라함에서 확인되고 모세에서 갱신되는 계약 관계는 법적인 차원이 강조됨으로써 하나님의 계속적인 약속이 파기되는 것은 아니다.

➔ 모세언약의 특징

모세언약은 하나님의 뜻이 외형적으로 기록된 구체화된 최종 요약이라는 점에서 그 특징이 있다. 백성들이 볼 수 있도록 형식적으로 제정된 하나님의 뜻의 최종 요약이 모세언약의 특징이다. 또한 모세언약의 특징은 하나님의 법이 구체적으로 기록되어 있다는 데에 있다. 신명기 9:9, 11은 모세언약과 "십계명"이 거의 동일함을 나타낸다. 또한 이 구절들은 모세언약이 외형적으로 기록되어 있다는 성격을 강조한다. 이것은 모세언약을 율법의 언약이라고 특징짓는데 충분한 근거를 준다. 율법언약은 이스라엘과 하나님의 관계를 결정하는 또 다른 기초로서 곧 독립된 단위로 생각되었다.

5) 다윗언약 : 왕국의 계약

백성을 구원하려는 하나님의 목적은 구약에서는 다윗계약에서 최고의 실현 단계를 맞게 된다 이제 하나님은 한개의 지역에 그의 왕권을 공공연히 세우신다. 하나님은 이제 예루살렘의 시온산으로부터 통치하신다. 하나님 자신은 그의 왕권을 다윗의 왕권과 연결하신다. 하나님은 그가 선택한 주권의 도구로서 유다 지파와 다윗의 집을 지명한 것을 기뻐하신다. 이 계약은 그의 백성 가운데 하나님의 왕국이 오는 공식적인 약정으로서 기여한다.

➔ 다윗 언약 개념의 핵심

사무엘하 7장의 내용은 하나님이 그의 백성을 자신과 동일하게 여겨왔었던 방법을 독특하게 표현하고 있다. 특별히 언약의 핵심은 다윗과 하나님과의 관계에서 명백해진다. 여호와 하나님은 "네가 어디로 가든지 내가 너와 함께 있었다"고 말하실 때 이 관점의 정확성을 자신이 강화하신다. 다윗 언약의 핵심속에는 임마누엘 원칙이 있다.

6) 그리스도의 언약 : 완성의 언약 (일명 '새 언약' 이다)

회복의 기대와 관련된 한개의 통일된 주제는 새 언약관계의 예언을 수반하였다. 심판이 불가피하였지만 하나님은 그의 백성과 새 계약을 세우실 것이다. 이 언약관계로써 하나님은 백성을 구원하는 그의 약속을 성취하실 것이다. 새 언약관계 수립에 의해서 백성을 구원하고 하나님의 최초의 목적은 만족스런 실현을 보게될 것이다. 이 마지막 하나님의 언약은 "완성의 언약"이라 부를 수 있다. 이 언약은 이스라엘이 그들 역사를 통해 경험했던 다양한 언약들의 핵심을 총괄적으로 실현하게 된다. 완성은 마지막 언약의 내용을 특징화하고 있다. 이 완성의 실현의 중심은 한 사람으로 구성되어 있다.

➔ 새 언약의 독특성

새 언약의 독특함을 충분히 이해하는 근본은 그의 영원한 성격을 인식하는 것이다. 새 언약의 영원한 성격은 종말론적인 성격을 나타낸다. 하나님의 이전 언약들은 새 언약에서 실현을 볼 때에 한에서만 "영원한 것"으로 간주될 수 있다. 이 언약에 의해 하나님이 그의 백성을 구원하려는 의도는 완전한 성취를 보게될 것이다. 구속언약의 절정은 새 언약이다. 이 새 언약은 예수님께서 성만찬 시(눅 22:20) "이 잔은 내 피로 세우는 (바로 그) 새 언약(ἡ διαθήκη)이라." 여기 정관사(ἡ)를 볼 때 제자들은 이미 누구나 알고 있는 600여년 전의 '새 언약'(렘 31:31 이하)을 쉽게 연상할 수 있었다.

것이며, 구약의 시내 산 언약에서는 돌판 위에 율법이 새겨졌으나 신약에서는 사람의 마음 속에 율법이 새겨질 것이라고 예언했다.

이스라엘 민족들은 하나님과의 시내 산 언약을 이행하지 않았으므로 하나님은 예언자를 계속 보냈다. 그래도 언약은 지켜지지 않았다. 그리하여 하나님은 자신의 아들인 예수 그리스도를 메시야(히브리어로 구세주라는 뜻, 그리스어로는 '그리스도'라 한다)로서 지상에 보내셨다.

그러나 예수 그리스도는 유대인들에게 메시야로 인정받지 못하고 도리어 배척받고 멸시당하다가 마침내는 죄인으로서 십자가에서 처형되고 만다. 바로 그때 십자가 위에서 흘린 예수 그리스도의 피로 인류는 죄를 사함 받는다. 그리고 3일째 되는 날, 하나님은 죽은 예수 그리스도를 부활시키셨다. '죽은 사람이 살아나다니 상식으로는 이해할 수 없다'라고 생각할 것이다. 이치에 맞지 않으며, 상식으로는 이해할 수도, 믿을 수도 없는 일이다. 그러나 그것을 믿는 것이 바로 신앙이다.

신앙이란 논리적으로는 도달할 수 없는 다른 차원의 것이며, 눈에 보이지 않는 것, 과학과 상식으로는 도저히 납득할 수 없는 것을 믿는 일이다. 예수 그리스도가 인류의 죄를 용서하기 위해 십자가 위에서 돌아가신 일, 그리고 3일째 되는 날 죽은 예수 그리스도가 다시 살아나신 일(부활), 이것을 믿음으로써 인간은 하나님에게 의로움을 인정받고 구원받게 된다. 이것이 새로운 언약(신약)이며 기독교 신앙이다. 세례는 예수 그리스도의 죽음과 부활을 상징하는 의식이다. 그러므로 세례를 받은 사람은 그리스도와 함께 죽고 그리스도와 함께 부활함을 나타낸다. 각 교파에 따라 세례 의식은 조금씩 다르지만 모두 지금까지 낡은 자신을 죽이고 새로운 자신을 소생시킨다는 뜻이다.

3) 구약과 신약은 어떻게 구성되어 있는가?

66권으로 구성된 성경의 방대한 기록을 완성시키기 위해서 하나님은 우선 서로 다른 시대, 서로 다른 환경과 연령, 직업을 가진 사람들을 저자로 선택하여 그들에게 성령 – 하나님의 영(靈) – 을 부어 주셨다. 성령으로 충만한 저자들은 시, 예언, 역사, 전기 등의 형식으로 성경을 기록했다. 물론 저자의 성격, 교육 수준, 환경, 직업, 시대 등에 많은 차이가 있기 때문에 문체가 상당히 다른 것은 당연하다.

최초로 성경이 쓰인 때가 B.C.(Before Christ, 그리스도 이전) 1500년경이고, 완성된 때가 A.D.(Anno Domini, 주님의 시대) 100년경이므로 집필 기간은 무려 1600년에 달한다. 또한 등장 인물은 약 3,000명에 이른다. 이 사이에 모세, 다윗, 솔로몬, 바울, 요한, 마태, 마가, 누가, 베드로 등 40여명의 저자가 각 부분을 집필했다. 그러나 욥기나 히브리서와 같이 저자를 알 수 없는 것도 몇 권 있다.

(1) 구약 성경의 구성

구약은 신약에 비해 세 배나 분량이 많으며 기록도 그리스도의 탄생 이전인 주전 400여년 전에 완성된 것이다. 성경의 원본은 동물의 가죽(양피지)이나 파피루스 초목으로 만들어진 종이 위에 손으로 써 놓았다. 당시에는 인쇄술이 발달하지 않았기 때문에 매 장마다 손으로 만들어야 했다. 이것이 사본이다. 그러나 이러한 사본 역시 드물었고 매우 귀중했다.

구약의 39권은 아람어로 된 일부분을 제외하고는 히브리어로 기록되었다. 39권 중 처음 5권은 주전 1500년경에 모세가 쓴 것이고, 나머지는 그 후 약 천년 동안 저술된 것인데 주전 400년경 서기관 에스라가 그 책들을 한 권으로 편찬하였다(느 8:5).

구약 39권은 크게 네 부분으로 나누어진다. 그 책들의 이름은 다음과 같다.

① 모세오경(五經) – 창세기, 출애굽기, 레위기, 민수기, 신명기
② 역사서 – 여호수아, 사사기, 룻기, 사무엘상, 사무엘하, 열왕기상, 열왕기하, 역대상, 역대하, 에스라, 느헤미야, 에스더
③ 시가서(詩歌書) – 욥기, 시편, 잠언, 전도서, 아가

④ 예언서 혹은 선지서

(대선지서) 이사야, 예레미야, 예레미야 애가, 에스겔, 다니엘

(소선지서) 호세아, 요엘, 아모스, 오바댜, 요나, 미가, 나훔, 하박국, 스바냐, 학개, 스가랴, 말라기

구약성경의 처음 5권은 율법책이다. 이것은 모세가 쓴 것이기에 보통 '모세 5경'이라 부른다. 이 5권은 인간의 창조와 그들이 살았던 초기 역사를 기록하고 있다. 창세기는 하나님이 천지 만물을 창조하신 이야기, 인간의 타락, 홍수, 그리고 족장시대의 일 등을 그 내용으로 하고 있다. 그 시대에는 성문화된 하나님의 법이 없었다. 각 종족별로 나누어 족장들이 자기 종족을 위하여 하나님께 예배를 드렸다. 그래서 이 시대를 가리켜 족장시대라고 한다. 국가적인 예배(제사) 제도는 모세가 율법을 받은 후에야 실행되었다.

출애굽기는 이스라엘 자손들(후에 유대인으로 불림)이 애굽으로부터 구출된 사실과 그들이 40년 동안 광야에서 방황하던 이야기를 기록해 놓았다. 레위기, 민수기, 신명기도 그들의 방랑생활의 역사와 율법에 대해 더 자세히 설명해 주고 있다.

그 다음 12권은 이스라엘 민족의 역사를 기록했기 때문에 역사책이라고 부른다. 이 책들은 이스라엘 민족이 어떻게 위대한 민족이 되었으며, 하나님께 어떤 죄를 범함으로써 포로가 되어 먼 나라로 잡혀가게 되었고, 그들의 일부가 어떻게 고국으로 다시 돌아올 수 있게 되었는가를 기록하고 있다. 이 책은 여호수아, 사사기, 룻기, 사무엘상 · 하, 열왕기상 · 하, 에스라, 느헤미아, 에스더, 역대상 · 하이다.

다음 5권의 시가집들은 일반적으로 헌신과 훈계의 책이라고 할 수 있다. 또 어떤 시가들은 번역할 때 운율이 없어져 시 같은 느낌을 주지 않지만 성경 중 가장 애독되는 책들이다. 이 시가집에는 욥기(저자 미상임), 시편, 또는 찬미의 노래(주로 다윗이 기록한 것임), 잠언, 전도서, 아가서(이 세 권은 솔로몬이 기록한 것임)가 있다. 이 중에서 특히 시편 23편은 이 세상에 가장 널리 알려진 시 가운데 하나이다. 오늘날

참고자료 성경을 필사하는 데 사용된 재질들[2)]

파피루스

● 파피루스 : 파피루스는 '파피루스'라는 식물로 만들었다. 이 식물은 나일강 삼각주의 늪 지대에서 많이 발견되는데, 5m 높이까지 자라고 줄기의 직경은 약 5cm 정도이다. 이것을 30cm에서 50cm 정도의 길이로 잘라서 나무의 줄기 방향으로 갈라서 연한 안쪽 부분을 얇은 띠로 잘라 견고한 지지대 위에 나란히 놓는다. 그 다음에 두 번째 층을 그 위에 십자 방향으로 놓는다. 그것을 누르고 두드리면 빳빳한 파피루스 종이가 만들어지는 것이다. 그 식물의 즙은 접착제로 사용할 수 있다. 파피루스의 결이 수평으로 놓인 면을 렉토(*recto*)라고 하며, 주로 이쪽에 글씨를 썼다. 버조(*verso*)라고 하는 반대쪽에도 글을 쓰는 것이 가능하지만, 좀 번거롭다. 왜냐하면 이 면에는 파피루스 결이 상하로 되어 있기 때문이다. 이러한 이유로 파피루스는 양면을 다 사용하는 종이(codex)보다는 한 면만 사용 가능한 두루마리(scroll) 생산에 더 적합했다. 오피스토그래프(opisto-graph)라는 소수의 두루마리는 양면에 글이 기록되어 있다.

● 양피지 : 양피지는 소, 당나귀, 말, 양, 염소 등의 가죽을 특별한 과정을 거쳐 만들었다. 가장 좋은 양피지는 갓 태어난 동물의 가죽으로 만든 것이었다. 다른 제품을 만들 때처럼 무두질을 하지 않고 백악(chalk)과 물로 처리하며 털을 제거하고 잡아당기고 건조시켜서 부석으로 부드럽게 만든다. 파피루스와 마찬가지로, 다양한 질의 양피지가 있었다. 가죽을 처리하는 특별한 방법들이 도입된 것은 버가모의 유메네스 2세 때로 알려져 있다. "양피지"(parchment)라는 명사는 라틴어의 pergamina(charta), 즉 "버가모산 종이"라는 데서 유래되었다. 플리니(elder Pliny)가 기록한 바에 의하면, 유메네스는 새 도서관을 위한 책을 만들기 위해 이집트로부터 많은 분량의 파피루스를 사려고 했다(Historia Naturalis 13, 2lf). 그러나 이집트의 프톨레미 5세는 이것이 자신의 도서관과 경쟁이 되는 것에 질투를 느낀 나머지 파피루스 수출 금지 명령을 내렸다. 따라서 유네메스는 그의 책들을 만들 다른 종류의 문방구를 찾지 않을 수가 없었고, 마침내 동물 가죽으로 만든 양피지를 발명했다. 이 이야기는 전설에 불과한 것이 거의 분명하다. 그러나 버가모가 경제적 독립을 확립하는 데 지대한 관심이 있었음은 의심할 여지가 없다. 아탈로스 왕조는 전반적으로 자국 내의 도서관에서 사용할 뿐만 아니라 수출도 했다.

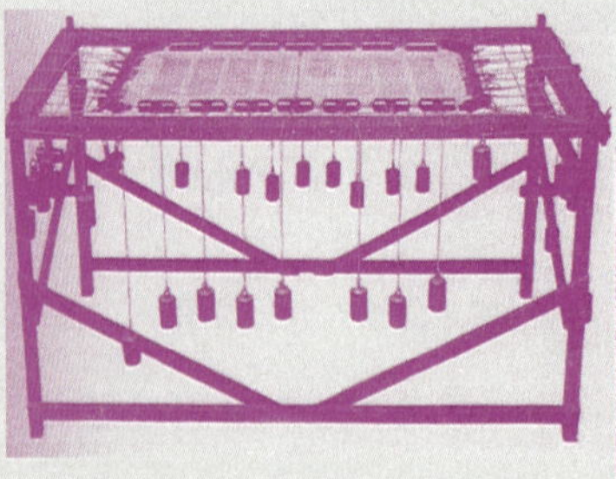

양피지

● 두루마리(scrolls) : 고대에 가장 널리 사용되었던 책의 형태는 두루마리(라틴어로는

2) Helmut Koester, *Introduction to the New Testamant : History, Culture and Relgion of the Hellenistic Age*(「신약성서 배경연구」, 이억부 번역, 서울 : 은성, 1995), 158-59.

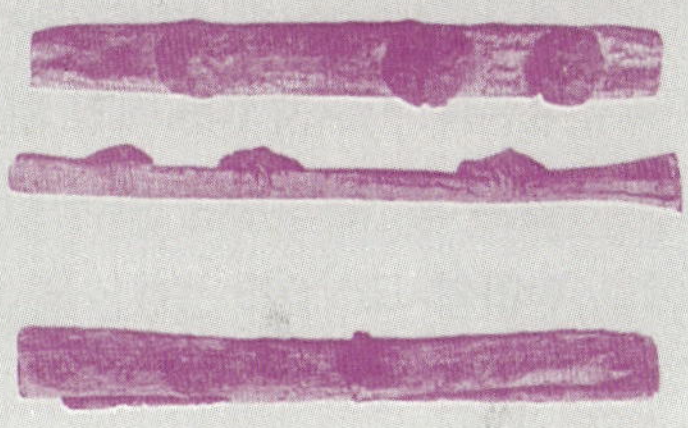

두루마리

volumen, "to roll"을 의미하는 volvere에서 유래함)였다. 몇 장의 파피루스를 일정한 길이가 되도록 접착제로 붙여서 사용했다. 양피지를 사용할 때에는 여러 장을 꿰메어 붙여서 사용했다. 보통 두루마리의 길이는 6-10m이고, 평균 높이는 25-30cm였다. 두루마리는 동일한 수효의 행을 갖는 동일한 폭의 세로 단으로 이루어져 있다. 상하단에 빈 공간이 있고 세로 단 사이에도 공간이 있어서 이곳에 수정할 내용이나 주석을 달 수 있었다. 두루마리는 다루는 데 불편하지 않게 하기 위해서 길이의 제한이 있었다. 따라서 고대 저자들의 서적들은 여러 권으로 나뉘어 있다. 신약 성경 중에서 가장 긴 책들은 평균 길이의 두루마리 하나의 분량에 해당된다. 누가만은 자기의 책을 두 권으로 즉, 누가복음과 사도행전으로 나누었다.

● 코덱스(codex) : 초대 교회 시대에는 양면지(codex) 형태가 두루마리를 대체하기 시작했다. 양면지는 두루마리에 비해 훨씬 덜 성가시며 보통 한 권 이상의 분량을 기록할 수 있었다. 양면지 형태의 책을 만들려면 몇 장의 파피루스를 겹쳐서 중간을 접은 후에 각각의 단위들을 꿰매고, 가죽으로 제본을 했다. 고대의 양면지 책들은 각 단위가 몇 장으로 되어 있는가에 따라 이름을 붙였는데, 예를 들어 "사판본"(a four-ply codex)과 같이 붙였다. 파피루스는 접을 때에 깨지기 쉬웠기 때문에, 때때로 접힌 부분을 양피지로 강화하곤 했다. 사본의 경우에는 파피루스의 뒷면을 사용할 수 있었다(그러나 두루마리도 뒷면을 사용하는 경우도 있었다. 이것을 "opistographs"라고 불렀다).

아마 실질적인 이유와 제의적인 이유에서 기독교인들이 최초로 양면지 형태의 책들을 만들어 냈을 것이다. 2세기의 파피루스 중 대부분의 양면지 책은 기독교 문헌이었다. 반면에 모든 두루마리들은 유대교나 이교의 문서들이었다. 현존하는 2세기부터 4세기까지의 신약 성경 사본들은 모두 양면지로 된 반면에, 비기독교 장서의 파피루스들은 두루마리이다. 기독교인들은 몇 백년 동안 파피루스 양면지에 의존했고, 이교도들은 계속해서 파피루스 두루마리를 가장 뛰어난 책의 형태로 생각했으나, 마침내 양피지 양면지가 득세하게 되었다. 양피지는 당연히 파피루스, 특히 파피루스 두루마리보다 우수한 점을 가지고 있었다. 그것은 보다 영구적이고 사용하기가 편했으며 양면에 기록하기가 용이했다.

코덱스

까지 사람들은 잠언을 통한 솔로몬 왕의 훈계보다 더 훌륭한 지혜의 말을 찾지 못한다. 욥기는 한 부유한 사람에 대한 이야기이다. 그는 자기가 가진 모든 재물과 자식을 잃었지만 여전히 하나님께 충실함으로써 갑절이 넘는 보상을 받았다.

선지서(예언서)는 보통 대선지서와 소선지서로 분류한다. 대선지서와 소선지서의 구분은 내용이 얼마나 긴 글인가, 짧은 글인가에 의해 구분된다. 대선지서는 소선지서보다 긴 내용의 글이다. 예레미야가 기록한 애가서를 제외한 모든 선지서들은 그 내용을 예언한 선지자들의 이름을 표제로 하고 있다. 다섯 권의 대선지서는 이사야, 예레미야, 애가, 에스겔, 다니엘서이며, 소선지서는 호세아, 요엘, 아모스, 오바댜, 요나, 미가, 나훔, 하박국, 스바냐, 학개, 스가랴, 말라기서이다. 이사야서는 다른 책들보다 그리스도의 강림(초림)에 대하여 많이 예언했기 때문에 메시야적 예언서라고도 부른다. 다니엘서는 예언 외에도 유대인들이 바벨론 포로 생활을 하던 때의 일도 말해 주고 있다. 다른 여러 선지서들도 유대와 이웃 나라에 일어날 일들을 기록했다. 말라기서로 구약 성경은 끝나게 된다.

(2) 신약 성경의 구성

구약 성경 시대가 끝나고 400년이 지나 예수 그리스도가 탄생하면서 신약 성경의 시대가 시작된다. 신약 성경은 구약성경에서 약속한 메시야로 오신 예수 그리스도의 탄생 및 십자가에서의 죽음과 부활을 다루고 있으며 그리스 · 이탈리아 · 소아시아에서의 초대 교회 발생과 발전상을 그리고 있다.

신약의 사본(시내 산 사본)

참고자료

율법의 정의와 율법의 세 가지 용도

종교개혁자 칼빈은 '율법'이라는 말의 뜻을 이렇게 생각하였다. (1) 모세의 종교 전체와 (2) 선민에게 특별히 계시된 도덕법(주로 십계명) 및 예수님이 요약하신 것 또는 (3) 각종 민사법과 재판법과 의식법이다. 이 가운데서 '도덕법'은 '의의 진정하고 영원한 원칙'이며 가장 중요하다. 이 도덕법과 관련하여 율법의 용도를 3가지 기능으로 나누어 설명하고 있다 .

(1) 죄를 비쳐 주는(깨닫게 하는) 거울의 용도-이것은 율법이 감독과 정죄의 역할을 한다는 것이다.
(2) 세상에서 악을 억제하는 용도-이는 사회, 정치적 용도인데 이 용도는 특히 루터가 강조했다. 칼빈은 처음 이 두 가지 용도를 선택자와 비선택자, 신자와 불신자 모두에게 적용하는 것으로 보았다.
(3) 감사의 규범 또는 복음에 대한 반응의 용도-칼빈은 율법의 주된 용도로서 이것을 강조했다.

칼빈은 율법을 우리로 하여금 그리스도께 인도하는 교사(성경에는 '몽학선생'으로 언급되고 있는데 몽학선생은 '가정교사'이다)라고 보고 있다. 그러므로 율법은 루터가 말한 대로 단지 부정적인 기능만 갖고 있는 것만이 아니라 신자에게 긍정적인 기능을 갖고 있다. 루터는 모든 그리스도인이 "의롭다 함을 받은 사람인 동시에 죄인"이라고 보았다.

그러나 칼빈은 그리스도인에게 유일한 원칙은 '새 생활' 또는 '새 사람'이라는 고백과 일치한다고 하였다. 그러므로 그리스도인은 더 이상 '옛 것들'의 원칙에 살지 않는다. 칼빈은 항상 율법을 예수 그리스도와 연관시켰다. 하나님께서 자기 백성과 맺으신 언약은 성육신에 기초를 둔다. 율법이 가르치고 규정하고 약속하는 것은 모두 율법의 한복판에 계신 그리스도를 가리킨다. 율법은 은혜의 아버지와 모순되지 않으며 그리스도가 없다면 율법은 무용하며 아무런 희망도 주지 못한다. 하나님은 그리스도 안에서 우리를 그의 자녀로 삼으셨다. 그러므로 우리가 율법 아래서 요구 받는 의무는 종으로서의 의무가 아니라 오히려 율법을 통해 하나님의 자녀들에게 부여된 자유 안에서 행하라는 부르심을 받는 것이다. 우리는 그리스도 안에서 살리심을 받았기 때문에 그리스도께서 전해 주신 율법은 그리스도인의 삶에서 계속 표준으로 남는다. 그러므로 그리스도인의 삶은 그리스도와 함께 끊임없이 살아나는 삶이다.

신약 27권은 여덟 사람이 희랍어로 쓴 것인데 저자가 대부분 사도들이었으며 주후 1세기에 완성되었다. 이것은 그리스도의 생애와 그 당시에 일어났던 획기적인 일들, 그리스도의 교회가 세워진 일을 포함한 여러 가지 사실들을 내용으로 하고 있다. 성경 각 권의 원본은 모두 분실되거나 파손되었지만 오늘날 우리가 가지고 있는 성경은 원본의 내용과 동일하다.

신약 성경 각 권의 원본들의 사본은 지금까지 보존되어 있으며 그 중에서 가장 중요한 것은 로마 바티칸에 보존되어 있는 주후 4세기에 기록된 바티칸 사본과 런던 대영 제국 박물관에 보존되어 있는 주후 5세기 것인 알렉산드리아 사본, 역시 대영 제국 박물관에 보존되어 있는 주후 4세기에 기록된 시내 사본 등 3개이다. 이만큼 중요하지는 않지만 그 외에도 수많은 사본들이 있다.

신약 27권은 다음과 같이 다섯 부분으로 나누어진다. 그 책들의 이름은 다음과 같다.

① 복음서 – 마태복음, 마가복음, 누가복음, 요한복음
② 역사서 – 사도행전
③ 바울서신 – 로마서, 고린도전서, 고린도후서, 갈라디아서, 에베소서, 빌립보서, 골로새서, 데살로니가전서, 데살로니가후서, 디모데전서, 디모데후서, 디도서, 빌레몬서
④ 공동서신 혹은 일반서신 – 히브리서, 야고보서, 베드로전서, 베드로후서, 요한 1서, 요한 2서, 요한 3서, 유다서
⑤ 예언서 – 요한계시록

신약의 처음 4권은 저자들의 이름을 따서 표제를 붙인 것으로, 사복음서(마태복음, 마가복음, 누가복음, 요한복음)라고 부른다. 복음이란 '좋은 소식', '기쁜 소식'이란 뜻이다. 이 책들은 그리스도(메시야)가 이 세상에 오신 것이 인류를 구원하기 위함이라는 기쁜 소식을 우리에게 전해 주고 있기 때문에 복음서라고 한다. 그리스도의 생애를 기록해 놓은 이 책들에는 각기 똑같은 사건이 기록되어 있기도 하고, 어떤 사건은 한 복음서에만 기록되기도 했다. 이것은 모두가 그리스도의 생애, 죽음, 부활에 대하여 충실하고 완전하게 전해 주고 있다.

사도행전은 누가가 기록한 역사책이다. 이 책에는 교회의 설립 과정과 사도들의 전도활동, 초대교회의 역사 등이 쓰여 있다. 다음 21권의 책들은 그리스도인의 생활 방법을 말해 주는 서신들이다. 몇몇은 개인에게, 몇몇은 각 교회와 여러 성도들에게 보낸 편지들이다. 바울은 로마서, 고린도전 · 후서, 갈라디아서, 에베소서, 빌립보서,

골로새서, 데살로니가전 · 후서, 디모데전 · 후서, 디도서, 빌레몬서 등 13권을 썼다. 다른 8권의 서신은 바울서신과 구분하여 일반서신이라고 불린다. 이 서신들은 히브리서, 야고보서, 베드로전후서, 요한일 · 이 · 삼서와 유다서이다. 이 모든 책들은 그 내용을 기록한 저자의 이름을 표제로 붙였다. 성경의 마지막 책은 요한계시록이다. 요한이 기록한 예언서로 앞으로 '속히 될 일'을 기록한 책이다(계 1:1).

4) 구약과 신약의 관계

구약과 신약을 구분할 때 주의할 점은 내용상 대조되는 사항들만을 가지고 구분하는 것이다. 이것은 신구약 성경의 영속성을 파괴할 수 있다. 그러므로 구약과 신약을 구분할 때는 연대적 위치를 가지고 구분해야 하며 그 중심은 예수 그리스도이다. 모든 참종교의 근원이신 예수 그리스도는 구약과 신약을 주도하는 분이시다. 두 언약 다 그리스도께 근거를 두고 있고 동일한 믿음에 의존해 있기 때문이다. 그러므로 구약과 신약의 관계는 본질상의 대조보다는 집행방법(modus administrationis)에 있다고 보아야 한다. 구약과 신약의 집행 방법상의 차이는 <표 1>을 보면 알 수 있다.

〈표 1〉 구약과 신약의 관계

구 약 (Old Testament)	신 약 (New Testament)
보이지 않는 것들에 관해	보이지 않는 것들에 관해
덜 명료하게 말씀함	더욱 명료하게 말씀함
비유, 표상, 그림자	성취, 임재, 실재
율법	복음
속박 : 부분	자유 : 완전
하나의 민족	모든 민족

5) 성경의 완성

영어 성경

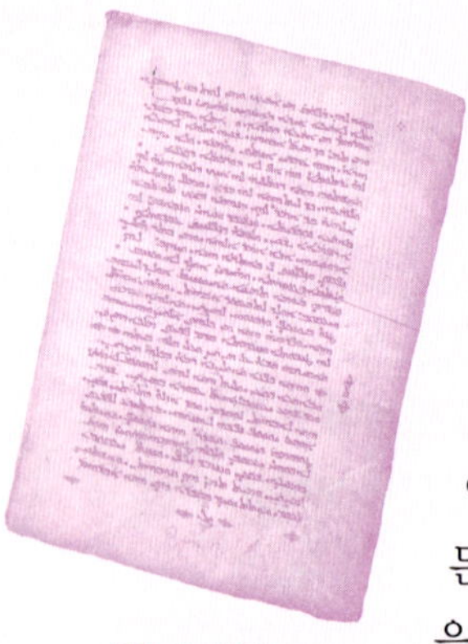

시리아 성경

성경은 세계 각국 언어의 96%에 가까운 1,938개 언어로 번역되었으며, 판매 부수는 세계적으로 연간 4,000만 부에 달하는 베스트셀러이다. 또한 일본에서도 연간 약 120만 부가 판매되고 있다. 성경은 인류에게 가장 큰 영향을 준 책이다. 그러면, 성경이 어떻게 세계 속으로 널리 전파되었을까? 부활하신 예수 그리스도는 "너희는 가서, 모든 족속으로 제자를 삼아, 아버지와 아들과 성령의 이름으로 세례를 주고, 내가 너희에게 분부한 모든 것을 가르쳐 지키게 하라"(마 28:19-20)고 말씀하셨다. 이 지상명령을 받은 예수 그리스도의 제자들은 충실하게 그 명령을 실천했다.

주전 285년에 이미 72명의 학자들이 히브리어로 쓰인 구약 성경을 그리스어로 번역했다. 이것을 70인역 성경이라고 한다. 예수 그리스도를 비롯하여 구약 성경을 공부하던 초기 교회의 기독교 신자들은 바로 이 70인역(LXX) 성경을 이용하고 있었다.

히브리 성경

라틴 성경

이외에도 몇 가지 문서가 있었으나 그 중에는 이단으로 불리는 것으로 하나님의 말씀이 아닌 가르침도 섞여 있었다. 따라서 2세기경 교회는 어떤 문서가 하나님의 말씀이 담긴 문서이며 어떤 것이 아닌지를 선별해야만 했다. 그 뒤 약 100년 동안 교회의 지도자들은 정기적으로 모임을 갖고 어떤 문서를 선택할 것인지를 논의했다. 논의의 내용은 문서가 하나님으로부터 받은

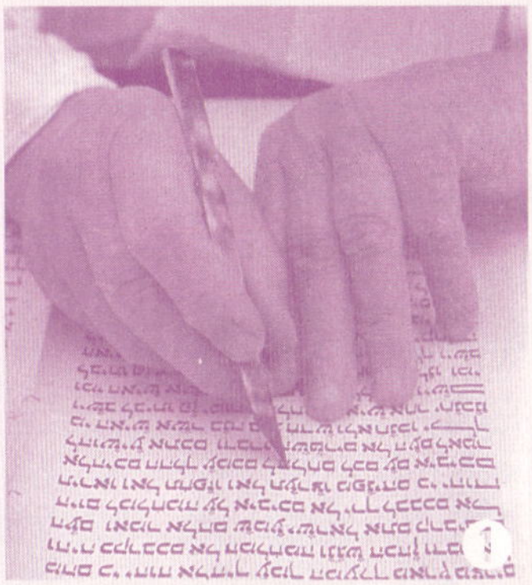

❶ 성경 필사작업

❷ 성경을 번역하는 선교사들

❸ 원주민들을 위한 성경번역 사역

것이라고 판단할 수 있는지, 신학적으로 바른 것인지, 그리고 그 곳에 기재되어 있는 사실이 정확한 것인지 등에 관한 것이었다. 주후 4세기 중반에 이러한 논의는 끝을 맺는다. 어떤 문서를 성경에 넣을 것이며, 어떤 것을 제외시킬 것인가에 대한 합의가 이루어졌기 때문이다. 그 시금석은 '사도성'에 근거했다. 이 부분은 나중에 더 자세히 설명할 것이다. 이렇게 하여 구약 39권과 신약 27권이 정경(政經, Canon)으로 결정되었다.

6) 성경의 상징적 요약

이스라엘 민족은 12지파이고, 구약(Old Testament)과 신약(New Testament)의 영문 단어는 각각 12글자로 구성된다. 테리 홀(Terry Hall)은 그의 책에서 다음과 같이 구약 성경 전체를 요약해 주고 있다. 각 시대는 모두 영문자 C로 시작되고 있다.[3)]

3) Terry Hall, *The Old Testament Express*(「특급 구약관통」, 한상식 옮김, 나침반사, 1987), 25-28 요약.

① 창조(Creation, 창세기 1-11장). 6일 동안 창조를 마치신 후, 하나님은 세상을 하나로 취급하셨다. 아담, 아벨, 노아는 바벨탑 이전의 핵심 인물이었다.

② 부족(Clan, 창세기 12-50장). 하나님은 가나안으로 이주한 아브라함으로부터 이스라엘 민족을 시작하시고, 이삭, 야곱, 요셉으로 이어간다.

③ 노예(Confinement, 출애굽기 1-19장). 이스라엘 민족들은 애굽에서의 노예 생활 중에 숫자가 배가되었고, 여러 가지 이적에 의해 시내 산으로 인도되었다.

④ 계명(Commandments, 출애굽기 20장 / 레위기 27장). 십계명을 주신 후 하나님은 모든 분야에 성공적인 삶이 이루어지도록 많은 율법을 주셨다.

⑤ 야영(Camping, 민수기). 히브리인들은 불신앙으로 말미암아 40년 동안 광야에서 야영을 해야 했다.

⑥ 언약(Covenant, 신명기). 이스라엘의 새 세대는 하나님을 사랑하고 그의 계명들을 지키기로 동의한다.

⑦ 정복(Conquest, 여호수아). 히브리인들은 가나안 땅을 정복하여 12지파에게 분배했다.

⑧ 순환(Cycles, 사사기-사무엘상 8장). 히브리 민족이 반복적으로 죄악을 거듭하는 동안 사사들이 일어났다.

⑨ 왕관(Crowns, 사무엘상 9장 – 열왕기상 11장 / 역대상 1장 – 역대하 9장). 사울, 다윗, 솔로몬 왕이 통일 왕국을 통치했다.

⑩ 분열(Chasm, 열왕기상 12장 – 열왕기하 16장 / 역대하 10-28장). 왕들이 북쪽 이스라엘과 남쪽 유다의 분열 왕국을 통치했다.

⑪ 포로(Captivities, 열왕기하 17-25장 / 역대하 29-36장). 이스라엘은 앗수르에 의해 멸망당했고, 유다는 후에 바벨론에 의해 포로 생활을 하게 되었다.

⑫ 건설(Constructions, 에스라 – 에스더). 유다는 예루살렘과 성전을 재건하기 위해 가나안으로 돌아온다.

이후에 신구약 중간 시대 400년 침묵(Closed)기를 지나는데 이 시기는 선지자들을 통한 직접 계시가 없었다. 이 시기를 거쳐서 신약은 시작된다. 신약 시대 역시 12개로 나누어 설명할 수 있다.[4)]

① 목수시대(Carpenter, 누가복음 1-2장). 세상이 완전히 준비되었을 때 예수 그리스도가 성령으로 말미암아 동정녀 마리아에게서 탄생하셨다. 베들레헴과 애굽에 잠시 머무신 후, 형제들과 아버지인 요셉과 함께 나사렛에서 목수의 일을 하시면서 자라나셨다(①부터 ⑤까지의 시대는 지상의 그리스도에 관한 것임에 주목하라).

② 주장시대(Claims, 누가복음 3-6:11장). 예수 그리스도께서는 요단강에서 세례(침례)를 받으셨고 이스라엘 백성이 오랫동안 기다려 온 유대의 메시야, 곧 하나님의 아들로 선포되셨다. 수많은 이적들은 예수님이 하나님이심을 지지해 주었다.

③ 선택시대(Choices, 누가복음 6:12-9:62). 약 18개월 동안 예수 그리스도께서는 가버나움을 중심으로 주로 갈릴리에서 사역하였다. 그분이 자신의 정체(identity) 문제에 대한 선택을 요구하셨을 때 많은 무리가 따랐지만 유대 지도자들은 그분을 배척했다.

④ 학습시대(Classes, 누가복음 10-19:28). 예수님께서는 약 6개월에 걸쳐 열두 사도를 개인적으로 훈련시키면서 백성들에게는 많은 비유들을 말씀하셨다. "학사 수준"의 학급에서는 하나님의 자녀로서 사는 방법을 중점적으로 가르쳤다.

⑤ 십자가시대(Cross, 누가복음 19:29-24:53 / 사도행전 1장). 그리스도의 죽음과 부활이 일어난 한 주간과 승천하시기까지 이 땅에 계셨던 40일간이 이 시대에 포함된다.

⑥ 교회시대(Church, 사도행전 2-12장). 예수께서 승천하신 지 40일 후 성령께서

4) Terry Hall, *The Old Testament Express*(「특급 구약관통」, 한상식 옮김, 나침반사, 1987), 17-20 요약.

임하심으로 교회가 세워졌고 팔레스타인 곳곳에 복음을 전하도록 제자들에게 능력이 부여되었다(⑥에서 ⑪까지의 시대는 지상의 교회에 관한 것임에 주목하라).

⑦ 1차 전도(순회)시대(Circuit One, 사도행전 13-15장). 이방인이 회심한다 해도 유대인이 될 필요가 없다고 예루살렘 공의회가 결정하기 전, 바울은 1차 전도 여행을 시작하여 복음을 전했다.

⑧ 2차 전도(순회)시대(Circuit Two, 사도행전 16-18장)는 바울의 2차 전도여행인데, 바울은 멀리 서쪽에 있는 헬라의 고린도에까지 교회를 세웠다.

⑨ 3차 전도(순회)시대(Circuit Three, 사도행전 19-21장)는 바울의 3차전도 여행이다. 바울은 아시아의 에베소에서 교회를 세우기 위해 오랜 시간을 보냈다.

⑩ 감금시대(Custody, 사도행전 22-28장)는 유대인의 소요 상태로 로마당국에 의해 바울이 체포되었고 그는 여러 해 동안 팔레스타인에 갇혀 있다가 배심원도 없이 세 총독에게 재판을 받았다. 바울은 가이사에게 호소하기 위해 로마로 압송되어 이태 두달 동안이나 그곳에 갇혀 있었다.

⑪ 일반 기자시대(Closing Writers, 히브리서 / 베드로전서 1장－유다서)는 사도 바울 사후 네 사람의 신약 성경 기자들이 총 8권을 기록했다. 이 제자들은 요한, 유다, 베드로, 그리고 히브리서를 기록한 익명의 히브리인이다.

⑫ 완성시대(Completion, 요한계시록)는 예수 그리스도께서 천년 왕국을 세우시기 위해 돌아오게 될 것이다. 모든 불신자들에 대한 심판 후에는 구속받은 자들의 영원한 처소가 될 새 하늘과 새 땅이 있게 될 것이다.

7) 성경 역사의 시대 구분

성경 역사의 주역인 이스라엘 민족을 중심으로 성경과 관련된 연대기를 살펴보면 다음과 같다. 예수님을 중심으로 모든 역사는 주전(B.C.)과 주후(A.D.)로 나뉜다.

B.C. (Before Christ, 그리스도 이전)

2166	아브라함의 출생
1876	애굽(이집트)으로 들어간 야곱(430년간 애굽 체류)
1526	애굽에서 출생한 모세
1446	출애굽
1406	여호수아의 가나안 정복
	사사시대(325년)
1168	바다 민족(블레셋)들의 큰 침입(팔레스타인)
1050	왕으로 기름부음 받은 사울
1010	다윗의 왕권 확립
966	솔로몬의 성전 건립
931	분열왕국
	북쪽 이스라엘 왕국(10지파)
	남쪽 유다왕국(2지파)
733	디글랏빌레셀의 갈릴리 포획
722	사르곤 2세의 사마리아 포획
605	느부갓네살 왕에게 포로로 잡혀간 다니엘
597	느부갓네살 왕에게 10,000명의 유대인이 포로로 잡혀감
586	바벨론 제국에 의한 예루살렘의 파괴 및 포로 생활
539	고레스 왕에 의한 바벨론의 멸망
538	예루살렘 성전을 재건하라는 고레스 왕의 칙령
537	성전재건을 위한 스룹바벨의 귀환
458	성전 예배 확립을 위한 에스라의 귀환
444	예루살렘 성벽 재건을 위한 느헤미야의 귀환
332	알렉산더 대제의 페르시아 정복
301	팔레스타인에 대한 이집트 톨레미가의 통치
198	팔레스타인에 대한 시리아 셀루키드가의 통치
167	마카비 혁명
164	마카비에 의한 예루살렘 성전 청결
63	폼페이의 예루살렘 정복: 로마 통치의 시작
37	유대의 통치자 헤롯
5/4	예수 그리스도의 탄생

A.D. (Anno Domini, 주님의 시대)

33	예수 그리스도의 십자가 사건
66	제1차 유대인들의 혁명
68	사도 바울의 순교
70	디도 황제에 의한 예루살렘의 멸망
131	바코흐바(Bar Kokhba) 주도 하에 제 2차 유대인들의 혁명
135	하드리안 황제에 의한 로마식 풍의 예루살렘 재건

이 연대기에 근거하여 성경 역사의 구분을 나누어 보면 대략 12시대로 구분된다.

성경의 역사 구분

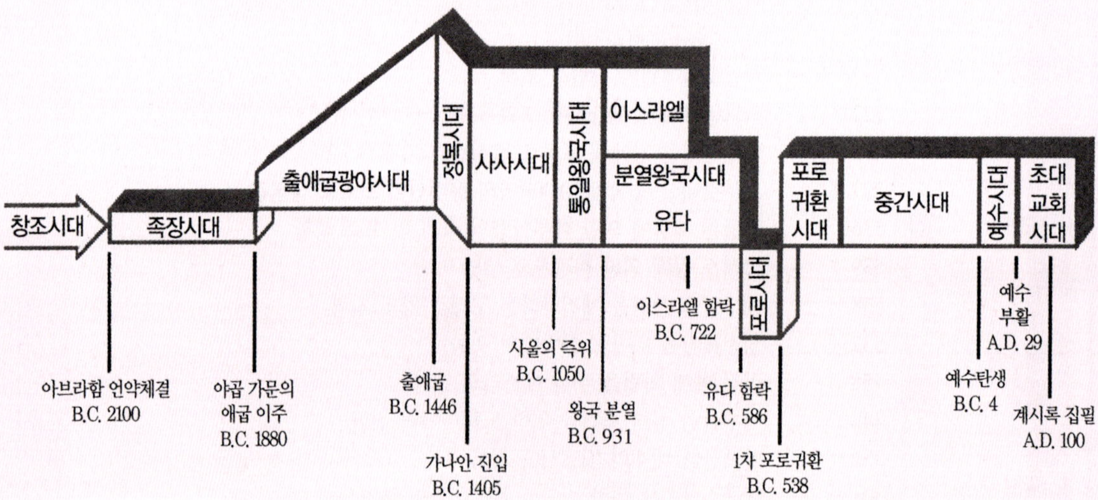

다음에 나오는 도표는 하나님이 택하신 구약 선민의 역사라는 관점에서 즉 구속적인 관점에서 주요 사건별을 구분한 것이다. 이것을 살펴보면 다음 <표 2>와 같다.

〈표 2〉 구속사적 관점에서 본 성경의 시대별 사건들

시 대	주요사건	관련성경
창조시대 ?-주전 2166	우주의 창조, 사람의 타락, 노아 대홍수와 바벨탑사건	창 1-11장
족장시대 주전 2166-1805	히브리 민족의 조상- 아브라함, 이삭, 야곱, 요셉의 생애, 욥의 고난	창 12-50장 욥기
출애굽시대 주전 1805-1406	애굽으로부터의 영광의 탈출, 성막건축, 시내산에서의 율법 언약체결, 가네스바네아 사건, 모세의 죽음	출애굽기, 레위기, 민수기, 신명기
정복시대 주전 1405-1390	가나안 정복 정착 전쟁, 가나안 땅의 각 지파별 분배 여호수아의 죽음	여호수아서
사사시대 주전 1390-1050	이스라엘의 범죄로 인한 이방민족의 침입과 사사들을 통한 구원, 룻과 보아스의 결혼, 사무엘의 탄생	사사기, 룻기, 사무엘상 1-7장
통일왕국시대 주전 1050-930	다윗의 이스라엘 왕위 등극, 예루살렘 성 정복, 다윗언약 체결, 솔로몬의 성전 건축	삼상 8-3, 삼하 1-11 역대상,대하1-9장 시편-아가서
분열왕국시대 주전 930-586	여로보암의 반역으로 인한 남북 분열, 앗수르에 의한 북이스라엘 멸망과 바벨론에 의한 남유다 왕국 멸망	왕상12-22, 왕하, 대하 10-36, 사, 렘, 애 및 대부분의 소선지서
포로시대 주전 586-539	다니엘과 세 친구의 환난과 구원, 바사(페르시아)에 의한 바벨론 멸망	에스겔서, 다니엘서
포로귀환시대	3차에 걸친 바벨론의 포로 귀환, 스룹바벨성전 건축 및 예루살렘 성벽 재건	에스라, 느헤미야, 에스더, 학개,스가랴, 말라기
중간시대 주전 400-4	헬라 정복자들의 성전 모독, 마카비 혁명, 로마 폼페이 장군의 예루살렘 정복, 헤롯 성전 건축	마 1:18-25, 마 2:1-18
예수시대 주전 4-주후 30	예수 그리스도의 탄생, 세례와 십자가 승리, 십자가의 대속 죽음과 부활, 승천	사 복음서
초대교회시대 주후 30-100	오순절 성령 강림, 스데반의 순교, 바울의 개종과 3차 전도여행	사도행전, 서신서, 요한계시록

2. 성경은 무엇을 가르치고 있는가?

성경은 여러 사람의 저자가 약 2600년간에 걸쳐 쓴 총서이다. 이런 까닭에 거기에 단일한 주제가 있다거나 그것을 한 장으로 압축시킬 수 있다고는 믿지 못하는 사람이 있다. 그러나 성경은 하나님께 대한 생각이 점차적으로 개발되어 쓰여진 것이 아니고 하나님이 주신 점진적인 진리이다. 하나님은 자기 계시를 확대시킴과 동시에 이전 계시를 부인치 않음으로 인하여 점진적으로 계시를 충만케 하셨으며, 마침내 성육신하신 그리스도와 그리스도에 대한 사도들의 증거에서 계시가 완성되게 하셨다. 계시를 받는 자들의 방법은 다를지라도 그것을 주신 분은 같은 분이다. 선지자들을 통하여 여러 모양으로 조상들에게 말씀하신 분도 하나님이시며, 그 아들 안에서, 그 아들을 통하여 우리에게 말씀하신 분도 하나님이시다(히 1:1-2). 이 사실에 비추어 볼 때 하나님 자신이 구약과 신약의 궁극적인 저자이시고, 전 성경을 '하나님의 말씀'이라 주저치 않고 말할 수 있다.

하나님께서는 성경을 통해 자신에 관하여 말씀하시며 타락한 인간을 그리스도를 통하여 구원하시려는 계획을 세우시고 수행하셨음을 말하고 있다. 이런 까닭에 성경은 '구원에 관한 책'이며 '예수 그리스도를 증거하는 책'이 된다.

1) 성경은 살아 계시고 불변하신 하나님을 가르친다.

성경은 하나님에 대하여 다음과 같은 기본적인 두 가지의 가르침을 강조한다. 첫째는 하나님은 살아 계시며 모든 일들을 그분의 뜻대로 행하시는 주권자라는 것이다. 둘째는 하나님께서는 "빛들의 아버지…변함도 없으시고 회전하는 그림자도 없으시다"(약 1:17)는 말씀대로 일관성이 있고 항상 동일하신 분이라는 것이다. 하나님은 오직 한 분이시다. 그리고 그분은 살아 계시며 참되신 분이시기에 이방 민족의 죽은 우상들과 대조되었다. 선지자들은 우상들이 우리를 구원하지 못함을 조롱하였고, 또 아무 생명이 없음을 비웃었다. 살아 계신 하나님은 온 땅 위의 크신 왕이시고 자연

위에 계신 왕이시며 만국의 왕이시다. 자연의 왕으로서 하나님은 자기가 만드신 세계와 모든 피조물들을 지배하신다. '하나님께서 자연의 주인이시다'는 구약의 가르침과 완전히 일치하게 예수께서는 이적으로 그 모습을 보이셨다. 예수의 사도들은 예수에 대해 말하거나 가르치지 말라 했을 때도 소리를 높여 예수님의 부활과 우주의 창조주이신 하나님을 전했다. 또한 하나님은 변치 않으시는 분이다. 그 변하지 않는 모습은 우리를 향한 그의 사랑을 보면 쉽게 알 수 있다.

하나님은 우리에게 은혜를 내리셨다. '은혜'란 하나님께서 아무 공로 없는 우리들에게 값없이 주시는 호의이다. 이 사랑에 근거해서 하나님은 인간과 언약을 맺으셨으며 그들의 하나님이 되겠다고 약속하셨다. 하나님은 우리에게 영원한 생명을 주셨다. 그리고 오늘까지 우리들을 한번도 실망시키지 않으시고 언제나 변함없이 그의 사랑(공평과 은혜)으로 우리를 도와 주셨다. 그래서 우리는 하나님을 향해 지금 이 시간에도 '오 나의 자비로운 주여', '오 신실하신 주님'이라고 당당하게 부를 수 있다.

2) 성경은 예수 그리스도의 구원 사건을 가르친다.

그리스도의 구원 사건은 십자가 상에서 일어났다. '그리스도의 십자가와 부활'이라는 사건 속에서 구원은 완성되었다. 신약 성경은 이 구원의 사건에 대하여 네 가지 중요한 그림 언어(metaphors)를 사용하여 십자가에 나타난 구원을 설명하고 있다. 즉 객관적인 구원의 사건과 주관적인 구원의 사건으로 설명하고 있다. 객관적이라 함은 내 밖에서 일어난 구원 사건을 말하며 주관적 구원이란 "십자가에서 일어난 구원 사건이 어떻게 '나' 개인에게 효력을 발생하는가"라는 것을 의미한다. 김세윤 교수는 그의 저서 「구원이란 무엇인가?」라는 책에서 구원의 양면성에 대하여 아주 쉽고 명쾌하게 설명하고 있다. 이를 요약해서 소개해 보면 다음과 같다.

(1) 객관적 구원의 사건을 설명하는 용어들[5)]

5) 김세윤, 「구원이란 무엇인가」, 두란노, 2001, 54-58 요약.

① 제사(祭祀)

구약 성경은 옛날 이스라엘 백성의 구원 방법들에 대해 말하고 있다. 구약에 의하면 1년에 한 번씩 구속의 날에 대제사장이 지성소에 들어가서 언약궤를 덮는 자비석(속죄소)에 속죄 짐승의 피를 뿌림으로 말미암아 이스라엘 백성의 1년의 죄가 용서받았다. 이 구약의 속죄 방법은 예수 그리스도의 십자가에서 종말론적으로 완성될 구원에 대한 그림자였다. 그림자였기에 구약의 제사는 매년 되풀이되었다. 따라서 예수님의 십자가에서의 속죄적 죽음을 그러한 구약의 제사 그림을 통하여 설명할 수 있다. 예수 그리스도의 죽음은 십자가에서의 제사였다는 것이다. 제사에는 두 가지 기능이 있다. 하나는 죄를 덮는 것(expiation)이다. 하나님께서 인간의 죄를 보시지 않도록 피로 덮어 버리는 것이다. 또 하나는 죄에 대한 하나님의 진노를 풀어 버리는 것(propitiation)이다. 예수님의 죽음, 곧 예수님의 십자가에서의 피 흘림이 우리 죄에 대한 덮어 버림이 된 것이다. 그래서 하나님께서 더 이상 우리를 죄인으로 인정하지 않으신 것이다. 예수님은 십자가에 죽음으로 우리 죄에 대한 하나님의 저주를 대신 받으신 것이다(갈 3:13; 신 21:23).

② 화해(和解)

예수님의 피가 우리 죄를 덮고 우리의 죄에 대한 하나님의 진노를 풀어 버린 결과로 일어난 것이 화해이다. 하나님은 우리와 더 이상 갈등하지 않는 관계를 갖게 된 것이다. 곧 친구가 되었다. 이것은 인간관계에서 온 그림이다. 하나님과 인간의 관계가 반목하고 싸우는 관계였다면 이제는 더 이상 싸울 일이 없게 되었다. 그 결과 평화가 일어났다. 샬롬(shalom), 즉 평화란 내적인 주관적 평화의 느낌도 포함하기는 하지만 그 이전에 하나님과 인간이 더 이상 적대하지 않는 객관적인 친분상태를 의미한다. 이와 같은 샬롬, 곧 하나님과의 화해 결과로 인간이 하나님과 친구 관계가 되어 하나님의 무한한 자원을 끌어다 쓰게 되었다. 하나님께 의존하고 순종하는 올바른 관계를 갖게 된 것이다.

③ 구속(救贖)

'구속'이란 단어의 의미는 어떤 사람의 자유를 돈을 주고 얻는다는 것이며, 잃어버린 것을 값을 주고 찾는 것을 말한다. 이 말은 노예 시장에서 온 그림 언어이다. 옛날에 노예를 사고 팔 때 어느 노예를 해방시키고자 한다면 그의 주인에게 노예에 대한 값을 치르고 그 노예를 사서 해방시켰다. 이와 같이 예수 그리스도의 죽음이 우리의 죄에 대한 몸값을 치른 것이다. 죄의 노예 된 우리의 대가를 예수께서 지불하고 사셔서 우리의 죄를 사단과 율법과 죽음의 노예 상태에서 해방시키셨다. 그래서 예수님은 자기 목숨을 대속물, 즉 몸값이라고 하신 것이다(막 10:45). 이 구속의 결과는 무엇일까? 자유이다. 우리가 자유를 얻게 된 것이다. 구속이란 하나님께서 자기 백성을 향하여 행하신 첫 은혜 행위에 사용되는 말이다.

하나님은 그들을 노예 상태에서 구출하여 본토에서 회복시키셨는데 이러한 일은 이스라엘 역사상에 세 번이나 반복된다. 첫째, 아브라함을 갈대아 우르에서 부르셨고, 둘째, 이스라엘을 애굽 포로에서 구출하셨으며, 셋째, 바벨론 포로에서 그들을 구하셨다. 하나님은 매 경우마다 그들을 부르시고, 행하시고, 약속의 땅으로 데리고 오셨다. 이것이 예수 그리스도의 위대한 구속 사업에 대한 구약의 배경이다. 사람들은 죄를 지음으로 죄의 종이 되고 하나님으로부터 떠나게 되었고 이 절망적인 처지를 예수 그리스도께서 돌보신 것이다. 예수 그리스도는 우리를 대신하셔서 우리의 죄를 짊어지고 우리의 죽음을 대신 죽으신 것이다. 하나님의 어린 양이신 그리스도께서 우리의 유월절 희생으로 자신의 피를 흘려 죽으시자 "하나님은 그를 죽은 자 가운데서 일으키시고 그가 정당하심을 증거하셨고" 죄를 위한 그의 희생이 헛되지 아니 하였음을 보여주셨다. 예수 그리스도는 그의 구속의 일을 마치고 '하나님의 우편에 앉아서' 쉬시며, 우리를 위해 영원한 속죄를 이루셨다(히 9:12).

④ 새 언약(新言約)

새 언약은 무엇을 가져오는가? 새 언약은 우리를 하나님의 백성이 되게 한다. 하나님의 백성이란 하나님의 자녀들이다. 하나님의 자녀들은 무엇을, 무슨 특권을 누리는가? 하나님의 무한한 자원을 우리의 것으로 누리는 특권을 가지게 된 것이다. 하나님 나라의 상속자가 되는 것이다. 하나님 나라를 유업으로 받아 하나님의 무한한 자원을 우리 것으로 쓰게 된다. 왜 그렇게 쓸 수 있는가? 하나님이 우리의 아버지이기 때문이다. 이렇듯 새 언약은 이 세상을 창조하시고 다스리시는 하나님의 무한한 자원을 내 것으로 누리면서 살 수 있는 하나님의 자녀가 되게 한다.

(2) 주관적인 구원의 사건을 나타내는 용어들[6)]

성경은 주관적인 구원 사건에 대해 네 가지 그림(metaphor, 은유)으로 말하고 있다.

① 양자(入養; Adoption, 하나님의 아들 됨)

양자는 가족관계에서 오는 그림이다. 이스라엘은 하나님에게 선택받은 약속의 백성으로 하나님의 아들 또는 아들들이라고 불렸다. 그러나 이스라엘은 하나님을 의존하고 순종하지 않음으로 인해 하나님의 백성 됨에 실패했다. 그래서 예수님은 우리를 하나님의 자녀가 되게 하기 위해 십자가에서 대속적인 죽음을 맞으시고 새 언약을 세우셨다. 그래서 예수님께서 십자가를 지시기 전날 밤 최후의 만찬 때 이 떡은 너희를 위하여 부서지는 나의 몸이고 이 잔은 새 언약을 세우기 위한 피라고 말씀하셨다. 우리는 믿음으로 하나님의 아들 됨에 참여하여 하나님의 아들들이 되었다. 그러기에 예수님께서 자기가 아주 독특하게 하나님을 '아바'라고 부르면서 그를 따르는 제자들에게도 하나님을 '아바'라고 부르게 했다. 이 말은 곧 예수님을 따르는 제자들을 하나님의 아들들이 되게 했다는 뜻이다. 하나님의 아들이 된다는 것은 영원한 하나님, 무한한 능력과 지혜와 사랑을 가지신 하나님이 나의 아빠가 된다는 것이다. 그래서 우리는 하나님께 의존해서 하나님의 무한한 자원을 자기의 것으로 쓸 수 있게 된 것이다. 하나님께 의존해서 자기의 제한된 자원에서 오는 모든 고난에서 벗어나게 되었다. 이것이 영생이다. 성경이 말하는 영생이란 근본적으로 신적인 삶을

6) 김세윤, 70–80 요약.

사는 것을 말한다. 하나님의 무한한 자원을 나의 것으로 받아 나의 삶이 가난한 삶이 아니라 신적인 풍성한 삶이 되었다는 말이다. 그래서 영생은 질적으로 전혀 다른 삶이며 시간적으로도 하나님의 영원에 동참하는 삶이다. 그래서 우리가 하나님의 아들이 된다는 것은 우리의 피조물성 곧 우리의 제한성, 그 제한성으로 인한 인간의 모든 고난에서 해방되어 풍성한 삶을 누릴 수 있다는 것을 말한다. 즉 하나님의 풍성한 삶에 동참하는 것이다.

② 칭의(稱義, Justification, 의인 됨)

칭의(의인 됨)란 말은 법정에서 온 그림이다. 심판관에 의해 무죄 석방을 받는 것이 칭의이다. 하나님께서는 우리를 보호하시고 사랑하시며 우리는 하나님께 의존하는 것이 하나님과 올바른 관계인데 이 올바른 관계를 파괴하는 것이 죄이다. 그 죄에 대해 용서함을 받고 하나님과 올바른 관계로 들어가는 것이 의인 됨이다. 그러므로 과거의 죄에 대하여 용서함을 받고 하나님께 의존하고 순종하는 올바른 관계 속에 들어가는 것이 칭의(의인 됨)이다. 진정한 의인이 되는 길은 오직 하나님의 은혜에 굴복하고 하나님이 이미 그리스도 안에 이루신 구원을 받아들이는 것, 곧 예수님이 우리를 위해 죽으셨다는 복음을 받아들이는 것이다.

③ 화해(和解; Reconciliation)

화해란 인간관계에서 온 그림이다. 하나님과 인간은 적대적인 관계였는데 이제 하나님과 인간은 친구 관계로 회복되었다. 더 이상 불화는 없고 평화가 있다. 이 객관적인 화평 상태에서 하나님의 심판에 대해 더 이상 두려워하지 않는 주관적인 평안함이 유래된다. 구원이란 인간이 자기의 제한된 자원으로가 아니라 하나님의 자원에 힘입어 사는 것이다. 그래서 하나님의 생명에 동참하는 것이다. 이것이 구원의 실재이다.

④ 새로운 피조물(New creation)

이 그림은 우리가 그리스도를 통해 죄에 죽고 새로운 삶으로 부활했다는 구원의 실재를 나타낸다. 즉 새로운 피조물은 옛 존재와 같이 스스로를 하나님께 닫아 버리는 존재가 아니라 하나님의 원뜻대로 하나님께 열린 존재로서 하나님께 의존하고 순종하는 올바른 관계를 갖는 전혀 새로운 사람이 되었다는 점이다. 누구든지 그리스도 안에 있으면 새로운 피조물이라고 했다(고후 5:17). 우리가 어떻게 그리스도 예수 안에 있게 되는가? 그가 우리를 위해 돌아가시고 부활하셨다는 것을 받아들이고 그가 나의 대신이고 대표이심을 인정함으로 그의 안에 있게 된다. 그리하면 그의 됨됨이에 참예한다. 하나님께 대한 그의 완전한 순종함에 참예하게 되고, 하나님께 의존하고 순종하는 관계에 참예하게 된다. 다른 말로 하면 완전히 새롭게 창조된 것과 마찬가지이다. 요한은 이와 똑같은 실재를 '거듭남' 또는 '위로부터 남'이라는 그림으로 표시했다. 우리가 믿음으로 죽고 부활하신 예수 그리스도와 연합하여 아담이 잃어버린 하나님의 형상을 회복하는 새로운 피조물이 된다는 것이다.

3. 성경은 어떤 권위를 갖고 있는가?

우리가 성경을 하나님의 권위를 가진 것으로 받아들이는 이유는 그것이 창조주이신 하나님 자신의 말씀이기 때문이다. 따라서 우리는 성경 안에서 우리에게 말씀하시는 바 하나님의 음성에 무조건 굴복하지 않으면 안 된다. 우리는 성경이 기록될 당시와는 다른 시대, 다른 사회적 상황 속에 살고 있다는 점을 들어 성경의 권위를 무시해서는 안 된다. 또한 성경의 권위를 어느 한 시대에만 국한하여 그리스도의 사도들이 이 세상에 살았던 동안에만 구속력을 가졌던 것으로 주장해서도 안 된다. 성경의 권위는 시대를 초월한다.

성경은 모든 세대를 위한 '하나님의 말씀'이다. 오늘날 사람들이 이러한 사실들에 대해 거북함을 느낀다 할지라도 우리는 우리 자신을 기꺼이 하나님 말씀의 권위 아래 순복(順服)시키지 않으면 안 된다. 모든 종교는 그들만의 경전을 가지고 있다. 그러나 모든 종교 중 기독교의 성경만이 독특한 것은 무엇 때문인가? 그것은 성경이 계시의 책이며, 영감된 책이며, 권위의 책이라는 점이다.

1) 성경의 참된 저자이신 하나님

성경의 참된 저자는 하나님이시다. 하나님은 성경을 통해서 자신을 계시해 주셨다. 계시라는 말은 '벗긴다'라는 뜻의 라틴 말에서 유래되었는데, 하나님이 먼저 자신을 알게 하신다는 것을 의미한다. 하나님은 우리의 지식을 초월하신 분이고 그의 무한하신 위대성은 우리의 눈이 가리워져 있기 때문에 우리 스스로의 힘으로는 그를 발견할 수 없다. "네가 하나님의 오묘를 어찌 측량하며 전능자를 어찌 능히 알겠느냐?"(욥 11:7) 그래서 하나님께서 알려 주셔야 한다. 성경은 하나님 그분에 의해 기록된 책이다(딤후 3:16). '영감'이란 말은 하나님이 자기를 계시하기 위하여 취하신 주된 방법이다. 그것은 결코 사람의 뜻에서 나온 것이 아닌 오직 성령의 감동을 받은 사람들이 "하나님께로부터 받아" 말한 것이다(벧전 1:21). 하나님은 그리스도 안에서 계시하셨고 부분적으로 자연으로 계시하셨지만 특별한 사람에게 말씀하시는 방법으로도 하셨다. 이 말씀하시는 방법이 영감이다.

바울이 말한 '모든 성경은 하나님의 감동으로'라는 말을 희랍어로 직역하면 '하나님이 호흡으로 불어 넣으셨다'는 말이다. 즉 기록은 인간이 했지만 하나님에 의하여 불어 내어진 것이라는 뜻이다. 여기에서 기억할 것은 성경의 기자들이 로봇처럼 하나님의 기계적인 도구로서 이용되었다거나 또한 하나님께서 불러 주신 것을 단순히 받아 적는 필기자로서의 역할만을 담당했다는 뜻이 아니다. 하나님께서는 인간에게 그 자신을 알리시는데 있어 분명히 살아 있는 인간을 사용하셨다. 그리하여 그들로 하여금 하나님께서 인류에게 하고자 하시는 말씀을 구체화시키도록 그들에게 거룩한 직무를 부여하셨다. 성경을 읽다 보면 성경 각권마다의 개체성을 엿볼 수 있는데 그것이 곧 성경의 참된 저자이신 하나님께서 실제로 성경을 기록하는 과정에서 인간 저자를 택하여 부르시고 그들의 개성을 전적으로 사용하셨다는 사실을 확증하는 실례이다. 더 나아가 인간 저자가 사용한 말에까지 영감되었다는 뜻에서 '축자 영감'이었다고 한다. 그러므로 성경 저자가 인간이라고 해서 성경이 유오(有誤)하다거나 또는 그 내용이 서로 모순된다고 생각해서는 안 된다.

사도 바울은 하나님의 계시를 다른 사람에게 전하는 데 있어서 "사람의 지혜의 가르친 말로 아니하고 오직 성령의 가르치신 것"으로 하였다고 선언한다(고전 2:13). 성경은 하나님의 권위를 가진 하나님 자신의 말씀이다. 여기에서 '권위'란 무게와 능력을 포함하는 말이다. 성경은 하나님의 말씀이기에 그 자체로서 능력과 무게를 가지고 있다. '우리는 말씀하신 분이 누구냐'에 근거하여 그 말씀을 믿는 것이다. 성경의 참된 저자가 하나님이시기에 우리는 "성경이 하나님의 말씀이다"라는 믿음을 가지고 말씀을 대하고 성경연구에 임해야 한다. 그리고 우리의 삶 속에 그 말씀을 구체적으로 적용해야 한다. 바로 그 점이 우리 인생의 출발점이요, 신앙의 출발점이 된다.

2) 성경의 권위에 대한 논증

역사적으로 그리스도의 교회는 항상 성경이 하나님께로부터 왔음을 주장하고 변증하여 왔다. 이것은 성경 저자들 자신이 성경의 권위에 대해 강력하게 주장하고 있기 때문이다. 바울은 다음과 같이 선포하고 있다.

> "…너희가 우리에게 들은 바 하나님의 말씀을 받을 때에 사람의 말로 아니하고 하나님의 말씀으로 받음이니 진실로 그러하다. 이 말씀이 또한 너희 믿는 자 속에서 역사하느니라"(살전 2:13).

또한 성경 저자들은 서로가 상대방에 대해 비슷한 주장을 하였다. 선지자들은 율법을 인정하였고 시편 기자들은 그것의 참됨과 아름다움과 단맛을 높이 노래했다(시 19, 119편). 그리고 신약은 구약을 확증하였다.

또한 수천 년에 걸쳐 쓰인 단 한 권의 성경은 지금도 많은 사람들에게 감동을 주며 많은 사람을 변화시켰다. 세상을 떠들썩하게 했던 범죄자들, 사형수들도 성경을 통해 변화되었고 회개하며 이 세상을 떠나갔다. 이에 대한 실례로 신창원이 쓴 편지와 지존파의 김현양이 쓴 수기를 읽어보도록 하자.

사랑하는 최 간사님 올립니다.

따뜻한 사랑과 정이 가득 담긴 편지 정말 고맙습니다. 엽서에 있는 웃는 얼굴들이 너무나 아름답습니다. 꾸밈없는 순박한 웃음, 마치 한 나무에 무리 지어 환하게 피어 있는 연분홍 빛 복사꽃을 보는 듯합니다. 꽃은 잠깐 머물다 사라지지만 사지에 있는 밝은 웃음은 영원했으면 좋겠어요. 바라보는 제 마음까지 덩달아 환해지는 것 같거든요.. 그곳은 무척 춥지요? 이곳도 춥긴 하지만 견딜 만합니다. 조금 불편한 게 있었다면 1주일 동안 펭귄처럼 뒤뚱거려야 했던 것이지요. 옷을 엄청나게 껴입고 있었거든요.

간사님! 오늘 모처럼 예수님의 향기를 물씬 풍기는 가슴 따뜻한 사람을 만났습니다. 어린아이처럼 순수하고 맑은 영혼을 지닌 분이셨어요. 그분과 1시간 남짓 만남을 가지면서 너무나 큰 주님의 사랑을 느껴 여러 번 눈시울을 적셨습니다. 그동안 여러 목사님들을 만났지만 그 분처럼 순수하고 열정적인 사랑을 지닌 분은 볼 수 없었거든요. 어떤 분인가 궁금하시죠? 바로 이곳 직원, 교무과장님입니다. 고려대를 수석으로 나오셨고 사무관 시험도 수석을 하신 분인데 뜻이 있어서 일부러 이곳으로 지원해 오셨습니다. 보수도 적고 열악한 환경이지만 사랑을 전하기 위해서 지원하신 것 같아요. 대화가 끝나 가는 중에 과장님이 조세형 씨 얘기를 하면서 너무나 안타까워하셨어요. 30만원으로 한 달을 살면서 주님을 위해 희생하며 감사를 드리는 자매님들이 많은데, 그들보다 수십 배 많이 버는 사람이 왜 그랬는지 모르겠다며 마음 아파하셨습니다. 제 생각으론 조세형 씨가 그렇게 무너지게 된 원인이 증오심을 버리지 못한 것에 있다고 봅니다. 간증 내용이나 언론 기사를 보면 교도관들에 대해서 과격한 표현을 많이 했거든요. 전 증오심이 얼마나 심하게 인간을 병들게 하는가를 직접 경험을 통해서 느꼈어요. 증오심 또는 남을 미워하는 마음을 가슴에 쌓아두고 있는 사람은 절대 주님의 사랑을 알 수도 없고 행할 수도 없습니다. 저도 불과 한 달 전까지는 한 사람을, 밖에 있을 때는 여러 사람을 죽도록 증오하면서 살았어요. 그 때는 다른 것이 보이지 않았습니다. 어떻게든지 행동으로 갚아 주자는 마음밖에 가질 수 없었지요. 그러나 인간이기에 행동으로 표출하기 전에 심한 갈등을 하지 않을 수 없었습니다. 사람을 증오하는 마음을 가지고 있으면 이렇게 혼란스러운데 어떻게 주님이 마음에 올 수 있겠어요. 저는 절대 불가능하다고 생각합니다. 주님의 말씀을 볼 때마다 저절로 고개가 숙여져요. 하나도 진리에 어긋나는 것이 없거든요. 주님이 이런 말씀을 하셨지요? "일곱 번이 아니라 일흔일곱 번이라도 용서하라. 네 이웃을 네 몸같이 사랑하라." 이것을 바꿔 말하자면 "절대 사람을 미워하지 마라"는 말씀이겠지요. 사람을 미워하는 마음이 있다면 주님과의 진실한 만남은 이루어질 수 없을 겁니다. 제가 전번 편지에 주님을 새롭게 만나게 되었다는 말씀을 드렸을 겁니다. 미움을 버리고 나니까 마음이 표현할 수 없을 만큼 편해지고 주님의 말씀이 전혀 새롭고 따뜻하게 다가왔습니다. 그리고 시간이 흐르면서 주님의 십자가 사랑, 왜 십자가에서 죽으셔야만 했는가를 알고 나니 인간이 자식을 살리려고 대신해서 희생하는 것처럼 주님은 십자가의 고난을 자청하셨는데 저는 조그마한 것 때문에 사람을 증오하고 있었으니 얼마나 큰 죄를 짓고 있었습니까. 주님이 저를 사랑하고 있다면 그 사람도 똑같이 사랑하며 간절히 원하고 계셨을 텐데…!

제 가슴에 쌓아 둔 증오심이 주님의 방문을 막고 있었으니 얼마나 안타깝고 마음이 아프셨을까요. 생각하면 할수록 죄송한 마음이 커집니다. 간사님! 만약 누군가를 미워하며 괴로워하는 분이 있다면 잘잘못을 떠나서 먼저 상대방에게 가서 사과를 하고 마음의 평안을 찾을 것을 권하고 싶어요. 사람을 미워하는 마음이 길어지면 몸과 마음이 병들어 가거든요. 저에게 필요한 것이 있으면 연락하라고 하셨죠? 물질적으로 필요한 것은 전혀 없습니다. 간사님의 편지만 있으면 행복해요. 물질적인 것과는 비교할 수 없는 큰 선물이지요. 사실 이곳에 필요한 것은 거의 없어요. 기본적인 것은 지급되거든요. 물질적인 것이 조금 부족하면 어때요. 조금 덜 먹고 아껴 쓰면 되는 것이지요. 제가 심한 병을 앓고 있을 때는 메이커 있는 좋은 것들만 찾았어요. 그렇기 때문에 시장에서 파는 만원에 20켤레 하는 양말 같은 것은 쳐다보지도 않았는데, 지금은 일부러 그런 것만 찾아 신고 2~3천원짜리 아무런 상표가 없는 옷을 입어요. 그러니까 오히려 더 편합니다. 이런 것 입는다고 자존심 상하는 것은 전혀 없구요. 돈이 없어서 이렇게 사는 것이 아니니 오해 마세요.

몸이 불편하실 텐데 추위가 힘들게 하는 것은 아닌지 걱정스럽네요. 몸 따뜻하게 하셔서 아프지 않게 조심하세요. 갈릴리 마음 가족 모두에게 주님의 넘치는 사랑으로 은혜가 함께 하시길 소망하면서 이만 줄이겠습니다.

2001. 1. 18 창원 올림

P. S : 편지지 세 장으로 제한이 되어 있어서 아쉬움이 남습니다. 자주 소식 드릴게요. 참으로 하나님께서 그분의 사랑으로 변화시킬 수 없는 자는 없나 봅니다. 당신의 자녀들을 모두 한결같이 사랑하시는 주님을 찬양 드리며…할렐루야!

예수님께 속죄하는 글

예수님! 저는 주님에 대하여 잘 알지 못 합니다. 그러나 주님은 저를 잘 알고 계실 줄 믿습니다. 죽어야 마땅할 이 죄인 김현양은, 이제야 주님 앞에 나왔습니다. 주님을 알고부터는 언제나 뵙고 싶고, 말씀을 듣고 싶어 매일 찾고 있습니다만 제가 부족해서인지 아직도 주님을 잘 알지 못함을 용서하여 주십시오. 제가 이 편지를 쓰고 있는 이 순간도 주님께서는 늘 제 머리 위에서 지켜보고 계심을 믿기에 마음속에 있는 말들을 모두 쏟아 놓겠습니다. 예수님! 저를 1971년에 영광군 백수읍에서 이 세상에 내보내 주셨죠. 어린 시절 중국집을 경영하시는 부친 덕분에 부유하지도 않지만, 그런 대로 걱정 없이 살았으나 제가 중2 때 아버님이 간암으로 돌아가시면서 저의 집은 기울기 시작하였죠. 그 후 어머님의 재혼과 다른 친척들과의 불화 등으로 집안이 늘 불안하게 되어 저는 그 당시부터 집과 사회에 불만을 가지게 되었습니다.

예수님! 용서하여 주십시오. 저는 이 때부터 담배를 배웠고 중2년 겨울에 친구 4명과 함께 서울로 상경하여 사회의 한구석 어두운 곳에서 방탕한 생활을 하였습니다. 신문팔이, 껌팔이 등 이른바 '앵벌이'라는 것을 했죠. 그러면서 선배들에게 수없이 맞으면서 저의 사회에 대한 분노가 싹텄던 것입니다. 주님께서는 이 때에 왜 저를 구출하여 주시지 않았나요? 그 당시 주님을 영접하였더라면 지금 이 지경이 안 되었겠지요. 그러나 저의 고독을 달랠 길 없어 룸살롱 웨이터 등 사회의 어두운 곳에서 살면서 없는 자에 대한 사회의 불만과 분노는 더욱 커져 갔습니다. 제가 다시 영광으로 내려와 화물차를 운전하게 되었을 때 저와 비슷한 생각을 갖고 있던 '지존파' 형제들을 알게 되어 드디어 지난날 사회에 대한 복수심으로 이런 끔찍한 사건을 저지르게 된 것입니다.

예수님! 벌써 죽어야 마땅한 이 죄인을 지금까지 살려 주시어 결국 주님을 알게 되고 영접하게 하여 주심을 정말로 감사드립니다.

예수님! 도대체 주님은 어떤 분이시기에 저같이 흉악한 살인죄를 저은 죄인에게 그 많은 사랑을 베풀어주시는지요? 오늘도 주님의 심부름이라면서 저에게 먹을 것과 입을 것, 그리고 영치금을 넣어 주시는 분들이 많이 있습니다. 제가 왜 이런 사랑을 받아야 하나요. 김현양을 무슨 이유 때문에 이렇게 잘 해 주시는지요.

예수님! 저는 요즘 옛날에 가졌던 강한 마음이 너무 약해지는 것을 알았습니다. 왜 저를 이렇게 약하게 만드셨는지 주님이 너무 밉습니다. 저는 주님을 모를 때, 눈물이라는 것을 몰랐어요. 그런데 주님을 만난 후, 전 조그마한 일에도 눈물을 흘리고마는 어린아이가 되고 말았습니다. 왜 이렇게 약해졌는지 알 수가 없어요. 그러나 곧 알게 되었습니다. 옛날의 강한 것이 결코 강한 것이 아니요, 눈물을 흘리는 지금의 이 모습이 결코 약한 모습이 아닌 것임을 잘 알게 되었답니다. 예수님! 저는 얼마 전까지만 해도 주님의 십자가 죽으심과 부활하심을 믿지 못 했습니다. 그러나 지금은 주님께서 내 죄를 위해 죽으심과 내가 구원받게 됨을 믿고 있습니다. 인간도 아닌 지난날의 김현양을 사탄의 사슬에서 건져주시고, 이렇게 감당하기 힘든 사랑을 주시어서, 이 세상 그 누구에게도 받아보지 못한 참사랑을 주신 분이 바로 살아 계신 하나님의 독생자 예수님인 줄 진심으로 믿는답니다.

예수님! 한가지 부탁이 있습니다. 제 부탁을 늘 들어주시는 분이시니 이 부탁도 들어주시리라 믿습니다. 주님 이 세상 모든 사람이 주님의 사랑을 깨닫게 하여 주십시오. 그래서 사탄이 가득한 이 세상이 주님의 사랑으로 가득 차게 하여 주셔서 사탄의 노예로 살아왔던 저와 같은 모습이, 다시는 이 세상에 존재하지 않게 하여 주시기를 바랍니다. 이제 사랑을 베풀고 아껴주는 마음이 세상에 충만하다면 저 같은 불행한 사람이 없는 아름다운 나라가 될 것을 저는 믿습니다. 예수님! 지난날의 제 모습이 부끄럽군요. 왜 내가 그래야만이 되었는지요. 저의 못난 마음을 빨리 비워 주세요. 그리고 제 마음속에 주님의 사랑을 가득 채워 주시기를 소원합니다. 그리하여 이 주님의 사랑을 받아서 이웃에게 베풀어

남은 생애, 얼마 남지 않은 삶이나마 빚을 갚을 수 있게 하여 주시기를 바랍니다. 예수님! 저는 세상도 부모도 사회도 원망하지 않습니다. 내가 주님을 늦게 알게 된 것을 한탄할 뿐입니다. 그러므로 모든 죄인들이여 나같이 되기 전에 빨리 주님을 찾으십시오. 속히 하나님 앞에 나오십시오. 어두움의 자식이 빛의 자녀가 되어야만이 그 영혼이 살아 남을 수가 있습니다.

예수님! 저는 요즈음 감방 안에 있는 재소자들과 아침, 저녁으로 찬송과 기도를 하고 있답니다. 서투른 기도, 못 부르는 찬송이지만 진실된 마음과 음성으로 주님을 찬양하고 있답니다. 진심으로 주님을 사랑하며 결코 그 사랑을 잊지 않는 충실한 종이 되도록 노력하겠습니다. 예수님! 처음 드리는 저의 속죄의 편지를 끝까지 읽어 주셔서 고맙습니다. 저를 위해 기도해 주시고 격려해 주시는 모든 형제들에게 감사드리며 이 은혜에 보답하고자 더욱 열심히 속죄하며 전도하며 사랑하겠습니다. 아울러 선교회 회원님들께서도 주님을 위해 봉사하고 있다 하오니 그 위에도 은총을 내려 주세요. 추운 겨울에 따뜻한 주님의 마음을 생각하며 참되게 살아가겠습니다.

예수님 사랑해요!

김현양

그리스도인들이 성경의 영감과 권위를 믿는 가장 큰 이유는 예수 그리스도께서 친히 그렇게 말씀하셨기 때문이다. 그가 성경의 권위를 인정하셨으므로 그의 권위와 성경의 권위는 운명을 같이 한다.

3) 구약에 대한 예수님의 태도

예수님은 그의 개인 행동에서 구약에 복종하셨다. 그는 사단의 시험을 모두 성경을 인용함으로써 물리쳤다. "사단아 물러가라. 기록되었으되 주 너의 하나님께 경배하고 다만 그를 섬기라 하였느니라"(마 4:10). 또한 그의 사명 수행에 있어서 구약에 복종하셨다. 그는 자기가 이사야가 말한 고난의 종이며 다니엘이 말한 인자임을 아셨다. 그래서 고난과 죽음의 길을 통하여서만 자기의 영광에 들어갈 수 있음을 받아들이셨다. 왜냐하면 성경이 그렇게 말하기 때문이다.

> "인자가 많은 고난을 받고 장로들과 제사장들과 서기관들에게 버린 바 되어 죽임을 당하고 사흘 만에 살아나야 할 것을…"(막 8:31). "내가 만일 그렇게 하면 이런 일이 있으리라 한 성경이 어떻게 이루어지리요"(마 26:54).

마지막으로 예수님을 변론하실 때에도 구약에 복종하셨다. 당시의 종교적 지도자들과 의견 차이가 있을 때마다 성경을 유일한 호소처로 보았다. "율법에 무엇이라 기록되었으며 네가 어떻게 읽느냐?"(눅 10:26). "성경에…함을 읽어보지 못하였느냐?"하는 말씀에 근거하셨다(막 12:10). 그리스도께서 구약 성경의 말씀이 하나님께로부터 온 것을 부인한 예는 단 하나도 없었다.

4) 신약을 준비하신 예수 그리스도

구약에서 하나님은 이스라엘을 구속하고 심판하셨는데 선지자들을 일으켜 자기가 하고 계신 일을 기록으로 남기고 해석하게 하셨다. 이제 하나님은 그리스도를 통하여 세상을 구속하고 심판하신다. 예수께서도 열두 사도들을 자기의 증인으로 택하여 세우시고 훈련시키시며 권세를 주셨다.

> "이 때에 예수께서 기도하시러 산으로 가사 밤이 맞도록 하나님께 기도하시고 밝으매 그 제자들을 부르사 그 중에서 열둘을 택하여 사도라 칭하셨으니"(눅 6:12, 13).

모든 교회는 그리스도께서 세상에 나가서 사명을 완수하라고 보낸 뜻에서 사도적이다. 예수의 사도들은 네 가지 독특성을 가진다.

첫째, 그들은 그리스도께서 친히 부르셨고 권세를 주셨다. 바울은 자신의 사도직에 대하여 "사람들에게 난 것도 아니요 사람으로 말미암은 것도 아니요 오직 예수 그리스도와…하나님 아버지로 말미암아"(갈 1:1) 된 것이라고 주장하였다.

둘째, 그들은 그리스도에 대한 목격의 경험을 가졌다. "자기와 함께 하시고 또 보내사 전도로 하게"(막 3:14) 하려 함이었다고 한다. 또한 예수께서 죽으시기 직전에 "너희도 처음부터 나와 함께 있었으므로 증거하니라"(요 15:27)라고 말씀하셨다.

셋째, 사도들은 성령의 특별한 영감을 받았다. 요한 복음은 이렇게 말하고 있다.

> "내가 아직 너희와 함께 있어서 이 말을 너희에게 하였거니와 보혜사 곧 아버지께서 내 이름으로 보내실 성령 그가 너희에게 모든 것을 가르치시고 내가 너희에게 말한 모든 것을 생각나게 하시리라…내가 아직도 너희에게 이를 것이 많으나 지금은 너희가 감당치 못하리라. 그러하나 진리의 성령이 오시면 그가 너희를 모든 진리 가운데로 인도하시리니…"(요 14:25, 26, 16:12, 13).

그리고 사도들은 이적을 행할 능력을 받았다.

5) 예수 그리스도를 전한 사도들의 권위

사도들의 독특성은 두 가지로 확증된다. 첫째, 그들은 자신들이 그것을 알고 신약성경에 스스로 느낀 사도의 권위를 표시하였다.

> "너희에게 대하여는 우리의 명한 것을 너희가 행하고 또 행할 줄을 우리가 주안에서 확신하노니…형제들아 우리 주 예수 그리스도의 이름으로 너희를 명하노니…우리가 너희와 함께 있을 때에도 너희에게 명하기를…이런 자들에게 우리가 명하고 주 예수 그리스도 안에서 권하기를…누가 이 편지에 한 우리 말

을 순종치 아니하거든…"(살후 3:4, 6, 10, 12, 14).

또 하나는 초대 교회가 사도들의 권위를 인정하였다는 점이다. 주후 4세기에 교회가 어떤 책이 신약성경에 포함되고 어느 책이 제외될 것인지 정하게 되었을 때, 그들이 사용한 척도는 그 책의 '사도성'이었다. 즉 사도에 의하여 기록되었거나 사도들의 주변에서 나와 그들의 권위로 인준되었는가 하는 점이었다. 그리스도께서 구약의 권위를 인준하셨다. 그는 또한 사도들에게 자기 이름으로 가르치도록 권위를 주심으로 신약을 준비시켰다. 그러므로 우리가 그리스도의 권위에 복종하려면 성경의 권위에 굴복해야 한다. 이 결론을 받아들일 수 없다면 우리가 취할 수 있는 입장은 두 가지다. 첫째는 그리스도가 성경관에서 틀렸다고 하는 것이다. 그러나 예수 그리스도는 오직 아버지께서 자기에게 가르치라고 주신 것만을 가르치신다고 주장하셨다(요 7:14, 12:49, 17:8). 그러므로 그는 한 번도 그릇된 적이 없으며 그의 교훈은 참될 수밖에 없다. 두 번째는 예수는 성경이 순전히 하나님의 말씀이 아니며 믿을 만한 것이 못 됨을 잘 아셨으나 당대인들이 그렇게 믿었으므로 그들의 생각에 맞추신 것뿐이라는 주장이다. 그러나 이 이론은 그리스도의 인격을 떨어뜨리고 그가 진리이시며 진리를 가르치신다는 주장과 일치할 수 없게 만든다.

그러므로 우리는 다음과 같은 결론을 자연히 내릴 수 있다. 첫째로 성경의 권위에 대한 인정은 그리스도인으로서 마땅히 해야 할 일이다. 성경이 기록된 하나님의 말씀이라는 전통적인 성경관은 예수님께서 말씀하신 그의 성경관이며, 기독교의 성경관이다. 둘째로 성경에는 우리의 이성으로 해결할 수 없는 문학적, 역사적, 신학적, 도덕적 문제들이 포함되어 있다. 그러나 지성적인 양심으로도 우리는 성경의 유일한 권위를 인정할 수 있다. 만약 누군가 모순되는 듯한 문체나 문서 비평의 문제를 가져온다고 한다면 먼저 우리는 그 문제와 씨름해서 새로운 빛을 찾을 수 있을 것이다. 그렇지 못하더라도 수많은 문제에도 불구하고 예수 그리스도께서 하나님의 사랑을 가르쳤고 보여주신 한 가지 이유만으로 그에 대한 우리의 신앙을 견지하는 것과 같이 말씀에 대한 신앙을 가질 것이다. 그리스도를 따라가는 것은 항상 맑은 정신으로 행하는 겸손한 기독교적 사실주의에 입각한 것이다. 셋째로 권위 문제의 최종 문제는 예수 그리스도께서 주님 되심에 관계된다. "너희가 나를 선생이라 또는 주라 하니 너희 말이 옳도다 내가 그러하다"(요 13:13). 그러므로 우리는 선생으로서 예수님에게 우리의 마음을, 나의 주로서의 그분에게 우리 의지를 복종시켜야 한다. 결론적으로, 우리는 그리스도의 권위에 머리 숙이기 때문에 성경의 권위에 머리 숙일 뿐이다.

4. 성경은 어떻게 해석되어야 하는가?

하나님께서는 우리가 성경을 해석할 때 때때로 해석하기 어려운 절을 서툴게 읽거나 어설프게 주석한 것이라도 축복해 주신다. 그러나 이 말은 성경을 해석할 때 부주의해도 된다는 말은 아니다. 우리는 하나님께서 성경에 말씀하시고 지금도 말씀하시는 그것을 찾기 위해 어떤 노력과 수고도 아끼지 말아야 한다. 하나님의 말씀에는 절대 오류가 없고 과오가 없다. 그런데 종종 성경을 잘못 해석하여 말씀 자체를 그릇되게 적용함으로 사회에 무리를 일으키는 경우를 종종 본다(예: 이단 종파의 경우). 그래서 하나님께서는 우리가 진리를 깨닫고 악한 형태의 그릇된 해석에 빠지지 않도록 길을 마련해 주셨다. 즉 우리에게 세 사람의 스승과 세 가지 원칙을 주셨다. 이것을 살펴보도록 하자.[7)]

1) 진리의 성령

성경 해석의 첫째 스승은 성령님이시다. 어느 책이나 그 책의 가장 훌륭한 해석자

7) John Stott, *Understanding the Bible*(「성경 연구 입문」, 최낙재 역, 서울 : 성서유니온, 1975), 215-221 참조.

는 저자이듯이 성경 저자들이 자기 자신의 충동으로가 아니라 성령의 감동(벧후 1:21)을 따라 말하였다. 그러므로 성경 해석자는 성령님이시다. 하나님의 진리를 사람에게 전하는 성령의 일에는 두 가지가 있다. 먼저 객관적인 단계로는 성경에 기록된 진리를 열어 보여 주시는 계시이다. 둘째 주관적인 단계는 우리 마음을 밝혀 주는 조명이다. 그런데 성경 66권이 완성됨으로 성령께서 주시는 계시는 끝났다. 그러므로 또 기록된 성경 이외에 다른 계시를 운운하는 것은 대단히 미신적인 것이요 비성경적이다. 대부분의 이단들은 또 다른 계시를 주장하고 있다. 그러므로 우리는 성령께서 '계시되고 기록된 말씀'을 깨닫게 해주신다는 의미에서 '조명'이라는 단어를 사용해야 한다.

그렇다면 성령님은 어떤 사람을 조명하실 것인가?

첫째로, 성령은 중생한 자를 조명하신다. 사람이 거듭나지 아니하면 하나님 나라를 볼 수 없다(요 3:3). 또한 육에 속한 사람(자연인, 비중생자)은 하나님의 성령의 일을 받지 못한다. 왜냐하면 저희에게는 미련하게 보임이요 또 깨닫지도 못하므로 이런 일은 영적으로라야 분별할 수 있기 때문이다(고전 2:14). 그러므로 성령은 중생한 사람을 사용하신다.

둘째로, 성령은 겸손한 자를 깨닫게 하신다. 성경을 깨닫는데 가장 큰 방해물은 교만이다. 겸손보다 더 중요한 조건은 존재하지 않는다.

> "천지의 주재이신 아버지여 이것을 지혜롭고 슬기 있는 자들에게는 숨기시고 어린아이에게는 나타내심을 감사하나이다 옳소이다 이렇게 된 것이 아버지의 뜻이니이다"(마 11:25, 26).

하나님께서 당신을 숨기시는 지혜롭고 슬기 있는 자들이란 지적으로 교만한 자요, 어린아이들이란 겸손하고 신실한 자들이다.

셋째로, 성령은 순종하는 자를 조명하신다. 하나님의 뜻을 행하기를 원하는 자가 하나님의 교훈이 참인지를 알 것이며 순종으로써 그에 대한 사랑을 증명하는 자에게 당신을 나타내 보여 주시겠다고 주님은 약속하셨다(요 7:17, 14:21). 반대로 불순종하는 양심을 거스르는 자는 신앙의 파선을 당한 자들이다(딤전 1:19).

넷째로, 성령은 다른 사람에게 말씀을 전달하는 자에게 빛을 주신다. 성령이 우리에게 주시는 깨달음은 개인적인 향유만을 위한 것이 아니다. 타인과 더불어 나눠 갖도록 하기 위함이다. 우리는 그것을 맡아 간직하고 있을 뿐이다. 사도들은 자기들이 무엇을 듣고, 어떻게 들었는가에 주의했어야 했다. 그들은 주님의 교훈을 잘 들었다가 그것을 전달할 책임이 있었다. 그렇지 않으면 그들은 더 받을 수 없었다.

2) 우리 자신

우리 자신이 성령께 의지하여 스스로를 가르쳐야 할 필요가 있다. 하나님의 교육과정에서 수동적이기만 한 것이 아니라 우리 자신의 지각을 책임있게 사용하도록 되어 있다. 성경 자체가 하나님께서 주시는 말씀에 복종하고 이해하고 실생활에 관련시키기 위해서 그리스도인에게 성심으로 마음을 기울일 것을 강조한다. 예수는 사도들이 깨달음이 없는 것과 상식조차 없음을 책망하셨다(막 8:17-21). 또 어찌하여 옳은 것을 스스로 판단치 아니하느냐고 책망하셨다(눅 12:57). 또 바울은 독자들에게 다음과 같이 호소한다: "나는 지혜 있는 자들에게 말함과 같이 하노니 너희는 내 이르는 말을 스스로 판단하라"(고전 10:15, 11:13 참고).

즉, 성경의 이해를 증진시키는 방법으로 우리는 기도와 묵상이 필요하다. 이것은 우리가 마음을 기울여 성경을 이해해야 하며 거기 기록된 것을 깊이 생각하는 것을 말한다. 기도와 묵상이 없는 지적인 성장은 교만하고 자만심이 가득한 자로 만들 수도 있다. 그러한 자만심은 우리의 영적인 성장을 방해한다. 그러므로 하나님의 말씀 안에서 성장하기를 원하는 자는 겸손한 마음으로 말씀을 대해야 할 것이다.

3) 교회의 가르침

우리의 셋째 스승은 교회이다. 우리가 지식에 넘치는 그리스도의 사랑을 알아 그 넓이와 길이와 어떠함을 능히 깨닫는 것은 개인으로뿐 아니고 모든 성도와 함께 하는 것이다(엡 3:18, 19). 성령의 성경 영감은 유일한 것이었지만 그의 가르치는 사역은 마지막 사도의 죽음으로 끝난 것이 아니다. 이제는 계시가 '조명'으로 변하였다. 목회 사역은 가르치는 일이요, 목사와 교사는 승천하신 그리스도가 자기의 교회에 내려 주시는 선물이다(엡 4:1, 12). 그러므로 우리가 서로 주의하여 듣고 서로에게서 배워야 한다. "그리스도의 말씀이 너희 속에 풍성히 거하여 모든 지혜로 피차 가르치며 권면하고…"(골 3:16). 우리는 성경을 깨닫기 위하여 주께서 우리 앞에 놓으신 모든 보조 자료를 이용해야 하겠다. 성경을 읽을 때 매우 주의하지 않으면 성경 말씀의 뜻을 자기 마음대로 해석하게 된다. 그러나 성경을 읽을 때 세심하고 정직하게, 또 건전한 해석의 원칙을 지키면 성령이 우리를 주장하고 지도함을 볼 것이다.

4) 성경 해석의 원칙들

성경은 성경으로 해석해야 한다. 그 이유는 성경해석에 있어서 최상의 길잡이는 바로 성경 그 자체이기 때문이다. 따라서 우리는 성경을 읽을 때마다 그 성경 본문이 실제로 말씀하시는 바에 주의를 기울이지 않으면 안 된다. 이러한 해석을 위해서 우리는 다음과 같은 해석의 원칙이 필요하다.

성경 해석의 첫번째 원칙은, 문자적으로, 문법적으로 해석해야 한다. 이것은 성경의 '자연스러운' 뜻을 찾으라는 것이다. 이것을 보통 "단순성의 원칙"이라 부른다. 성경에는 실질적으로 성경을 구성하는 단어들에 담긴 뜻 이외에는 다른 의미가 없다. 우리가 어떤 사람의 생각을 해석할 때 그가 말하고 기록하는 단어들을 정확하게 이해할 필요가 있다. 우리가 그가 말하는 언어와 그 언어의 관용법을 그 이념과 표현의 통상적인 사용과 취지 대로 이해하지 못한다면 우리는 즉각적으로 그 사람의 생각을 해석할 수 없다. 하나님은 자기 계시의 전달 기구로 인간 언어를 택하셨다. 성경은 인간 언어로 쓰였기에 그것을 공부할 때 다른 책과 같이 단어와 문법과 문장의 일반 법칙에 주의해야 한다. 원어인 히브리어나 희랍어의 지식이 무엇보다 필요할 것이다. 그러나 우리는 한글을 사용하므로 정확한 현대 번역본이 필요하다. 비록 대중적인 의역본도 중요하지만 주의 깊고 학적인 번역본 이상 더 좋은 것은 없다. 그리고 분석적인 성구 사전도 매우 귀중한 자료이다. 성경 본문의 단어와 문자를 읽을 때 우리는 먼저 명백하고 자연스러운 뜻을 찾아야 한다. 존 칼빈(John Calvin)은 이렇게 말하였다.

> "성경의 참뜻은 자연스럽고 분명한 것임을 알아야 한다. 그리고 그것을 품고 끝까지 견지해야 한다. 자연스러운 의미에서 떠나게 하는 가장된 해석들을 의심스러운 것으로 무시할 뿐 아니라 치명적인 부패로 알고 과감하게 떨쳐 버려야 한다."

성경의 자연스러운 뜻을 찾고자 함은 반드시 글자 그대로의 뜻을 따르라는 것을 의미하는 것이 아니다. 때로는 자연스러운 것은 글자 그대로이기보다는 표상적이기 때문이다. 예수께서도 말씀을 듣는 자 중에 어떤 사람이 지나친 문자주의에 빠짐을 책망하셨다. 주님이 즐겨 쓰신 교훈의 방식은 비유였으며 가끔 풍유를 쓰셨다. 성경에는 또 은유적인 표현이 풍부하다. 따라서 각 은유마다 어떤 점에서 유사성을 찾을 것인가를 연구할 필요가 있다. 우리는 성경이 정하는 한계를 넘어서 유사점을 찾는 일을 피해야 한다. 그러면 어떤 말씀이 문자적이고 어떤 것은 우화적인지 어떻게 알 것인가? 근본적인 해답은 자연스러운 뜻을 좇는 데 있다. 보통은 '상식'이 좋은 인도자가 된다. 특별히 저자가 말한 의도가 무엇이었는지를 생각해 봄이 현명하다.

성경 해석의 두 번째 원칙은 성경 본래의 뜻을 찾아야 한다는 것이다. 이것은 "역사의 원칙"이라 부른다. 역사의 원칙은 대단히 중요하다. 이것은 내가 강해하고자 하는 구절에서 성령님의 뜻이라고 믿어지는 것 이상이나 그 이하를 말하지 않으려 하는 것이다. 다시 말해 성경을 해석하는 데 있어서 과학적이며 역사적인 방법은 성경 저자들이 말하고자 했던 것들을 제대로 말하도록 하는 것이다. 현재 자기 자신은 이렇게 말했을 것이라든지, 혹은 성경 저자가 이렇게 말해 주었으면 하는 자기 자신의 생각과 실제로 성경 저자가 말한 것과는 분명하게 구별해야 한다는 것이다. 우리가 저자의 마음과 그 시대로 돌아가서 그의 처음 독자들 가운데 있는 것처럼 그의 말을 경청하려면, 특히 저자의 상황, 문체와 언어를 숙고하지 않으면 안 된다.

첫째 상황에 관하여 문학적, 역사적 비평의 정당한 기능은 연구하려는 성경책의 상황을 재구성하는 일이다. 누가 누구에게 썼는가? 어떤 환경에서 썼는가? 무슨 이유로 썼는가? 즉, 구약 선지자들의 글을 읽을 때 우리가 그들이 이스라엘 역사의 어느 시기에 활동하였는지 밝히면 많은 빛을 얻게 될 것이다. 둘째로 문체에 관하여는 성경 각 책의 문학적 유형에 유의함이 중요하다. 셋째로 언어의 문제이다. 모든 인간의 언어는 살아 있고 변하는 것이다. 예를 들면 '사랑'이라는 단어를 성경에서 찾아보면 우리말로는 다 '사랑' 이라고 번역되었지만 신약에서는 4가지의 다른 희랍어가 사용되었다. 첫 번째는 에로스(ἔρως)다. 이 말은 통상적으로 육체적 혹은 성적인 매력을 말하는 데 사용된다. 일반적으로 남녀 간의 사랑을 일컫는다. 지성보다는 감정의 행동이다. 둘째는 필리아(φιλία)이다. 이것은 교제를 맺는 것을 의미하는데 성적인 면에 강조점을 두지 않는다. 성인들의 결혼관계를 나타나는 경우에도 사용된다. 필라델피아는 필리아(φιλία)와 아델포스(ἀδελφός, 형제)가 합쳐진 말로 '형제 간의 사랑'을 의미한다. 셋째는 스톨게(στόργη)이다. 이것은 일반적으로 가족생활의 희비애환을 주고 받는 과정에서 형성되는 애정을 언급하는 데 사용되는 단어이다. 부모님들의 자식 사랑을 언급할 때나 자식들이 부모님들을 사랑할 때 사용된다. 마지막으로 아가페(ἀγάπη)이다. 이것은 조건 없는 사랑을 의미한다. 인류에 대한 하나님 아버지의 사랑을 표현할 때 사용된다. 또한 그리스도인들이 서로에 대해 가져야 할 사랑을 묘사할 때도 사용된다. 그러므로 성경을 해석할 때 언어의 문제 역시 중요한 요소로 대두된다.

성경 해석의 세번째 원칙은, 우리는 성경의 일반적인 뜻을 찾아야 한다. 이것은 보통 "조화의 원칙"이라 부른다. 만일 성경이 하나님의 말씀이고 유일한 신령한 마음의 표현이라면 성경이 말씀하는 모든 것이 진리이어야 하며 부분과 부분 간의 모순은 있을 수 없을 것이다. 성경은 유일한 신령한 마음의 통일된 표현이기 때문에 성경해석의 무오한 법칙은 성경 자체이다. 따라서 어떤 성경이 진정하고 완전한 의미에 대한 문제가 있을 때에는 더 명확하게 말하는 다른 곳들을 찾아야 한다. 여기에서 두 가지 원리가 나온다. ① 모호한 내용은 명확한 내용에 비추어 해석되어야 한다. "이 경우에 있어서의 법칙은 우리가 어떤 모호하거나 어려운 성경 구절에 의미를 첨부하는 것이 아니라 다른 표현과 명확한 증거들과 조화하는 것이다. 왜냐하면 인간들에게 있어 그러한 구절들에서 특별한 의미들을 끌어내고 다른 곳에서 확인하지 않는 것은 위험한 호기심이기 때문이다. ② 지엽적인 모호한 표현들은 근본적인 확실성들과 조화시켜 해석되어야 한다. 따라서 신앙의 원칙들, 신도에 규정된 요리문답의 요점들, 주기도문, 십계명 그리고 성례의 교리와 일치되지 않는 본문 해석은 옳지 않다.

이러한 성경 해석의 3가지 원칙(단순성의 원칙, 역사의 원칙, 조화의 원칙)은 임의로 만든 것이 아닌 하나님의 기록된 말씀으로서 성경 자체의 성격에서 나온 것임을 알 수 있다.

하나님께서 자기의 계시가 보통 사람들에게 쉽고 곧 알 수 있는 내용의 전달이 되도록 원하셨음을 믿기 때문에 우리는 자연스러운 뜻을 찾는다. 우리가 원래의 의미를 찾는 것은 하나님께서 자기의 말씀을 맨 처음 들었던 사람들을 위해 하셨고 그래서 다음 세대가 그 말씀을 받으려면 오직 그것을 역사적으로 이해함으로써만 가능함을 믿기 때문이다. 이러한 일반적인 의미를 찾는 것은 하나님은 자기 모순이 없으며 그의 계시도 항상 일관성이 있기 때문이다. 우리는 이 3가지 성경 해석 원칙에 근거하여 성경 안에서 그리스도를 찾아야 한다. 그리스도는 모든 성경의 진정한 내용이시다. 모든 성경은 그리스도를 증거하기 위해 기록되었다. 그리스도는 "성경 전체의 개요로서 예언되고 예시되고 예표되고 제시되고 증거되시며 모든 페이지, 거의 모든 행에서 발견되신다." "왜냐하면 성경은 곧 아기 예수의 강보와 같은 것이기 때문이다."

그 다음은 적용이다. 왜 성경을 제대로 해석하기를 원하는가? 올바르게 현실적으로 적용하기 위함이다. 올바른 성경의 적용을 위해서는 인간들의 심령뿐만 아니라 머릿속에 무엇이 존재하는지 알아야 한다. 이러한 올바른 적용을 위해서 우리는 다음과 같은 여섯 가지의 질문을 해야 한다.

① 이 말씀은 실제적으로 무엇을 의미하는가?
② 다른 성경은 이 본문의 설명에 어떤 도움을 주는가?
③ 이 본문은 하나님에 대해 그리고 하나님과 관련해서 인간에 대해 어떤 진리들을 가르치는가?
④ 이 진리들은 그리스도의 구원하시는 역사와 어떻게 관련되는가? 그리고 그리스도의 복음은 이 진리들의 설명에 어떤 도움을 주는가?
⑤ 이 진리들은 어떤 경험들을 묘사하거나 서술하거나, 또는 창조하거나 고치고자 하는가? 이 진리들은 어떤 실제적 목적을 위해 성경에 존재하는가?
⑥ 이 진리들은 우리의 실제적 상황에서 어떻게 나 자신과 타인들에게 적용되는가? 이 진리들은 현재의 어떤 인간의 상태에 대해 말하며 우리에게 무엇을 믿고 행하라고 말하고 있는가?

5. 인생에 있어서 성경을 어떻게 적용할 것인가?

성경에서 우리가 유익을 얻느냐 얻지 못하느냐 하는 것은 선포된 성경의 메시지에 대하여 우리가 어떤 반응을 보이느냐에 달려 있다. 성경에 나타난 하나님의 탄식 중의 하나는 그의 백성이 계속적으로 그의 말씀에 귀를 막고 듣지 않는다는 사실이다. 그래서 선지자들은 이스라엘을 향하여 이렇게 호소하였다.

성경을 읽는 가족

"너희가 오늘날 그 음성 듣기를 원하노라"(시 95:7).

결국 하나님의 말씀에 대하여는 인간이 할 일이란 그것을 받아들일 것인가 아니면 거절할 것인가 하는 이 두 가지 태도밖에는 없다. 그렇다면 하나님의 말씀을 받아들인다는 것은 무엇을 의미하는가?

이것은 하나님의 말씀들을 아는 것으로는 충분하지 않고 행함이 있어야 한다는 것을 전제한다. 신약에 의하면 진리란 '아는 것'으로 끝나는 것이 아니라 '행하는 것'이다. 그래서 야고보는 다음과 같이 강력하게 말하였다. "너희는 도를 행하는 자가 되고 듣기만 하여 자신을 속이는 자가 되지 말라"(약 1:22).

결국 진리를 행한다는 것은 하나님께서 선포하신 말씀대로 행하면 되는 것이다. 이것은 그 메시지를 행동으로 옮기는 것을 의미한다. 성경은 우리가 '행해야' 하는 진리에 대하여 풍성하게 가르친다. 그러므로 성경을 통해 진리를 행하는 자의 모습은 어떤 것인가를 발견해야 한다. 다섯 가지만을 소개해 보도록 한다.

1) 예배

진리를 행하는 자의 첫 번째 모습은 '예배'에서 나타난다. 예배라는 말의 영어단어인 'Worship'은 원래 앵글로색슨어의 'weorthscipe, wyrthscipe'(worth, weorth, wurth: 가치, 존경 + scipe: 어떤 상황 등을 유발시키다, 만들다)에서 유래하였는데 이것이 'Worthship'으로 되었다가 다시 'Worship'이란 단어로 변화되었다. 이 말의 단어적 의미는 "가치를 돌린다, 어떤 사람에게 가치 혹은 존경을 주다"라는 것이다. 이 말은 간혹 영국에서 여러 시장들이 연설할 때 사용하곤 했다. 1549년부터 영국국

교도의 결혼식에서 "나는 그대를 내 몸으로 존경(worship)합니까?"라는 맹세를 했다. 이 경우에는 한 사람이 몸으로 다른 사람을 존경하고, 가치를 높인다는 의미이다. 이런 맹세를 한국에서는 하지 않고 있고 생략되어지고 있다. 어쨌든 이 'Worship'라는 단어의 기본 개념은 "가치를 드린다, 혹은 존경을 표한다"라는 의미이다 이와 같이 하나님께 대한 예배(Divine Worship)도 '하나님께 최상의 가치를 돌리는 것'(to ascribe to Himsuprene worth)을 의미한다. 이것은 시편 기자의 말대로 그의 이름에 합당한 영광을 주님께 돌리는 것을 말한다(시 29:2).

예배의 본질은 은혜의 계약에 기초하여 즉 그리스도를 중보로 한 '하나님과 사람과의 만남' 곧 '예배를 드리는 자와 예배를 받는 분과의 교제 혹은 만남'이다. 예배는 신앙에 있어 불가결한 표현이다. 그러면 어떠한 방법으로 하나님의 절대적 가치를 인정할 것인가? 이것은 본질적으로 가치의 일반적인 표현 방법인 헌금을 통하여 표현된다. 헌금에는 자신을 하나님께 드린다는 뜻이 있다. 자신을 드림은 자신의 생명이 하나님의 것임을 인정하는 것이다. 헌금은 자신의 생명뿐 아니라 이 세상 모두가 하나님의 것임을 인정하는 뜻도 포함한다. 시편 기자는 "예물을 가지고 그 전에 들어갈지어다"(시 96:8)라고 말씀했다.

예배는 그리스도를 통한 하나님과의 만남이다. 여기에는 필연적으로 신적인 부분과 인간적인 부분이 포함된다. 예배에서의 신적인 부분은 성경봉독, 설교, 성례, 축도 등으로서 하나님께서 말씀과 함께 인간에게 오는 것이다. 예배에서의 인간적인 부분은 기도, 찬송, 헌금 등으로서 사람이 하나님께 대한 믿음을 표현하는 것을 말한다. 예배는 어느 한쪽의 일방적 행위로 되는 것이 아니라 쌍방의 역사를 이루는 데 있다. 그러므로 하나님의 임재와 역사에 응답하는 것이 중요하다.

예배의 목적은 교파나 교회의 신학 사상에 따라서 조금씩 그 내용을 달리한다. 루터는 초기에 "죄인의 개종" 또는 "공중의 교육"이 예배의 목적이라 하였고, 경건주의자들은 "성도의 교제"가 예배의 목적이라고 하며, 개혁파 교회에서는 "하나님의 영광을 위하여"라고 한다. 예배의 궁극적인 목적인 "하나님의 영광을 위하는" 것은 교회의 건덕을 통하여 표현될 수 있다. 고린도전서 14장에서 사도 바울은 예배의 목적을 "교회의 덕을 높이는 것"이라고 하였다(고전 14:3-5, 26, 엡 4:11-16). 예배란 그리스도의 몸인 교회를 세우기 위하여 또 하나님의 영이 임재하실 교회를 세우기 위하여 제정된 것이다(엡 2:19-22). 그래서 예배를 통하여 성도가 완성되고 죄인을 회개케 하는 것이 또 하나의 목적이 된다.

또한 예배란 진리의 지식 없이는 불가능하다. 우리가 살아 계시고 참되신 하나님을 일단 알기 시작하였다면 우리는 그분을 예배해야 한다. 그리고 우리가 그분을 더욱 알면 알수록 우리는 그분께서 우리의 정성을 기쁘게 받으실 것이라는 것을 깨닫게 된다. '예배를 드린다'는 것은 하나님의 이름을 찬송하며, 그 존재와 행하심을 찬송하고 즐거워하는 것이다. 예배란 항상 우리가 깨닫는 하나님의 진리에 대한 반응이기 때문에 무엇보다도 하나님의 말씀이 하나님께 대한 예배를 일으킨다.

하나님은 예배에 있어서 알파와 오메가가 되시고 참 예배의 유일한 대상이시다. 예배의 주체는 하나님이시다. 인간이 예배를 드리는 것이 아니라 하나님께서 우리로 하여금 예배드리도록 인도하신다. 그러므로 인간은 한 주간의 생활을 통하여 하나님의 역사와 임재하심을 깨닫는다. 그리고 하나님께서 베풀어주신 축복에 감사하며, 하나님의 부르심에 대하여 신앙 안에서 응답하는 행동이 있어야 한다. 그 행동이 바로 예배인데 인간은 그 속에서 진정한 기쁨을 찾을 수 있다.

2) 회개

회개는 방향을 바꾸는 것이다. 즉 목표를 바꾸는 것을 의미한다. 니느웨 백성은 자신들의 푯대를 바꾸었다. 전에는 세상을 향하여 정신 없이 달려갔다. 인생의 행복을 세상에 맞추었다. 안목의 정욕을 따라 자신들의 목표를 추구했다. 절대 가치의 기준이 없기에 게걸스럽게 죄악을 먹고 마시며 즐겼다. 그런데 엄청난 변화가 그들 가운데 나타났다. 바로 하나님을 향하여 그들이 눈을 돌렸기 때문이다. 이제야 올바른 방향을 잡았다. 이와 같이 하나님을 향하는 의지적 결단이 회개의 첫걸음이다. 과감하게 돌아설 때 회개의 역사는 시작된다. 어두움의 권세를 잡은 이 세상의 권세자인 사단으로부터 돌아서서 살아계신 하나님을 향하여 나아갈 때 인생은 하나님을 온전하게 만날 수 있다. 이것은 정확히 말하면 세상을 하나님 아래에 두는 것을 의미한다. 그러기에 참된 회개는 세상 가운데서 세상을 딛고 하나님을 향하여 일어서는 것이다. 회개는 과거에서 현재로 이어지고 있는 자리에서 물러서는 실천적 행위이다.

우리가 방향을 바꾸어 하나님을 바라볼 때 죄로 오염된 우리 자신들의 실체가 적나라하게 폭로된다. 태양을 등지고 있을 때에는 어두움의 그림자가 실상을 가려 주었지만 이제는 밝은 빛에 확연하게 드러난다. 죄악의 추악함과 심판의 참담함에 떨며 통회의 몸부림을 치지 않고서는 견딜 수가 없다. 마음을 찢으며 참회의 눈물, 콧물로 뒤범벅이 된다. 재에 뒹굴며 애통하는 심령은 참으로 아름답다. 그러면 거기까지가 회개의 참 모습인가? 아니다. 그 다음은 자리를 털고 일어서야 한다. 새 포도주는 새 부대에 부어야 제격이듯 이제부터는 옛 죄악의 사슬들을 끊어 버리고, 악습을 반복하지 않고, 악한 길에서 돌아서서 멀찌감치 떠나야 한다. 이것을 성경은 '회개에 합당한 열매'(눅 3:8)라고 가르친다. 니느웨 백성들은 그동안 일삼아 왔던 악한 길에서 돌아서서 떠났다. 사기 쳤던 사람이 용서를 구하며 응분의 대가를 치른다. 작심삼일이 무색하게 도박을 즐기던 자가 손을 씻는다. 하루가 멀다 하고 아내에게 휘두르던 거친 손이 아내의 등을 토닥거리는 부드러운 손길로 바뀐다. 회개는 이전에 행하던 악한 길에서 떠나는 것이다. 여전히 습관적인 악행이 되풀이되고 있다면 참된 회개의 은총 가운데 머물러 있지 못함을 크게 통분해야 한다.

"만군의 여호와 이스라엘의 하나님이 이같이 말씀하시되 너희 길과 행위를 바르게 하라…"(렘 7:3). "내 목전에서 너희 악업을 버리며 악행을 그치고 선행을 배우며…"(사 1:16-17).

3) 믿음

믿음은 그리스도인 생활의 순전한 일부이다. 이는 믿음 없이는 하나님을 기쁘시게 못하기 때문이다. 그러면 믿음이란 무엇일까? 보통 믿음은 3가지의 요소를 가진다. 즉 '지적인 요소'(knowing), '정적인 요소'(feeling), '의지적인 요소'(doing)이다. 이 3가지 요소를 중심으로 믿음은 다음과 같이 설명 될 수 있다.

첫째로, 믿음의 지적인 면은 그리스도를 시인(인정)하는 것이다(롬 10:9-10). 그리스도는 사람일 뿐만 아니라 하나님이시라는 것, 그리고 그리스도는 우리의 죄를 속량해 주시기 위하여 죽으셨다는 것과 죽으셨다가 다시 사셨다는 것을 확신하고 시인하는 것이다.

둘째로, 믿음의 정적인 면은 예수 그리스도를 나의 구주로 영접하는 것이다(계 2:20).

셋째로, 믿음의 의지적인 면은 자기의 모든 것을 주님께 맡기는 것이다. 지금까지는 내 생활의 주인이 나 자신이었으나 지금부터는 예수 그리스도를 나의 신실한 주인으로 섬기며 그의 뜻을 순종함으로 나의 전체를 맡기는 생활을 사는 것이다(딤후 1:12). 그러나 궁극적으로 믿음은 하나님이 주시는 선물이다(엡 2:8, 고전 12:3, 롬 10:17). 성경 말씀에 "믿음은 바라는 것들의 실상이요 보지 못하는 것들의 증거니"(히 11:1)라고 정의하고 있다. 믿음은 다음 세 가지 사실을 함축하고 있다. 이 세 가지는 한 사람이 믿음을 갖는 데 다 필요한 것이다. 첫째, 하나님께서 사람들에게 계시하신 사실을 알아야 한다. 둘째, 이 사실들을 믿어야 하고 그것들이 참임을 인정해야 한다. 셋째, 이 사실들을 그 자신을 위해 받아들여야 하고 그것들이 말하고 있는 주 예수 그리스도를 믿어야 한다. 이와 같이 믿음의 핵심은 오직 하나님 한

믿음은 말씀으로 비롯됨

분이시다. 하나님만이 완전하시고, 자기를 의뢰하는 자와 영원히 함께 하시며 우리를 향하신 그분의 약속은 영원히 변치 않는다. 바로 이점을 믿는 것이 믿음인 것이다.

4) 순종

교회가 아름답게 성장하는 곳에는 순종하는 성도가 있다. 그러면 누구에게 순종할 것인가? 첫째는 하나님의 말씀에 대해 무조건 순종하는 것이다. 둘째는 말씀을 전하는 목회자의 말씀에 순종하는 것이다. 성도의 가장 기본적인 신앙은 성경을 하나님의 말씀으로 믿어 그 말씀을 존중하고 마음에 깊이 새기는 것이다. 하나님의 말씀을 귀중하게 여기고 그 앞에서 옷깃을 여미는 순수한 믿음이 없이는 누구도 올바른 성도로 자랄 수 없다. 하나님의 말씀을 귀중하게 여긴다면 선포하는 하나님의 말씀 역시 하나님의 말씀으로 듣고 믿는 자세가 요구된다. 물론 여기에는 목회자가 감당해야 할 또 다른 차원의 두 가지의 조건이 있다.

첫째는 하나님의 말씀을 실천할 수 있도록 가르치는 것이며 둘째는 스스로 그 말씀을 실천하는 것이다. 하나님의 말씀이 선포될 때 성도들에게 실천할 수 있는 방법을 손에 쥐어 주지 못하면 그들은 듣기는 들어도 어떻게 행해야 할지 몰라 방황한다. 성도들에게 그들이 부닥치는 많은 상황 속에서 자신을 이기고 바르게 행동할 수 있는 방안을 올바르게 지도해야 하며, 그리고 그 모든 것은 하나님의 말씀을 기초로 하여 하나님의 의도를 드러내는 것이어야 하고, 실제 삶 속에서 어떻게 행동해야 하는가를 실제적으로 인식시켜 주어야 한다. 그러기 위해서 성도들에게는 누구인가 하나님의 말씀대로 살아 가는 모범이 있어야 한다. 이 본을 바로 목회자가 보여 주어야 한다. 그래야 성도들에게 순종을 요구할 수 있으며 순종하도록 가르

말씀의 열매는 순종

사무엘 선지자 없이 사울 왕이 희생 제사 지낸 장소 - 길갈

칠 수 있다. 순종에 대한 성경적인 예는 사무엘상 15:22에 잘 나타나 있다.

"사무엘이 가로되 여호와께서 번제와 다른 제사를 그 목소리 순종하는 것을 좋아하심같이 좋아하시겠나이까 순종이 제사보다 낫고 듣는 것이 숫양의 기름보다 나으니."

구약 시대에는 하나님 섬기는 방법으로서 짐승을 잡아 제사를 드렸었다. 따라서 사울은 블레셋과의 접전을 위하여 출정하기에 앞서 희생제사를 드려야 했다. 그런데 선지자와 제사장직을 함께 맡고 있던 사무엘은 예정된 때에 모습을 드러내지 않았다. 그러자 사울은 자신의 손으로 제사를 관장하기로 결정하고 직접 희생제사를 드렸던 것이다. 사무엘이 마침내 그 장소에 나타났을 그 때에 그는 순종이 제사보다 낫다고 선언하였다. 즉 본 구절에 보면 하나님께서는 짐승을 잡아 제사 드리는 것보다도 하나님 말씀을 순종하는 것을 더욱 좋아하신다고 말씀하신 것이다. 하나님 말씀은 처음에는 듣고 다음에는 순종하고 그 다음에는 실천하는 것이다. 또는 순종과 실천을 같이 볼 수도 있다. 순종이 실천이 되고 실천이 곧 순종이 될 수도 있다는 말이다. 그러면 순종의 반대는 무엇일까? 바로 거역이다. 거역에 대한 성경 구절은 사무엘상 15:23이다.

"이는 거역하는 것은 사술(邪術)의 죄와 같고 완고한 것은 사신 우상에게 절하는 죄와 같음이라 왕이 여호와의 말씀을 버렸으므로 여호와께서도 왕을 버려 왕이 되지 못하게 하셨나이다."

순종의 반대되는 말이 거역이고 거역의 반대되는 말이 곧 순종이 된다. 순종은 하나님을 공경하는 자들에게서 나타나는 행동이요, 거역은 악마 사단을 공경하는 자들에게서 나타나는 행동이다. 그러므로 순종은 이 세상에서도 모든 사람들에게 귀한 대접을 받고 거역은 모든 사람들에게 미움의 대상이 된다. 그뿐만 아니라 우리 기독교인들의 교회 생활에 있어서도 순종은 귀한 대접을 받는 대상이 된다. 만약 우리들 중에서 하나님을 거역하는 행위를 한다면 나의 믿음이 잘못된 것임을 깨닫고 반성해야 할 것이다. 하나님께 순종하는 길만이 행복해지는 길이요 거역하는 것은 괴로움에 빠지게 되는 길이기 때문이다.

5) 전도(증거)

'진리'는 숨겨지거나 독점되는 것이 아니다. 우리가 진리를 알거나 받았다면 그것을 전해 줄 책임이 있다. 왜냐하면 우리는 하나님의 비밀을 맡은 자들이기 때문이다(고전 4:1). 우리는 우리가 알게 된 예수 그리스도를 증거해야 한다. 증거나 간증이란 말들은 그 가치가 매우 전락되어 때로는 종교적 자서전 중 한 토막에 불과한 것으로 간주된다. 그러나 기독교의 증거는 그리스도를 증거하는 것이다. 우리가 전도해야 할 예수 그리스도는 우리의 개인 경험의 그리스도일 뿐 아니라 사도들이 증거했던 그리스도이다. 성경에 기록된 그리스도 이외에 다른 그리스도란 존재하지 않는다. 그러므로 우리가 증거하는 일을 한다면 그 증거는 또한 성경에 의존한 것일 수밖에 없다. 성경은 그리스도인의 생활 가운데 빼놓을 수 없는 위치를 차지한다. 하나님의 말씀은 예배하도록, 하나님의 경고는 회개하도록, 하나님의 약속은 믿음을 갖도록, 하나님의 계명은 순종하도록, 하나님의 진리는 증거 하도록 한다.

성경 없이는 그리스도인의 생활은 불가능하다. 하나님의 말씀은 마치 음식이 우리 몸에 필요하듯이 우리에게 반드시 필요한 것이다. 하나님은 그의 말씀으로 우리를 교훈과 책망과 바르게 함과 의로 교육하신다. 그리고 오직 그의 말씀을 통해서만 하나님의 사람으로 성숙하게 되고 "모든 선한 일을 행하기에 온전케"되는 것이다(딤후 3:17).

제2장 성경의 지리

Search the BIBLE Lands

'팔레스타인'(Palestine)이라는 말은 블레셋 족속(Philistines)에서 유래되었다. 주전 5세기에 그리스의 역사가 헤로도투스는 북쪽으로 페니키아와 레바논, 남쪽으로 애굽에 이르기까지의 전 지역을 지칭하는 말로서 팔리시스티네 시리아(Palaistine Syria)라는 용어를 사용했다. 헤로도투스가 정확하게 어떤 의미로 이 단어를 사용했는가 잘 알 수 없다. 그러나 주전 63년경 로마가 이 지역의 통치권을 장악하게 되었을 때에 프로빈시아 유대아(Provincia Judaea)라는 공식 명칭을 사용했다. 그러나 주후 135년 유대인들의 두 번째 반란을 진압한 후 하드리안(Hadrian) 황제는 '유다'라는 이름을 프로빈시아 시리아 팔레스티아(Provincia Syria Palaestina)로 바꾸었다. 이것이 나중에 팔레스타나로 줄어들게 되었고, 현재 사용되고 있는 '팔레스타인' (Palestine)이라는 말이 여기에서 비롯되었다.

팔레스타인은 지리적으로 중요한 곳이다. 특히 두 개의 대륙이 묘하게 집중되어 몰려드는 작은 접합점, 그리고 수많은 나라들이 왕래하는 세계의 골목길로서 그러하다. 이 지역은 주로 유럽과 아시아와 아프리카의 교량이자 완충 지대라는 그 전략적 위치 때문에 대단히 중요하였다. 그러므로 대륙과 문명의 다리로서 그리고 성경을 아는 지식으로 세계 모든 민족의 족보를 볼 수 있는 곳이다. 그리고 바다와 사막의 사이에 펼쳐진 지역으로 인한 특이한 기후 때문에 분쟁이 일어나기도 하였다. 팔레스타인은 이와 같이 그 지역이 제한되어 있음에도 불구하고 많은 작은 지역들로 나누어져 있는데 이 작은 지역들은 서로 전혀 판이하다. 이 땅은 경도 상으로 해안 평야 지대, 중앙 산맥 지대, 요단 계곡, 트랜스 요르단 고지대이다.

팔레스타인의 지정학적 위치

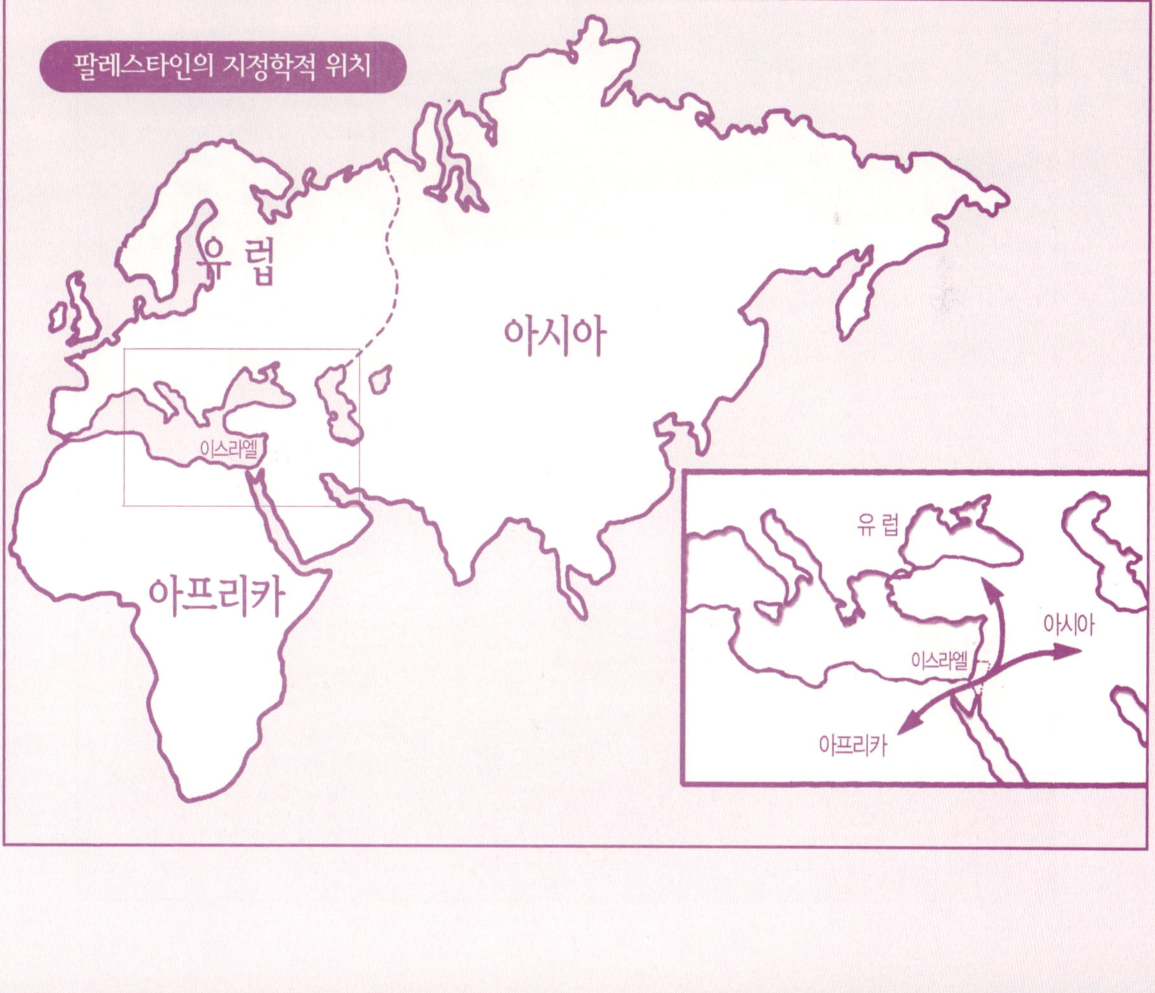

팔레스타인의 지형도(구약)

해발고도 단위는 미터(m)임

팔레스타인 지형은 대해(지중해)로부터 해안평야지대, 중앙산악지대, 요단계곡, 트랜스요르단 지역으로 분명한 지형을 형성하고 있다.

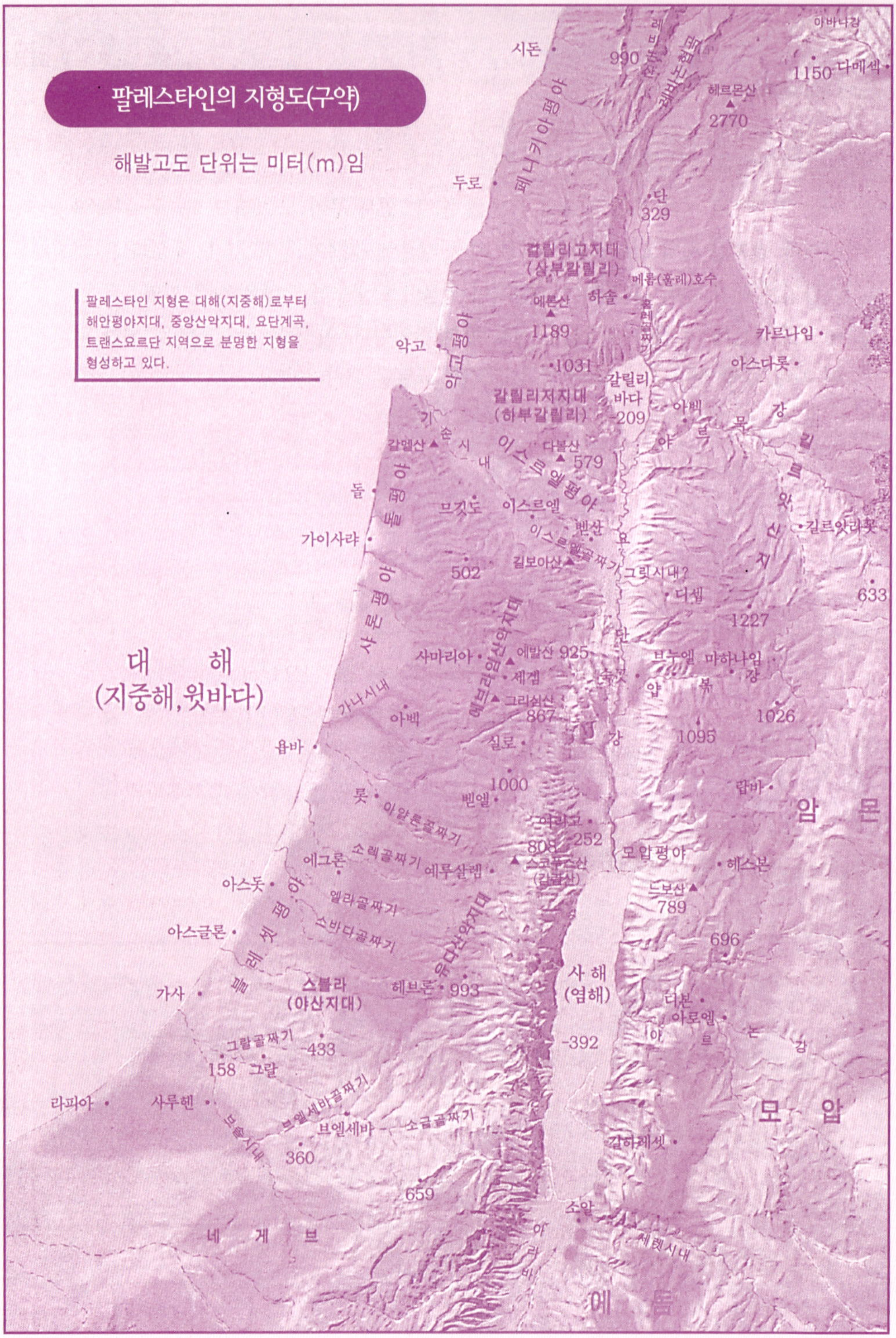

1. 해안 평야 지대

이스라엘의 해안 지역은 아셀지파가 분배받았다(수 19:24-31). 다윗 왕 때에는 이 지역이 이스라엘의 관할 하에 들어오게 된다. 해안에서 조금 떨어진 아주 조그만 섬 위에 중요한 페니키아의 항구 두로가 있다. 두로 왕 히람은 다윗과 솔로몬으로 더불어 동맹을 맺었고(삼하 5:11, 왕상 5:1-2) 솔로몬 왕에게 예루살렘 성전을 짓는데 필요한 재료와 숙련된 일꾼들을 공급해 주었다. 두로와의 이런 인연은 약 100년후 아합시대에까지 튼튼하게 이어졌다. 아합 왕의 아내였던 악명 높은 이세벨은 두로와 시돈의 왕 엣바알의 딸이었다(왕상 16:31). 악고 평야는 최북단에 위치하고 있는 해안 평야로서 북쪽의 라스 엔-나쿠라 벼랑과 남쪽의 갈멜 산에 의해 분계된다. 악고는 팔레스타인에서 가장 중요한 항구 도시들 가운데 하나이며 인구가 조밀한 지역이다. 또한 중요한 두 번째 지역은 악삽으로서 평야 북부에 있는 항구 성읍이다. 이곳은 성경 시대에 남부 악고 평야에서 가장 중요한 도시였다.

1) 이스르엘 계곡

이 계곡은 중부 산맥을 양분하고 있는 가장 큰 계곡이며 요단 골짜기와 해안 지역을 연결해 주는 유일한 계곡이다. 이 계곡은 이스라엘 왕국 시대에 이름이 붙여졌다. 이 이름을 따서 지은 이스르엘은 아합 왕 당시 이스라엘의 제 2수도가 되었다. 아합 왕은 그 곳에 왕 소유의 땅을 가지고 있었다(왕상 18:46, 21:1-2). 그곳은 또한 예후가 아합 왕조를 쓸어버릴 때 끔찍한 피흘림의 장소가 되기도 했다(왕하 9:30-10:11). 이스르엘은 그 계곡의 동쪽 맨 끝에 그리고 길보아산 정상보다 높은 고지에 위치하고 있다. 이 골짜기는 충적토가 많다는 점과 해변 길의 중요한 지로(支路)들이 있다는 점에서 중요하다. 이 골짜기의 주요 도시들은 욕느암, 므깃도, 다아낙, 이블르암으로서 서쪽 방면을 따라 있었다. 이곳에서 결정적인 전투들이 많이 있었으며, 경

❶

❷

❸

❶ 므깃도 발굴현장 ❷ 이스르엘 평원 ❸ 길보아 산

쟁 세력들의 주 목표였다. 특히 므깃도는 이스르엘 계곡과 해안을 이어주는 요로의 북단에 아주 전략적으로 위치하고 있는 곳이었다. 이 땅을 정복하던 시기에 므낫세 지파는 므깃도 및 그 지역의 다름 성읍들을 가나안 사람들로부터 탈취하지 못했다(수 17:16, 삿 1:27). 이 성들은 다윗에 의해 왕국에 합병되었고 므깃도는 솔로몬 시대에 재건되었다(왕상 9:15).

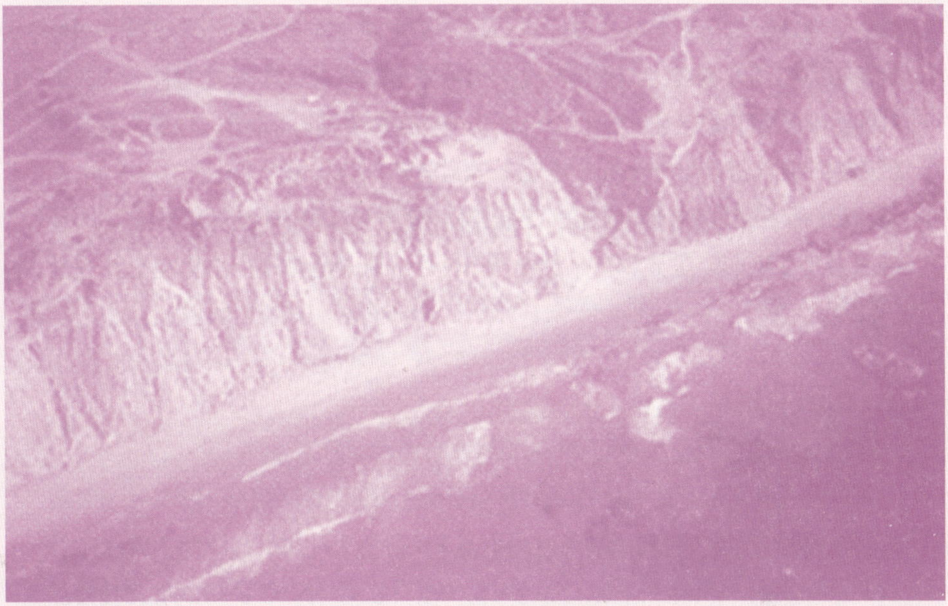

위에서 바라 본 샤론 평야

2) 샤론 평야

갈멜 산맥으로부터 욥바 지역에까지 이르는 해안 평야이다. 이 이름(대상 5:16)은 '평평한 지방'이라기 보다 '산림지역'이라고 하는 것이 성경에 암시하는 표현에 맞다고 할 수 있다(사 33:9, 35:2). 샤론 평야 서부에는 거주자들이 거의 없었고, 주로 하상에 따라 집중되어 "샤론에서 먹이는 소 떼들"(대상 27:29)에게 좋은 지역이 있었다. 주요한 항구로는 돌과 욥바가 있었다. 이 도시들은 남 왕국과 북 왕국의 주요 항구 도시의 역할을 했었다.

3) 블레셋 해안

최남단의 해안 지역으로서 블레셋 족속은 주전 12세기 기간 동안 정착했다. 결국 이곳에 정착한 그들로 인하여 그들의 이름이 로마 세계의 중개를 통해서 전 지역에 적용되었다. 해안 평야는 남쪽에서 넓어지며 충적토와 황토와 섞여 있는 땅이므로 사람들의 통행이 보다 용이했다. 그리고 가사 지역으로 내려갈수록 강우량은 충분하여 평야지대의 풍작을 거두기에 좋았다. 최남단의 해안도시인 가사는 그 지역의 중심지였으며, 이집트 지배 하에서는 가나안의 지방 중심지로서의 역할을 했다. 아스글론은 블레셋의 주요 항구였으며, 갓과 에그론은 유대 쉐펠라에서 주요 경쟁의 대상이었다.

4) 쉐펠라

해안 평지와 중앙산지 사이에 위치한 쉐펠라는 아얄론 계곡에서 시작하여 남쪽으로 뻗어 있다. 구약 시대에 쉐펠라는 아주 풍요로운 농업지역이었다. 이 지역은 올리브 나무와 특히 무화과 나무들로 유명하였으며(대상 27:28, 왕상 10:27), 고대에는 인구가 조밀한 지역이었다. 남부 해안 평야와 중앙 산지 사이에 위치한 쉐펠라는 아

쉐펠라

얄론 계곡에서 시작하여 남쪽으로 뻗어 있다. 쉐펠라란 '저지대'라는 뜻인데 대개 영어 성경에는 번역이 되지 않고 있다. 한글 개역에는 '평지', '평야' 등으로 번역되었다. 쉐펠라는 낮고 둥근 산들로 이루어져 있으며 그 산들은 넓고 비옥한 계곡들에 의해 이쪽저쪽으로 나뉘어 있다. 쉐펠라는 블레셋 족속 등으로부터 방어 역할을 하는 유대 왕국의 가장 소중한 지역이었다. 쉐펠라는 유다, 베냐민, 단 지파의 영역에 속했다. 그 안에는 중요한 도시들이 많이 들어 있는데 특히 예루살렘 다음으로 유다의 가장 중요한 도시가 되었던 라기스가 있었다. 농업적인 중요성, 그리고 접경지역이라는 이유 때문에 쉐펠라는 종종 이스라엘과 블레셋의 싸움의 요충지가 되었다.

5) 서부 네게브

연중 강우량이 300mm와 100mm 선 사이에 있는 약 48km의 지역이며 그 중앙에 브엘세바가 있다. 이 지역은 평지이며 대부분 비옥한 순 황토로 덮여 있다. 거주하기에 어려운 문제들은 물과 인접 사막의 유목민들이다. 강우량은 다른 지역과 대단히 다르다. 그래서 고대 이스라엘 족장들이 당한 한발 기간에도 서부 네게브의 그랄에 있었음을 성경에서 보게 된다. 베두인족들에 의해서 끊임없는 위협을 당하는 지역이었다. 실례로 다윗이 시글락을 비운 사이에 아말렉 사람들이 여러 네게브의 거주민들을 약탈한 일이 있었다(삼상 30장). 그러므로 이 지역은 베두인족을 물리칠 수 있고 가물 때에 거주민들을 도울 수 있는 강력하고도 이해관계를 가진 정부의 지배 하에 있을 때에만이 거주할 수 있는 곳이다. 북부 네게브에는 와디들이 있는데 이것은 "네게브의 물줄기들"(시 126:4)로 유명하다. 서부 네게브에는 에쉬-샤리아(성경에는 그랄 골짜기)와 샬랄레(성경에서는 베솔) 와디가 있다.

2. 중앙 산맥 지대

중앙산맥은 해안 평야와 쉐펠라로부터 갑자기 높아지며 대개 그 고지들의 북쪽은 넓고 평평하지만 남쪽은 비교적 좁다. 이 지역의 일부는 고대에는 산림으로 우거져 있었고, 대부분은 정착민들에 의해 벌목되고 과일 나무들이 대신 심겨졌다.

1) 갈릴리 산지

산지 가운데서 가장 높고 최북단에 있다. 산지들 가운데서 가장 신선하고 초목이 가장 많은 곳이기도 하다. 올리브 나무와 각종 과일나무들로 덮여 있다. 갈릴리는 높은 갈릴리와 낮은 갈릴리로 나누어진다. 높은 갈릴리는 산악 고원이며 남쪽 지대들은 산악 지형으로 거주하기에는 많은 장애가 있으나, 북쪽 지역은 넓은 고원으로 되

갈릴리 산지의 양

어 있고 많은 샘이 있어 거주하기에 충분하였다. 가장 크고 가장 중요한 거주지는 납달리의 산지 갈릴리 게데스(수 20:7)였던 것 같다. 낮은 갈릴리는 모든 산지들 가운데서 가장 평평한 지역이다. 여기의 골짜기로는 에스-샤굴 골짜기, 라마(수 19:14), 두란 골짜기가 있다.

그리고 납달리의 아다마(수 19:36), 엘-히마(수 19:33)가 있다. 잇사갈 지파에게 속했던 야르묵(수 21:29)이 있다. 갈릴리를 가로지르는 많은 산맥들과 단층들 때문에 북쪽에서 남쪽으로 가는 교역로는 가장 험하였다. 이리하여 길들은 갈릴리를 가로질러 도서 방면으로 뚫려 있었다.

2) 에브라임 산지

에브라임 산지는 비옥한 계곡들과 작은 평지들이 풍부하게 펼쳐져 있는 지역이다. 이 산지는 요셉의 자손 에브라임과 므낫세에게 할당되었는데 그 경계가 세겜이었다.

❶ 가나안의 중심으로 들어가는 중요한 입구인 세겜
❷ 오므리가 그의 수도로 삼았던 사마리아 언덕

그리심 산과
에발 산

세겜은 남쪽으로 에발 산과 북쪽으로 그리심 산 사이의 계곡 안에 있다. 바로 이 산들에서 율법의 저주와 축복이 선포되었다(신 11:29; 27:12-13, 수 8:33-34). 여호수아는 에발 산 위에 제단을 쌓았으며(수 8:30-32) 후에 세겜에서는 하나님과 맺은 이스라엘의 언약을 새롭게 하였다. 세겜은 북 이스라엘의 처음 수도였다. 이렇게 세겜이 중요한 도시가 된 이유는 그 위치 때문이었다. 왜냐하면 세겜이 위치하고 있던 그 계곡은 산지를 가로지르는 동서 간의 주요 도로였고 또한 남북 간 도로의 교차점이었기 때문이다. 세겜에서 동북쪽으로 가면 아름다운 도시 디르사가 나오는데 이곳 역시 세겜을 대신하여 이스라엘의 수도가 되기도 했다(왕상 15:21, 33). 사마리아는 앗시리아에 함락될 때까지 북 이스라엘 왕국의 수도였다. 에브라임 지파는 이 산지의 남부만을 점령했고 북쪽은 므낫세 지파가 살았다. 남부는 북부보다 높은 지대로서 산악 고원을 이루고 있다. 바알 하솔은 가장 높은 곳으로서 광대한 초목지대를 갖고 있어서 인구가 조밀하였다. 미스바, 벧엘, 실로와 같은 주요 도성들이 중요한 산간 도로를 따라서 또는 근처에 있었다(삿 1:19). 북부은 남부보다는 덜 비옥하지만 통행에 편리한 길들이 사방에 뚫려 있어서 소통하기 쉽다. 이런 이유로 일찍이 도시화되었다. 세겜, 답부아, 도단이 발달하였다.

3) 유대 산지

유대 산지는 고원이며 가파른 경사지들에 의해 보호되어 남북 도로가 동쪽 끝 근처를 지나고 있다. 이 길을 따라 예루살렘, 베들레헴, 벳술, 헤브론과 같은 주요 도성들이 있다. 포도와 같은 과수 재배에 아주 좋은 비옥한 토양을 가졌으나 남쪽으로 내려갈수록 강우량이 적어져서 목축에 적합하다. 주요 성읍들은 사막의 언저리에 위치하고 있다. 그리고 동쪽 지대에는 엔게디와 조금 작은 몇 개의 요새지 및 거주지를 제외하면 오래 거주할 수 있는 곳이 없다. 서쪽 지대는 봄에 가축들을 위하여 방목지로 사용되었다. 유대 산지의 여러 지역들은 마을 이름을 따라 드고아 광야, 십 광야, 마온 광야 등으로 불렸다. 그러나 사막에 가까운 서부 유대 산지는 깊은 계곡들과 비

유대 산지

밀 동굴들이 많아서 피신처로서 중요한 역할을 하였다. 헤브론은 가장 높은 유대 산지의 중앙에 있으며, 예루살렘은 북쪽 경계 근처에 위치하고 있었다. 그러므로 예루살렘 영지에는 트랜스 요르단으로 넘어가는 최남단의 통행로가 있었다.

4) 동부 네게브

동부 네게브는 중앙산맥 지대가 연속되는 곳으로서 비는 아주 조금 내리고 증발이 심한 기후를 가지고 있다. 그러나 일반적으로 평평하며 기후와 습도의 차이가 적어서 농경과 축산의 가능성은 높다. 주요 성읍들은 아랏(수 12:14)과 호르마(민 14:45, 민 21:3, 수 12:14)였는데 큰 와디 메사스 동부에 위치하고 있다. 이 네게브 동부 지역에는 유목민이 유일한 주민이었다. 남쪽으로 내려가면 크고 황량한 사막이 있는데 이 황무지는 신 광야, 바란 광야, 시내 광야 등으로 불리고 있다.

3. 요단 계곡

이 계곡은 평균 넓이가 16km나 되는 길고도 깊은 침곡이며 그 중앙에는 요단 강이 헬몬산을 발원지로 하여 사해로 흘러 내려가고 있다. 이 계곡은 대체로 가파른 경사지들이어서 거대한 절벽들이 종종 나타난다.

1) 훌레 골짜기

이곳은 골짜기로 이루어져 있으며 서쪽 경계에는 눈으로 덮여 있는 헬몬산이 있다. 이 지역은 비옥하고 물이 풍부하며 서늘하고 상쾌한 기후를 가졌다. 아마도 성경

갈릴리 호수 전경

갈릴리 호수 어부

에 나오는 미스바 땅, 혹은 미스바 골짜기로서 성경 시대에는 이스라엘, 뵈니게, 아람에 인접한 경계 지역이었던 것 같다. 이욘 남쪽에는 아벨-벳-마아가가 있다. 아벨-벳-마아가 동쪽에는 이스라엘의 가장 오래된 성소가 있던 단이 있다. 훌레 골짜기 남단 근처에 조그마한 훌레 호수가 있으며 이 호수 남서쪽에는 하솔이 있다.

2) 긴네렛 (갈릴리 바다)

갈릴리 바다(성경에서는 긴네렛)는 자연적 담수호로서 많은 고기가 잡히며 주변의 산으로부터 불어오는 돌풍으로 인해서 끓는 가마솥처럼 끓어오르는 것으로도 유명하다. 갈릴리 바다는 좁은 계곡들로 둘러싸여 있다. 비록 작긴 하지만 비옥한 충적토와 풍부

갈릴리

한 물, 그리고 따뜻한 기후 때문에 팔레스타인에서 인구가 가장 조밀하고 오래 전부터 사람들이 거주한 지역이다. 긴네렛 시는 하솔행 간선 도로 상에 있는 헵타페곤의 '일곱 샘'에서 북서쪽 해변에 위치하고 있는데 갈릴리 바다를 긴네렛 호수라고 부른 것은 성경 시대부터였다. 그러나 디베랴시가 함맛과 락갓 사이에서 약간 남쪽에 건설된 후로는 이 호수의 이름도 디베랴 호수라고 불렸다.

3) 요단 골짜기

요단 골짜기는 엄격한 의미에서 갈릴리 바다와 사해 사이에 있는, 길이 약 112킬로미터의 길고 좁은 지역이다. 이 계곡 사이로 요단 강이 흐르고 있다. 헐몬산 기슭에서 발원한 이 강은 광활하고 축축한 평지를 가로질러 갈릴리 호수로 들어간다. 요단 강은 이 골짜기의 중앙을 S자 모양으로 꼬불꼬불 돌아가면서 흘러가고 있다. 이 때문에 배는 다닐 수 없다. 그리고 수로 근처의 좁은 지역에는 초목들이 있는 소르가 있다. 이 지역에는 각종 동물들이 많이 서식하고 있으며 성경 시대에는 사자까지 볼 수 있었다(렘 29:19).

이 지역 위에는 요단 계곡의 주요 부분인 고르가 있다. 고르는 아주 사막과 같이 황폐되어 있다. 요단 계곡으로 들어오는 가장 중요한 강은 얄루드강으로서 벳산 골짜기에 있다. 벳산 골짜기는 가나안 족속이 지배하던 시대와 이스라엘 왕국 시대에 가장 인구가 조밀한 지역이었다. 요단 골짜기 동부는 서부보다 강이 많다. 가장 큰 강은 얍복강이다. 이 코스를 따라 숙곳과 사르단, 브니엘과 마하나임이 있다. 얍복강 남쪽 지역들은 이스라엘 족속이 요단 강을 건너기 전에 진을 쳤던 곳(민 33:49)으로서 '모압 평지'라고 불렸다.

4) 사해

사해의 해안은 땅 표면으로서는 지대가 가장 낮은 곳이다. 사해 양편에는 높은 벼

❶, ❷ 사해

랑들이 솟아 있으며 사해의 남서 모퉁이에는 소금 산예벨 우스둠이 있다(창 19:26). 사해는 생명이 없는 바다, 염분이 많은 사막과 산과 같은 거대한 소금 기둥들이 둘러싸고 있는 곳, 뽀얀 먼지로 뒤덮여 있는 곳, 그리고 견딜 수 없는 더위가 거의 일 년 내내 계속되는 곳이다. 그러나 담수가 흐르는 강들과 샘들이 있는 곳에는 경작지가 있다. 구약 시대에 그런 곳들에 사람들이 정착하여 살았다. 가장 잘 알려진 샘물은 다윗이 사울을 피해 왔던 엔게디(삼상 23:29)라는 곳이다. 그곳의 포도원은 아가서에도 언급되어 있다(아 1:14). 사해 주위에는 오아시스들이 있는데 그 중 여리고는 가장 고대의 성읍이다. 사해 북서부에 위치한 여리고에는 아주 오래전부터 이미 사람이 거주하였다. 기름진 오아시스가 있어 거주가 가능했다. 물은 열왕기하 2:19-22의 사건으로 말미암아 지금은 '엘리사의 우물'이라고 부르는 풍족한 우물에서 얻을 수 있었다.

다윗이 사울 왕을 피해 숨었던 엔게디

여리고 성터의 망대

거기엔 종려나무가 많았기 때문에 이 도시의 고대의 이름들 가운데에는 '종려의 성읍'(신 34:3; 삿 1:16, 3:13)이라는 이름도 있었다. 사해 동쪽 해안에서 서쪽으로 3km 정도 가면 조그만 반도 하나가 툭 튀어 나와 있다. 이 지역은 성경시대 이후로 바다에 침식되었던 것으로 보인다. 그래서 소돔, 고모라 및 그 밖의 '평지의 성읍'이 위치해 있던 곳이 바로 이 지역일 가능성이 매우 높다(창 14:2).

5) 아라바

아라바는 요단 계곡의 연장으로서 사해와 엘랏만 사이에 있다. 성경에서는 요단 골짜기 지역까지 포함해서 '아라바'라 부르고 있다. 이 지역은 사막이다. 이곳에는 홍해의 항구인 엘랏(아카바)이 있다.

4. 요단 동편의 고지들

요단 동편으로 가면 땅은 다시 높아져 산맥지대와 높은 고원을 형성한다. 이 지역의 기후는 서늘하여 많은 양의 비가 온다. 그러나 고원 지대의 동부는 사막과 대단히 밀접하게 있다. 이러한 지역적인 특징으로 인해 주로 목축을 하며, 비가 충분히 내리는 곳에서는 밀이 으뜸가는 곡물이다. 요단 동편 고지는 고대의 중요한 거주지였으며 구약시대에는 아람, 암몬, 모압, 에돔과 같은 여러 작은 나라의 본산지가 되었다.

1) 바산

바산은 트랜스 요르단의 북부 지역으로서 주로 야르묵(Yarmuk)강 북쪽에 위치하고 있다. 바산은 가장 비옥한 현무암 고원지대이며 "바산의 암소들"은 태평 성대를 알려주는 유명한 말이었다(암 4:1). 중심지역은 아르곱이었다(왕상 4:13; 신 3:4f). 바산의 동쪽에서는 하우란산이 사막의 피해를 막아 주었다. 하우란산은 아마도 레바논산이나 갈멜산과 맞먹는 산(사 33:9)으로, 성경의 바산 산(시 68:15)과 동일한 것이며 상수리 나무로 유명한 산이다(사 2:13; 겔 27:6). 바산의 고대 수도는 아스다롯이었으며 아스다롯 서쪽 지역에는 그술이 있었다(수 12:5).

2) 길르앗

길르앗은 얍복강에 의해서 양쪽으로 나누어져 있는 도시이다. 이 도시는 얍복강에서 남북으로 해발 1000m 이상이나 솟아 있는 비교적 높고 험준한 산지이며 사막에 가깝다. 서쪽 경사지들과 산역은 고대에는 주로 산림지였다. 그러므로 라밧-암몬과 야아셀과 헤스본과 같은 성읍이 발전하였다. 야아셀과 헤스본은 르우벤과 갓 지파에 의해 정복되었다. 그리고 험준한 지형 때문에 이 두 지파의 경제는 주로 목축에 의존했었다. 북부 길르앗에는 야베스-길르앗과 라못-길르앗이 있다. 이곳에는 야일(므낫세 자손 중의 하나, 민 32:41)과 같은 족속들이 거주했다. 이곳의 지배적인 세력은 므낫세 족속이었다. 길르앗은 트랜스 요르단에서 이스라엘 주민의 중심지였다. 그리고 이스라엘 여러 왕들이 정치적인 위기에 처할 때마다 피신처가 되었었다.

3) 모압

모압은 아르논강 남부에 위치해 있었으나 종종 모압 족속은 영토 확장을 위해 북진을 시도했다(민 36:13, 신 35:8의 '모압평지'는 여리고 맞은편 요단 강 건너의 저지를 가리킨다). 모압은 높은 고원 지대로서 구약성경에서는 미솔 곧 '평야'라고 부르고 있다(신 3:10). 북쪽에는 길르앗과 모압을 갈라놓는 자연적인 경계선이 없다. 이러한 이유 때문에 모압의 북쪽 지대에서는 이스라엘과 모압 사이의 분쟁이 항상 계속되었다. 북부 지역의 주요한 성읍들은 북쪽의 메데바와 남쪽의 디본이었다. 모압의 경제는 목축에 의존하고 있었다(왕하 3:4).

모압

4) 에돔

팔레스타인의 최후의 지역은 에돔, 또는 세일산이다. 높은 산악지대로 이루어져 있는 에돔은 아라바의 동쪽까지 뻗어 있다. 고대에는 이 지역이 대부분 울창한 관목의 숲으로 덮여 있었는데, 이러한 이유로 이 지역은 세일, 곧 '털투성이' 산이라고 불렸다. 에돔은 남쪽 사막과 관계가 밀접했기 때문에, 중요한 역할을 했다. 그리고 쉽게 접근할 수 없는 험준한 지역이며 골짜기들과 자연적인 요새들이 많아서 피난처가 되었으며 매우 강력한 지역으로서 독립을 누렸었다. 이스라엘과 유대가 에돔을 점령하는 주요 목적은 홍해의 엘랏 항구를 포함하여 왕의 대로의 남단과 아라바 길을 장악하기 위한 것이었다. 팔레스타인의 역사에 있어서 이곳이 고대 근동의 국제적인 교역의 동맥이었기 때문에 도로망이 중요한 위치를 차지했다. 팔레스타인의 도로들은 그 기능과 중요성의 척도에 따라 세 가지 유형으로 구별된다. 첫째, 국제 고속도로이다. 이 도로는 '해변 길'과 '왕의 대로'이다. 둘째, 지역 안의 도로이다. 셋째, 시골길이다.

❶, ❷ 에돔(페트라)

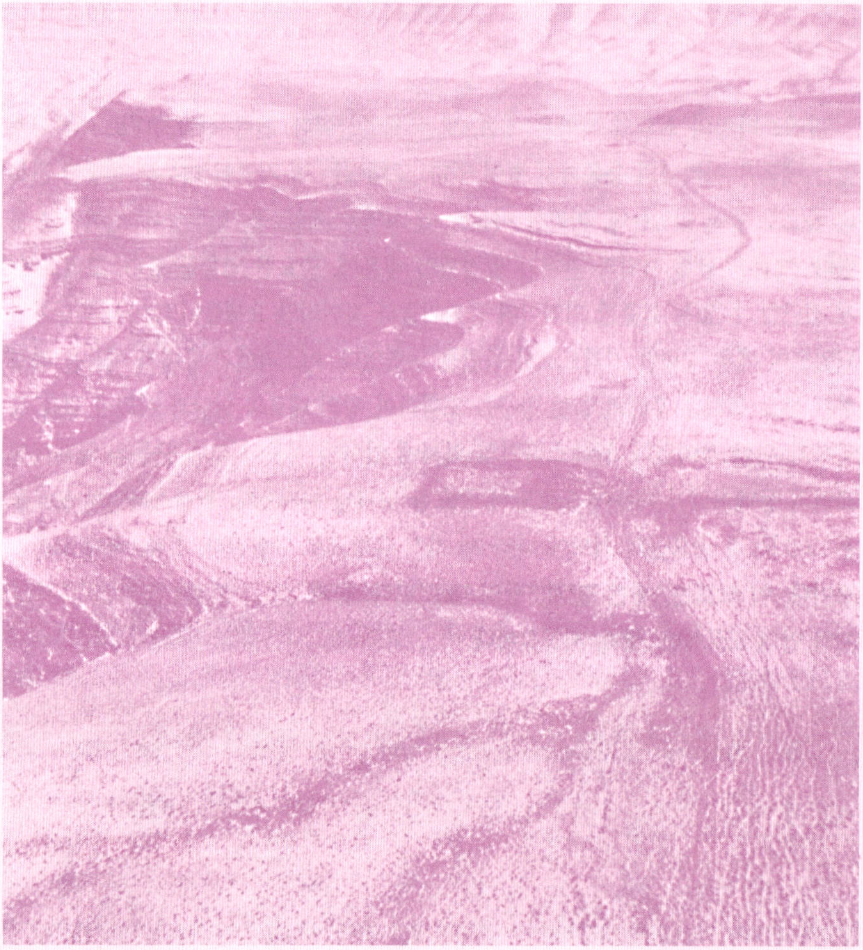

공중에서 바라본 왕의 대로

제3장 성경 고고학 이야기

Search the BIBLE Lands

1. 고고학이란?

고고학(Archaeology)이란 말은 두 개의 희랍어에서 온 것인데 '고대'라는 뜻을 가진 '알카이오스'(archaios)라는 말과 '말씀, 사건, 기사, 강연' 등의 뜻을 가진 '로고스'(logos)라는 두 개의 단어가 합성된 것이다. 고고학이란 "고대의 사건들에 대한 연구"이며 이제까지 알려지지 않았었으나 발굴 작업을 통해 밝혀진 역사의 자료들을 연구하는 것을 말한다. 따라서 과거의 인류가 생활 행위에서 남긴 유적이나 유물을 발굴, 수집하여 인류의 역사 · 문화 · 생활 방법 등을 구명하는 학문이며, 광의의 역사학의 한 분야로서 발굴 조사를 통하여 인류가 남긴 물질적 자료, 즉 유적과 유물의 해석으로 인류의 과거 생활 및 문화의 변천을 밝히는 과학이다. 인류의 과거를 구명하는 실마리로는 유적 · 유물과 문자로 쓴 문헌 사료(文獻史料)로 대별할 수 있는데, 전자를 대상으로 하는 학문이 고고학이고, 후자를 대상으로 하는 학문이 문헌 사학 즉 협의의 역사학이다. 따라서 고고학을 단순히 사료 수집을 위한 방법으로 보는 것은 잘못이며 고고학자는 동시에 역사가이어야 한다. 고고학은 문헌이 있느냐 없느냐에 따라 선사 시대와 역사 시대를 설정하고, 거기에 맞추어 선사 고고학(先史考古學)과 역사 고고학(歷史考古學)으로 구분하고 있다. 대체로 문헌이 없는 시대는 고고학의 독무대이며, 문헌이 완비된 시대는 문헌 사학의 독무대이다.

현대 고고학의 역사는 다른 여러 현대 과학들과 거의 같은 때인 18세기에 시작되었다. 현대 고고학자로는 팔레스타인에서 성경 시대의 지명 위치 확인에 성공한 로빈슨과 글루엑이 있다. 고고학적 방법들은 원래 대단히 간단한 것들이었다. 그 방법들을 두 가지로 요약해 보면 지층을 연구해 보는 과정과 그 지층을 분류해 보는 과정이 있다. 지층을 연구해 보는 과정은 사람들이 살았던 여러 지층들을 조심스럽게 밝혀 내는 것이며 이것은 위에서부터 아래까지 최근의 층을 1번으로 하여 연대순으로 번호를 매겨 나가는 것이다. 하지만 발굴하기가 어렵거나 불가능한 경우에는 직접 고고학자들이 발굴 작업을 통해 알아내기도 한다. 그리고 연대 확인을 할 경우는 각각 다른 연구 종류의 질그릇을 분류해 보는 것으로 유형 분석법을 사용하며 이러한 과정을 통해서 고고학자들은 각 시대마다 질그릇의 특성이 있음을 파악하게 되었다. 그 외에 연대를 연구하는 방법으로 도기류를 분석하는 방법과 탄소의 방사선을 이용한 연대 계산법이 있으며, 그릇들을 분석하여 언제 구워 내었는지를 계산하는 발열 분석법과 전자파를 그릇에 발사하여 그 그릇에 있는 광물질에 화학반응이 어떻게 반사되어 나오는가를 재어 보는 분광 분석법 등이 있다. 그리고 중요한 원칙이 있는데, 지층을 연구하는 일과 그 질그릇을 분류해 보는 일 이외에도 세밀한 기록과 자료를 정리 발표하는 것이 과학적 고고학 연구에 있어서 세 번째로 중요한 원칙이다.

2. 성경 고고학 및 그 유물들

성경 고고학(聖書考古學, Biblical Archaeology)은 구약성경과 신약성경의 기술

(記述)과 사실(史實)의 관련을 연구하는 고고학으로서, 시간적으로는 성경학이 전승과 역사의 최초의 정합성(整合性)을 인정하는 주전 2000년기부터 신약성경이 성립된 후 끝날 때까지, 즉 청동기시대부터 로마 시대까지를 주로 다룬다. 성경 고고학 문헌 가운데 가장 중요한 책 중의 하나인 「*Biblical Archaeology*」의 저자인 라이트(G. E. Wright)는 "성경 고고학은 고고학 발굴 결과 얻어진, 성경을 이해하는 데 직접 또는 간접적으로 도움을 주는 모든 사실을 연구하는 학문"이라고 정의하였고, 그 연구 범위에 대해서 올브라이트(William Foxwell Albright)는 "성경 고고학의 연구는 고대 근동 지역뿐만 아니라, 인도에서 스페인에 이르는 지역과 소련 남방으로부터 아라비아 남단에 이르는 지역까지 성경과 관련된 모든 지역을 포함한다"고 말한다. 즉 신약성경 시대에 대해서는 로마제국과 상당 부분 일치하는 지역이 관심의 대상이고 구약성경 시대에 대해서는 중심지가 동쪽으로 이동하여 메소포타미아 계곡과 페르시아(현대의 이란)까지 포함하는 지역이다.

고고학은 성경에 회의를 가진 사람들의 주장을 반박하는데 효과적으로 자주 이용되기도 한다. 그러나 성경의 상당 부분은 고고학이 입증해 줄 수 없는 비교적 사적이

고고학자들의
발굴모습

고 개인적인 일들에 대하여 다루고 있다. 여기서 고고학은 제한성을 갖는다. 그러나 고고학의 가치, 고고학의 신빙성 및 지리적 관계를 알아보면 고고학의 제한성은 성경의 진리가 사실이냐 아니냐 하는 문제에 있는 것이 아니라 그것을 어떻게 해석하느냐 하는 데 있다는 것을 알게 해 준다. 즉 고고학은 우리가 성경을 이해하는 데 도움을 주는 것이며 성경이 진리라는 사실을 좀더 쉽게 접근할 수 있도록 도와주는 것이다. 또한 고고학은 성경이 쓰인 후 수천 년간의 배후의 지식을 알게 해준다. 성경을 기록한 사람들의 영적 메시지를, 특별히 그들의 예화와 풍자 등을 우리가 이해하기 쉽게 도움을 주고 있다. 지리적 관계를 살펴볼 때도 구약성경 시대에 대해서는 그 대상 지역이 어느 정도 한정되어 있으며 중심지가 동쪽으로 이동하여 메소포타미아 계곡과 페르시아까지 포함하는 지역이 있으나, 간단한 방법으로 지리적 관계를 보자면 중심 지역인 팔레스타인 혹은 이스라엘부터 시작하는 것이며 거기서부터 사방으로 퍼져 나가는 방법이 있다.

성경 고고학(또는 팔레스타인 고고학)의 성립은 1920년부터 1940년 사이에 발전한 과학적 연구 방법에 기초를 두고 있다고 볼 수 있다. 이러한 연구에는 예루살렘에 있는 미국 동양학연구소(American School of Oriental Research)의 교수였던 피셔와 올브라이트의 공헌이 컸다. 올브라이트의 텔 베이트 미르심 보고서는 과거의 연구 방법에 나타나는 주관성을 배제하고, 다른 사람도 이를 연구하고 검토 비판할 수 있는 길을 열어 놓는 계기가 되었다. 올브라이트의 가장 중요한 업적은 팔레스타인의 고고학적 편년을 세운 것이다. 올브라이트는 미르심에서 발굴된 토기를 형식적이고 층위적인 발전 단계로 구분하면서 편년을 세웠다. 편년의 구분은 학자들에 따라 조금씩은 다른데 유적의 발굴 숫자가 증가되는 것과 연대 측정법의 발전 등으로 좀 더 정확한 편년이 설정될 수 있을 것이다. 올브라이트의 제자인 라이트는 스승의 고고학적 입장을 견지함과 아울러 고고학적 연구 결과를 신학에 접목시키려 시도하였고, 이러한 그의 노력은 독일계 신학자들의 거센 반발과 함께 고고학적으로 증명된 성경의 기록만을 진실된 것으로 받아들여야 하는가 하는 "역사에서의 계시"라는 중대한 문제에 부딪히게 되었다. 그 결과 성경 고고학은 미국의 성경신학 운동과 더불어 1960년대부터 난항을 겪게 되었고 1970년대가 되면서 그 성격을 바꾸기 시작했는데 이때부터 올브라이트와 라이트에 의해 주장되었던 성경 고고학이라는 용어 대신 '팔레스타인 고고학' 또는 '시리아-팔레스타인 고고학'이라는 명칭을 사용하게 되었다. 아울러 그 성격도 성경의 내용을 이해하고 변증하는 입장에서 고대 팔레스타인 지역의 문화 연구라는 일반 고고학적 입장으로 변모하였다.

그러나 학자들은 '성경 고고학'이란 용어의 사용에 대해 일치된 견해를 갖고 있지 않다. 어떤 사람들은 고고학의 방법이나 목적은 그것이 성경과 관련이 있건 없건 기본적으로 어디서나 동일하다는 입장에서 '성경 고고학'이 아니라 '팔레스타인 고고학' 또는 '고고학과 성경' 등의 용어를 사용해야 한다고 주장하기도 한다. 이점에 대해서 패커(J. I. Packer)는 오늘날 과학자들이 성경과 관련된 일이라면 별로 흥미를 갖지 못하기 때문에 성경 고고학이라는 말이 별로 호감을 사지 못하는 것이라고 추측하고 있다. 팔레스타인 고고학은 성경 시대를 훨씬 뛰어넘는 시대와 성경의 주제를 벗어난 다양한 내용을 다룬다. 또한 팔레스타인 고고학은 비옥한 초승달 지역(fertile crescent)의 동쪽 부분인 메소포타미아 문명과 서쪽 너머에 있는 이집트 문명을 연결해 주는 교량적 위치에서 발생하는 다양한 문화적 변천을 연구한다. 팔레스타인 지역은 세계에서 가장 집중적으로 고고학적 조사가 이루어져 적어도 6,000개 이상의 유적이 확인 및 조사되었으나, 그 가운데 중요한 유적은 28곳에 지나지 않고 발굴된 곳은 20곳이 못되며 발굴 결과가 발표된 곳은 극히 소수에 불과하기에 앞으로 팔레스타인 고고학이 계속 발전할 가능성이 있음을 말해 준다.

성경 고고학 출발은 아마도 1799년 8월 나폴레옹이 애굽을 침략했을 때 로제타 바위(나일강 삼각주에 있는 부근 마을의 이름을 따서 지은 이름)를 발견하면서부터인 듯하다. 그것은 세 줄(헬라어, 애굽의 상형문자, 후기 애굽의 필기문자의 세 줄)로 쓰였는데 진 프랑소와 샴폴리온에 의해 해독되었다. 나폴레옹이 애굽에서 고대 기록들을 발견하게 된 것은 이 나라에서 더 많은 발굴 작업을 벌이게 하는 자극제가 되었다. 이후부터 세계의 역사에 대한 조사 연구와 함께 최초의 문화들이 융성하였던 지역, 즉 나일강 유역과 유프라테스, 티그리스강 유역에서 성경 고고학은 시작되었다. 이 유역에 있는 가시적 폐허들이 답사되었고 수많은 도성, 무덤, 기념비, 성당, 궁전 등 여러 세기 동안 흙과 모래 혹은 동굴 등에 감추어져 있던 것들이 하나하나 발굴되기 시작했다. 이때 고대인들이 사용했으나 오랜 세월이 지나는 동안 잊혀졌던 알 수 없는 문자들이 판독되었고 오랫동안 망각되었던 언어들이 회복되었다. 계속된 고고학 작업은 고대문화 중에서 가장 눈부신 발견들이 이루어진 이집트와 메소포타미아 등과 성경과 관련된 가장 중요한 팔레스타인까지 진행되어 놀랄 만한 발견들을 할 수 있었다.

오늘 우리는 귀중한 고고학적 발굴들 중에서 성경연구에 귀중하다고 생각되는 몇 개의 작품을 소개하면서 그것들의 발굴 과정과 발굴 장소, 내용 등을 분석하여 성경과의 관련성을 살펴보고자 한다.[8]

1) 나그 하마디 문서(The Nag Hammadi Library)

이 문서는 1945년에 발견된 고대 사본집을 가리킨다. 이 문서를 발견한 위치에서 가장 가까운 도시 이름이 '나그 하마디'(Nag Hammadi)이기 때문에 이 지방도시를 따라 '나그 하마디 문서'라고 그 이름을 지은 것이다. 이 사본들은 그 지역 농부에 의해서, '하모라 돔'이란 마을 근처의 나그 하마디라는 도시로부터 북동쪽으로 약 10㎞ 지점에 있는 자발 알타(Jabal al Tarif)라는 절벽 아랫면에 있는 수많은 동굴이나 무덤들 중의 하나에서 발견되었다. 나그 하마디 문서라고 이름을 가진 출판의 역사를 간단히 살펴보면 먼저 융사본 혹은 사본 Ⅰ(The Jung Codex or Codex Ⅰ)을 벨기에의 고고물 상인 아잇(Aldert Eid)이 애굽에서 산 것에서부터 역사가 시작된

영어로 번역된 나그 하마디 문서

8) 이 부분에 대해서는 홍창표, 「성경고고학」, 서울 : 개혁주의신행협회, 1994, 참조

다. 그리하여 10권으로 된 사본 출판이 1972년부터 1977년 사이에 이루어졌고 그것의 자매편(acompanion volume) 출판이 1978년에 이루어졌다. 1977년에 둘째 계획이 완수되어 지금 우리가 말한 '나그 하마디 문서'(The Nag Hammadi Library)라는 것으로 52개의 소책자(Tractates)가 구성된다. 1959년에 이미 도마 복음이 출판되었는데 그 도마 복음이 52권 중 하나이다. 52권 중 6권은 중복되어 있어 46권으로 된 문서라고 볼 수가 있다. 이 문서의 수집에 대해선 후 400년경으로 보지만 여러 가지 의견들이 있다. 그 중 정통주의 수사들이 자기들의 입장을 변증하는 데 사용하려고 이단자들의 문서를 필기하여 수집한 것이라는 의견을 가장 옳은 것으로 받아들인다. 이 문서를 살펴보면 「진리의 복음」 (*The Gospel of Truth*)은 무지는 인간의 상실된 상태임을 , 「의의 교사의 편지」(*The Letter of Rheginos*)는 부활이 육체의 사건이 아님을, 「도마복음서」(*The Gospel according to Thomas*)는 예수의 말씀이라고 주장하는 114개의 어록을 수집한 것, 「빌립의 복음서」(*The Gospel according to Philip*)는 성례에 대하여, 「요한의 묵시」(*The Apocryphon of John*)는 우주의 기원에 대하여, 「아담의 계시」(*The Revelation of Adam*)는 아담이 노아가 어떻게 구원 받았음을 셋에게 알려준다.

나그 하마디 총서가 종교사에 끼친 가장 중요한 공헌은 영지주의에 관하여 새로운 조명을 해주고 있다는 점이다. 영지주의는 원래 그 기원에 있어서 비기독교적이라는 견해를 강하게 강화함으로써 간접적으로 그 문제에 빛을 비추어 준다. 영지주의가 연대기적 의미에 있어서 기독교 이전인지 아닌지는 나그 하마디 총서를 기초로 해서는 입증되지 않지만 영지주의는 적어도 초기 기독교와 동시대의 것으로 추측된다. 개개의 나그 하마디 소책자들은 여러 개의 보다 특수한 방법으로 신약성경 연구에 큰 영향을 주고 있다. 이러한 사실은 도마 복음서의 경우에서 보면 분명하게 나타나 있다.

나그 하마디 문서의 중요성을 살펴보면 다음과 같다. 첫째 정경 형성의 무대를 보여준다는 것이다. 주후 2세기는 정경 역사에 획기적인 시대이다. 나그 하마디 사본들은 정경 형성의 한 과정의 무대를 나타내며, 또한 정경을 형성하는 데 필요한 이유를 보여준다. 즉 그 외경의 형성과정에 차이가 있으나 정경과 외경의 특수한 차이가 있음을 보여 주고 있다. 둘째 사본비평에 있어서 유용한 자료이다. 나그 하마디 사본들은 기본적인 헬라어 사본에서부터 분리되어 나올 때에 차이가 있었음을 보여준다. 그것은 특별히 도마와 빌립의 복음 안에서 그 사실을 찾을 수 있다. 영지주의 학자들은 여러 사본들을 함께 사용한 것을 보여주며, 또 오늘날 사본 연구에 참고가 되는 귀중한 자료들이라는 것이다. 예수님의 말씀 중에 기록되지 않은 이야기를 대충 이 사본들에서 알 수 있다. 그 이유는 그 사본들 중에 나타난 것이 과장된 것과 허실이 있지만 공감할 수 있는 사실도 부분적으로 나타나 있어서 그 빛을 보여주기 때문이다. 셋째 신약의 해석에 도움을 줄 수 있다. 이 나그 하마디 사본들을 조심스럽게 연구해 보면 신약 저자들이 사용한 '첫 아담'과 '마지막 아담'이라는 사상은 일찍이 있었던 지식에 근거한 것이며, 또 영지주의 사상은 본질적으로 비기독교인 철학을 나타내지만 그들은 기독교의 술어를 도용한 것임을 보여준다. 넷째 영지주의 계파를 추적할 수 있다. 연구가들은 이 사본으로 고대 지식 운동의 한 계통을 알 수 있다. 즉 영지주의의 여러 분파들이 어떤 것인지를 보여준다. 다시 말하면 그들은 만데안주의(Mandeanism), 마니키인주의(Manicheism), 헬머티주의(Hermetism) 등이며, 또 그들이 다른 여러 운동들과 관계되었음을 보여준다. 그것들은 중세기를 거쳐서 오늘에 이르기까지 지속되고 있는 영지주의 사상들과 동일하고 그들과 연관되었음이 타당함을 볼 수 있다.

2) 에블라(Ebla) 원문

1955년 한 농부가 시리아의 어느 모래 바닥에서 현무암(basalt)에 조각된 으르렁거리는 사자 형상을 발굴했다. 이 농부는 좀 더 들어가서 제의(際儀)에 쓰는 잔(a rifual basin)을 발견했다. 이 잔은 행진하는 군병과 연회 장면으로 장식되어 있다. 고고학자 마티애(Paolo Matthiae)는 이 제의 잔을 주전 2000년대의 것으로 추정하고 이 발견된 위치를 텔 마르딕(Tell Mardikh)이라고 결정하였다. 그리고 1968년에 '에블라'가 곧 텔 마르딕이라는 것을 알게 되었다. 텔 마르딕 발굴이 시작(1964년)된 지 4년만에 주전 2000년대에 속한 현무암을 발견하였다. 이 현무암의 형태는 설형 문자를 기록한 옷을 입은 인간상(human statue)인데 이 사람은 '이빗림'(Ibbit-Lim) 왕의 상(像)으로서 '에블라잇'(Ebliaite)의 왕이었다. 그러므로 '마르딕'과 '에블라'가 같은 것으로 확인되었다. 처음에는 학자들이 설형문자를 '이브'(ib)라고 발음하였기에 '이블라'라고 불렸는데, 1936년에 '웅낫'(Artbur Vngnad)이 '보가즈코이'(Boghaz-koy)에서 발견한 후리안 원문(a Hurrian text)에 '이블라'를 '에-엡-라-아-파'(e-eb-la-a-pa)라 기록되었음을 지적하기 전까지 '이블라' 발음에 대해서는 아무런 영향이 없었다. 여기에 말한 후리한 원문에 나타난 '에'(e) '이블라'를 '에블라'로 발음한 것을 이 문서 저자가 지적한 것이다.

이태리 고고학 팀이 마티애 교수 지도 하에 큰 기대를 걸고 연구를 계속한 결과 에블라의 연대를 세울 수 있게 되어 청동기 시대, 즉 주전 약 3000년대의 이곳 에블라에 농촌이 일어나고 도시가 구성되었다가 주전 1600년경 문화가 쇠망해진 것으로 추정하게 되었다. 그리고 그들의 문화 쇠망은 헷족의 침략 때문이었다.

에블라 토판(Ebla Tablet) 연구에 대하여는 두 가지 견해가 지배적이다. 첫 번째는 에블라 토판을 연구하며 연대 측정을 했던 시카고 대학교수이며 설형문자 언어학자 중 가장 우수한 학자인 '겔브'(I. J. Gelb)의 견해이다. 그는 에블라어는 메소포타미아어(오늘날 중동어)와 매우 가까운 것으로 특히 아카드어와 아모리어처럼 비슷한 말이라고 지적한다. 그러므로 히브리어에서 매우 떨어진 언어라고 주장한다. 결과적으로 이 견해는 에블라 문서 발견이 성경학 연구와는 직접 관계가 없다고 보는 것이다. 반면에 페티나토 교수는 에블라어가 초기 가나안어이고 북방 셈어에 매우 가까운 말이며 따라서 히브리어에 매우 가깝다고 주장했다. 페티나토가 이렇게 주장한 근거는 자기가 관찰한 단어와 문법과 문장 구조가 셈어와 비슷하다는 데 있다. 페티나토는 새로 알게 된 이 언어를 구(舊) 가나안어(Paleo-Canaanite)라고 명명한다. 미국 예수회 학자인 다훗(Mitchell Dahood)은 로마 성경연구소 (Pontipical Biblical Institute)교수인데 그는 페티나토와 같은 견해에서 좀 더 나아가 에블라어는 직접적으로 히브리어에 연결된 언어이고, 우가리트(Ugarit)어보다 히브리어에 더 가깝게 연결되어 있다고 주장한다. 에블라 토판을 얼마나 발굴했는지 정확한 숫자를 말할 수는 없다. 작은 조각들을 합하면 30,000여 개나 발굴했을 것이다.

에블라 토판 발굴은 투튼카뭄(Tutunkhamum)의 무덤 발견(1922), 우가리트 발견(1929), 마리 문서 발견(1930), 쿰란 발견(1947)들보다 더욱 중요한 발견이라고 볼 수 있다. 에블라 토판이 이미 문서상 알려진 도시 문명 중심지를 실제로 증거하기 때문이다. 이 도시에 상인들만 해도 30,000여 명이 모여서 장사했으며, 농민, 공무원, 기술자들, 학자들이 이 도시에서 고급 문화 생활을 하며 발전시킨 것이다. 또한 에블라 전체 인구는 300,000명이나 되었던 것으로 보이며 이것은 고대 역사상 가장 많은 인구였다. 에블라가 가진 큰 창고는 548,500석이나 되는 보리 곡식을 보관했고, 이 곡식은 1,800명에게 양식을 공급할 수 있는 큰 양이다. 에블라는 매매 행위에 농작물 대신 금전을 사용한 첫 도시이다. 즉, 인류 역사상 에블라가 처음으로 금전을 작물 대신 사용했다.

에블라 서고에서 발견된 약 15,000개의 서판의 일부

에블라 토판

에블라 토판과 구약성경의 관련성

에블라 토판과 구약성경의 관계에 대한 학자들간의 논쟁이 있다. 그 이유는 성경 가운데 아담, 하와, 요나, 다윗 등의 인명들이 에블라 토판에 나타나기 때문이다. 이 중에 특히 두 이름 아브라함과 에벨로 논쟁을 일으키게 되었다. 마티애 교수는 지금 에블라와 성경의 관계에 대해 부정적 태도를 취하지만 에블라가 발견된 초기에는 '에브라임', 즉 에블라의 황금시대 왕이 창세기 10장에 말한 아브라함의 조상(7대조)인 '에벨'과 관련되었을 것이라고 주장한 적이 있다. 페티나토 교수는 매우 명백하게 아브라함이 북방 시리아의 본토인이라고 했다. 한 에블라 토판이 우르(Ur)는 하란(Haran) 근처에 있다고 말했다는 것이다. 창세기 14장에 기록된 다섯 도시가 에블라 토판에 나타나 있다는 것이다. 그 후 이 견해를 조금 수정하여 세 도시인 소돔, 고모라, 소알(Zoar)이라고 확정할 수 있다고 했다. 예수회 신부인 다훗 교수는 페티나토 교수의 의견에 동의할 뿐 아니라 좀 더 적극적으로 에블라 토판과 구약성경의 관계가 밀접하다고 강조한다. 그는 창세기 14장에 기록된 도시들이 에블라와 주전 2500년경 매우 밀접한 경제 관계를 가지고 있었다고 주장했다. 다훗(Dahood) 교수는 지금 에블라를 발견하여 우리가 구약성경을 더욱 확실히 역사적 문서라고 취급할 수 있게 되었다고 강하게 주장했다.

에블라 토판과 성경 언어 '아담, 하와, 야발, 노아'의 유사점은 다음과 같다.

첫째, '아담'은 에블라 토판에 에블라의 14명의 지방 통치자 중 하나의 이름이 아다무(a-da-mu)로 나타났다. 둘째, '이브'는 에블라 토판이 '아와'(a-wa)란 말을 표현한다. '아와'는 성경의 '하와'(hawah, Eve)와 같은 것이다. 셋째, '야발'은 창세기 4:20에 나타나는데, 야발이 에블라 토판에 처음으로 고유명사인 '와바룸'(a-ba-lum)으로 나타났다. 에블라어는 첫 발음인 와우(waw)를 지니고 있으나 히브리어에는 '야'(ya)로 변한다. 넷째, 노아는 에블라 토판에 이나후키(i-na-huki,안식의 섬)란 말이 기록되고 있다. 여기에 이나후(i-na-hu)가 '노아'(noah, 'repose')로 되고 히브리어는 '노아'가 된다.

평가

결론적으로 위에서 보는 바와 같이 에블라 토판이 구약성경과 밀접한 관계를 맺고 있다는 것을 충분히 증거할 수 있다고 본다. 성경에 나타난 문화를 에블라 문화에 더듬어서 볼 수 있다는 말이다.

마티에 교수는 "우리는 구약 성경에 나타난 민족의 배경 문화를 발견(에블라에서)했"고, "에블라 토판이 족장을 역사적 인물로 세웠다"고 했다. 프리만(David N. Freeman)교수 역시 다음과 같이 확신한다. "'에브리움'(Ebrium)이 성경에 말한 아브라함의 조상 '에벨'이고 아브라함의 일생을 주전 2500년경으로 잡아야 한다."

3) 사해 사본(The Dead Sea Scrolls) [9)]

이 사본은 1947년 사해 근방에서 발견된 '에세네파' 공동체의 문헌들로, 이 두루마리 사본들과 또한 그것들과 함께 발견된 단편들은 성경과 유대교, 기독교의 초기 사건들을 담고 있는 사본들 중 가장 중요한 발견물이다. 이 사해문서가 발견되기 전

9) 사해 사본에 대한 자세한 설명은 F. F. Bruce, *Second thoughts on the Dead sea scrolls*(「사해사본」, 신성종 역, 서울 : 총신대학교 출판부, 1982) 참조.

에 일반적인 견해는 주후 2년의 마소라 사본(Massoretic Text) 이전의 히브리어 사본(MS)을 발견할 가능성은 전혀 없다는 것이었다. 그러나 1947년 2월 혹은 3월에 타아미레(Ta-amireh)족의 베두인 젊은이 마호멧 엣딥(Muhammad ed-Dib)이 잃은 염소를 찾던 중 첫 사해 동굴을 발견하게 되었다. 이 목동은 절벽에 있는 조그마한 구멍을 보고서 혹시 잃은 염소가 거기에 빠진 것이 아닌가 하고 돌을 던졌더니 무엇이 깨지는 소리를 듣고 놀라 그의 친구 목동에게 달려가서 알렸다. 그리고 그의 친구 목동인 아멧 마호멧(Ahmed Muhammad)과 같이 절벽에 다시 돌아와 구멍으로 들어가

쿰란 동굴

두루마리 성경(사해 사본)

염소를 찾는 중 가죽 두루마리(leather scrolls)를 발견했다. 이 두루마리는 항아리 안에 보관되어 있었다. 현재는 그 두루마리 전부가 이스라엘 소유로 되어 있다(8개). 이 두루마리들이 아주 오래된 것이고 가치가 많은 것들임을 인정받게 되었지만 1948년 초에 아랍제국들과 이스라엘 사이에 전쟁이 일어나 그 동굴의 과학적 조사가 불가능하게 되었다. 그 후 1949년 2월 15일부터 3월 5일까지 다시 동굴을 조사하게 되었는데 요르단 고적탐사국 랑케스터 하딩과 성경학교(Ecole Biblique)의 드 보(R. de Vaux)에 의해 수행되었다. 이때에 수백 개의 성경문헌들과 외경 그리고 그때까지는 잘 알려지지 않은 여러 문헌 등의 단편들이 발견되었다. 그리고 항아리 파편들의 양으로 보아 판단하건대 이 동굴은 약 200개 두루마리들로 이루어진 장서의 은닉처로 사용되었던 것으로 판단되었다. 이 장서들은 이미 오래 전에 발견되었던 것 같다. 유세비우스는 오리겐(주후 185-254년)이 여리고 근방에 있는 한 항아리에서 발견된 희랍어역 시편을 사용하였다고 보도하고 있다. 팔레스타인에서 일어난 전쟁 때문에 대주교 아타나시우스는 자기 소유의 5개 두루마리를 미국으로 옮겼다(1948). 그것들은 트레버와 브라운리의 도움을 받아 버로우즈에 의해 출판되었다. 제 1권(1950)에는 여러 플레이트들과 두 개의 두루마리의 필사본이 포함되어 있는데 그 필사본 가운데 하나는 이사야서 전권을 담고 있으며 또 하나는 하박국 처음 장에 대한 주석(1QpHab)을 담고 있다. 제 2권(1951)은 「훈련교본」을 형성하고 있는 보다 작은 두루마리 두 개(1QS)를 수록하고 있다. 이것은 라멕의 한 묵시록이라고 믿어지고 있는 것으로서, 5

개 두루마리들 가운데 마지막 것은 그 당시로는 손상시키지 않고 펼 수가 없었다.

1948년 9월 수케닉은 이 사본들을 수록한 자신의 첫 번째 책을 출판하였으며 이 책에 뒤이어 1950년에 제 2권이 출판되었다. 하지만 두 권은 모두 수케닉이 소유하고 있는 두루마리 속에 잘 보존된 부분들 가운데 일부만 포함하고 있다. 수케닉의 사후 그의 아들 야딘은 1954년에 「감추어져 온 두루마리 보물」(*Osar Hamegilloth Hagenusoth*)이라는 제목으로 그 두루마리들을 모두 출판하였다. 여기에는 빛의 아들들과 어둠의 아들들의 종말론적 전쟁을 묘사한 한 두루마리(1QM)와 또 다른 이사야서 두루마리, 그리고 감사 시편들의 편집본 가운데 네 부분이 담겨 있다. 아비가드(N. Avigad)와 함께 야딘은 소위 「라멕의 묵시록」이라는 문헌을 출판하였다. 이것은 그 동안 히브리 대학교에서 해석하는 작업이 진행되었으며 창세기 몇 개 장들에 관한 미드라쉬임이 밝혀졌다. 그러므로 제 1동굴의 단편들은 1955년 바르텔레미와 밀리크에 의해 「*Qumran Cave*」라는 제명의 한 책에 게재, 출판되었다.

1951년 여름이 끝날 무렵 타아미레 부족들 가운데 몇 사람들이 이 유명한 동굴 남방 18km 그리고 사해 서방 3.2km 지점에 있는 와디 무랍바아트의 두 동굴 속에서 발견한 새로운 단편들을 제공하였다. 1952년 초 이들 동굴들의 탐사작업이 있었으며 이 동굴들 역시 시대는 다르지만 문헌 은닉처로 사용되었던 곳이었음이 밝혀졌다. 이때에 거기에는 엄격한 마소라 양식의 성경사본들이 들어 있었다. 그것들 가운데는 주전 8세기의 소예언서들과 파피루스 팰림프세스트 하나도 포함되어 있었다. 유명한 수도원 마르 사바의 북동쪽 4km 지점에 있는 키르벳 미르드에서 발견된 다른 단편들은 후대에 속한 것들이다. 희랍어와 팔레스타인 아랍어로 쓰인 성경문헌들은 주후 4-8세기의 것들이다. 그때까지 알려지지 않았던 장소에서 나바테야인 파피루스와 유대교 파피루스, 그리고 소예언서들에 대한 희랍어 본문 단편들이 1952년 7월에 발견되었다. 와디 무랍바아트와 키르벳 미르드의 문서들은 쿰란 근방의 동굴에서 발견된 문서들과 직접 관계가 없지만 쿰란지역에 있는 다른 동굴들에서 베두인족은 새로운 사본들을 발견했다. 1952년 3월에 있었던 발굴작업을 통하여 37개 동굴에서 항아리류 유물들이 발견되었다. 그것들 가운데 일부에도 역시 사본들이 담겨 있었다. 제 1동굴에서 남쪽으로 얼마 떨어져 있지 않은 곳에 위치한 제 2동굴(2Q)에는 성경 단편들과 외경 단편들이 남아 있었는데, 그것들 가운데는 요벨서 일부와 새 예루살렘을 묘사한 아람어 문서 하나가 있다. 그리고 제 1동굴 북방 약 1.6km 지점에 위치한 제 3동굴(3Q)은 274개의 아람어와 히브리어로 쓰인 단편들 말고도 두 개의 동판 두루마리를 담고 있었다.

키르벳 쿰란 서편 정반대 편에 위치해 있는 제 4동굴(4Q)은 1952년 9월에 베두인족들에 의해 발견되었다. 이 동굴에서는 가장 많은 단편들이 발견되었다. 즉 에스더를 제외한 모든 성경문서들, 당시에 알려져 있는 것들과 알려져 있지 않은 것들을 포함한 많은 외경문서들, 이 종파의 주석, 전례본문, 그리고 그 외 문서들이 발견되었다. 둘 다 쿰란 부근에 있는 제 5동굴(5Q)과 제 6동굴(6Q)에서도 제 7-10동굴에서와 마찬가지로 이보다 적은 양의 것들이 발견되었다. 이 모든 단편들은 예루살렘의 팔레스타인 박물관에 수집되어 있다. 이곳에서 그것들은 국제적인 학자단에 의해 말끔히 손질되고 정리되어 편찬되었다. 후일 제 3동굴에서 멀리 떨어지지 않은 곳에 있는 제 11동굴이 발견되었는데 이 안에는 상당히 완벽한 수 개의 두루마리들이 보관되어 있었다. 이 발견물들 가운데 가장 신비로운 것들로는 두 개의 동판 두루마리이다. 원래 이것들은 3개 동판조각 리벳으로 연결되어 있는 것들로 그 길이는 총 234cm이다. 이 구리판은 굉장히 산화되어 풀어지지 않아 작은 조각으로 잘라내지 않을 수 없었다. 이 작업은 알레그로의 지도 하에 맨체스터 공과대학에서 이루어졌다(1956-57). 두개 두루마리는 모두 12개 난들로 이루어져 있다. 이 두루마리들은 보물들의 목록과 그 보물들이 감추어져 있는 장소들을 기록하고 있다.

사해 두루마리(scrolls)

쿰란의 여러 개의 동굴에서 발견된 '사해성경'(The Dead Sea Scripture)은 1Q, 2Q 등의 번호를 매겨 구분하고 이 번호의 머리글자를 문서제목에 따라 붙인다. 예를 들자면 'S'는 세레크 하야 숫(Serek hayya chud, "Orders of the Community")을 표시하고 'Phab'은 하박국 주석을 표시하며, IQIsa는 이사야 전권을 표시하고 1QIsb는 IQIsa 좀 훼손된 불완전한 두루마리를 표시한다. 둘 다 첫 번째 동굴에서 발견한 것으로 1Q표시로 나타나고 있고 두 번째 동굴 것은 2Q, 세 번째 동굴 것은 3Q 등으로 표시한다. 구약성경 사본들 가운데 가장 분량이 많은 필사본은 제 1동굴에서 발굴된 2개의 아사야 두루마리이다. 17개 장에 54개 난들을 지닌 것으로서, 이 두루마리들 중 첫 번째 것은 길이가 7.2m, 폭이 25.9cm이다. 이것은 모든 두루마리들 가운데 가장 길고 가장 잘 보존되어 있는 것이다. 그리고 이것은 주전 2-1세기에 필사되었다. 이 두 사본은 지금까지 알려진 구약성경의 사본보다 1000년이나 오래된 사본이다. 이것보다 훨씬 오래된 것은 레위기 단편들로서 그것들은 다른 사해 두루마리들에서 때때로 하나님의 거룩한 이름을 표현하는 데 사용된 고 히브리어 필체와 동일한 필체로 쓰여져 있다. 그것들 다음으로 오래된 것은 사무엘서 단편들이다(주전 3

이사야 두루마리

세기). 이 단편들의 분포도로 보아 이 종파가 가장 사랑했던 성경은 신명기, 시편, 이사야, 창세기 등이었다. 이 단편들도 본문 전승에 관한 아주 복잡한 윤곽을 보여주고 있다. 본문 형태들이 다양하게 나타난다. 이 사본들 가운데 몇 개는 1QIsb와 마찬가지로 마소라 사본에 근접한 양식을 보이고 있다. 반면 사무엘서의 단편들은 70인역의 히브리어 원 본문과 훨씬 근접한 형태를 보이고 있다. 또한 사마리아어역과 혼합된 양식의 본문과 보다 일치된 사본들도 쿰란에 있었던 것이 분명하다. 하지만 본문의 표준 형태로 접근하려는 경향이 눈에 띄며 주후 2세기 전반에 속하는 와디 무랍바아트 사본들은 모두가 마소라 본문을 대표하며 이 시기에 이르러 마소라 형식의 발달이 종결되었음을 보여준다. 이 동굴들에서는 히브리어와 아람어로 되어 있는 외경 및 위경 단편들도 발견되었다. 그것들은 지금까지는 역본들 – 라틴어역, 희랍어역, 시리아역, 이디오피아역 등 – 로 밖에 알려져 있지 않았다. 6Q의 단편들은 옛 카이로 회당에서 60년 전에 발견된 히브리어 전도서 본문과 부합된다. 그리고 이 동굴은 또한 히브리어 토비트서와 아람어 토비트서의 단편들도 제공하고 있다.

요엘서는 이 종파에 의해 수 개의 필사본, 즉 에녹 Ⅰ,Ⅲ-Ⅴ의 부분들, 레위의 유언, 다마스커스의 계약 등에 사용되었다. 그러나 우리에게 알려져 있지 않은 외경문서들의 다른 단편들도 있다. 여기에서 우리가 알 수 있는 것은 구약성경 전부가 사해두루마리에 나타나 있고 (다만 에스더만이 빠졌다) 쿰란 공동체는 벌써 구약 정경(cannon)을 소유하고 있었다는 점이다. 에스더서가 빠진 이유는 우연적이거나 혹은 아직 쿰란 공동체가 정경으로 인정하고 있지 않았기 때문일 것이다. 그 이유는 부림절(The Feast of Purim)을 쿰란 공동체가 인정하지 않았고 이것이 에스더서에 기록되었으므로 그 당시 에스더를 아직 정경으로 인정하지 않았을 것이라고 짐작할 수 있다.

평가 – 사해 사본의 발견이 대단히 중요한 이유

사해 사본이 발견되기 이전까지 사람들이 가지고 있던 구약성경 중 가장 오래된 사본은 주후 900년경에 기록되었던 마소라 사본이었고 그 이전에 기록된 것들은 발견될 수 없었다. 마지막 기록된 구약 성경 책이 적어도 주전 400년경이므로 마소라 사본과의 연대 차이는 약 1300년이다. 특히 모세오경은 기록연대가 약 주전 1400년경이므로 무려 2300년이 흐르면서 그것을 베껴쓰고 또 베껴썼다. 따라서 사람들은 마소라 사본이 원본에서 얼마나 변질되었을까에 대한 강한 의구심을 가지고 있었다. 일부 사람들은 모세오경, 특히 창세기의 처음 열한 장에 기록된 창조, 타락, 대홍수, 바벨탑의 기록을 한낱 신화에 지나지 않는다고 평가했다. 그러던 중 이 사해사본이 발견되었다. 이 사해사본과 마소라 사본간의 연대 차이는 대략 800년에서 1000년 정도이다. 그런데 놀랍게도 두 사본들이 거의 정확하게 일치하였다. 1000년 동안 전혀 변질되지 않은 상태로 보존되어 온 것이다. 사해 사본은 구약성경이 오랜 세월동안 원형을 잃지 않고 보존되어 왔다는 것을 확인해 주었다. 따라서 우리는 우리가 가지고 있는 성경이 사본이라고 해서 성경을 믿을 수 없다고 말할 수는 없다.

쿰란 공동체(The Qumran Community)

쿰란 공동체[10)]는 경건한 유대인 집단으로, 그 존재는 1947년과 그 후 몇 년 동안에 세상에 갑자기 알려지게 되었다. 그것은 사해의 서북쪽에 위치한 와디 쿰란(Wadi Qumran)과 그 인접지역에서 발견된 여러 가지 사본과 고고학적 발굴 덕택이었다. 여러 가지 동전(coin)이 쿰란 공동체에서 발굴되어 언제 이 사회가 사해 동서쪽에 세워졌는가를 추측할 수 있게 되었다. 쿰란 정착의 연대기를 결정하는 데 도움을 주는 많은 발견물들 가운데 상세한 연대가 적혀 있는 250개의 주화들은 이 건물들에 사람들이 살았던 시기가 언제인가를 밝혀주는 가치 있는 지침들을 제공하고 있다. 이 지역에 최초로 사람이 거주했던 상황은 11개의 셀루키드 왕조(Seleucid dynasty)의 주화들에 의해 밝혀지고 있다. 이것들 가운데 3개는 안티오커스 7세의 통치기간 중의 연 3년 동안에 주조된 것임이 정확하게 밝혀질 수 있다. 요한 힐카누스 1세(John Hyrcannus Ⅰ, 134-104 주전)의 통치와 아리스토불루스(Aristobulus Ⅰ, 104-103 주전) 1세의 통치에 관한 사실들은 각각 한 개의 주화들에 의해 입증되고 있다. 이와 대

10) F. F. Bruce, *New Testament History*(「신약사」, 나용화 역, 서울 : 예수교문서선교회, 1983), 129-150 참조.

조적으로 143개의 주화들은 알렉산더 얀내우스에 의해 주조된 것들이며, 하나는 알렉산드라 살로메와 힐카누스 2세에 의해, 5개는 힐카누스 2세에 의해, 4개는 안티오커스 맛다디아에 의해, 그리고 10개는 헤롯 대왕에 의해 주조된 것들이다. 아켈라오의 분봉왕 통치기는 6개 주화에 의해 입증되고 있고, 아그립바 1세의 통치는 78개 주화들에 의해 입증되고 있다. 94개 주화들은 제1차 유대전쟁을 묘사하고 있는데 그것들 대다수는 이 폭동의 제 2차년에 주조된 것들이고, 소수는 제 3차년에 주조된 것들이며, 제 4차년에 주조된 것은 하나도 없다. 몇 개의 주화들은 쿰란 건물들이 로

마 군사기지로 전용되었던 사실을 증명하고 있으며 또 다른 것들은 시몬 벤 코바의 지휘하에 일어난 제 2차 유대전쟁에 참여한 유대 혁명가들에 의해 이 건물들의 유적들이 재 점유되었던 사실을 입증한다. 그러므로 고고학적 증거는 분명히 쿰란지역이 주전 2세기 후반에 정착지로 사용되어 주

쿰란 공동체

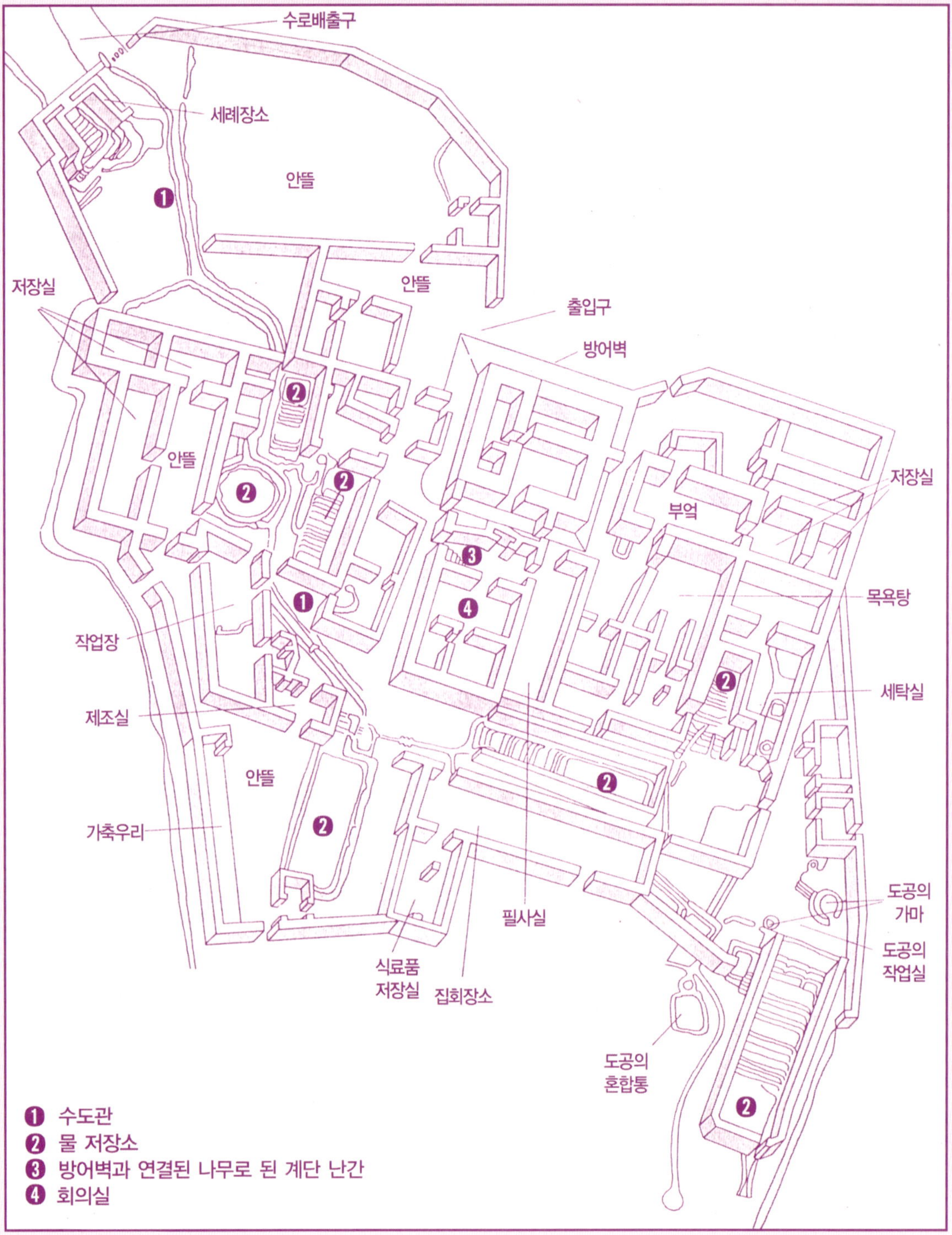

수로배출구
세례장소
안뜰
저장실
안뜰
출입구
방어벽
안뜰
저장실
부엌
목욕탕
작업장
세탁실
제조실
안뜰
가축우리
필사실
도공의 가마
도공의 작업실
식료품 저장실
집회장소
도공의 혼합통
❶ 수도관
❷ 물 저장소
❸ 방어벽과 연결된 나무로 된 계단 난간
❹ 회의실

쿰란 공동체의 구조 설명

후 68년까지 쿰란 공동체가 존재하고 있었음을 보여 준다. 하나의 중요한 발견은 필사실(scriptorium)이다. 이 필사실에서 큰 책상과 물동이와 두 개의 잉크판을 발견했다. 이 물동이는 서기관들이 사본할 때 먼저 청결예식을 행하는 데 필요한 물을 담아 두었을 것이다. 이 필사실에서 성경을 필사하고 연구한 것으로 본다.

에세네파(The Essenes)

쿰란 공동체의 회원이 누구였을까? 이 질문은 에세네파의 문제와 관계된다. 신약성경에는 에세네파에 대한 말이 없다. 필로(Philo)와 요세푸스(Josephus)가 구체적으로 언급되고 있을 뿐이다. 에세네파는 하시딤파들 사이에서 기원된 것으로 추측된다. 마카베오 혁명의 성공과 국가 주권의 회복에 따라 혁명의 주체 가문들과 파벌들이 생겨 국가의 국사 문제로 권력 다툼이 시작되었다. 혁명 이후 권력 다툼 속에서 3개의 주요 신정 당파가 출현하는데 사두개파, 바리새파, 에세네파이다. 유대 전승에 의하면 에세네파는 아리스도불로 1세의 통치시대에 이르기까지 예루살렘에서 활동했다고 묘사한다. 즉, 에세네파는 헤롯가와 하스모네의 정치적 대립과 헤롯의 죽음으로 다시 쿰란을 버리고 예루살렘으로 돌아왔다. 헤롯 사후에 성전 정화 선동 문제로 마켈라오에 의해 다시 쿰란으로 되돌아가게 되었으며 결국 에세네파는 유대인 기독교 공동체와 로마의 오랜 투쟁에서 살아남은 다른 유대인 집단들 속에 융합되어 버렸을 것으로 추측된다.

에세네파의 기원[11)]에 대하여는 두 가지 설이 있다. 첫째는 팔레스타인 기원설이다. 이에 의하면 에세네파 운동은 팔레스타인 유대주의가 헬라화된 것을 반박하여 생긴 운동이라고 주장한다. 유대의 역사를 보면 하스모니안 왕조가 생기고 주전 152년에 요나단이 대제사장이 되었다. 결국 대제사장직을 외부에서 사독이 아닌 사람이 차지하게 되고 사회는 점차 헬라 풍속과 문화를 취하는 지경이 되자 "의의 교사"가 일어나 "경건한 이들"을 데리고 유대인을 벗어나 새로운 사회를 조직한 것으로 본다. 다른 하나의 견해는 바벨론 기원설이다. 이것은 많은 유대인들이 바벨론 포로(주전

11) F. F. Bruce, 108–119 참조.

586)를 하나님의 심판으로 보고 이 하나님의 심판에 대한 정당한 태도는 다시 한번 적극적인 복종이라고 강조하게 되었다. 특히 하나님의 말씀(모세율법)을 전심을 다해 지키는 것이 정당한 태도라고 보았다. 강한 믿음의 소유자인 몇몇 유대인들이 바벨론에서 팔레스타인으로 돌아와 종교 부흥을 일으키려고 노력했다. 그러나 그러한 시도가 좌절되자 그들끼리 독립사회 결성을 가결한 후 쿰란으로 후퇴하여 완전히 일반 유대 사회와 격리된 곳에 쿰란 공동체를 세웠다는 것이다. 이 두 견해에 의하면 쿰란 공동체의 사람들은 에세네파와 같은 유대인들임이 확실하다.

에세네파의 신앙

에세네파는 자신들이 새 계약의 백성이라고 믿었다. 그러므로 누구든지 에세네파의 회원이 될 때 세 가지 표지를 받았다. 작은 호미, 치마(apron), 그리고 흰옷(a white rode)이다. 이것들은 청결을 매우 중시하는 회원 중심생활을 의미한다. 작은 호미는 더러움을 깊이 묻어 버리듯 죄를 묻어 없어 버리는 것, 치마는 하나님께서 주시는 영적인 빛을 방해치 않으려고 자기들의 치부를 가리는 것, 흰옷은 거룩하고 청결된 새 사람의 옷(garment)을 상징하고 있다. 이들은 매우 엄격한 금욕과 공동규약을 실행했다. 또한 그들은 오순절날 계약 갱신을 위해 축제를 매년 가졌다.

종말론적인 유대 공동체는 약 4천 명가량 되었고 그들 대다수는 유대 마을과 도시 각처에 흩어져 살았다. 필로의 기록에 의하면 "하나님의 덕과 동료를 사랑하는 것이 에세네파의 생활 방식의 지도 원리였다"고 한다.

그들의 신앙을 살펴보면 첫째, 사해 두루마리에 의하면 일출 시각에 공동체를 위한 특별 기도의 시간이 있었다. 요세푸스는 "기도 드렸다는 것은 하나님께 기도 드리는 것으로, 간청했다는 것은 그의 나라가 오기를 매일 간구했다"는 것이라고 기록했다. 그리고 그들은 식사를 시작할 때와 끝낼 때 생명을 풍성히 주신 하나님께 감사의 표시를 행했다. 둘째, 그들은 시간을 경전 연구에 바쳤다. 즉 그들에게서 일어난 과거의 사건과 미래에 일어날 사건을 더 잘 이해하기 위해 그들의 경전을 연구한 것이다. 셋째, 그들은 결혼을 거부하였다. 에세네파가 결혼을 회피하는 이유는 "그들의 금욕적인 생활과 공동체 생활을 위협한다"는 인식 때문이다. 그들은 금욕생활을 일종의 종말론적인 거룩한 전쟁으로 여기고 살았다. 넷째, 에세네파에 가입하기를 원하는 지망자에게 1년 동안 생활규칙 교육을 시키고, 2년 동안 더 그의 성품이 시험 받게 되며, 그렇게 자격이 인정된 후에야 공동체 일원으로 입단하게 된다. 무엇보다도 하나님 앞에 경건한 생활을 할 것, 그리고 사람들에게 의롭게 행동할 것 등의 여러 가지의 서약을 한다. 마지막으로 에세네파에서는 요세푸스의 기록처럼 중죄의 혐의를 받게 되면 공동체로부터 추방과 비참한 최후를 당한다. 그들은 사건을 재판할 때 참석 인원이 백명 미만일 때는 판결을 내리지 않는다. 또한 하나님 다음으로 그들이 경외하는 것은 그들의 율법 수여자들의 이름이다.

이미 언급한 바와 같이 에세네파가 언제 어디서 기원하였는지 확신할 수 없다. 아마도 에세네(Essene)라는 단어는 '거룩한 사람들을 뜻'하는 말에서 비롯되었다고 추정해 볼 수 있다. 에세네 사상의 본질은 '거룩'이라는 배타적인 개념에 있었다. 그들은 수도원과 비슷한 체계 속에서 수도승처럼 살면서 절대적인 영성에 도달하기 위해서 노력했다. 에세네파도 바리새파처럼 어떤 식으로든 주전 167년경의 하시딤과 관계를 가졌고 아마도 처음에는 헬라주의자들에게 대항하는 마카비 전쟁에도 참여했던 것 같다. 에세네파 공동체에 귀의한 사람들은 의무적으로 금욕생활을 하며 율법을 엄격하게 준수하며 스스로를 통제해야 했다. 에세네파의 일원이 된 사람들은 공동체를 구성하고 재산을 공유하고 독신으로 살았다. 이들은 일하는 날에는 밭을 갈고 가축을 사육하는 등 여러 가지 일을 함으로써 공동체의 유지에 이바지했다.

상당히 그늘에 가려져 있던 이 '분파'는 1947년 이래 사해사본의 발견과 더불어 극적으로 빛을 보게 되었다. 사해사본은 사해에 가까운 광야에서 격리된 생활을 하던 한 은둔 종파인 쿰란 사회의 도서관에서 나왔다. 비록 이 종파가 에세네파였는지는 결정적으로 확인할 수가 없을지라도 분명히 유사점을 지니고 있었다. 그 종파는 달리 알려지지 아니한 '의의 선생'에 의해서 필시 주전 165년 경에 창건되어 주후 68년까지 명맥을 유지하다가 유대 반란 사건 때에 파멸되었다. 예루살렘의 유대 지도자들을 포함한 그 밖의 모든 사람들은 다 그들의 원수로 간주하였다. 그들은 '빛의 아들들'로서 '어두움의 아들들'과의 최종적인 전투에서 마땅히 그들의 것이 될 승리와 통치권을 쟁취할 날을 바라보며 살았다. 그 동안에 그들은 성경연구에 골몰하고 엄한 은둔생활 훈련을 하며, 그들끼리는 서로 사랑하고, 밖에 있는 모든 자들은 철저히 미워하면서 그들 스스로를 지켜 나아갔다. 그들은 정성을 다하여 상세한 성경주석들을 펴내었고 구약의 모든 문구들과 구절들을 그들의 처지와 기대하는 것들에 적용하였다. 그들은 두 메시야 곧 아론의 (제사장적인) 메시야와 이스라엘의 (왕적인) 메시야－어쩌면 두 역할을 겸한 한 메시야－의 강림을 고대하였다. 쿰란 문서가 그 종파 자체에 있어서는 그리 중요한 것이 아니었을지 모르나 그것은 예루살렘의 유대교와는 아주 거리가 먼 하나의 금욕적이면서도 묵시적인 유대교의 경향도 있었다는 증거를 제시하여 주고 있다. 예루살렘의 유대교는 이 고립된 집단의 유대교보다도 훨씬 더 널리 퍼져 있었을 것이다.

3. 고고학의 역사 구분

고대 역사의 구분은 크게 석기 시대, 청동기 시대, 철기 시대로 나뉜다.

1) 석기 시대

석기 시대는 또 구석기 시대, 중석기 시대, 신석기 시대로 나뉜다. 신석기 시대는 주전 5000년경 질그릇의 발명으로 신석기 시대의 문이 열리게 되었다. 지역으로는 팔레스타인 지역 중 여리고이다. 신석기 시대의 특징으로는 인류 역사상 처음으로 알려져 있는 대형 방어벽들을 건축한 것과 질그릇의 발명이다.

2) 청동 시대

주전 4000년대의 대부분은 구리를 사용하는 청동 석기 시대였다.

(1) 갓술 문화

4000년대 후반기에 발전한 문화인 갓술 문화의 특징으로는 죽은 사람의 뼈를 담아 두는 사기로 만든 그릇들에 대한 기록들을 찾을 수 있었다. 이 그릇들은 동물의 모습과 집 모양으로, 시체를 태운 후 생필품과 함께 그릇들을 상자에 넣었다. 또한, 브엘세바 부근의 두 개의 터에서 구리로 된 솥과 아궁이를 발견하였다. 청동 석기 시대의 가장 훌륭한 문화는 사해 바다 서쪽 해안 오아시스인 엔게디 부근이다. 샘물이 있는 곳에서 위쪽으로는 여러 복합 건물의 담장들이 있다. 그중 가장 큰 구조물의 안쪽으로는 제단과 함께 개방되어 있는 성전이 있다.

(2) 선돌 문화

선돌이란 단순히 큰 돌로, 건축에 사용하는 둥글고 큰 돌을 말하는데, 유럽에서는 이것을 신석기 시대의 가장 큰 특징으로 보고 있다.

3) 청동기 시대

(1) 초기 청동기 시대

주전 3000년에서 3500년 사이에 문자가 개발되었다. 메소포타미아 사람들이 문자의 기록을 개발하였으나 그것을 재빨리 유용하게 활용한 것은 애굽 사람들이며 그것이 현대 알파벳의 기원이다. 케드린 케넌은 이 기간을 도시화 시대라고 하였다. 청동기 시대와 초기 청동기 시대는 급격한 대조를 이루는데 이유는 미지의 침입자들로 인하여 이 지역에 있는 마을들이 파괴되었다고 한다. 그런 한 증거로 새로운 매장 습관을 들 수 있는데 하나의 무덤에 열구의 시체를 묻는 것이다. 예전에 있던 시체를 벽 쪽에 밀어 넣고 새로운 시체를 넣는 방법이다.

가나안 도시들의 외곽 구조물은 공공건물이었다. 대부분의 대중들은 성벽 밖의 오두막집에 살았던 것 같다. 가나안 사람들의 공공건물 중 가장 뛰어난 것들은 그들의 신전이나 그와 관계있는 건물이었는데 이는 예로부터 많은 의식과 제사 의식을 개발하였음을 증명한다. 성경적 유적지로 존 가스텡은 여호수아가 기적적으로 무너뜨렸던 여리고 이중 성벽을 확인하였다. 아이 성은 예배드리던 성소가 세 부분으로 나눠어 있는데 이것은 1500년이 지난 후 지어진 솔로몬의 성전과 같다. 북부 시리아에 있는 에블라 마을도 무역에 있어서 중심지로 추정되는 사업기록들이 발견되었는데 그들 중에는 예루살렘과 소돔과 고모라도 그 상업의 근거지로 기록되어 있다.

(2) 중기 청동기 시대

중기 청동기 시대는 침입자들의 출연으로부터 시작하였는데 애굽에서는 새로운 침입자들을 힉소스라 불렀다. 힉소스는 통치기간 동안에도 한 무덤에 여러 시체를 매장하는 것이 보편화되어 있었다. 잘 보전되어 있는 이런 종류의 무덤들을 여리고 부근에서 여러 개 발견하였다. 아리아족은 글라시스(glacis)라고 불리는 방어용 성벽을 구축하였다.

(3) 후기 청동기 시대

후기 청동기는 주전 1550년경부터 시작되는데 모세는 바로 이러한 시대에 태어났다. 이 때에 아마르나 서간문들이라 불리는 편지들이 나타났는데 팔레스타인의 통치 관리들이 바로에게 보낸 것으로 그 시대에 사용되었던 언어들에 대한 자료들을 우리에게 많이 알려준다.

4) 철기 시대

철기 시대는 문명사회의 여러 기술을 접하지 못하였고 또한 다윗과 솔로몬 시대 이전에도 가나안에서 자신들의 문화를 발전시키지 못하였다. 하지만 블레셋의 문화가 당시의 다른 문화 수준에 비해서 상당히 높은 수준이었다는 점을 알 수 있다.

헬레니즘 시대는 고고학에 대한 의존도는 그래 높은 것은 아니었으나 신약성경 연구자들의 입장에서 보면 이 두루마리들은 당시의 종교적 그리고 정치적인 소요를 조명해 보는 데 큰 도움이 되었다.

로마 통치 시대에는 신약성경에서 발생했던 여러 사건들의 유적지들에 대한 발굴 작업이 여러 차례 벌어졌다. 하지만 고고학자들은 유적들의 신빙성을 입증하기 어려웠고 신약성경 시대와 분명한 관련이 있는 것임을 증명하기 어려웠다. 그 뒤에도 통곡의 벽이라 불리는 헤롯의 성전을 재건할 때에 세운 서쪽 벽의 한 부분과 여러 종류의 수영장, 목욕탕 등의 유적들을 발굴했다. 그리고 예루살렘 서편 언덕 쪽의 계곡을 가로지른 건너편에서 고고학자들은 헤롯 시대의 호화로운 거주 지역을 발견하기도 하였다. 위에서 살펴본 바와 같이 고고학적 발굴들은 성경에서 언급된 역사적 사건들의 정확성을 나타내 보이는 증거자료를 제시할 뿐만 아니라 오늘날 우리가 가지고 있는 신구약 성경의 본문이 저자들의 손에서 나온 이래 수많은 사람들을 거쳐왔지만 오늘날까지도 본질적으로 바뀌거나 수정된 일이 없다는 것을 증명하고 있다.

예수께서 재림하시기 직전에 하신 말씀 중에 "천지는 없어지겠으나 내 말은 없어지지 아니하리라"(마 24:35)라는 말씀처럼 하나님의 말씀인 성경이 정확무오한 하나님의 계시임을 알 수 있다. 최근 몇 십 년 동안에 있었던 괄목할 만한 고고학적 발견들은 위대하신 하나님의 섭리의 손길을 밝히 보여주고 있으며, 이러한 고대의 모든 자료들이 아무도 살지 않는 황량한 광야에 숨겨져 있다가 최근에 와서 발견된 것은 분명한 하나의 목적이 있음에 틀림이 없다. 오늘날 많은 자유주의 신학자와 현대 신학자들이 성경의 권위를 인정하지 않고 신학계나 교회들이 위기와 혼돈 가운데 있음이 사실이다. 이러한 불신의 시대에 고대 성경사본들이 발굴됨으로 성경은 하나님께서 영감하신 말씀으로 오류가 없음을 증거한 것은 참으로 다행한 일이 아닐 수 없다.

참고자료

성경이 말하는 지구의 연대

성경에서는 하나님께서 6일 동안에 세상을 완전하게 창조했다고 가르치고 있다. 성경에 나타난 '하루'는 오늘날 우리가 사용하고 있는 똑같은 24시간의 '하루'라고 이야기한다. 이것을 근거로 지구의 연대를 계산해 보도록 하자.

1. 창조로부터 홍수 때까지

홍수가 났을 때가 언제인지 정확히 알 수 없기때문에 아담과 하와까지 거슬러 올라가 연대를 계산해 보는 것은 문제가 있다. 우리가 할 수 있는 것은 창세기 5장과 7장 11절에 나타난 족보를 근거로하여 아담의 족보를 홍수 때까지 추적해 보는 것뿐이다.

(1) 아담에서 에녹까지

아담은 130세에 셋을 낳았다(창 5:3). 가인의 후손에 대해서는 창세기 연대 기록이 아무것도 없기 때문에 그대로 넘어 갈 수밖에 없다. 또한 아벨이 죽었을 때 그의 후손이 있었는지 성경에는 기록이 없다. 그러기에 족보는 셋으로 시작할 수밖에 없다. 아담은 셋이 태어난 후로도 800년을 살았다(창 5:4). 셋이 에노스를 낳은 것은 그가 105세 때였다. 그는 에노스를 낳은 후 807년을 더 살았다(창 5:6-7). 에노스는 그의 아들 게난을 낳았을 때 90세였고 그 후로는 815년을 더 살았다(창 5:9-10). 게난은 마할랄렐을 낳을 때 70세였고 그 후 840년을 더 살았다(창 5:12-13). 마할랄렐은 아들 야렛을 낳을 때 65세였고 그 후에는 830년을 더 살았다(창 5:18-19). 에녹은 므두셀라를 65세에 낳았고 그 후 300년을 더 살았다. 에녹은 "하나님과 동행"하더니 하나님께서 그를 하늘나라로 데리고 가셨다(창 5:21-24).

(2) 므두셀라부터 노아까지

므두셀라는 187세에 라멕을 낳았고 성경에는 그가 그 후에도 782년을 더 살았다고 기록되었다(창 5:25-26). 성경의 기록에 의하면 므두셀라의 나이를 계산해 보면 홍수 때에 죽은 것으로 되어 있다. 그러면 므두셀라가 노아 홍수 때에 죽은 것인가? 아마도 그럴지도 모른다. 그러나 성경에는 그에 대하여 아무런 기록도 없다. 라멕은 노아를 낳을 때 182세였고 그 후에도 595년을 살았다(창 5:28-31) 노아는 50세가 지난 후에 그의 세 아들을 낳았다(창 5:32). 노아는 방주를 지어 그와 그의 가족이 그 안에 들어갔고 노아가 600세 되던 해에 하나님께서 이 땅의 악을 제거하기 위해 내리신 홍수를 피하기 위해 노아는 그와 그의 가족 그리고 동물들이 타고 있을 방주를 지었다(창 7:6). 노아는 홍수 때에 350년을 살았고 950세에 죽었다(창 9:28-29). 이 여러 사람들의 나이를 합산해 보면(아담으로부터 노아까지), 아담으로부터 노아까지 모두 1656년이 된다.

결국 노아는 창조 후 1056년에 태어났다(1656에서 600년을 뺀 것이다). 그렇다면 홍수는 언제 일어났을까? 이것은 홍수로부터 아브라함까지의 연대를 산출해 보면 대략 알 수 있다. 홍수로부터 아브라함까지의 족보는 창세기 10장에 나타나 있다. 그러면 아브라함의 연대는 어떻게 될까? 일반적으로 아브라함의 연대는 아브라함은 주전 2166년에 태어나서 주전 1991년에 죽었다고 본다. 이것은 출애굽의 연대를 주전1446년으로 보고 족장들의 역사를 거슬러 올라가면 아브라함의 연대를 자연스럽게 알 수 있다.

• 아브라함의 연대 계산(주전1446년 출애굽 연대를 기준으로 아브라함까지의 연대를 추정함)

출애굽기 12:40을 보면 야곱의 가족이 출애굽 430년 전 애굽에 도착하였다고 기록되어 있다. 이것은 주전 1876년경이었다(참조; 갈3:7), 성경은 야곱이 애굽에 이거할 때에 130세였다고 말하고 있다(창 47:9, 28). 요셉은 39살이었다(30세에 7년과 2년을 더한 것, 창 41:46-47; 45:6). 그러므로 요셉이 태어난 해는 주전 1915년이었다(주전 1876년보다 39년전). 창세기 50장 26절에 의하면 그는 주전 1805년 죽었을 것이다(주전 1915년보다 110년 후)

야곱은 애굽에 간 것이 그가 130세 때이었고 거기서 17년을 살았다. 그래서 그가 147세에 죽었는데 그 해는 주전 1859년이었다. 또 다른 것을 계산해 보면 그는 주전2006년에 출생하였다. 야곱의 아버지 이삭은 야곱이 태어날 때 60세였다(창 25:26), 그래서 이삭이 태어난 것은 주전 2066년이었다. 그는 180세까지 살았으니 야곱이 가족을 이끌고 애굽으로 가기 전 약 10년전인 1886년에 죽은 것이다. 성경에는 아브라함이 이삭을 낳을 때 그의 나이가 100살이었다고 기록되어 있다(창 21:5). 그러므로 아브라함은 갈대아의 우르 지방에서 주전 2166년에 태어났다. 그는 75세 때인 주전2091년에 가나안에 들어갔다(창 12:4). 그는 175세가 되는 주전 1991년에 죽었다(창 25:7)

2. 홍수로부터 아브라함까지

홍수부터 아브라함까지의 연대는 아브라함의 족보에서 찾아볼 수 있다. 우선 아브라함이 주전 2166년에 태어나서 주전 1991년에 죽었음을 기억하면서 아브라함을 기준으로 위쪽으로 연대를 산출해 보면 다음과 같다.

(1) 아브라함의 아버지, 데라

아브라함의 아버지 데라는 그가 우르에서 하란으로 가족들을 이주시키기까지 이미 여러 해 동안 우상을 섬겨 왔다(수 24:2). 데라는 그가 205세에 죽을 때까지 그곳에 살았다(창 11:32). 하나님께서는 아브라함이 75세 되었을 때에 그를 불러 가나안으로 가라고 하셨다(창 12:4). 이것은 데라가 죽은 직후였던것 같다. 이렇게 보면 데라가 죽은 것은 주전 2091년이었고(주전 2166년에서 75년을 뺀 것) 아브라함이 태어났을 때에는 130세였다(205세에서 75년을 뺀 것). 이렇게 보면 데라는 주전 2296년에 태어났다(주전 2166년에 130년을 더한 것, 혹은 주전 2091년에 205년을 더한 것).

⑵ 나홀

데라는 그의 아버지 나홀이 29세 때에 태어났다(창 11:24). 나홀은 그 후 119년을 더 살았으니(창 11:25), 그는 주전 2324년에 태어났음이 틀림이 없다(주전 2296년보다 29년전).

⑶ 스룩

나홀의 아버지 스룩은 나홀이 태어날 때 30세였으며 그는 그 후 200년을 더 살았다(창 11:22-23). 그러므로 스룩이 태어난 것은 주전 2355년(주전 2325년보다 30년전)이었으며 주전 2125년(주전 2325년보다 200년 후)에 죽었다.

⑷ 르우

스룩의 아버지 르우는 스룩을 낳을 때 32세였으며 그는 그 후 207년을 더 살았다(창 11:20-21). 그러므로 르우의 출생 년도는 주전 2387년이었고(주전 2355년보다 32년전) 그는 주전 2148년에 죽었다(2355년보다 207년후).

⑸ 벨렉

르우의 아버지 벨렉은 르우를 낳을 때 30세였고 그는 그 후 209년을 더 살았다. 그러므로 벨렉이 태어난 것은 주전 2417년(주전 2387년보다 30년전)이었으며 그가 죽은 것은 주전 2178년(주전 2387년 보다 209년 후)이었다.

⑹에벨

에벨은 34세 때에 벨렉을 낳았고 벨렉을 낳은 후 430년을 살았다(창 11:16-17). 그러므로 에벨은 주전 2451년에 태어나서(주전 2417년보다 34년 전) 주전 1987년에 죽었다(주전 2417년보다 430년 후). 이것은 그가 아브라함이 가나안 땅에 들어간 후까지도 살아 있었다는 말이 된다. 만약 에블라에서 발굴된 서판들의 증거가 확실하다면 히브리 사람이라는 말은 이 사람의 이름에서부터 온 것일 것이다.

⑺셀라

에벨의 아버지 셀라는 에벨을 낳을 때에 30세였으며 403년을 더 살았다(창 11:14-15). 그러므로 셀라의 출생은 주전 2481년이었다(주전 2451년보다 30년 전). 그리고 그가 죽은 것은 주전 2048년이었다(주전 2451년보다 403년 후).

⑻ 게난

히브리 성경에는 게난의 생애에 대한 언급이 없으나 70인역 성경에는 창세기 10:24과 11:12-13에 언급되어 있고 역대상 1:18에도 언급되어 있다. 70인역 성경은 게난이 130세에 셀라를 낳은 후 330년을 더 살았다고 하였다. 그렇다면 게난은 주전 2611년에 태어났고(주전 2481년에 130년을 더한 것) 주전 2151년에 죽었다(2481년에서 330년을 뺀 것).

⑼ 아르박삿

히브리 성경에는 아르박삿이 셀라의 아버지라고 하였으나 70인역에서는 아르박삿이 게난의 아버지라고 하였다. 이러한 서로 다른 기록으로 인해 아르박삿의 출생이나 죽음의 연대를 알 수 없다. 우리가 아는 것은 그가 홍수 2년 후에 출생한 것과(창 11:10) 셀라 혹은 게난이 태어 난후 400여년을 살았다는 것뿐이다.

⑽ 셈

셈은 그의 아들 아르박삿이 태어날 때 100살이었다. 그리고 그는 600살까지 살았다(창 11:10-11). 이 같은 것을 종합해 보면 우리가 자연히 내릴 수 있는 결론은 노아의 홍수 사건은 주전 2611년(게난이 태어난 때) 이전의 어느 때라고 볼 수 있다.

그렇다면 최종적으로 지구의 연대는 얼마나 되었을까? 대략적으로 다음과 같은 공식이 나올수 있다.

주전 1656년(아담에서 노아까지) + 주전 2611년(노아의 홍수사건) + 주후 2003년(현재) = 6270년

물론 창세기 5장과 11장에 나와 있는 족보는 엄격한 연대순으로 되어 있다고 하기는 어렵고 중요한 사건들을 나열한 것으로 볼 수 있다. 그것은 특별히 기억할 만한 인물들의 이름을 연대순으로 기록하였으나 정확하게 아버지와 아들 관계로 연결된 것은 아니며 그러기에 그 족보가 다루고 있는 기간은 거기 나타나 있는 것보다는 길다. 그러나 창세기에 나타난 족보로 완벽한 지구의 연대를 산출해 내기는 어렵다 하더라도 창세기 5장과 10장의 족보의 기간을 다 더해 보면 지구 연대가 6천 내지 7천년이 된다.

결론적으로 말하면 우리는 지구의 나이가 6-7000년이 되었다는 것을 부정하는 명백한 증거를 찾을 수 없다. 그 연대는 항상 존재하시고 모든 것을 주관하시는 하나님으로부터 우리에게 계시를 통해 주어진 연대이다.

해,달, 별들의 창조 해,달, 별들의 창조 해,달, 별들의 창조 해,달, 별들의 창조 해,달, 별들의 창조 해,달, 별들의 창조 해,달, 별들의 창조 해,달, 별들의 창조 해,달, 별들의 창조 해,달, 별들의 창조 해

제2부
구약의 세계

ch the BIBLE lands Search the BIBLE lands Search the BIBLE lands Search the BIBLE lands Search the BIBLE lands Search the BIBLE lands Search the BIBLE lands Search the BIBLE lands Search the BIBLE lands Search the BIBLE lands

,달, 별들의 창조해,달, 별들의 창조

제1장 구약성경 이야기

제2장 이방종교와 그들의 문화

제3장 구약에 나타난 근동의 민족들

제1장 구약성경 이야기

Search the BIBLE Lands

기독교는 본질적으로 역사적 종교이다. 기독교인들이 소중히 여기며 전하고자 하는 하나님의 계시는 진공 가운데서 주신 것이 아니요, 전개되는 역사적인 상황 속에서, 곧 이스라엘이라는 나라와 예수 그리스도라는 인물을 통하여 주신 것이다. 그러므로 계시는 역사적 배경과 뗄 수 없고 오직 그 안에서만 이해할 수 있다. 예수 그리스도의 생애에 의하여 성경을 둘로 나눈다. 구약은 그의 오심을 바라보고 그것을 예비하며, 신약은 그의 생애, 죽음 및 부활의 이야기를 하고, 또한 그 사실들이 초대 교회에서 보여준 뜻과 장차 맺을 열매에 관해서 말해 준다. 그러므로 구약성경 역시 역사적인 상황 속에서 기록되었고 선포되었음을 기억해야 한다.

1. 창 조

성경은 우주와 땅, 생명과 사람의 창조에 대한 위엄 찬 서술로 시작한다. 창세기

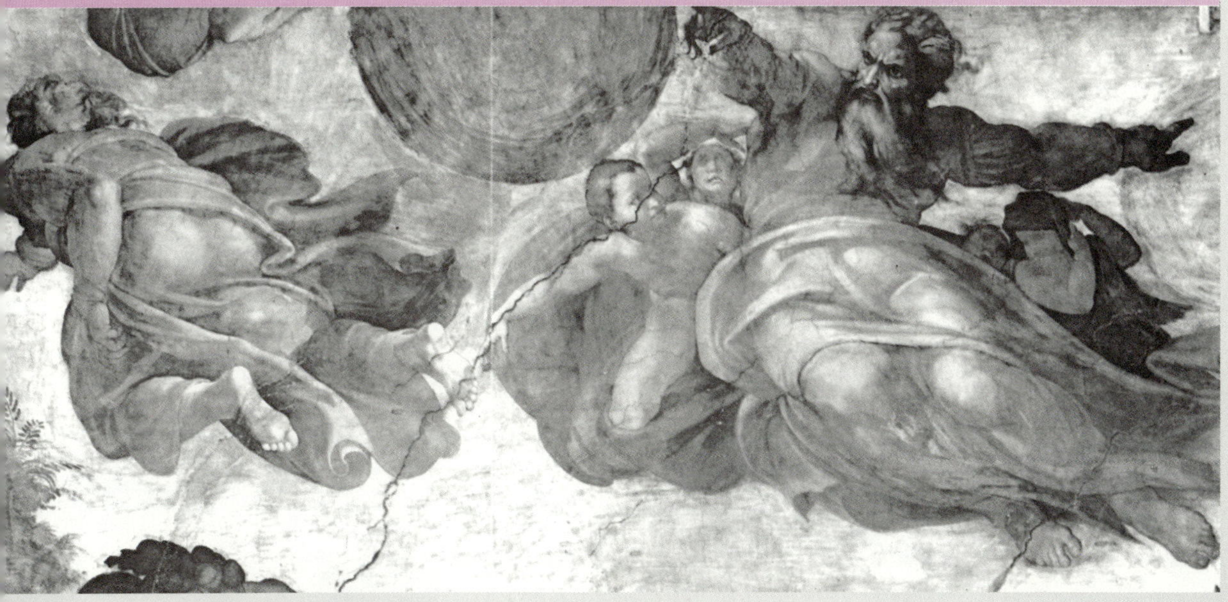

해, 달, 별들의 창조(창 1:16)

의 창조 기사는 의식적으로 땅 위의 사람의 견지에서 언급되었다는 점에서는 지구 중심이요 인간 중심인 것이 사실이지만, 유일하고 참되신 하나님이 창조에 있어서 전적으로 주장하셨다는 점에서는 하나님 중심이다. 창세기 1장의 창조 이야기는 하나님으로 시작하여(태초에 하나님이 천지를 창조하시니라, 창 1:1) 계속 전진하여 다음 단계로 나아가고(하나님이 가라사대…) 사람의 창조에 와서 그친다(하나님이 자기 형상, 곧 하나님의 형상대로 사람을 창조하시되). 창세기 2장에는 노동과 휴식(6일의 일과 1일의 휴식)이, 그리고 일부일처주의는 하나님께서 사람의 유익을 위하여 죄가 세상에 들어오기 전에 세운 '창조 규정'임이 적혀 있다.

〈표 3〉 하나님의 창조의 순서(기본골격을 만드시고 내용물을 만드심)

기본골격	창조의 내용	내용물
첫째 날(빛)	빛 ➔ 태양계	넷째 날(태양계)
둘째 날(궁창과 물)	궁창과 물 ➔ 새와 물고기	다섯째 날(새와 물고기)
셋째 날(땅과 식물)	땅과 식물 ➔ 동물과 사람	여섯째 날(동물과 사람)
제 일곱째 날은 안식하셨다.		

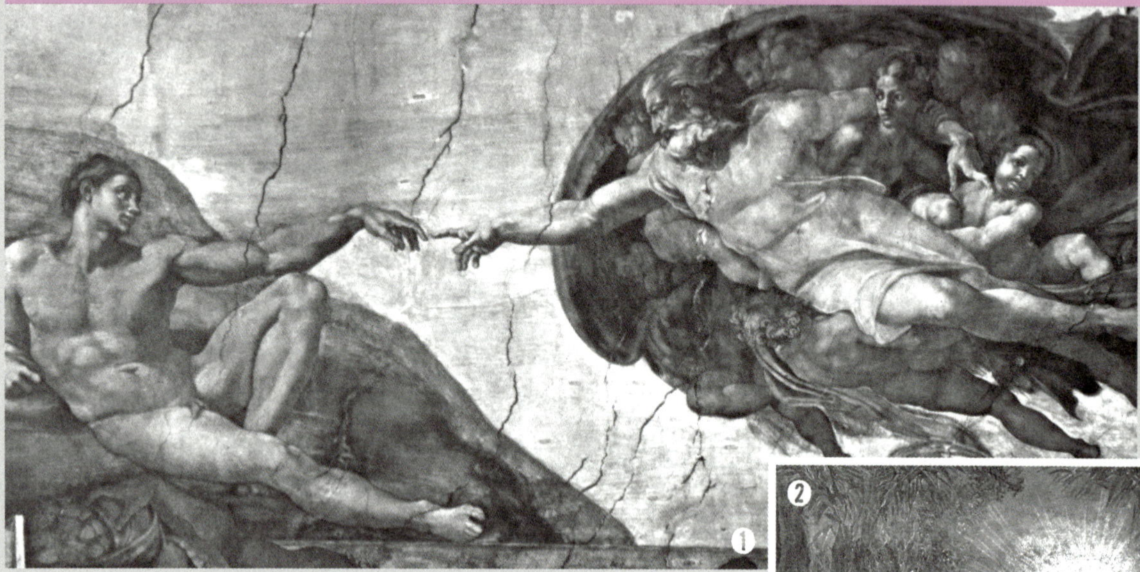

❶ 인간창조(창 1:27) ❷ 하와의 창조(창 2:23)

2. 타 락

하나님은 최초의 인간이었던 아담을 아름다운 에덴 동산에서 살게 하셨다. 그러나 아담 혼자 있는 것을 좋지 않게 여기시고 하나님은 그를 깊이 잠들게 한 후 갈빗대 하나를 취하여 여자를 만들어 아담에게 '돕는 배필'(helper)을 허락해 주셨다. 하나님께서 그녀를 아담에게 데려오자 그는 노래로써 그녀를 맞아들였다. 이렇듯 신랑이 신부를 맞이하며 불렀던 기쁨의 찬가는 성경에 나오는 최초의 노래로 그 동산에 울려 처지게 되었다(창 2:23). 아담은 그 여자가 모든 산 자의 어머니가 되므로 하와라고 이름 지어 주었다. 하나님께서는 이 최초의 부부에게 동산을 지키는 책임을 지워 주시고, 단 한 가지, 선악을 판단하는 나무의 열매를 먹지 말라는 분부를 하셨다. "네가 먹는 날에는 정녕 죽으리라"(창 2:17).

그런데 하루는 뱀(사탄)이 와서 하와를 유혹했다. 여기에서 죄의 시작을 보여준다 (창 3:1-7).

> "여호와 하나님의 지으신 들짐승 중에 뱀이 가장 간교하더라 뱀이 여자에게 물어 가로되 하나님이 참으로 너희더러 동산 모든 나무의 실과를 먹지 말라 하시더냐 여자가 뱀에게 말하되 동산 나무의 실과를 우리가 먹을 수 있으나 동산 중앙에 있는 나무의 실과는 하나님의 말씀에 너희는 먹지도 말고 만지지도 말라 너희가 죽을까 하노라 하셨느니라 뱀이 여자에게 이르러 너희가 결코 죽지 아니하리라 너희가 그것을 먹는 날에는 너희 눈이 밝아 하나님과 같이 되어 선악을 알 줄을 하나님이 아심이니라 여자가 그 나무를 본즉 먹음직도 하고 보암직도 하고 지혜롭게 할 만큼 탐스럽기도 한 나무인지라 여자가 그 실과를 따먹고 자기와 함께 한 남편에게도 주매 그도 먹은지라 이에 그들의 눈이 밝아 자기들의 몸이 벗은 줄을 알고 무화과나무 잎을 엮어 치마를 하였더라."

뱀(사탄)은 "너희가 그것을 먹는 날에는 너희 눈이 밝아 하나님과 같이 되어 선악을 알 줄을 하나님이 아심이라"라고 유혹했다. 인류의 시조 아담과 하와는 바로 하나님과 같이 된다는 말에 귀가 솔깃해졌다. 예나 지금이나 죄 가운데 가장 큰 죄는 바로 자신이 하나님이 되려는 것이다. 자신의 말이 다 옳고 자신의 지혜가 가장 뛰어나며 자신의 사상으로 온 세상이 하나가 되어야 한다는 확신이다. 사탄은 그 나무의 열매를 먹어도 죽지 않는다고 말했다. 이것이 성경에 기록되어 있는 첫 번째 거짓말이다.

하와는 뱀의 말을 믿고 그 나무의 열매를 따먹은 후 아담에게도 주었다. 그 즉시 그들은 자신들이 벌거벗었다는 수치를 알게 되었다. 결국 하나님의 낯을 피하여 숨어 버리려고 했다. 이것이 인간이 저지른 최초의 죄이다. 그것은 교만 죄요 말씀에 불순종하는 죄였다. 이로 인한 죄의 결과는 '가리는 것'이었고 '피하는 것(숨는 것)'이었다. 아담과 하와는 하나님의 계명을 어겼다. 하나님은 죄에 대한 벌로 그들을 에

❶ 에덴 동산(창 2:8-14) ❷ 뱀의 유혹(창 3:1-4)

덴 동산에서 쫓아내셨다. 범죄의 결과로 여자에게는 해산하는 고통을 주었고, 남자에게는 가시덤불과 엉겅퀴 속에서 먹을 것을 찾는 일을 하게 하셨다. 그런데 가장 비참한 형벌은 인류에게 사망이 온 것이다. 그 후부터 지금까지 승천했던 에녹과 엘리야 두 사람을 제외한 모든 사람에게 육체적인 죽음이 오게 되었다. 그보다 더 무서운 일은 영적 죽음(하나님으로부터 영원히 격리되는 것)이 아담과 하와가 죄를 범함으로 세상에 들어오게 된 것이다.

아담과 하와는 에덴에서 쫓겨나 가인과 아벨 두 형제를 낳았다. 가인은 농사하는 자였고 동생 아벨은 양치는 자였다. 이들은 자신의 소산물을 가지고 하나님께 예물을 드렸다. 그런데 가인과 그 제물을 하나님은 열납하지 않으시고 아벨과 그 제물은 하나님께서 받으셨다. 아벨은 믿음으로 제사를 드렸기 때문이다. 이 사건으로 인해 마음이 상한 가인은 동생 아벨을 시기하여 그를 돌로 쳐 죽였다. 이것이 인류 역사상의 첫 번째 살인이다. 가인은 그의 죄로 인해 여호와께로부터 저주를 받았다. 그러나 여호께서는 가인이 아무에게도 죽임을 당하지 않게 하시려고 그에게 어떤 '표'를 주

❶ 에덴 동산에서 쫓겨나는 아담과 하와(창 3:24) ❷ 가인이 아벨을 죽임(창 4:8-9)

심으로 그를 향한 징벌을 덜어주셨다. 그리고 하나님은 아담과 하와에게 셋을 선물로 주셨다. 이외에도 그들은 많은 자녀들을 가지게 되었다(창 5:4). 결국 인류는 범죄한 가인의 계열과 경건한 후손인 셋의 계열로 나뉘어 번성하게 되었다. 가인의 계열들은 '성'(city)을 건설하였고 가축을 기르는 삶을 시작했으며, 각종 악기를 만들어 음악을 발전시키고 구리와 철로 각종 기구를 만들어 내는 등 인류의 문명에 발전을 가져왔다. 그러나 이들의 삶은 세속적이었으며 죄악이 가득찬 삶이었다. 반면에 가인의 경우와는 달리 셋의 가족들은 여화와께 대한 예배를 잊지 않았다. 이들은 '경건한 삶을 살았으며 그 결과 사람들은 셋의 때에 처음으로 여호와의 이름을 부르기 시작하였다. 그러나 시간이 흐름에 따라 그들이 서로 혼합되어 결혼하고 번성하게 되었다. 이렇게 하여 땅 위에 사람들의 수가 많아졌다. 점차로 인류는 하나님으로부터 멀리 떨어져 죄악의 길을 걷기 시작했다. 그 시대에는 사람의 수명이 길어서 오래 살았다. 성경이 말하는 가장 오래 산 사람은 므두셀라로 969세를 살았고 최초의 인간이었던 아담은 930세를 살았다.

방주로 들어가는 동물들(창 7:6)

3. 홍 수

인간의 죄악은 하나님을 근심하게 만들었다. 세상은 심히 타락하고 부패하였으며 무법이 횡행하였다. 사람들은 하나님을 섬기는 대신에 자신의 힘을 과시하였고 정욕의 노예가 되어 무수한 죄악을 저지르며 살아가고 있었다. 하나님은 저들을 멸망시키기로 작정하셨다. 그런데 그 중에 노아라고 하는 의인이 있었다. 베드로는 그를 "의를 전파한 노아"(벧후 2:5)라고 불렀다. 하나님은 그와 그의 가족을 구하려고 노아에게 방주(배)를 만들도록 분부하시고 그 크기와 규모 등을 가르쳐 주셨다. 노아는 하나님의 지시에 따라 방주를 만들었다. 방주가 완성되었을 때 하나님께서는 노아에

❶, ❷ 대홍수(창 7:23)

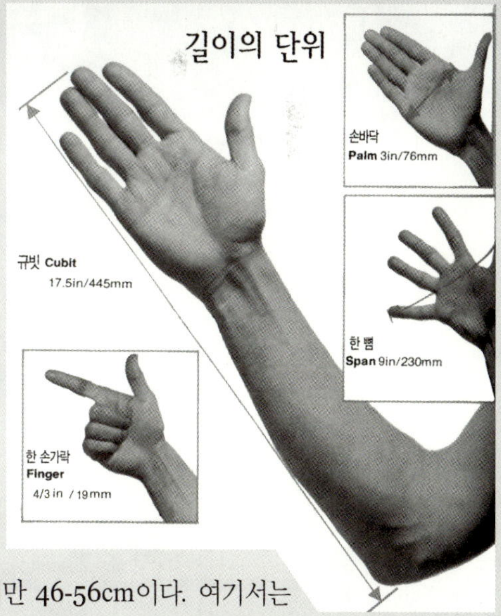

게 정결한 짐승은 일곱 쌍씩, 부정한 짐승은 두 쌍씩 방주에 넣으라고 말씀하셨다. 종종 사람들은 방주가 좁아서 어떻게 그 많은 종류대로 짐승을 잡아넣을 수 있었을까 하고 의아하게 생각한다. 그러나 실제로 그것은 길이가 300규빗이고 넓이가 50규빗이며 높이가 5층이나 되는 큰 배였다. 규빗(cubit)은 고대 오리엔트에서 오래 전부터 사용되어 온 길이 단위인데, 그 어원은 '팔꿈치'란 뜻이며, 팔을 뻗었을 때 팔꿈치에서 가운데 손가락 끝까지의 길이를 나타낸다. 1규빗이 얼마 만한 길이를 나타내는지는 각 나라와 시대에 따라 다르지만 46-56cm이다. 여기서는 1규빗을 가장 짧은 46cm로, 1톤은 2.83㎥를 기준으로 계산한다. 방주이므로 직육면체로 생각하여 계산해 보면 (300×0.46)×(50×0.46)×(30×0.46)=43801.2(㎥)

노아의 홍수 후의 첫 제사(창 8:20)

이다. 따라서 총 톤수는 4380.2÷2.83=15477.46(t)이므로 노아 방주는 1만 5천 톤 이상 되는 큰 배라는 것을 알 수 있다. 노아, 그의 아내, 그리고 세 아들(셈, 함, 야벳)과 자부들은 방주에 들어가 7일간 기다렸다. 그때 비가 오기 시작하더니 40일이나 계속되었고 온 세상은 물에 잠겨 멸망하고 말았다. 방주에 들어가 있던 노아의 여덟 식구만 구원을 받게 된 것이다. 노아의 방주는 구원 받는 세례에 대한 예표였다. 베드로는 세례를 받아야 구원을 얻는다는 것을 이 노아의 이야기로 비유했다. "그들은 전에 노아의 날 방주 예비할 동안 하나님이 오래 참고 기다리실 때에 순종치 아니하던 자들이라 방주에서 물로 말미암아 구원을 받은 자가 몇 명뿐이니 겨우 여덟 명이라 물은 예수 그리스도의 부활하심으로 말미암아 이제 너희를 구원하는 표니 곧 세례라…"(벧전 3:20-21).

참고자료 노아의 방주(창세기 6:14, 8:4-5) 발견에 관한 기록[1]

➔ 너는 잣나무로 너를 위하여 방주(方舟)를 짓되 그 안에 칸들을 막고 역청으로 그 안팎에 칠하라(창 6:14)

➔ 칠월 곧 그 달 십칠일에 방주가 아라랏 산에 머물렀으며 물이 점점 감하여 시월 곧 그 달 일일에 산들의 봉우리가 보였더라(창 8:4-5)

터키의 동부 아르메니아 지역, 소련과의 국경지역에 아라랏(Ararat)이라 불리는 산이 있다. 또한 이 아르메니아 지역의 옛 이름이 아라랏이라고 전해진다. 예로부터 아르메니아 사람들은 이 산에 노아의 방주가 머물렀다고 믿어 신성하게 여겨왔다. 마르코 폴로도 그의 동방견문록에서 이곳을 가리켜 "만년설로 뒤덮인 아무도 오를 수 없는 그곳에는 노아의 방주가 있다…"고 기록했다.

해발 5,156m의 아라랏 산은 넓은 들판에 홀로 솟아 있으며, 그 높이에 견주어 훨씬 더 높아 보인다. 게다가 구름 속에서 어쩌다 잠깐 모습을 보이는 산꼭대기는 흰 눈과 얼음으로 덮여 있어 장엄함과 신비함을 더해 준다. 거기에 대홍수에 관한 전설까지 곁들여졌으므로 사람들은 대대로 이 산을 공경하고 두려워하였다.

주전 300년, 바빌로니아의 신관 베롯소스는 "방주 있는 곳까지 올라간 사람들은 언제나 배에서 송진을 긁어내어 악마를 물리치는 부적으로 삼았다"고 썼다. 기원 초기에는 아르메니아의 수도자 조지 하고피안(George Hagoppian)이 방주를 찾으려고 몇 번이나 아라랏 산에 올랐다. 그가 세 번째 올라갔을 때, 하나님께서 사람은 이 산에 오르지 말라고 하시며 방주의 나무 조각 하나를 주셨다는 말이 전해진다. 어쨌든 아르메니아 사람들은 거의 2천여 년간 아무도 이 신성한 산에 오르지 않았다. 아라랏은 '노아의 방주'와 '에덴 동산'이 있었던 성지로, 하나님이 출입을 금한 금역으로 거룩히 여김을 받아왔다.

대홍수에 관한 이야기는 성경뿐 아니라, 아르메니아, 바빌론, 메소포타미아 등 중동 지방에 널리 퍼져 있었다. 주전 3천년 메소포타미아에서 생겨난 수메르 (Summer)의 '길가메쉬의 서사시' 가운데 200행에 가까운 대홍수에 관한 이야기가 있으며, 주전 1700년대 바빌로니아 함무라비 때의 점토판에도 "7일 낮 밤 큰 비가 땅 위로 쏟아져 내렸으며, 큰 배가 바다로 떠내려 가자 태양신이 나타나 하늘과 땅에 빛을 내려 주셨다"라고 씌어 있다.

탐사의 시작

그럼에도 불구하고 노아의 방주를 찾아보려는 일은 19세기에 들어와서 비로소 조직적으로 시도되기 시작했다. 1829년 10월 독일의 파로트(Parrot) 교수가 처음으로

1) 인터넷자료(http://ekbc.oo.ly/holyland/noa.htm).

아라랏 산 꼭대기에 올랐으나 방주를 찾지는 못했다.

그로부터 54년 뒤인 1883년 5월, 지진 피해를 조사하던 터키 관리들이 빙하에 드러난 나무로 된 검은 물체를 발견했다. 거의가 얼음에 묻혀 있었으므로 전체 모습과 크기를 알 도리는 없었지만, 그 안에는 높이 5m짜리 칸막이가 줄지어 있었다고 했다. 그들은 그 물체가 드러누워 있는 모양으로 보아 산등성이를 빙하와 함께 미끄러져 내려온 것으로 보인다고 보고했다. 온 세계가 놀랐지만, 사진이 없었으므로 미심쩍어하는 사람이 많았다.

방주 이야기는 1차, 2차 세계대전을 앞뒤로 해서 많이 쏟아져 나왔다. 주로 전쟁터에 나갔던 조종사들의 목격담이었다. 1916년 늦여름, 아라랏 산에서 북쪽으로 40km 떨어진 곳에 있는 러시아 제국 제 3코카서스 항공 분견대에 근무하던 블라디미르 로스코비카(Roskovitsky) 중위는, 어느 날 새 비행기를 시험하느라 아라랏 산 근처에 다녀왔던 일을 기록으로 남겼다.

"…눈 덮인 산꼭대기를 몇 킬로쯤 돌아서 남쪽으로 날아가니 사파이어처럼 푸른 호수가 나타났다. 산 그늘 쪽은 아직 얼어붙어 있었다. 호수 위를 지나친 나는 한번 더 살펴보려고 기수를 돌렸다. 그때 뒷자리에 탄 동료가 뭐라고 소리치며 호수 가장자리를 가리켰다. 거기에는 둥그스름한 지붕으로 덮인 묘하게 생긴 배 한 척이 얼음에 파묻혀 있었다.

나는 낮게 떠서 그 언저리를 몇 번이나 맴돌았다. 그 배는 엄청나게 컸다. 뱃머리에 가까운 한쪽옆은 많이 뜯겨져 있었고, 그 반대 쪽에는 7m되는 됨직한 큰 문이 나 있었다. 우리는 기지로 돌아오자마자 대장에게 그 일을 알렸다. 대장은 자기를 그곳에 데려가 달라고 했다.

나를 따라 호숫가의 배 모양을 살펴본 대장은 부대로 돌아오면서 그것은 틀림없는 노아의 방주라고 말했다. 1년 중에 두 달만 조금 드러나고 열 달은 얼음에 묻히므로 썩지 않고 5천 년간 버텨 왔을 거라는 것이 대장의 의견이었다. 대장은 이 사실을 로마노프 황제에게 보고했다.

황제는 얼마 안 있어 2개 중대를 보내왔다. 우리는 탐험대와 함께 산기슭 벼랑을 따라 길을 만들며 한 발자국씩 나아갔다. 배 있는 곳까지 닿은 때는 한 달이나 지나서였다.

우리는 그 배의 크기를 재고 사진도 많이 찍었다. 배 안은 몇 백 개나 되는 칸막이로 나뉘어 있었는데, 어떤 방은 아주 크고 천장도 높았다. 마치 코끼리 같은 큰 짐승을 넣으려 만든 것처럼. 또 어떤 방에는 바구니가 겹겹이 줄지어 있어 새들을 넣어두는 방 같기도 했다. 어디라 할 것 없이 구석구석에 촛농 같은 것이 두텁게 발라져 있었는데, 선체는 잘 썩지 않는 소나무로 만들어져 있었다.

우리는 근처의 봉우리 꼭대기에서, 배의 한쪽에서 떨어져 나간 나무들을 찾았다. 그것들은 일부러 그곳까지 옮겨져, 방 하나짜리 작은 신전을 짓는 데 쓰였다. 그 신전은 불에 타 거의 숯덩이로 변해 있었다.

1917년 봄, 탐험대장은 사진과 함께 자세한 보고서를 황제에게 보냈다. 그러나 며칠 지나지 않아 러시아 제국은 볼세비키 혁명으로 무너졌다. 황제는 그들에게 사로잡혔고, 탐험보고서와 사진들은 신을 믿지 않는 볼세비키들의 손에 넘어가 없어지고 말았다. 그 뒤 우리 항공대의 몇몇 사람들은 아르메니아를 거쳐 자유 세계로 빠져 나왔다."

로스코비키라는 조종사의 이름은 그가 공산당으로부터 벗어나려고 거짓 이름을 쓴 것이므로, 이 이야기는 오랫동안 꾸며낸 것으로 여겨졌다. 그러나 오늘날 전해지는 몇몇 기록에 따르면, 러시아 육군 장교들이 아라랏 산의 큰 봉우리와 작은 봉우리 사이 낙타등처럼 움푹 들어간 기슭으로 파견되었다는 말은 사실이며, 그때 비행사는 사보로키 중위와 레이진 중위, 지휘관은 콜 대령으로 알려지고 있다.

미국과 소련의 탐사

제2차 세계대전이 한창일 때, 소련 공군 마스케린 소좌가 1916년의 기록을 확인하려고, 부하로 하여금 아라랏 산을 정찰 비행토록 하였다. 부하는 돌아와서 얼어붙은 호숫가에 반쯤 파묻힌 배가 있다고 보고했다. 특별 조사반이 그곳에 가서 조사한 바로는 그 배는 나무로 만들어졌으며 거의 화석으로 변하였고, 길이는 120m가 넘는다고 했다(성경에는 137m로 되어 있다) 그러나 그 이상은 알려지지 않은 채 비밀에 붙여졌다.

이배는 소련 쪽 기슭에 있었으므로 소년공군 조종사들은 많은 자료와 사진을 가자고 있었으나, 단 한 장도 미국인들에게 나눠 준 적이 없다. 제2차 세계대전 중에 미국과 소련은 동맹국이었으므로, 미군 조종사들은 1942년 '군사 원조 비행' 때 아라랏 산 위를 날 수 있었다. 이때 찍은 사진들이 미군 잡지 '성조지'에 실렸으나 거의가 빨리 지나치면서 얼핏 찍은 사진들이어서 알아보기 어려웠다.

배 모양을 보았다는 몇몇 미국인들 가운데, 1959년 터키에 머물렀던 미공군 제 428 전술 비행 중대의 슈잉하머(Schwinghammer) 소위가 제일 믿음직한 사람으로 꼽힌다.

"터키인 한 사람과 내 친구와 나는 F-100 전폭기를 몰고 아라랏 산으로 갔다. 며칠 전 미국인 교수에게서 노아의 방주가 그 산에 있다고 들었으므로 그 말이 진짜인지 알고 싶었다. 그곳은 소련 국경 근처인데다가, 얼마 전 C-130 수송기가 격추된 일이 있는 터라 우리는 조심스럽게 시계 바늘과 반대로 아라랏 산을 돌았다. 그러자 낙타등과 같이 생긴 산등성이 밑에 배 같은 모양이 드러누워 있는 것이 보였다.

그것은 밑바닥이 평평한 평저선 모양으로, 너비는 12m쯤이고 길이는 얼음 위로 드러난 것만 30m가 넘었다. 우리는 1,200m 높이에서 빠르게 지나쳤으므로 사진을 찍을 수는 없었다. 나중에 U-2기 조종사가 그것을 촬영했다는 말을 어디선가 들은 적이 있지만 사진을 본 일은 없다. 그 날 우리는 소련 국경을 넘지 않으려고 서둘러 돌아왔지만, 우리가 본 물체는 틀림없이 네모난 배 모양이었다."

노아의 방주가 머문 아라랏 산

민족들의 분포도

물은 땅 위에 150일이나 창일했다(창 7:24). 그러나 점차 물이 차차 줄어 마침내 방주는 아라랏산에 머물렀다. 방주에 들어간 지 1년 10일 만에 여덟 식구가 방주에서 나와 하나님께 제사를 드렸다. 그 후 하나님은 결코 땅 위의 사람들을 물로 심판하지 않을 것을 약속하셨다. 그리고 그 표시로 공중에 무지개를 세우셨다.

홍수 후에 노아의 후손들은 점차로 번성했다. 그들은 흩어지는 일을 당할까 두려워 하늘까지 닿을 수 있는 탑을 쌓으려고 했다. 이것이 소위 바벨탑이다. 그러나 하나님은 이것을 기뻐하지 않으셨다. 그래서 그들이 서로 말이 통할 수 없도록 언어를 혼잡하게 하셨다. 사람들은 각각 다른 지역으로 흩어져 살게 되었다. 야벳의 자손들은 북으로 가게 되었는데 유럽과 미국에 사는 사람들 대부분은 아마도 그 자손들일 것이다. 함의 자손들은 가나안 및 애굽과 기타 지방에 정착하게 되었다. 셈은 유대 민족을 포함한 셈 족속의 조상이 되었다.

● 각 민족의 분포[2]

① 야벳의 후손 : 북쪽지역, 인도 유럽 인종, 고멜(겔트족), 마곡(카스피해 동, 북에 거주), 마대(마대인), 야완(이오니아인), 두발(두발인), 메섹(흑해 동남에 거주), 디라스(게르만족)

② 함의 후손 : 남쪽 지역, 애굽 인종, 구스(아프리카), 미스라임(애굽), 붓(아프리카 홍해연안), 가나안(수리아의 팔레스틴 신주민)

③ 셈의 후손 : 동쪽 지역, 유럽 인종, 엘람(엘람인), 앗수르(앗수리아인), 아르박삿(갈대아인), 룻(소아시아의 리디아인), 아람(아람족, 히브리인)

셈과 함과 야벳의 자손들[3]

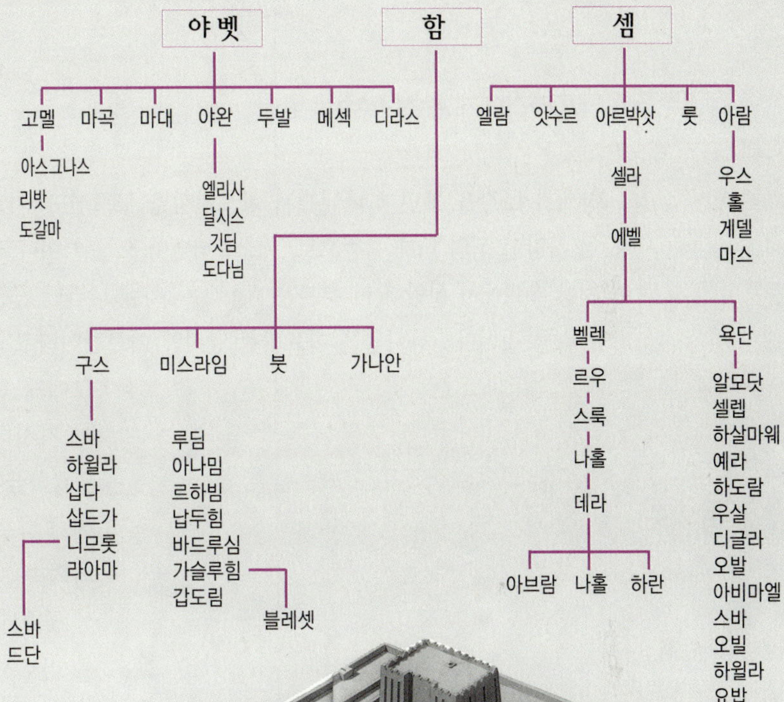

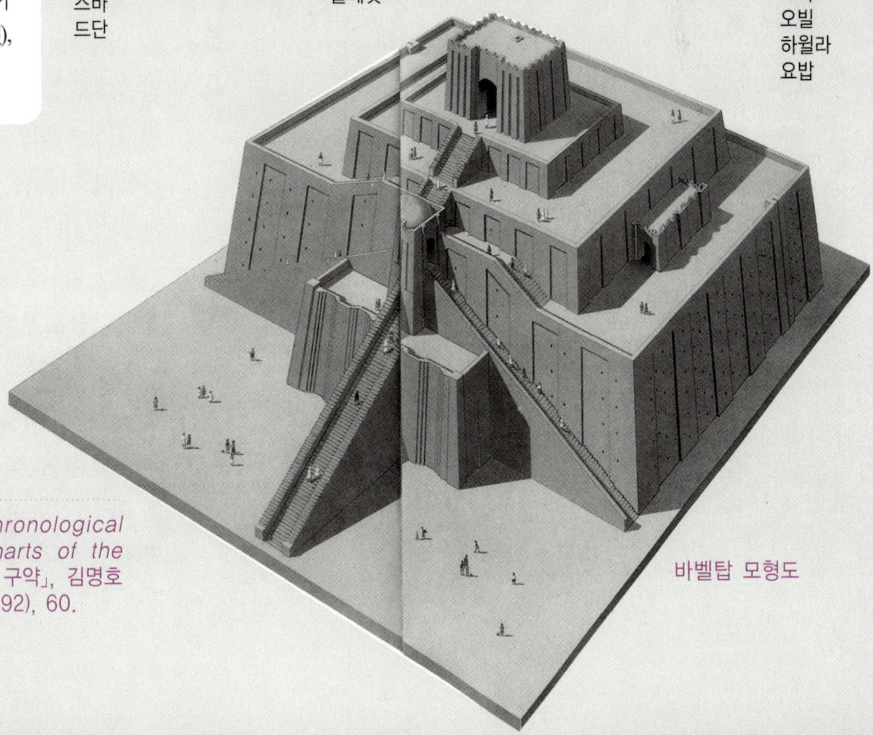

바벨탑 모형도

2) John H. Walton, *Chronological and Background Charts of the Old Testament* (「차트 구약」, 김명호 역, 기독교문서선교회, 1992), 60.

3) John H. Walton, 60.

4. 족장시대

1) 아브라함에게 주신 약속

창세기 12장을 보면 하나님께서 아브라함을 부르신다. 아브라함은 노아의 아들 중 한 사람인 셈의 직계 후손으로, 메소포타미아(오늘날 이라크 남부)에 위치한 갈대아 지방 우르에서 살았다(이 부분은 제3장 "구약에 나타난 근동의 민족들"에서 세밀하게 다룰 것이다). 하나님은 아브라함(당시엔 아브람이라고 불렀음)을 선택하시고 그에게 친척들을 떠나 하나님이 지시하시는 땅으로 가라고 명령하셨다. 하나님은 아브라함에게 다음과 같은 중요한 축복의 약속을 말씀하셨다(창 12:1-7).

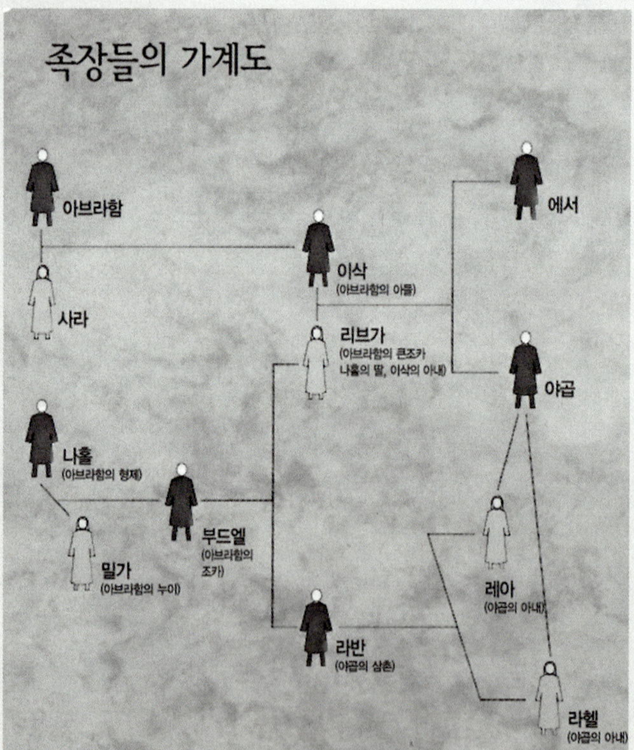

첫째는 그로 인하여 큰 민족을 만드시리라는 약속이다. 이 말씀대로 그는 이스라엘 민족의 조상이 되었다. 둘째로 아브라함의 이름을 창대케 하리라는 약속이다. 그는 오늘날 유대인뿐만 아니라 온 세상의 그리스도인들로부터 존경을 받게 되었다. 셋째는 그에게 땅을 주시리라는 약속이다. 팔레스타인으로 불리는 가나안 땅을 주시어 이스라엘 자손들의 본향이 되게 하셨다. 넷째로 하나님께

서는 아브라함을 축복하는 사람은 축복하시고 그를 저주하는 사람은 저주하시리라고 말씀하셨다. 이것은 이스라엘의 인접 나라들의 운명이 하나님의 택함 받은 백성들을 대하는 태도에 따라 결정되었다는 것을 말한다. 다섯째는 땅의 모든 족속이 그를 인하여 복을 얻을 것이라는 약속이다. 이 약속은 아브라함의 후손인 예수 그리스도를 통해 이루어졌다. 그는 온 인류를 위해 구원자가 되어 세상을 축복하셨다. 이스라엘 백성이 하나님으로부터 특별히 택함을 받게 된 주된 이유는 그 백성을 통하여 이 세상에 구세주를 보내시기 위함이었던 것이다. 하나님의 부르심에 따라 아브라함은 갈대아 우르를 떠나 하나님께서 주시기로 약속하신 가나안 땅으로 갔다. 창세기 12장부터 25장까지를 읽어보면 여러 가지 흥미 있는 아브라함의 생활이라든가 그의 조카 롯이 그로부터 떠나 소돔이라는 사악한 도시에 살게 되었던 때의 일이 소개되고

나를 떠나라 네가 좌하면 내가 우하겠고 네가 우하면 내가 좌하리라(창 13:9)

있다(창 12-25). 하나님께서 소돔성을 멸망시키려 하셨을 때 아브라함은 롯이 그곳에 살고 있으므로 용서하여 주실 것을 간청하였다. 그러나 소돔성은 10명의 의인도 찾아볼 수 없는 사악한 도시였기 때문에 하나님께서는 소돔과 고모라를 불살라 버리려던 처음 계획을 실행하셨다. 롯은 구원을 받았지만 그의 아내는 뒤를 돌아보지 말라는 하나님의 명령을 순종하지 않았기 때문에 소금기둥이 되어 버렸다.

이것은 오늘날 우리들도 항상 하나님의 명령에 순종해야 할 것을 말씀해 준다. 아브라함의 첫 아들은 이스마엘이다. 그는 아브라함의 부인 사라의 몸종인 하갈의 몸에서 태어났다. 사라의 아들 이삭은 아브라함이 100살, 사라가 90살 때 출생하였다. 이스마엘은 아랍 민족의 조상이 되었으나, 하나님이 아브라함에게 주신 약속은 이삭과 그의 후손들에게서 이루어졌다. 아브라함을 보통 "믿음의 조상"이라 부른다. 이 별명과 걸맞게 아브라함은 100세에 얻은 그의 아들 이삭을 하나님께 제물로 바치라는 하나님의 말씀에 순종하여 그의 아들을 모리아 산에서 바치려고 했다. 여기에서 아브라함은 그의 믿음을 통해서 '여호와 이레(하나님이 예비하신다)'의 하나님을 만난다. 하나님은 그가 가진 위대한 믿음을 보시고 아브라함의 손을 멈추게 하신 후 이삭

❶ 아브라함 시대의 우르의 거리
❷ 족장시대의 물주머니
❸ 롯의 탈출 (창 19:24-26)
❹ 롯의 처 기둥(창 19:26)

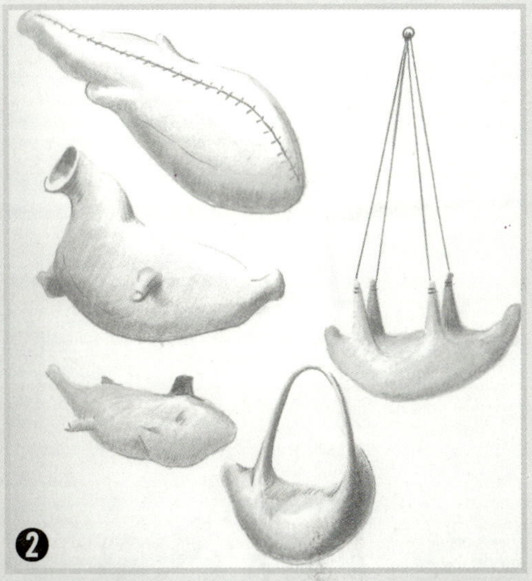

의 목숨을 구원하셨다. 아브라함은 나이 175세에 세상을 떠나 헤브론의 막벨라 굴에 있는 그의 아내 사라 곁에 매장되었다.

2) 이삭

족장들 가운데 둘째 사람은 이삭이다. '웃음'이란 이름의 이삭은 180세를 살았다. 하나님은 그에게도 이 땅의 모든 족속들이 그의 후손을 통해 복을 받으리라고 아브

❶ 소돔 ❷ 오늘날의 헤브론(아브라함이 장사된 곳) ❸ 아브라함의 바위

라함에게 약속하신 것을 반복해 말씀하셨다. 이삭은 가까운 친척인 리브가와 결혼하여 에서와 야곱을 낳았다 그들은 쌍둥이였는데 이들 중 동생인 야곱을 통하여 하나님의 약속이 이루어졌다.

3) 야곱

세 번째 족장인 야곱은 하나님에 의해 '이스라엘'이라고 이름이 바뀌게 된 인물이다. 그러므로 이스라엘의 자손이란 말은 일반적으로 야곱의 후손들을 가리킨다. 야곱은 형 에서로부터 장자의 권리를 팥죽 한 그릇으로 샀으며(창 25장), 마땅히 그의 형

❶ 오늘날의 벧엘
❷ 벧엘에서 본 야곱의 사다리 꿈(창 28:12)
❸ 축복받는 야곱(창 27:22)

에게로 계승될 하나님의 축복을 받기 위하여 아버지를 속였다(창 27장). 이렇게 함으로써 형의 노여움을 받게 된 야곱은 하란으로 도망하였는데, 그곳에서 라헬을 만나 그를 아내로 맞이하기 위하여 7년 동안이나 일을 했다. 그러나 그의 장인 될 사람은 그를 속여 라헬의 언니 레아를 대신 아내로 주었다. 그래서 라헬을 위해 또 다시 7년 동안 일을 한 후 레아와 라헬 두 자매를 아내로 맞이했다(창세기 28, 29장 참조). 야곱은 열두 아들과 딸 디나를 낳았으며 이 아들들은 이스라엘 열두 지파의 조상이 되었다.

참고자료 야곱의 아들들

'레아'가 낳은 6명의 아들

르우벤(장남)
이름의 의미 : 아들을 보라
출생언급 : 창 29:32
상징 : 능력, 기력의 시작
축복언급 : 창 49:3-4

시므온(차남)
이름의 의미 : 들음
출생언급 : 창 29:33
상징 : 칼
축복언급 : 창 49:5-7

레위(3남)
상징그림 없음

레위(3남)
이름의 의미 : 부착
출생언급 : 창 29:34
상징 : 폭력
축복언급 : 창 49:5-7

유다(4남)
이름의 의미 : 찬양
출생언급 : 창 29:35
상징 : 사자
축복언급 : 창 49:8-12

잇사갈(9남)
이름의 의미 : 보상
출생언급 : 창 30:18
상징 : 나귀
축복언급 : 창 49:14-15

스불론(10남)
이름의 의미 : 거처
출생언급 : 창 30:20
상징 : 배
축복언급 : 창 49:13

'빌하'가 낳은 2명의 아들

단(5남)
이름의 의미 : 심판
출생언급 : 창 30:6
상징 : 뱀
축복언급 : 창 49:16-18

납달리(6남)
이름의 의미 : 씨름
출생언급 : 창 30:8
상징 : 암사슴
축복언급 : 창 49:21

'실바'가 낳은 2명의 아들

갓(7남)
이름의 의미 : 행운
출생언급 : 창 30:11
상징 : 군대막사
축복언급 : 창 49:11

아셀(8남)
이름의 의미 : 행복
출생언급 : 창 30:13
상징 : 기름진 식물
축복언급 : 창 49:20

'라헬' 이 낳은 2명의 아들들

요셉(11남)
상징그림 없음

요셉(11남)
이름의 의미 : 그를 더하리라
출생언급 : 창 30:24
상징 : 열매가 많다
축복언급 : 창 49:22-26

베냐민(12남)
이름의 의미 : 오른손의 아들아
출생언급 : 창 35:18
상징 : 이리
축복언급 : 창 49:27

'요셉' 의 두 아들

므낫세(장남)
이름의 의미 : 잊어버림
출생언급 : 창 41:51
상징 : 샘곁의 무성한 가지
축복언급 : 창 48:5, 14

에브라임(차남)
이름의 의미 : 창성함
출생언급 : 창 41:51
상징 : 무성한 포도열매
축복언급 : 창 48:5, 14

※ 요셉의 두 아들인 에브라임과 므낫세가 레위대신 이스라엘의 12지파에 들어갔다.

오늘날의 브엘세바의 모습
(여기에서 아브라함, 이삭, 야곱이 살았다)

4) 요셉

야곱의 아들 이야기는 그가 가장 사랑하던 아들 요셉의 생애를 통해 잘 보여 준다. 야곱은 그의 아들 요셉을 특별히 사랑하여 어려서부터 그에게만 채색옷을 입혔다. 이것은 형들로부터 질투의 대상이 되었고 마침내 형들은 요셉을 노예로 팔아 버리게 된다. 그의 형들은 아버지 야곱에게 돌아와 요셉이 짐승에게 살해되었다고 거

성경시대의 채색옷들

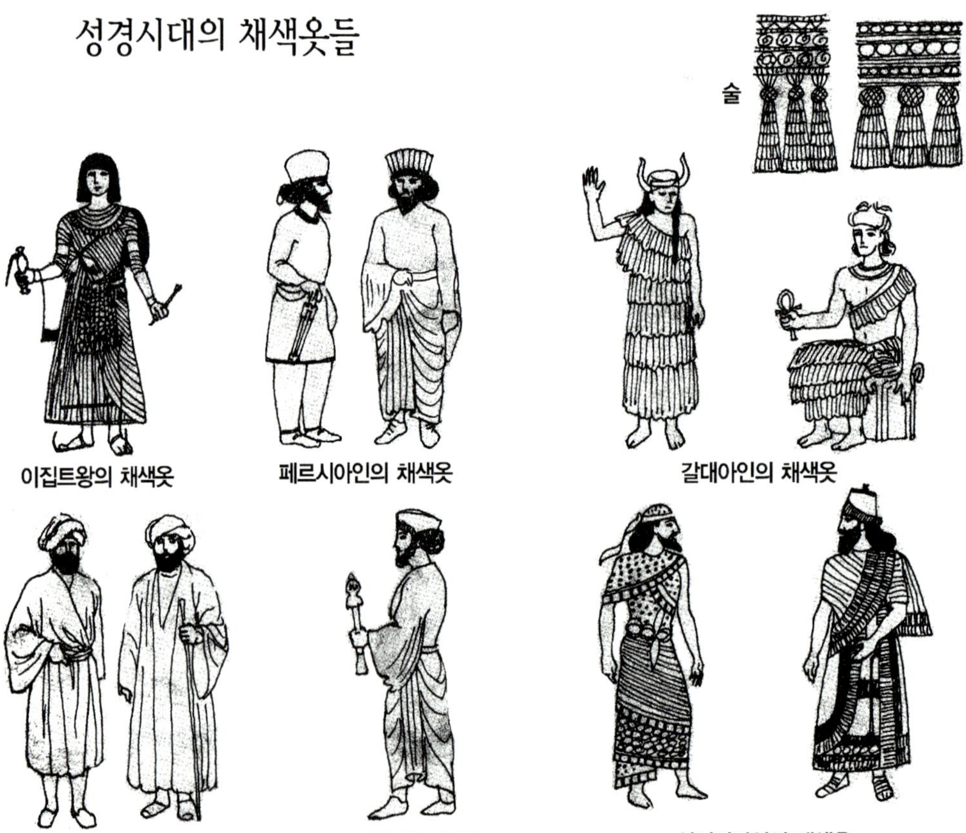

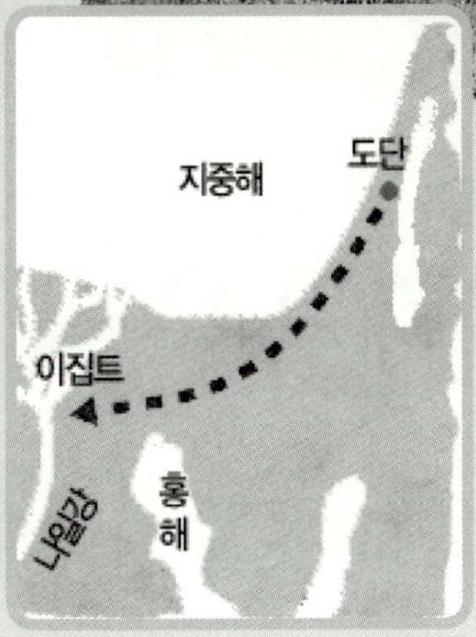

오늘날의 도단의 모습
(여기에서 요셉이 형들에게 이집트의 노예로 팔렸다)

짓말을 하였다. 하나님의 섭리로 요셉은 애굽 왕 바로의 시위 대장인 보디발의 종이 되어 그의 집을 섬겼으나 자신에게 아무런 잘못이 없음에도 불구하고 보디발의 아내의 계략으로 감옥에 들어가는 변을 당하게 되었다.

7년간 풍년이 있은 후 7년간 흉년이 있을 것을 예시하는 바로 왕의 꿈을 해몽해 줌으로써 그는 애굽의 왕 다음 가는 중요한 지위에 오르게 되었다. 그는 풍년에 곡식을 저축하여 두었다가 기근이 든 해에 내놓는 지혜로운 정치를 통해 왕을 보좌하여 국사를 잘 처리하였다. 이 흉년으로 말미암아 야곱은 열 아들을 애굽으로 보내어 곡식을 구입해 오도록 했다. 그곳에서 그들은 오랜만에 자기들이 노예로 팔아 버렸던 동생을 만난다. 형들은 자신들의 행한 일로 인해 두려워 떨었지만 요셉은 모든 것을 다 용서하고 형들에게 아버지와 가족들을 애굽으로 데려오라고 했다. 이리하여 야곱의 가족들 75명이 애굽으로 들어가게 된다.

❶ 고통 당하는 이스라엘 백성들 ❷ 18왕조 시기의 무덤의 벽화(벽돌을 만드는 히브리 노예들)

5. 애굽에서의 노예생활

야곱과 요셉이 죽은 후 이스라엘의 자손들은 많이 번성하여 430년 후에 그들이 애굽을 떠날 때에는 인구가 75명에서 60만 명으로 증가했다(출 12:40). 그 사이에 요셉을 모르는 임금이 왕위에 오르게 되었다. 그는 이스라엘 백성들이 누리고 있던 지금까지의 좋은 지위를 더 이상 지속시켜 주지 않고 노예로 만들었다. 그리하여 하

애굽인들의 갈대상자

나님께서는 모세를 지도자로 하여 이들을 노예생활로부터 구하려 하셨다. 이러한 하나님의 계획 속에 성경에 나타난 모세의 이야기는 참으로 놀라운 것들이었다. 모세에 대한 이야기를 잘 알려면 애니메이션 영화 「이집트 왕자」를 보면 대단히 좋을 것이다. 거기에는 그의 부모가 갓난아이인 모세를 살리기 위해 갈대상자를 만들어 강물에 띄웠던 사실, 바로 왕의 딸이 그를 발견하여 왕자로 양육한 일, 그가 왕실의 생활을 버리고 광야에서 양치기를 하다가 백성의 지도자로 세움 받은 일, 이스라엘 백성을 노예생활에서 구해 낸 일 등에 대하여 자세하게 소개하고 있다.

6. 출애굽 및 광야에서의 유랑생활

모세를 통해서 애굽에 있는 이스라엘 백성들을 구원코자 하는 하나님의 계획은 시작되었다. 애굽 왕인 바로는 "내 백성을 보내라 그들이 광야에서 나를 섬길 것이니라"(출 7:16)라는 하나님의 말씀을 듣지 아니하고 더욱 마음이 강퍅해져서 이스라엘 백성의 출국을 허락하지 아니했다. 그럴수록 하나님의 재앙은 더 강화되고 계속되었다. 그가 하나님은 여호와인 줄 알게 될 때에만 이스라엘 자손을 보내었다. 그때까지 열 번이나 재앙이 계속되었다.

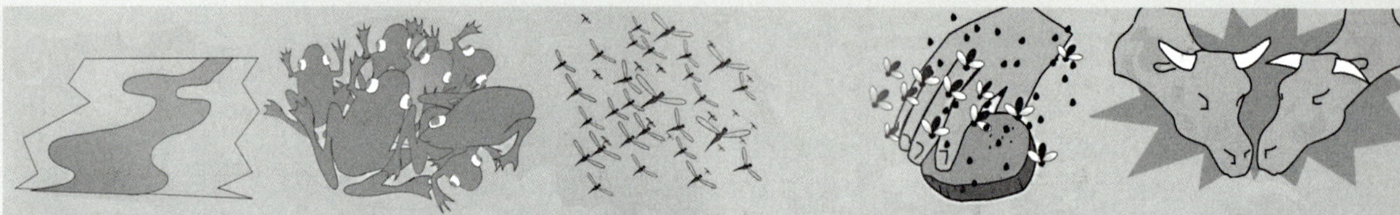

1 피재앙(출 7:14-25). 2 개구리재앙(출 8:1-15). 3 이재앙(출 8:16-19). 4 파리재앙(출 8:20-32). 5 악질재앙(출 9:1-7).

6 독종재앙(출 9:8-12). 7 우박재앙(출 9:13-35). 8 메뚜기재앙(출 10:1-20). 9 어둠의재앙(출 10:21-29). 10 장자의재앙(출 11:1-12:36)

1) 10가지 재앙 – 애굽인들의 숭배의 대상에게 내린 재앙

(1) 피 재앙 : 나일강이 붉은 피로 변하고 모든 고기들이 죽었다. 이는 나일강의 수호 신들인 하피, 이시스, 크눔(Hapi, Isis, Khnum)에 대한 심판이다.

(2) 개구리 재앙 : 그로부터 7일 후에 하수에 개구리가 무수히 생기고 그 개구리들이 집 안으로 들어와서 득실거렸다(출 7:25-8:15). 이는 개구리 머리를 가진 출산의 여신인 헤케트(Heqet)에 대한 심판이다.

(3) 이 재앙 : 땅의 티끌들이 이가 되어 사람과 생축을 괴롭힌다(출 8:16-17). 이는 사막의 신 세트(Set)에 대한 심판을 의미한다.

(4) 파리 재앙 : 사람이 거하는 곳곳에 그리고 애굽 전역에 파리 떼가 임하여 해를 받게 했다(출 8:20-24). 이것은 파리로 상징되는 태양의 신 레(Re)에 대한 심판을 의미한다.

(5) 악질 재앙 : 심한 악질이 생축들에게 발생하여 큰 타격을 입었다(출 9:1-7). 이는 소의 머리를 가진 여신 하더(Hathor)와 풍요의 상징인 황소의 신 아피스

(Apis)에 대한 심판이다.

⑹ 독종 재앙 : 사람들의 피부에 독종이 발생하여 해를 끼쳤다(출 9:8-12). 이는 치료의 신 메트, 이시스(Sekhmet, Isis)에 대한 심판이다.

⑺ 우박 재앙 : 우박이 밭의 모든 보리와 채소를 강타했다. 그리고 하나님의 경고에 주의를 기울인 애굽인들은 안전하게 보호 받았다(출 9:13-35). 이는 하늘의 여신 누트(Nut), 곡식의 신 오시리스(Osiris), 그리고 폭풍의 신 세트(Set)에 대한 심판을 의미한다.

⑻ 메뚜기 재앙 : 메뚜기 떼들이 에디오피아로부터 바람에 실려와서 모든 곡물을 완전히 먹어 치워 버렸다(출 10:1-10). 이는 하늘의 여신 누트 (Nut)와 곡식의 신 오시리스(Osiris)에 대한 심판이다.

⑼ 어둠 재앙 : 태양 빛이 완전히 어둠에 가려서 삼일 동안 어둠이 계속되었다(출10:21-29). 이는 태양의 신들인 레(Re), 호루스(Horus)와 하늘의 여신들인 누트(Nut), 하더(Hathor)에 대한 심판이다.

⑽ 장자의 재앙 : 애굽의 모든 초태생을 죽이는 재앙(11:1-10, 12:29-36)으로 이것은 하나님이 장자인 이스라엘의 아들들을 죽인 바로에 대한 하나님의 심판이었다(출 1:16, 22, 4:22, 23). 이스라엘 자손은 하나님의 말씀대로 미리 준비해 두었던 어린 양을 유월절 양으로 잡아서 그 피를 집의 좌우 문설주와 인방에 발랐다. 그리고 누룩을 넣지 않은 빵(무교병)과 쓴 나물을 먹으면서 밤을 지냈다. 여호와께서 다니실 때에 희생양의 피를 보면 그 집은 지나갔다(유월, Passover). 그 날 밤에 애굽 왕의 장자로부터 모든 애굽인의 생축의 초태생이 죽었다. 그러나 양의 피를 바른 집에는 재앙이 내리지 않았다. 이것은 또한 죽임을 당한 장자 이스라엘에 대한 속량일 뿐만 아니라 이스라엘 백성의 구원인 것이다. 그리고 유월절 사건은 하나님의 구원사적 의미

이시스

레

오시리스

> 를 갖는다. 즉 예수 그리스도의 보혈의 피로 그의 백성들이 구원받게 될 것을 예표한다. 어린 양의 죽음과 피는 예수 그리스도의 죽으심과 보혈을 상징한다. 인간의 구원은 오직 예수 그리스도의 피 흘림의 공로를 통해서만 이루어진다는 사실을 명백히 보여주는 것이다.

출애굽은 실로 고난과 희생의 피를 통하여 이루어진 구원이다. 곧 출애굽은 이스라엘의 전술이나 전략의 능력 때문에 이루어진 것이 결코 아니었다. 출애굽의 밤을 지난 후 이스라엘 자손들은 유월절과 무교절을 함께 기념하게 된다. 이때 출애굽 직전의 밤에 있었던 일을 재연하며 그 날을 영원히 기념하는 것이다(출 12:2-28).

2) 보호받는 하나님의 자녀들

4번째 재앙으로부터는 이스라엘이 거하는 고센 땅이 제외되었다(8:22, 9:6-7, 25-26, 10:4-6, 23, 11:7).

3) 격렬함이 더욱 심하여짐

⑴ 1-4번째, 사람들의 건강에만 영향
⑵ 5번째, 재산에 영향(들의 생축이 죽음)
⑶ 6번째, 심한 신체적 고통
⑷ 7-8번째, 더 많은 애굽인의 재산에 영향(하인, 생축, 풀, 나무)
⑸ 9번째, 정신적 좌절감과 혼란
⑹ 10번째, 사망

하나님께서는 애굽인들이 섬기는 우상들을 대상으로 징벌하심으로 그들이 섬기는 우상이 얼마나 무능한 것인가를 말씀하시며 반면에 오직 하나님 한 분만이 경배의

이스라엘 백성이 거했던 애굽의 고센 땅(쟁기질하는 소들의 모습)

대상이 되심을 보여주고 있다.

출애굽하는 이스라엘인들, 그 크고 무질서한 대군중은 '블레셋 땅의 길'로 알려진 해안 길을 따라 약속의 땅으로 바로 여행하지는 아니했다. 바로 광야길로 접어들게 된 것이다. 하나님은 이스라엘에게 두 가지 귀중한 선물을 주셨다. 그것은 바로 율법(십계명 및 도덕법)과 성막이었다.

4) 출애굽 여정

출애굽 사건은 고센 땅 라암셋에서 시작되었다(출 12:37). 고센 땅은 이집트 나일강 하구 삼각주 동편에 위치한 지역으로 야곱과 그의 아들들이 이집트로 이주해 왔을 때부터 거주했던 장소였다(창 46:28). 출애굽기 1:1에 따르면 애굽 왕 바로의 압제로 인해 노예생활을 하면서 비돔과 라암셋을 건축하고 있었는데 이 성읍들은 고센 지역에 있었다. 애굽에서 시나이 반도를 지나서 팔레스타인으로 들어가는 가장 일반적인 길은 블레셋 사람의 길(출 13:17)이다. 그러나 블레셋 길에는 막강한 애굽의 군사력이 배치되어 있었다. '많은 믹돌들'(군사 진지)이 있었던 것이다. 이 군사 진지는

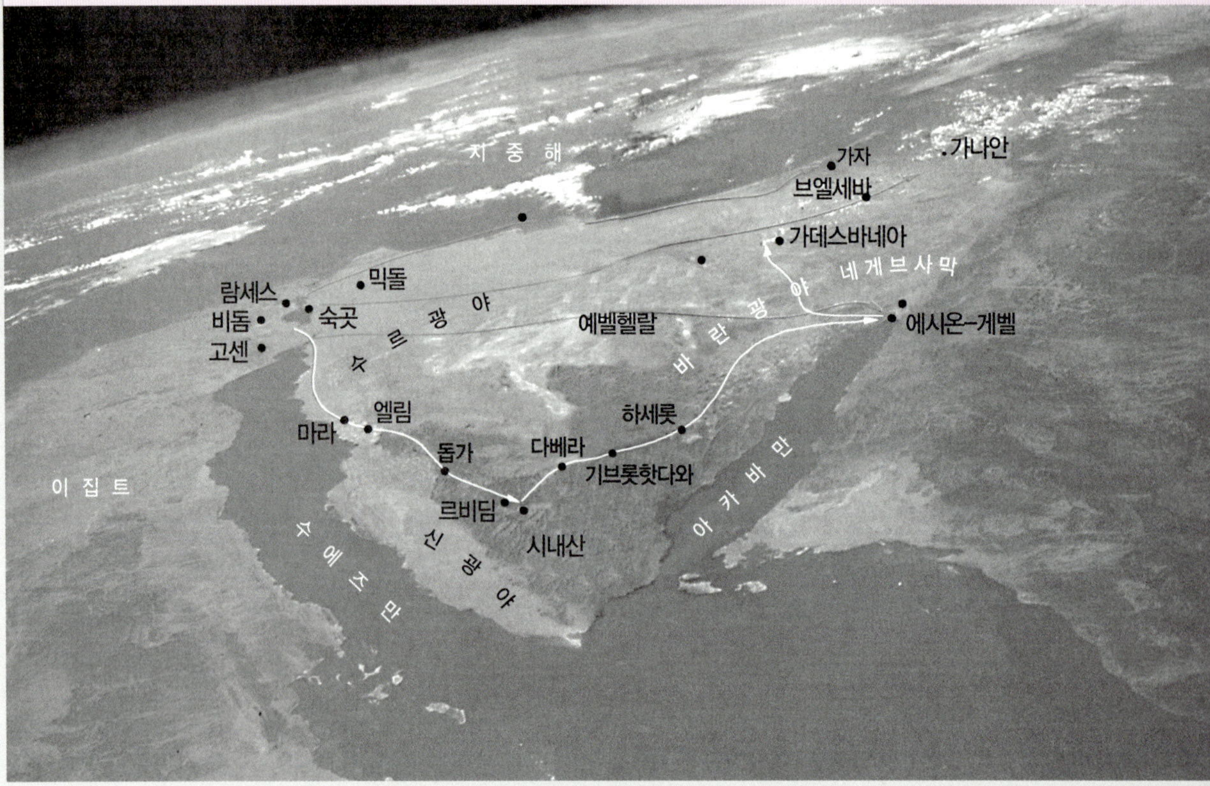

시내 반도로부터의 침입을 막고 대상로를 보호하거나, 팔레스타인이나 아라비아 반도로의 정벌을 위한 군 주둔지들이었다. 실제로 모세의 출애굽은 시내 반도를 남행하는 우회로를 택하게 된다.

5) 광야생활에 나타난 중요한 여행지들

(1) 비돔

'아톰신의 집'이라는 뜻으로 이스라엘 백성들이 노예로 노역하던 국고성 건축지이다.

- "감독들을 그들 위에 세우고 그들에게 무거운 짐을 지워 괴롭게 하여 그들로 바로를 위하여 국고성 비돔과 라암셋을 건축하게 하니라"(출 1:11).

참고자료

출애굽 여정

① 애굽의 고센 땅에 거한 이스라엘(창 46장, 출 8:22, 9:26)
② 라암세스(라암셋, 창 47:11, 출 1:11, 12:37, 민 33:3, 5)에서 중다한 잡족과 함께(출 12:38) 출발
지중해 연안을 따라 가나안에 가지 않고 돌아서감(출 13:17)
③ 숙곳(출 12:37, 13:20)
④ 에담(출 13:20)
⑤ 홍해가 갈라짐(출 14장)
⑥ 마라(출 15:22 – 물이 쓰다)
⑦ 신광야(출 16장 – 양식으로 인한 이스라엘의 원망의 결과로 만나와 메추라기를 주기 시작함)
⑧ 르비딤(출 17장 – 물이 없어서 원망함, 아말렉과의 싸움)
⑨ 시내산(출 19장) 율법이 주어짐, 애굽을 떠난 지 삼 개월 만에 이스라엘은 시내산에 도착, 거의 이년간 머뭄(출 19:1, 민 10:11). 모세 오경 가운데 약 60장이 시내산에서 일어난 일들을 기록함.
⑩ 시내광야에서 바란 광야로 이동(민수기 10:11).
⑪ 시내산
⑫ 다베라(민 11:1–3)
⑬ 기브롯 핫다아(민 11:34–35)
⑭ 하세롯
⑮ 바란 광야(가데스 바데아, 민 12:16, 13:26) – 12명의 정탐꾼들이 신광야에서 르홉까지 정탐(신 13:21) 모압에 도착(민 22:1)

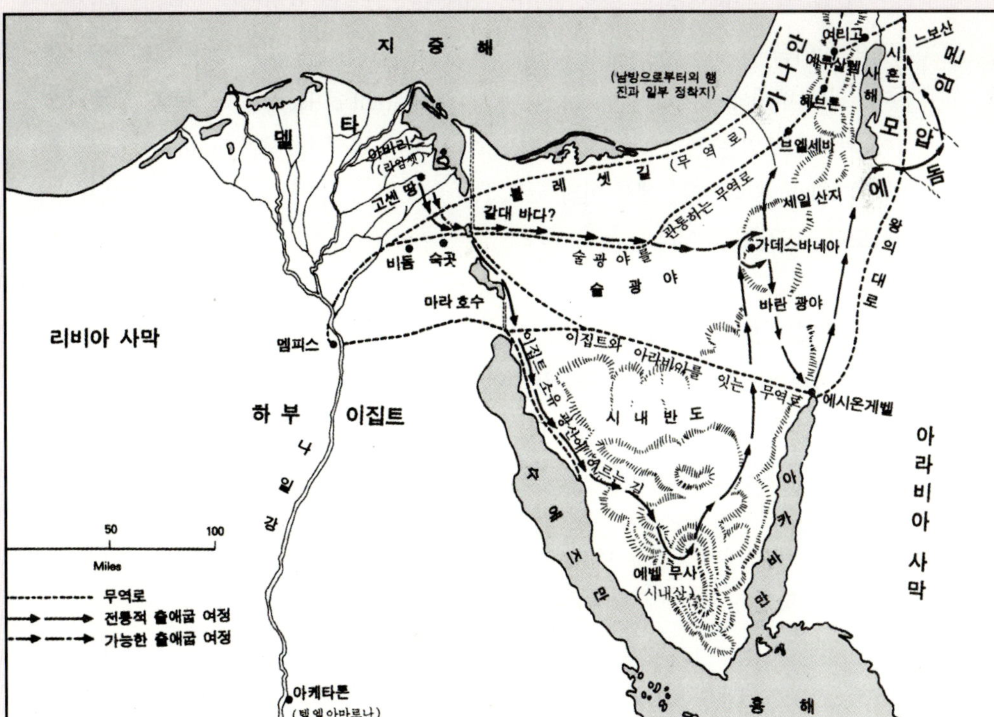

(2) 숙곳

'와디 투밀랏'의 동쪽에 있는 현재의 '체쿠'에 해당하는 지역이다. 애굽에서 추방된 자들이 대개 경유하던 길목이다.

- "이스라엘 자손이 라암셋에서 발행하여 숙곳에 이르니 유아 외에 보행하는 장정이 육십만가량이요"(출 12:37). "그들이 숙곳에서 발행하여 광야 끝 에담에 장막을 치니"(출 13:20).
- "이스라엘 자손이 라암셋에서 발행하여 숙곳에 진쳤고 숙곳에서 발행하여 광야 끝 에담에 진쳤고"(민 33:5-6).

(3) 믹돌

'요새' 또는 '탑'이라는 뜻을 지닌다. 시내 반도로부터 유입되는 유목민들이나 외적의 침입을 막기 위하여 세워 놓았던 여러 요새의 하나였을 것이다. 여러 믹돌 중 이스라엘 백성의 출애굽의 경로로는 텔 엘 헤이르(tell el Heir)로서 펠루쉬움의 남쪽에 위치하고 있는 지역으로 추정하기도 한다. 북동 쪽의 성(성채 Fortress) 펠루시움 남쪽 18km, 팔레스타인에서 이집트로 가는 중의 첫 도시였다. 우리나라의 전방의 군사도시 정도였을 것이다.

(4) 비하히롯(Pi hahiroth)

'운하의 입'의 뜻을 지닌 지역으로 이집트 지명은 Pi kerehet 또는 Pi keheret('퀘르헷 여신의 집')이다. 이집트의 여신 하토르의 신전이 있었던 곳이기도 하다. 팀사호 남쪽의 게발 마리암(마리암 山) 지역, 현재의 세라피움(Serapium)으로 추정한다.

- "이스라엘 자손을 명하여 돌쳐서 바다와 믹돌 사이의 비하히롯 앞 곧 바알스본 맞은편 바닷가에 장막을 치게 하라"(출 14:2).
- "애굽 사람들과 바로의 말들, 병거들과 그 마병과 그 군대가 그들의 뒤를 따라 바알스본 맞은편 비하히롯 곁 해변 그 장막 친 데 미치니라"(출 14:9).

❶ 홍해 ❷ 홍해 바다가 갈라지다(출 14:21).

• "에담에서 발행하여 바알스본 앞 비하히롯으로 돌아가서 믹돌 앞에 진쳤고"(민 33:7). "너희는 여호와를 찬양하라 그는 높고 영화로우심이요 말과 그 탄자를 바다에 던지우셨음이라"(출 15:21).

(5) 홍해

이스라엘 백성이 건넌 홍해는 성경에서는 '갈대 바다'로 언급되고 있는데 아마도 갈대(파피루스 등)가 무성했기 때문일 것이다.

(6) 에담 광야

'에담'의 뜻은 '방어벽'이고, '수르'의 뜻은 '성벽'이다. 같은 지역을 표현하고 있는 이집트어와 히브리어이다. 이 지명의 유래는 이집트 본토로 유입하는 유목민들이나 이방인들을 제지하기 위하여 현재의 수에즈 운하지역을 중심으로 길게 방어벽(믹돌)을 쌓아 두었던 데에서 유래한다. 현재 '엘림 광야'로 불리고 있는 이 지역의 지형적인 특색은 거의 풀이 자라지 않는 벌판이 펼쳐지고 있다는 점이다.

- "숙곳에서 발행하여 광야 끝 에담에 진쳤고 에담에서 발행하여 바알스본 앞 비하히롯으로 돌아가서 믹돌 앞에 진쳤고 하히롯 앞에서 발행하여 바다 가운데로 지나 광야에 이르고 에담 광야로 삼 일 길쯤 들어가서 마라에 진쳤고"(민 33:6-8).
- 블레셋 사람을 크게 도륙하고 내려가서 에담 바위 틈에 거하니라"(삿 15:8).
- "유다 사람 삼천 명이 에담 바위 틈에 내려가서 삼손에게 이르되 너는 블레셋 사람이 우리를 관할하는 줄을 알지 못하느냐 네가 어찌하여 우리에게 이같이 행하였느냐 삼손이 그들에게 이르되 그들이 내게 행한 대로 나도 그들에게 행하였노라"(삿 65:11).

(7) 마라

마라는 '쓰다'라는 뜻이다. 홍해변에 위치한 까닭에 물이 염수(소금물)였을 것이다. 이 같은 이유는 마라가 홍해(갈대바다)를 건넌 후 3일 길(민 33:8)을 걸어서 도달하였던 지점이었다는 점과 엘림과 근접한 지점이었다는 점을 고려할 때이다. 이곳에서 하나님께서는 이스라엘을 위한 법도와 율례를 정하셨다.

- "마라에 이르렀더니 그 곳 물이 써서 마시지 못하겠으므로 그 이름을 마라라 하였더라"(출 15:23).
- "히하롯 앞에서 발행하여 바다 가운데로 지나 광야에 이르고 에담 광야로 삼 일 길쯤 들어가서 마라에 진쳤고 마라에서 발행하여 엘림에 이르니 엘림에는 샘물 열둘과 종려 칠십 주가 있으므로 거기 진쳤고"(민 33:8-9).

마라 오아시스

❶, ❷ 엘림의 오아시스

- "백성이 모세를 대하여 원망하여 가로되 우리가 무엇을 마실까 하매 모세가 여호와께 부르짖었더니 여호와께서 그에게 한 마무를 지시하시니 그가 물에 던지매 물이 달아졌더라 거기서 여호와께서 그들을 위하여 법도와 율례를 정하시고 그들을 시험하실새"(출 15:24-25)

(8) 엘림

성경에는 물샘 열둘과 종려 70그루가 있었다고 묘사되고 있다. 지금 이곳에는 적절한 물을 공급해주는 담수샘이 있고, 골짜기를 따라 이어진 멋있는 협곡과 종려나무들이 그늘을 이루고 있는 곳도 있다. 비가 온 뒤에 움푹 파인 땅에는 물이 가득한 것들을 목격할 수 있다.

- "그들이 엘림에 이르니 거기 물샘 열둘과 종려 칠십 주가 있는지라 거기서 그들이 그 물 곁에 장막을 치니라"(출 15:27).

(9) 신광야

황량한 벌판이 끝나면서 이제는 작은 모래 산들이 점점 높아 보이기 시작한다. 석회암 절벽 사이사이에 산들이 형성되어 있다. 지형이 달라지기 시작하는데, 이것이

❶, ❷ 광야모습

에담 광야에서 신광야로 들어가는 특징이다. 성경은 '엘림과 시내 산 사이'(출 16:1)로 이 지역을 언급하고 있다.

'신광야'라는 지명은 당시 이 지역에서 숭배되었던 달신 신(Sin)에서 비롯된 지명으로 건조한 불모 해변 평야인 엘 뚜르 항구의 북쪽 엘 까아(el qaa), 구리와 망간의 제련지역인 와디 마가라(wadi maghara)에서 약 150km 지점으로, 이집트의 신왕국 때에는 항구 마가라항이 있었고 지금 이 지역에는 작은 오아시스를 중심으로 형성되었던 마을의 잔재가 남아 있다.

이곳에서 이스라엘 백성들은 만나와 메추라기 사건을 처음 목격하게 된다. 음식과 물의 부족으로 고생하던 이스라엘에 대한 하나님의 반응이었다. 또한 만나 사건을 통하여 하나님께서는 출애굽 후 두 번째로 법도와 율례를 이스라엘 백성들에게 가르치신다. 또한 만나를 항아리에 넣어 증거판 앞에 두어 간수하도록 하신다.

- "우리가 애굽 땅에서 고기 가마 곁에 앉았던 때와 떡을 배불리 먹던 때에 여호와의 손에 죽었으면 좋았을 것을 너희가 이 광야로 우리를 인도하여 내어 이 온 회중으로 주려 죽게 하는도다"(출 16:3).

르비딤 오아시스

⑽ 르비딤

현재의 '와디 베이란' 또는 '와디 레파이드'로, 시내 반도 최대의 오아시스 종려 숲이 있다. 홍해에서 60km, 시내 산에서 54km 떨어진 이 '바란 오아시스'는 '시내의 진주'로 불린다.

창세기 21:12의 하갈 이야기의 배경이 되는 장소, 이드로가 양을 치던 장소이며, 아말렉족과 싸움을 벌인 곳이다. 이곳에는 현재 모세 기념 예배당과 여자 수도원 하나가 보존되어 있다. 아랍화 이전까지 이곳은 기독 신앙의 중심 지역이었다.

- "이스라엘 자손의 온 회중이 여호와의 명령대로 신 광야에서 떠나 그 노정대로 행하여 르비딤에 장막을 쳤으나 백성이 마실 물이 없는지라"(출 17:1).
- "때에 아말렉이 이르러 이스라엘과 르비딤에서 싸우니라"(출 17:8).
- "그들이 르비딤을 떠나 시내 광야에 이르러 그 광야에 장막을 치되 산 앞에 장막을 치니라"(출 19:2).
- "알루스에서 발행하여 르비딤에 진쳤는데 거기는 백성의 마실 물이 없었더라 르비딤에서 발행하여 시내 광야에 진쳤고"(민 33:14-15).

❶, ❷ 모세가 십계명을 받았던 시내 산 전경

(11) 시내 광야

시내 광야는 시내 산 동쪽에 있는 에르 라하(er Raha) 평원 지역으로 해발고도 800m로서 현재 성 캐더린 수도원이 자리잡고 있다. 이 지역의 북서쪽에 자리하고 있는 산봉우리가 바로 시내 산의 한 줄기이다. 시내 광야 주변의 지형은 시내 반도에서 가장 높은 지대이다. 모세 산이라고도 불리는 시내 산(2,285m), 캐더린 산(2,642m), 세발 산, 세일 산 등으로 해발 2000m가 넘는 산들이 즐비하지만 어느 산이건 하나같이 흙이 한줌 없는 돌산들뿐이다. 이들 산악과 평야는 화강암, 편마암, 섬록암이 그 지층을 형성하고 있다. 모세의 출애굽 사건과 연관된 성산(The Holy Mountain)인 호렙 산 정상에는 주후 4세기경에 세워졌던 조그만 교회 자리에 1934년에 다시 세운 성 삼위일체 교회가 있다.

시내 산은 가데스에서 11일 길(신 1:2)이며, 신약에서는 사도행전 7:30, 38, 갈라디아서 4:24-25 등에 4번 언급되고 있다. 모세 일행은 출애굽 1년 3월 15일에 이곳

❶ 시내 산 중턱의 600년된 향나무
❷ 모세와 십계명

에 도달한다. 이곳의 시내 산에서 여호와 하나님께서 강림하시고, 이스라엘은 '산' 앞에 장막을 치고 거주한다. 이 평원에서 모세와 이스라엘 백성들은 장기간 체류하였다.

- "이스라엘 자손이 애굽 땅에서 나올 때부터 제 삼월 곧 그때에 그들이 시내 광야에 이르니라 그들이 르비딤을 떠나 시내 광야에 이르러 그 광야에 장막을 치되 산 앞에 장막을 치니라 (출 19:1-2)
- "여호와께서 시내 광야에서 이스라엘 자손에게 그 예물을 여호와께 드리라 명하신 날에 시내 산에서 이같이 모세에게 명하셨더라"(레 7:38)
- "이스라엘 자손이 애굽 땅에서 나온 후 제 이 년 이월 일일에 여호와께서 시내 광야 회막에서 모세에게 일러 가라사대"(민 1:1).
- "여호와께서 모세에게 명하신 대로 그가 시내 광야에서 그들을 계수하였더라"(민 1:19).

여기에서 이스라엘 백성들은 하나님으로부터 두 가지의 선물을 받게 되는데 첫 번째는 십계명 및 여러 율법들과 두 번째는 성막이었다.

참고자료

출애굽의 연대[4)]

출애굽 연대에 대하여는 두 가지의 학설이 있다. 하나는 '높은'(high) 혹은 '전기'(early) '연대설'(대략 1446년)이고 또 하나는 '낮은'(low) 혹은 '후기'(late) '연대설' (대략 1290년)이다. 25년 전, 로랜드 해리슨(Roland K. Harrison. 1970:127)은 "출애굽의 연대는 의심할 여지없이 히브리 전 역사 가운데서 가장 복잡한 문제를 제공하였다. 그것은 수년간 뜨거운 논쟁의 주제가 되어 왔으며, 그 난점은 현시점에서 전혀 해결되지 않고 있다"고 기록하였다. 이러한 진술은 오늘날도 마찬가지이다.

이스라엘의 출애굽의 연대를 성경(왕상 6:1)에서 계산한다면 약 주전 1446년이다. 열왕기상 6:1을 보면 솔로몬이 성전을 건축한 것은 이스라엘이 "애굽에서 나온 지 480년"이라 했고 또 그 해는 바로 솔로몬이 "왕이 된 지 4년"(966 주전) 되는 해였다고 했다. 그렇다면 출애굽의 연대는 주전 1446년(966+480)이다. 이 연대는 이번에는 사사기 11:26에 의하여 지지를 받는데, 그곳에서 입다는 이스라엘이 이미 그 땅에 거주한 지 300년이 되었다고 진술하고 있다. 입다의 300년은 만약 출애굽이 1290년에 일어났다면 이치에 맞지 않는다. 그 이유는 한 사람의 사사가 통일왕국 시대에 있었다고 할 수 없기 때문이다. 그러나 300년은 1446년과 잘 들어맞는다. 성경 밖의 역사 역시 출애굽의 전기 연대를 지지한다. 아멘호텝이 죽었을 때(전기 연대에 의하면 출애굽 당시의 바로) 그의 왕위는 투트모스 4세에게 넘겨졌는데, 그는 장남이 아니라 바로가 되기를 기대하지 않았던 작은 아들이었다. 히브리인들이나 출애굽과는 상관이 없는 대표적인 한 애굽 학자는 "투트모스 4세가 형(兄)의 단명과 같은 뜻하지 않은 변화로 말미암아 왕자를 얻었다"고 주장했다. 전기 연대에 따르면, 여호수아는 아

아멘호텝 3세

아마르나 편지

멘호텝 3세가 애굽을 통치하고 있는 동안(1416-1377)에 이스라엘을 이끌고 가나안으로 들어갔다. 여호수아가 약속의 땅을 점령하고 있는 동안, 몇몇 특정 도시국가들에게 공물을 요구한 것 이외에는 아멘호텝이 팔레스타인에 별다른 관심을 보이지 않은 것으로 보인다. 그의 통치 말기에, 아멘호텝 3세는 병들었고 그의 아들 아멘호텝 4세가 섭정을 하게 되었다. 아멘호텝 4세는 종교에 열중하였으며(Aknenaten이란 그의 또 다른 이름 하에) 애굽에서 단명한 아마르나 시대를 바쁘게 설립하였다. 결과적으로, 이스라엘이 팔레스타인에서 권력을 장악하고 있었을 당시에, 애굽은 분열되어 있었다. 이것은 광야 방황기와 정복기간 동안 이스라엘과 애굽 사이의 어떤 접촉도 언급이 없는 사실을

4) 김의원, 「구약역사」, 서울 : 개혁주의 신행협회, 1998, 108-033; 김희보, 「구약이스라엘사」, 서울 : 총신대학교 출판부, 1996, 97-103., 참조.

설명해 준다.

또한 고고학적인 자료인 "아마르나편지"(The Amarna Letters)는 출애굽 전기 연대설을 지지해 준다. 이 편지는 가나안 지방의 왕들이 애굽왕에게 보낸 긴급 원병을 청원한 문서였다. 이 서신 가운데 몇몇은 대개 아멘호텝 3세와 아멘호텝 4세 그리고 팔레스타인에 있는 도시 국가 통치자들 사이의 서신 왕래이다. 거기에는 "하비루"(Habiru)의 군대가 침입했으니 어서 도와 주어야겠다는 내용이다. 이것은 이스라엘의 가나안 정복을 증명하는 데 좋은 자료가 된다.

존 브라이트(John Bright, 1959: 113)는 출애굽의 전기 연대는 "주로 그것이 고고학적 증거와 상반되므로 포기되었다"라고 주장하였다. 이러한 이유로 브라이트와 다른 사람들은 후기 출애굽 연대에 동의하고 있다. 그러나 후기 연대에 편들어 개진된 여러 논증들 가운데서 단 두 개만이 무게를 가지고 있다. 한 논증은 1930년대에 넬슨 글록(Nelson Glueck)에 의한 네게브(Negev)와 트랜스 요르단(Trans jordan)의 표면 탐험으로부터 기인하고 있다. 글록은 자신의 도자기 연구로부터 주전 1900년에서 1300년까지 사이에는 이 지역의 인구가 희소했다고 결론지었다. 그러므로 그는 설명하기를, 만약 주전 1400년경에 이스라엘이 가나안에 입성했다면 에돔이나 모압, 암몬 사람들의 저항을 받지 않았을 것이라고 했다. 그러나 실제 성경 기록에 의하면 이스라엘 백성이 많은 저항을 받은 것(민 20:14-17)이 사실이므로 성경에 기록된 싸움들은 곧 출애굽을 주전 1300년대 후기로 보아야 마땅하다는 것이다.

그러나 글록의 이러한 이론은 근거가 빈약하다. 후의 이스라엘의 고고학자들은 글록이 조사한 지역에서 발견한 도자기에 대한 그의 지식에 대해서 회의를 나타내기 시작하였다. 다른 고고학자들은 정착 인구 중에서 하나의 공백기간이 발견되었다는 글록의 주장에 대해서 비평하는 쪽으로 기울었다. 광범위한 발굴이 여전히 네게브와 트랜스 요르단에서 시행되어야 할 일로 남아 있으나, 이미 끝난 발굴은 글록이 가정한 공백 기간 내에 점령이 있었음을 드러내 주었다. 지금은 주전 제2천년 시대 내내 네게브와 트랜스 요르단에 사람들이 있었고 그들이 반드시 유목민이어야 하지는 않다는 사실에 동의하고 있다. 그러므로 높은 연대이건 혹은 낮은 연대이건 출애굽 연대를 결정하는 데 결정적인 역할을 하는 정착인구들의 공백기간은 존재하지 않는다.

출애굽의 후기 연대를 주장하는 두 번째 논증은 고고학자들이 여호수아에 의하여 정복된 몇몇 도시에서 주전 13세기 후반의 파괴 지층들을 발견하였다는 것이다. 이렇게 파괴된 지층들은 출애굽 연대인 주전 1300년 이후에 대한 글록의 조사 연대와 상호 연관된 것으로, 많은 학자들로 하여금 여호수아가 주전 1250년경에 팔레스타인을 정복할 때 그 파괴의 지층들에게 영향을 준 것으로 결론짓도록 만들었다. 그러나 이러한 추론의 과정은 파괴 지층들이 주전 1400년까지도 거슬러 올라간다는 사실을 무시하고 있었다. 이것은 곧 전기 연대를 위한 유사한 확증에도 사용될 수 있다는 것이다. 불행스럽게도 고고학은 아직 그렇게 정확하지 못하여 이것을 두 개의 파괴 연대로 가정할 수 있으며(즉 대략 주전 1400년 또는 1250년) 또 그것의 원인까지도 증명할 수 있다. 현재는, 파괴된 지층들이 출애굽의 두 가지 연대에 모두 적용할 수 있으므로 결국은 그 어느 쪽도 증명할 수 없다고 하겠다.

후기 연대는, 성경 밖의 자료들이 그 신빙성을 위하여 성경의 자료보다 우선하여야 한다고 생각하였던 학자들 가운데서 1930년대에 일어났었다. 이 학자들은 고고학의 증거에 짜맞추기 위하여 성경의 부분적인 내용들을 변경시켰다. 결국 출애굽 연대의 문제는 성경에 대한 시각의 문제이다. 즉 성경을 사주하는 보수주의자 대 성경을 파괴시키려는 자유주의자 싸움의 문제라는 것이다. 그러므로 출애굽의 후기(낮은) 연대를 주장하는 자유주의적 관점은 출애굽을 말하고 있는 성경의 내용이 얼마 만큼 신빙성이 있는가를 말하면서 성경의 권위를 비판하는 쪽으로 달려가고 있음을 주목해야 한다.

⑿ 바란 광야

바란 광야의 뜻은 '굴이 많은 땅'이라는 것으로서 이 지역은 노년기의 산악형태를 보여주고 있다. 온갖 색깔을 띠고 있는 산들이 연이어 있으며 산의 골격이 다 돌출된 모습들은 파충류의 모습을 연상하게 만들기도 한다. 평균 해발 600-750m 정도의 석회암 산악으로 구성되어 있으며 '크고 두려운 광야'(신 1:19)로 일컬어진 이유를 알 수 있다.

성경에서는 '미디안과 애굽 사이에 있던 땅'(신 1:1)으로 언급되고 있다. 하갈과 이스마엘이 아브라함의 집에서 떠나 살았던 지역(창 21:21)이고, 이스라엘 백성의 출애굽 과정 중 정탐꾼을 처음 보냈던(가데스: 민 13:3, 26) 곳이며, 38년 이상의 긴 시간을 보냈던 장소이기도 하다. 또한 사무엘이 죽은 뒤에 다윗이 사울을 피해 숨어 들었던 지역(삼상 25:1)이기도 하다. 민수기 33:2, 하박국 3:3의 바란 산은 아카바만 서쪽 해안에 있는 바란 광야의 한 산으로 여겨진다.

⒀ 기브롯 핫다아와

시내 산 북동쪽에 위치했으며 '욕심의 무덤'이란 뜻이다. 출애굽한 이스라엘 백성이 메추라기를 많이 탐식하므로 여호와가 진로하여 재앙으로 죽여 장사하고 지은 지명이다(민 11:31, 33:16, 신 9:22).

⒁ 하세롯

이스라엘 백성들이 시내 산에서 북쪽으로 두번째로 진을 쳤던 곳 (민 11:35, 12:16, 33:17)으로 여기서 미리암과 아론이 모세를 비난하다가 문둥병에 걸렸다(민 12장). 모세가 구스 여자를 취하였으며 그가 최고 지도자의 지위를 독점하고 있는 것이 그들의 불만과 반항의 원인이었다. 미리암은 벌을 받아 병에 걸려 진 밖으로 격리된다(민 12장). 무서운 체험을 한 기브롯 핫다아와 '욕망의 무덤'에서 약 10km 북상하면 아름다운 오아시스가 있다. 사람들은 긴장이 풀리고 여유가 생기면 갖가지의 불만을 말하게 된다. 여기서는 이스라엘 백성들이 아닌 아론과 미리암이 모세에게 반항했다.

가데스 바네아

⒂ 가데스 바네아

시내(Siinai)의 북쪽에 있는 오아시스 지역인 바네아의 거룩한 성읍 가데스 바네아는 네 개의 샘물, 즉 아인 케데이스(Ain Qedeis), 아인 엘쿠데이랏(Ain el-Qudeirat), 엘코세이메(el-Qoseimeh)와 엘무에일라(el-Muweilah)가 있는 오아시스 지역에 붙여진 명칭이다. 성경은 창세기 14:7에 처음으로 엔미스밧이라고 말한다. 가데스 바네아에 있는 샘들은 므리바 물, 즉 말다툼의 물이라고도 불린다(민 27:14, 겔 47:19). 이스라엘 민족들이 모세에게 마실 물이 없다고 불평한 곳도 이곳이었으며 하나님께 영광 돌리기를 잊은 곳도 이곳이다(민 20:1-13). 미리암은 가데스에서 죽었으며(민 20:1), 아론은 이 근처에 있는 호르산에 묻혔다(민 20:22-29).

⒃ 느보 산

해발 835m의 느보 산은 출애굽 여정의 마지막 기착지이다. 40년 동안의 광야에서의 방랑 생활을 청산하고 하나님께서 약속하셨던 가나안으로 들어가기 직전에 모세는 이곳에서 가나안 땅을 조망하고 숨을 거두게 된다(민 21:20, 23장, 신 4:49).

느보 산은 성경의 '여리고 맞은편 비스가 산'과 동일한 장소로, 히브리어로 '비스가'란 '꼭대기'라는 의미이다. 출애굽 이후 가나안으로 진군해 들어오던 이스라엘 백성들은 아모리 족속의 온 지경을 점령하고 이 지역에 머물러 살기를 원했던 르우벤 지파와 갓 지파에게 요단 동편 지역을 분배해 주게 되는데 느보는 르우벤 지파에게 분배되었다(민 32:3, 38 대상 5:8). 주전 9세기의 모압 왕 메사의 비문에 의하면 느보읍은 그때까지도 이스라엘의 도시였다. 그런가 하면 성경은 느보가 모압의 도시였다는 보도를 남기고 있다(사 15:2 렘 48:1, 22)

6) 성막

성막은 이스라엘 민족이 자신이 초기 역사에서 예배를 위한 장소로 사용했던 이동이 가능한 성소(천막)이었다. 구약에서 종종 성막은 하나님과 그의 백성이 대면하는 가장 중요한 장소임을 지칭하는 '하나님과 만나는 장소'였다. 출애굽기 26장, 35

성막 모형

장을 보면 성막은 하나님이 시내 산에서 모세에게 지시하신 내용에 합당하도록 지어졌다. 성막의 뜰은 길이 45m, 폭 22.5m의 울타리를 친 직사각형의 모형이었다(출 27:9-10). 그 안에는 짐승의 희생 제물을 바치기 위한 번제단(놋단)과 제사장들이 성막안에 들어가기 전에 씻는 물두멍(대야)이 있었다(출 30:17-21). 가로 4.5m, 세로 13.5m인 성막 자체는 두 개의 주요 영역으로 구성되어 있다. 즉 성소로 알려진 바깥 공간과 지성소로 알려진 안쪽 공간이다(출 26:33). 성소(바깥 공간)에는 분향단(향을 사르는 제단)과 일곱 개의 가지를 가진 금촛대(25:31-40), 진설한 떡을 올려 놓을 상이 있었는데 이것들은 모두 하나님의 임재를 상징하였다(25:23-30). 지성소(안쪽 공간)는 휘장 혹은 커튼에 의해 바깥 영역과 나뉘었다(26:31-37). 지성소에는 일 년에 단 한 번 속죄일에 대제사장만 들어갔다. 속죄일의 특별한 의식에서 대제사장은 자신의 죄를 다 속죄한 후에 백성들의 죄를 위해 속죄의 희생제사를 드렸다. 가장 신성한 이 지성소에는 신성한 언약궤가 있었다.

궤의 뚜껑은 속죄소라 불렸고 이 위에는 서로 마주 보고 있는 두 개의 황금그룹이 있다. 궤 안에는 십계명이 새겨진 돌판(신 10:4-5)과 만나가 들어 있는 황금 항아리(출 16:33-34), 아론의 싹 난 지팡이(민 17:10)가 담겨 있었다. 이스라엘 백성이 광야 생활을 하는 동안에 성막도 이곳 저곳으로 그들과 함께 이동했다(출 40:36-38). 이스라엘 백성들이 광야에서 천막을 칠 때 성막은 레위인과 함께 그 중심에 자리를 잡았다. 레위인은 성막을 돌볼 책임이 있었고(민 4장), 그래서 성막 옆에 천막을 쳤다(민 1:53). 그 다음에 각 지파들이 성막의 사방에 특정한 순서로 정렬하게 되었다(민 2장). 성막이 이스라엘 민족의 중심이 되었다는 것은 이스라엘 백성들이 하나님 중심으로 살아야 할 것을 의미하는 것이었다.

성막에 대한 신약성경에 나타난 많은 언급들은 하나님의 아들이 인간이 되신 성육신의 빛으로 이해해야 한다. 성막은 하나님과 그분의 백성이 만나는 장소였기 때문에 요한은 "말씀이 육신이 되어 우리 가운데 거하시매"(요 1:14)라고 이해하고 있다. 여기에서 "거하시매"(dewelt)는 이스라엘 백성이 광야에서 성막을 그 생활의 중심에 놓았던과 같이 이해해야 한다. 즉 예수님은 우리의 삶의 중심, 왕으로 오셨다는

이스라엘의 진영배치

정주(定住)시 이스라엘의 진영 배치

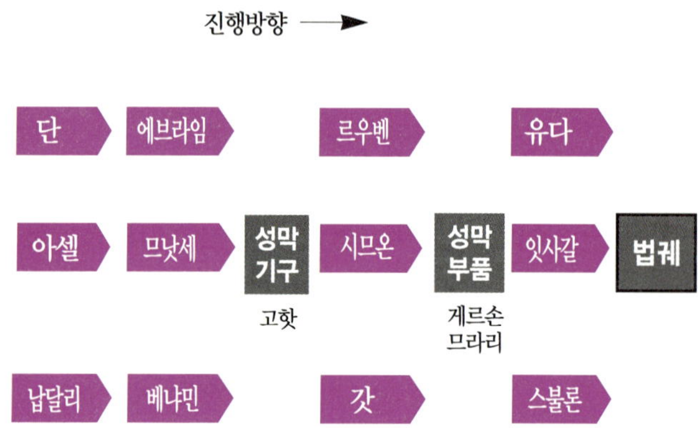

행진시 이스라엘의 진영 배치

말이다. 또한 성막의 모든 특징은 히브리서에서 발견되는데 이 책은 예수님을 대제사장으로, 우리의 죄를 위한 궁극적이고 영원한 희생제물로 묘사하고 있다.

7) 계속되는 광야 유랑생활

성막은 이스라엘 백성이 출애굽 한 지 1주년 되는 날에 세워졌다. 그리고 2주 후에 유월절을 지켰으며 또 2주 후에 20세 이상의 모든 장정으로 싸움에 나갈 만한 자들을 계수하였다. 출애굽 후 제 2년 제 2월 20일에 행군이 시작되었다. 성막은 세워진 지 겨우 7주 만에 다시 거두어져서 행진하게 된 셈이다. 감격스러운 순간이었다. 하나님께서 아브라함에게 맨 처음으로 가나안 땅을 자기 백성에게 주신다고 약속하신 지 7세기가 지나서 마침내 그 약속이 이루어지려 한 것이다. "여호와께서 주마 하신 곳으로 우리가 진행한다"고 그들은 서로 말하였다. 그러나 그들의 기대는 얼마 가지 못하여 깨어지고 말았다. 첫째로, 그들은 생선과 외와 수박과 부추와 파와

성막의 기물들

언약궤(출 25:10-22)

물두멍(출 30:17-21)

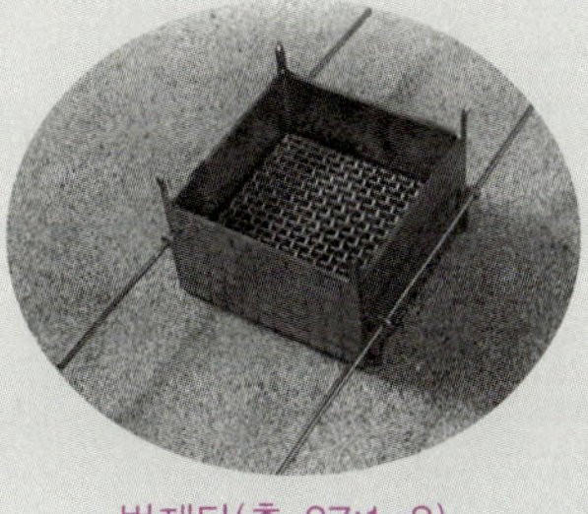
번제단(출 27:1-8)

정금등대(출 25:31-40)

진설병상(출 25:23-30)

분향단(출 30:1-10)

마늘을 이집트에서 마음껏 먹었던 일을 기억한 것이다. 둘째로, 모세의 누이 미리암과 형 아론이 모세의 권위를 손상하기 시작하였다. 마지막으로, 모세가 가나안 땅을 탐색하려고 선발해 보냈던 정탐꾼들이 자기들의 생각으로는 그 거민들을 이길 수 없다고 보고하였다. 이 보고를 듣고 백성들은 심히 통곡하였다 출애굽에서 가나안 입국까지 1, 2년이 아니라 40년이나 경과되었다. 그들은 네게브의 가데스 바네아 오아시스에서 여러 해를 지낸 듯하다. 그리고 수년 동안 남으로 향하여 시내 산까지 다시 유랑하다가 북동쪽으로 사해 남방의 거친 에돔 땅을 통과하게 되었다. 여기서부터 그들은 저 유명한 '왕의 대로'를 택할 수도 있었다. 이스라엘은 이제 모압 평지에 진을 쳤다. 여기에서 모세는 백성에게 자기의 마지막 부탁을 하였다. 그것은 당시의 불행한 유랑생활을 추억하며 엄숙한 교훈을 되새김으로 시작한다. 그는 십계명을 들려주고 설명하기를 이스라엘은 주 하나님을 진심으로 사랑하고 그들의 사랑을 복종으

성막완성(여호와의 영광이 충만하매, 출 40:34)

로 나타내야 한다고 하였다. 모세의 죽음은 신명기 끝에 기록되어 있다. 모세의 일생 120년을 세 부분으로 나눌 수 있다. 첫 40년은 애굽 시기, 둘째 40년은 광야생활, 나머지 40년은 그는 비범한 인내와 성실로써 하나님과 하나님의 백성을 섬겼던 생활이다.

8) 광야생활의 교훈

이스라엘 백성이 38년 동안 광야 생활을 하면서 보여주고 있는 것은 계속적인 불평과 불신앙의 모습인 반면 하나님은 인내하시고 계속 사랑해 주셨다는 점이다.

이스라엘 백성들이 가나안 땅에 들어가기 위해 지나갔던 가나안 땅 인근의 네게브 사막

7. 가나안에 정착함

모세가 세상을 떠나자 여호수아가 그의 후계자로 가나안 정복과 그 뒤의 일을 주관하게 된다. 이에 대한 이야기는 여호수아서에 기록되어 있다. 여호수아서는 ① 가나안 정복(1-12장) ② 이스라엘 각 지파들의 토지 분배(13-22장) ③ 여호수아의 고별 연설(23-24장)로 되어 있다. 가나안에 들어가기에 앞서 홍수로 인하여 물이 범람한 요단 강을 건너려고 준비할 때에 아마 그들은 40년 전에 조상들이 하나님의 능력을 힘입어 홍해를 건너는 모습을 떠올렸을 것이다. 역사는 다시 한 번 반복되어 하나님께서는 흐르던 강물을 멈추게 하셨고 마른 땅을 걸어 요단 강을 건널 수 있었다(수 3:17). 이렇게 그들이 안전하게 강을 건너간 후 이를 기념하는 비석을 세웠다. 하나는 강 속에, 하나는 강 서쪽 벌판에 세웠다. 요단 강을 건넌 이스라엘 백성들은 여리고 성에서 북동쪽으로 약 2마일 떨어진 길갈(수 4:19)에서 장막을 쳤다. 여기에서 이

❶ 젖과 꿀이 흐르는 가나안
❷, ❸ 에스골 골짜기의 포도와 포도밭

스라엘 성인 남자들은 모두 할례를 받았다(수 5:9). 가나안 정복은 3단계로 이루어졌다. 첫 번째 전쟁(수 6-8장)으로 가나안의 중앙지대를 점유하게 되었다. 가나안 정복을 위해 진군하던 여호수아의 군대는 가나안의 첫 성이며 철옹성인 여리고에 도착한다. 여호수아는 두 사람의 정탐꾼을 뽑아 여리고 성으로 비밀리에 침투시켰다. 이들은 그곳에서 라합이라는 기생을 만나 은신처를 얻었다. 정탐을 하며 그들이 위기를 당했을 때 라합은 그들을 숨겨주며 도피할 길도 마련해 주었다. 라합은 이렇게 하나님의 백성들을 도와주었기 때문에 그 후 이스라엘이 여리고를 함락했을 때 구원을 받았다. 그리고 그녀는 예수님의 족보에 오르는 영광스런 여인이 되었다. 정탐꾼들로

❶ 요단 강 모습
❷ 요단 강
❸ 길갈

부터 유리한 정보를 얻게 된 이스라엘 백성들은 하나님께서 그들의 손에 적을 붙이셨다는 것을 확신하게 되었다. 그들이 여리고 성에 이르기 전, 하나님께서는 그 성 주위를 7일 동안 돌라고 명하셨다. 그들이 하나님의 말씀대로 성 주위를 7일 동안 돌았을 때, 마침내 그 성벽은 무너졌고 성을 점령할 수 있게 되었다. 오늘날 고고학자들은 이 사실에 대한 뚜렷한 증거를 발견했다. 성경에 기록된 대로 이 성벽은 언덕을 미끄러져 내려 성 밖으로 무너졌지 성 안으로 넘어져 있지 않다는 것이 발견된 것이다.

그 후 이스라엘 군인들은 행군을 계속하면서 여리고 성에 비하면 아주 보잘것 없

❶ 현존하는 아이 성 유적
❷ 여리고 성 발굴 현장
❸ 기브온 우물

이 작은 아이라는 성에 다다르게 된다. 그러나 여기에서 여호수아와 그의 백성들은 아간이라고 하는 사람이 범한 죄 때문에 큰 패배를 당하게 되었다. 아간이 자기에게 속하지 않은 물건을 노략했기 때문에 하나님의 백성들이 패배를 당하는 결과를 초래한 것이다(수 7장). 이것은 하나님께서 자녀들이 죄악을 범하는 것을 그대로 내버려두시지 않는다는 무서운 교훈이다. 아간은 죽음으로 그 죄의 형벌을 받았으며 그 후 아이성은 손쉽게 점령할 수가 있었다. 이 사실에 크게 놀란 이웃 지방의 기브온 주민들은 이스라엘 백성에게 찾아와 친선을 맺자고 제의하여 서로 가깝게 되었다.

두 번째 전쟁(수 10장)은 남쪽 지역에서 시작되었다. 이스라엘과 기브온 주민의 화친에 대해 다른 가나안 도시국가들은 대단히 못마땅하게 생각했다. 그리하여 남부의 작은 왕들은 회의를 소집하였다. 다른 족속들의 다섯 아모리족 왕들은 크게 분격하여 기브온에 싸움을 걸어 왔다. 다섯 왕이 한 편이 되고 이스라엘과 기브온이 다른 한 편이 되어 싸운 이 전쟁(수 10장)은 세계 역사상 가장 유명한 전쟁 중의 하나이다. 이 때 하나님께서는 그의 백성들이 승리를 거둘 때까지 해와 달을 머물게 하셨다. 적들은 크게 패배를 당하였고, 이에 따라 가나안 정복의 문은 열리게 되었으며, 물결 치는 듯한 이스라엘의 군대 앞에 31명의 왕이 쓰러졌다. 가나안의 남부는 대부분 기브온에서의 싸움을 통해 이스라엘의 수중에 들어왔다.

세 번째 전쟁(수 11장)은 가나안 북부 연맹군과의 싸움이었다. 남부가 점령당했다는 소식이 북부에 이르자 곧 북부도 자체의 연합체를 형성하였으나(수 11:1-5), 남부가 당한 것과 꼭 같은 패배를 당하였다(수 11:6-15). 비록 그 땅 전부를 소유하지 못했으나(수 13:1) 이제 이스라엘은 팔레스타인 대부분을 지배하였다. 이스라엘은 세 번에 걸친 싸움으로 가나안의 중앙부와 남부 및 북부 지역을 점령하였다. 이러한 정복을 위한 전쟁에는 두드러진 점들이 나타나고 있다. 하나님은 가나안 땅을 아브라함에게 주시겠다고 약속하셨는데 그 약속은 가나안 정복으로 성취하셨다. 이스라엘 군대가 가나안 족속들과의 전쟁에 가담하고 있었지만 실제로 직접 승리를 주신 분은 하나님이셨다. 예를들어 여리고 성에 대한 공격은 군대전이기보다는 신앙적인 모험을 건 전쟁이었다. 하나님께서는 친히 나팔소리를 신호로 성벽을 무너뜨리셨다(수 6장). 또한 여러 전투에서 언약궤과 더불어 그의 백성들을 전쟁터로 이끄셨다. 필요할 때에 이스라엘 백성의 원수들을 멸하시기 위해 우박 덩어리와 같은 "하늘의 무기들"을 사용하셨다(수 10:11). 요단 강을 건넌 것은 실제적으로 두 번째 출애굽 사건이었다. 하나님께서는 또다시 인간의 힘으로는 도저히 건널수 없는 강을 이스라엘 백성들을 위해 물을 가르셔서 그 사이로 지나갈 수 있도록 길을 내셨다. 하나님은 주셨고 이스라엘 백성은 받았다. 결국 아브라함과 맺어진 언약의 일부가 성취되었다.

"…너는 너의 본토 친척 아비 집을 떠나 내가 네게 지시할 땅으로 가라 내가 너로 큰 민족을 이루고 네게 복을 주어 네 이름을 창대케 하리니 너는 복의 근원이 될지라"(창 12:1-2).

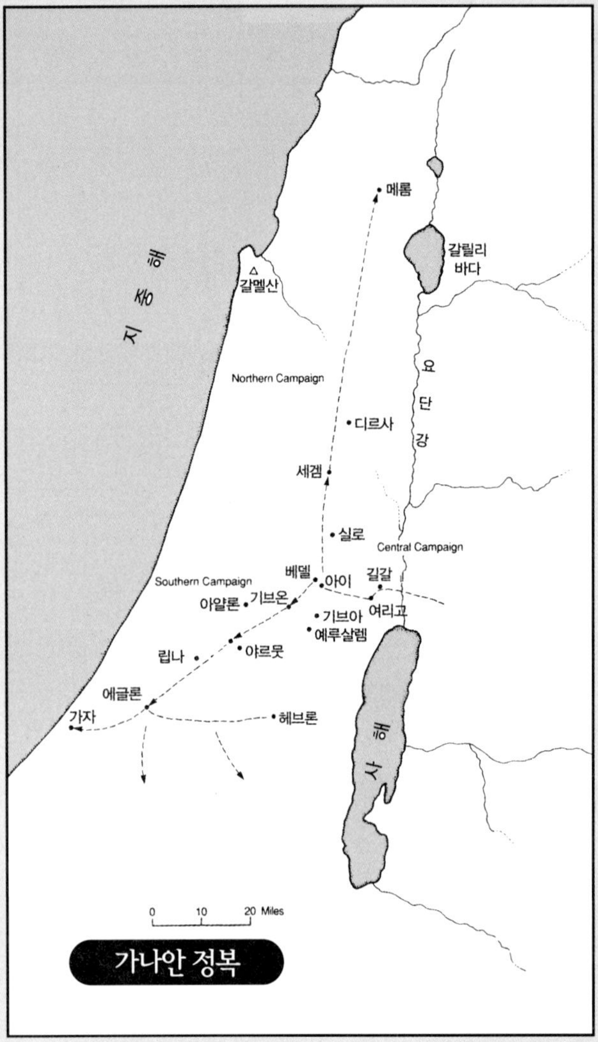

가나안 정복

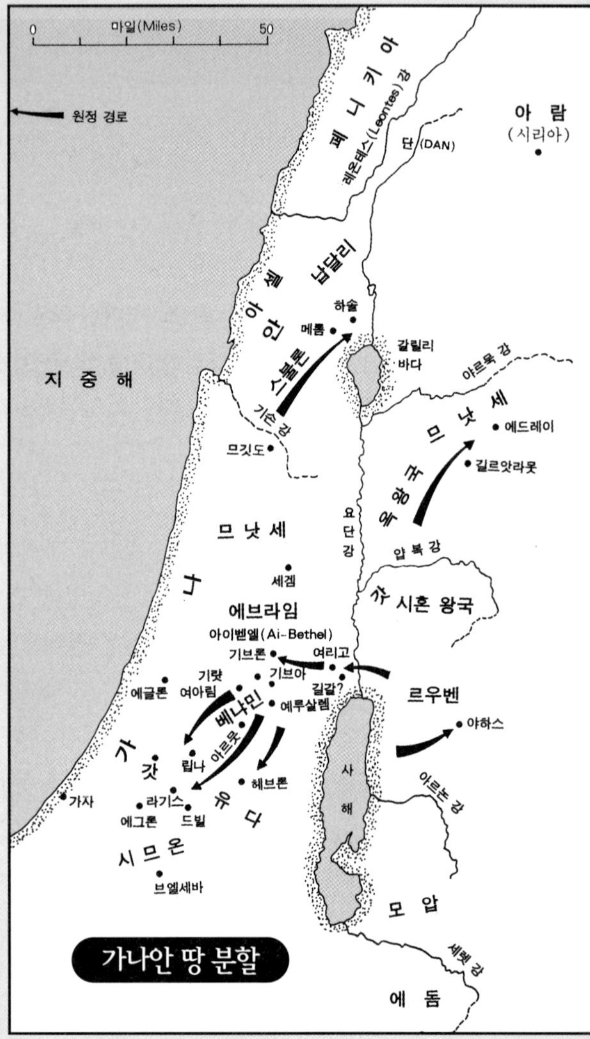

가나안 땅 분할

가나안 땅을 정복한 이스라엘 백성들은 각 지파별로 차지할 땅을 제비 뽑아 결정했다.

갓, 르우벤 및 므낫세의 반(半)지파 등은 요단 강 동부에 있는 영토를 분배받았다. 레위 족속은 성전의 일을 돕게 했었다. 그들에게는 기업의 땅을 주지 않았고 특별히 지정한 장소에서 살게 했다. 그들은 지파를 초월하여 종교적 직무를 담당했다. 또 모든 이스라엘 족속들이 드리는 화제물은 그들의 기업이 되었던 것이다(수 13:14). 레위인들의 거처가 되는 성읍은 매 지파에서 3, 4성읍을 공출케 했는데 그렇게 해서 그들은 48개의 성읍을 받았다. 그 성읍들 중에서 특별히 6성을 택하여 '도피성'으로 삼게 하였다. 이것은 이스라엘 모든 자손과 그들 중에 우거하는 객들 중 부지중에 살인한 자가 생겼을 때 그들로 하여금 도피하여 살게 하기 위해서였다. 이 도피성은 요단 동편에 셋(신 19:2, 민 35:14), 요단 이편에 셋(신 19:9, 민 35:14)이었다. 이러한 도피성 제도는 불쌍한 죄인들을 사랑하시는 하나님의 사랑을 여실히 보여 준다.

참고자료

머물렀던 태양(수 10:12)

오늘날 발전하는 우주계획은 현대인들이 '신화'라고 쉽게 간주해 버리고 있는 성경의 진리를 하나의 사실로 입증해 주고 있다. 미국 메릴랜드 주 발티모어 시에 있는 커티스 엔진회사의 사장인 헤롤드헬 씨와 우주계획 담당관은 다음과 같은 이야기를 나누었다. 그것은 하나님께서 오늘날 메릴랜드주의 우주 과학자들 사이에서 그 진리를 보여 주셨다는 것이다.

어느 날 우주 과학자들이 지금으로부터 100년 전과 1000년 전의 태양, 달, 유성들의 위치를 점검하고 있었다. 이들 유성들의 위치를 알지 않으면 안되는 이유는 과학자들이 발사한 인공위성이 궤도 상에서 다른 유성과 충돌하지 않도록 하기 위함이다. 또한 인공위성의 수명과 위성들의 위치에 의해서 궤도를 설정하여, 모든 것이 파괴되지 않도록 해야 하기 때문이다.

그리하여 이들 우주 과학자들은 수세기 동안의 이들 위성들의 위치를 파악하기 위하여 컴퓨터를 앞뒤로 움직여 점검을 하는 중 갑자기 컴퓨터가 멈추고 말았다. 컴퓨터가 멈춰서 빨간 신호를 보내는데 이것은 컴퓨터로 들어온 자료에 잘못이 있거나 표준치와 비교한 결과에 오류가 있다는 뜻이다. 당황한 이들은 기술자들을 불러 컴퓨터를 점검해 보도록 했으나 기술자들은 계산기에는 이상이 없고 "완전하다"라고 말했다. 담당부장에게 "무엇이 문제인가?"라고 묻자 "예, 지금까지 지나간 과거의 총 시간에 하루가 모자라는 것을 발견했습니다"라고 말했습니다. 과학자들은 그들의 머리만 긁적거리고는 어찌할 바를 몰랐다. 여기에는 해답이 없었다.

이때 과학자들의 팀 속에 있던 한 크리스천 친구가 "여보게들! 내가 말이야 주일학교 다닐 때 태양이 멎었다는 이야기를 들은 적이 있어"라고 말했다. 동료들은 그의 말을 믿지 않았으나 다른 해답이 없기 때문에 "그러면 그 증거를 보여 주게"라고 요청했다. 그는 성경을 꺼내어 구약 성경 여호수아 10:12-13에서 '상식'을 가진 사람이라면 누구나 비웃을 말을 그들에게 읽어주었다.

"여호와께서 아모리 사람을 이스라엘 자손에게 붙이시던 날에 여호수아가 여호와께 고하되 이스라엘 목전에서 가로되 태양아 너는 기브온 위에 머무르라 달아 너도 아얄론 골짜기에 그리할지어다 하매 태양이 머물고 달이 그치기를 백성이 그 대적에게 원수를 갚도록 하였느니라 야살의 책에 기록되기를 태양이 중천에 머물러서 거의 종일토록 속히 내려가지 아니하였다 하지 아니하였느냐."

여호수아는 이 말씀에 깊은 관심을 가지고 있었다. 왜냐하면 지금 여호수아는 원수들(아모리 족속)에게 휩싸여 있었기 때문에 만일 어둠이 밀려

오면 여호수아의 군대는 대적들에게 압도당하고 말 것이기 때문이었다. 그리하여 여호수아는 하나님께 태양이 제자리에 서있게 해달라고 구했다. 그랬더니 하나님은 여호수아의 간구를 들어 주셨다. "태양도 머물고 달도 그치고", 그리고는 거의 종일토록 속히 내려가지 않았다. 우주 과학자들은 외쳤다. "부족한 하루가 여기 있다." 이들은 다시 계산기를 앞뒤로 움직여 기록에 나타난 시간을 보니 부족한 시간에 근사하기는 하지만 정확하지는 않았다. 여호수아 때 머물렀던 시간은 23시간 20분으로서 하루가 채 못되었다.

성경에 나타난 이 조그만 몇 개의 성구는 대단히 중요했던 것이다. 그러나 아직도 문제는 남아 있었다. 왜냐하면 만일 부족한 시간 40분을 계산할수 없다면 지금부터 1000년 전이 문제이기 때문이다. 이 잃어버린 40분을 찾아 내야만 한다. 왜냐하면 이 시간은 흘러간대로 곱해져서 궤도 상에서는 수많은 시간으로 환산되기 때문이다. 이때 크리스찬 친구는 성경의 다른 곳에 태양이 물러섰다고 기록된 기사가 있는 것을 기억해 냈다. 물론 과학자들은 그가 미쳤다고 말했다.

그러나 그들은 아무 대안이 없었기 때문에 성경을 꺼내어 구약 성경 열왕기하 20:9-11에 기록된 말씀들을 읽었다. 어느날 히스기야가 사경에 처해 있을 때 히스기야를 방문한 선지자 이사야는 그가 결단코 죽지 않을 것이라고 말해 주었다. 이 말을 들은 히스기야 왕은 그 증거로서 표적을 구했다. 이사야는 말하기를 "태양이 10도로 나아가기를 원하십니까? 혹은 10도 물러가길 원하십니까?"라고 물었다. 히스기야는 "태양이 10도로 나아가는 것은 아무것도 아니니 해 그림자가 10도 물러가게 해 주십시오"라고 대답했다. 이사야는 주님께 기도했다. 이리하여 하나님은 해 그림자가 10도 물러나게 했다(11절). 10도는 정확히 40분이다. 그러므로 여호수아의 23시간 20분과 열왕기하의 40분을 합하면 상실한 24시간이 되는 데 이 시간을 기입해 넣어야 한다.

태양이 머물렀던 아얄론 골짜기

1) 6개의 도피성

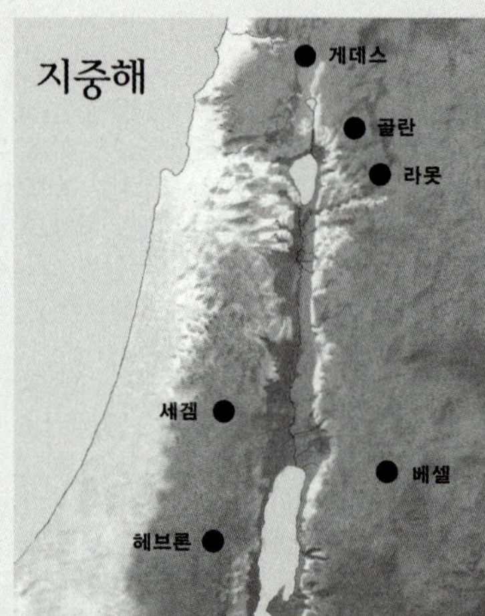

도피성의 위치

정탐꾼 12명 중의 한 사람이었던 85세 된 갈렙은 특별한 유업을 받았다. 이스라엘 족속의 모든 백성들은 마음을 합하여 실로에 성막을 세웠고 이 성막은 그 후 수백 년 동안이나 남아 있었다. 이와 같이 백성들이 약속한 땅에 정착하게 되었으므로 여호수아가 그들을 세겜이라는 곳에 모아 놓고 고별연설을 함으로써 이 책의 이야기가 끝이 난다. 그는 이 설교를 통해 하

〈표 4〉 6개의 도피성과 영적의미

이 름	뜻	위 치	성경구절	영적 의미
게데스(Kedesh)	'구별'	납달리 산지의 갈릴리	수 20:7	'게데스 납달리'라고도 알려졌다. '거룩하다'(holy)라는 말이며 그리스도 안에 피하는 자는 속죄함을 받아 거룩해질 수 있다는 말이다.
세겜(Shechem)	'어깨'	에브라임 산지	창 12:6-7, 수 20:7	이 성읍은 하나님이 아브라함에게 나타나 '이 땅을 네 자손에게 주리라'고 약속하신 곳이다. 어깨란 '힘'을 상징하는데 이 말은 우리가 그리스도 안에 있는 능력으로 보호를 받아 마침내 구원을 받는다는 진리를 보여 준다.
헤브론(Hebron)	'교제'	예루살렘에서 남쪽으로 30Km 떨어져 있음	수 20:7	헤브론의 옛 이름은 '기략 아르바'라 했고(수 14:15) 또 '마므레'(창 23:19)라고도 했다. 이 의미는 그리스도 안에서 죄사함 받고 하나님과의 교제가 이루어진다는 것을 의미한다.
베셀(Bezar)	'요새'	모압 평지의 광야	신 4:43	베셀은 르우벤 지파의 영토 안에 있는 성벽도시로 그리스도는 우리의 요새이시라는 의미를 갖는다. 그러므로 그리스도는 시험을 이기고 죄를 이기고 사단을 이기는 요새가 되신다.
라못(Ramoth)	'높다' '영화롭다'	요단강 동편 38km,수리아와의 경계선 근처	신 4:43	라못 길르앗이라고 알려졌고 갓 지파의 영토 안에 있던 중요한 성벽도시였다. 우리가 그리스도 안에서 영화를 얻는다는 암시를 보여 준다.
골란(Golan)	'기쁨'	갈릴리 호수에서 동쪽으로 27km 지점 바산으로 알려진 지역에 위치함	수 20:8	오늘날 이 지역 근방은 골란 고원으로 불리는데 그리스도 안에 영원한 기쁨이 있음을 암시한다.

나님을 충실하게 섬겨야 한다고 말하고 있다. 그는 "너희 섬길 자를 오늘날 택하라 오직 나와 내 집은 여호와를 섬기겠노라"(수 24:15)라는 말로 설교를 끝맺는다. 이와 같이 백성을 권면하고 여호수아는 그의 나이 110세에 세상을 떠났다.

8. 사사시대

여호수아가 죽은 후 이스라엘은 어떤 조직된 정부를 갖고 있지 않았다. 가나안을 정복할 때에는 그토록 단결하여 긴밀히 행동을 취하던 열두 지파들은 각기 헤어져 자기들의 길만을 걷고 있었다. 그들은 300년간(주전 1401-1100년) 일곱 번이나 변절하여 우상을 섬겼다. 여호와께서는 그들을 회개시키기 위해 7번이나 이방인들이 그들을 정복케 하셨다. 그들이 회개했을 때 여호와는 일곱 번이나 사사들을 보내 구원케 하신다.

사사기의 악순환

이 사사들(모두 15명)은 적들로부터 그의 백성을 구원하기도 했고 백성들 사이에 벌어진 분쟁을 조정하고 재판하기도 했다. 그들 중 어떤 사람은 이스라엘의 몇몇 부

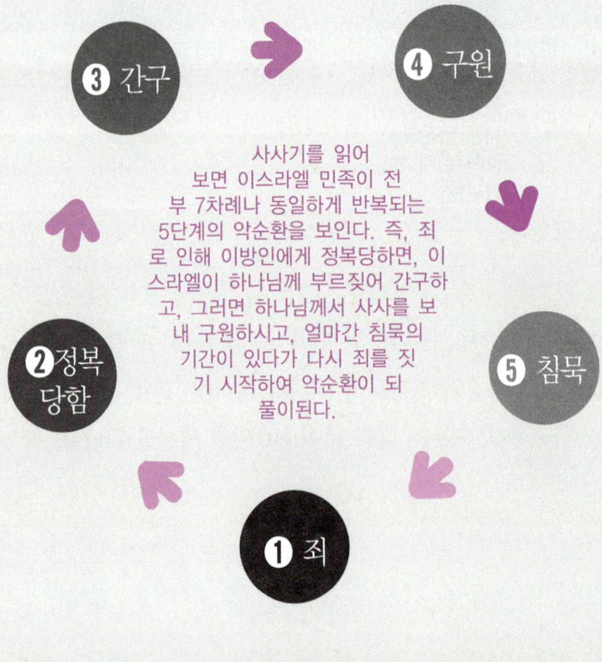

〈표 5〉 사사기의 악순환

주기	압제자	압제년수	구원자	평화기간
1(삿3:1-11)	메소포타미아	8	옷니엘	40
2(삿3:12-31)	모압	18	에훗	80
3(삿4:1-5:31)	가나안	20	드보라	40
4(삿6:1-8:32)	미디안	7	기드온	40
5(삿8:33-10:5)	내분	?	돌라/야일	45
6(삿10:6-12:15)	암몬	18	입다	31
7(삿13:1-16:31)	블레셋	40	삼손	20

분만 다스렸으며 사사들이 전혀 없던 시대도 있었다. 사사 시대의 시대상은 다음과 같은 성경 말씀으로 요약될 수 있다.

> "그 때에는 이스라엘에 왕이 없으므로 사람마다 자기 소견에 옳은 대로 행하였더라"(삿 17:6).

그러면 이스라엘 백성들이 왜 그토록 여러 번 하나님을 배반하였을까?

첫째는 그들의 주위에 있는 이방 족속들의 우상 숭배를 본받았기 때문이다.

둘째는 가나안 정복 때의 사람들이 전부 죽었으므로 저들 조상들이 어떻게 하나님의 은혜를 힘입었는가를 기억치 못하였기 때문이다.

셋째는 모세나 여호수아와 같은 강력한 지도자가 없었으므로 하나님께 대한 신실한 믿음을 지키지 못했던 것이다. 그뿐만 아니라 백성들은 자신의 소견에 옳은 대로 행하였고 하나님보다 자신들을 기쁘게 하는 데만 힘을 기울였기 때문이다. 그들은 점점 하나님을 저버리고 형벌이 내려질 때에만 구원을 호소했다.

사사들의 이야기에서 회개의 의미를 배울 수 있다. 하나님께서 이스라엘을 벌하신 것은 범한 죄를 깨닫게 하려는 데 있었다. 이것은 그들로 하여금 자책하게 하였고 그

❶ 기드온의 용사들이 물을 먹었던 장소(삿 7:1-6)

❷ 삼손의 죽음

들의 슬픔은 잘못된 길에서 돌이키게 했다. 사사기에는 어떤 사사에 관한 일은 조금만 기록되어 있고 어떤 사사의 일은 많이 기록되어 있다. 바락과 함께 백성들을 통치했던 드보라는 유일한 여자 사사이다(삿 4-5장). 기드온은 3백 명으로 미디안의 대군을 무찌른 사사이다(삿 7:7). 위대한 사사 가운데 입다를 들 수 있다. 그는 전쟁에서 승리하고 집에 돌아올 때 제일 먼저 환영 나오는 사람을 하나님께 제물로 바친다는 어리석은 약속을 함으로써 큰 슬픔에 빠지게 된다. 자기 딸이 제일 먼저 그를 환영 나왔기 때문이었다(삿 11:34). 삼손은 기운이 세서 혼자 블레셋 대군과 대전하기도 했다(삿 14:16). 최후의 위대한 사사는 사무엘이다. 사무엘은 어머니 한나가 하나님께 서원하여 얻은 아들이었다. 그는 이스라엘 백성들을 옳은 길로 인도하였으며 이스라엘 사람들이 왕정 국가를 이루는데 길을 준비하였다.

사사	지파	연대	압제자	압제기간	통치기간	성경구절
1. 옷니엘	유다	주전 1353-1313	메소포타미아	8(3:8)	40	삿3:9-11
2. 에훗	베냐민	주전 1295-1215	모압	18(3:14)	80	3:21
3. 삼갈			블레셋		?	3:31
4. 드보라	에브라임	주전 1195-1155	가나안	20(4:3)	40	4:4-24
5. 바락	납달리				?	4:13-16
6. 기드온	므낫세	주전 1148-1108	미디안	7(6:1)	40	6:13-33
7. 아비멜렉	므낫세			내전	?	9장
8. 돌라	잇사갈				23	10:1-2
9. 야일	므낫세				22	10:3-5
10. 입다	므낫세	주전 1105-1099	암몬	18(10:8)	6	11:1-12:7
11. 입산	유다				7	12:8-10
12. 엘론	스블론				10	12:11-12
13. 압돈	에브라임				8	12:13-15
14. 삼손	단	주전 1185-1065	블레셋	40(13:1)	20	14:1-16
15. 엘리	레위		블레셋	20		삼상1:1-14
16. 사무엘	레위					삼상3:1-12

〈표 6〉 이스라엘 사사들

사사시대의 아름다운 이야기 - 룻기

룻기는 사사 시대라는 고통의 상황을 배경으로 한 사랑과 헌신과 구속의 이야기이다. 그래서 룻기는 '가장 아름다운 사랑 이야기'라고 불린다. 이 이야기는 자기 백성과 땅을 버리고 시어머니인 나오미를 따라 새로운 집으로 간 한 젊은 모압 여자의 이야기이다. 이스라엘 민족이 신실하지 못한 시대에 그녀가 보여준 신실함으로 하나님은 그녀에게 은혜를 베푸셨다. 룻은 보아스와 재혼하여 다윗의 증조 할머니가 된다. 그리스도의 계보 안에 들어가는 이방인 여자가 된 것이다. 룻의 신실함은 궁극적으로는 하나님께 향하는 것이다.

보아스와 룻(룻기 2:15-16)

9. 왕국 수립

사사 시대 이후에 이스라엘 역사는 크게 통일 왕국 시대와 분열 왕국 시대로 나누어진다. 그 중 통일왕국 시대는 역사상 가장 번영한 시기였다. 이 시대는 사울 왕과 다윗 왕, 그리고 그의 아들 솔로몬 왕의 통치 기간을 포함한 주전 1095년에서 975년까지를 말한다. 이 기간의 역사는 사무엘상 · 하 및 열왕기상 1-11장에 기록되어 있고, 역대상 · 하에도 일부 언급되어 있다.

1) 사울 – 이스라엘의 초대 왕

이스라엘의 마지막 사사이자 선지자인 사무엘 시절에 이스라엘 자손들은 이웃 나라처럼 왕을 갖기를 원했다. 그래서 이들은 사무엘에게 와서 왕을 세워 달라고 요청하였다. 하나님은 이 일을 기뻐하지는 않으셨지만 그들의 원대로 이스라엘 백성에게 사울이라는 키가 보통 사람보다 어깨 위나 더 큰 젊은이를 왕으로 세워주라고 사무

❶ 사울은 미스바에서 왕으로 기름부음 받았다.
❷ 사무엘 선지자 없이 사울 왕이 단독으로 제사를 드렸던 장소(길갈)

엘에게 명령하셨다. 그리하여 미스바에 모여서 사무엘은 사울에게 기름을 부어 왕으로 책봉하였다. 그들은 '사울 왕 만세!'를 부르며 환성을 질렀다. 이 때부터 사울은 40년간을 왕으로 통치하게 된다. 사울은 처음에는 통치를 매우 잘하였다. 이웃나라로부터 여러 번 침략을 받았지만 금방 물리칠 수 있었다. 그뿐만 아니라 이웃나라인 암몬, 블레셋, 모압, 에돔과 기타 족속들이 침략해 올 때도 사울은 이스라엘 군인들의 선두에서 그 적들을 물리쳤다. 사울은 곧 백성 중에서 가장 인기있는 인물이 되었다. 인기가 절정에 오르게 되자 그는 하나님의 겸손한 종이 되기보다 교만한 자가 되어 버렸다. 하나님의 뜻은 생각지도 않고 자기의 생각대로 모든 일을 처리했다. 아말렉 군대와 싸울 때도 하나님께서는 아말렉 군대를 치고 그들에게 속한 모든 것을 다 멸하라고 명하셨지만 사울은 그것을 실행하지 않았다. 그리고 길갈에서 사무엘 선지자가 없는 상태에서 어리석게도 제사를 드렸다. 사무엘 선지자는 "순종이 제사보다 낫고 듣는 것이 숫양의 기름보다 나으니라"(삼

❶ 다윗이 골리앗을 죽이다(삼상 17:49, 51).
❷ 다윗이 골리앗을 죽이기 위해 돌을 모았던 엘라 골짜기

다윗과 골리앗의 신장비교

상 15:22)라는 말로써 사울을 책망하기도 하였다. 이때부터 하나님은 사울을 왕으로서 버렸다. 사울이 왕의 자리에는 앉아 있었으나, 하나님은 사무엘에게 은밀히 사울의 계승자로 다윗이라는 어린 목동을 기름 부으라고 명하셨다. 다윗은 하나님의 모든 명령에 기꺼이 순종하는 사람이었다. 사무엘 선자자로부터 왕으로 기름 부음을 받은 후에 다윗은 사울에게서 부탁을 받게된다. 그것은 사울의 심령이 괴로울 때마다 수금을 타서 위로하여 주는 것이었다. 사울은 다윗을 매우 사랑하여 그로 하여금 자기의 병기를 간수하는 일을 맡아보도록 하였다. 이때 다윗은 블레셋의 장군 골리앗을 죽일 수 있었다. 이러한 그의 공적으로 인하여 다윗은 백성들로부터 사울이 받던 영광보다 더 큰 영광을 받았다. 그것을 본 사울은 다윗을 시기하여 다윗이 왕 자리를 빼앗으려 한다고 트집을 잡아 그를 죽이려고 여러 가지 음모를 꾀하였다. 다윗은 사울의 아들 요나단과 절친한 사이였다. 요나단은 다윗과의 깊은 우정 때문에 자기가 왕위 계승자임에도 불구하고 다윗이 자기 아버지의 간계에 넘어가지 않도록 여러 모로 도와주었다. 요나단은 블레셋 군대와의 싸움터에서 불행히도 사울 왕과 함께 전사함으로써 다윗에게 왕이 될 길을 열어 주었다.

다윗 왕

2) 다윗 – 하나님의 마음에 합한 사람

사울 왕이 죽자 다윗은 유다 지파의 왕이 되었다. 한편, 사울의 불쌍한 아들 이스보셋은 그 나머지 땅을 다스리고 있었다. 그러나 7년 후 이스보셋의 통치는 무너지고 다윗 왕이 전 이스라엘을 통일하여 다스리게 되었다. 다윗은 예루살렘을 택하여 수도로 정하고 열방 중에서 가장 큰 나라로 만들려고 하였다. 그는 열방의 모든 나라들을 정복해서 나일강에서 유프라테스 강변까지 영토를 확장시켰다. 다윗은 하나님의 마음에 합한 사람이었다. 하나님은 다윗을 가리켜 “내가 이새의 아들 다윗을 만나니 내 마음에 합한 사람이라 내 뜻을 다 이루게 하리라”(행 13:22)라고 하셨다. 다윗이 지은 시편은 하나님께 대한 그의 온전한 헌신을 잘 나타내 준다. 다윗은 이렇듯 성공하고 하나님에 대한 믿음도 많았지만 다윗은 큰 잘못을 저질렀다. 우리아 장군의 아내 밧세바와 불의한 관계를 맺었다. 다윗은 밧세바와의 비밀스런 관계를 정당화하기 위하여 그의 남편 우리아를 전쟁터로 보내어 죽게 하고 밧세바를 아내로 삼았다. 이 모든 일에 대해 하나님은 다윗에게 나단 선지자를 보내서 작은 암양의 비

다윗의 통일 영토

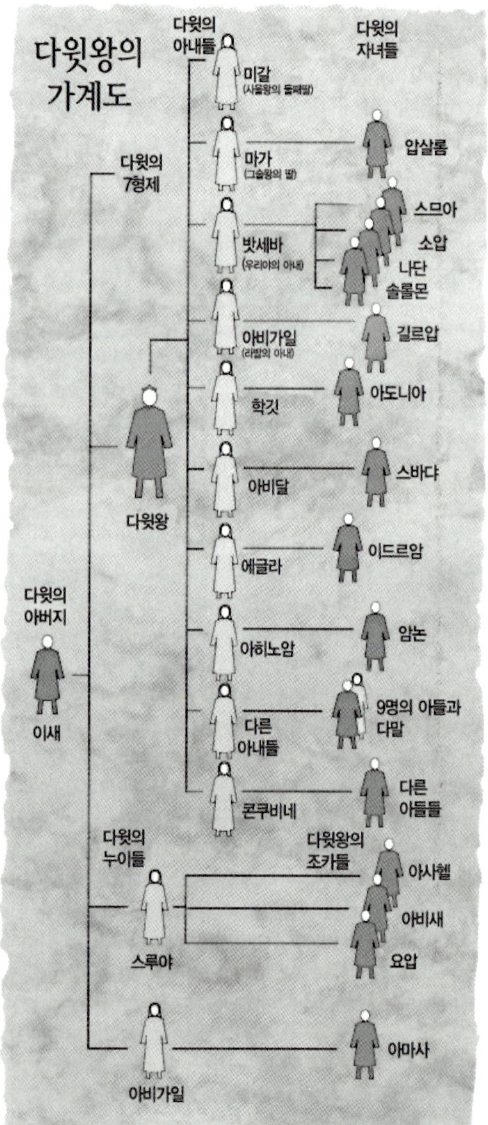

벳산의 언덕–
한때 이집트 제국의 전초기지였다가 나중에 이스라엘의 소유가 되었다

유를 들어 다윗을 책망케 하셨다(삼하 12장). 결과적으로 다윗은 회개하였으나 고통은 이때부터 시작되었다. 그의 아들 압살롬은 이복형제 암논을 살해하였다. 동시에 다윗 왕에게 반기를 들고 일어나서 왕의 자리까지 뺏으려고 하였다. 다윗은 얼마 동안 피신하지 않으면 안 되었다. 그의 다른 아들 아도니아가 다윗이 가장 신임하는 요압 장군의 도움을 받아 어지러운 왕국을 바로잡기는 했지만 이것도 결국 다윗 왕을 배신하는 행위가 되어 버렸다. 이런 악한 아들들의 손에 왕국이 넘어가기 바로 직전 다윗의 임종이 다가왔다. 다윗은 서로 물어뜯으며 싸우는 아들들에게 지쳐서 평화를 사랑하는 솔로몬에게 왕국을 물려주었다. 그리하여 위대한 하나님의 사람인 다윗 왕의 통치는 40년으로 끝을 맺게 되었다.

3) 솔로몬 – 지혜의 왕

솔로몬 왕

솔로몬 왕의 통치는 그 아버지의 통치와는 매우 대조적이었다. 다윗 왕이 통치하는 동안에는 언제나 전쟁이 계속되었지만 솔로몬 왕의 통치 기간에는 평화가 지속되었다. 솔로몬은 일천 번제를 통하여 하나님께 부귀와 영화를 구하는 대신 지혜를 구하였다. 그러나 하나님은 그에게 지혜뿐만 아니라 부귀와 영광을 덤으로 주셨다. 솔로몬의 지혜는 너무나 유명하기 때문에 지금까지도 대대로 전해 오고 있다. 그는 3,000개의 잠언을 남겼고 1,005개의 시를 썼다. 이러한 그의 지혜는 세 권의 책으로 성경에 남아 있다. 정치적으로도 이스라엘의 힘을 온 세상에 과시한 시대였다. 이스라엘의 역사상 가장 넓은 영토를 확보하였던 것이다. 그러나 솔로몬의 업적은 그와 같은 것에 있지 않았다. 그는 예루살렘 성전을 건축하였다. 그때까지 백성들은 장막 안에서 예배하였다. 솔로몬의 성전이야말로 역사상 어떤 건물로도 비할 수 없을 것이다. 이것은 7년 반에 걸쳐 183,000명이 동원되어 완공하였다. 솔로몬의 헤아릴 수 없는 부귀는 오늘날까지도 전해지고 있다. 1,400개의 병거와 12,000명의 마병을 거느릴 만큼 많은 재산을 소유하였다. 시바 여왕이 솔로몬의 소문을 듣고 찾아왔다가 솔로몬의 지혜와 그 부를 보고 이런 말을 했다. “내가 그 말들을 믿지 아니하였더니 이제 와서 목도한

솔로몬의 재판(왕상 3:27)

즉 내게 말한 것은 절반도 못되니 당신의 지혜와 복이 나의 들은 소문에 지나도다"(왕상 10:7).

그러나 솔로몬의 거대한 부귀는 결과적으로 불행을 초래하고 말았다. 그는 온갖 종류의 쾌락을 맛보았다. 700명의 아내와 300명의 첩이 있었다. 그러나 이것보다도 더욱 나쁜 것은 우상 숭배를 했다는 점이다.

솔로몬이 취한 여자들의 대부분은 우상을 숭배하는 이방 여자들이었다. 그는 그 여자들의 마음에 들도록 우상숭배를 허락하기도 하였다. 또 자기가 향락을 누리는 비용을 백성들로부터 착취하였다. 세금을 몇 배씩 과중하게 부과시켰다. 이런 일들은 백성에게 환영을 받지 못했다. 지혜와 부로 시작된 그의 통치가 술과 우상숭배와 여자들로 바뀐 방탕한 생활은 위대했던 왕국에 분열의 씨를 심는 결과를 초래하였다.

이스라엘의 첫 왕, 기스의 아들 사울이 처음 통치를 시작할 때는 훌륭한 왕이 될

솔로몬 성전 모형

❶ 번제단
❷ 물두멍
❸ 제사드릴 제물을 씻는 장소
❹ 5개의 금촛대
❺ 부삽(화로)과 금으로 된 테이블
❻ 12개의 진설병
❼ 지성소
❽ 법궤를 보호하는 2개의 케투빔

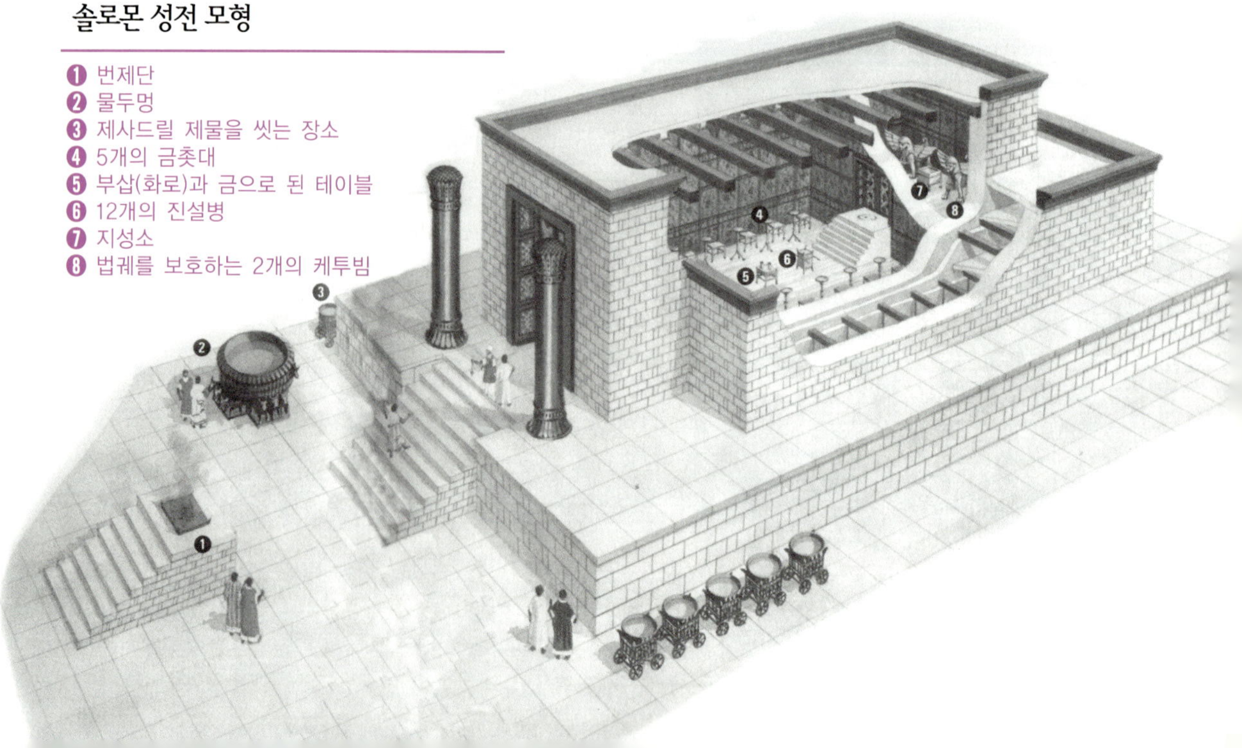

솔로몬 성전

것 같았다. 그러나 그는 블레셋 군대에 대하여는 그처럼 성공하지 못하였다. 그들은 이스라엘 영토 내에 수비대를 두어 항상 이스라엘에 모욕을 주곤 하였다. 사울이 망하게 된 가장 큰 이유는 불순종이었다. 세 번이나 그는 하나님의 명백한 명을 어기었다. 사울은 블레셋과의 싸움에서 세 아들과 함께 전사하고 말았다. 다윗은 사울 왕의 질투심으로 인하여 망명자로 지냈고 자신의 지파인 유다 사람들이 거기서 그를 왕으로 삼았다. 그러나 칠 년 후에 이스라엘의 온 족속의 대표자들이 헤브론에 있는 그에게 나아와 그를 이스라엘의 둘째 왕으로 추대했다. 다윗의 첫 업적은 이스라엘을 통일하고 그 나라를 모든 적으로부터 안전하게 하는 것이었다. 다윗은 결코 한낱 장군에 그치지는 아니하였다. 무엇보다도 그는 하나님께 헌신적이었다. 이스라엘은 하나님이 다윗과 세운 영원한 언약을 결코 잊지 아니하였다. 하나님은 다윗의 아들 솔로몬을 왕위에 세움으로 그에게 하신 약속을 성취하기 시작하였다. 솔로몬 왕은 행정과 건축에 있어서도 천재였다. 솔로몬은 그의 하나님 여호와를 진심으로 사랑하지 아니하였고 그의 이웃을 자기 몸처럼 사랑하지도 아니하였다. 그리고 그는 압제수단 등으로 그의 건축 사업과 호화로운 궁전 생활을 유지할 수 있었다. 왕의 늙은 모사들은 르호보암에게 지혜로운 충고를 하였다. 이것은 모든 현대 입헌 군주 국가의 이상적인 봉사의 기초가 되고 있다. 그러나 르호보암은 경솔하고 미련하게 실수를 저질렀다. 사울과 다윗과 솔로몬은 각기 이스라엘을 40년씩 다스렸다. 그래서 주전 1050-930년까지 120년 동안 통일 왕국이었다.

10. 분열왕국 시대

1) 북쪽 이스라엘 왕국(주전 931–722년)

북쪽의 첫 왕 여로보암은 솔로몬의 신하였다. 솔로몬은 그를 평가하기 위해 강제 노역 동원의 중임을 맡겼다. 솔로몬이 죽은 후에야 여로보암은 이스라엘로 돌아와서 우리가 본 대로 르호보암에게 도전하였다. 솔로몬의 아들 르호보암의 다스림을 받던 유다도 더 나은 것이 없었다. 여호와 경배와 아울러 백성들이 가나안 종교의 가증한 일들을 행함으로 타락하여 갔다. 여로보암의 뒤를 이어 다섯 왕이 이스라엘의 왕위에 올랐는데 그들에 대하여는 별로 알려진 바 없다. 오므리는 자기의 아들 아합을 페니키아 공주 이세벨과 혼인시킴으로 이스라엘에 큰 어려움을 가져왔다. 또한 그 여자는 여호와의 선지자를 죽이기도 했다. 이런 뻔뻔스

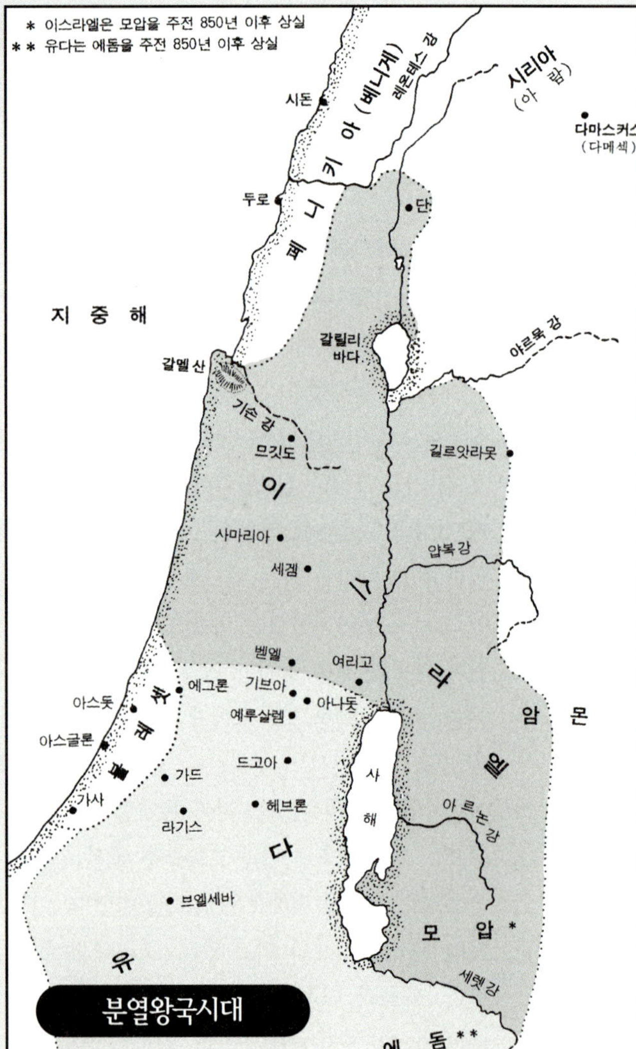

분열왕국시대

❶ 사마리아 ❷ 앗시리아로 끌려가는 유대 민족

런 배교가 계기가 되어 다음 3세기 이상에 걸쳐 선지자들이 이스라엘과 유다에서 큰 역할을 하게 되었다. 이 고귀한 계열의 처음 선지자는 엘리야였다. 엘리야는 종교적 · 사회적 양심을 가져왔다. 나봇의 무죄한 죄에 대한 원수는 예후가 갚았다. 예후의 왕조는 북국 이스라엘의 전 기간 중 거의 절반이나 되는 약 100년간(주전 841-751년) 지속되었다. 여로보암 2세 때(주전 782-753년)에 이스라엘 북국의 국력은 전성기에 달했다. 예후의 왕조가 끝났을 때, 북국은 불과 30년 정도밖에 남지 아니하였다. 군인 통치자들이 연이어 일어나서 왕위를 차지하였다. 수년 후(주전 735년)에 군대 장관으로서 이스라엘을 다스리고 있던 르말리암의 아들 베가가 시리아 왕 르신과 동맹을 맺어 앗시리아의 멍에를 벗어나려 하였다. 유다 왕 아하스는 공포에 사로잡혔다. 그러나 이사야 선지자는 하나님의 말씀으로 그를 안정시키려 하였다. 하지만 아하스는 믿지 아니하였다. 그 대신 그는 앗시리아왕 디글랏빌레셀에게 원조를 청하여 마침내 파멸을 초래하고 말았다. 디글랏빌레셀이 죽었을 때 사마리아는 앗시리아에게 반항하여 조공을 바치지 아니하였다. 북국은 수치스러운 종말을 본 셈이다. 북국은 불과 2세기 조금 더 지속했을 뿐이다.

〈표 7〉 북왕국의 왕들

왕 들	영문이름	통치기간	관련구절	관련 선지자
1. 여로보암 1세	Jeroboam	주전 931-910(22년)	왕상 12-14:20	아히야(왕상 11:29-39, 14:1-18)
2. 나 답	Nadab	910-909(2년)	왕상 15:21-31	
3. 바아사	Baasha	909-886(24년)	왕상 15:33-16:7	예후(왕상 16:1-7)
4. 엘라	Elah	886-885(2년)	왕상 16:8-14	
5. 시므리	Zimuri	885(7일)	왕상 16:15-20	
6. 디브니	Tibni		왕상 16:21-22	
7. 오므리	Omuri	885-874(12년)	왕상 16:23-28	
8. 아합	Ahab	874-853(22년)	왕상 16:29-22:40	엘리야(왕상 17:21; 왕하1:2) 엘리사(왕상 19:19-21) 미가야(왕상 22:8-28, 대하 18:7-27)
9. 아하시야	Ahaziah	853-852(2년)	왕상 22:51-왕하 1:18	엘리사
10. 여호람(요람)	Joram	852-841(12년)	왕하 3-8:15	엘리사
11. 예후	Jehu	841-814	왕하 9:1-10:36	엘리사
12. 여호아하스	Jehoahaz	814-798(17년)	왕하 13:1-9	엘리사
13. 요아스	Jehoash	798-782(16년)	왕하 13:10-25	
14. 여로보암 2세	Jerboham	793-753(41년)	왕하 14:23-29	요나, 아모스, 호세아
15. 스가랴	Zachariah	753-752(6개월)	왕하 15:8-12	호세아
16. 살룸	Shallum	752(1개월)	왕하 15:13-16	호세아
17. 므나헴	Menahem	752-742(10년)	왕하 15:14, 16-22	호세아
18. 브가히야	Pekahiah	742-740(2년)	왕하 15:23-26	호세아
19. 베가	Pekah	752-732(20년)	왕하 15:27-31	호세아, 오뎃(대하 28:9-11)
20. 호세아	Hoshea	732-722(9년)	왕하 17:1-41	호세아
주전 722- 북쪽 이스라엘 왕국의 수도인 사마리아가 멸망당했고 북왕국의 10지파가 앗수르에 포로로 끌려갔다.				

2) 남쪽 유다왕국(주전 931-586년)

남쪽 유다왕국은 홀로 남아서 135년간을 더 지속하게 된다. 첫 개혁은 이사야, 미가 선지자들의 격려로 히스기야 왕이 단행하였다. 두 번째 개혁을 단행한 왕은 요시야로서 먼 친척인 스바냐 선지자와 젊은 선지자 예레미야가 격려하였다.

앗시리아 왕 사르곤은 주전 70년에 전사했고 그의 아들 산헤립이 계승하였다. 주

❶ 산헤립의 캠프
❷ 히스기야 왕 시대의 실로암 터널(1,777피트 바위를 파서 예루살렘 밖의 샘으로부터 물을 공급 받았다)
❸ 오늘날의 실로암 우물

전 701년이 되기까지는 산헤립이 반란국 유다에 이르지 못하였다. 다행히 히스기야는 성벽 밖의 샘으로부터 실로암 못까지 이르는 그의 유명한 터널을 파서 성내에 물 보급을 확보하는 대책을 미리 취하였었다. 그러나 사정은 절박하였다. 이사야 신학의 중심 교훈은 하나님의 주권이었다.

히스기야가 죽은 후 반세기 동안은 배교의 시대였다. 그의 아들 므낫세는 앗시리아에 꼼짝 못하고 추종하는 속국의 왕으로 종교적 혼합주의를 택하여 히스기야가 파괴하였던 가나안 및 앗시리아의 우상 숭배를 다시 받아들였다. 그러나 주전 639-609년에 다스린 요시야 왕은 형세를 다시금 뒤바꾸어서 그의 증조부 히스기야보다 더 철저한 개혁을 단행했다. 왕은 백성을 '무론 대소하고'

〈표 8〉 남왕국의 왕들

왕 들	영문이름	통치기간	관련 구절	관련 선지자
1. 르호보암	Rehoboam	주전 931-913(17년)	왕상 14:21-31	스마야(대하 11:2-4) 잇도(대하 12:15)
2. 아비얌	Abijam	913-911(3년)	왕상 15:1-8	잇도(대하 13:22)
3. 아 사	Asa	911-870(41년)	왕상 15:9-24	아사랴(대하15:1,8),하나니(대하16:7-10)
4. 여호사밧	Johoshaphat	872-848(25년)	왕상 22:41-50	예후(대하 19:2,3), 아하시엘(대하 20:14-17), 엘리에셀(대하 20:37)
5. 여호람(요람)	Jehoram	853-841(8년)	왕하 8:16-24	오바댜, 엘리야(대상 21:12-15)
6. 아하시야	Ahaziah	841	왕하 8:25-29	
7. 아달랴	Athaliah	841-835(6년)	왕하 11:1-20	
8. 요아스	Joash	835-796(40년)	왕하 11:21-12:21	요엘
9. 아마샤	Aamziah	796-767(29년)	왕하 14:1-22	익명의 선지자들(대하25:7-9,15,16)
10. 아사랴(웃시야)	Azarian	792-740(52년)	왕하 15:1-7	이사야, 스가랴(대하26:5)
11. 요담	Jotham	750-732(16년)	왕하 15:32-38	이사야, 미가
12. 아하스	Ahaz	735-716(16년)	왕하 16:1-20	이사야, 미가
13. 히스기야	Hezekiah	716-687(29년)	왕하 18-20	이사야, 미가
14. 므낫세	Manasseh	697-643(55년)	왕하 21:1-18	나훔, 익명의 선지자들(왕하 21:10)
15. 아 몬	Amon	643-641(2년)	왕하 21:19-26	
16. 요시야	Josiah	641-609(31년)	왕하 22:1-23:30	예레미야, 스바냐, 훌다, 여선지자 (왕하 22:14-20, 대하 34:22-28)
17. 여호아하스	Jehoahaz	609(3개월)	왕하 23:31-35	예레미야
18. 여호야김	Johoiakim	609-598(11년)	왕하 23:36-24:7	예레미야, 하박국, 다니엘
19. 여호야긴	Jehoiachin	598-597(3개월)	왕하 24:8-17	예레미야, 다니엘
20. 시드기야	Zedekiah	597-586(11년)	왕하 24:18-25:30	예레미야, 다니엘, 에스겔
주전 586년 남왕국의 수도 예루살렘이 바벨론에게 멸망을 당하고 포로로 끌려갔다.				

광장에 모으고 발견된 율법서를 친히 그들에게 읽어 주었다. 그러고나서 그는 하나님과 맺은 언약을 새롭게 하고 앗시리아와 가나안의 우상들을 성읍과 지방에서 없애고, 산당들을 제하며, 강신술과 유아 희생을 금하고, 예루살렘에서 유월절을 지키라고 명하였다. 이 배후에서 예레미야가 그 개혁을 격려하였을 것이 틀림없다. 예레미야는 종종 사람들의 악한 마음의 '완고함'이 '만물보다 거짓되고 심히 부패한 것'임을 지적하고, 하나님이 그의 법을 사람들 속에 두고 그것을 그들의 '마음에 쓸' 때,

즉 새 언약의 날을 바라보았다. 그 뒤에 된 일은 예레미야가 옳았음을 증명하였다. 요시야의 개혁의 결과는 오래 지속되지 못하였다. 이 수년간에 국제적 정세는 상당히 변하였다.

니느웨 함락 후 앗시리아가 즉시 망한 것은 아니다. 605년에 유프라테스 강변 갈그미스 전쟁에서 바빌로니아에게 패하였다. 이제 바벨론이 최강국이 되었다. 느부갓네살의 군대가 601년에 이집트 변경에서 느고를 패전시키지 못하자, 여호야김은 그에게 조공을 보내지 아니하였다. 이것은 반역이나 다름없는 일이었다. 그러나 여호야김은 죽었고, 그의 아들 여호야긴이 바빌로니아의 책벌을 받게 되었다. 느부갓네살은 시드기야를 유다의 왕위에 앉혔다. 그는 요시야 왕의 또 하나의 아들로서, 성격이 매우 약하고 우유부단하였다. 불행하게도 시드기야는 "선지자 예레미야가 여호와의 말씀으로 일러도 그의 앞에서 겸비치 아니하였다." 주전 589년에 그는 공공연히 바빌로니아에게 반기를 들었다. 주전 587-6년에 성벽에 돌파구가 뚫리고 성이 함락되었다. 성벽은 무너졌고 솔로몬의 찬란한 성전은 불타 버렸다. 그러나 경건한 자들에게는 이런 일이 불시에 닥쳐온 것은 아니었다. 처음부터 모세는 백성들에게 불순종의 결과를 경고하였고, 선지자들도 나라가 회개치 아니하면 심판이 불가피할 것임을 계속 주장하였다. 그러나 유다 왕국은 이를 무시했으므로 결국 멸망을 당하게 된 것이다.

11. 포로시대 및 귀환

유대인들은 바벨론에서 70년간이나 포로 생활을 하였다. 바벨론에서의 포로 생활 이야기는 다니엘서와 에스더서에 잘 기록되어 있다. 다니엘서는 예언서 중의 하나이지만 역사 이야기도 많이 포함되어 있다. 여기 나오는 많은 이야기들은 바벨론의 유대인 생활상을 잘 보여주고 있다. 멸망 직전에 놓여 있는 유대 민족을 구원하는, 믿음이 좋은 한 유대 여인을 주인공으로 기록한 에스더서 역시 당시 유대인의 생활상을 묘사하고 있다.

주전 559년에 고레스 2세가 이웃 페르시아 왕국의 왕위에 올랐다. 그는 546년에는 유명한 리디아 왕 크로우서스를 패배시켰는데 소아시아 전체가 그의 제국에 병합되었다. 유다 포로들은 고레스의 전승을 듣고 그들이 바빌로니아에서 구출 받을 날이 멀지 아니하였다고 기대하게 되었다. 그들은 하나님께서 언젠가는 자기들을 구원하시리라고 믿었다.

유대인에게 자유를 주는 아닥사스다 왕

여호와께서 그의 기름 부은 자 고레스에게 이르시기를, 그의 열국을 내 앞에서 정복하게 하며 왕들의 허리를 풀며 문들을 열어 내 앞에 문들이 닫히지 못하게 하기 위하여 너의 오른손을 붙잡았노라고 하셨다. 주전 539년에 기다리던 구원이 왔다. 바빌로니아 왕 벨사살이 벽에 손으로 쓴 글씨를 보았고 바로 그 날 밤 바빌로니아는 페르시아인의 손에 함락되었다. 바베론 포로가 세 번에 걸쳐 이루어졌던 것처럼 유대인들의 귀환도 3차에 걸쳐 포로 생활에서 돌아올 수 있었다.주전 536년에 제1차로 스룹바벨이 많은 유대인들을 거느리고 예루살렘으로 돌아왔다. 이것은 고레스 왕의 칙령으로 이루어졌으며, 돌아오자 그들은 우선 파괴되었던 성전을 다시 재건하려고 하였다. 이는 느부갓네살이 처음으로 유다를 사로잡아갔던 주전 606년으로부터 70년 만이다. 이렇게 시작된 성전 건축은 주전 517년, 다리오 왕(다리오 1세) 때에 완

성전 재건(스 3:12)

공되었다. 제사장이며 서기관인 에스라는 80년 후에 제2차로 유대인들을 예루살렘으로 데리고 왔다. 이것은 아닥사스다 1세의 칙령으로 이루어졌으며, 레위인들을 중심으로 이루어졌다. 3차 귀환은 역시 아닥사스다 1세의 칙령으로 이루어졌으며 느헤미야에 의해서 돌아왔는데 이들은 돌아와서 먼저 예루살렘성의 재건을 완성하였다. 유대 민족이 3차에 걸쳐서 귀환하였다는 이야기는 에스라서와 느헤미야서에 기록되어 있다. 여기에서 주의할 점은 이 때 모든 사람이 다 포로에서 돌아온 것은 아니라는 것이다. 실제로 많은 유대인들은 고국으로 돌아가지 않았다. 왜냐하면 많은 이들이 새로운 땅에서 정착하게 되고, 많은 자손들이 태어나고 자라났으며, 또한 그들은 고레스 통치 하에 어느 정도 번영을 누리고 있었기 때문이다. 1차 귀환 때에 참여했던 유대인들은 약 5만 명 정도에 불과했다(스 2:64, 65). 더구나 이들이 돌아갔다고 해서 잃어버린 나라를 다시 찾은 것도 아니었다. 그들의 첫 번째 귀환의 목적은 성전 건축뿐이었다. 그러나 그것도 외부의 방해와 그들의 안일한 자세로 인해 20년의 세월을 소비했다.

성전 건축 후에도 예루살렘의 정치적인 독립은 고사하고 성벽도 무너진 채로 남아 있었다. 그러나 에스라의 귀환으로 자치적인 행정과 재판을 할 수 있는 권한이 주어졌고(스 7:25, 26) 이것은 느헤미야에게도 유효했는데 느헤미야의 귀환과 함께 성벽이 재건되었다(주전 444년). 이것은 이들에게 자치권이 주어졌다는 것을 의미한다.

주후 1542년에 재건된 구 예루살렘의 성벽

심지어 그들은 자신들의 성읍에 대해서 무기를 들고 군사적인 자치 방어를 할 수도 있게 되었다(느 4:13-22). 그러나 이들의 자치구역은 예루살렘과 그 주변으로 한정되어 있었다. 또한 그들의 자세는 여전히 안일하고 율법을 준수하지 않았다. 이것이 에스라와 느헤미야 그리고 말라기의 주된 책망이기도 했다. 느헤미야서는 구약 시대의 마지막 기간을 묘사하고 있다. 유다는 그 후에 바벨론보다 강한 바사(페르시아), 마게도니아에 의해서 통치를 받게 된다. 그 다음에는 로마에 의해 지배를 받게 된다. 이 때부터 우리 주님이 오시기 전까지의 기간이 약 4백 년이 된다. 이 기간의 이야기는 성경에 기록되어 있지 않고 성경 이외의 다른 책들에 기록되어 있다. 이것이 바로 '신구약 중간기'이다.

제2장 이방종교와 그들의 문화

Search the BIBLE lands

일반적으로 이교도란 자기가 믿는 종교에 속하지 않는 사람들을 가리키는 말이다. 기독교 · 유대교 · 이슬람교와 같이 유일신을 숭배하고 신의 계시에 따라 기록되었다고 믿는 경전(經典)을 가진 종교가 경전을 갖지 않은 다른 종교들을 가리킬 때 사용된다. 이교도에 해당하는 라틴어 '파가누스'가 시골뜨기라는 뜻의 말(로마시대에는 도시에 기독교가 많았고 시골지방에는 적었다)에서 나왔듯이, 이 단어는 다분히 경멸의 뜻을 포함하고 있다. 이는 기독교가 로마제국의 국교(國敎)로 되면서 비(非)기독교인들을 '파가누스'로 부른 데서 비롯되었다고 본다.

앞에서 설명한 대로 구약 성경 시대의 이스라엘 백성들도 거짓 신을 섬기는 소위 이교도라 불리는 가나안 족속들, 애굽인들, 바벨론 사람들 그리고 그 외에도 여러 족속들과 접촉하게 되었다. 하나님께서는 자기 백성들에게 경고하여 이르시기를 이웃에 있는 이방나라 백성들을 본받지 말라고 하셨으나 이스라엘 백성들은 하나님 말씀에 순종하지 아니하였다. 그들은 차츰 이교도들의 우상숭배에 빠져-들곤 하였다. 이

수메르 사원에서 발견된 무릎을 꿇고 있는 예배자상

이방신들

이방 나라들이 예배하는 신은 어떠한 것이었는가? 그리고 어떻게 이스라엘 백성들이 참하나님으로부터 멀어지게 되었을까? 본장에서는 이것을 밝힐 것이다.

고대사회는 언제나 종교가 중심이 되었다. 그리고 그들은 어떤 종류의 종교이든 간에 종교는 꼭 필요하다고 생각하였다. 사람들은 자신이 사는 동네, 도시, 그리고 문명사회에서 예배를 드렸다. 만약 어떤 사람이 다른 동네나 다른 나라를 여행하게 된다면 그는 그 지방의 신들에게 의무적으로 존경의 표시를 해야만 했다.

1. 이방종교의 공통적인 특징

1) 많은 신들(Many gods)

메소포타미아 인들은 그들의 세계를 뒤덮은 수천 종류의 신을 믿었다. 메소포타미아 인들은 신을 섬기지 않으면 안 되었다. 그들은 인생의 목적이 신을 섬기는 것이라고 배웠기 때문에 예배와 섬김을 감당하기 위해 새로운 제사장직이 발달되었다. 메소포타미아의 만신전에는 신들의 위계가 있었다. 바벨론의 3대 신은 하늘의 신인 아누(Anu), 공기 또는 바람의 신인 엔릴(Enlil), 하충토의 물(水)과 땅의 신인 엔키(Enki: 아카드에서는 에아)가 있었다. 다른 중요한 신들은 천체와 연관을 맺고 있었다. 사랑과 산출의 여신인 이쉬타(Ishtar)는 금성(金星)과 동일시되었으며, 정의의 신 우르(Utu: Shamash)는 태양과 동일시 되었고 난나(Nanna, Sin)는 달과 동일시되었다. 폭풍의 신 아다드(Adad)는 아주 중요한 신이었고, 셈족의 말둑(Marduk) 신 또한 바빌론의 폭풍 신으로서 중시되었다. 주전 2500년까지 니푸르의 수호신인 엔릴은 모든 다른 신들의 총체적 지배자로 간주되었다.

언제나 종교란 모든 생각하는 사람들의 문제들에 대한 해답을 구하려는 끊임없는 노력을 대표하게 된다. 인간과 모든 존재의 기원 및 운명, 선과 악의 원인, 인간의 삶에 영향을 미치는 물질적 형상의 발생 유래, 이같은 문제와 이와 유사한 의문들이 모든 종교의 뿌리에 놓여 있다. 후대의 역사에서 때로 인위적으로 종교와 분리된 철학과 과학이 일부 이들 질문에 대한 답을 해주었을지도 모른다. 그러나 초기 단계에서는 이러한 해답은 종교의 영역에서뿐만 아니라 마력(魔力)의 영역에서도 구해졌는데, 권력을 가진 사람은 그 같은 기계적 수단으로 사람이나 사건, 때로 신들까지도 조작하였다. 그러나 주로 메소포타미아인들을 괴롭히는 문제는 신들 자체의 본질이나 인간과의 관계에 대한 설명의 문제까지를 포함하고 있었다. 그러나 이들 고대에 있어서조차 사려 깊은 사람들은 이미 상당히 고도의 개념을 발전시키고 있었다. 예를 들어, 엔릴을 가장 강력한 신으로 보았을 뿐만 아니라, 모든 우주질서의 창시자이며 인간들에게 쟁기와 곡괭이 같은 것을 준 은혜의 신으로 간주하였다. 그의 뜻은 인간의 운명뿐만 아니라, 때로 신들의 운명까지도 결정하는 것이었다.

대부분의 이러한 종교들은 다신교(Polytheistic)이기에 많은 신들의 존재와 귀신들의 존재를 인정한다. 범신론(Pantheon)을 받아들인다면 귀신의 존재를 인정치 않을 수 없다. 귀신은 "신적인 요소를 지니고 있는" 존재이다. 다신교의 문화는 조상들에게서 전수되거나 전쟁을 통해 전달된다. 예를 들면 수메르 사람들에게는 달의 신 '난나'(Nanna)가 있고 '신'(Sin)은 바벨론 사람들의 신이었다. 수메르 사람들에게 풍요의 여신이며 하늘의 여신인 '이안나'(Inanna)가 있었던 것처럼 바벨론 사람들에게는 '이쉬타'(Ishtar)가 있었다. 로마 사람들은 그리스 사람들의 신을 그대로 받아들여서 단순하게 로마 이름을 붙였다. 그리하여 로마의 신 주피터는 하늘의 신 제우스와 같았다. 바다의 신 넵튠은 포세이돈과 같은 신이었다. 이런 까닭에 고대의 어느 한 문화가 다른 종교를 흡수할 때는 큰 무리 없이 이루어질 수 있다. 그리하여 고대 세계에서 각각의 문화는 그 이전에 있었던 문명을 신으로 표현하고 있을 뿐만 아니라 그들의 신화의 내용을 생활로 나타내며 그 신화를 약간 변경하여 자기들의 것으로 받아들였다. 주요한 신들은 자연 속의 여러 현상과 연관시켜 생각하는 경우가 많았다. 이러한 사고는 많은 신들의 존재를 생성해 냈다. 결국 자연의 신들이 너무 많았기 때문에 이교도들은 '우주 전체를 다스리는 신', '절대자'인 신에 대한 관념을 결코 갖지 못했다. 그들이 생각하는 신의 개념은 '여러 분야를 각각 나누어 지배하는 존재들'이었다.

2) 우상숭배(Worship of Images)

일반적으로 이방 종교의 또 다른 특성은 종교적 형상에 대한 숭배였다. 이러한 종교적 신앙은 우상을 만들어 예배하는 것이었는데 오직 이스라엘만은 공식적으로 무형상주의(aniconic, 하나님을 형상이나 그림으로 나타내는 것을 금하는 것)를 채택했다. 여호와의 형상, 예를 들면 아론과 여로보암이 만들었던 송아지 형상(출 32장; 왕상 12:26)을 만드는 것은 10계명의 두번째 계명에서 금하였다. 그렇다고 해서 무형상 주의 신앙이 언제나 지켜진 것은 아니였다. 이스라엘 백성들은 애굽에서 노예 생활 할 때에 이방의 우상들에게 예배드렸다(수 24:14). 하나님께서 우상들을 다 없애 버리신 후에도 모압 족속들이 그들을 유혹하여 다시 우상을 섬기게 하였다. 이스라엘 역사 속에서 그때 그때 지도자들을 타락하게 만드는 것이 바로 우상 숭배였고, 하나님께서는 그들이 우상에 "희생 제물을 드렸으므로"(호 12:19) 이스라엘 나라를 결국은 패망하게 하시었다. 대부분의 이방종교들은 자기들이 섬기는 신을 의인화(anthropomorphically)시켰다. 예를 들자면 애굽의 미술가들은 자기들의 신을 동물의 머리를 가진 남자 혹은 여자의 모습으로 표현했다.

3) 자력 구원(Self-Salvation)

신의 모습을 인간으로 묘사한 그림들은 어떤 중요성을 갖는가? 앞에서 언급한 바와 같이 이교도들은 그들의 형상대로 많은 신들을 표현하려고 했다. 이 말은 이교도들의 신은 단지 인간의 모습을 확대해 놓은 것에 불과하다는 것이다. 고대 세계의 신화들에서 신들은 인간과 똑같은 결함이 있고 불완전한 존재이다. 이러한 신들은 인간을 결코 구원시키지 못한다. 그러므로 이방종교의 구원관은 자기의 노력에 의해 구원할 수 있다는 '자력 구원'의 사고가 깊게 뿌리를 내리고 있다.

4) 희생 제물(Sacrifice)

이방 종교의 대부분은 자기들의 신들을 위로해주기 위해서 동물들을 잡아 희생 제물로 드렸는데 어떤 때는 사람을 드리기도 하였다. 이방 종교의 예배자들은 자기들의 신을 인간의 욕망을 그대로 가지고 있는 존재로 믿었기에 음식과 음료수도 제물로 드렸다(참고, 사 57:5-6: 렘 7:18). 가나안 사람들은 희생제물들이 신비적 능력이 있어서 예배를 드리는 사람에게 동정심을 주고 은총을 준다고 생각했다. 이런 사고는 이스라엘과 유다의 퇴폐적인 왕들이 이방인들의 제사에 빠져들 수밖에 없는 이유가 되었다. 특히 전쟁을 하는 데 있어서 희생제물을 드림은 자신들에게 전쟁의 승리를 줄 수 있는 신비적 능력을 가져온다고 생각했다.

2. 공식적인 종교와 대중 종교

고대 다신교적인 종교들은 두 가지 단계로 표현되었다. 하나는 고대 종교 국가의 공식적 종교였고 또 하나는 대중 종교인데 이것은 미신적 요소가 더 많이 포함되어 있었다.

1) 신들의 영역(Categories of gods)

고대 종교 제도에서는 종교마다 가장 능력이 많다고 생각되는 우두머리 신이 있었다. 애굽 사람들에게는 이것이 '레'(Re), '호루스'(Horus) 혹은 '오시리스'(Osiris)였을 것이며, 수메르 사람들과 아카디아 사람들에게는 '엔릴'(Enlil), '엔키'(Enki), '이'(Ea) 혹은 '말둑'(Marduk)이었을 것이고, 가나안 사람들에게는 '엘'이었을 것이며, 그리스 사람들에게는 '제우스'(Zeus)였을 것이다. 대부분의 경우 이교도들은 이러한 최고의 신을 높여 주는 의미에서 신전을 건축하며 예배 의식 내용을 적어 놓은 의식서를 암송하였다. 보통은 왕이 이 예배를 주관하였는데 왕은 예배 의식 속의 만찬과 결혼 예식 혹은 전투 등에 있어서 신의 대변인으로서 사역하고 있었다. 이것이

애굽 신들의 왕 아멘레(Amun-Re)

아크나톤(Akhnaton)

공식적인 고대 종교의 실상이었다. 신전은 신이 거하는 곳이며 제사장들은 신들의 일꾼들이었다. 일상적으로 신의 육체적 요구를 충족시켜 주는 일이 신전에서 봉사하는 사람들의 매일 매일의 의무였다. 그러나 신은 단순히 신전의 집주인은 아니었다. 그는 자기 백성들의 주인이요 지배자였고 많은 종류의 재물과 헌물을 받을 대상자였다. 하지만 공식적인 국가 종교의 신들은 땅에 사는 소시민에게는 실제적으로 아무런 도움도 주지 못하는 동떨어진 존재였다.

2) 추상적 철학(Abstract Philosophy)

고대인들은 순수한 미신으로부터 점차 멀어지기 시작하였으며 여러 가지 추상적인 개념들을 고대 여러 신의 이름으로 신성화하였다. 메소포타미아 태양신 '우투'(Utu) 혹은 '샤마쉬'(Shamash)는 '정의'와 '의'를 나타내는 신으로 그들을 높이는 뜻으로 '니그지나'(Nig-gina), '니그시사'(Nig-sisa)라고 불렀다. 그들의 우두머리는 메소포타미아의 법의 신 '샤마쉬'(Shamash)였다. 고대의 사려 깊은 사람들은 이러한 추상적 개념들을 그 개념 자체로 취급하기보다는 신의 개념으로 받아들였다. 이런 면에서 애굽 사람들이 가장 뛰어난 사람들이었다. 애굽의 여러 신들 중에는 이 부류에 속하는 것들이 있다. 예를 들면 우주적 보편성을 나타내는 '아몬'(Amon)이나 '아문레'(Amun-Re)가 있다. '마아트' 여신은 애굽인들이 아이디아에 의해 신을 만들어 낸 또 하나의 예가 되었다. 진리와 정의를 의인화시킨 것이 바로 이 여신이었고 조화와 안정의 우주적 세력이 바로 이 여신이었다.

3. 문학에 표현된 이방 종교의 모습

1) 애굽 사람들의 창조 설화

애굽은 세계와 신들, 그리고 인간의 기원에 대하여 설명해 주는 최소한도 다섯 가지 이상의 창조 설화를 가지고 있었다. 이들 다섯 가지 중 두 가지만으로도 애굽인들이 어떤 신앙을 가지고 있었는가를 충분히 설명할 수 있었을 것이다. '헬리오폴리스' 시에 전해 내려오는 이야기가 있는데, '아문레'는 물이 많은 곳으로부터 자기 스스로의 힘으로 벗어났다. 그러고는 자기 자신을 변하여 첫번째 부부인 '슈'와 '테프넛'이 되게 하였다. 이 부부가 결합하여 다음 세대의 신들을 생산해 내었으니 땅과 그의 아내 하늘이었다. 그리하여 삶의 발전이 시작되었다.

2) 바벨론의 창조 설화

바벨론의 창조 설화로서 가장 완벽한 이야기는 일반적으로 '에뉴마 엘리쉬'(Enuma Elish)라고 불리는 이야기이다. 이 제목은 이야기 첫머리에 나오는 두 단어를 그대로 따 온 것인데 그 뜻은 '높은 곳에 어느 날'이란 의미이다. 태초에 두 신이 있었으니 그들은 '압수'(Apsu)와 '티아맛'(Tiamat)이었다. 이들은 깨끗한 물과 바닷물이었다. 그들이 동거하여 2세를 생산해 내었는데 그들은 신적인 존재들이었다. 얼마 후 압수가 불면증에 시달리게 되었는데 이는 젊은 신들이 너무 많은 소음을 내었기 때문이다. 그는 잠을 이룰 수가 없었다. 그는 자기 부인 티아맛의 반대에도 불구하고 그 소리를 내는 건방진 놈을 죽이려 했다. 그러나 그가 그렇게 하기 전에 지혜와 마술의 신 '에'(Ea)가 마술적 주문으로 잠들게 한 후에 '압수'(Apsu)를 죽여 버렸다. 부인 티아맛은 자기도 당할까 염려하던 중 남편을 죽인 자와 죽일 때에 도와준 자들에게 복수할 계획을 세웠다. 복수의 첫번째 단계로 그는 두번째 남편을 맞아들였다. 그의 이름은 '긴구'(Kingu)였다. 그러고는 복수 계획을 실천하기 위한 군대를 양성했다. 이 때에 신들이 '말둑'(Marduk) 신에게 이들을 구해 주도록 청원을 했다. 그는 이 청원을 기꺼이 받아들였는데 한 가지 조건을 제시하였다. 만약 그가 티아맛을 쳐 이기면 자기를 신들의 우두머리로 삼아 달라는 것이었다. 티아맛과 말둑의 대결은 말둑이 큰 승리를 거둠으로 끝을 맺었다. 이 이야기가 강조하는 바가 무엇인지를 살펴보면 다음과 같다. 그 이야기에 의하면 태초에 '압수'와 '티아맛'이라는 남성 신과 여성 신이 있었다. 이것은 창세기 1장

바벨론의 창조설화를 기록한 에뉴마 엘리쉬

에뉴마 엘리쉬 문자 서판들

말둑 신

과 2장에 나오는 창조에 대한 설명과는 상당히 다른 이야기였다. 창세기 1장과 2장에는 태초에 한 분 하나님이 계셨다고 했지 두 분의 하나님이 계셨다고 하지 아니하였다. 하나님께서 배우자나 동반자가 없이 오직 홀로 계신 분이라는 것을 알아야 할 이유가 무엇일까? 그것은 하나님께서는 자기 스스로 모든 일을 성취하시며 자기 자신 이외의 어떤 자료나 힘도 필요하지 않으신 분이라는 점을 우리에게 알려 주기 때문이다. 창세기 서두에 보면 하나님 이외의 다른 어떤 힘도 개입한 것이 없음을 알 수 있다.

3) 이방교도들의 홍수 신화(Pagan Flood Myths)

창조와 홍수 이야기를 담고 사는 니프르(Nippur) 출토 서판

성경에서는 창조의 기사에 이어 곧바로 홍수에 대한 이야기가 나오는데 이것은 인간이 반복하여 죄를 저지르기 때문에 그에 대한 하나님의 대응으로서 인간에게 내린 것이다. 이방교도들의 홍수 신화에 의하면, 애굽과 가나안 모두 화가 나 있는 신들이 자기들의 분노를 사람들에게 터뜨렸는데 때에 따라 큰 홍수를 인간들에게 내리기도 했다. 메소포타미아의 문학에는 신이 내리는 벌로서 홍수가 묘사되어 있다. 이 특별 기록은 "길가메쉬 서사시"라고 불린다. 길가메쉬 이야기는 세계 최초의 위대한 서사시들 중의 하나이다.

앗수르 바니팔 궁전에서 나온 바벨론 창조 서사시 관련 서판

길가메쉬라고 하는 사람은 어느날 자신의 친구 엔키두(Enkidu)의 죽음을 보게 된다. 그는 점차로 죽음에 대한 두려움을 느끼게 되었고 거의 매일 그 두려움에서 헤어나지 못한다. 그러던 어느날 그는 자신의 조상 우트나피쉬팀(Utnapshism:

'생명을 발견한 자'라는 뜻을 갖고 있음) 에게서 영원한 생명의 비밀을 배우기 위하여 그를 찾아 나선다. 천신 만고 끝에 우트나피쉬팀을 만난 길가메쉬는 드디어 우트나피쉬팀으로부터 영원한 생명을 얻게 된 이야기를 듣는다. 우트나피쉬팀이 길가메쉬에게 해준 이야기의 대강은 다음과 같다.

어느날 신들의 회의에 모였을 때 최고신 엔릴(Enlil)은 다른 신 에아(Ea)의 반대에도 불구하고 홍수로 세상을 멸망 할 것을 결정한다. 이때에 에아는 슈루파크(shuruppak)에서 살고 있던 우트나피쉬팀에게 나타나 신들의 계획을 일러 주면서 방주를 짓도록 명령한다. 우트나피쉬팀이 방주를 만드는 것을 보고 그의 이웃들이 묻지만 그는 사실을 말해주지 않을 뿐 아니라 방주에 들어가기 전 그들과 어울려 흥겹게 지낸다. 방주는 제 5일째 되던 날 골격이 세워지고 제 7일째 되던 날에 완성된다. 마침내 그가 그의 가족과 친척 및 그의 모든 소유를 싣고 방주의 문을 닫자 마자 하늘에 어두운 구름이 끼고 천둥 번개가 몰아치더니 이내 사나운 폭풍우가 온땅을 강타하고 삽시간에 불어난 물은 온 땅을 뒤엎어 버린다. 그 홍수가 얼마나 심하였던지 신들마저도 무서워 떨며 다른 곳으로 피신할 정도였다. 이로 인하여 최고의 여신 이쉬타르(Ishtae; 아스다롯: Astarte)는 산고를 겪는 소리를 질렀으며 생각없이 홍수의 결정을 내린 엔릴의 경솔함에 대해 심히 분노한다. 홍수는 한주간 내내 계속되다가 제 7일째 되던 날 멈춰진다. 그때에 우트나피쉬팀은 자신의 방주 밖에 있는 모든 생명이 멸절 당했음을 깨닫는다. 얼마후에 방주는 니시르(Nisir) 산에 안착한다. 그로부터 제 칠일째 되전 날, 우트나피쉬팀은 방주 밖으로 비둘기와 제비 그리고 까마귀를 날려 보내어 땅이 완전히 말랐음을 확인한다. 다른 피조물과 함께 방주 밖으로 나온 우트나피쉬팀은 곧 신들에게 제사들 드린다. 신들은 그때에 파리떼처럼 몰려 든다. 이쉬타르는 신들에게 엔릴의 결정을 공개 비판하면서 그녀 자신이 얼마나 불쾌하였는가를 말한다. 엔릴은 그 자리에 오지 못할 것이라 했지만 결국 그는 참석한다. 그러나 그는 대홍수를 피하여 살아 남은 자들이 있음을 보고 분노한다. 이에 '에아'(Ea)를 비롯한 신들은 그의 홍수가 너무 잔인하였다고 말한다. 엔릴은 이에 동의하여 우트나피쉬팀과 그의 아내의 손목을 잡아 이끌어 그들에게 영생을 허락하고 그들을 신의 위치로 끌어 올린다. 이제 그는 길가메쉬에게 회춘의 비결을 가르쳐 주었다. 그에게 강 밑에 잠수해 들어가서 특수식물을 찾아 내라는 것이었다. 그는 그렇게 했으나 그가 그것을 먹기 전에 뱀이 도둑질해 가 버렸다. 길가메쉬는 모든 세상의 길을 갔으나 인간들이 뒤에 그를 신격화시켰다.

'길가메쉬'는 다음과 같은 특징이 있다. 첫째로는 그가 3분의 1은 인간이요 3분의 2는 신이라는 점이다. 둘째로는 그의 부모 중 하나는 인간이요 하나는 신이라는 점이다. 그의 어머니는 여신 '난순'이었고 그의 아버지는 '우룩'의 왕이었던 '루갈-반다'였다. 길가메쉬 서사시에는 그가 자기 추종 세력들을 어떻게 잔인하게 하였는가가 묘사되어 있다. 그의 잔인성을 완화하기 위하여 '우룩'의 백성들은 '아루루' 여신을 설득하여 '엔키두'라는 이름의 남자 한 사람을 창조하였다. '길가메쉬' 서사시는 엔릴이 왜 홍수를 이 땅에 보냈는지 그 이유를 말해 주지 않는다. 오늘날의 연구자들은 고대 동방 사람들이 하나님께 대한 개념과 속임수, 뇌물, 사람을 웃기기 위한 점잖치 못한 폭로, 동성연애와 관련된 익살 등을 포함한 이상한 일들을 조화시키기는 어려웠을 것이라고 생각해서는 안 된다. 또한 길가메쉬 서사시는 우트나피쉬팀이 인간의 기술을 이용하여 홍수에서 피했다는 것을 강조하고 있음을 알아야 한다. 세번째로는 길가메쉬의 이야기는 기본적인 교육적 가치와 장기적 안목에서 본 도덕적 가치는 없는 것이라는 점이다. 네번째로는 성경은 하나님께서 노아를 구원하사 인류를 보존하려 하셨다는 것을 보여주고 있다. 하지만 길가메쉬는 생각지 않게 구원받았는데 이는 신들 중의 어느 하나가 엔릴의 의도가 무엇인지에 대해 수다를 늘어놓았기 때문이다.

4) 점치는 교본(Divination Texts)

점치는 것을 다루는 교본들은 메소포타미아의 쐐기모양 글씨로 된 문학작품 중

바벨론에서 발견된 점치는 교본 (수많은 징조들이 새겨진 점토로 만든 양의 간모형으로 제사장은 이러한 모형과 제물로 잡은 간을 비교하여 그 동물의 간 모양에 나타나는 예언을 분별하였다)

두번째로 큰 단행본이었다. 이교도들은 어떤 특수 상황에서는 인간의 기술과 재주를 이용하여 신의 지식을 획득할 수 있다고 믿었다. 예헤쯔겔 카우프만은 말하기를 점쟁이는 "신의 계시에 의해 문제를 면제시켜 주는 과학자"라고 했다. 유추적 방법은 점치는 사람이 여러 상황을 살펴보고 그 상황으로부터 결론을 내리는 방법이다. 가장 널리 사용된 방법은 죽임당한 양이나 염소의 내부를 살펴보는 방법이었다. 직관적 방법으로 점을 치는 사람은 비교적 몸의 활동이 적다. 널리 알려진 직관적 점치는 방법으로는 꿈을 해석하는 경우이다. 구약 성경에는 어떤 종류이건 점치는 것은 금하였다. 성경에서는 점치는 것이 "가증스러운 것"이라고 하였다. 그러기에 이스라엘에는 전문적 점쟁이는 없었다. 인간의 지혜로 점치는 것은 하나님을 욕되게 하는 것이니 이는 하나님께서 진리에 대하여 계시해 주신다는 것을 믿으려 하지 않았기 때문이다.

므깃도에서 출토된 분향단(incense stand)

5) 예배 의식에 대한 문헌

이방인들의 신전 제물, 희생, 그리고 사제 등에 대하여 기록한 문헌들에 보면 왕의 종교에 대한 기록이 많이 있다. 그들은 일반인들의 종교와는 상당한 거리가 있다. 이에 대해서는 레오 오펜하임(Leo Oppenheim)이 정확히 언급하여 이르기를 "일반인은 메소포타미아의 종교에 있어 가장 중요한 요소들을 모르는 것이 많다"라고 하였다. 애굽에 대해서도 같은 말을 할 수 있을 것이다. '길거리를 지나가는 사람'에게 신의 계시가 임한다는 것은 생각하기 어려웠다. 애굽이나 메소포타미아에서는 이방인들이 자기들이 건축해 놓은 신전에 자기들의 신들이 살고 있다고 믿었다. 그러기에 그들은 성전을 신성불가침이라고 생각하였다. 이방 종교에는 성경의 선지자들과 같이 왕에게 죽음을 무릅쓰고 직언을 하는 대변인이 없었다. "선지자적 면책 특권"의 개념이 이방종교에는 없었던 것이다. 오직 이스라엘 나라만이 선지자가 왕을 책망하여 이르기를 "당신이 그 사람이다"라고 할 수 있었다. 이것이 이방종교와 다른 성경에 나타난 가장 두드러진 특징 중의 하나이다.

6) 성스런 날들(Holy Days)

이스라엘 백성들은 일 년 중 몇 번은 종교적 축제일로 축하하였다. 이웃의 이방인들도 자기들 나름대로의 성스러운 날들이 있었다. 이 날들은 그들의 영적 문제를 좀 더 깊이 살펴볼 수 있는 통찰력을 우리에게 가져다준다. 바벨론 사람들은 매달 정해진 날에 하늘의 달을 위한 축제를 벌였는데 1일, 7일, 15일 그리고 28일이 그 정해진 날이다. 그 외에도 이 7일째 되는 날들이 운이 나쁜 날에 돌아가지 않도록 각별히 조심했다. 그리고 매월 제 15일에는 전혀 일하지 아니하였으니 이는 그 날이 별로 행운이 없는 날이라고 믿었기 때문이다. 이 쉬는 날을 '샤파투'(Shappatu)라고 불렀다. '샤파투' 날은 바벨론 사람들이 신들을 달래 주고 참회와 기도로 그들의 분노를 가라앉히려고 노력하는 날이었다. 바벨론 사람들은 3월과 4월에 '아키투' 축제를 갖는데 이때가 만물이 소생하는 계절이기 때문이었다. 그들은 처음 4일간은 바벨론의 최고의 신 '말둑'에게 기도하는 시간을 가졌다. 그들은 제 4일 저녁에 창조에 대한 이야기를 낭송했다. 질서가 혼돈을 이겼던 일을 다시 되새겨 보면서 바벨론 사람들은 그러한 승리가 새해에 자기들에게 임하기를 소망했다.

바벨론 사람들은 말을 하면 그 말이 힘이 있다고 믿었다. 그래서 제 5일째 되는 날에 왕이 "말둑"의 신상 앞에 나타나 자기는 잘못이 없으며 자기가 해야 할 의무를 다 이행했다고 선언했다. 그로부터 며칠 동안 백성들이 무엇을 했는지 잘 알지 못하나 제 9일과 제 10일에는 잔치를 베풀었다. 제 11일에는 새해에 복 많이 주시기를 신에게 빌었다.

나일강 유역의 큰 피라미드

7) 내세에 대한 관점(Views of the Afterlife)

므깃도에서 발견된 제단

내세에 대해 급진적으로 서로 다른 두 가지 관점들이 근동의 이방인 사회에 만연해 있었다. 메소포타이마에서 초기 왕조들의 일부 왕들은 우리가 그들의 분묘에서 보았던 것처럼 분명히 죽은 후의 즐거운 삶을 바랐고, 그래서 그들과 함께 종이나 무희 그리고 하프 연주자까지 그들의 무덤에 데리고 갔다. 그러나 일반적으로는 죽은 후의 세계에 대해서 별다르게 강조한 바가 없었다. 이들은 오히려 지구 위의 현생의 삶에 강조점을 두었다. 메소포타미아에서는 죽은 후의 삶에 대해 믿는 사람이 거의 없었다. 길가메쉬 서사시에 "길가메쉬여! 당신은 어느 쪽으로 달려가고 있습니까? 당신이 찾고 있는 생명을 당신은 찾지 못할 것입니다. 신들이 인간을 창조했을 때, 그들은 인간을 죽는 존재로 만들었습니다. 그러나 그들은 자기들의 손아귀에 생명을 숨겨 두었습니다"라고 기록되어 있다. 신들을 달래는 것과 삶이 무엇을 예비하고 있는지를 아는 것, 선한 자가 때로 고통받고 악한 자는 번창하는 세상의 불합리성을 설명한다는 것은 종교에서의 가장 중요한 것이었다. 신들을 달래는 것은 주로 신전과 승려들을 지원하며 그들이 원하는 대로 희생제들을 지내는 일이 되었다. 그럼에도 불구하고 일어나는 우주의 제모순들은 종종 혼성 괴물로 생각되는 악마의 존재로서 부분적으로 설명되었다. 이들 혼성 괴물들은, 예를 들어 사자, 뱀, 독수리와 같은 모습을 갖기도 한다. 죽은 자의 땅은 때로 악의적인 것으로도 생각되었다. 그래서 고대 메소포타미아인들은 모든 예방조처에도 불구하고 그가 이들 모든 악마적 영향의 희생물이 될지도 모른다는 것을 생각하고 있었다. 이와는 반대로 애굽인들은 그들의 종교에서 죽은 후의 삶에 대한 믿음으로 가득차 있었다. 이런 점에 있어서 우리는 애굽인들의 종교와 성경적 신앙의 기본적 차이점을 발견하게 된다.

구약성경은 의인들에게는 육체적 죽음 이후에도 생명이 계속된다고 선언하고 있다(시 49:15; 잠 14:32; 사 57:2). 그러기에 성경 신앙에서는 하나님을 잘 섬기는 사람에게는 왕이든지, 노예든지 또는 그 누구든지 죽은 후에도 또 하나의 삶이 있다. 애굽의 종교에는 죽은 후의 삶에 대한 신앙이 떠나지 않고 있으나 이러한 죽은 후의 삶은 바로 왕과 그의 고관들에게 한정된 것이었다. 이 세상 사람들은 어느 누구나 하나님의 존재에 대한 특별한 주장을 할 수 없다. 그리고 하나님의 도덕법으로부터 피할 수 있는 사람은 없다. 이러한 기본적 차이 때문에 이방 종교와 모든 믿는 자들의 믿음과는 근본적인 차이가 있는 것이다.

제3장 구약에 나타난 근동의 민족들

Search the BIBLE lands

1. 메소포타미아 지역

'메소포타미아'라는 용어는 주전 3세기 이집트 알렉산드리아에 있던 유대인 학자들이 창세기를 히브리어에서 헬라어로(이를 70인경이라 부른다) 번역할 때 만들어진 명칭이다. 히브리 성경에는 '아람 나하라임'(개, 메소포타미아) 곧 '두강사이의 아람'(창 24:10; 신 23:4; 삿 3:8)로 사용되었다. 70인역은 창세기 24:10에 있는 '아람'이란 히브리어 지명을 '메소포타미아'란 말로 번역하였는데 그 이후 이 용어는 유프라테스와 티그리스강 사이의 지역을 가리키게 되었다.

아시아 근동의 '비옥한 초승달 지대'(Fertile Crescent)라고 부르는 이 지역에서 인류의 문명은 시작되었다. 이 지역은 굉징히 넓은 영토를 갖고 있었으며 그리고 엄청난 양의 초기 역사를 이루었다. 이 반원형 띠 모양의 땅은 서쪽으로는 팔레스타인과 시리아로부터 위로 구브러져 올라갔다가 동쪽으로는 메소포타미아를 거쳐 내려오고 있다. 서쪽으로는 지중해까지 연결되었고 북쪽으로는 동쪽 아나톨리아와 아르메니아와 접했으며 동쪽으로는 자글로스 산맥으로 한계 지어졌다. 이 초승달형의 두 뿔안

비옥한 초승달 지역

에는 남으로 아라비아 사막이 있다. 이 '비옥한 초승달 지대'에 접근하는 통로는 많아서 역사를 통하여 이민의 물결과 침략인들이 이 지역으로 무리지어 모여 들었다. 성경의 이야기가 시작되면서 처음부터 집중적인 조명을 받는 곳은 메소포타미아(오늘날의 이란)이다. 이 개괄적인 지역 속에 에덴 동산이 위치했었다. 노아의 방주가 머물렀던 아라랏 산은 메소포타미아 북쪽 변경에 위치해 있었으며 대홍수 후에 노아의 자손들은 메소포타미아의 에렉, 니느웨, 갈라 그리고 바벨론과 같은 성경의 도시들을 세우는데 관련되었다(창 10:10-11). 그 후 아브라함이 그 지방의 가장 큰 도시를 가운데 하나인 우르에서 탄생했다. 그는 북 메소포타미아에 있는 하란으로 이동했다. 거기서부터 아브라함은 하나님의 인도를 따라 가나안 즉 팔레스타인(오늘날의 이스라엘과 요르단)으로 이동하였다. 그러나 아브라함의 친척들 중에 몇몇은 하란에

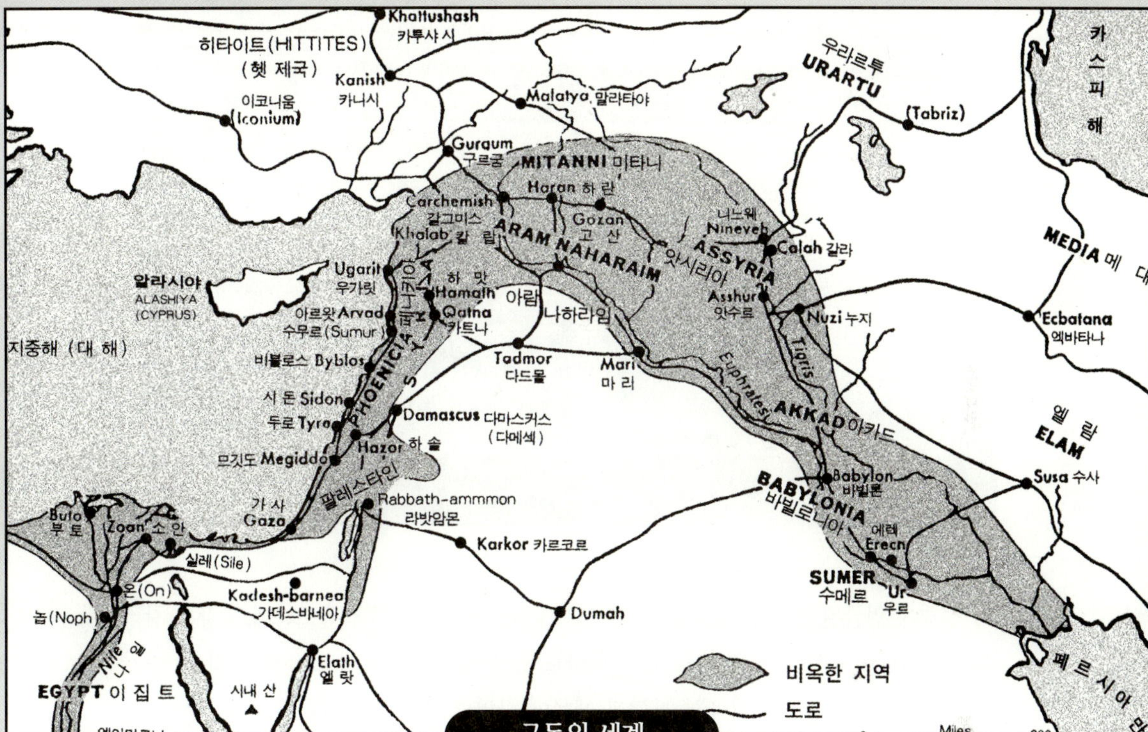

근동의 세계

남았기 때문에 아브라함은 그의 아들 이삭을 위한 아내를 택하기 위해 자기의 종들을 그곳으로 보냈다(창 24장). 그곳에서 야곱은 레아와 라헬과 결혼했고(창 29장) 그곳에서 이스라엘 열두 지파의 선조들의 대부분이 태어났다. 수세기 후에 앗수르 제국과 바벨론 제국이 그곳에 발흥하였고 특히 바벨론이 유다 왕국을 멸망시키고 수많은 히브리인들을 메소포타미아 지역으로 이주시켰다. 히브리인들은 페르시아가 그 지역을 장악하여 그들을 고향으로 돌아가도록 허락할 때까지 거기에서 머물러 있어야 만했다. 이렇게 성경의 많은 사건들이 바로 이지역에서 일어났다.

메소포타미아는 두 개의 강을 갖고 있었다. 두 강 중에 동쪽에 있는 강이 티그리스 강인에 구약에는 힛데겔이라고 했다(창 2:14; 단 10:4) 티그리스 강은 앗수르의 가장 큰 강이었다. 중요한 앗수르 도시 가운데 대부분이 강변에 세워졌는데 그중에

유프라테스 강의 일몰

서 성경에 언급된 도시는 니느웨, 갈라 그리고 아술이 포함된다. 유프라테스 강은 창세기 2:14에서 에덴 동산의 강들 중에 하나로 언급되고 있으며 메소포타미아의 강 중에서 팔레스타인과 시리아에서 가깝기 때문에 구약 성경과 요한계시록(9:14, 16:12)에서 자주 언급되고 있다. 성경에 나타난 바벨론의 대 도시들 중에 대부분은－바벨론, 우르, 에렉 그리고 다른 도시들－유프라테스 강변에 자리잡고 있다.

(1) 수메르인들

수메르인들은 누구인가? 대략 주전 4000년경부터 비교적 많은 사람들이 시날 평지(수메르 지역)에 모여 살았다. 이들은 주로 북방에서 내려 온 듯한 수메르인이었다. 이들은 사방에 흙벽돌로 신전을 세우고 농업과 목축업에 종사하고 있었다. 수메르 사람들의 생활 중 가장 중요한 부분은 지구라트(신전, Ziggurats)를 중심한 종교 생활이었으므로 한 촌락의 최고 지점에는 신전이 놓여 있었고 신전을 돌보는 제사장은 또한 그 촌락의 통치자를 겸하고 있었다. 우르 근방에서 발굴된 신전 속의 조각물은 그들의 중요한 신(神) 중의 하나가 황소의 모양을 하고 있었던 것을 보여 준다. 주전

한 수메르인의 원형 도장의 흔적

3000년 이전에 나타난 수메르인의 위대한 발명은 아마도 '원형 도장'(Cylinder seal)과 글월일 것이다. '원형 도장'이란 자그마한 둥근 통 모양의 돌에 그림을 새긴 것이다. 이때 사람들은 자기의 소유를 명확하게 하기 위하여 물건을 진흙으로 봉하고 그 진흙이 마르기 전에 원형 도장을 그 위에 굴려 찍어서 자기의 독특한 그림을 표시하였다. 원형 도장의 발명은 곧 글월의 발명으로 발전되었다. 즉 원형 도장속에는 그림 이외에도 개인의 이름을 표시하는 글월이 새겨지게 된 것이다. 이렇게 해서 시작된 거칠은 '그림 문자'가 때를 따라 발전하여 '쐐기 글'(설형문자)이 되었던 것이다.

초기 수메르인의 예배자

(2) 초기 왕조 시대[5]

수메르 전설에 따르면 가장 오래된 도시는 에리두(Eridu)로 알려져 있다. 주전 3세기 중반에 이르러 우르, 우르크(Uruk), 라가쉬(Lagash) 그리고 움마(Umma)와 북쪽 아카드에서는 니푸르(Nippur)와 키쉬(Kish) 같은 도시들이 생겨났다. 왕이나 승려(왕들

5) Henry C. Boren, *The Ancient world : An Historical perspective*(「서양고대사」, 이석우 역, 탐구당, 1984), 45-46., 참조.

니프르

의 계승적 왕조들)들이 도시들을 다스렸다. 초기 청동시대 이후 주전 2400년 무렵까지를 초기 왕조시대(Early Dynastic Age)라 부른다. 후기의 기록자들은 여러 왕조에 걸친 왕들의 명단을 기억하여 보존했다.하지만 왕들의 통치 기간에 대하여는 신빙성에서 의심이 가는 점이 대단히 많다. 왕들은 두 그룹으로 나누어지는데, 홍수 이전의 왕들과 이후의 왕들이다. 한 기록 명단은 8명의 홍수 이전의 왕들을 열거하고 있는데, 이들의 연대를 합해 보면 241,200년이나 된다. 한 기록 명단은 "왕위가 하늘로부터 보내진 것"이라고 말하고 있다. 이것은 홍수 이후의 왕들의 경우에도 되풀이 되고 있다. 이는 수메르인들이 왕위는 신적 기원을 갖고 있다고 믿고 있음을 보여주고 있다. 후기 왕들의 명단은 전기 왕들의 것들 보다는 믿을 만하다. 영국 고고학자 레오나르드 울리(Woolley)경이 우르 가까이에 있는 알우바이드(al-Ubaid)에서 발굴탐사를 하고 있을 때, 약 주전 2500년경에 통치했던 우르의 첫 왕조 첫 왕인 메스 안니파다(Mes Anni Padda)의 존재를 증명하는 신전 봉헌비문을 발견했다. 같은 장소를 보다 깊이 파고 들었을 때, 울리 경은 대홍수의 증거를 찾아내었다. 이것이야말로 그 지역의 모든 사람의 기억 속에 확고하게 심어진 '홍수'라고 그는 생각했다. 그러나 한 개의 홍수를 그 대홍수(Flood)와 동일시하여 그 직후의 왕조들을 홍수 이후 왕조로 보는 것이 타당하게 여겨지지는 않는다. 왜냐하면 대홍수나 왕의 명단에 관계되는 증거를 맞추어 보려는 모든 시도는 아직 결론이 나 있지 않기 때문이다.

(3) 초기 왕조 시대의 대표적 유물 - 우르의 분묘

현재 이라크 남부에 위치한 성경에 나타난 우르 근교

초기 왕조시대의 왕들의 풍요로움은 우르 근처 공동묘지에서 있었던 레오나르드 울리 경(Sir Leonard Wolley)의 발굴에 의해 역시 증명되었다. 이 발굴로 인해 우리는 아브라함이 알던 것과 같은 우르의 일부를 볼수 있게 된 것이다. 이들 왕릉들은 대량의 투구, 용기, 토기와 더불어 죽음을 넘어선 세계에서라도 이들에게 봉사하기 위해 왕과(여왕도) 함께 묻히거나 살해된 유골들을 포함하고 있다. 왕릉들은 70에서 80개에 이르는 두개골을 갖고 있었다. 울리 경의 부인이 찾아낸 여왕 아드(Shub-Ad, Pu-Abi)의 조각된 반신상은 가발과 머리 보석으로 장식된 것이었는데, 이 아카람둑(Akalamdug) 왕의 부인은 교과서에서 낯익은 얼굴이 되었다. 왕과 여왕은 서로 다른 시기에 매장되었다. 무녀(舞女)와 음악 연주자, 개인 수행원, 나귀의 멍에가 끄는 썰매(수레), 소가 끄는 두 개의 수레도 함께 묻혀 있었다. 훌륭한 솜씨로 만든 수금(竪琴)은 금으로 만든 황소머리와 유리로 장식되어 있었다. 역청으로 박은 상아로 조각된 장식판을 가진 기둥은 당시의 생활과 왕의 업적을 보여준다는 의미에서 중요하다. 이들 물품들은 영국 박물관 소장품 중 가장 귀중한 것에 속한다.

(4) 초기 왕조 시대의 도시들

이 도시들의 모든 건물들은 태양에 말린 벽돌로 지어졌다. 처음에는 도시들이 성

우르 왕 문장

벽을 갖지 않았으나 차츰 부유해지면서 보호벽을 필요로 하게 되었다. 도시의 가장 눈에 띄는 모습 중의 하나는 수호신의 신전인데, 이는 성벽보다 훨씬 높이 올라올 정도로 큰 지구라트 신단(神壇) 위에 세워졌다. 이들 지구라트는 층층으로 건설되었는데, 이는 도시와 함께 성장하였다. 가장 잘 보존된 종류인 우르 근처의 지구라트의 일부는 제일 위층까지 관개시설이 되어 있었다. 가까이 가 본 여행자에게 그 푸른 나무의 모습은 마치 하늘에 떠 있는 것처럼 보이는데, 특히 들판과 성벽과 진흙으로 된 모든 건물들이 햇볕에 그을려 암갈색으로 보이는 건조기 계절에는 그 모습이 선명하였다.

지구라트는 도시의 종교적 중심지였을 뿐만 아니라 사회 · 경제 · 정치적 초점이기도 했다. 어떤 수메르 도시에서 통치자를 엔(en) 또는 엔시(ensi, 셈어로는 ishakku)라고 했는데, 아마 어원적으로 승려라는 의미를 갖고 있었던 것 같다. 뒤에 이 용어는 대체로 다스리는 사람, 즉 초기의 군사적 지도자였던 루갈(Lugal) 혹은 왕에게 종속하는 사람의 의미를 지녔다. 도시 재산의 많은 부분이, 동산이건 부동산이건 간에, 이론상으로는 수호신에게 속해 있었다. 이들 각 도시에서는 도시 저명인사들이 모인 일종의 위원회와 군인으로 구성된 총회(아마 모든 남성, 유능한 시민이었을 것이다)

❸ ❹

❶, ❷, ❹ 바벨탑 모형을 본 따서 만든 지구라트 ❸ 바벨탑 모형

같은 것이 발전하는 경향이 있었다.

가능한 한 수메르인들은 그들이 손쉽게 구할 수 있는 재료들을 이용했다. 그들은 햇빛에 말린 벽돌이나 구운 벽돌(연료가 비싸기는 했지만)을 사용했다. 그들은 유리에 가깝게 변할 때까지 구운 진흙을 사용하기도 했는데, 그 같은 것으로는 도구를 만들었으며, 이들은 쉽게 깨지기는 했지만 상당히 만족스러웠던 것임에는 틀림이 없다. 건축이나 수석으로 만든 도구를 위해 돌들을 외국에서 수입했었다. 구리는 아주 먼 거리에 있었던 것은 아니었다. 그러나 구리 용품의 약 10%를 구성하는 주석은 먼

곳에서 가져왔는데, 아마 근대 이란의 엘람(Elam)에서였던 것 같다.

2) 최초의 제국들

(1) 아카드 시대(Akkad; 주전 2334-2193년, 셈 제국)

루갈자게시가 우룩(Uruk)이 왕이었을 동안 사르곤(Sargon)이라는 이름을 가진 한 셈족인이 스스로 북방의 왕으로 등극하였다. 사르곤 아래서 셈족은 마침내 메소포타미아 전역을 손에 넣었다. 사르곤은 아가드(Agade)라 불리는 새로운 수도를 설립하였다. 사르곤 왕은 55년 동안 다스렸다고 전한다. 자료에 의하면 그의 제국이 전 메소포타미아 지역을 포함하여 서(西)로는 비옥한 초승달 지대를 넘어 지중해에 이르는데, 아마 키프러스와 아나톨리아(Anatolia)까지 포함한 것으로 나타나 있다. 이같은 넓은 영역에 걸친 통치의 증거가 고고학상 어느 정도 확인된 것도 사실이다. 이 지배의 결과로서 전 지역에 걸쳐 수메르와 셈 문화를 함께 뒤섞어 놓았다는 것은 이 통치의 가장 큰 의의라 하겠다.

사르곤에 이은 제 3차 계승자는 나람 신(Naram-Sin)이었다. 이 정력적인 왕은 그의 영토를 페르시아 만 남쪽 오만(Oman)에 이르기까지 확장시켜 나갔다. 그는 번영을 누린 군주였다. 기록과 고고학적 자료는 그가 광범한 지역의 조공을 받았고, 무역을 멀리 동쪽 인디아까지 확장시켰음을 시사하고 있다. 나람 신은 그 자신을 '사계(四界)의 왕(王)'(King of the Four World Regions)이라 불렀는데, 수세기 동안 제국주의적 야심을 가진 모든 군주들이 이 자랑스러운 칭호를 취하려고 하였다. 나람 신의 후기에는 불가사의하고 불운했던 사건들이 발생하여 결국 제국들을 약화시켰고, 그가 죽은 다음 제국은 산산조각이 났다. 아마 아카드 왕들이 지나치게 확장정책을

나람 신의 돌기둥

썼던 것에 가장 큰 원인이 있었을 것 같다.

⑵ 구티시대(The Guti)

동부지역에서 온 반(半)야만적인 구티(Guti)족의 약탈이 아카드 왕조의 세력을 크게 약화시켰다. 이들 구티족들은 종국에 제국의 아카드 지역 부분을 석권하고 수메르 지역까지 지배하기에 이르렀다. 이 시대의 혼란은 왕의 기록 명단에 절망적으로 메아리 치고 있는데, "누가 왕이며 누가 왕이 아닌가?"라고 표현되고 있다. 그러나 일부 수메르 도시들은 이 같은 물결을 극복 · 전환시켜 보려고 애를 썼는데, 특히 라가쉬의 구데아(Gudea) 왕이, 발견되어 온 그의 여러 소상(小像)들로 잘 알려져 있다. 구데아는 다만 방어전쟁만을 했고 신전과 운하건설에 그의 관심을 두었다. 결국 우륵의 왕 우투헤갈(Ututhegal)이 구티 왕을 사로잡았다. 우트헤갈을 이어 곧 새로운 왕조를 설립한 우르남무(Ur-Nammu)가 뒤를 이었다.

⑶ 우르 제3왕조 : 수메르제국

주전 2111년경 우르남무(Ur-Nammu)가 세운 유명한 우르의 제 3왕조(쉽게 '우르 3기'라고 부르는)는 드디어 하부 메소포타미아 전 지역을 평정했다. 그에 뒤따른 찬란하게 번창한 시대에서 수메르 후기 문화는 만개(滿開)했다. 때때로 우르 3기는 '수메르의 르네상스'라고 불린다. 수도 우르에 지구라트 신전이 장대한 규모로 건설되었고 신전들이 새로 지어지거나 혹은 재건(再建)되었다. 관개 복합시설에 매우 중요하던 운하들이 다시 일으켜졌고 광범한 무역이 전개되었다. 우르남무의 법전과 더불어 문학은 길가메쉬와 같은 초기 인물들에 관한 전설에 중점을 두고 있는데, 그 대부분이 이 시대에 나타난 것 같다. 우르의 구 왕조는 주전 2000년 바로 전에 몰락했는데, 동에서의 엘람(El-amite)족의 반란과 아모리인(Amorites)이라 불리는 셈족의 새로운 침입 때문이었다. 아모리인들은 그들의 고토(故土) 시리아나 아라비아에서 메소포타미아로 이동해 들어왔으며, 이들의 이민은 수십년 동안에 걸쳐 계속되었다. 우르의 계승국가들은 아카드의 이신(Isin)과 수메르의 라르사(Larsa), 중부 유프라테스 3000마일 상류의 마리(Mari)국과 티그리스 상류의 앗시리아를 포함하고 있다. 엘람족의 공격으로 빚어진 최후의 종말은 사람들에게 충격적이었던 것 같다. "우르의 파멸에 대한 비탄"(Lamentation over the Destruction of Ur)이라는 격렬한 시는 그 같은 몰락이 신의 섭리였음을 시사하고 있다. 우르의 수호신이 신들의 지도자, 엔릴(Enlil)의 뜻을 저지할 수 없었다는 것이다.

(4) 고대 바벨로니아 시대(주전 1830-1530년) - 아모리 왕 함무라비

우르 3왕조는 수메르인이 지배하는 마지막 제국을 뜻하는 것이었다. 셈족의 새로운 파도가 메소포타미아로 물결쳐 들어왔고, 이로 말미암아 인구는 크게 증가하였다. 그러나 메소포타미아 하류에 있던 여러 도시국가들이 서로 다투어 경쟁하고 있는 동안에 아모리 이름으로 수무 아붐(Sumu-abum)이라고 별로 알려지지 않은 한 사람이 기스(Kish)로부터 서쪽으로 15km 떨어진 별로 중요치도 않은 아카드 도시의 지배자가 되었으며 그 근처에서 스스로 작은 왕국을 건설하였다. 그 도시의 이름이 밥 일루(Bab-ilu)라는 바벨론이었으며 수무 아붐은 바벨론 최초 왕조의 창설자가 되었다. 수무 아붐은 자신의 영향력을 확대해 갔을 뿐만 아니라 신전들을 건축하고 바벨론 성벽을 요새화하기 시작했다. 그의 아들이었던 수무라일루(Sumulailu)

샤마시(Shamash)신 앞에서 서있는 함무라비 왕

는 36년간 통치를 하면서 법전화 사업을 장려하였다. 그는 자기가 다스리는 동안에 기스를 정복했으며 또한 말둑 신(Marduk)과 그의 아내인 사르파니투(Sarpanitu)를 위해 금과 은보좌를 소개하기도 했다. 수무라일루의 뒤를 이어 그의 아들 사붐(Sab-um)이 왕위에 올랐고 그가 에산질라(Esangila)신전을 건축하였다. 결국 아카드가 바빌론에 세운 아모리 왕조가 메소포타미아 전역을 지배하게 되었는데 바로 6대 왕 함무라비 왕(Hammurabi: 1792-1750)시대에 그 절정에 이르렀다.

함무라비 왕은 고대 엘람(Elam)에서 1901년 발견된 그가 만든 법전으로 가장 잘 알려져 있다. 1930년대에 주로 마리(Mari)에서 있었던 발굴에서는 당시의 상황을 이해하는 데 크게 도움을 주는 점토판 문서들을 많이 발굴해 냈다. 여기서 함무라비가 그의 적들을 하나하나 정복하기 위해서 어떻게 적들을 서로 대항케 했는지를 잘 보게 된다. 그는 30년째 통치 무렵에 라르사를 취하고 수년 후에 마리까지 정복하였다. 함무라비는 그의 통치권을 정력적으로 행사했는데, 그의 법전 서문에서 보여주고 있는 바와 같이 신민들의 복지에도 많은 관심을 두었다.

왕조의 쇠퇴와 멸망

함무라비에 뒤이어 그 아들인 삼수 일루나가 왕위에 올랐다. 왕의 계승에 관한 내용을 기록하고 있는 문서에 의하면 함무라비가 심한 병고에 빠져 있을 때 그의 아들이 어린 나이로 왕이 되었다고 한다. 삼수 일루나는 왕위에 오르자 우선 하층민들의 빚을 모두 면제해 주었다. 이것은 군주들이 경제를 안정시키고 하층 계급민들의 경제적 압박을 덜어주기 위해 정기적으로 실시하는 정책이었다.

삼수 일루나의 재위 기간에도 전쟁은 그치지 않았다. 당시에 인도 유럽어족에 속하는 카씨트족이 자그로스 산과 엘람족 영토의 사이에 거주하면서 에렉과 우르를 장악하고 있었는데 문서 자료들에 의하면 이들이 음성적으로 제국에 유입해 들어왔던 것 같다.

삼수 일루나가 집권한 지 28년째 되던 해에 수메르에서 반란이 일어났는데, 이 반란은 카씨트족에 윤택한 습지를 빼앗긴 이들이 불만을 품고 일으킨 것이었다. 이 반란은 성공하였으며 그 결과 제 1왕조를 대신하여 시랜드 왕조가 탄생하였다. 삼수일루나의 뒤를 이은 아비에슈, 아미디타나, 아미사두카, 삼수디타나 등의 군주들은 군경 분쟁이나 요새 건축에 힘을 쏟았다. 이 왕조는 삼수 티티나가 왕위를 계승한지 30년만에 멸망하였다.

고대 바벨론 제국을 멸망시킨 이들은 무르실리스 1세의 통치하에 있던 힛타이트 족이었다. 약 주전 1595년경의 소아시아로부터 힛타이트 공격은 바벨론 자체의 황폐를 낳게 하는 원인이 되었다. 그들은 철제무기를 사용하여 유프라테스와 시리아를 거쳐 소아시아 전역을 휩쓸었으며 바벨론을 정복하고 바벨론시 전체를 약탈한 뒤 불을 질렀다. 그들은 도시와 전 제국을 폐허로 만든 뒤 카씨트 족에게 지배권을 넘겨주었다. 카씨트 족은 자그로스 산에서 내려와 500년 동안 바벨론을 지배한 새 왕조를 건립하였다.

아모리 왕조와 관련된 성경 이야기

① 아므라펠과 함무라비

창세기 14:1에는 아브라함과 쉬나르의 왕 아므라펠이 전쟁에 참여했다는 내용의 글이 실려 있었다. 사해에서 발견된 창세기의 외경과 타르굼에 나타난 아므라펠에 대한 기록에는 그가 바벨의 왕이라는 사실이 명시되어 있다. 쉬나르는 '메소포타미아'의 히브리식 이름이었다(창 10:10, 수 7:21, 스 11:11, 슥 5:11, 단 1:2). 아마도 쉬나르라는 이름은 수메르를 의미했던 것으로 생각된다. 창세기 14:1에 나타난 쉬나르의 왕이라는 구절을 근거로 하여 학자들은 일찍부터 함무라비와 아무라펠 사이의 언어적 연관성을 찾기 위해 노력해 왔다. 그러나 아직까지 확실한 증거를 찾지는 못하고 있다. 우가리트 문서 속에는 '함무라피'라는 이름이 나타나는데 그 뜻은 정확히 알 수 없다. 어떤 학자들에 의하면 함무는 신의 이름과 연관되어 있으며 라피는 병의 치료를 뜻한다고 한다.

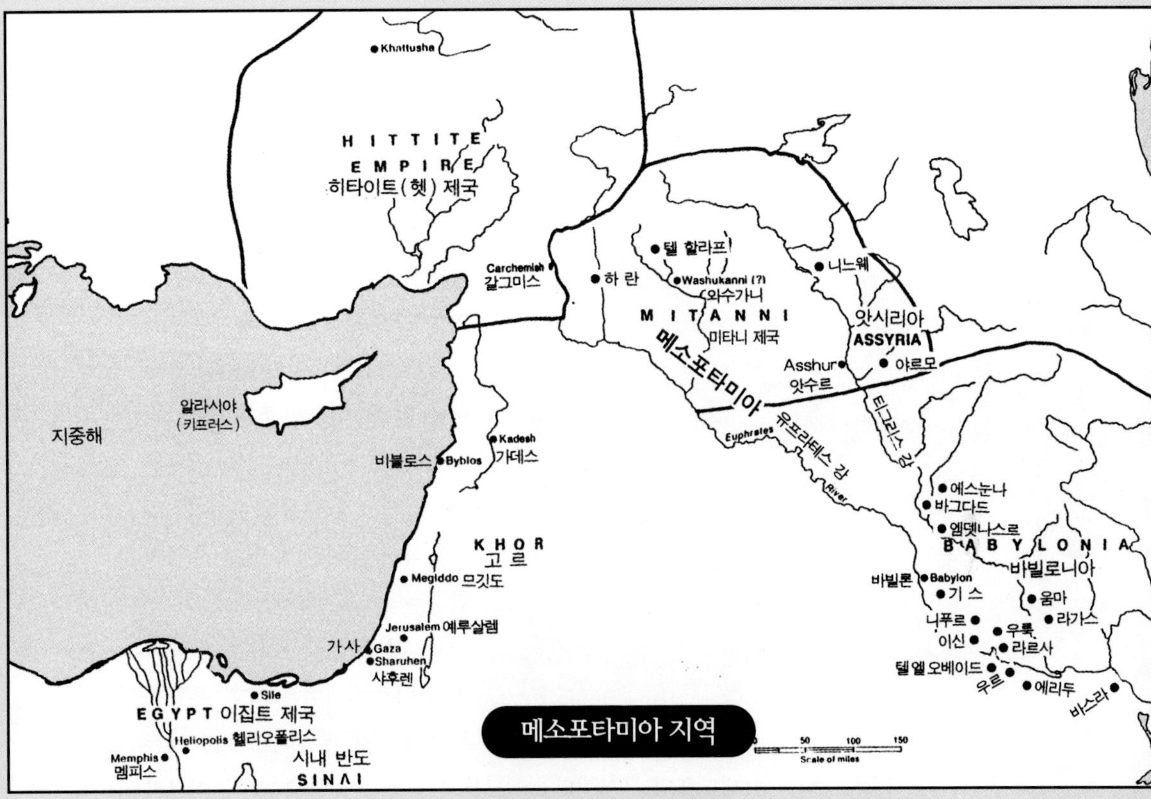

메소포타미아 지역

② 아브라함과 아모리 왕조

성경에는 하나님의 부름을 받고 가나안으로 이주해 간 아브라함에 대한 기록이 있다(창 10:1-3). 이 기록에 의하면 아브라함은 갈대아의 우르로부터 출발한 것으로 나타나 있다(창 11:28, 31, 15:17). 이 귀절이 70인 역에는 단지 갈대아 땅이라고만 나타나 있다. 아브라함은 또한 하란(창 11:31, 12:4) 및 나홀의 성읍(창 24:10)과도 관계를 가지고 있었다. 나홀의 성읍은 나홀이 거주했던 하란 또는 앗시리아인들의 기록에 나타난 틸나히리, 나쿠르 등으로 생각된다. 앗시리아의 바벨론에 관한 기록에 의하면 우르와 우라는 같은 성읍인 듯하다. 이것을 통하여 우르가 유프라테스강의 하류에 위치했었다는 것을 알 수 있다. 우르의 유적이 알 무카이 지방에서 발견되었다. 우가리트 발굴 당시 발견된 아카드족의 서판에는 타이트족의 왕인 하투실리스 Ⅲ세가 우가리트의 왕에게 보낸 편지가 기록되어 있었다. 편지의 본문에는 상업 통제

하란

에 관한 기록이 나타나 있는데 상인들을 "우르의 시민이며 상인"이라고 부르고 있다.

우르 시는 주전 2000년대 초반에 하란 지방에 존재했었다는 사실이 밝혀졌으며 당시 그곳은 유프라테스강 하류의 우르의 상인들이 집결하는 무역의 중심지였다는 사실도 밝혀졌다.

좀 더 확실한 기록은 갈대아족이 아르메니아로 향한 통로를 주전 4세기 초엽에 봉쇄했다는 사실을 언급하고 있는 크세노폰의 문서이다. 이 모든 사실들을 종합해 볼 때 아브라함은 우르에서 태어났으며 하란으로 상인들을 따라 이주했고 아버지인 데라가 죽은 뒤 가나안으로 이주했다는 것은 확실한 사실이다. 어떤 학자들은 아브라함의 시대를 바벨론의 아모리 왕조보다 앞선 주전 20-19세기로 추정하기도 한다. 그 외에 아브라함의 시대를 주전 19-17세기나, 주전 15세기 정도로 추정하는 학자들도 있다. 그러나 확실하고 신뢰할 만한 자료가 발견되지 않는 이상 정확한 연대 추정은 불가능하다.

왕조 시대의 기록 중에는 아브라함이라는 이름이 나타나 있는 것들도 있다. 바벨론의 10대 왕인 아미사두카 시대의 서판에는 아바라마라는 사람의 가축 임대에 관한 기록이 나타나 있으며, 같은 시기에 기록된 다른 서판에도 토지 임대업자인 아바라마라는 사람에 관한 기록이 나타나 있다. 철자가 다를 뿐 아니라 신빙성 있는 증거도 적지만 언어상으로는 동일 이름임에는 분명하다.

③ 왕조 시대의 하비루

하비루라는 단어는 창세기 14:3에 처음으로 사용된 히브리라는 단어와 음성학적으로 관련을 가지고 있다. '하비루'라는 명칭은 왕조의 문서상에도 번번히 나타나고 있다.

라르사를 지배한 군주 리므신의 시대에 기록된 한 문서 속에는 하비루의 군인들을 포함하여 여러 사람들에게 의복을 지급한 기록이 나타나 있다. 또 마리의 문서 속에는 바벨론 북쪽에 거주하던 30여 명의 하비루인에 대한 기록이 포함되어 있다. 라르사의 리므신에게 보내진 서신 속에는 2,000명 가량의 하비루인이 메소포타미아의 중부 지방에 진치고 있던 적군을 도와주었다는 이야기가 기록되어 있다. 또 다른 문서를 보면 하비루인들이 가축을 습격하여 3,000마리 가량의 당나귀를 훔쳐갔다는 내용이 기록되어 있다. 또 엘 아마르나 문서 속에는 하피루라는 단어가 나타나 있으며 사가즈라는 말도 하비루와 같은 용도로 사용되었던 것으로 보인다. 하비루, 사가즈, 하피루 등에 관한 문제를 더 깊이 연구하기 위해서는 제 3왕조의 수메르 문서와 보그하츠쾨이 문서, 누지 문서, 라스 샤므라 문서, 시리아 문서, 팔레스틴 문서 등을 참고해야 할 것이다.

이러한 문서들의 연구를 통해 하비루족이 사회의 각 계층 즉 노예, 용병, 도적, 자유민, 귀족 등의 계급에 분포해 있었다는 것을 알 수 있다. 대체로 하비루족은 정착생활을 하거나 유목생활을 했던 것 같다. 하비루, 사가즈, 하피루 등의 어원에 대한 문제는 아직까지 이렇다 할 결론을 보지 못하고 있다. 지금까지의 연구 결과에 따르면 하비루는 '살인자' '산적' '약탈자' '이방인' '이주민' '유목민' 등을 의미하였던 것 같다. 그러나 가장 결정적인 해석은 '이주민' '유목민' 등인 것으로 평가되고 있다. 하비루나 하피루와 음성학적으로 밀접한 관계에 있는 말이 바로 '히브리'라는 단어인데 이것은 아브라함을 '이방인' '방랑자' '외국인' 또는 '하란에서 온 이주자' 등으로 칭한 데서 비롯된 것으로 보인다. 히브리어의 언급은 br이고 br의 뜻은 '강을 건너다' 또는 '이주하다'인 것이다. 70인역에는 '히브리'의 뜻을 hoperates 즉 '이주민'으로 해석하고 있다. 최근의 연구에 따르면 하비루, 사가즈, 하피루, 히브리는 모두 같은 의미로 보고 있다. 성경 속에서 '히브리'라는 단어는 처음에는 보통 명사로 사용되었으나 히브리인들이 가나안에 정착하면서부터 그들을 가리키는 고유명사로 변하였다.

3) 초기 메소포타미아의 문자

(1) 기록문자 이전

동물의 지능과 인간의 지능 사이에 분명한 차이점은 인간의 상징능력에 관계된다. 이것은 언어와의 관계에서 가장 현저하게 드러난다. 대부분의 동물들은 들을 수 있는 일부 전달수단을 갖고 있다. 그러나 동물들은 상징적으로 생각하고 이해할 수 있는 능력이 없으며 더우기 복잡한 전달수단을 갖는다는 것은 불가능하다. 전달 수단의 발전은 항상 문자기록보다 구어(口語)에서 먼저 나타난다. 왜냐하면 기록문자의 발전은 항상 이미 말로 존재해 있던 단어들을 볼 수 있는 상징적 부호로 옮기는 것을 전제하고 있기 때문이다. 기록문자의 출발은 항상 그림이 먼저 사용되었다. 그 다음에 실제 그림으로 그렸던 것 이상으로 무엇인가를 상징하는 그림문자의 단계가 뒤따른다. 그래서 발은 단순한 발이 아니라 걷거나 또는 가는 것을 뜻하게도 된다. 표의 문자에서 상징은 추상을 나타낸다. 예를 들어 수메르 문자 구조에서 별의 부호는 하늘을 상징한다. 이는 또한 신을 상징할 수도 있다. 상징부호들의 조합은 새로운 의미를 위한 상징이 될 수 있다. 수메르문자의 경우, 주발의 상징은 음식물을 뜻하는데 입과 같이 그리면 '먹는다'는 뜻이 된다.

분명한 것은 언어 발달의 이 단계에서 아직 그림문자적 특성을 유지하면서도 대단히 많은 숫자의 아주 복잡한 글자들이 존재하게 되었다는 것이다. 그보다 더 앞선 단계에서는 상징물이나 문자들이 더욱더 단순하게 표현된다. 수메르인들에게 '단순화'란 문자의 그림문자적 특성을 점차적으로 제거하는 것을 의미했다. 그러므로 수메르인들은 물을 뜻하는 부호(처음 그림문자는 시냇물같이 보인다)를 '안'(in)이라는 뜻으로도 사용하는데, 왜냐하면 '물'의 단어와 '안'의 단어의 발음이 같기 때문이다. 이 같은 음성학적 원리가 그림문자나 표의문자로는 쉽게 창안해 낼 수 없는 단어의 표현을 가능하게 했다. 하지만 보다 쉽고 빠른 기록을 위하여 오랜 기간에 걸쳐 부호가 변화하거나 부호의 수들의 감소되었다. 나중에는 소리에 의한 원시 문자는 제한된 수의 부호와 함께 나타났는데, 각 부호는 음절(syllabary)을 대표하게 되었다. 이것은 수세기의 발전과정을 거쳐 각각 분리된 소리를 위한 각 개의 부호를 가질 수 있다는 생각을 갖게 하였고 결국 알파벳으로까지 발전해갔다. 기록구조를 새 언어에 적용시킬 수 있을 만큼 그것이 개선되었을 때, 옛날에 사용된 전통적인 부호는 더 이상 구속력을 미칠 수가 없었다. 실제로 알파벳은 여기서 언급되는 수메르 시대보다는 훨씬 나중에 발전했다.

(2) 수메르인의 기록문자 : 설형문자(Cuneiform)

수메르인들은 아마 기록문자 구조를 만들어 낸 최초의 사람들일 것이다. 거의 알려지지 않고 판독되지도 않는 별개의 기록구조가 이보다 약간 이후의 시대에 엘람에서 이루어졌다. 또한 고대문명의 발상지였던 나일강과 인더스 강 계곡에서 시작 문자들은 역시 거의 같은 시기에 이루어졌다. 수메르인들의 기록방법을 설형문자라고 부르는데, 이는 라틴어의 쐐기 모양을 뜻하는 말에서 왔다. 왜냐하면 이들 부호들은 삼각모양으로 자른 갈대로 젖은 점토판에 찍어 쓴 것이기 때문이다. 일반인의 눈으로 볼때 이는 마치 닭의 발자국을 보는 것 같다. 학교에서 기록방법을 가르치기 위해 고안되었던 여러 점토판들이 발견되었는데 일부는 마치 사전과 같고, 다른 일부는 상이한 언어들을 포함하고 있는 동의어의 일람표들이다.

수메르인들이 점토판 위에 기록하는 방법을 사용했다는 것은 오늘날의 학자들에게는 아주 다행스러운 일이었다. 한 번 구워지면 이들 점토판은 거의 영구히 보존되었다. 태양빛으로 말리기만 한 것이라도 습한 메소포타미아 토양에서는 완벽하게 발굴될 수 있었고, 만일 필요하다면 다시 말리거나 굽기만 하면 되었다. 이 같은 점토판들이 발굴은 메소포타미아 지역의 귀중한 정보들을 오늘의 학자들에게 제공해

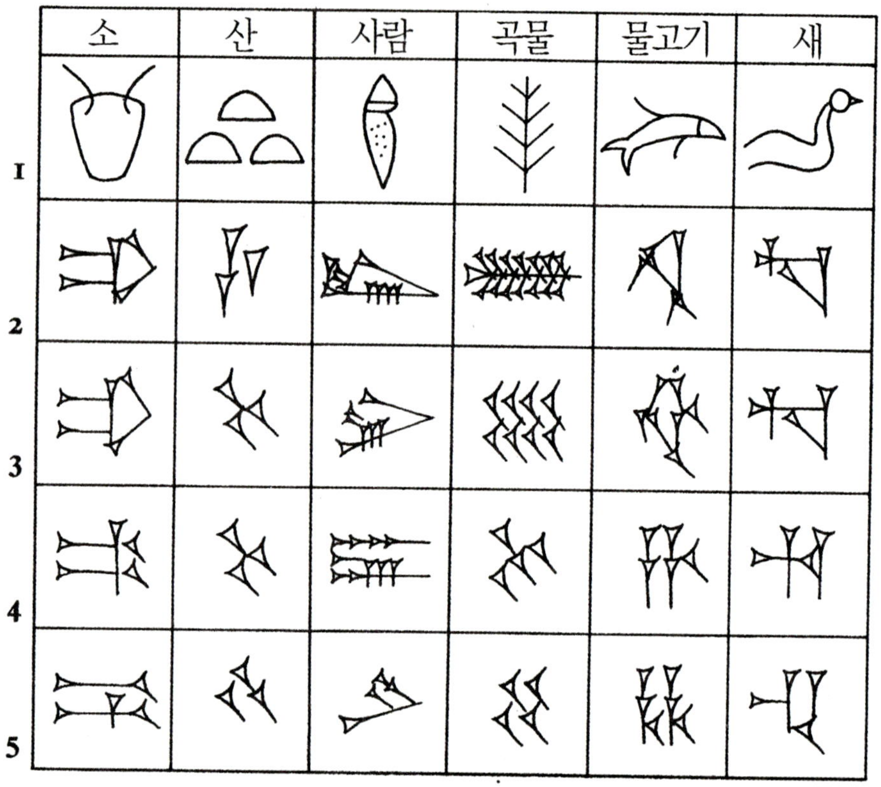

수메르인의 문자

주고 있다.

설형문자 기록 방법은 놀랄 정도로 오랫동안 지속적으로 사용되었다. 이는 적어도 주전 2000년 중반까지는 비옥한 초승달 지역 전역과 그 주변에서 사용되었다. 그러나 시간이 흐름에 따라 기독교 시대의 초기까지 점차로 그 사용이 감소 되어갔다. 메소포타미아 지역에서 가장 많이 사용된 언어는 수메르어가 아니라 아카드어와 그 후에 발전된 아카드어였다.

4) 초기 메소포타미아의 법과 사회

(1) 함부라비 법전

루브르 박물관의 자랑 중의 하나는 함무라비 법전이다. 이것은 고대 바벨론의 함무라비 왕이 제정한 법전으로 1901년 프랑스의 몰간이 지휘하는 페르시아 탐험대에 의해서 고대수사에서 발견된 탑형 비문이다. 함무라비 법전은 높이 225cm, 폭 65cm 크기의 현무암으로 만들어진 석비에 새겨져 있다. 석비의 위쪽에는 오른쪽에 정의를 담당하는 태양신 샤마슈가 옥좌에 앉아 오른 손에 지배와 왕권을 나타내는 왕홀을 들고, 왼쪽에 오른팔을 들고 공손하게 서 있는 함무라비 왕에게 넘겨 주려는 장면이 돋을 새김되어 있다. 바벨론 제 1왕조 제 6대 왕 함무라비(주전 1972-1750년)는 주전 1763년에 메소포타미아를 통일하고, 주전 1760년경에 이 함무라비 법전을 제정하였다. 다만 현존하는 가장 오래 된 법전은 우르 제 3왕조 시대의 우르남무왕(주전 2112-2095년)이 제정한 우르남무 법전이고, 그 뒤가 리피트이슈타르 법전, 에쉬눈나 법전, 그리고 함무라비 법전 순으로 확인되어 있다. 함무라비 법전은 섬록암 기둥에 설형문자로 새겨져 있는데, 비문은 49열 3000행으로 되어 있었으나 앞부분의 5열은 엘람의 왕에 의해 지워졌다.

함무라비 법전

함무라비 왕(주전 1792-1750년)은 즉위 38년에 반포하여 법전 비를 주요 도시의 신전 입구에 건립하여 일반인이 널리 알도록 하였던 것 같다. 그 위에 "재판을 얻기 위한 자는 이 비 앞에 와서 그것을 읽고 들어라. 이 비는 그대들에는 법을 명백 히 가르치고 그대들의 권리를 지킬 것이다. 함무라비는 나라의 주인으로 국민의 아버지이니라"고 선포 되어 있다. 법문(法文)은 282항이나 되고 조직적으로 구성되어 있고, 또 민법 · 형법 · 상법 · 소송법 등에 미쳐 있으며, 표현은 극히 구체적이고 판례적이다. 먼저 종교적인 주술에 대하여 규정하고, 모든 계층에 걸친 사회 생활 · 일상 생활에 대하여 규정하고 있으며 최후로 각 계급 · 직업의 임금을 규정하고 있다. 원시적 율법의 자취도 농후하여 물에 빠뜨려서 뜨는 혐의자는 무죄라는 조항도 있다. 함무라비 법전의 특징은 첫째로 '눈에는 눈을', '뼈에는 뼈를', '이에는 이를'이라는 개인적 책임 추궁의 명시하고 있으며, 둘째는 신 앞에서의 서약의 중시했고, 셋째는 모든 재판에 있어서의 증서(證書)의 절대성을 들 수 있다. 이 법전은 세계 최고의 법전은 아니지만 그 규모에 있는 짜임새와 후세에 대한 영향이 컸다는 점에서 설형문자의 법률 중 가장 중요시되고 있다.

함무라비 법전에는 세 개의 계층이 언급되어 있다. 상부계층은 귀족들이었다. 제2계층인 자유인들은(오늘날의 '중산층') 장인(匠人), 전문 직업인, 상인, 무역상 그리고 일부 농민들을 포함하고 있다. 맨 밑바닥에 농노와 노예들이 있었는데, 이들 중의 일부는 일정한 권리를 보유하고 있었다. 예를 들어 사유재산을 보유하고 있었던 점 등이다.

상부계층 사람들에게 죄를 짓는 것은 하부계층인들에게 똑같은 범죄를 행하는 것보다 더 심한 벌을 받도록 하고 있다. 한편, 상부계층의 중죄인이 범한 어떤 죄에 대해서는 보다 더 심한 처벌이 내려지는데, 이는 그가 엘리트로 행동할 것이 기대되고 있기 때문이다. 보복의 원리－눈은 눈으로, 이는 이로(jus talionis)－가 적용되기는 했으나, 모든 경우에 적용되는 것은 아니었다. 특히 범법이 하부계층에게 행해졌을 때는 돈으로 보상되기도 했다. 체형에 대한 대안으로 벌금이 허용된다면 이는 분명히 부유한 사람들이 유리한 입장에 서게 된다. 물론 돈의 보상이 학대받던 가난한 사람들에게는 오히려 복수보다 나은 의미를 지닐 수는 없었을 것이다.

함무라비 법전에서 결혼과 가정, 재산, 유산, 명예훼손이나 다른 범죄들을 언급하는 부분은 매우 복잡하고 세련되어 모든 상황에서의 오랜 발전과 광범한 경험을 보여주고 있다. 예를 들어, 만일 상부계층인의 한 사람이 전쟁포로가 되면 그의 배우자는 어떻게 할 것인가? 그녀가 재정적으로 안정되어 있으면 그녀는 집에 머물며 남편을 기다리며 가정을 돌봐야 한다. 그러나 만약 그녀가 생활을 영위해 갈 수 없는 상태이면 그 여자는 재혼할 수 있다. 첫 남편이 집에 오면 그녀가 그에게 돌아올 것인가의 여부는 그녀의 남편의 결정에 달려 있다. 만일 그녀가 두 남편의 아이들을 다 갖고 있다면 각 아버지는 그들 자신의 자녀들을 취하게 되어 있다. 여자도 사업에 종사할 수 있다. 그들은 빈번히 맥주홀 같은 것을 경영했다.

법전의 다른 한 부분은 모든 종류의 상품들에 대한 가격을 동결시키고 있으며, 의사나 건설업자의 그것도 고정시키고 있다. 법은 또한 싸구려 건축 때문에 생기는 건축상의 배임행위에 대해서도 벌금을 규정하고 있다. 유산과 결혼 지참금은 면밀히 통제되었다. 예를 들어, 남자는 변덕스럽게 그의 아들의 상속권을 빼앗을 수 없었다. 상업과 교환이 또한 조심스럽게 규정되었다. 법에 따른 상환 청구가 이루어지면 이를 기록 · 보존했다. 전체적으로 엄격한 정의의 구현을 이 법은 추구하고 있다.

(2)성경의 율법과 함무라비 법전의 비교

고대 근동 지방의 법률의 역사에 따르면 성경은 고대 근동의 법전들보다 훨씬 뒤에 완성되었다. 그러나 히브리의 율법이 나중에 완성되었다 할지라도 그 이전의 법의 영향을 받았다고 말하는 것은 대단히 잘못된 것이다. 물론 고대근동의 법전과 히브리 율법이 유사한 점이 있는 것은 사실이다. 바벨론의 법은 거의 모두가 "만일 누가…하면" 또는 "누가…할 때" 같은 조건절을 사용하는 경우의 법이었다(출 21:2-14, 신 15:12-18, 22:13-29). 예를 들어 주인을 모르는 소가 길을 가던 자유민을 받아 죽게 했다면 아무런 판결을 내릴 수 없었지만, 소의 주인이 자유민이고 죽은 사람이 귀족이었다면 소 주인은 소의 뿔을 자르지 않은 죄로 은전 반미나(mina)를 벌금으로 내야 했다.

출애굽기 21:28-36에도 이와 비슷한 율법이 기록되어 있는데 이와 같은 우발적인 사고에 대해서는 사람은 벌하지 않았지만 대신에 사람을 죽인 소를 돌로 쳐죽이게 되어 있었다. 사람을 죽인 소를 죽이지 않고 계속 소유할 경우에는 그 주인이 사형을 당하게 되어 있었으며 소가 노예를 죽였을 경우에는 소 주인이 벌금을 치르게 되어 있었다. 위와 같은 예를 보면 함무라비의 법전과 성경의 율법 사이의 유사성을 알 수 있다. 이것을 살펴보면 다음 <표 9>와 같다.

이 비교를 통해 혹자들은 율법이 함무라비의 법전을 모방했다고 추측할 수도 있다. 그러나 그것은 잘못된 억측이다. 사실 노예거래나 살인, 개인적 피해, 가축의 피해, 결혼 자금의 남용 등에 관한 법률을 기록하는 것은 고대 근방 지방의 관례였다.

고대 바벨론의 법전 역시 왕권이 성립되기 전에는 구전의 형태로 존재하거나 큰 신전 안에 글로 써서 보존했을 것이다. 왕권이 확립되면서부터 다른 근동 지방의 경우와 같이 법전의 형태를 갖기 시작한 것이다.

모세 율법의 특이한 점은 대부분의 히브리 율법 속에 "만약…" 또는 "그러나…"의 어귀가 사용되지 않고 "…해야 한다", "…하지 말라"와 같은 절대적이고 필연적인 어귀가 많이 사용되고 있다는 점이다. 물론 절대법의 예는 다른 곳에서도 간혹 찾아볼 수 있지만 종교 율법이라는 점에서 히브리의 절대법은 유래가 없는 것이다. 히브리 율법에는 함무라비 법전에 나타난 사회 계층의 구분이 전혀 없으며 오히려 사회적 평등 사상을 근거로 하고 있다. 또한 히브리의 율법은 빚이나 가난으로 노예가 된 히브리인들이나 노예로 끌려온 외국인들에 대한 특별 규정을 만들어 그들을 보호해 주고 있다(레 25:44, 45 신 20:10-114, 21:10-14, 출 21:1-11, 26:32 비교). 사실상 율법은 "나는 너희들의 하나님이 될 것이고 너희들은 나의 백성이 되리라"라는 하나님의 약속을 여러 각도에서 해석한 것이다. 그러므로 함무라비 법전과 모세 율법의 비교에서 유사점보다는 차이점을 찾는 것이 더욱더 양자의 법을 이해하는 데 큰 도움이 된다.

함무라비 법과 모세의 법의 근본적 차이에 대해서 어떤 학자는 다음과 같이 정리하고 있다. 즉 함무라비 법에는 첫째로 인간의 탐욕을 제어함이 부족하며 둘째로 이웃을 사랑하여 이기심을 억제시키는 법이 결여되었고 셋째로 인간의 자비(사랑,

〈표 9〉 성경의 율법과 함무라비 법전과의 비교

	함무라비 법전	성경의 율법
절도에 대하여	• **14조** 자유민의 아들이 도적질했다면 : 사형	• **출 21:16.** 누구든 도덕질을 했다면 : 사형 • **신 24:7.** 형제 이스라엘인이 훔쳤다면 : 사형
노예에 대하여	• **117조** 가족 중의 한 사람을 노예로 팔았다면 : 4년 만에 자유를 얻는다.	• **출 21:2-11.** 히브리 노예는 7년 만에 자유를 얻는다. • **신 15:12-18.** 남자건 여자건 노예가 된 히브리인은 7년만에 자유를 얻는다.
간음에 대하여	• **129조** 결혼한 남녀가 간음하였다면 : 모두 사형 여자의 남편이 아내를 용서한다면 남자도 용서한다.	• **신 22:22.** 결혼한 남녀가 간음했다면 : 모두 사형.
강간에 대하여	• **130조** 처녀가 강간당했다면 : 남자는 사형. 여자는 무죄	• **신 22:23-27.** 강간당한 곳이 성읍이라면 : 모두 사형. 강간당한 곳이 촌락이라면 남자만 사형.
간음의 혐의에 대하여	• **132조** 간음혐의로 고소된 여인의 경우 : 물로써 죄를 시험한다. :	• **민 5:11-31.** 간음혐의로 고소된 여인의 경우 쓴 물과 저주로써 죄를 시험한다.
근친 상간에 대하여	• **154-158조** 딸과 관계한 사람 : 추방 아들의 아내를 범한 사람 : 익사시킨다. 아들의 신부를 범한 사람 : 변상한다. 어머니와 관계한 아들 : 양쪽을 모두 태워 죽인다. 과부인 어머니를 범한 아들 : 집에서 내어 쫓는다. 동생의 아내를 범한 사람 : 대를 끊음.	• **레 18:6-18.** 처벌 규정이 없음 • **레 20:10-21.** 아버지의 아내를 범한 아들 : 쌍방을 모두 죽인다. 수양딸을 범한 아버지 : 쌍방을 모두 죽인다. 장모를 범한 사위 : 쌍방을 모두 죽인다. 여동생을 범한 오빠 : 쌍방을 모두 추방.
상해와 살인에 대하여	• **195조** 아버지를 때린 아들 : 손을 자른다. • **206조** 제1계급민이 다른 제 1계급민을 죽였을 경우 : 보상한다. 치료를 요하는 상처를 입혔을 경우 : 치료 비용을 지불한다. • **199조** 다른 사람의 노예의 눈에 상처를 입히거나 뼈를 부러뜨렸을 때 : 자유민의 값의 1/2을 치룰 것. • **214조** 여자 노예를 죽였을 경우 : 보상 • **209조** 귀족의 딸을 실수로 때렸을 경우 : 10셔클을 보상한다. 실수로 평민의 딸을 때렸을 경우 : 5셔클을 보상한다. 노예의 딸을 때렸을 경우 : 2셔클을 보상한다. • **196조** 귀족의 눈을 멀게 했을 경우 : 가해자의 눈을 멀게 한다. 귀족의 뼈를 부러뜨렸을 경우 : 가해자의 뼈를 부러뜨린다.	• **출 21:15.** 아버지를 때린 아들 : 사형. • **출 21:21.** 고의로 죽였을 때 : 사형. 우연히 죽였을 때 : 피난처로 달아날 것. • **출 21:20.** 노예를 다치게 할 경우 : 형벌은 없음. 노예를 죽였을 경우 : 알려져 있지 않음. • **출 21:22.** 실수로 여자를 다치게 했을 경우 : 판관의 판결대로 보상한다. • **출 21:23.** 실수로 다치게 했을 경우라도 "눈은 눈으로" 어떤 학자들은 이 구절이 개인적인 상해에 대한 구절인 21:18-19의 뒤에 놓여 있어야 한다고 주장한다.

charity)심의 정당성을 주장한 데가 없다는 것이다. 그리고 죄는 곧 하나님을 두려워할 줄 모르므로 인간을 파멸로 인도한다는 종교적인 동기를 말한 곳도 없다. 결국 함무라비 법전은 종교적이요 신본주의적인 면이 결여되어 있음이 모세의 법과 근본적으로 다른 점이다. 그러므로 모세의 법이 함무라비의 법에서 유래되었다고 비판하는 학자들의 이론은 타당치 않은 것이다.

5) 평가

메소포타미아에 대한 대략적 개관을 통해서 우리는 성경에 나타난 아브라함 시대가 어떠했는가를 알 수 있다. 아브라함은 갈대아인의 성읍인 우르에서 태어났다. 그 당시 우르에는 그들의 신을 섬기는 신전이 자리잡고 있었다. 우르의 주신(主神)으로는 달신(月神) 난나(Nanna)가 숭배되었다. 여호수아 24장에는 아브라함의 아버지 데라가 다신론자였다는 것을 말한다. 따라서 아브라함은 메소포타미아의 수많은 신들을 섬겨야만 한다고 믿었고, 또한 신들을 무서워하는 그런 가족들의 분위기 속에서 성장했을 것이다. 결국 성경에서 말하는 바는 아브라함은 하나님의 부르심을 받기 이전 우상을 숭배했고, 이런 우상숭배를 하는 아브라함을 하나님의 자녀요 믿음의 조상으로 만드신 것은 하나님의 전적인 은혜였음을 보여주고 있는 것이다.

2. 애굽(현재: 이집트)

헬라 역사가 밀레도의 헤카테우스(Hecataeeus)는 "애굽은 나일강의 선물이다"라는 문구를 만들어 냈다. 이 말은 이후에 주전 5세기의 역사가인 헤로도투스(Herodutos)에게로 이어졌고 그가 자주 사용하였다. 이 문구는 '나일강의 물 없이 애굽이 없었다'는 것을 강조한다. 애굽(이집트)은 검은 땅 나일강 유역, 특히 하류의 삼각주에 번영한 세계 최고의 문명 발상지로, 희랍어 아이굽트스에서 왔고 아람어로는 킵트라고 명명된다. 히브리 사람들은 미스라임(창 10:6)이라고 했는데 동쪽이라는 뜻이다. 아스완에서부터 시작하여 나일강이 지중해로 흘러 들어가는 삼각주에서 끝이 나는 600마일의 길고도 좁은 골짜기이다. 수세기에 걸쳐 애굽은 팔레스타인의 해변가를 다스렸다. 그로 인해 애굽의 문화와 종교는 가자지역에서부터 수에즈에 이르기까지 강한 영향을 미쳤다.

1) 애굽인들과 언어

대부분의 애굽인들은 키가 작고 뻣뻣하고 갈색 머리로 남쪽 해안지대 주민들의 전형적인 모습이다. 그들의 언어는 함족-셈족을 배경으로 했다. 즉 북부 아프리카(함족)로부터 온

❶ 나일강 ❷ 나일강 유역의 기름진 땅

흔적이 있고 소아시아 남쪽(셈족)으로부터 왔으리라고 여겨지는 흔적도 있지만 북부 아프리카(함족) 언어의 영향이 크다.

2) 종교와 역사

애굽의 제사장 마네토(주전 305-285년경)는 애굽의 역사를 헬라어로 기록하였는데 왕들의 역사를 30개(후에는 31로 늘임) 기간으로 나누어 이를 '왕조'로 부른다. 이 왕조들을 묶어서 왕국으로 부르는데 고대 왕국(주전 2800-2250년까지; 3-6왕조)과 중기 왕국(주전 2000-1786년까지; 11-12왕조) 그리고 신 왕국(주전 1575-1085년까지; 18-20왕조)이었다. 마네토는 마지막 기간의 마지막 바로들의 기간(주전 663-332년; 26-31 왕조)을 다음과 같이 세분하였다. 고대 왕국과 중기 왕국과의 과도기, 그리고 중기 왕국과 신 왕국과의 과도기는 혼란기였으니 이 기간은 초기와 2기의 과도기에 해당된다. 신 왕국과 최근의 왕국의 사이는 제 3기 과도기로 알려졌다(주전 1085-661년).

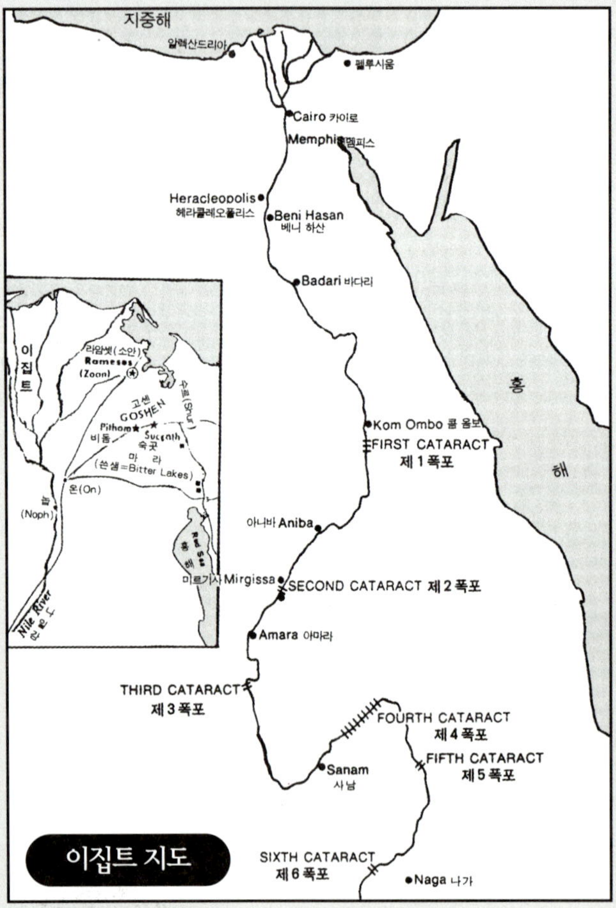

이집트 지도

알렉산더 대왕의 영토 확장은 애굽 역사에 있어 새로운 시대를 가져왔는데 이 새로운 시대를 톨레미 왕조라고

이집트 벽화

죽은 자의 책

한다(주전 332-30년). 아우구스투스는 클레오파트라가 통치하던 애굽을 쳐 승리한 후 로마의 한 주로 편입시켰다(주전 30년-주후 395년). 바로 왕들은 각각 다른 애굽의 신에게 충성했다. 바로 왕의 종교적 신앙은 그의 개인적 성격과 정치적 야심에 따라서 다르게 나타났다.

(1) 초기 왕국과 고대 왕국

메네스 연합 왕국(주전 3200년경) 이전의 애굽은 국토가 북부 애굽과 남부 애굽의 두 나라로 나뉘져 있었고 이것을 '위 애굽'과 '아래 애굽'으로 구분해서 불렀다. '옴보스' 마을을 후원해 주는 신을 '세스'라고 불렀는데 이 신이 '아래 애굽'의 신이 되었고, '베델' 마을을 후원해 주는 신이 '위 애굽'신이 되었다. '티니스'의 '메네스'(Menes)가 두 개의 애굽을 하나로 합쳤을 때에(주전 3200년경), 하늘의 신 '호러스'(Horus)를 나라를 지켜주는 신이라고 하였고 자기는 이 '호러스'가 인간의 몸을 입고 태어난 것이라고 주장하였다. 고대 왕국(주전 2800-2250년)의 바로들은 대부분이 이런 주장을 하였고, 애굽인들은 '호러스'에 대한 신화들을 많이 만들어 내었다.

(2) 첫번째 과도기

호러스 신전

첫번째 과도기는 고대 왕국 다음의 기간이다. 사회적 격동의 시기인 이 기간은 중앙정부의 통제 기능이 완전히 몰락해 버린 기간이다. 지역별 왕족과 귀족들이 제 6대 왕조기간 동안 권력을 장악했고 드디어는 완전히 독립하였다. 테베를 다스리던 통치자들은 제 11대 왕조기간 동안에 혼란에 빠져 있었던 나라의 질서를 회복시켰으나 애굽을 재통합하지는 못하였다. 이 기간 동안 아브라함은 팔레스타인으로부터 기근을 피해 애굽으로 이주하였다(창 12:12-20). 아브라함이 속이려 했던 '바로'는 테베의 왕이었을지도 모르나, 그가 애굽의 윗 지방을 다스리던 통치자였으리라는 생각이 지배적이다.

(3) 중기 왕국

「아문」

중기 왕국은 '테베'의 '아메네메트' 1세가 그 땅의 여러 왕족들에게 자기에게 충성을 강요한 때였던 주전 2000년경부터 시작된다. '아메네메트'는 '테베'가 섬기는 신 '아문'(Amun)을 자기의 새 나라인 중기 왕국의 국가적 신으로 만들었다. 자기의 새 왕조의 정신적 상징으로 '아문'을 정해 놓음으로써 아메네메트는 자기 속국들의 정치적 충성심을 시험하였다. 애굽에 충성하는 백성들은 새로 등극한 바로 왕에게 충성하는 뜻으로 '아문'에게 예배드렸는데 훨씬 세월이 흐른 뒤에 나라에 충성하는 사람들이 그 깃발 주변에 모여 충성심을 서약했던 것과 마찬가지였다. 이백 년 이상에 걸쳐서(주전 2000-1780년) 바로 아메네메트와 바로 센워스레트는 테베를 자기들의 권력의 중심부로 만들고 '아문'을 '여러 신 중의 왕'으로 섬겼다.

요셉은 주전 1876년경에 애굽에 노예로 끌려 왔다(창 37:5-28). 여러 해 후에 그는 통합되어 강력한 나라가 된 애굽의 총리대신(바로 왕 다음 높은 자리)이 되었다(참고, 창 41:38-46). 이 중기 왕국 시대에 애굽은 세계를 향하여 눈을 뜨게 되었다. 많은 무역 상품들을 크레테, 팔레스타인, 시리아, 그리고 그 외의 여러 지역에 실어 날랐다. 미술과 문학은 꽃이 피었고 평화로운 나날이 계속되었다. 야곱이 가족을 이끌고 애굽으로 이주하였을 때, 그들은 외부의 공격과 박해로부터 피할 수 있는 안정감을 갖게 되었다.

⑷ 두번째 과도기

주전 1700년 바로 얼마 전에 힉소스족(외부 통치자들)이 애굽의 통치권을 확보하고 '헬리오폴리스'를 자기들의 새 수도로 정했다. 그들은 '헬리오폴리스'의 지방 수호신 '레'(Re)를 새 왕국의 국가 수호신으로 삼았다. '레'는 또 하나의 태양신이었으며, 미술가들은 그의 초상화를 그릴 때에 머리에는 태양빛의 띠를 두른 매 인간(falconman)으로 그려놓았다. '힉소스'는 '레'를 사용하여 '헬리오폴리스'가 애굽 전체를 통치하였음을 강조하였다. 실제로는 힉소스족은 애굽의 남부만을 통제하였으며 북쪽의 나일강 유역의 왕들은 자기들의 지역을 확고한 통치 기반 위에 세워 놓았다. 힉소스족의 애굽은 초기 왕국과 중기 왕국의 통제 하에서처럼 잘 조직되지 못하였다. 그러나 그 문학과 문화는 정치적 · 경제적 혼란

태양신「레」

아문-레(Amun-Re)

속에 있었던 그 당시 팔레스타인의 다른 어느 것보다도 뛰어난 것이었다.

학자들 중 어떤 이들은 출애굽이 힉소스 왕의 통치시대에 일어난 사건이었다고 믿고 있으나 다른 사람들은 그렇지 않다고 생각한다. 그러나 출애굽의 연대가 주전 1446년일 것이라는 것은 확실하다. 이것은 제1장 "구약 성경 이야기"에 이미 밝혀 놓았다('출애굽 연대'에 관한 참고문헌 참조). '힉소스' 통치자는 아마도 "요셉을 알지 못하는 바로 왕"이었을 것이다(출 1:8). 셈족 계통의 힉소스족은 아마 히브리민족과 경쟁의식을 느꼈을 것이며 그러기에 히브리 민족을 가능한 한 최대로 억압하려 하였다. 힉소스가 망하고 난 후에도 애굽의 통치자들은 히브리 민족을 압제하였다.

일 세기쯤 지난 후에, 테베의 왕 카모스가 애굽 왕 힉소스의 세력을 깨뜨리고 다시 한번 테베에 병합하였다. 카모스와 그의 동생 아모스 그리고 그들의 후계자들은 애굽의 종교를 다시 한번 개혁하였다. 종교에 있어서의 이러한 변화는 정치적인 변화를 몰고 왔다. 여러 사적지와 마을들을 다스리고 있었던 제사장들은 바로에 대항할 만한 정치적 세력을 확보하려 투쟁하였다. 그들은 '아문'에 대한 예배를 부활시켰고 이것을 '레'의 종교와 결합시켜 새로운 국가신으로 만들어 '아문레'(Amun-Re)라고 이름 지었다. 이로 인해 애굽에는 새로운 정치적 신기원이 이룩되었으니 이를 "신(新) 왕국"(주전 1575-1085년)으로 불렀다. 아모스는 자기 누이인 아모스-노프레타리 공주와 결혼하였고 그녀가 '아문'의 부인이라고 선포하였다. 이를 계기로 그들 부부는 영적인 명성을 얻게 되었다.

(5) 신(新) 왕국

신 왕국이 공식적으로 출범한 것은 '아모스'의 아들 '아멘호텝 1세'가 그의 뒤를 이어 공식적으로 등극한 주전 1546년이었다. '아멘호텝'은 자기 아버지가 섬겼던 신

카르낙의 아몬 신전 벽에 새겨진 전사로서의 투트모스 3세

'아문레'의 이름을 따서 자기들의 이름을 지었으니 예를들면 '아메노피스', '투탄카맨'등이었다. 투트모스 2세가 죽은 후에 '함셉섯'이 바로가 되매 (그는 여자로서 바로가 된 유일한 왕이었다) 그는 자기 자신을 '레의 딸'이라고 불렀다. 그는 자기 자신을 '완전한 신적 존재'라고 표현하였고 애굽의 모든 신이 자기를 보호할 것을 약속했다고 말하였다.

그녀의 아들 '투트모스 3세'도 바로의 지위를 보존하기 위하여 자기를 신적 존재라고 주장하였다. 그의 부하 장군 '디에후티'가 욥바에서 크게 승리하매 그는 '투트모스 3세'에게 사람을 보내 "기뻐하라! 너의 신 '아문'이 너희 대적 욥바와 그의 백성과 그의 성읍을 모두 너희 손에 맡겼다. 너희 아버지가 되시며 모든 신들의 왕이신 '아문레'의 집을 남녀 종들로 가득 차게 하기 위하여 사람들을 보내어 포로가 되게 하라…"라고 전하였다.

아크나톤의 처 네페르티티가 태양신 아톤에게 술을 바치고 있는 모습

신 왕국을 이어 나갈 바로들 중 특별히 아멘호텝 3세(주전 1412-1375년)는 자기들을 위한 거대한 무덤들을 건축하였고 이로써 '아문레'의 능력을 과시해 보여 주었다. 그는 영원불멸의 존재로 떠받들어졌다.

아멘호텝 4세는 태양신 '아톤'을 떠받드는 '아문레'를 예배하지 못하게 하였다. 그는 자기 칭호를 '아크나톤'이라고 바꾸고 '아마르나'에 새로운 수도를 건설하였으며 거기에 애굽의 새로운 우주신 '아톤'을 섬기는 우상숭배 제도를 끌어들였다. 그러나 주전 1366년에 그가 죽고나니, 그의 후계자 '투탄카멘'이 수도를 '테베'로 옮기고

'아문레'를 나라의 으뜸가는 신으로 회복시켰다. '투탄카멘'의 무덤에는 죽음의 신 '오시리스'에 대한 여러 상징물이 매장되었으며 '오시리스'에 대한 예배가 더욱 성행했음을 보여 주는 여러 증거물이 매장되었다.

나이 많은 왕 '라암셋' 1세는 1년 반이라는 짧은 기간 동안 통치한(주전 1319-1318년) 제 19대 왕이었다. 이 왕조는 고대 애굽의 영광을 짧은 기간 동안이나마 회복시켰고 아크나톤으로 인하여 정치적 무질서가 뒤따라 왔다. 라암셋의 아들 세티 1세는 새로운 침략전쟁을 일으켰는데 팔레스타인에까지 밀고 들어왔으며 헷족속을 몰아내었다.

이 새로운 왕조의 바로 왕들은 나일강 삼각주 지역 내의 카르낙을 수도로 정하였다. 그들이 아직도 '아문레'에게 경의를 표하고 있었으나 그들은 '오시리스'에 대한 예배를 나라에 충성하는 수준만큼 높여 놓았다. 그들은 '오시리스'를 높여 주기 위하여 '아비도스' 도시를 그에게 바쳤고 '아브신벨'에 있는 멋있는 무덤들과 '메디넷 하부'에 있는 신전에서 죽은 자들의 혼을 높여 주는 일을 했다. '라암셋'의 바로들은 또한 '레-하라크티'를 예배하는 일을 귀한 것으로 취급하였으니, 그 예배에서 그들은 하늘의 신 '호러스'와 태양신 '레'를 질적으로 동질화시켜 둘을 결합시켰다. 그러나 그들은 아직까지도 '아문레'가 모든 신들 위에 뛰어난 으뜸되는 신이라고 간주하였다.

메르넵타 석비-성경 이외에 최초로 이스라엘을 언급하고 있다

'라암셋' 2세는 주전 232년에 자기 아들 '메르넵타'를 자기의 후계자로 세웠다. 19대 왕족의 '메르넵타' 왕과 그를 이은 여러 왕들은 서서히 그 위력을 상실해 갔고 '라암셋' 왕과 그의 후계자들은 그 위력이 점점 강성해졌다. 그러나 '메르넵타' 왕은 팔레스타인을 무자비하게 유린하였다. 고고학자들은 이스라엘 돌판이라 불리는 돌 기둥을 해독하였는데, 그것은 '메르넵타'가 이 지역에서의 자기 승리

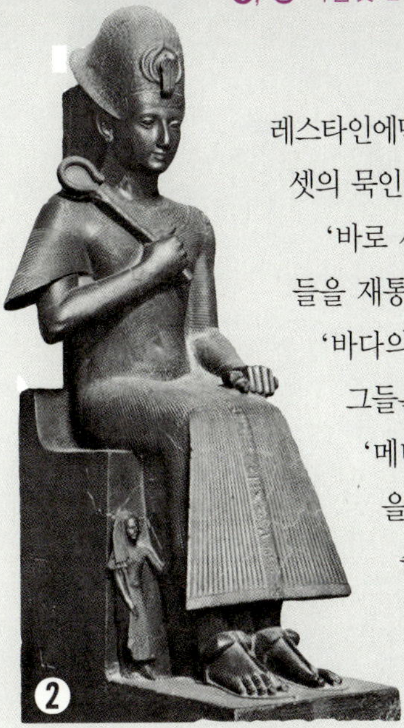

❶, ❷ 라암셋 2세

를 기록해 놓은 것이 있었다. "얻은 것은 '에쉬글론'이요, 노력한 것은 게젤이며, 야노암은 없던 것을 있게 하였고, 이스라엘은 버려졌으며 그 씨조차 남아 있지 않다…."

이것은 사사시대였을 것이다. 그러므로 메르넵타의 기록은 그 당시 이스라엘이 혼란상태에 빠져 있었음을 말해준다. "그 세대 사람도 다 그 열조에게로 돌아갔고 그 후에 일어난 다른 세대는 여호와를 알지 못하며 여호와께서 이스라엘을 위하여 행하신 일도 알지 못하였더라"(삿 2:10).

그러나 메르넵타의 문제는 그가 팔레스타인에만 머물러 있을 수 없었다는 점이며 그러기에 그는 블레셋의 묵인 하에 흩어진 이스라엘의 여러 지파들을 떠나갔다.

'바로 세스나크트'는 주전 1200년경에 애굽의 여러 도시국가들을 재통합하였다. 그의 아들 라암셋 3세(주전 1198-1167년)는 '바다의 민족'인 블레셋 사람들의 침략에 대항하여 싸웠는데 그들은 지중해 연안의 애굽 영토에 침입하였다. 미술가들은 '메디네트 해이부' 신전에 그들의 승리를 보여주는 부조상을 크게 새겨놓았다. 그러나 라암셋 3세는 암살자의 손에 죽고 말았고, 그의 후계자들의 정부에 대한 영향력은 서서히 감소하였다. 이 기간 동안 '아문'의 제사장들은 오히려 더욱더 명성을 얻게 되었다.

(6) 세번째 과도기

주전 1100년경 '누비아'의 장군 '파네시'는 자기의 부관들 중에서 '히리홀'이라는 장교 한 사람을 '카르낙'에 있는 '아문'의 대제사장으로 임명하였다. '히리홀'은 곧 군대의 사령관이 되었고 '라암셋' 11세(주전 1085년)로부터 왕좌를 물려받았다. 이것이 애굽정부가 새로워지는 계기가 되었다. 바로는 자기 아들 중 하나를 '아문'의 대제사장으로 임명하였고 이것은 왕좌에 오르게 되는 첫 단계가 되었다. 이때로부터 왕족은 종교적으로도 높은 지위를 확보하게 되었으니 이렇게 되기까지는 아문이 많은 영향력을 행사하였다.

카르낙 신전

이 무렵 다윗과 솔로몬은 이스라엘을 부강한 나라로 만들어 놓았다. 다윗의 군대장관 요압이 에돔의 젊은 왕자 '하닷'을 본토로부터 몰아내었고 '하닷'의 부하들은 그를 애굽으로 모시고 갔다(왕상 11:14-19) 애굽 왕 바로는 그를 맞아들였고 하닷은 바로의 처제와 결혼하였다. 하닷은 그 후에 돌아와서 솔로몬을 괴롭혔다(왕상 11:21-25). 그리하여 애굽은 이 기간 동안 계속해서 이스라엘의 내정을 간섭하였다(참고, 왕상 3:1; 9:16).

그러나 애굽 제국은 서서히 분산되었고 '누비아'의 왕자들은 남쪽 지방을 분할하여 '나파타'에 수도를 정하고 나라를 세웠다. 이 '누비아' 왕들은 또한 '아문'에게 특별한 호감을 보여 주었다. "나라는 신정 통치 국가의 모범으로 생각되었고 왕은 순수한 애굽의 인격과 문화를 수호해 줄 참된 보호자로 생각되었다." 이 기간 중의 애굽은 이스라엘과 매우 비슷한 고통을 겪고 있었으니, 두 나라 모두 나라가 나누어지게 되는 고통을 겪었다. 서쪽에 있는 리비아의 왕들은 주전 10세기에 허약해진 테베의 왕 바로들을 휘청거리게 만들었다. 그들은 나일강 삼각주 지역으로부터 돈으로 군인들을 사 모아 애굽의 아래 지역과 평화를 유지하려 하였다.

이러한 리비아의 왕들 중 한 사람인 쉐숑크 1세(Sheshonk Ⅰ)는 르호보암 왕 제 5년에 예루살렘 성전을 약탈하였다(왕상 14:25-26; 성경에는 그를 '시삭'이라고 기록하였다). 쉐숑크와 리비아의 다른 왕들은 전통적인 예배의식은 '아문레'예배를 받아들였다. 그러나 이러한 국력을 상징하는 것들을 통한 노력에도 불구하고 애굽제국을 부흥시켜 보려는 그들의 꿈은 실현되지 못하였다.

'누비아'(에티오피아) 왕족들은 나일강 하류지역으로 이동하여 주전 700년경 리비아의 왕들을 쳐 부수었다. 그 후 50년 동안 그들은 애굽을 재통일하려고 노력하였다. 이 새 왕들 중의 한 사람(성경에는 '세라'라고 불렀다)은 대군을 이끌고 유다를 공격하였다. 물론 그가 노린 것은 자기 나라 동쪽의 국경을 평정시키려는 것이었으며, 그러한 목적으로 그 이전에도 여러 왕들이 유다를 공격한 바 있었다. 그러나 아사 왕이 잘 물리쳤다. "아사와 그 좇는 자가 구스 사람을 쫓아 그랄까지 이르매 이에 구스 사람이 엎드러지고 살아 남은 자가 없었으니"(대하 14:13).

얼마 안 되어 앗수르가 유다를 쳐들어왔다. 유다 왕 호세아가 에디오피아에 새로 등극한 왕에게 도움을 요청하였으나 에디오피아 사람들은 아무것도 할 수 없었다. "앗수르 왕이 호세아의 배반함을 보고 저를 옥에 금고하여 두고"(왕하 17:4). 앗수르 사람들이 유다를 함락시키고 애굽으로 진격하였고 에디오피아 왕조를 주전 670년에 전복시켰다.

(7) 말기

그러나 앗수르 사람들은 애굽에 대한 지배를 지속할 수가 없었다. 그래서 7년 후에 사이스의 왕자 삼틱(Psamtik)이 그들을 시나이 반도로 몰아 내었다. 삼틱은 북부와 남부 애굽을 재통일하였고 제 26왕조를 확립하였으며 그로부터 주전 663년 페르시아가 애굽을 정복할 때까지 애굽의 문화가 발전하였다. 삼틱은 아문레를 다시 애굽의 국가 수호신으로 재확립하였다. 그러나 그의 제사장들은 국가의 제사장들이 한때 누렸던 것과 같은, 애굽 국민 전체를 일사불란하게 통제하던 그런 영향력을 행사하지 못하였다.

애굽의 종교는 동물 숭배로까지 전락해 버렸다. 제 26왕조의 왕들은 신성한 동물들을 정하여 숭배하였으니 악어와 고양이 같은 동물들도 숭배의 대상이 되었다. 이러한 일에 너무도 열심이어서 그들 신성한 동물들이 죽으면 그 동물들을 장사지내는 일을 위해서 특별한 의식을 거행하기도 하였다.

삼틱 1세의 뒤를 이어 그의 아들 느고(Necho)가 주전 610년에 애굽 왕 바로가 되었다. 그는 바벨론의 위협이 점점 증대되고 있음을 깨닫고 가나안 땅으로 진격하여 앗수르를 도와 이 공동의 적에 대항하여 싸웠다. 요시야 왕은 므깃도에서 그를 저지하기 위하여 싸웠으나 느고는 그를 격파하고 계속 진군하였다(왕하 23:29-30). 주전 605년에 느부갓네살은 애굽 군대를 맞아 유프라테스 강에 있는 칼케미스에서 그들을 격파하였다. 그러나 느고는 도피하였고 새로 등극한 유다 왕을 포로로 잡아 유다를 바벨론과 애굽 사이에 있는 완충 국가로 삼았다(대하 36:4). 주전 601년에 느부갓네살이 유다를 공격하매 애굽은 일시적으로 그의 공격을 저지할 수 있었다. 바로 '에이프리스'(Apries)는 여호야긴 왕에게 바벨론 침략자들을 대항하여 싸우라고 격려하였다. 그러나 느부갓네살은 드디어 주전 586년에 예루살렘을 함락시키고 그 백성들을 포로로 끌고 갔다. 느부갓네살은 그달리야를 유다의 새 총독으로 임명하였다. 그러나 몇 달 후에 그달리야의 부하들이 그를 죽였다(왕하 25:25). 바벨론 사람들의 보복을 두려워한 예루살렘에 남아 있던 유대인들은 애굽으로 도망갔다. 그들 중에는 선지자 예레미야도 있었다(렘 43:5-7).

페르시아 왕 고레스는 주전 539년에 바벨론 제국을 정복하였고 그의 뒤를 이은 캄비세스 왕은 주전 525년에 애굽을 취하였다. 페르시아 사람들은 그후 1세기 동안 애굽에 자기들에게 복종하는 왕을 세워 놓았고, 그 왕들은 '아문레'신을 정성껏 섬겼다. 그러나 왕자 뒤에 도사리고 있는 더 큰 세력은 페르시아의 군대였으며, 애굽인들이 섬기는 전통적인 신들의 신비성은 아니었다.

(8) 톨레미 왕조의 통치기

알렉산더 대왕이 애굽을 정복한 것은 주전 332년이었다. 그로부터 9년 후 그는 죽었고 톨레미 가문이 애굽과 팔레스타인을 통치하게 되었다. 톨레미 가문은 자기 가족들을 테베의 왕좌에 앉혔고 애굽의 황금기를 회복하려 노력하였다. 예를 들면 톨레미 유에르게테스 2세는 애굽의 신 왕국을 이룩한 이 바로 왕 아멘호텝 1세를 주전 140년에 신격화시켰는데 이로써 유에르게테스는 참애굽인으로서의 자기의 통치를 마감하려 하였다. 그러나 애굽의 본토인들은 그에게 충성의 굴레를 씌웠을 뿐이었다. 그는 팔레스타인 북쪽에 있는 셀루시드 제국의 공격으로부터 자기 나라를 보호하기 위하여 로마 군대의 힘을 의지하지 않으면 안 되었다.

로마 황제 폼페이는 주전 63년에 예루살렘을 함락시킴으로 자기들 배후의 위험 세력인 셀루시드의 위험을 제거하였다. 그러나 애굽은 망하기 직전의 휘청거리는 허약함 속에서 겨우 숨을 돌렸다. 드디어 톨레미 가문에서 클레오파트라가 등장하여 정치적 속임수와 뇌물로 자기 나라를 구하려 하였다. 그는 아우구스투스 시저와 마크 안토니 두 사람 모두의 호감을 사려고 노력하였다. 그러나 주전 30년에 시저의 함대가 클레오파트라의 함대를 쳐 부수자 클레오파트라는 좌절감에 못 이겨 자살하고 말았다. 그때로부터 애굽은 로마제국의 그늘 아래 들어오게 되었다.

헬라의 통치자들은 비록 짧은 기간을 통치하였으나 애굽의 해변가에 있는 여러 도시들에 헬라문화를 이식시켰고 헬라의 이주민들을 이 나라에 살게 하였다. 그리하여 그들은 외국의 여러 요소들을 애굽 사람들의 생활 속에 침투시켰는데 특별히 애굽의 종교에 많은 영향을 주었다.

유대인들에 비해서 애굽인들은 좀 더 빠르게 헬레니즘 문화를 흡수하였다. 제사장들은 애굽의 여러 신들에 헬라의 여러 신의 이름을 붙였다. '호러스'는 '아폴로'가 되었고 '돚'은 '헐메스', '아문'은 '제우스', '프타'는 '헤파이스토스', '하돌'은 '아프로디테' 등 다른 이름으로 불렸다. 애굽인들은 톨레미 통치자들과 그들의 부인들에게 예배를 드렸는데 마치 그들이 이제까지 바로에게 예배드렸던 것과 마찬가지였다. 바벨론 포로기간 동안 애굽에 정착해서 살고 있었던 유대인들은 거기에서 유대인들의 집단생활을 성공적으로 발전시켰다. 아람 사람들의 파피루스에 보면 엘레판틴 섬에 있는 아스완에는 유대 식민지로서 이름난 곳이 있었다. 이 식민지에 살던 사람들은 모세 율법과는 좀 거리가 있는 생활을 했으며, 나중에 가서는 양을 잡아 제사 지내는 희생제사 제도를 폐지하였다. 이 유대 식민지는 주전 404년 이후 소멸되어 버리고 말았다.

다른 유대인 사회들은 잘 지내었고 톨레미 왕조 하에서는 법적인 신분도 부여받았다. 아리스티스의 서간문에는 톨레미 1세가 10만 명 이상의 유대인들을 팔레스타인으로부터 끌어다가 애굽 군대의 용병으로 사용하였다고 하였다. 이 유대인들은 계속하여 하나님께 예배드렸으나 생활은 그리스, 로마 사람들의 풍습에 젖어들게 되었다.

고대의 세금 낸 영수증들을 살펴보면 애굽에는 유대인 세금 징수원들이 있었다. 유대인들은 그 외에도 정부의 관리들이 되기도 하였다. 클라우디오가 알렉산드리아 사람들에게 보낸 편지에 보면 유대인들은 운동 경기장의 운동 경기를 책임지는 관리직인 경기장 관리인의 자리에 고용될 수 없다고 되어 있는데 그 운동 경기는 엄한 유대인들의 계율에는 어긋나는 것이었다(참고, 마카비서 1:14-15).

고대 역사가 필로는 말하기를 백만 명의 유대인들이 애굽에 살고 있었다고 했다. 그들은 히브리어나 아람어를 못하는 사람들이었다. 그러기에 히브리 성경이 헬라어로 번역되었는데 이것이 바로 70인역 성경이었다. 70인역 성경을 처음 사용한 것은 알렉산드리아에 있는 유대인들이었고 후에는 로마 제국 전역의 유대인 회당에서 널리 읽혔다. 알렉산드리아의 필로는 유대인 철학자로서 그리스의 사상인 스토아 사상과 플라톤의 사상을 받아들였다. 그는 유대인들의 신앙에 그리스 사상의 옷을 입혔다.

알렉산드리아에서 성경해석법 중 하나인 알레고리 비유법이 발전되었다. 애굽에 있는 이 도시는 신 · 구약 중간시대 유대 학문의 중요 중심지가 되었다.

주전 4년경 마리아와 요셉이 아기 예수를 데리고 피신했을 때에(마 2:13-15) 나일강 삼각주 지역에는 예레미야 시대로부터 정착지를 이루었던 유대인들의 정착 마을

〈표 10〉 애굽 역사의 구분

	구분	연대	성경적 사건
I	초기 왕조시대(1-2왕조)	주전 3100-2800년	
II	고대 왕조(3-6왕조)	주전 2800-2250년	
III	제1중간기(7-9왕조)	주전 2250-2000년	아브라함이 애굽에 오다
IV	중기 왕조(9-12왕조)	주전 2000-1786년	요셉과 야곱이 애굽에 오다
V	제2중간기(13-17왕조)	주전 1786-1575년	
VI	신 왕조(18-20왕조)	주전 1575-1085년	출애굽(주전 1446)
VII	제3중간기(21-25왕조)	주전 1085-663년	쉐송크 1세(시삭)가 예루살렘 성전을 약탈(주전 927)
VIII	말기(26-31왕조)	주전 663-332년	바벨론 포로(주전 586) 피난민들이 애굽으로 도망
IX	톨레미 왕조 시대	주전 332-30년	
X	로마 통치 시대	주전 30년-주후 395년	마리아와 요셉이 애굽으로 피난(주전 4년)

이 여러 개 있었다. 마리아와 요셉은 이 여러 마을 중 어느 한 곳에 몸을 숨기고 살았으리라고 생각된다.

3) 애굽의 문화

이집트의 왕은 땅을 다스리는 하나의 신이었다. 애굽의 초기 비문에 의하면 왕은 여러 가지 매의 신이 혼합된 '호루스'(Horus) 신과 동일시되었다. 아마도 애굽인 등은 처음에 왕 혼자만이 영원한 생명을 가질 수 있다고 믿었던 것 같다. 왕은 불사의 존재로서 사후에도 다른 모습으로 계속 다스릴 것으로 생각했다. 그래서 사후에도 그들이 사용할 도구와 종, 신하 등이 함께 매장되었는데, 그 신들에 대한 종교의식, 그리고 이로 인해 생겨난 종교 문학과 장례 신앙 등으로 가득 차 있음을 보게 된다.

4) 신들의 나라

애굽의 신들은 셀 수 없을 정도로 매우 많은 것이 특징이다. 먼저 각 지방의 신으로는 헤르모폴리스의 지식과 달의 신 '도트'(Thoth), 테베의 숨겨진 신 '아몬'(Amon),

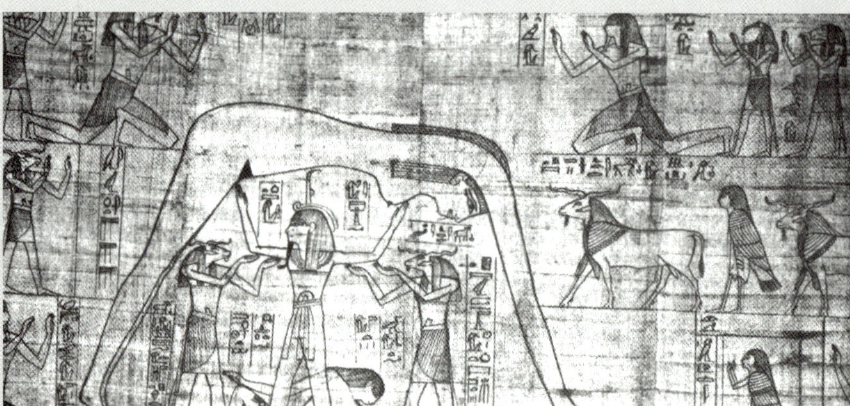

이집트 신들

이집트 신들 : 왼쪽 호루스
가운데 오시리스, 오른쪽 이시스

덴데라의 기쁨의 여신인 '하돌'(Hat-Hor) 등이 있다. 그리고 진리, 정의, 권리와 우주적 질서를 상징하는 '레'(Re) 또는 '아툼'(Atum), 하늘의 여신인 '눗'(Nut), 공기의 신 '슈'(Shu), 땅의 신 '겝'(Geb) 등의 우주적인 신들도 있다. 더불어 애굽의 국가 종교와 가장 근접하게 연결되어 있는 '오시리스'가 있는데 이 '오시리스'는 죽음과 생명을 오가는 장례와 밀접하게 관련된 신이었다.

5) 장례 신앙

애굽인들의 사후의 삶에 대한 정교한 신념들은 장례 신앙 속에 잘 나타나 있다. 다시 말해 삶이 오시리스에 의해 지배받는 이승의 영광스러운 애굽의 그것보다 더 구체적이고 물질적인 용어로 표현되고 있다는 점이다. 왕을 미라로 만드는 것은 영혼을 위한 물질적인 부착물인 몸을 보존하기 위한 인위적인 수단이었다. 여기에 태양 광선이 시체를 자연적으로 건조시키도록, 일찍부터 피라미드와 같은 무덤이 고안되기도 했다. 미라 모양의 소상 부장물들은 내세와 현세의 경계를 허무는 그들의 철학과 신앙의 결정체였다. 이러한 소상, 즉 샤브티의 재료로는 나무, 돌, 청동, 도토가 주로 사용됐는데 여기에 때로는 금박을 입히거나 머리카락, 눈, 코, 입을 검은 색깔로 그려 놓기도 했다. 크기는 보통 5.6-15.6cm를 넘는 것이 발견되기도 했다.

이집트의 피라미드

3. 우가리트와 가나안

여호수아가 이스라엘 백성을 가나안 땅으로 인도한 시기는 청동기 후기 시대(주전 1550-1200년)인 주전 1406년경이었다. 그는 주전 1400년경에 열두 지파에게 땅을 분배하고 주전 1390년 이후까지 생존했다. 그러나 이스라엘 백성이 가나안 땅에 들어간 시기를 주전 1300년 직후로 보는 자도 있다. 이들은 열왕기상 6:1의 480년을 대략 12세대로 생각하기 때문이다.

이스라엘이 가나안 땅을 정복할 당시, 바로 아멘호텝 3세(주전 1410-1372년)는 아시아 지역에 대한 지배권을 상실했다. 대부분의 팔레스타인과 수리아 지방의 소 왕국들은 애굽을 반역하거나 조공을 바치는 것을 그만두었다. 여호수아서에 애굽에 대한 언급이 없는 이유는 아마도 애굽이 아멘호텝 3세 때부터, 이스라엘 백성이 가나안에 진군한 이후 바로가 된 세리 2세 때까지 무력한 외교 정책을 수립하여 왔기 때문일 것이다.

가나안 지도

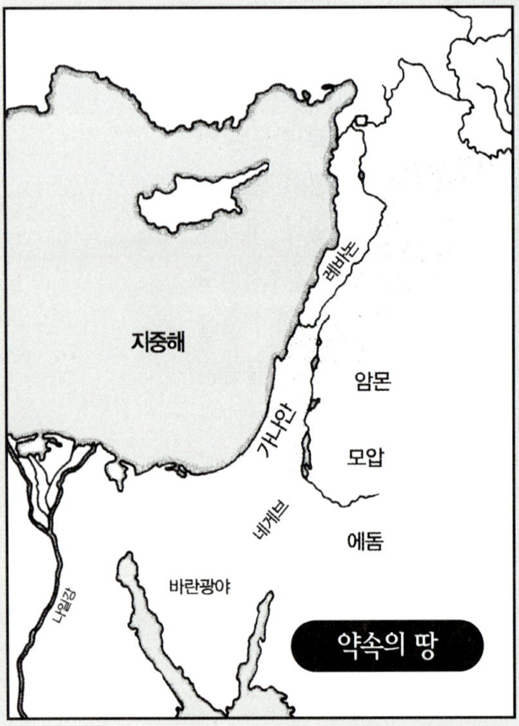

여호수아와 사사들의 시대에, 가나안 족속들의 종교 의식은 매우 음란하고 잔인하였다. 가나안의 의식들은 라스 샤므라(우가리트 문서) 서판들과 벧샨과 므깃도에서 발굴된 여러 문서에 잘 나타나 있다. 가나안 족속들이 섬기던 신들의 부도덕한 성격으로 말미암아 고대 근동 지방의 문화는 도덕적으로 타락하고 천박했다. 가나안은 소아시아 남쪽에 놓인 아시아의 지중해 해안 부분의 이름이다. 그러한 의미에서 그 이

가나안의 중심으로 들어가는 중요한 입구인 세겜 통로

름을 사용하는 것은 주전 1800년의 이집트의 비문으로까지 거슬러 올라가야만 발견된다. 가나안은 주전 4000년에 명확한 마을들이 있었던 후기 석기 시대 문명의 중심지였다. 주전 3200년 무렵에는, 금속 세공술이 도입되었고 청동기 시대로 들어갔다.

셈족 언어를 사용하는 사람들은 주전 3000년만큼이나 일찌감치 가나안에 들어갔으며, 다음 천년 동안, 그들은 티그리스와 유프라테스 지역의 확장하는 문화와의 접촉 및 새로운 이주에 의해서 이익을 얻었다. 그래서 아브라함이 도착할 무렵, 가나안은 이미 기나긴 문명의 역사를 지니고 있었고, 성경에 '가나안 사람들'이라고 한데 뭉뚱그려진 다양한 민족들에 의해 점유되어 있었다. 그 땅을 이집트가 지배했다는 이유에서 가나안이 함의 아들이라고 한 성경의 분류에도 불구하고 대부분의 가나안 사람들은 셈족 언어를 사용했을 뿐만 아니라, 실제로 히브리어를 사용했다. 그 땅을 후에 정복하게 된 이스라엘 사람들은 자신들이 이겨낸 민족들의 언어를 말하고 도입하게 되었지만 – 이것이 역사에서 이스라엘이 차지하는 가장 중요한 점인데 – 종교에서는 자신들의 가치를 만들었고, 결국 그것을 지켜냈다.

1) 가나안의 경계와 명칭

사실 이스라엘이 일정 지역을 장시간 장악하여 구체적 통일 국가를 이루고 산 것은 아니다. 또 성경도 각 경우마다 그 경계에 대하여 모호한 묘사를 하고 있다. 따라서 소위 말하는 가나안 땅 경계선을 확정할 기준은 없다. 다만 약속의 땅의 경계를 가장 구체적으로 일러주신 민수기 34:1-12과, 흔히 유대인들이 자신들의 나라 전체를 지칭하면서 단에서 브엘세바까지라고 말한 사실(삿 20:1, 삼상 3:20)에 근거하여 다음의 범위를 통상적으로 가나안 땅의 기본 경계로 간주한다. 또 사실 각 시대에 따라 행정 구역상의 구분에는 변천이 있었으나, 이 범위의 땅이 성경 전 시대에 걸쳐 성경의 주요 무대가 되었던 것도 사실이다. 이는 동서로는 요단 동편 땅 너머의 사막과 지중해를, 북으로는 만년설이 의용을 자랑하는 헬몬 산을 남쪽으로는 네게브 사막지대를 경계선으로 하는 땅이다. 이렇게 볼 때 가나안 땅의 북쪽 경계에서 남쪽 경계까지의 길이는 대략 240km로 서울에서 대구까지의 길이에 해당한다. 동서의 길이는 북단이 짧고 남단이 비교적 긴데 북단이 45km 남단이 85km이다. 이는 각각 서울-인천, 서울-천안 사이의 거리에 해당된다. 또한 이 지역의 면적은 대략 22,000km로 남한 땅의 8분의 1에 해당한다.

한편 이 땅은 오랜 역사를 두고 여러 이름으로 불려 왔다. 그 중 대표적인 것은 가나안과 팔레스타인이다. 이 외에도 이 땅의 역사적 의의에 따라 여러 이름으로 불려왔는데, 이런 이름들은 모두 공식적으로 행정 구역 구획에 따른 이름이라기보다는 개괄적인 지리 개념에서 나온 이름이다.

2) 가나안

최근에는 요르단의 팔레스타인 서쪽 전역의 명칭으로 밝혀졌다. 구약성경에서는 요르단 서쪽을 가리키는 명칭으로 사용되었으며, 그 언어는 셈어족의 북서쪽 방언에 속한다. 아마르나 문서(이집트의 고문서)에 따르면, 주전 3000년 무렵 셈족이 여기에 거주했고, 주전 2200-2000년 이집트인이 이 지역을 정치적으로 지배하였으며, 주전 15세기에는 이집트의 지배력이 약화되어 그 지배 하에 있던 팔레스타인과 시리아가 혼란 상태에 빠졌다고 한다. 주전 11세기에는 이집트 세력이 가나안에서 거의 자취를 감추었고, 곧 이스라엘 민족이 들어와 지배하였다. 이 지역은 문명의 교차로로 자리잡고 있어 이집트 · 미케네 · 크레타 · 메소포타미아 문명의 요소가 혼합되어 있으며, 신들로는 주신 옐을 비롯하여 비와 풍요의 신 바알, 옐의 아내 아세라, 풍요를 주관하는 아스타르테 등이 있다. 고대 셈족에는 카리스마적인 형태와 정치적 형태라는 두 지배 체제가 있었는데, 전자는 신적인 영력(靈力)을 받은 권위로써 민중을 지도하고 지배하는 것을 의미한다. 구역성경의 판관(判官)이 이러한 유형에 속한다.

3) 가나안 족속

가나안이라는 말은 평지 또는 자색 염료의 산지였기 때문에 '자주의 땅' 이라는 뜻으로 불리다가 팔레스타인 전역을 가리키게 되었다. 그들의 선조는 주전 25세기경 아라비아에서 이주한 셈계 민족인데, 같은 셈계의 이스라엘 사람이 가나안에 이주했을 때 이미 상당한 고도의 문화수준에 달해 있었고 농경생활, 도시생활, 상업생활을 하고 있었다. 이스라엘은 이 때문에 큰 곤란에 직면했는데, 군사적으로는 성공하여 가나안에 정착하게 되었지만, 문화적으로 오히려 가나안 사람에게 많은 영향을 받고 종교적으로도 바알 예배의 영향을 받았다. 구약 성경에는 가나안 족속의 죄와 우상 숭배에 대한 것이 많이 언급되어 있고, 이스라엘은 가나안 족속의 악에 경고를 받았다.

일반적으로 가나안 족속을 말할 때는 일곱 족속을 일컫는다.

〈표 11〉 가나안의 7족속

❶ **헷 족속** 헷 족속은 본래 가나안의 둘째 아들 헷의 후손들이다(창 10:15). 그들은 족장시대로부터 이스라엘이 가나안을 정복하는 때까지, 가나안에 거주한 종족 중 하나의 큰 민족이었다. 그러므로 "광야와 레바논에서부터 큰 하수 유브라데에 이르는" 온 땅을 헷 족속의 이름으로 불렀다(수 1:4). 그들은 본래 유프라테스강 유역에 이르는 지역에 살았는데 그 일부가 이 지역으로 이동해 온 사람들이었다. 아브라함이 그의 아내 사라가 죽었을 때에 그들에게서 무덤의 땅을 샀다(창 23:3, 4). 이것은 아브라함이 그들 중에서 나그네로 살았음을 의미한다. 에서는 그 아내 둘을 헷 족속의 딸들 중에서 취했고 그 어머니 리브가는 야곱도 그들에게서 아내를 취할까 두려워했다는 기록을 보아서(창 27:46) 이삭의 가정이 살던 브엘세바 지역(창 28:10)도 헷 족속이 많이 살았던 것으로 보인다. 이런 까닭에 예루살렘의 거주민들과 이 헷 족속과의 혼혈이 많았다. 에스겔 16:3, 45을 보면 예루살렘을 가리켜 "네 아비는 아모리 사람이요 네 어미는 헷사람"이라고 말하고 있다. 유명한 장군 우리아도 헷사람이었다(삼하 23:39). 그들은 점차적으로 이스라엘 민족에게 흡수되었다.

❷ **기르가스 족속** 기르가스 족속은 가나안의 계보 안에 들어 있다(창 10:16, 대상 1:14). 이들은 가나안 족속 중 하나였다(창 15:21, 신 7:1, 수 3:10). 그러나 그들에 대하여 더 알려진 것은 없다. 아마도 주변 족속들에게 일찍이 흡수되었을 것이다.

❸ **아모리 족속(Amorites)** 아모리 족속은 가나안의 최강의 족속 중 하나였으며 아모리란 말 자체는 서부인(westerners)이란 뜻을 가진 악카드어이다. 수리아와 팔레스타인은 종종 "아모리 사람의 땅"으로 알려졌다(창 48:22, 수24:15, 18). 그러므로 가나안인이라고 하면 곧 '아모리'를 연상하리 만큼 그들은 가나안의 대부분을 점령하고 있었다. 고대 바벨론 왕국의 황금기를 이룩한 함무라비 왕이 바로 아모리 족속이었다. 그러나 이스라엘의 가나안 정복시대에 와서는 아모리인은 벌써 여러 세기 동안 그 땅에 자리잡고 살아오는 가운데 가나안의 언어와 사회조직과 문화에 완전히 동화되었기 때문에 종족은 거의 구별할 수 없었다. 아모리 족은 특히 트랜스요르단에 많이 살았다. 헤스본 왕국과 바산 왕국은 아모리인이 세운 나라이다.

❹ **가나안 족속(Canaanites)** 가나안 사람이란 말은 넓은 의미로는 가나안에 살고 있는 모든 족속을 총칭한다. 그러나 좁은 의미로 사용될 때는 주로 시돈과 두로의 베니게 지역의 해변가와 요단강 계곡과 평원에 사는 한 종족을 말했다(창 10:19). 이 가나안인들을 후에 헬라인들이 '베니게인'이라 불렀다. 그들은 주로 두로와 시돈의 해변가에 살면서 무역에 종사하였으며 '가나안인'이라고 하면 곧 상인을 의미하는 말과도 같았다. 그러나 팔레스타인에 살고 있던 가나안인들은 점차적으로 히브리인들에게 흡수되었다.

❺ **브리스 족속(Perizzites)** 브리스 족속은 주로 변두리 시골에 살았던 족속인 듯하다. 그러나 창세기 10:15 이하를 보면 가나안 후손들의 계보에는 '브리스'라는 이름은 없다. 그들의 이름은 그저 '시골에 사는 사람들'이었다. 그러나 그들은 오랫동안 남아 있었고 포로에서 귀환한 이스라엘 백성들에게 영향력을 미쳤다(스 9:1).

❻ **히위 족속(Hivites)** 히위 족속은 호리 족속과 동일시된 것 같다. 그들은 본래 함의 후손으로(창 10:17-20) 북방 레바논 산과 헤르몬 산에서부터 하맛 어구까지 널리 살았다(삿 3:3, 수 11:3). 베니게의 시돈과 두로에는 가나안과 더불어 히위사람들이 살고 있었다. 또 그 일부는 세겜에도 살았고(창 34:2) 또 기브온과 그 주변 성읍들에 살기도 했다(수 9:3, 17). 특별히 기브온과 그 주변의 몇 도성에 살던 히위 족들이 여호수아를 속여 평화 조약을 맺고 생명을 구한 일은 이스라엘의 가나안 정복 역사에서 기억해야 할 일일 것이다(수 9:3-15).

❼ **여부스 족속(Jubusites)** 여부스 족속은 가나안의 셋째 아들의 후손들로서(창 10:16, 대상 1:14) 소수 민족이기는 하나 가나안의 중심지 예루살렘과 그 주변의 산지에 살았다(수 15:18, 민 13:29). 또 그 성읍은 그들의 이름으로 '여부스'라고 불렸다(삿 19:10, 11, 수 18:16, 28, 대상 11:4, 5). 그러나 다윗 때에 그 성을 쳐서 마침내 시온산 성을 점령하고 다윗 성이라고 부르게 되었다(삼하 5:6-9).

블레셋 족속(Philistines)

블레셋 족속은 그레데(Crete, 갑돌)에서 남부 팔레스타인 해안지대로 이주하여 족속들이다. 그들은 벌써 족장시대에 그곳에 영토를 점령하고 거주해 있었다. 어떤 학자들은 말하기를 그들은 주전 1200년경에 비로소 팔레스타인에 거주하게 되었다고 하나 그것은 사실과 다르다. 그들은 벌써 아브라함 시대에 그곳에 이주해서 농사를 지었다는 사실은 성경 밖에도 그 흔적이 보인다. 초기에 있어서 그들의 중심지는 그랄(Gerar)이었다.

그 후 블레셋 족속들은 아스돗(Ashdod), 아스글론(Ashkelon), 에글론(Ekron), 가드(Gath), 가사(Gaza) 등의 다섯 방백(군주)들에 의하여 통치되었다(수 13:3). 사사시대에도 이들은 여전히 남아 있어서 이스라엘을 괴롭게 하던 큰 세력이었다(삿 3:3,

아스글론

31, 10:7, 13:1-16:31). 그 후, 사무엘이 아직 어렸을 때의 일이지만, 아벡(Aphek) 전투에서는 이스라엘이 블레셋에 패하여 실로(Shiloh)의 성소가 훼파되며 법궤를 빼앗겼던 비참한 일도 있었다(삼상 4장). 사울 왕 때에도 예외는 아니었다(삼상 13장, 14장). 특별히 그들은 철공업(鐵工業)이 일찍부터 발달되어 있었으므로 이스라엘은 어떤 철기구를 만들려 해도 온전히 그들의 손에 의존해야 되었던 것이다. 그러므로 그들과 싸울 때 이스라엘은 칼과 창이 부족하여 한때 곤란을 겪었던 일도 있었다(삼상13:19-22). 그러나 요나단의 지휘로 사울 왕은 블레셋을 크게 이겼다(삼상 14). 그러나 블레셋을 완전히 멸할 수는 없었고 그들과의 계속적인 전쟁을 위하여 군대를 키우는데 그는 더욱 힘을 썼다(삼상 14:52).

다윗이 소년 때에 블레셋 장군 골리앗을 이긴 후에도 블레셋을 멸하지는 못했고 그가 왕이 된 후에야 그들을 쳐서 이김으로 블레셋의 위협을 면하게 됐다(삼하 5:25). 그러나 후일 이스라엘이 남북으로 분단되어 약화되었을 때 블레셋은 다시 일어나서 유다 왕국에 계속적인 위협이 되었던 것이다(왕상 15:27, 16:15, 사 9:8-12). 성경에서 블레셋의 멸망이 마지막 예언되기는 유다가 포로에서 돌아온 후 스가랴를 통해서였다(슥 9:5-7). 블레셋이 완전히 망하기는 알렉산더 대왕 때였다(주전 332). 마침내 블레셋 족속도 다른 민족에게 흡수되고 역사에서 그 이름이 영원히 사라졌다.

이러한 가나안의 일곱 족속 외에도 가나안 땅에는 많은 족속들이 살고 있었다. 가나안의 초기 원주민들 가운데는 르바 족속(창 14:5, 신 2:10, 20), 엠 족속(창 14:5, 신 2:10), 수스 족속(창 14:5), 아낙 족속(민 13:22), 그니스 족속(창 36:11, 15, 42), 갓몬 족속(창 15:19), 아말렛 족속 등이 있었다. 후기 원주민들은 일반적으로 가나안 7족속들과 블레셋 족속[6]을 말하고 있다

6) 김희보, 「구약 이스라엘사」, 29-30.

4) 우가리트 사람들

1928년 봄에, 시리아의 시골 농부가 들에서 일을 하고 있는데 땅을 파고 있는 곡괭이에 무엇인가 닿는 소리를 들렸다. 그는 아마도 땅에 돌이 박혀 있나 보다 하고 생각하였다. 자세히 살펴보니 곡괭이에 팬 땅 윗부분에 이상하게 큰 구멍이 생긴 것을 발견하였다. 그것은 오래된 무덤처럼 보였다. 이 우연한 발견으로 인하여 가나안의 도시에서의 놀라운 발굴 작업이 시작되었고 이 발굴 작업으로 인하여 놀랄 만한 역사적 유물들과 여러 가지 중요한 기념물의 유적들을 찾아낼 수 있었다.

프랑스의 고고학자들이 그 도시에서 더 깊이 파고 내려가 보니 상당히 많은 양의 진흙 서판들이 발굴되었는데 거기에는 고대의 원문들이 기록되어 있었다.

이 발굴터의 옛 이름은 '우가리트'였다. '우가리트'란 이름이 '텔 엘-아마르나'같은 문서상에 언급되어 있기는 하지만, 성경학자들은 우가리트의 정확한 위치를 알지 못했다. 그러나 1928년의 발굴에서 이 문제가 해결되었다. 시리아에 있는 이 지역에 대한 현대 아람어 이름은 '라스 사므라'인데 그 말은 '회향머리'라는 뜻을 가지고 있다(회향은 향기가 좋은 꽃으로서 그 씨는 향내 나는 기름을 만드는 원료로 사용된다. 이 회향의 주산지가 이 지역이다). 우가리트는 가나안의 언어 및 종교의 중심지였으며 고고학자들이 발굴한 진흙 글자판들은 이스라엘 백성들이 오기 전에 살았던 가나안 사람들의 세계에 대한 많은 것을 우리에게 알려주고 있다.

(1) 지역 배경

'우가리트'의 오늘날 현존하는 모습을 보면 거대하고 둥글며 약간 솟아 올라 있는 땅으로서, 높이는 20m 정도이며 폭은 가장 넓은 곳이 90m가 넘고 길이는 가장 긴 곳이 640m 가량 된다. 구브로섬(Cyprus) 동쪽 끝 지중해 해안으로부터 80m 떨어진 곳에 위치해 있다. 1929년에 과학자들이 이 지역을 발굴하기 시작하였고 세계 제

2차 대전 기간을 제외하고는 지금까지도 발굴작업을 계속하고 있다.

(2) 우가리트에서 발굴된 사본들

학자들은 우가리트에서 발굴된 가나안의 사본들을 곧 해독하여 여러 나라 말로 번역하였다. 이것은 주로 독일 학자 '한스 바우어', 프랑스 학자 '찰스 비롤로드' 그리고 '에드워드 도르메' 등의 노력에 의해 이루어졌다. 우가리트에서 발굴된 사본들은 '세계적'인 것이라고 말할 수 있는데 이는 발굴된 사본들이 일곱 나라 말로 쓰여졌기 때문이었다. 그 일곱 나라는 '이집트', '사이프로-미노안 리니어 비', '헷', '허리안', '수메르', '아카디아', '우가리트' 등이다. '우가리트'의 서판들에 사용된 글자들로 이집트어는 그림으로 된 글자(상형문자)였고 헷족속어는 쐐기모양 글자였으며, 나머지 다섯 족속은 선(줄)으로 된 글자를 사용하였다. 학자들의 연구에 의하면 사본들은 대부분이 '아카디아' 문자 사본들이었는데 이들은 '메소포타미아'에서부터 알고 있었던 문자였었다. '아카디아' 문자들은 업무관계를 기록할 때 대부분 사용되었고 또한 법률용어, 행정용어, 그리고 우가리트에서 사용되는 국제 문서들에 사용되었다. 그러나 고고학자들이 발견한 바에 의하면 훌륭한 신화, 서사시 그리고 도시의 기원에 대한 설화등은 독특한 우가리트어로 기록되었다고 한다.

전통적으로 보아 쐐기모양 문자를 사용하여 수백 가지의 뜻을 나타낼 수 있었다. 그러나 우가리트 문자들에는 30가지의 각각 다른 모양의 문자만이 사용되었는데 이를 보아 그들이 이 30가지 문자를 가나다라처럼 조직적으로 활용하였음을 알 수 있다. 단어들이 분리기호에 따라 나뉘어 사용되었다. 이런 것은 고고학자들이 다른 쐐기모양 문자에서는 찾아보지 못하였다. 대부분의 단어들은 세개의 기본자음으로부터 구성되었는데 이러한 형식은 히브리어, 아람어, 페키니아어 등의 셈족 언어에서 사용되는 것이었다. 그 외에도 우가리트어로 기록된 사본들은 오른쪽에서 왼쪽으로 써가고 이와는 반대로 쐐기모양 문자는 왼쪽에서 오른쪽으로 써 간다는 점이 특이한 점

〈표 12〉 가나안의 알파벳

a	y	p
b	k	s
g	s	q
h	l	r
d	m	t
h	d	g
w	n	t
z	z	i
h	s	u
t	c	s

이다. 이러한 독특한 점으로 인해 학자들은 자기들이 지금 연구하는 우가리트 문자들은 오늘날까지 알려진 적이 없었던 것들이라고 믿고 있었다.

가나안의 알파벳은 다음 <표 12>와 같다.

오늘날 영어의 알파벳 순서 중에는 위의 순서를 그대로 따르고 있는 것들이 있다: ab-d-h-klmn-pqr-t 등이 그것이다.

(3) 우가리트에 나타난 바알 신[7)]

우가리트의 종교는 가나안의 종교와 비슷한 점이 많다. 우가리트 만신전에서 엘(El)신은 70인들(Elim)의 아버지이다. 라스 샴라에서 한 무덤 위에서 발굴된 지팡이에 엘이라고 쓰여 있다. 여기에 엘신이 우가리트 왕으로부터 헌물을 받는 장면이 있다. 엘은 나이 많은 신으로 풍년(豊年)에만 나타난다. 다른 일상의 제사에는 젊은 신들이 출현한다.

엘의 아내는 아디랏(Athirat) 혹은 엘랏(Elat)인데 만신전(萬神殿)의 모신(母神)이다. 구약에는 아세라(Asherah)로 나타난다. 흠정역에는 39회나 '작은 숲'(groves)이라고 번역했다. 구약의 아세라(Asherim, Asherah의 복수)는 악명 높은 바알(Baal) 제사의 남성 대상물과 일치하는 여성 대상물들이다.

바알은 가장 인기 있는 신으로, 다산신(多産神)이며 구름과 비를 움직여 가나안에 생명을 준다. 그는 오른손에 철봉을, 왼손에 낙뢰,(落雷)를 잡고 있다. 바알은 가끔

7) 문희석 편저, 「구약성서배경사 II」, 서울: 대한기독교서회 1975, 222-5 참조.

바알 신

'땅의 주' 즉 '세불'(Zebul, prince)로 나타난다. 초기에는 하닷(Hadad) 즉 '가을과 겨울의 강풍 속에 나타나는 신'으로 불렸다. 우가리트에서 알리얀 바알(Aliyan Baal)즉 '바알, 전능한 자'(Baal, the Mighty One)로 표현되었다.

성경에서는 의도적으로 바알세불(Baal Zebul)을 바알세붑(Baal Zebub) 즉 '파리들의 신'(the god of Ekron)으로 만들었다. 신약의 바리새인들은 베엘세붑(Beelzebub, Av와 NEB에서) 혹은 베엘세불(Beel, zebul, Rsv에서)이라고 '마귀들의 왕'으로 불렀다. 희랍어 네슬(Nestal) 신약도 '베엘세불'로 읽는다. 이방의 신들이 마귀들로 불리기 때문에 '제후격인 바알'이 마귀들의 제후인 사단(Satan)으로 명명된다.

알리얀 바알은 가끔 모트(Mot)와 대결하는 다산신으로 바알을 묘사하는 서사시에 나온다. 모트는 죽음의 신이다. 바알의 머리가 일곱인 로탄(Lotan)이란 괴물과 만난다. 구약의 리워야단(Leviathan)은 로탄의 변형이다. 구약에서 레워야단은 야웨(Yahweh)에 의해 추방된다.

'처녀 아낫'(the Virgin Anat)은 바알의 여동생이거나 혹은 아내이다. 바알이 땅 밑으로 추방될 때 그를 위해 슬프게 울며, 해의 여신의 도움을 받아 땅 밑으로부터 그를 구출한다. 아낫은 사랑과 전쟁의 신이다. 성경에서 삼갈(Shamgar)이란 사사(士師)는 아낫의 아들로 나오나, 아낫이 전쟁신이므로 그 의미는 '용사 삼갈'일 수도 있다. 아낫의 복수 아나돗(Anathoth)은 예레미야의 집이 있었던 곳이다. 거기에 아낫 웅상들이 많이 있었던 것 같다. 올브라이트(W. F. Albright)에 의하면 아나돗은 한 신의 많은 성격과 속성을 복수로 나타낸 것이라고 한다. 히브리의 엘로힘(Elohim)도 마찬가지로 해석된다.

우가리트 문학에서 엘과 아디랏을 남편과 아내로 명확하게 하고 있는데 성경에서

우가리트의 바알 제단

바알과 아세라를 서로 보충되는 존재로 말하는 것은 의미가 통한다. 카펠루드(S. Kapelrud)는 「*Baal in the Ras Shamra Texts*」에서 만신전의 첫 여신은 첫 남신 바알의 아내이어야 하며 엘을 권자에서 몰아내고 바알이 아내로 맞았다고 했다. 우가리트 원전에 나오는 아스타르트(Athtart) 여신은 중동에 널리 퍼져 있었다. 구약에는 아스다롯(Ashtaroth)으로 9번 나온다. 이 여신은 키프로스를 통해 희랍에 전달되면서 아스타르테(Astarte)가 되었다. 아스타르테는 관용과 다산의 여신으로, 또한 사랑과 전쟁의 여신으로 불린다. 아스타르테와 비교되는 신은 앗수로 바벨론(Assyro-Babylonian)의 이스타르(Ishtar)인데 이 여신도 '전쟁의 여신'이다. 젊은 남신 아스타르(Athtar)는 '무서운 자'(the terrible)로 관개(灌漑)를 책임지는 신이다. 아스타르는 메사(Mesha)의 비문(주전 9세기)에서 모압(Moab)의 국가신으로 아스타르 그모스(Athtar-Chemosh)로 다시 나타난다. 아스타르트의 고대명은 메레크(mlk) 곧 '왕'으로 암몬(Ammon)의 신 밀콤(Milcom)으로 또는 몰록(Molech)으로 우상을 숭배하던 이스라엘 사람이 자기 아들을 희생 제물로 바치던 신이다.

우가리트 원전들에서 아스타르가 희생제물로 인간을 요구하지 않는다. 그는 키가 작으며 바알을 점령하려 하나 점령하지 못한다. 신들은 방대한 지역을 여행하면서 인간과 접촉을 하는데, 이 때에 보도자가 있어 인간과의 중개 역할을 한다. 구판(Gupan)과 우가르(Ugar)가 바로 이 역할을 담당한다. 신들의 여행 중 가장 중요한 것은 모트에서 바알로의 여행이다.

카디르와 카시스(Kathir-and-Khasis)는 건축 기술의 신 혹은 공예의 신이다. 그는 신전들을 짓고 신들에게 무기를 공급한다. 오베르만(Obermann)은 이 신이 금속을 용해하고 주조하는 신이라고 말한다(Julian Obermann, Ugaritic Mythology). 그러나 카펠루드(Kapelrud)는 발명가라기보다 건축 전문가라고 말한다. 얌(Yam)은 바다의 신이며 로탄(Lotan)이라고도 불린다. 성경의 리워야단(Leviathan)은 머리가 일곱인 이 괴물을 뜻한다.

우가리트의 불임(不姙)과 죽음의 신 모트는 가끔 다산(多産)과 생명의 신 바알의 세력에 도전한다. 기근(饑饉) 동안에 모트가 권좌에 앉는다. 어떤 학자들은 수리아와 팔레스타인에서의 매년 건기(乾期)에는 모트가 지배하는 자리에 있다고 한다. 모트는 레세프 즉 '복수하는 자'와 호론(Horon) 즉 '굴 속에 있는 자'로 불린다. 레세프는 재해(災害)와 악역(惡疫)의 신이다. 하늘의 대상물들이 만신전에 소개되었다. 샤마쉬(Shamash)와 야레아(Yareah)는 해와 달이다. 샤마쉬는 정의(正義)의 신이다. 왜냐하면 모든 것을 보기 때문이다. 세데크(Sedeq)와 미쇼르(Meshor) 즉 '옳음과 공정'은 그의 종들이다. 벳 세메스(Beth-Shemesh)와 여리고(Jericho)는 가나안에서 해와 달이 예배되던 중요한 장소이다. 샤하르(Shahar)와 샬렘(Shalem)은 새벽과 석양의 신이며 엘의 아들들이다. '하늘의 대상물들'로 알려진 그들은 고대 신화의 카스토르(Castor)와 플룩스(Pollux)에 비교된다. 헌물은 여왕 샤파쉬(Queen Shapash) 즉 해 여신과 별들에게도 바쳐진다. 샤파쉬는 샤마쉬의 배우자이다.

다간(Dagan)은 곡식의 신이다. 다간은 구약에서 다곤(Dagon)으로 기록되었다. 다간은 바알의 아버지로 다간 만신전에서 탁월한 존재이다. 서양의 사상 구조에서는 바알이 엘과 다간의 아들이라는 것은 비논리적이다. 그러나 고대 신화에서는 이런 일이 흔히 있다. 우가리트에서 발굴된 신전들 가운데 제일 큰 것은 다간에게 봉헌되었던 것이다. 성경 기록자들은 가나안 신화를 잘 알고 있다. 엘리야뿐만 아니라 창세기에도 바알 제사 및 우상숭배를 비난한다. 하나님(Elohim)이 해와 달과 별들을 포함한 모든 것들을 창조했다고 명확히 말한다. 기술과 공예의 발명은 신들에게 돌리지 않고 가인(Cain)의 후예들에게 돌린다. 구리와 철은 두발가인(Tubal-Cain)이 담당했다(창 4:22). 가나안 신들은 거룩한 땅(Holy Land)의 역사와 지리 위에 그들의 흔적을 남겼다. 블레셋 사람들(Philistines)이 법궤를 다곤의 신전으로 옮겼다(삼상 5:2-5). 렉 세메스, 벳 호론, 아나돗, 여리고, 그리고 다른 여러 곳들은 아직 이스라엘의 유일신이 지배하기 전에 가나안 땅을 지배해 온 다신교가 있었음을 입증해 준다.

⑷ 우가리트의 유물 – 풍요의 여신 라스 샤므라

풍요의 여신 조각판(시라아의 라스 샤므라, Ras Shamra)과 같이 고대에는 오늘날의 의미심장한 많은 발굴물들 중에 우가리트에서 전문적인 고고학자가 아닌 지역주민에 의하여 발견된 것들이 있다. 1928년에 한 농부가 자기의 밭을 갈고 있었는데 갑자기 한 무덤이 나타났다. 그 후 1년 만에 클라우드 쉐퍼(Claude F.A. Schaeffer)에 의하여 인도된 프랑스 고고학자들이 라스 샤므라(Ra Shamra)라 부르는 한 언덕을 발굴하기 시작했다(Cape Fennel). 고고학자들은 그곳에서 종교적 신상 몇 개와 제사 드리는 도구들을 발굴해 내었다. 그 가운데는 벗고 있는 여인의 모습을 하고 있는 작고 금으로 만든 부적들이 있었는데 이것은 우가리트의 풍요를 비는 미신과 관계가 있는 것이었다. 상아로 되어 있는 상자의 뚜껑에는 젖가슴을 그대로 내놓고 있는 여신의 모습이 새겨져 있었으며 그 여신의 두 손에는 곡식의 이삭이 몇 개씩 들려 있었다. 양 옆으로는 염소 한 마리씩이 뒷발로 버티고 서 있었으며 곡식을 입으로 물어뜯고 있었다. 다른 상아조각에는 두 어린아이를 보살피고 있는 여신의 그림이 그려져 있었다. 이것은 근동지역(문학이나 미술)에 흔히 나타나

풍요의 여신상

는 모습으로 죽을 수밖에 없는 운명을 지닌 인간들과 꼬마 신들은 여신의 젖가슴의 젖을 빨아먹으면 능력을 받게 되는 것이다. 또한 고고학자들은 바알신의 작은 동상들을 몇 개 찾아내었다. 그의 왼손은 내렸고 오른선은 올렸는데, 이는 마치 한차례 때리거나 전쟁을 몰고 올 준비를 하고 있는 것처럼 보이게 한다. 큰 돌판에는 바알신의 그림이 새겨져 있는데 그는 투구를 쓰고 치마를 입었으며 오른손에는 곤봉이나 철퇴를 흔들고 있었다. 또한 그의 왼손에는 활이 들려 있었다.

또한 몇 주 동안에 서부 레바논의 역사에 관하여 많은 내용을 포함한 1,000여 개에 달하는 문자가 있는 토판을 발견했는데 후기 청동기 시대(주전 1550-1200년)의 가나안의 종교와 문화가 포함되어 있었다. 그 토판들에 있는 언어들 중에는 북서 셈어도 있었는데 거의 우가리트어와 히브리어와 베니게어에 가까웠었다. 이것은 근동 백성들이 서로 깊은 관계를 가지고 있음을 보여 준다. 오늘날 시리아, 레바논, 요르단, 이스라엘의 고대 거주민은 시간과 공간적으로 연계된 한 문화를 가지고 있다. 지역적으로는 확실한 차이가 있으나 우가리트와 다른 지역에서 발견된 것들은 가나안과 이스라엘 사람들이 함께 모든 것을 공유하고 있었는데 성경적 이스라엘의 여러 모습과 같다. 즉 가나안 전통에 따른 모든 것이 일치한다. 여기에서 가나안 지역에서 나체의 여신의 모습을 한 다양한 형태와 매개체들을 많이 발견했다. 한 여성의 형태를 가진 금판에 조각된 것은 사자 위에 서 있는 모습으로 애굽의 여신인 '하돌'의 모습에 머리칼을 양편에 드리우고 있다. 그녀는 두 손을 뿔같이 뻗고 있는데 양손에 두 마리의 뱀들을 들고 있다. 그녀의 등 뒤에는 별들이 빛나는 하늘의 형태를 가지고 있다.

같은 여신이 조각된 글이 있는 애굽의 한 실례는 그녀를 Qudshu('거룩함')로 표시하고 있다. 이 우상은 다른 곳들에서와 다른 시대에는 아스탈데, 아낫이라는 다른 이름으로 불리고 숭배되었다. 그녀는 가나안 사람들의 본래의 여신이었다. 또 이스라엘 사람의 여신도 되었을 것이다. 주전 10세기경에는 고대 이스라엘에서 종교적 의미를 갖는 아세라로 알려져 숭배되었다. 그녀는 주신 바알의 아내 신이었는데 이스라엘에서 여호와를 대신해서 섬겼다. 그녀는 고고학적 발굴물들에 의하여 알려질 뿐만 아니라 북쪽 시내 반도에 있는 Kuntillet Ajrud의 비석들과 예레미야서에서도 '하늘의 여왕'으로 불렸다(렘 7:18, 44:17-19). 그것은 그 늘어뜨린 장식품의 배경에서 보여준 대로이다.

성경과 외경에서는 지혜의 모습으로 창조에 있어서 여호와의 배필로 되어 있다(잠 8:15-16). 그녀는 사랑하는 자이다(잠 8:30). 이와 같은 발견물들은 이스라엘이 레바논의 영향을 많이 받았음을 알 수 있다.

4. 앗수르(앗시리아) 제국

앗수르(英: Assyuria)는 메소포타미아의 티그리스강 상류 지역에 중심을 두었던 고대 제국과 그 문명의 명칭이다. 이 민족은 주전 1000년 동안에 유다와 이스라엘의 주요 적국이었다. 구약에서뿐 아니라 아카드(Akkad)어의 자료에서도 '앗수르'(Assur)로 불리는 앗시리아는 바벨론의 북쪽, 수리아 사막의 동쪽, 아나톨리아(Anatolia)의 남쪽, 그리고 쿠르디쉬(Kurdish) 산맥의 서쪽에 위치해 있었다. 이 민족은 무자비하고 잔혹하기로 유명했다. 성경은 앗수르를 가리켜 이스라엘을 깨우치기 위한 '진노의 몽둥이'요 막대기(사 10:5)라고 했고, 또 '새내어 온 삭도'(사 7:20)요, '넘치는 하수'(사 8:7-9)라고도 표현했다.

1) 역사

앗수르는 '기름진 초승달 지역'의 동북쪽 티그리스강 연변이었다. 앗수르라는 이름은 본래 앗수르의 국신 아술(Ashur)에서 온 것으로 그 나라의 수도를 가리켜 부르던 것이 온 나라의 이름으로 알려지게 되었다. 고고학자들의 발굴에 의하며 앗수르

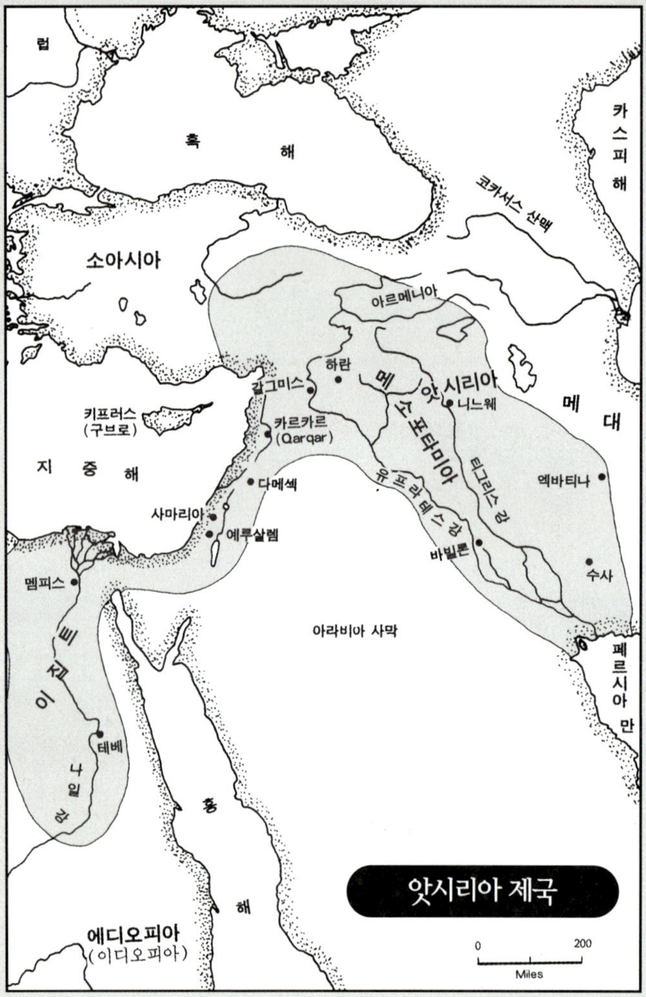

는 대략 주전 3000년경 등장하였고 앗수르라는 이름이 처음 글월에 나오는 것은 아카드 시대였다고 한다. 주전 19세기경 앗수르는 든든히 요새화된 큰 도시를 이루었다.

메소포타미아의 남쪽에 고대 바벨론 왕국이 쇠퇴하여질 무렵 앗수르의 세력은 일어나기 시작했다. 아술(Ashur)에서 발견된 앗수르 법전은 이 시대의 형편을 잘 설명해준다. 이 시대에 아술에서는 바벨론 법전을 사용했는데 그곳 습관에 맞지 않는 것은 약간의 수정을 가하거나 첨가해서 사용했다.

앗수르는 본래 거칠은 풍토의 지역에 놓인데다가 이웃에 헷과 미타니 제국같은 힘센 나라를 두고 살며 줄곧 전쟁으로 살아 왔기 때문에 몹시 거칠은 나라가 되었다. 백성은 모두 국민병으로 훈련되었고 정부는 군대를 유지하고 총괄하는 군사 조직이 되었다. 이런 까닭에 앗수르는 바벨론이나 기타의 옛 나라들이 내포하고 있던 군주의 세력 없이 강력한 중앙 집권을 유지할수 있었다. 게다가 앗수르 사람들은 헷과 미타니에서 배운 말의 양육, 번식 훈련법을 이용하여 힘있는 기마 병대를 보유하게 되었다. 이러하여 주전 14세기경 앗수르는 애굽을 대등할 수 있는 힘으로 나타났다. 유명한 텔엘 아마르나

서판에는 앗수르 왕 아술 우발릿(Ashurubalit, 주전 1362-1327년)이 애굽의 제 18왕조 아멘호텝 4세에게 보낸 문안편지와 선물 목록이 나타나고 있다. 이 사실은 주전 14세기에 앗수르의 국제적 권위가 애굽과 대등하였음을 보여준다.

앗수르 왕대의 14세기 왕 아술 우발릿 이후로 후계자들은 선왕의 위력을 보존하지 못하고 쇠퇴의 길을 걸었다. 그러던 중 12세기 초에 일어나 디글랏빌레셀 1세(Tiglath-Pileser Ⅰ, 주전 1116-1078)는 일시 서북쪽으로 판도를 넓혀 국위를 회복하였다. 디글랏빌레셀의 전쟁기(戰爭記)는 그가 어떻게 세계를 정복하려고 노력했는가에 대한 상황을 후대에 남겨주고 있다. 그러나 디글랏빌레셀의 후계자들은 연약하여서 넓혔던 국경으로부터 후퇴할 수밖에 없었으며 디글랏빌레셀 2세(Tiglath-Pileser Ⅱ, 주전 966-935) 때에는 앗수르 본토를 겨우 지킬 정도로 쇠퇴하였다. 디글랏빌레셀 2세의 뒤를 이은 왕들은 오랫동안 쇠퇴되어 오던 앗수르 제국을 흥황시키는데 큰 공을 세웠다. 그리하여 앗수르나시르팔 2세(Ashurnasirpal Ⅱ. 주전 883-859년)가 왕이 되었을 무렵에 앗수르는 새로운 정복전을 시작할 수 있는 국력을 회복하게 되었다. 앗수르나시르팔은 수많은 글월을 남겨서 자기가 이룩한 정복전의 모습을 자랑삼아 보여 주고 있다.

본래부터 앗수르 사람들의 잔악성은 고대 중동사회에서 격언 같이 알려져 왔었는데(나 2-3장) 그중에서도 앗수르나시르팔의 서판들은 그가 행한 잔혹한 악행을 놀랄만치 세밀하게 전하고 있다. 그는 포로들의 가죽을 산채로 벗기고, 칼로 찌르고, 불에 태우고, 흙속에 묻었다고 하며, 사람들의 가죽으로 자기 집의 바람벽을 장식하고 원수의 해골로서 신전 '피라미드'를 만들었다는 것이다. 그의 장황한 글 한편은 그가 새로 만든 수도 갈라(Calah, 창 10:11)의 신전 출입 복도에 아로 새겨져 있다. 그리고 그의 궁전 앞에는 사람의 얼굴을 한 사자의 몸집을 가진 굉장한 돌 조각이 서있다. 또한 그의 궁전 가까

앗수르나시르팔 2세

이 있던 조그마한 신전 속에서 왕 자신의 신상이 나타났는데 이것은 현존하는 앗수르 왕의 신장 중 가장 완전한 것으로 여겨진다. 그의 계승자였던 살만에셀 3세(Shalmaneser Ⅲ, 주전 858-824년)는 선왕을 따라 정복 전을 계속하여 시리아와 팔레스틴에 침략의 손을 뻗쳤다. 주전 853년경 오른테스(Orontes)강에 놓인 칼칼(Karkar)에는 살만에셀 3세와 시리아 동맹제국 사이에 일대 국제 전쟁이 일어났다. 영국 박물관에 소장되어 있는 살만에셀의 돌비(Monoith Inscription)에는 이 전쟁에 대한 상세한 기록이 있는데 이때에 시리아와 협력했던 동맹국 왕 중에는 다메섹 왕 하맛 왕과 이스라엘 왕 아합등 도합 12명이 나타나고 있다. 비록 성경에는 이 전쟁에 대한 기록이 나타나지 않고 있지만 이때에 아합이 가졌던 국제적 지위는 상당한 것으로 보인다. 살만에셀의 돌비는 아합 왕이 10,000명의 보병과 2,000명의 기마 병대를 지휘하였다고 전하며 그가 지휘하던 마병대가 연맹국 중 가장 큰 것이었다고 시사하고 있다.

검은 방첩비(오벨리스크)

또한 아합왕의 이름이 살만에셀의 돌비에 나온 사실은 아합이 주전 9세기 중엽에 북쪽 이스라엘 왕국의 왕이었다는 역사적인 사실을 입증해 주는 중요한 자료이다. 이 돌비에는 살만에셀이 카르키르 전투에서 일대 승리를 거두었다고 기록되고 있으며 원수의 피로 시내를 이루고 그 시체로 산을 만들었다고 호언하고 있다.

살만에셀은 드리어 이스라엘 나라를 굴복시키고 무거운 조공을 강요하게 되었다. 살만에셀의 궁궐에서 발견된 "검은 방첩비"(Black Obelisk)에는 이스라엘왕 예후의 그림이 나타나고 있다. 이 방첩비에는 4면에 여러 종류의 그림과 글이 새겨져서 살만에셀의 업적을 기입하고 있는데 예후의 그림은 둘째 단에 대왕 앞에 꿇어 엎드리고 있는 자세이다. 보석과 기타의 조공물을 들고 있고 설명하는 글에는 예후가 살만에셀 왕에게 많은 조공을 가져왔다고 기록되고 있다. 살만에셀 3세는 스스로 능력 있는 세계의 왕이요 원수를 사방에서 물

디글랏빌레셀 3세

리치는 천하 불멸의 장군이라 호칭하였으나 결국 반란 속에 죽고 앗수르 제국은 그뒤 반세기 동안 혼란을 면치 못하게 되었다.

쇠약의 길을 걷던 앗수르 제국으로 하여금 용맹스럽게 옛모습으로 돌아가게 한 왕은 디글랏빌레셀 3세(Tiglath-Pileser Ⅲ, 주전 745-727년)였다. 그는 왕이 된후에 북쪽에 움직이던 우랄 투(Urartu=아라랏, Ararat)나라와 시리아 동맹국들을 쳐부수고 주전 740년 북 시리아의 중요한 도시를 타파한 후 주전 734년 블레셋에 침입하고 그 후 2년 동안 다메섹을 쳐서 앗수르의 영토로 삼았다. 성경에는 디글랏빌레셀 3세를 "불"이라고도 불렀는데(왕하 15:19) 바벨론 지방에서도 그는 역시 "풀"(Pulu)이라고 불리웠다. 성경에는 그가 이스라엘 왕 므나헴으로부터 많은 금품을 빼앗아갔다고 기록하였는데(왕하 15:19) 같은 사건이 디글랏빌레셀의 연대기(年代記)에도 기록되어 있다. 왕은 그 연대기에게 말하기를 "므나헴이 두려움에 못이겨 새와 같이 떨며 자기 앞에 굴복하고 많은 물품을 바쳤다"고 했다. '불'과 이스라엘이 관계되었던 또 하나의 일은 다메섹이 아직 멸망되기 전에 다메섹 왕 르신(Rezin)과 이스라엘 왕 베가(Pekah)가 결탁하여 '불'을 대항하였던 일이다. 결국 불은 이스라엘과 그 동맹국 다메섹을 타파하고 이스라엘의 많은 주민을 앗수르로 사로잡아 가게되었는데(왕하 15:29), 이 일도 '불'의 연대기는 상세하게 기록하고 있다. 유다 왕 아하스(주전 736-726년)도 이때에 불의 신복이 되어(왕하 16:7) 많은 조공을 바쳤다. 디글랏빌레셀 3세가 죽고 그 아들 살만에셀 5세(Shalmanesar Ⅴ, 주전 727-722년)가 등극하자 이스라엘왕 호세아(주전 730-722년)는 용기를 내어 반기를 들었다. 이때 새왕 살만에셀은 이스라엘의 수도 사마리아를 포위하였다. 그리고 사마리아가 3년동안 완강히 저항하는 동안에(왕하 17:5) 살만에셀의 왕위는 사르곤 2세(Sargon Ⅱ, 주전

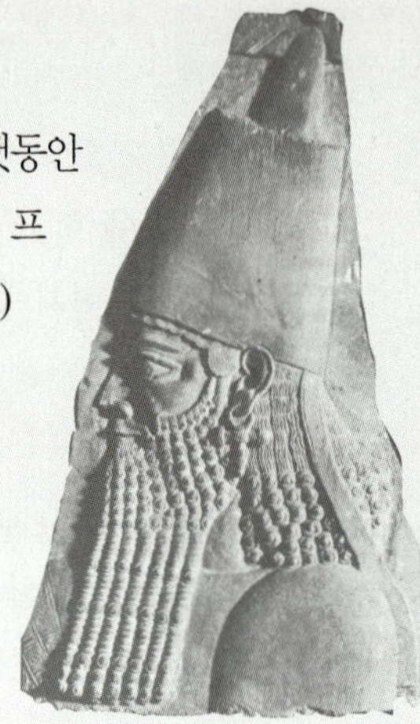
사르곤 2세

722-705년)에 의하여 찬탈되었다. '사르곤'이란 왕의 이름은 오랫동안 성경 이사야 20:1 이외에선 찾아볼 수 없다. 그런데 주후 1843년 프랑스 사람 에밀 보타(Paul Emile Botta)가 코르사바드(Khosabad)라는 곳에서 그의 왕궁을 발굴함으로 밝혀졌다. 이 코르사바드 궁전 바람벽에는 사르곤의 업적이 기록되어 있는데 그중에 중요한 것은 그가 그의 통치 1년에 이스라엘의 수도 사마리아를 쳐부수고 27,290명의 사마리아 사람들을 생포하여 다른 곳으로 옮기고 그 대신 다른 지방 사람들을 거기에 이주시켰다는 것이다. 본래 피정복민을 다른 곳으로 옮기고 그 대신에 다른 족속을 대치하는 정책은 디글랏빌레셀 3세에 의하여 시작된 듯하다. 사르곤 2세도 정녕 선왕의 정책에 따랐음에 틀림없다. 사실상 이 이민정책은 앗수르 제국의 무자비한 통치권을 강화하고 지방적인 반란을 타도하는 데 힘이 되었다. 사르곤 2세가 전사하고 그 아들 산헤립(Sennacherib, 주전 705-681년)이 왕위를 계승하였다. 산헤립은 니느웨를 수로로 삼고 요새를 구축하는 동시에 굉장한 궁전을 건축하였다. 주전 701년 유다 왕 히스기야(주전 726-697년)가 반기를 들자 그는 서쪽과 남쪽으로 진격하여 유다를 침략하고 그를 돕던 애굽과 에디오피아 군을 격파하였다. 이에 유다왕 히스기야는 앗수르에 많은 조공을 배상을 갚음으로 전투는 일단락 되었다(왕하 18:13-16). 산헤립은 그후 다시 유다를 침범하였다. 그리고 자기의 연대기에는 이때에 유다를 크게 파괴했다고 전하고 있으나 사실에 있어서는 예루살렘을 취하지 못했을 뿐만 아니라 도리어 큰 손해를 입었다(왕하 18:17-19:37, 사 36:1-37:38).

사르곤 2세

산헤립은 국민과 가족에게 미움을 받아 아들들의 손에 참살을 당하고(왕하 19:36-37) 에살핫돈(Esarhaddon, 주전 680-669년)이 왕위를 계승했다. 에살핫돈은 파괴되었던 바벨론 시를 재건하고 애굽을 정복한 것으로 유명하다. 에살핫돈도 선왕들과 같이 자기의 정복을 자랑하는 돌비를 만들고 자칭 "애굽 왕들의 위의 왕"이라 호명하고 있다. 이 형편은 에살핫돈 때에 앗수르가 애굽을 포함한 중동 일대를 정복하여 통치한 사실을 힘있게 말하고 있는 것이다.

앗수르 전성기의 마지막 큰 왕은 앗수르바니팔(Ashurbanipal, 주전 668-631년)이었다. 구약 성경에 오스납발(Osnapper, 스 4:10)이란 이름으로 알려진 앗수르바니팔은 그 잔인한 정복과 그가 남겨 놓은 문화적 흔적으로 유명하다. 그는 나라가 직면한 곤경을 앗수르식 무력으로 해결한 인물이다. 그는 우선 반역하는 애굽을 쳐서 멤피스(Memphis)와 테베스(Thebes) 두 도성을 약탈하였다. 특히 테베스는 성경에 '노'(No, 렘 46:25, 겔 30:14-16) 혹은 노 아몬(No-Amon, 나 3:8)이라고 불리운 도시로서 그 파멸이 당대에 준 인상이 얼마나 큰 것이었는가를 성경은 잘 입증하고 있다(나 3:8). '노'라는 말은 '도시'라는 뜻의 애굽 말이요, '노 아몬'은 '아몬신의 도성'이란 말이다.

다음으로 앗수르바니팔은 바벨론에 일어난 반란군을 파괴하였다. 본래 선황 에살핫돈은 자기 동생 하나를 바벨론 왕위에 놓았던 것인데 이를 반대하는 반란이 일어났던 것이다. 앗수르바니팔은 이 반란을 돕던 엘람과 아랍족속을 참혹하게 학살하고 스스로 바벨론의 왕위에 올랐다. 앗수르바니팔의 잔인 무도한 전쟁 역사와는 반대로 그의 통치는 앗수르 문화사상 일대 집결기를 이루고 있다. 그의 잔인성과 문화 애호

앗수르바니팔–드링크

의 역설적인 대조는 그가 남긴 조각물에 잘 드러나 있다. 앗스르바니팔은 니느웨에 일대 국립도서관을 건설하였다. 니느웨에는 이민 사르곤 2세가 만들어 놓은 도서관이 있었으나 앗수르바니팔이 수집한 글판은 전대의 것을 훨씬 능가하였다. 왕은 친히 서기관들을 앗수르와 바벨론 지방에 보내어 수천 수만의 글판들을 모았다는 것이다. 이리하여 그의 도서관에는 역사적, 과학적, 종교적인 각종 문헌과 공문서, 편지, 상업통상 문서들이 가득하게 되었다. 이 문서의 다수는 현재 대영 박물관에 간직되어 귀한 연구자료가 되어 있다. 이 글판 중에 바벨론의 천지 창조 신화와 홍수 이야기가 있다. 흥미 있는 것은 이 시대에는 이미 아카드어가 차차 아람어에 의하여 대치되고 있었다는 사실이다. 역사상에 종종 나타나듯이 결국 피정복민 아람 사람의 말이 정복자 앗수르를 정복하였던 것이다.

2) 종교

주로 앗시리아 역사의 정치적 변천 때문에 이 지역의 문화와 마찬가지로 종교도 바벨론의 종교와 매우 유사했다. 그리고 양자는 모두 수메르의 종교로부터 파생한 것이다. '앗수르'(Assur) 신은 수메르의 '엔릴'(Enlil)의 상속자요, 바벨론의 '말둑'(Marduk)에 해당되는 신으로 민족신(民族神)이었다. 왕들에게 권력을 부여하고, 그들의 전쟁의 약탈물을 갖다 바쳤던 신이 바로 그였다. 월신(月神) '신'(sin)을 포함한 앗시리아의 모든 방대한 신들 가운데 중요한 신들은 전쟁과 사랑의 여신 '이쉬타르'(Ishtar), 전쟁과 사냥의 신 '니누르타'(Ninurta), 지혜와 문필의 신 '나부랑의 여신'(Nabu) 등이다. 앗시리아는 물의 원천이요 동시에 삶의 원천인 비에 의존적이었기 때문에 폭풍의

태양신

신 '아다드'(Hadad)와 같은 신들이 우월한 위치에 있었다. 신들의 조각과 상들이 풍부하였는데, 그 이유는 그것으로 신들 자신이 구체적으로 표현되었다고 믿었기 때문이다. 따라서 그것들을 간직하고 섬기기 위한 자세한 지침이 제시되어 있었다. 수많은 신들을 숭배하고, 왕의 성결과 인도를 위한 정교한 의식들이 행하여졌다. 또한, 수호신과 악령들에게 지대한 관심이 쏟아졌고, 대규모의 한 전문가 단체는 점성술과 동물의 간(肝) 모양과 색깔 같은 자연적 현상들, 동물의 행동과 기형적 출산과 같은 징조들, 그리고 꿈에 대한 관찰을 통해 점을 치는 데 몰두하였다.

3) 유물

보트(P. E. Bott)가 1842년에 니느웨[모술 맞은편의 쿠윤직(Kuyunjik)]와 두르-사루킨[코르사바드(Khorsabad), 2km 북동쪽]에서 시작했던 것과 같은 초기의 발굴들은 앗시리아의 문학과 물질 문명에 관해 풍부한 정보들을 제공하고 있다. 특히 레야드(A. H. Layard)와 라스 삼(H. Rassam)에 의해 발굴(1845-1851년)된 니느웨의 앗수르바니팔 도서관(the library of Assurbanipal)은 다양한 문헌을 포함해서 거의 26,000개에 달하는 설형문자판을 간직하고 있었다. 이것은 앗시리아의 왕들이 서기관들의 학교를 유지하고 있었기 때문이다. 당시의 서기관들은 상업과 행정에 관한 기록들을 보관하는 것 이외에도 신화, 서사시, 왕의 연보와 역대기, 편지, 종교의식서, 예언서, 지혜 문학, 법전, 그리고 수메르어와 다양한 아카드 방언들의 번역을 위한 사전, 글자 음표와 같은 참고 자료들을 포함한 많은 앗시리아인들의 저작들과 수메르와 바벨론의 문헌들을 보존하고 있었다. 나아가 다른 자료들은 수학, 천문학, 의학 및 유리 제조와 같은 분야에서 앗시리아의 과학과 기술을 증거하고

앗시리아 건축물(날개 달린 황소)

있다.

바벨론 문화에 크게 영향을 받았던 앗시리아인들은 건축과 예술에서도 탁월하였다. 왕위를 계승한 왕들은 특히 수도였던 앗수르, 갈라 그리고 니느웨에서 궁전과 신전들을 건축하고 장식하는 일에 상당한 정력을 쏟아 넣었다. 거대한 조각상과 화려한 부조들이 왕궁과 공공건물들을 장식하였고, 정교한 식물원과 동물원이 수도에 보존되어 있었다. 니므롯과 사마리아에서 발견된 것과 같은 상아(象牙) 조각품들과 원통형 석인(石印)들은 앗시리아 예술가들의 기술을 보여주고 있다. 하지만 지적이고 예술적인 발전에도 불구하고 앗시리아인들은 잔인한 야만인이라는 평판을 면할 길이 없었다(참조, 사 10:12-15). 앗시리아 왕들은 군대의 힘과 그들이 정복한 백성들에 대한 거친 취급, 즉 못이 박힌 기둥에 매달린 희생자들을 찌르고, 불태우고, 많은 전리품을 약탈해 오는 것을 자랑스럽게 여겼던 것이다. 특히 중(中)앗시리아와 신(新)앗시리아 시대의 많은 왕들은 피정복민들을 자신의 고국으로 이주시켜, 그곳에서 또 다른 포로들과 함께 재거주하게 함으로써 거대한 영토를 통치하고자 하였다. 따라서 구약(특히 아모스 · 호세아 · 이사야 · 미가 · 스바냐 · 나훔과 같은 선지자들)은 앗시리아 사람을 여호와 하나님께서 종종 자신의 백성을 징계하기 위한 도구로 사용하신 야만적인 이방인으로 특징 짓고 있다(참조, 사 10:5, 렘 1:13).

4) 앗수르의 포로가 된 이스라엘 왕국

앗수르는 주전 9세기경부터 이스라엘에게 큰 위협을 주었다. 앗수르 왕 살만에셀 3세는(주전 858-824년) 서쪽으로 본격적인 팽창정책을 폈다. 따라서 이스라엘은 앗수르에게 조공을 바쳐야 했다. 그러던 중 이스라엘의 여러보암 2세 때 앗수르의 세력이 주춤했는데, 이 때가 바로 이스라엘에서는 유례없는 번영기였다. 이스라엘 왕 여로보암 2세에 대한 성경기록은 영왕기하 14:23-29에 나오는데 이 기간에 물질적인 풍요는 누렸지만 영적인 측면에서 하나님으로부터 책망을 들었다. 성경에 보면 여로보암은 하나님 보시기에 악을 행하여 금송아지 우상을 만들고 숭배하였으며 제

❶ 예후가 살만에셀에게 조공을 바치고 있다. ❷ 디글랏블레셀 3세

사장에 대한 레위기의 규례를 어겼다. 따라서 이러한 번영도 곧 종말을 맞게 되었다. 앗수르의 디글랏빌레셀 3세가 등장하면서 강력한 제국으로 부상하게 되고 마침내 이스라엘을 공격했다. 당시 이스라엘 왕인 므나헴은 그에게 조공을 바쳐야 했다. 열왕기하 17:1-7에 의하면 이스라엘 왕인 호세아는 앗수르를 배반했다. 그래서 이스라엘을 다시 침공했다. 살만에셀은 3년간의 전쟁을 통해 사마리아를 취하고 이스라엘 사람을 앗수르에 포로로 잡아갔다. 이로써 북쪽 이스라엘 왕국은 앗수르에 의해 완전히 멸망당했다. 살만에셀 이후 사르곤도 계속 남쪽으로 정복 전쟁을 일으켰고, 사르곤에 이어서 왕위에 오른 산헤립은 주전 701년에 예루살렘을 공격하기도 했다.

5) 앗수르의 멸망

앗수르바니팔의 전성기를 지난 앗수르는 나약한 세 사람의 황제를 가진 후 급작스럽게 쓰러지고 말았다. 잔학한 앗수르가 위기에 놓이게 되자 원한에 찾던 이웃나라들은 너도 나도 앗수르 타도에 협력하였다. 제일 처음으로 반기를 든 나라가 애굽이었다. 애굽 제 26왕조의 창설자 세메디커스 1세(Psammetichus Ⅰ, 주전 663-609

❶ 산헤립 돌
❷ 산헤립 캠프
❸ 라기스 전투

년)는 이미 독립된 애굽을 거느리고 옛 상전이던 앗수르에 많은 손해를 끼치고 있었다. 다음으로 앗스르 타도에 참여한 나라는 새로 나타난 갈대아(Chaldea) 혹은 신바벨론(Neo-Badylon)이었다. 예레미야 선지자에 의하여 "오랜 나라"로 지칭된 갈대아(렘 5:15)는 사르곤 2세가 앗수르를 통치하던 때에 므로닥발라단(Merodachbaladan)이란 장군에 의하여 통치되었던 일이 있었다. 그런데 앗수르바니팔이 죽은 후 므로닥발라단의 후손되는 나보폴라살(Nabopolasar)이 일어나서 갈대아의 독립을 선언

하고 제 1대왕(주전 625-605년)이 되는 동시 앗수르 타도의 기치들 든 것이다.

앗시리아인들은 그들의 우세한 군사력에도 불구하고 빼앗긴 영토를 회복하지 못했다. 갈대아는 주전 614년 앗수르 성을 메대(Mede) 왕 시악사레스(Cyaxares)의 협력을 얻어 함락되었다. 2년간의 치열한 전쟁 끝에 주전 612년 앗수르 마지막 왕 신샤리이스문(Sinshaishkun)을 죽임으로 앗수르의 수도 니느웨는 바벨론과 메데와 스키디아 연합군에 의해 3개월간 포위 당한 후 처절하게 함락되었다. 그러나 니느웨가 함락된 후 앗수르 우발리트 2세(Ashur-Uballit Ⅱ, 주전 612-608년)라고 자칭하는 왕이 나타나 앗수르군의 잔류군과 함께 하란(Haran)에서 한때 나라를 유지하려고 했다. 이들은 애굽의 군사 지원을 기다리면서 하란을 완강하게 사수했다. 그러나 애굽의 바로 왕 느고가 너무 늦게 도착하여 나보폴라살에 의해 결국 주전 609년에 하란이 함락당했다. 이것이 앗수르의 최후였다. 이리하여 스바냐 선지자에 의하여 예언되었던 대로 교만한 앗수르와 그 도성 니느웨는 결국 파괴 당했다.

"화 있을 진저 피 성이여
그 속에는 궤휼과 강포가 가득하며 늑탈이 떠나지 아니하는도다
획획하는 채찍소리, 굉굉하는 병거 바퀴소리
뛰는 말, 달리는 병거,
충돌하는 기병, 번쩍이는 칼
번개 같은 창, 살육당한 떼
큰 무더기 주검, 무수한 시체여!
사람이 그 시체에 걸려 넘어지니"(나 3:1-3)

선지자 나훔은 앗수르의 악독과 그 멸망의 원인에 대하여 이같이 노래한 바 있었다.

〈표 13〉 앗시리아의 왕들

왕들	통치기간	관련 성경구절	성경과 관련된 내용
앗수르 나시르팔 2세	주전 883-859		이 왕은 디글랏빌레셀 1세가 지배했던 유프라테스강 유역의 영토를 회복하는 대원정을 시작하였다. 북부 시리아에 진격하였고, 지중해 연안의 페니키아로부터 공물을 받았다. 이 대원정 시 이스라엘과 최초로 충돌했으며 이 시기에 최초로 앗시리아의 설형문자 원본이 이스라엘을 "오므리의 집"으로 부르기 시작했다.
살만에셀 3세	주전 858-824		살만에셀 3세는 북왕국 이스라엘의 아합과 예후와 동시대 왕이다. 기원전 853년 시리아의 연합군들과 접전했을 때 아합이 이끄는 이스라엘도 연합군을 이루었었다. 그러나 12년 후 예후가 싸움을 포기하고 살만에셀에게 조공을 바쳤다. 이 모습이 살만에설의 흑색 방첩비에 새겨져 있다.
삼시 이다드 3세	주전 823-811		
아다르 나리리 3세	주전 810-783	왕하 14:23-26	서부 원정에 나서서 히타이트, 페니키아, 다마스커스, 두로, 시돈, 에돔 등을 복종시켰고, 이스라엘의 요아스에게서 조공을 받았다고 한다. 그러나 그 후 국세가 기울어지자 이 틈에 여로보암 2세는 강력한 국방정책과 경제부흥을 꾀하여 국력을 회복하기도 했다.
살만에셀 4세	주전 782-773		
앗수르 단 3세	주전 772-755		
앗수르 나리리 5세	주전 754-745		
디글랏 빌레셀 3세	주전 745-727	왕하 15:29, 16:7-9 대상 5:26, 사 7:8	앗시리아 역사상 가장 강력한 군사적 전성기를 이룩한 왕이다. 그는 바벨론을 점령하고 스스로 바벨론 왕이 되어 '불'이라는 이름으로 통치했다. 북왕국 이스라엘의 므나헴에게서 조공을 받았고 베가 왕 때에 이스라엘을 다시 침략하여 갈릴리와 요단 동편의 이스라엘 영토를 앗시리아의 3개 주로 편성했다. 유다 왕 아하스의 긴급요청으로 다마스커스를 점령하고 시리아 왕 르신을 죽이기도 했다. 이스라엘 왕 베가를 물리치고 호세아를 왕으로 올렸고 대부분의 나라들로부터 조공을 받았다. 유다 왕 아하스와 이스라엘 왕 호세아도 조공을 바쳤다.

살만에셀 5세	주전 727-722	왕하 17:1-6	북 이스라엘의 호세아가 이집트 소왕과 앗시리아에 반역을 꾀했을 때 호세아가 통치하던 이스라엘 땅(에브라임지파와 므낫세 지파의지역, 사마리아 남쪽)을 모두 점령하고 사마리아를 3년간 포위한 끝에 결국 이스라엘을 멸망시켰다.
사르곤 2세	주전 722-705	왕하 17:24 사 20:1	북왕국 이스라엘 민족을 멀리 국외로 추방했고, 반역한 나라에 대해서는 가차없는 징벌을 가했다. 깃딤, 에글론, 아스돗등을 정복하여 앗시리아의 아스돗 주로 편성해 버렸다. 또한 그는 여러 해를 걸쳐 바벨론, 하맛 지방에서 끌려운 사람들은 그곳에 다시 정착시켰는데 이 이방인들은 자기들의 종교와 관습을 가지고 이스라엘의 잔존 민족과 살게 되었고 결국 이들은 나중에 '사마리아인'이라 불리우게 되었다.
산헤립	주전 705-681	왕하 18:13-16 왕하 19장 대하 32장 사 37장	사르곤 2세의 아들로 바벨론 성을 짓밟은 왕이다. 서부 원정에 나서서 시리아와 팔레스타인 왕들을 징벌하고 반역을 주도한 유다 왕 히스기야를 치기 위해 라기스를 비롯 수많은 유다의 도시들을 침공했다. 이때 히스기야는 항복하고 다시 조공을 바치게 된다. 후에 산헤립은 다시 유다를 침공하여 예루살렘까지 접근했으나 이사야의 예언에 따라 그는 실패했고 후에 본국에서 아들들에게 살해당했다.
에살핫돈	주전 681-669	사 37:38 대하 33:11-13	아버지를 죽이는 데 가담하지 않은 산헤립의 아들로 왕위에 올라 기원전 675년 이집트까지 정복하여 최대의 영토를 확장했다. 므낫세를 붙잡아 바벨론으로 데려갔다.
앗수르바니팔	주전 668-627	스 4:10, 3:9, 10	앗시리아 최고의 전성기를 이룩한 최후의 위대한 왕이다. 많은 이방인들을 사마리아에 강제로 정착시켰으며, 고대 세계 최대의 왕립도서관을 만들어 고대의 각종 문헌을 수집하여 소장하였다. 1853년 영국인 랏삼 등에 의해 니느웨가 확인되고 이 도서관이 발굴되었다.
앗수르에틸일라니	주전 627-623		
신 숨리실	주전 623		
신사르이스쿤	주전 623-612		바벨로니아와 메디아 연합군에게 앗시리아 제국의 종말을 고했던 왕이다.

6) 앗수르와 아람(시리아)

아람(시리아)은 구약시대 오랜 기간동안 이스라엘이 북동쪽에 위치해 있던 근접국가이다. 주전 3000년경 아라무(Ahlamu)라고 불리우는 한 무리의 셈족 유랑민이 페

르시아 만으로부터 유프라테스 강 위쪽에 흩어져 살고 있었다. 이 앗수르왕 디글랏 빌레셀 1세는 이들을 아람 사람(Aramean)이라고 불렀다. 아람 사람들은 시리아와 메소포타미아에 작은 도시 국가를 이루며 널리 퍼져 살았다.

아람 사람들은 아람말을 사용하면서 이웃에 살던 유랑민들을 잘 포섭했으므로 후에 아람말은 메소포타미아, 시리아, 팔레스타인을 통하는 '기름진 초승달 지역'의 통용어가 되었을 뿐 아니라 주전 6세기 이후에 일어난 페르시아 제국의 제 2통용어가 되었다. 아람(시리아)은 너무 좋은 위치를 차지했기 때문에 이웃 나라들이 이곳을 무시할 수 없었다. 아시아와 아프리카 사이의 대륙의 교량이었기 때문에 자연히 아람은 정복군을 위한 길을 제공했다. 특히 아람의 여러 나라들 중 가장 강대한 것은 다메섹(Damasucus)이었다. 다메섹은 메소포타미아, 소아시아, 이집트에서 오는 무역통로의 중심지였다. 아람은 동방의 앗수르와 서방의 이스라엘 사이에 있으면서 앗수르로 하여금 쉽사리 서쪽으로 침략하지 못하도록 장벽 역활을 하였다.

사사시대에 아람은 이스라엘을 괴롭혔다(삿 10:8). 아람의 수도였던 다메섹(창 14:15; 왕상 11:24; 사 7:8)은 다윗때 이스라엘의 속국이 되었으며(삼하 8:5-6) 솔로몬 때에는 아람 왕국 성읍 중 하나인 아람 소바(Aram Zoba)의 르손에게 정복을 당했다(왕상 11:23). 그리고 르손이 죽은 후 앗수르, 바벨론, 바사(페르시아), 로마제국 등에 의해 정복당했다.

성경에 언급된 아람사람으로는 이삭의 아내인 리브가(창 25:20), 라반(창 28:5), 나아만(왕하 5:20), 하사엘(왕하 8:28)등이 있다. 리브가와 이삭의 결혼을 통해(창 25:20) 아람 사람은 이스라엘과 공통 조상을 가지게 되었고 모세는 '내 조상은 유리하는 아람 사람'(신 26:5)이라고 기록했다. 또한 성경에는 오늘날의 시리아를 '수리아'로 부르고 있다.

〈표 14〉 아람(시리아)의 왕들

왕들	통치기간	관련성경구절	성경과 관련된 내용
헤시온(르손)	주전 940-915	왕상 11:23-25; 15:18	시리아(다메섹)는 이론적으로 솔로몬의 말년에 이르기까지 이스라엘의 한 주로 여겨졌으나 르손은 전시대를 거쳐 계속해서 솔로몬을 대적(왕상 11:23-25)하였다. 다브림몬의 아버지이다.
다브림몬	주전 915-900	왕상 15:18	시리아를 이스라엘에게서 독립시킨 왕으로 왕상 15:18에 소개되고 있다.
벤하닷 1세	주전 900-860	왕상 15:18, 20	유다와 동맹을 맺은 후 북쪽 이스라엘 왕국을 공격하였다(왕상 15:19). 앗시리아 왕 살만에셀과 가르가스에서 전투를 벌였다.
벤하닷 2세	주전 860-841	왕상 22	아합 왕 때 벤하닷은 이스라엘을 공격하였다. 벤하닷이 이스라엘의 수도 사마리아를 공격한 이유는 잘 알려지지 않지만 벤하닷은 사마리아를 포위하였고 공물와 아합의 아내와 자식들을 빼앗아 갔으며 이에 엄청난 양의 전쟁 보상금을 요구하였다(왕상 20:3). 아합이 시키는 요구대로 이행하려 하자 벤하닷이 다시 요구 액수를 올려 아합이 가진 모든 것을 빼앗으려 하자 아합은 이를 거절하여 이름이 알려지지 않은 선지자의 조언에 따라 기습 공격을 감행하여 그들을 공략하여 승리를 얻었다. 다음 해에 다시 벤하닷이 쳐들어와 아합 왕과 전쟁하던 중 아합이 승리를 거두었고 생명을 구걸하는 벤하닷을 조약을 맺은 후에 관용을 베풀어 살려 주었다. 선지자는 벤하닷을 풀어주는 아합을 꾸짖었고(왕상 20:1-43) 이때 벤하닷은 아합과 맺은 조약의 규정에 따라 그의 선왕들이 차지했던 땅까지 모두 이스라엘에게 돌려주었고 아합은 시리아에 상업 무역을 보장 받았다(왕상 20:34). 돌려 받은 도시 가운데에는 적어도 40여년 전에 벤하닷이 바아사에게 빼앗은 것(왕상 15:20)까지 포함되었다. 아합이 벤하닷과 아벡 전투에서 성급히 만들었던 조약 관계는 3년 후에 깨지고 만다. 이번에는 아합이 시리아에 빼앗겼던 길르앗 라못을 회복하려고 전쟁을 일으켰다 (왕상 22장). 아합과 벤하닷은 다시 싸우게 되고 아합은 유다의 여호사밧을 불러 함께 길르앗 라못을 점령하자고 요청했다(왕상 22:1-4). 아합은 그의 군대를 동원하고 진군 준비를 마친 뒤에 여호사밧의 조언을 듣고 400명의 선지자와 의논하였고 이들의 일치된 승리의 예언을 믿기 어려웠던 여호사밧은 다른 선지자를 부르도록 하였다. 여호사밧의 강권으로 미가야가 불려왔고 미가야는 아합왕의 죽음을 예언하였다(왕상 22:13-23) 아합은 그 조언을 들은 후에 변장을 하고 전장에 나갔지만 예언대로 시리아 병사가 쏜 화살을 맞아 전사하였다.

왕들	통치기간	관련성경구절	성경과 관련된 내용
하사엘	주전 841-806	왕하 8:15	엘리사는 그를 하나님의 사자라고 말했다(왕상8:28-29). 이스라엘의 요람 왕을 공격하였다(왕하8:28-29)
벤하닷 3세	주전 806-770	왕하 13:3	이스라엘의 여호아하스는 빼앗긴 성을 다시 찾았다(왕하 13:25).
르신	주전 750-732		다마섹과 이스라엘 연합군이 유다의 엘랏을 점령했다(왕하 16:6). 유다왕 아하스는 시리아의 도움을 청했다(왕하 16:7). 앗시리아의 디글랏빌레셀 3세는 르신을 물리치고 이스라엘에 호세아 왕을 앉혔다(왕하 17:1). 결국 시리아의 다마섹은 멸망당했다(주전 732년).

5. 바벨론 제국

바벨론 제국은 유다를 멸망시킨 나라이고 선지자들의 주된 예언(예레미야, 에스겔, 아시야 등)의 대상이 되었다. 세계사에서는 이 바벨론을 함무라비 시대의 고대 바벨론과 구분하기 위하여 '신 바벨론'이라고 부른다. '혼란'의 뜻을 가진 바벨론은 국명 겸 도시의 이름으로, 로마인들이 부르던 갈대아인의 영토(렘 24:5, 25:2, 겔 12:13)를 말하고 있다. 함의 손자 니므롯이 건설한 나라로서 시날 평원인 듯하다(창 10:10, 11:12). 느부갓네살 왕 때에 국력이 강성하여 남쪽 유다 왕국을 멸하고 백성들을 포로로 잡아갔다(왕하 25:8-12). 다니엘과 세 청년이 그때에 왕궁에서 시종하였다(단 1:7). 주전 539년 바벨론은 페르시아에 의해 멸망되었다. 바벨론 제국의 국토는 장 360마일, 광 90마일의 대평원으로 동은 티그리스 강, 서는 아라비아 사막, 남은 페르시아 바다, 북은 앗수르 제국으로 땅이 비옥하고 기후가 열대성에 속하여 1년 2회 수확을 한다. 바벨론 성은 주위 54마일, 높이 300척, 폭 75척, 성곽은 2중, 성문은 100개인데 모두 구리로 만들어졌다. 홍수 후에 쌓은 바벨탑이 이곳에 있다.

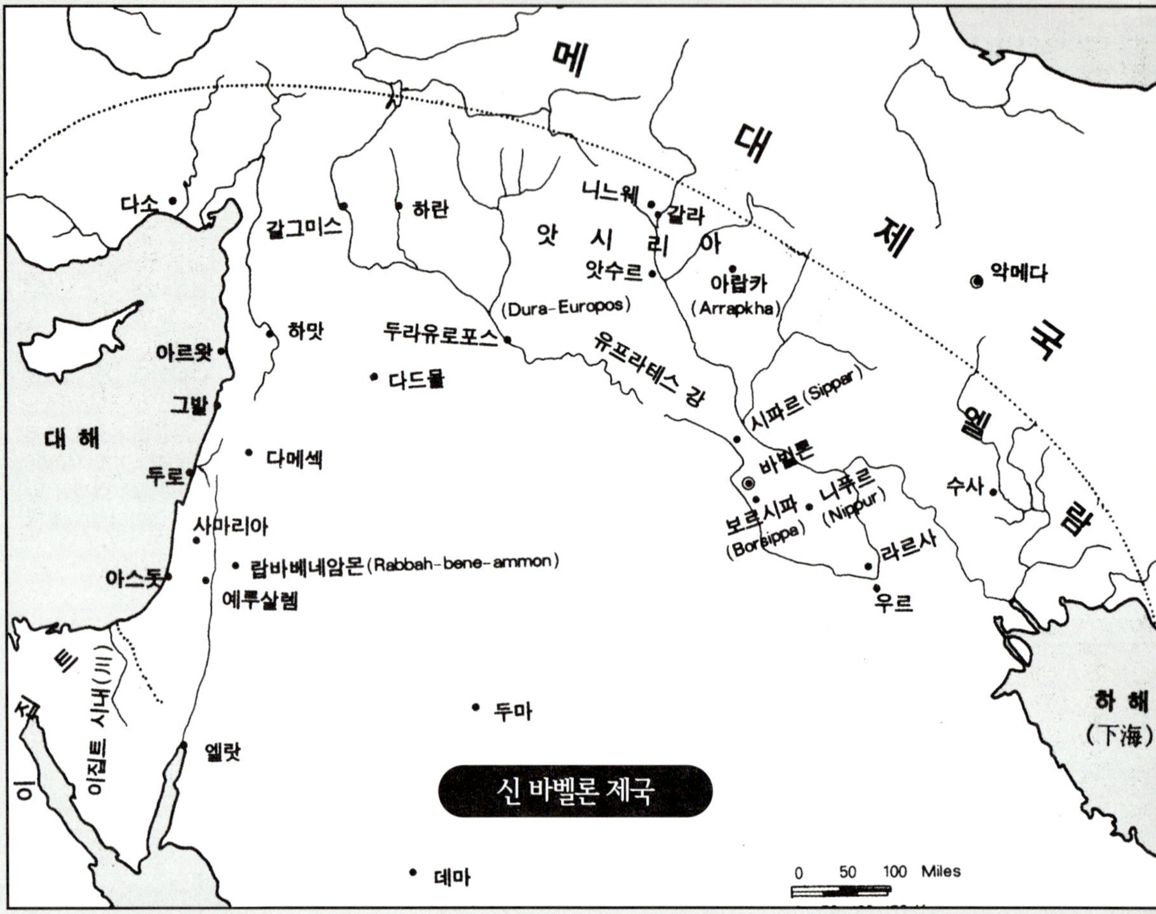

1) 니므롯

그는 인류 역사상 첫 왕이었다(창 10:10). "그의 나라는 시날 땅의 바벨…에서 시작되었으며…앗수르로 나아가 니느웨와…레센(이는 큰 성이라)을 건축하였으며…"라고 했다. 여기에 "그의 나라"라고 했으니 벌써 그는 나라를 조직한 왕이 아닐 수 없다. 그는 큰 성을 건축했다. 특별히 니느웨 성을 건축했는데 '니느웨'란 말은 니너스(Ninus)의 성이란 뜻이다. 고대 앗수르의 신화에 의하면 니너스는 니므롯의 아들이라고 한다. 그러므로 성경학자들은 말하기를 니느웨란 도성은 니므롯이 그것을 건설한 후에 자기의 아들의 이름을 따라 그 성의 이름을 삼은 것이라고 한다. 그뿐만 아

바벨론 제국

니다. 니므롯은 자기와 자기 아들들을 신의 화신이라고 하여 백성들로 하여금 숭배케 했다고 한다. 그렇게 함으로써 그는 인류 역사상 맨 처음 우상 숭배를 강요한 자가 되었다. 또한 그때 이후 바벨론과 앗수르에 달과 별을 숭배하는 우상종교가 시작된 것이라고 한다. 그런데 니므롯의 이러한 반역행위는 드디어 바벨탑을 쌓는 것으로 더욱 구체화되었다. 니므롯이 나라를 세운 왕이 되었을 때, 그의 마음이 더욱 망령되어 그는 사람들에게 존경받는 것에 그치지 않고 모든 사람들로 자기를 섬기게 했다. 바벨탑의 맨 꼭대기 정상에는 월신 난나(Nana)신을 섬기는 제단이 있었을 것이라고 한다. 니므롯이 바벨탑을 쌓은 큰 목적 중의 하나는 월신의 화신이라고 지칭하는 자기와 자기의 아들을 섬기게 하기 위한 것이라고 본다(창 11:4). "자 성과 대를 높이 쌓아 꼭대기를 하늘에 닿게 하여 우리 이름을 내고 흩어짐을 면하자"라고 했다. 여기에서 보는 대로 니므롯과 그 일당은 바벨탑을 쌓음으로써 사람들을 흩어지지 못하게 하는 정책을 썼다. 하나님께서는 노아의 후손들로 온 땅에 충만하여 번성하기를 원하였고 또 그렇게 축복하셨다. 그러나 니므롯과 그 일당은 하나님의 명령과 축복을 어겨 사람들로 온 지면에 흩어져 충만하며 번성하는 것을 막으려 했다. 사람들을 한곳에 묶어두고 그들을 통치하려 했다. 억지로 자기의 통치 밑에 저들을 통일시키려 했다. 인류는 본래 하나님을 예배하는 신앙과 서로 사랑하는 형제애로써 서로 연합하여 단결해야 했으나, 니므롯과 그 부하들은 그러한 영적 연합이 저들의 힘으로써는 불가능함을 알았음인지 외형적인 수단과 인간의 정책적인 방법으로써 단결과 연합을 유지하려 했고, 통일해 보려 했던 것이다. 하나님께 속한 사람들을 빼앗아 인간의 힘에 굴복케 했고, 하나님을 섬겨야 할 사람들을 돌이켜 인간을 우상으로 숭배케 했다. 드디어 하나님께서는 저들의 바벨탑을 무너뜨리시고 사람들을 흩어 버리셨다. 그때 이후 인간들의 언어는 혼잡하게 되어 서로 알아들을 수 없게 되었다. 바벨탑의 심판은 한마디로 인간들의 그 끝없는 교만과 반역에 대한 하나님의 심판이었다고 보아도 좋다. 니므롯은 영웅으로 추대받기에 적합한 사람이었으며 자기 시대에 만족할 만큼 큰 번영과 인간의 성공을 경험한 사람이었다. 많은 사람의 존경과 사랑을 받고 세상의 영화도 마음껏 누린 사람이지만, 그에게는 영적 헌신이 없고 하나님을 위한 봉사가 없다는 것이 아쉬운 점이다.

2) 바벨론의 신

고대 바벨론 제국은 태양신을 섬겼다. 노아의 증손인 니므롯은 하나님께 반역하기 위하여 바벨탑을 건설하였다. 바벨탑 붕괴로 흩어진 민족들은 니므롯을 태양신(바알)으로, 그의 부인(세미라미스)을 하늘 여신, 즉 하늘 황후(아스다롯)로, 그의 아들 담무스를 부활의 신으로 섬기며 지역에 토착화시켰다. 고대 이스라엘 백성은 타락하자 바벨론의 신들, 즉 바알과 아스다롯과 담무스를 숭배하였다. 태양신 바알의 제전은 광란과 음행과 인신 제물로 이루어졌다.

> "곧 그들이 여호와를 버리고 바알과 아스다롯을 섬겼으므로"(삿 2:13).

> "자식들은 나무를 줍고 아비들은 불을 피우며 부녀들은 가루를 반죽하여 하늘 황후를 위하여 과자를 만들며 그들이 또 다른 신들에게 전제를 부음으로 나의 노를 격동하느니라"(렘 7:18).

> "…우리와 우리 선조와 우리 왕들과 우리 방백들이 유다 성읍들과 예루살렘 거리에서 하던 대로 하늘 여신에게 분향하고 그 앞에 전제를 드리리라 대저 그

때에는 우리가 식물이 풍부하며 복을 받고 재앙을 만나지 아니하였더니 우리가 하늘 여신에게 분향하고 그 앞에 전제 드리던 것을 폐한 후부터는 모든 것이 핍절하고 칼과 기근에 멸망을 당하였느니라 하며 여인들은 가로되 우리가 하늘 여신에게 분향하고 그 앞에 전제를 드릴 때에 어찌 우리 남편의 허락이 없이 그에게 경배하는 과자를 만들어 놓고 전제를 드렸느냐"(렘 44:17-19).

"그가 또 나를 데리고 여호와의 전으로 들어가는 북문에 이르시기로 보니 거기 여인들이 앉아 담무스를 위하여 애곡하더라"(겔 8:14).

"옛적에 유다 왕들이 세워서 유다 모든 고을과 예루살렘사면 산당에서 분향하며 우상을 섬기게 한 제사장들을 폐하며 또 바알과 해와 달과 열두 궁성과 하늘의 모든 별에게 분향하는 자들을 폐하고"(왕하 23:5).

"…여호와의 전 문 앞 현관과 제단 사이에서 약 이십 오인이 여호와의 전을 등지고 낯을 동으로 향하여 동방 태양에 경배하더라"(겔 8:16).

3) 바벨론의 왕성 : 주전 605-562년

초대 왕 나보폴라살의 뒤를 이어 왕이 된 그 아들 느부갓네살 43년간의 통치 기간은 다니엘이 예언한 금머리처럼(단 2:36-38) 황금시기를 이루었다. 그리고 이집트의 세력을 시리아와 팔레스타인에서 일소해 버리고 오리엔트 상업의 이권을 차지하였다. 이때의 유다도 이집트의 영향 하에 있다가 바벨론으로 넘어가 마침내 느부갓네살에게 멸망하여 수많은 백성들이 세 차례에 걸쳐 유배되었다.이렇게 바벨론을 1세기도 채 안 되어 당시 세계 제일의 강대국으로 성장시킨 느부갓네살은 군소국가의 정복과 상업 독점으로부터 들어오는 막강한 재정으로 제국을 일대 번영으로 이끌었다. 당시 느부갓네살은 수도인 바벨론에 수많은 신전과 제단을 세웠는데 특히 신들의 여왕인 이시타르를 위한 제단을 180곳에 세웠으며 고대의 7대 불가사의 중 하나인 공중 정원을 세우기도 했다.

❶, ❷ 이쉬타문 ❸ 바벨론 입구 그림

4) 바벨론의 몰락 : 주전 562–539년

느부갓네살이 죽은 후(주전 562년) 바벨론은 후계자 3명에 의해 7년 동안 유지되었다. 그 후 왕권은 그의 아들 에월므로닥(Evil-Merodach, 왕하 25:27, 헬라어는 Amel-Marduk, 주전 562-560년)에게 계승되었으나, 2년 후인 주전 560년에 반역으로 살해되고 처남인 네르갈사레셀(Nergal-Sharezer, 렘 39:3, 헬라어는 네리그리살 주전 620-556년)이 4년간 통치했다.

그 후 그 아들 라바시 말둑(Labash-Marduk, 혹은 라보소알동 주전 556년?)이 왕위에 올랐으나 9개월 만에 음모단에 의해 살해되고 음모단의 나보니두스(Nabonictus, 혹은 Nabonaid 주전 556-539년)라는 귀족이 왕위에 올랐는데 그는 파사만과 애굽의 중간지점인 데마(Tema)를 제 2수도로 정하고 11년간 정주하였다. 그리고 그 아들 벨사살이 부왕으로서 바벨론 궁으로 나뉘어 그곳에서 나라를 다스렸다. 그 후 나보니두스는 아라비아 별장에서 죽고 벨사살 왕은 메대 족속 아하수에로의 아들 다리오에게 죽임을 당했다. 이로써 바벨론은 다리오의 통치하에 있다가 주전 539년에 일어난 파사(페르시아)의 고레스에게 완전히 멸망당했다. 이때 파사는 메대를 이겼으나 부친의 궁중 정략 결혼을 생각해서 속국으로 하지 않고 연합국의 성격을 띠었으며 그 후 서아시아의 모든 지역을 지배하고 관대한 정책으로 포로들에게 귀환을 허락했다(스 1:1-4:24).

5) 바벨론과 유다 왕국

바벨론과 남쪽 유다 왕국에 관한 언급은 성경 열왕기하 23, 24장 그리고 역대하 36장에 나와 있다.

여호아하스와 엘리아김(주전 609-597년) 시대 기간 앗수르가 멸망하자 앗수르의 옛 지역을 차지하기 위한 열강들의 쟁탈전은 결과적으로 유다의 파국적인 재난을 앞당겼다. 특히 당시 두 강대국인 바벨론과 이집트는 멸망한 앗수르의 영토를 차지하기 위해 주전 609년 갈그미스 전투를 벌였는데 요시야 왕은 이 싸움을 위해 진군하던 바로 느고의 군대를 막기 위해 출정했다가 므깃도에서 전사하였다(왕하 23:28-30). 므깃도에서 요시야를 전사시킨 이집트의 바로 느고는 계속 북진하여 갈그미스에 이르렀으나 바벨론 군대에게 패전하였다. 그리하여 메소포타미아 북부지역은 바벨론의 확고한 수중에 들어가게 되었다. 주전 605년 바벨론의 느부갓네살 군대가 갈그미스에서 이집트 군대를 완파하고(렘 46:2) 하맛까지 이르러 큰 타격을 준 후 팔레스타인의 진출을 꾀하였다. 그러나 그 해 8월 느부갓네살의 아버지인 나보폴라살의 죽음으로 느부갓네살은 왕권을 차지하기 위해 진격을 멈추고 귀국하

바벨론 느부갓네살 2세의 왕위 계승과 바벨론 포로에 관련된 서판(주전 597년)

❶ 므깃도(마실 물을 끌어들이기 위한 수도, 37m 깊이에 66m 길이가 되는 터널을 깍아 성 밖 샘물까지 연결하고 있다) ❷ 라기스 재건

여 실권을 장악하였다. 그리고 다음 해인 주전 604년에 재차 진출하여 블레셋 평원과 아스글론을 파괴하고(렘 47:5-7 참조) 그곳의 지도급 인사들을 바벨론으로 사로잡아 갔다. 이때에 유다를 침공했는지는 알 수 없으나 늦어도 그 다음해에 여호야김은 느부갓네살에게 충성할 것을 다짐하고 그의 봉신이 되었다(왕하 24:1). 그러다가 주전 601년 느부갓네살이 이집트 국경 부근에서 벌인 이집트 느고 군대와의 싸움에서 쌍방이 전력에 큰 손실을 입게 되어 바벨론은 약 1년 동안 본국에서 군대를 재조직하였다. 이 기회를 틈타 여호야김은 3년 만에 바벨론에 반기를 들었다(왕하 24:1). 그러나 그것은 판단 착오였다. 바벨론은 자기 수하에 있는 아람족과 모압 족과 암몬족속으로 하여금 유다를 교란하게 충동했으며(왕하 24:2-4, 렘 35:11) 주전 598년 12월에는 바벨론의 주력 부대가 유다로 진격하였다. 이때 여호야김은 그를 죽임으로 바벨론의 느부갓네살에게 환심을 사려고 했던 백성들에 의해 죽었을 것이다(렘 22:18-19). 여호야김이 죽자 그 아들 여호야긴이 18세에 왕위에 올랐다. 그러나 3개월도 안되어 예루살렘은 바벨론에게 포위되어 함락되었고 느부갓네살은 성전과 왕궁의 보물과 백성과 방백과 기술자들과 왕족과 내시 등 18,000명 이상을 사로잡아 갔

다. 그리고 여호야긴의 아자비 맛다니야를 시드기야로 개명하여 왕으로 세웠다. 느부갓네살에 의해 봉신국의 왕이 된 시드기야는 무모한 애국심의 망동에 부딪쳐 예레미야 선지와 여러 차례 의논하며 형세를 판단해 보았으나 바벨론에 반기를 들 것인지에 대해서는 확신을 갖지 못했다(렘 21:1-7, 38:14-23). 그러나 시드기야는 그의 측근들의 의견에 따라 바벨론에 반기를 드는 형세 판단에 실패하였다. 이에 바벨론의 느부갓네살의 군대는 시드기야 즉위 9년 10월 10일에 예루살렘을 포위하여 봉쇄했다(렘 21:3-7 참조). 이 틈을 타 에돔은 유다를 침입하여(욥 1:10-14, 애 4:21-22) 벧술, 벧세메스, 드빌, 아랏, 엔게디 등 유다의 성읍들을 철저히 파괴시켰는데 최후까지 버티던 라기스와 아세가(렘 34:7)까지 파괴되어 예루살렘만이 남았다. 유다 백성들의 사기는 땅에 떨어졌고 유다는 풍전등화의 위기 속에 처하였다. 그러나 이때 아마 시드기야의 호소로 올라온 듯한 이집트의 진격 소식에 느부갓네살의 군대는 예루살렘에 대한 포위를 풀고 철수하였다. 그러자 사람들은 이제는 살았다고 아우성쳤으나 예레미야는 계속해서 유다의 멸망을 예고하였다(렘 37:5-10, 34:21).

결국 예레미야의 예언대로 이집트 군대는 곧 격퇴되고 예루살렘은 다시 포위되어 그 다음해 (주전 587년)까지 버텼으나 시드기야는 항복을 원했다(렘 38:14-23). 그러나 항복할 형세가 되지 못함을 알고 주전 587년 7월 도성에 비축했던 식량이 바닥 나자 군졸 몇 명과 함께 아라바길로 도망하다가 여리고 근방에서 붙잡혀 립나(Riblah)에 있는 바벨론 왕에게 끌려가 그의 아들은 목전에서 죽었고 자신은 두 눈이 빼어진 채 사슬에 묶여서 바벨론으로 끌려가 그곳에서 죽었다(렘 39:4-7, 52:9-11). 그 후 한 달 뒤 느부갓네살 제 19년 5월 7일에 왕의 신하 시위대 장관 느부사라단(Nebusaradan)에 의해 예루살렘은 불탔고 성벽은 헐렸으며 성직자와 군대 및 주요 인물들과 지도급 시민들은 립나에 있는 느부갓네살에게 끌려가 처형되었다(렘 52:24-27). 그리고 상당수의 주민은 바벨론으로 유배되었다. 이리하여 주전 587년에 유다의 역사는 종말을 고했다.

6) 멸망의 유다 지역(왕하 25:22-30, 렘 43-44장, 52:28-34)

예루살렘이 함락되고 시드기야가 사로잡혀 바벨론으로 끌려간 후 멸망한 유다 지역은 바벨론의 느부갓네살에 의해 임명된 귀족 출신의 그달리야(Gedaliah)가 유다의 총독으로서 다스렸다.

한편 유다에 있던 지도자급의 사람들은 바벨론에 유배되어 닙푸르(Nippur)와 그 근처에 있던 그발 강가의 델아빕(겔 3:15) 등에 대부분 정착했다. 그리고 파괴된 유다 지역은 남겨진 사람들이 재빨리 점령했으며(렘 40:10), 중앙산악 지역은 앗수르와는 달리 새로운 이주민을 데려다가 메꾸지는 않았다. 다만 에돔 사람들이 점진적으로 입주해 들어왔으며 소위 '흙의 백성'이라 불리는 비천한 백성들은 변두리 지역에 머물러 있었다.

7) 이스라엘 백성에게 고통을 주신 목적

이스라엘 백성들이 바벨론에 포로로 잡혀 있는 상황에서 바벨론 사람들에게 선포할 내용을 가르쳐 주고 있다. 이 부분은 아람어로 되어 있다. 당시 사람들이 일반적으로 쓰던 말을 사용해서 저들도 분명히 알아들을 수 있도록 선포하라는 뜻이 담겨 있다. 이스라엘 나라가 망하고 자기들이 섬기던 하나님의 성전이 파괴되고, 수치스럽게도 포로로 잡혀 와서 갖은 모욕을 당하면서 살면서, 이방신들에 둘러 싸여 살고 있지만, 그들이 분명히 잊지 말아야 할 사실이 있음을 가르쳐 준다. 하나님 외에는 어떤 신도 참신이 아니라는 것이다.

이방인들이 섬기던 신들이 이렇게 망할 것이므로 이스라엘 백성은 하나님과 더불어 소망을 가지고 살아야 한다는 것이다. 하나님만이 영원한 신이므로 하나님을 섬기는 이 백성은 하나님과 더불어 망하지 않고 영원히 살게 될 것이다. 그리고 그들은 포로 생활 속에서 겸손, 즉 섬기는 법을 배웠다.

8) 포로 생활을 통해 얻은 유익

하나님께서는 이스라엘과 유다의 포로 사건 속에서 그의 공의를 나타내셨다. 그의 백성들은 그들의 고집과 반역, 배교와 완악함 때문에 열방 가운데 흩어짐을 당하게 되었다. 유대인들의 바벨론 유수는 철저한 하나님의 심판이었다. 이제 유대인들은 포로 생활을 통해 그들이 그토록 즐겨 하던 우상 숭배를 버릴 수 있었다. 그들이 자기들의 성전을 지키고 있을 때조차 버리지 못했던 우상 숭배를 바벨론 이방 예배의 추잡스러운 광경을 직접 목격하고는 버리고서 예루살렘에서 순전한 예배를 다시 확립할 것을 갈망하게 된 것이다. 종교교육의 발전도 이루었다. 유대인들은 포로 시대에 세워진 회당이나 학교에서 모세의 율법을 조직적으로 연구하였다. 이러한 연구는 옳고 그른 것을 판단하는 분별력을 세워 주고, 그들로 추잡한 우상 숭배에서 멀어지게 하였다. 메시야적 소망이 깊어진 것도 말할 나위 없다. 그들은 이 땅 위에서 받는 고난에서 자신들을 구원할 메시야에 대한 소망으로 가득 찼다. 그러나 시간이 흐름에 따라 영혼의 구원자가 아니라 국가적인 구원자, 즉 유다를 구원할 메시야를 대망하게 되었다. 그러면서 그들은 하나님께서 자기들을 고국으로 인도하실 때를 참을성 있게 기다렸다(대하 36:21, 단 9:2, 에 1:1).

9) 바벨론 유수 이후의 유다

유다 지역은 매우 제한되었으며 유다의 인구 역시 아주 느리게 발전하였다. 그 이유는 외부로는 정치적인 충돌과 내부로는 남아 있던 자와 바벨론으로부터 돌아온 자들 간의 갈등 때문이다. 페르시아의 후반기에 대한 유다의 상황은 거의 남아 있는 자료가 없다. 하지만 헬라시대에 잘 편성된 유다인들의 분포로 미루어 볼 때 유다인들의 성읍은 지속적으로 발전하였음이 틀림없다. 당시 팔레스타인이 더욱 강한 결속력을 갖게 된 세 가지 요인들은 잡다한 민족들이 정착한 해안 도시들 때문이고, 앗수르에 의해 강제 이주된 하맛 및 바벨론 지역의 주민들과 이스라엘 백성들 간의 교혼으

〈표 15〉 신 바벨론 제국의 왕들

왕들	통치기간	관련성경구절	성경과 관련된 내용
나보폴라살	주전 626-605		나보폴라살은 우룩(Uruk)에서 앗시리아와의 전투에서 승리하여 626년 11월 23일 공식적으로 바벨론의 왕위에 오른다. 3년동안 나보폴라살은 이 지역을 재 탈환하려는 앗시리아를 방어하였고 종래에는 금방 왕이 된 신살이스툰을 623년 완전히 바벨론 땅에서 내몰았다. 9년후에 나보폴라살은 고대 도시인 앗수르를 점령하였으며 메대왕과 동맹을 맺어 612년에 니느웨를 함락하였다. 앗시리아가 하란으로 천도하자 그는 하란마저 점령하였고 1년 뒤에 하란을 재탈환하려는 앗시리아와 이집트의 동맹군을 격퇴하여 이들을 유프라테스강 서쪽으로 몰아 내었다. 또한 그는 마지막 남아 있는 앗시리아 요새인 갈그미스(Carchemish)로 가서 앗시리아 군대를 대파하여 멸망시키고(605년) 이집트를 북 쪽 시리아에서 물리쳤다.
느브갓네살	주전 605-562	왕하24-25장, 다니엘	느브갓네살왕은 바벨론을 43년을 다스렸으며 바벨론을 세계 제국으로 만들었다. 그는 605년에 갈그미스에서 느고와 그의 이집트 군대를 대파했다. 구약성경은 느부갓네살이 이집트 군대의 뒤를 따라 거의 이집트에 이를 정도로 남쪽까지 왔고 여호야김을 봉신으로 만들어 예루살렘이 조공을바치도록 했다. 이때 다니엘을 포함한 포로 3천명(렘 52:28)에서 1만명을 데려갔다(왕하 24:14-17). 그는 여호야김을 유대의 왕으로 남겼으나 반역함으로 인해서 다시 601년경 예루살렘에 돌아와 공격하였다. 그는 여호야김의 아들 여호야긴이 왕위에 오른 뒤 다시 597년에 예루살렘에 왔다 이때 젊은 양을 포로로 끌어가고 시드기야를 왕으로 앉혔다. 그러나 시드기야 역시 이집트와 내통하여 반역하자 다시 586년에 예루살렘을 포위하여 함락시켰다(왕하 25:1). 그리고 이스라엘의 상류층 대부분을 포로로 끌어가 버렸다. 그가 세운 것 가운데 가장 유명한 것은 세계 7대 불가사의 중의 하나로 간주되는 '공중정원'이다.
에월므로닥	주전 562-560	왕하 25:27-30, 렘 52:31-34	느브갓네살의 아들로 이 왕은 무능하였으나 포로로 잡혀 온 여호야긴을 풀어 주어 죽을 때까지 왕궁의 연금을 받고 살도록 허락하였다. 그는 2년 뒤에 그의 여동생의 남편인 네리 글리사르에게 살해되었다.
네리글리사르 (네르갈사레셀)	주전 560-556	렘 39:3, 13	예레미야에 39:3에 나오는 인물이다.
라바시마르둑	주전 556		다니엘이 미친 왕으로 묘사했던 사람이다(단 4:33).
나보니두스	주전 555-539		나보폴라살 왕조의 마지막 왕으로 등극한 왕으로 귀족이었던 아버지와 달 신인 신(Sin)의 여사제였던 어머니 사이의 소생이었다. 나중에 그는 종교적인 문제로 인해 재위 6년째에 황해의 동편 시리아- 아라비아 사막의 큰 오아시스인 테마(Tema)에 10년간 스스로 유배를 하였다. 그는 왕권을 양위하지 않고 정사를 그의 아들 벨사살에게 맡겼다. 실제적인 왕권이 벨사살에게 부여되었는데 이는 다니엘서에 나오는 벨사살과 일치된다(단 5:1-31). 나보니두스 아들 벨사살은 바벨론을 임시로 통치했으나 왕은 아니었다(단 5:1-2).

로 말미암아 생긴 사마리아인들 때문이며, 비록 제한된 지역이기는 하지만 유다는 그와 인접해 있는 상당한 유다 인구들과 강하게 연결되었기 때문이다. 미쉬나의 기록을 참고하면 유다인들의 세 지역을 언급하고 있다: 유다, 트랜스 요르단, 그리고 갈릴리이다. 이런 지역들은 이차 성전 시대에 유대 문화의 중심을 이루었다.

6. 페르시아 제국

페르시아 제국은 구약 성경의 마지막 세기 동안 팔레스타인을 통치했다. 성경에는 에스더, 다니엘, 에스라, 느헤미야 등에서 이 기간에 대해 언급하고 있다. 유대인들이 바벨론에 포로로 잡혀가서 60여 년을 지냈을 때 주전 539년에 페르시아인들이 그들을 정복하였다. 그로부터 2년 후에 페르시아왕 고레스 2세가 포로 된 자들에게 자기들의 고향으로 돌아갈 것을 허락하였다. 팔레스타인은 바벨론, 페르시아, 그리스, 로마 등이 650년 이상을 통치하였는데 오직 페르시아 인들만 유대인들에게 우호적인 민족으로 여겨졌고 다른 제국들은 유대인들에게 악하고 적대적인 관계로 간주되었다. 왜냐하면 페르시아 제국은 그 이전의 제국들의 지배와 달랐기 때문이다. 앗수르 제국과 바벨론 제국은 근본적으로 공포로 다스리는 공통점을 가지고 있었다. 반역한 나라에 대해 앗수르는 자신의 무력을 사용하여 응징하였다. 앗수르에서 시작한 강제 이주 정책을 이어받은 바벨론 제국 역시 속국의 백성들을 본국에서 끌고와 제국의 먼 지역에 정착시키는 제도를 계속 시행하였다. 그러나 페르시아는 속국의 신들을 존중하는 정책을 펼치면서 다른 한편 그들 고유의 신을 바르게 섬기도록 격려했다. 심지어 신상과 신전을 복구하는 데 도움이 필요한 민족에게는 도움을 베풀었다. 또한 페르시아는 속국 백성들을 이주시키는 정책에서도 그들로 하여금 제국 내에서 살 곳을 격려할 뿐아니라 그들이 조상의 땅으로 돌아가기를 원한다면 귀국하여 재정착

하는 데 도움을 주기도 했다. 그들은 백성이 행복하게 되기를 원하여 종교의 자유를 인정하고 제국 내에서 이주의 자유를 허용했다. 한마디로 페르시아의 정책은 '외유내강'이었다.

1) 역사

페르시아 제국은 이란에 아케메네스 왕조를 세운 페르시아 인이 지배한 고대 오리엔트의 대 제국(주전 550-330년)이었다. '페르시아'라는 명칭은 이란 남서부 지방의 옛 명칭 파르스(Fars)에서 비롯된다. 이곳이 아케메네스 왕조의 발상지였으므로 이 고대 제국의 통칭이 되었다.

원래 페르시아(바사)의 본향은 인더스강과 티그리스, 유프라테스 강사이에 놓인 이란 고지(Iranian P1ateau)였다. 이 지대에는 이미 주전 1500년경 이전부터 인도 유럽족에 속하는 사람들이 목축업에 종사하면서 살고 있었다. 이들을 가리켜 후대 사람들은 아리안족(The Aryans)이라고 부르고 있다. 현대에 이르러 이 지대의 나라를 이란(Iran)으로 부르고 있는 것은 '아리안'족의 땅이란 뜻이다.

아리안족은 때의 흐름을 따라 두 갈래로 갈라져서 한 무리는 동남쪽으로 흩어져 인도(India)에 이르렀고 다른 한무리는 서쪽으로 뻗어서 '기름진 초승달 지역'에 이른 것으로 고대 '미타니' 제국은 이들이 이루었던 나라로 생각된다.

서쪽을 뻗어 온 아리안 족 중에서 특히 메데(Medes)와 페르시아(Persians)의 두 족속이 힘있게 발흥했다. 앗수르의 살만에셀 3세는 자기 연대기에 동방 정복에 관한 내용을 말하면서 이란 고지에 자리잡은 메대와 페르시아의 이름을 기록하고 있다. 주전 700년경에 이르자 메대는 이란 고지의 북방을 점령하고 티그리스 강 서쪽으로부터 페르시아 만 동편에 이르는 큰 나라를 이룩하고 액바타나(Ecbatana)를 수도로 삼았다. 그리고 주전 612년 메대왕 시악사레스(Cyaxres)는 바벨론 왕 나보폴사살과 합하여 앗수르의 수도 니느웨를 멸망시켰다.

일방 페르시아족은 이란 고지를 남하하여 페르시아만 북쪽의 엘람 땅과 동쪽 지대를 점령하였다. 엘람 땅에는 본래부터 여러 세기 동안 여러 작은 나라들이 교체되고 있었는데, 아카드 시대의 사르곤(Sargon) 왕 때로부터 가시대(The Kassites, 주전 1600-1200년)에 이르기까지 메소포타미아의 통치자들 밑에서 압제를 받으며 살아왔었다. 주전 12세기에 엘람은 가시를 물리치고 한동안 자립 태세를 갖추어 보았으나, 얼마 안가서 곧 바벨론의 느부갓네살 1세에게 압제를 받게 되었고, 주전 650년경에는 앗수르의 앗수르바니팔에게 파멸되고 말았던 것이다. 그런고로 페르시아족은 쉽게 옛 엘람 땅을 차지할 수 있었던 것이다.

비록 명목상으로는 주전 7세기로부터 이미 페르시아에 아케메네스(Achaemenid) 가문에 속한 왕이 있었으나, 주전 6세기 중엽까지 페르시아는 북쪽 메대의 예속국으로 존재했음에 불과했다. 즉 고레스 1세(Cyrus 1, 주전 640-600년)와 캄비세스 1세(Cambyses 1, 주전 600-559년)같은 왕은 메대에 예속되었던 아케메네스 왕이었다.

메대와 페르시아를 포함한 아리안족들은 예로부터 색다른 종교를 가지고 있었다. 그들의 예배의 중심은 불(火)이었고, 그 제사장들은 "불 붙이는 사람"(Fire-kindlers)

이었다. 대략 주전 6세기 중엽에 조로 아스터(Zoroaster)라는 메대 사람이 일어나서 예부터 내려오던 이같은 신앙 내용을 정리하여 도덕적이며 이원적(二元的)인 종교를 시작하였다. 이 종교를 후대 사람들은 배화교(拜火教)라고 부르는데, 이것은 조로아스터로, 조상들의 풍습을 그대르 받아서 불(火)을 빛과 선(善)의 상징으로 존경하였기 때문이다.

조로아스터는 가르치기를, 이 세상 한편에는 선과 도덕을 추구하는 지혜의 주(主) 아후라 마즈다(Ahuramazda) 신(神)이 있고 또한 이를 돕는 많은 선한 영체(靈體)가 있는데 반하여, 다른 쪽에는 이들을 대항하는 악령(惡靈) 아리만(Ahriman)과 그 부하의 수 많은 약한 영체가 있다고 하였다. 그리고 사람은 이 두 영물들 중의 하나를 따르게 되어 있는데, 결국에는 선신 아후라마즈다가 승리하는 것이므로, 사람은 이 최후의 심판을 의하여 악과 싸워이겨야 된다는 것이다.

조로 아스터는 메대로부터 페르시아로 내려와서 많은 교인을 얻는 중, 특히 페르시아 왕들을 믿게하고 페르시아로 하여금 배화교의 중심지를 만들었다. 조로아스터는 선신을 노래하는 수 편의 찬송을 남겼는데, 그의 찬송과 교훈은 후대인에 의하여 편집되어서 「아베스타」(*Avesta*)라는 경전(經典)을 이룩하였다.

캄비세스 1세의 대를 이은 고레스 2세(Cyrus Ⅱ, 주전 559-530년)는 고레스 대왕(Cyrus the Great)이라고 알려진 사람이다. 고레스 2세가 등극하자, 메대 왕은 페르시아에 일어날 반역을 염려하여 군대를 몰고 남하하였다. 그러나 때에 메대군(軍)

고레스 원통

자체에서 반란이 일어났기 때문에, 고레스는 도리어 옛 상전의 수도였던 엑바타나로 승리의 입성을 하였다. 이리하여 페르시아는 메대를 제압하게 되고, 외국 사람들로 하여금 메대와 페르시아를 동등한 존경어로 표현하게 만들었다. 성경에도 때로는 이 두 나라를 "페르시아와 메대"(에 1:19) 혹은 "메대와 페르시아"(단 5:28)라고 말하고 있다.

드디어 고레스 대왕은 메대 온 땅을 점령하고(주전 549년), 멀리 가서 소 아시아를 제압한 후(주전 546년) 바벨론을 항복시킴으로써(주전 539년) 중동 전역을 지배하는 위대한 페르시아 제국을 만들었다. 이리하여 이때까지 셈족에 의하여 지배되던 중동 지대가 완전히 인도-유럽쪽의 손으로 넘어가고 만 것이다. 고레스 왕은 파사가대(Pasargadae)를 수도로 삼고 그곳에 조로아스터교 신전과 아울러 궁전을 지었다. 궁전 바람벽에는 '고레스 대왕'이라는 '쐐기 글'이 여러 곳에 나타나고 있다.

고레스 대왕은 셈족에 속한 옛 왕들과 달리, 모든 전투 행위에 있어서 인정이 깊었다. 그는 피 정복지의 왕이나 지도자의 생명을 없이하지 않고 도리어 보호했으며, 바벨론 같은 도시에는 파괴없이 백성들의 환영을 받으며 입성하였다. 고레스는 그의 전국 통치 제 1년에 이스라엘 백성의 해방을 선포하게 하고 그들로 고국에 돌아가서 여호와를 위한 성전을 건축하도록 허락하였다. 이스라엘이 학수고대하던 해방 귀환의 날이 드디어 온 것이다. 고레스 왕이 일어나서 하나님의 택한 백성 이스라엘을 건져내리라는 사실은 이미 선지자 이사야를 통해서 말씀하셨던 내용이었다. 선지자 이사야는 고통 속에 놓인 백성들을 향하여 여호와 하나님을 대언하여 아래와 같이 말하였다.

"나 여호와는 나의 기름 받은 고레스의 오른손을 잡고 열국으로 그 앞에 항복하게 하며 열왕의 허리를 풀며 성문을 그 앞에 열어서 닫지 못하게 하리라. 내가 고레스에게 이르기를내가 네 앞서 가서 험한 곳을 평탄케 하며 놋문을 쳐서 부수며 쇠빗장을 꺾고 네게 흑암 중의 보화와 은밀한 곳에 숨은 재물을 주어서 너로 너를 지명하여 부른 자가 나 여호와 이스라엘의 하나님인줄 알게 하리라. 내가 나의 종 야곱, 나의 택한 이스라엘을 위하여 너를 지명하여 불렀나니 너는 나를 알지 못하였을지라도 나는 네게 칭호를 주었노라(사 45:1-4)."

고레스 대왕은 셈족에 속한 옛 왕들과 같이 잔인하지 않고 관대한 정복자였다. 그가 피정복 민족에게 보여준 친절과 동정은 원수와 동포에게 같이 칭찬을 받았으며 그의 능력있고 지혜 많은 통치 수완은 후대인들의 앙망의 표적이 되었다. 그는 그는 바벨론에 의하여 포로되었던 유다 민족을 석방해 줌으로 고국에 돌아가서 자립할 길을 얻게 하였다. 그레스의 해방선언이 페르시아 온 땅에 전파되자 열성있는 유다와 베냐민 족장들, 제사장들, 레위 사람들은 곧 일어나서 그리던 고향으로 돌아가기로 결정했다. 이에 고레스왕은 세스바살(Sheshbazzar)이라는 유다 왕족을 임명하여 귀환민의 지도자로 삼게했고 옛 왕들이 예루살렘으로부터 노략해 왔던 성전 기명을 내어 주며 이웃들로 하여금 선물을 주게하여 고향으로 돌아가는 무리를 격려 축하해 주었다(스 1:5-12, 5:13-15).

바벨론이 항복한지 9년 뒤에, 고레스 대왕은 동북쪽에 움직이던 유랑민의 무리와 싸우다가 전사하여(주전 30년) 수도 파사가대에 매장되었다. 그의 질소(質素)한 무덤은 고레스가 매장된 지 근 200년 후, 알렉산더 대왕(Alexander the Great)은 도적의 떼에 의하여 모든 장식품을 박탈당한 채 땅위에 쏟아져 있던 고레스의 시체를 다시이 무덤속으로 옮겼다는 것이다. 헬라의 저술가 푸루탈크(Plutarch, 주후 46-120년)의 말에 의하면, 고레스의 무덤에는 아래와 같은 글이 기재되어 있었다고 한다.

"오 그대여, 그대가 누구이든지, 어디서 오든지 간에, 나는 그대가 올 것을 알았다. 나는 고레스이다. 페르시아 사람들도 하여금 나라를 이룩하게한 사람이다. 원컨대 내 몸을 덮고 있는 이 적은 망을 나를 위하여 아끼지 말아 주기 바란다."

고레스 2세가 죽고, 그 아들 캄비세스 2세(Cambyses Ⅱ, 주전 530-522년)가 왕위를 계승한지 4년 되던 주전 525년경에, 왕은 애굽을 정복하고 페르시아 제국에 예

다리우스 왕자

다리오 왕 무덤

속시켰다. 페르시아는 중동 지대에 남아 있던 유일의 독립국 애굽을 정복함으로써 세계에 가장 큰 나라로 나타나게 되었다. 페르시아는 나일강 '세모 땅'으로부터 지중해 동해안을 거쳐 소 아시아와 남북 메소포타미아를 지나 멀리 인도에 이르는 온 땅과 그 안에 사는 백성들을 통치하게 된 것이다. 그리고 이 대사업이 이루어진 것은 불과 25년간의 일이었다(주전 550-525년).

캄비세스 2세는 애굽을 정복한 뒤 정신에 이상을 얻어 자살해 버리고, 그의 동생이라고 자칭하던 가우마타(Gaumata)가 왕권을 빼앗게 되자, 페르시아 제국에는 한때 혼란이 일어났다. 그러나 시간을 잃지 않고 일어난 다리오 1세(Darius Ⅰ, 주전 522-486년) 혹은 다리오 대왕 (Darius the Great) 또는 다리오 히스타스피스 (Darius Hystaspis)는 곧 찬탈자 가우마타를 쳐 죽이고 나라를 수습하였다.

다리오 대왕이 가우마타와 그 밖의 여러 반역도배를 타도한 승전기는 그림과 글로 조각이 되어서 오늘까지 전해오고 있다. 일반적으로 "베히스툰 바위"(Rock of Behistun)라고 불리우는 것이다. 베히스툰이라는 이름은, 다리오왕의 승전 기념비가 조각되어 있는 산 밑의 촌락 이름이다. 이 굉장한 조각물은 옛 메대 수도 엑바타나로부터 바벨론으로 향하는 길가의 드높은[산에 만든 것으로서, 평지로부터 500척 가

페르세폴리스의 아파다나의 폐허

량 높은 지대에 넓이 50척 높이 25척에 이르는 굉장한 승전 기념비이다.

다리오 1세는 반역도를 소탕하는데 유능했을 뿐 아니라, 광대한 대 페르시아국을 통치하는데 더욱 그러하였다. 그래서 후대 사람들은 다리오 왕의 행정체를 가리켜 고대 인류 역사상에 보기 드문 천재적 조직이라고 하고 있다. 무엇보다 위대한 것은, 그가 온 페르시아의 판도를 20개 총독 관구(管區)로 완전히 분할한 일이다. 그는 애굽과 바벨론만을 친히 통치하기로 하고, 남은 지역은 모두 20명의 총독에게 맡기어 다스리게 하였던 것이다. 그리고 각 총독 관구의 백성들은 중앙정부에게 일정한 조공을 바치고 군인을 공급하는 한 지방적인 자치를 누릴 수 있도록 하였다.

일반적으로 다리오 왕의 통치는 공의와 인정이 편만했었는데, 이것은 그가 조로아스터교를 깊이 선봉한데 원인이 되었던 것 같다. 유다 민족이 바벨론 포로 생활로부터 돌아오게 된 형편도 이같은 시대 배경을 생각할 때 더 잘 이해되는 바이다. 다리오왕이 이룬 업적에는 이 밖에도 기억할 바가 많다. 그가 나일강에서 홍해로 통하는 운하(運河)를 판 일, 페르세폴리스(Persepolis)에 새 수도를 새운 일, 금은전(金銀錢)을 만든 일, 애굽의 달력을 수입한 일, 의학교(醫學教)를 세운 일, 천문학을 장려한 일, 베니게 사람들을 사용하여 해군을 조직한 일, 도로(道路)를 만들고 우편제도를 확립한 일 등이 그것이다. 다리오 대왕의 세력이 중동 천지를 휩쓸고 멀리 유럽의 다뉴브 강(Danube River) 지대에 이르게 되자, 자연히 불가피의 분쟁이 일어났다. 헬라(Greece) 여러 나라와의 충돌이 그것이었다. 그리고 다리오 왕의 통치 말년에 일어난 헬라 왕의 분쟁은 페르시아제국에 불운을 가져오기 시작하였다. 도대체 선왕 고레스가 소아시아를 정복했을 때에 헬라의 식민지들을 포함했음이 잘못이었었는지 모른다. 하여간 다리오 왕 때에 페르시아군대는 마라톤(Marathon)에서 헬라군에게 패배를 당했고(주전 49년), 왕이 죽은 후 다시 사라미스(Salamis)에서 참패를 당하였다(주전 480년). 이 뒤로부터 차차 세계의 중심은 아시아에서 유럽으로 옮아가기 시작하였다.

다리오를 뒤 이은 왕들은 선왕들처럼 능력이 없었고, 사치와 향락을 일삼으며 나라 살림을 총독들과 관리들에게 맡겨 두었다. 이에 따라 정부에는 무능한 관리들의 부패가 스며들게 되고, 사방에서는 총독들의 발흥이 커짐에 따라 나라는 쇠약해져 가게 되었다.

다리오를 계승한 왕은 크세르크세르(Xerxes, 주전 486-465년)로서 에스더를 왕후로 삼았던 아하수에로(Ahasuerus)이었다(스 4:6, 에 1:1). 다음 왕 아닥사스다 1세(Artaxerxes I, 주전 465-423년) 때에, 왕의 잔을 맡았던 느헤미야가 예루살렘 성곽 수축하는 일을 감독하기 위하여 유다로 왔었다(느 2:1-12). 뒤 따라 대를 이은 아케매니드 가문의 왕들은 다리오 2세(Darius Ⅱ, 주전 423-404년), 아닥사스다 2세(Artaxerxes Ⅱ, 주전 404-359년), 아닥사스다 3세 오커스(Artaxerxes Ⅲ, 주전 359-338년), 알세스(Arses, 주전 338-335년)와 다리오3세(Darius Ⅲ, 주전 335-331년)였으며, 주전 331년 헬라에 일어난 알렉산더 대왕에 의하여 200년간의 평화와 번영을 누리던 페르시아 제국은 멸망되었다.

페르시아의 왕들은 대개로 조로아스터교를 숭상하며 공의와 덕으로 백성을 다스리고, 종교와 사회생활에 자유를 허용하였다. 그래서 이들은 예속된 민족에게 큰 반감을 사지 않고 지났는데, 이같은 형편은 이스라엘 민족의 태도에서도 잘 엿볼 수 있다.

2) 페르시아 전쟁(Greco-Persian Wars) - 마라톤 전투

마라톤 전투는 제 2차 페르시아 전쟁 때 그리스군이 페르시아군을 대파한 싸움을 일컫는다. 주전 490년 페르시아의 다리우스 대왕이 보낸 그리스 원정군은 낙소스, 델로스 섬 등을 정복한 후 아테네를 공략하기 위하여 아티가(Attika)의 북동 해안에 있는 마라톤 광야에 상륙하였다. 아테네의 장군들은 밀티아데스의 제안에 따라 마라톤에서 적을 맞아 싸울 작전을 세우고, 최고 무관 카리마코스 지휘 하에 약 1만의 중장 보병군(重裝步兵軍)을 급파하여 마라톤 광야가 내려다보이는 산기슭에 포진하였다. 양군의 대치 상태가 수일간 계속되던 중 페르시아군은 주력부대를 승선시켜 해상으로부터 아테네를 직접 공격하려고 하였다. 기회를 엿보던 아테네군은 즉시 공격으로 나서 페르시아군을 크게 무찔렀다. 페르시아군은 배로 달아났다가 다시 아테네 시(市)로 쳐들어 가려 하였으나, 아테네군이 이미 육로로 해서 돌아와 있다는 말을 듣고 공격을 단념하고 본국으로 철군하였다. 이 전투에서 페르시아군이 6,400명의 병사를 잃은 데 반하여, 그리스측의 전사자는 192명에 불과하였다고 한다. 그리스의 용사 페이디피데스가 마라톤 전장에서 아테네까지 약 40km를 달려 승첩(勝捷)을 알리고 절명하였다는 고사(故事)가 있는데, 마라톤 경주는 이를 기념하기 위해 생긴 것이다.

3) 페르시아의 문화

페르시아인들은 유대인들의 생활에 지울 수 없는 흔적을 남겨 주었다. 다방면의 페르시아 문화가 신약성서 시대와 그 이후의 유대인들의 생활을 변화시켜 놓았다.

(1) 미술과 건축

페르시아의 미술은 궁중의 생활을 나타내 주었다. 페르시아의 통치자들은 대적을 쳐부순 후 그를 축하하기 위하여 바위에 왕궁에 대한 훌륭한 부조상을 조각해 놓았다. 베히스턴 부조상에 보면 다리우스가 반란을 일으키는 무리들을 진압하는 모습을 있다(주전 521년). 이 승리의 부조상에는 이방 속국들이 다리우스에게 조공을 바치

❶ 페르세폴리스 유적 ❷ 페르세폴리스의 다리우스 궁전

는 모습을 보여 주고 있다.

페르시아의 통치자들은 또한 자기들의 아름다운 궁전들에 대하여 자부심을 가지고 있었다. 고레스는 수도인 파사르가대를 건설할 때에 메대의 엑바타나 궁전의 모습을 모방하였다. 다리우스 왕은(주전 520년에) 페르세폴리스를 자기 궁전 건축을 위한 부지로 선정하였다. 페르세폴리스를 건축하고 장식하는 일은 다리우스의 후임자가 시작하였고 다리우스 3세 때인 주전 330년 페르세 폴리스가 무너질 때까지 계속되었다. 8년간의 전쟁이 끝난후에도 크세르크세스는 페르세폴리스의 건축물들을 건축할 시간이 있었다. 크세르크세스의 통치 13년동안 아르케메니드 미술은 전성기에 이르렀다.

왕들의 무덤을 보면 페르시아의 사치스러운 모습을 찾아볼 수 있다. 고레스 2세의 무덤은 다리우스 1세, 아닥사시스 1세 그리고 다리우스 2세의 무덤과 같은 페르세폴리스 부근에 있는 여러 무덤들과는 대조가 된다.

페르시아 제국은 국가적 큰 공사에 사용되는 많은 재료들과 기술자들을 배출해 내었다. 자연적이고 입체적인 그림, 동물들을 주제로 한 이야기, 섬세한 그림 등은 페르시아 사람들이 공헌한 것들이다. 회당 안의 여러 장식들과 바벨론 포로 시대 이

❶ 페르세폴리스 ❷ 페르시아 왕들 무덤

후 팔레스타인에 있던 유대 건물들, 예를 들면 가버나움에 있는 회당 건물 등은 바로 이러한 특징들을 지니고 있는 것들이었다.

(2) 언어

페르시아어는 인도-이란 언어 계통에 속하는 언어이다. 라틴어와 헬라어 등과 비슷한 점들이 많다(페르시아어에서는 신적 존재를 다이바라고 하는데 라틴어의 데우스 그리고 영어의 디바인과 연관이 있다). 고대 페르시아 사람들은 엘람어, 바빌로니아어, 그리고 고대 페르시아어 등의 언어를 알았고 또 사용하였다. 베히스툰 바위에는 아케메니드 왕조의 명단이 기록되어 있는데 다리우스 1세까지의 명단이 이 세 가지 언어로 기록되어 있다.

고대 페르시아어는 쐐기 모양 글자로 기록되어 있었다. 이 문자는 애굽에 이르기까지 널리 통용되고 있었던 언어인 아람어에 의해서 이루어졌다. 아람어 문자는 히브리 문자의 근원이 된 문자이다. 유대인들은 많은 아람어 단어들을 그대로 사용하였다. 예를 들면 히브리어의 '다트'(등급)라는 말은 페르시아의 '데이타'라는 말에서 온 것이다.

아람어 단어들은 그 외에도 여러 나라 말에 침투하였다. 영어에서 낙원이라는 뜻의 파라다이스란 말은 페르시아어의 궁성 뜰을 나타나는 '파이리-데자'라는 말에서 유래된 것이다.

(3) 종교

페르시아인들의 종교에서 가장 주요한 신은 '아후라마즈다'(Ahura-Mazda)인데 '지혜로운 주님'이란 뜻이다. 이 종교에서 공식적 제사장들은 '마지안'이라 불리어진다. 왕은 '아후라마즈다'가 통치권을 부여한 것이라고 사람들은 믿었으며, 그는 신의 '형상'을 입고 있는 존재라고 실제로 그들은 믿었다.

페르시아 사람들은 공기, 물, 하늘, 땅, 태양, 달 등을 자연적 신이라고 믿고 있었다. 이 신들을 신전에서 예배 드리지는 아니하였다. 대신 그들은 들판에서 동물들을 잡아 희생제물을 드렸는데 '마지안'제사장이 부르는 찬송소리와 더불어 드렸다. 페르시아 사람들은 또한 자기들의 신들에게 번제도 드렸다.

주전 6세기 중엽에 짜라투스트라는 페르시아의 종교 사상을 재정비하기 시작하였는데 이것이 후에 조로아스터교로 발전되었다.

선과 악의 대립은 짜라투스트라의 가르침에 있어서 기본적인 것이었다. 조로아스터교는 '아후라마즈다'를 자기들의 유일신이라고 생각하였으나 이 '아후라-마즈다'는 악령인 '앙그라 마이뉴'와는 영원히 대립되어 있었다. 짜라투스트라는 희생제물과 음료를 제물로 드리는 것을 반대하였다. 그는 꺼지지 않는 불로 아후라 예배를 시작하였다. 페르시아 사람들은 이를 위해서 불의 제단을 건축하였다.

이 대중 종교는 유대인들의 신앙에 대항하여 분명한 이론으로 자기들의 신앙을 소개하였다. 유대의 랍비들은 하나님의 진리와 말씀을 보존하고 조로아스터교의 교묘한 교리에 대항하여 싸우기 위해 전문적인 학교를 설립하였다.

신약 성경에 보면 베들레헴에 나신 아기 예수님께 경배하러 온 '박사들'에 대한 기록이 있다(마 2:2). 그들은 아마도 조로아스터교의 제사장 직분을 맡은 대표적 인물이었던 것 같다.

페르시아는 이스라엘 역사의 방향이 바뀌도록 깊은 영향을 끼치었다. 페르시아 철학의 계시적 사상은 신구약 중간 시대의 구약 외경에 강하게 반영되어 있다. 페르시아의 영향이 너무도 강력하게 미쳤기 때문에 이스라엘의 예술과 건축에서 페르시아의 영향을 떼어 놓을 수는 없다. 아람어는 신구약 중간시대 이후 유대 정치와 종교에 있어 표준어가 되어 버렸다.

(4) 에스더서를 통해 본 페르시아의 모습

에스더서는 주전 5세기 페르시아 제국의 수도였던 수산에서 아하수에로(크세르크세르) 통치 기간 중에 발생한 사건들을 기록한 것이다. 에스더서의 이야기는 하만이라는 한 관리을 중심으로 전개되는데 그는 모르두개를 몹시 싫어했다. 하만은 1년 전부터 점을 사용하여 자신이 왕에 의해 지위가 높아지리라는 것을 알고 있었다. 지위가 높아지자 하만은 크세르크세르 왕의 승인을 얻어 열한 달 후에 유다인을 진멸하겠다는 조서를 전국에 내렸다. 유다 백성들은 애통하며 금식하기 시작했다. 모르드개는 에스더를 찾아가 왕에게 호소해 줄 것을 촉구했다.
그는 하나님께서 에스더에게 왕비의 직분을 주신 것은 바로 이때를 위함이 아닌가?라고 설득했다. 에스더는 왕후가 된 지 5년이 지났으나 그때까지 한달 동안이나 남편에게 부름을 입어 나아가지 못했다는 것을 밝혔다(에 4:11). 그러나 에스더는 기도한 후에 왕에게 나아가 하만의 음모를 고하였고 그로부터 얼마되지 않아 하만은 자신이 모르드개를 달아

에스더 왕비가 탔던 수레

에스더서의 배경이 된 수산(수사)

매려고 마련한 교수대에 달려 죽임을 당했다. 하만으로부터 유다 백성이 구원 받은 것을 기념하여 '부림절'이라는 새로운 축제가 히브리 종교력에 추가되었다. 이러한 에스더서의 이야기는 궁성에서 일어난 음모에 대하여 중점적으로 다루고 있기 때문에 거기에는 당시의 관습과 생활에 대한 자세한 내용이 많이 나타나 있다.

페르시아 사람들의 명절은 화려하기로 유명하다. 에스더서 1장에는 이 명절의 화려한 모습에 대하여 설명하였다. 거기에는 긴 의자나 침대에 의지하여 음식을 먹는 페르시아의 보통 예법을 기록하고 있으며(6절) 모든 찻잔들은 금으로 만들었고 그릇마다 모양이 달랐다고 기록되었다(7절). 그리스의 역사가 크세노폰은 말하기를 페르시아 사람들은 자기 집에 술 마시는 잔이 몇 개냐 되느냐 하는 것을 자랑하였다고 한다. 그리스 사람들이 페르시아 제국을 멸망시켰을 때에 그들에게서 약탈한 것이 있는데 금으로 만든 뿔모양의 잔과 찻잔들이었다.

에스더서에 보면 왕과 관련된 페르시아의 궁전 내부에서의 특별한 일들과 특별한 법령들이 기록되어있다. 에스더서 1:14에는 '왕의 얼굴을 볼 수 있는' 페르시아와 메대의 일곱 왕자들에 대하여 언급하였다. 이 사람들은 높은 고관들로서 왕의 가까운 조언자들이었다(참고, 스 7:14). 왕이 부른 자만이 처벌 받지 않고 그를 방문할 수 있었다. 이것은 왕의 권위를 높이고 암살의 위험으로부터 보호하기 위함이었다. 에스더는 왕이 부르지 않았기에 아하수에로 왕에게 가는 것이 두려웠다. 왕이 부르지 않는데 그에게 가는 것은 곧 죽음을 의미하는 것이었다(에 4:11). 또한 베옷과 같은 슬픔을 표시하는 옷을 입고 왕에게로 나아가는 것은 허락되지 아니하였다(에 4:2). 그러나 에스더는 그렇게 하였다. 이때 에스더의 유명한 말이 "죽으면 죽으리이다"(4:17)이다.

높은 사람에게 머리 숙여 인사하는 것은 일반적인 관습이었다(에 3:2). 모든 사람들이 왕 앞에서 머리를 숙였다. 머리숙여 인사하지 않는 것은 그를 모욕하는 것이었다.

헤로도투스는 말하기를 왕은 왕궁에 공을 세운 사람들에 대한 기록을 보관하였다고 했다. 이러한 기록들은 아마도 에스더 2:23과 6:1-3에 언급되어 있는 듯 하다. 왕이 충성스러운 신하에게 내려주는 가장 큰 호의를 베푸는 방법은 자기가 입었던 옷을 그에게 입혀주는 것이었다(에 6:8).

에스더서에는 왕궁 내에서의 관습 이외에도 페르시아의 재미있는 관습에 대하여 이야기하고 있다. 페르시아 제국은 고도로 발달된 우편 제도에 대하여 자랑하였다. 우편배달부에 의해 전달되는 편지들은 놀랄만큼 빠르게 배달되었다(에 3:13). 배달 속도를 좀 더 빠르게 하기 위하여 빠른 말이나 다른 동물들이 사용되기도 하였다(에 8:10). 고대 근동지방 다른지역에서와 마찬가지로 편지들은 서류에 찍는 도장과 같은 역할을 하는 반지로 확인 도장이 찍혔다. 페르시아 제국시대의 방법과 풍습을 최대한 성실하게 보여주는 자료로서 에스더서의 가치는 큰 것이라고 보여진다.

〈표 16〉 페르시아 왕들

왕들	통치기간	성경과 관련된 내용
1. 다리오	주전 539-537	메대-파사(페르시아) 왕국(에 1:19, 단 6:8)의 왕이었다. 성경에는 페르시아가 단독으로 나오지만 '메대-파사'라는 이름이 종종 등장하는데 이는 이 왕국이 메대(메디아)와 페르시아의 연합왕국이기 때문이다. 처음에는 메데의 세력이 더 강해서 페르시아를 지배했지만 고레스 왕 이후로는 페르시아가 실권을 잡게 되었다. 메대인이었던 그는 고레스의 외삼촌이며 고레스가 바벨론을 정복할 당시 정복 왕국의 초대왕이었다(주전 539년). 다니엘 6장에 언급되어 있다.
2. 고레스	주전 536-529	바벨론을 정복하기 전 주전 599년에 이미 페르시아의 왕이 되었으나 다리오가 죽은 후 주전 536년에 새롭게 왕으로 등극하였다. 성경에서는 이때를 고레스 왕 제 1년이라고 말한다(스 1:1). 고레스는 포로로 잡혀온 유대인들을 본국으로 돌려보냈으며, 바벨론을 정복한 후 바벨론 제국의 계승자라고 명명했다(스 5:13). 세계사는 그를 사이러스 2세(CyrusII), 혹은 사이러스 대왕(Cyrus the Great)으로 소개한다.
3. 캄비세스	주전 530-522	1차로 귀환했던 여호수아와 스룹바벨의 인도 하에 진행되던 성전공사를 그 땅의 이방인들이 방해했을 때 그 당시 폐르시아를 통치했던 왕이다(스 4:6). 아하수에로 왕으로 소개된다.
4. 스메르디스	주전 522	가짜 스메스디스(Pseudo-Smerdis)라고 불린다. 왜냐하면 캄비세스의 동생 스메르디스를 사칭하여 반란으로 왕이 되었기 때문이다. 유대 성전 공사의 방해자들은 이 왕 때에도 방해했다(스 4:7-23).
5. 다리오 1세	주전 522-486	고레스의 칙령에 의해 성전 건축을 승인했고 다리오 때에 성전이 완공된다(스 6:1-15). 일반적으로 다리오 1세, 혹은 다리오 대왕으로 불린다. 이 왕 때에 폐르시아 제국의 황금기를 이루었다. 그는 인도 북서부까지 정벌했으며, 수산(Susan)과 페르세폴리스(Persepolis)를 건설했는데 특히 수산은 에스더서의 배경도시이다. 그의 세력은 소아시아까지 미쳤으나 그리스 본토를 침략하다가 마라톤 전투에서 패하였다.
6. 크세르세스 1세	주전 486-465	그리스를 침략하다가 살리미스 해전에서 패하였다. 이 왕이 에스더서(아하수에로)의 아하수에로 왕이다.
7. 아닥사스다 1세	주전 465-424	에스라와 느헤미야를 귀환시킨 왕이다.

이 밖에 크세르크세스 2세(주전 424년), 다리오 2세(주전 423-404년) 등이 페르시아 왕위를 이었다. 주전 330년 다리오 3세(주전 338-330년)가 마케도니아 알렉산더 대왕에게 패함으로 아케메네스 왕조의 페르시아의 역사는 끝나고 헬라 제국시대로 접어들게 되었다.

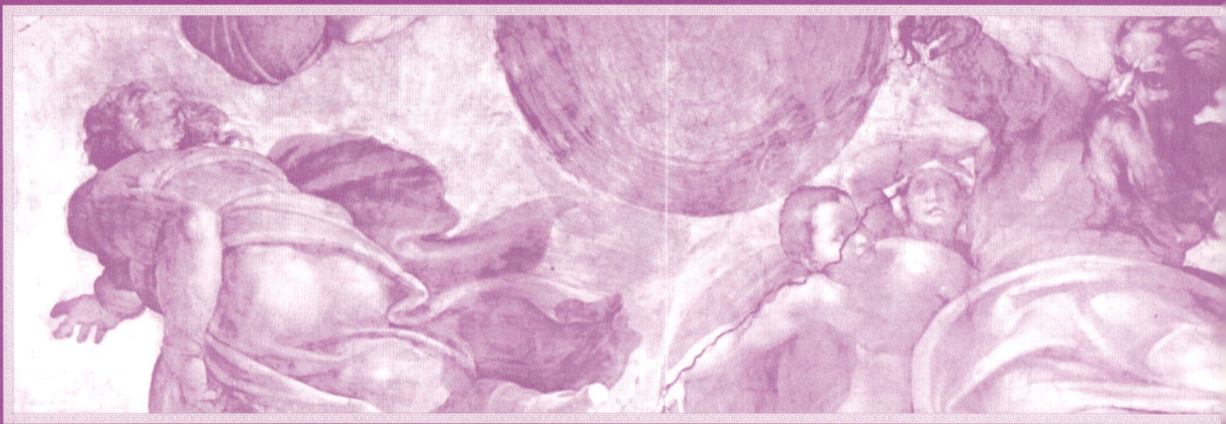

해,달, 별들의 창조 해,달, 별들의 창조 해,달, 별들의 창조 해,달, 별들의 창조 해,달, 별들의 창조 해,달, 별들의 창조 해,달, 별들의 창조 해,달, 별들의 창조 해,달, 별들의 창조 해,달, 별들의 창조 해,달, 별들의 창

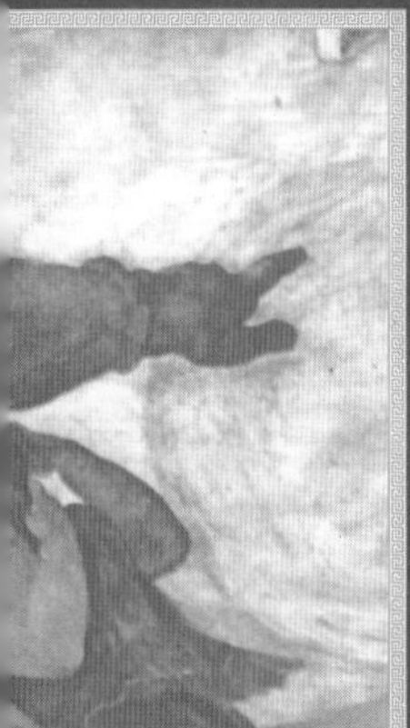

제3부
신약의 세계

e BIBLE lands Search the BIBLE lands Search the BIBLE lands Search the BIBLE lands Search the BIBLE lands Search the BIBLE lands Search the BIBLE lands Search the BIBLE lands Search the BIBLE lands Search the BIBLE lands

조해,달, 별들의 창조해,달, 별들의 창조

제1장 그리스(헬라)와 로마제국

Search the BIBLE lands

1. 중간사 시대의 희랍(그리스) 사람들과 헬라 문화

고대 희랍 사람들은 자기 나라 땅을 헬라스라고 불렀고 자기들을 헬린(Hellenes)이라고 불렀다. 희랍의 도시 국가 중 가장 영향력이 있었던 나라는 아테네(성경에서는 '아덴'으로 표기)였는데, 그들은 희랍제국의 형성에 중심적 영향력을 행사하였으며 희랍제국은 그 영토를 손쉽게 확장해 나가 오늘날 미국의 영토만큼 크게 확장되었다. 우리가 "헬레니즘 문화"라고 말할 때 그 의미는 주전 5세기 아테네에서 가장 크게 발달했었던 희랍의 문화유산을 말하는 것이다. "헬레니즘(Hellenic) 문화"는 희랍 본토의 예술과 상업과 사상을 말하며 아테네 사람들에 의해 이루어진 것이다. "헬레니즘적인(Hellenistic) 문화"라고 하면 아테네에서 시작된 희랍문화를 동부 지중해 연안의 사람들이 받아들여 더욱 발전시킨 문화를 말한다. 이러한 희랍인들의 생활방식은 알렉산더 대왕의 군대에 의해서 인도에까지 전달되었다. 애굽과 팔레스타인, 소아시아 그리고 페르시아 등 여러 나라의 종교, 정치, 언어 그리고 예술 등 다방면에 오랫동안 그 영향이 남아 있었다.

헬레니즘시대의 조각품

1) 초기의 희랍 역사

(1) 희랍 문화의 뿌리

희랍의 섬들과 본토에는 주전 3000년경에 에게해 사람들이 거주하였다. 우리가 희랍인이라고 부르는 사람들은 지금의 불가리아로 불리는 발칸 지역으로부터 온 것으로 생각된다. 인도 유럽계의 언어를 말하고 있는 유랑 민족을 근원으로 수십 가지 문명이 발달되었다. 주전 1900년경에 에게해 사람들이 그리스 반도에 자리를 잡았다. 그들 중 다른 일부는 데살리 평원에, 나머지는 펠로폰네소스라고 불리는 남쪽 끝의 땅으로 이주하였다. 주전 1200년경에 펠로폰네소스의 북동쪽 부분의 미케네의 아가멤논 왕이 에게해 연안의 도시국가 트로이를 공략함으로써 더 많은 에게해 사람들이 소아시아에 정착하게 되는 동기가 되었고 그들은 거기에 희랍어를 말하는 도시국가들을 건설하였다.

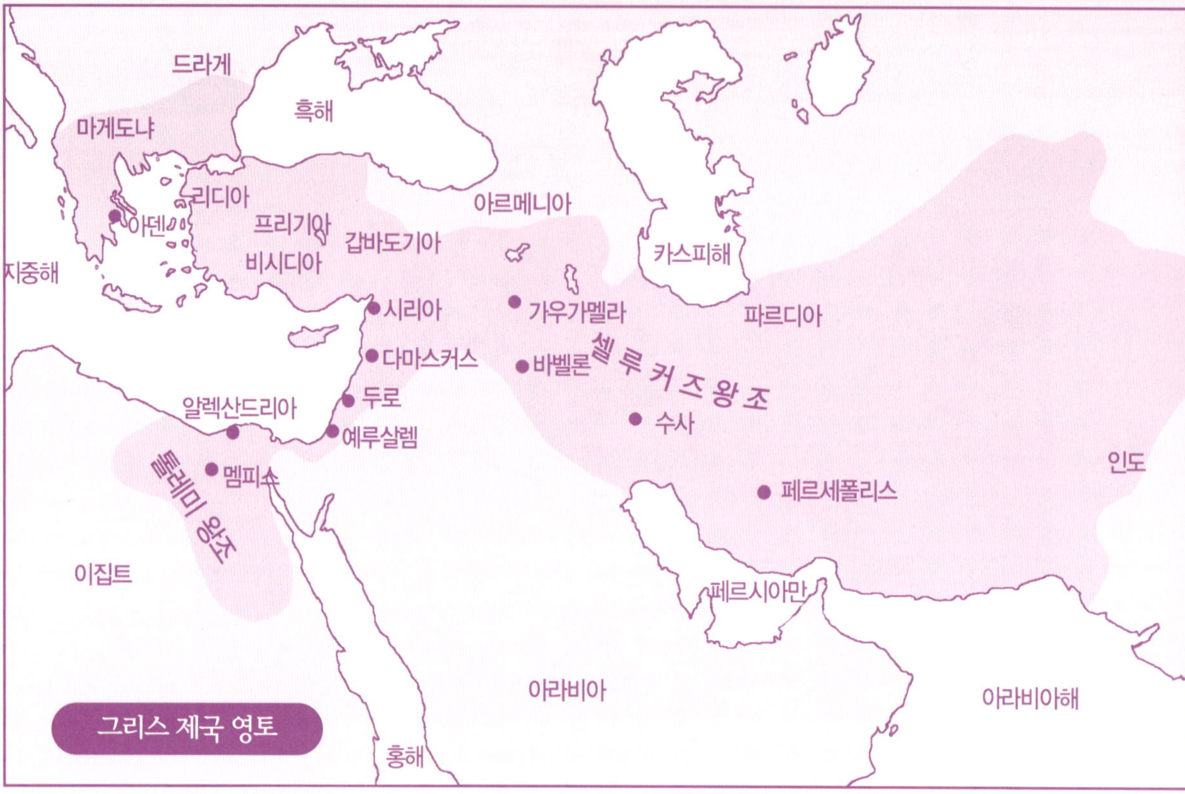

(2) 왕정시대(주전 1000-750년)

새로 희랍에 물밀 듯이 밀려든 민족들은 도시와 촌락들에 정착하면서 원주민들과 함께 자리를 잡아갔다. 수백 개의 계곡과 평지들이 손쉬운 정착의 중심지가 되었고, 이러한 도시국가들을 다스리는 것은 왕들이었다. 도시국가에는 끊임없이 내부의 논쟁이 있었는데 어떤 때는 일 대 일, 때로는 연맹이라 불리는 그룹별로 토론을 벌였다. 그들은 전쟁도 했지만 무역을 확대해 나갔고, 예술과 상업도 독특한 형태로 발전시켜 나갔다. 희랍 역사에 있어 이 시기는 대략 사울이 주전 1043년에 이스라엘의 첫번째 임금이 됨으로 시작되어 앗수르에 의해 주전 722년에 망함으로 끝을 맺은 이스라엘의 역사와 거의 같은 시기였다.

제우스 신을 섬기던 신전터

(3) 민주주의 대두

희랍의 민주주의는 시민들이 자기들의 문제에 대하여 의견을 내놓을 수 있도록 허락하였으니 이는 고대국가의 정치형태로서는 혁명적인 것이었다. 시민들의 권리를 어떻게 보장하고 그들의 의무를 어떻게 강조하며 거기에 초점을 맞춘 나라가 어떻게 정부조직을 발전시켜야 하는가 하는 것을 다룬 것은 희랍인들이 처음이었다. 희랍인들이 생각하는 신들은 잘못된 짓을 하거나 변덕을 많이 부리는 신들이 아니었다. 희랍의 철학자들은 사회정의를 높이 부르짖었다. 그들은 인간의 행위는 죽은 후에 최후의 심판대 앞에서 심판을 받게 된다고 하였다.

(4) 펠로폰네소스 전쟁(Peloponnesian Wars)

아테네가 페르시아 와의 전쟁에서 승리함으로써 아테네는 희랍세계에서 강력한 지도자의 위치를 확보하였다. 스파르타는 이러한 힘에 못마땅하여 아테네를 견제할 연합국으로 고린도와 메갈라를 끌어들였다. 아테네와 스파르타의 계속된 싸움은 두 번의 긴 기간 동안 이어져 왔으니(주전 459-446년과 주전 431-404년) 이를 '펠로폰네소스 전쟁'이라고 부른다. 이 기간은 또한 '아테네의 황금시기'로 불리며, 페리클레스의 지도 하에 아테네는 과거 어느 때와도 비교할 수 없는 영광을 누렸다. 그러나 주전 404년 스파르타가 아테네를 쳐부수었고 헬라 본토를 무자비하게 통치하였다.

고린도, 아테네, 아르고, 보외티아 등이 연합하여 스파르타에 대항하였으나 스파르타가 페르시아와 동맹을 맺게 되니 고린도 전쟁으로 불리는 이 전쟁도 끝을 맺게 되었다. 소아시아에 있는 헬라의 여러 도시국가들이 페르시아의 지배 하에 있게 되었고, 에게해 바다의 여러 섬들은 독립 국가로 남아 있을 수 있게 되었으며, 스파르타는 본토를 최대로 강력한 군사 통치를 할 수 있게 되었다. 스파르타의 위력은 오래 가지 아니하였다. 주전 378년에 테베의 백성들이 그들의 성채를 다시 점령하였고, 에파미논다스란 사람이 군대를 인솔하였다. 그는 새로운 군사전략을 사용하여 헬라인들의 전쟁 능력에 혁명적 변화를 안겨 주었다. 테베군은 류크트라에서 주전 371년경에 스파르타군을 격파하여 테베가 희랍 전체를 지배하게 되었다. 주전 362년에 테베의 에파미논다스가 한번 스파르타를 만티네아에서 격파하였으나 에파미논다스는 싸움터에서 전사하였다. 이로 인해 이 여러 도시국가들 중의 어느 하나도 희랍 전체를 다스릴 만큼 강력한 힘을 가지고 있지 못하였으니, 이러한 시기는 마케도니아의 알렉산더 대왕의 등장을 가속화시킨 것이었다.

2) 마케도니아의 등장

주전 359년 필립 2세(Philip Ⅱ)가 마케도니아의 새 왕으로 등극하면서 강력하고 새로운 마케도니아 군대를 창설하였다. 정복을 위한 원정의 배후의 위협을 제거하기 위하여 필립은 주전 358년에 아테네와 평화조약을 맺었다. 그리고 재빨리 마케도니아의 암비몰리와 비드나 도시국가들을 정복하였다. 주전 352년까지 텔모필레를 점령하였고, 주전 348년에는 아테네와 새로운 제휴를 맺음으로 '거룩한 전쟁'(Sacred Wars)이라고 불린 이 전쟁은 끝을 맺었다. 그 후로 10년 동안 마케도니아는 희랍 반도의 대부분에 대한 통치권을 확립하였다. 마케도니아는 헬라 문화를 여러 나라에 전파시키는 역할을 하게 되었다. 헬라 문화는 마케도니아가 일어나 강권통치를 할 때쯤 그 황금시대가 끝나 가고 있었다.

3) 헬라 제국의 전진

헬라의 도시국가들은 마케도니아 사람들에게 저항하는 운동을 벌였다. 아테네인들과 테베인들은 그들에게 항거하기 위하여 연합하였고, 주전 338년에는 두 세력 사이에 전쟁이 일어나게 되었다. 마케도니아 사람들은 케로니아(Chaeronea)에서 헬라의 세력을 철저히 깨부수고 그리스를 통치하게 되었다. 필립은 스파르타를 제외한 모든 헬라의 도시국가들의 대표들을 고린도에 모아 회의를 열었고, 이 고린도 연합의 대표들은 산헤드린(Synhedrion)이란 회의를 구성하였다.

필립이 헬라 연합의 대표로 선출되었다. 마케도니아 사람들은 헬라의 문화와 언어를 흡수하였고, 아티크(attic) 헬라어-고대 아테네에서 사용되던 헬라어는 필립에 의해서 국가의 공식 언어로 채택되었다. 그리하여 헬라 반도의 모든 주민들은 같은 언어를 사용하게 되었다. 이 언어를 코이네(Koine, '공통적'이란 뜻) 헬라어라고 불렀다. 알렉산더가 진군함에 따라 이 코이네 헬라어는 함께 퍼져 나가 그가 정복한 주변 여러 나라에 영향을 주었다. 희랍 문화와 언어가 전 세계에 퍼졌고, 희랍제국의 알렉산더 대왕이 세계를 정복함으로써 희랍 문화와 언어를 퍼뜨려 놓았다.

알렉산더 대왕

마치 현재 영어를 어느 나라에서나 배우는 것처럼 그 당시 사람들은 희랍어를 배워 누구나 읽을 수 있었고 세계 공통어로 쓰고 있었다.

4) 성경 역본에 미친 영향

주전 6세기 이후 얼마 동안의 일을 기록한 유대 문학의 기록은 외경(apocryghal)과 위경(pseudepigraghical)으로 구분되었다. 이 기록은 헬라적인 관점에서 기록되었으며 유대적이라기 보다는 헬라적인 면이 더 강하게 나타나 있다. 톨레미 왕조 하에서 히브리어 성경을 코이네 헬라어(희랍어)로 번역한 것이 있는데 이 번역본을 70인역(Septuagint)이라 부른다. 그 당시 가장 유명한 유대인 학자 70여 명이 북아프리카에 있는 알렉산드리아라는 도시에 모여서 히브리말로 쓰여 있는 구약성경을 희랍어로 번역해 놓았다. 이렇게 구역성경이 희랍어로 번역되면서 구약과 신약을 전 세계 어디에서 누구나 읽을 수 있었다. 70인역은 구약성경과 신약성경 사이의 사상과 어휘를 연결시켜 주는 고리의 역할을 한다. 신약성경 언어는 헬라 문화 환경 속에 생활하고 있던 유대인들이 사용했던 코이네 헬라어였다. 알렉산드리아의 유대인들은 코이네 헬라어를 자기들의 언어로 채택하였다. 그들이 자기들 주변의 이방인들에게 유대인들이 섬기는 하나님이 유일하신 참신이시라는 것을 전도할 때에 코이네 헬라어를 사용하였고 헬레니즘적인 문학 형태와 이방인들의 사고방식에 맞는 방법으로 전도하였다. 이러한 모든 것들이 70인역 성경에 반영되었고, 그 외의 '플랙커스에 대항하여' 그리고 '칼리귤라에게 보내는 서신'과 같은 기록들이었다. 헬레니즘은 또한 마카비 2서와 마카비 3서 그리고 신약 성경에도 영향을 미쳤다.

5) 신약성경에 미친 영향

신약성경에는 기독교인들 중 어떤 이들을 "헬라파 유대인들"이라고 부른 적이 있다(행 6:1, 9:29). 이 말 뜻이 무엇인지 정확하게는 알 수 없지만 학자들 중에는 이 사람들은 헬라의 생활양식을 따르는 흩어진 유대인들이었다고 믿는 이들이 있다. 이 헬라파 유대인들은 자기의 과부들이 구제하는 일에서 빠지므로 다른 기독교인들을 원망하게 되었고, 헬라파 유대인들과 다른 기독교인들 사이의 대립으로 초대 교회가 분열의 위험에 직면하게 되었다. 사도들은 이 문제를 해결하기 위하여 헬라파의 지도자 스데반을 포함하여 일곱 명의 집사를 임명하여 그들로 하여금 구제품 배급을 감독하게 하였다. 성경 해석자들 중에는 헬라파 기독교인들이 초기 이방지역 선교사역에 있어 많은 공헌을 하였다고 믿는 사람들이 있다. 이것은 논리적 사고의 전개이긴 하지만 성경은 이런 일이 있었다고 분명하게 밝혀 주지는 않고 있다.

6) 로마의 통치 '헬라의 문화'

주전 63년에 유대가 로마에게 함락된 이후 애굽은 헬라 왕조 중에서 잔존해 있던 유일한 지역이었다. 로마의 장군 옥타비안(아우구스투스)과 마크 안토니가 악티움 전투에서 싸웠던 주전 31년까지 애굽은 독립국가로 남아 있었다. 마크 안토니는 톨레미 여왕 클레오파트라와 결혼하였고 그의 승리로 애굽은 로마의 지배 하에 놓이게 되었다. 로마 세력은 분열되어 있던 헬라 제국을 군사적, 정치적으로 규합하였다. 아우구스투스가 공식적으로 로마황제에 취임한 주전 27년은 헬라 시대가 끝나고 로마제국 시대가 새로 시작되는 첫해가 되었다. 헬라의 미술, 문학, 그리고 정치형태는 로마제국에 전반적으로 사용되었다. 코이네 헬라어가 근동지역에서 공식적으로 통용되는 언어로 남아 있게 되었고 신약성경은 바로 이 코이네 헬라어로 기록된 것이다. 로마의 통치 기간 동안 두 개의 철학적 학파가 활발하게 활동하였다. 스토아 학파는 정신을 자유롭게 하기 위하여 육체는 통제되고 부정되고 심지어는 무시되어야 한다고 생각하였고, 에피쿠레스 학파는 정신이 행복을 느끼려면 육체가 만족해야 한다고 하였다. 이와 같이 개인적 행복을 추구하는 방법을 제시 하였으나 방법은 서로 반대되는 입장이었다.

2. 로마 제국 - 신약의 배경

1) 로마의 기원

고대 로마의 중심이 된 이탈리아의 크기는 우리나라의 약 1.4배가 되며 고대 그리스에 비해서는 약 5.3배의 반도에 불과하다. 아페닌 산맥은 동쪽으로 치우쳐 있어서 쪽으로 경사진 계곡을 따라 강들이 대개 서남향으로 지중해로 흘러 들어간다. 북에는 알프스 산맥이 높이 솟아 있었다. 포(Po) 강은 동남으로 지중해로 흘러 들어가는 강으로서 그 지방의 평야는 매우 비옥하다. 남쪽으로는 반도의 허리를 가로질러 서남으로 지중해로 흐르는 티베르(Tiber) 강이 있는데, 그 유역은 고대 로마의 발생지가 되었다. 로마시의 발상지는 티베르 강 남쪽의 저지대인 라티움이었다. 이 지방의 주민은 농민으로서 작은 촌락들을 이루고, 비록 정치적인 유대는 없었으나 공동 신인 주피터(Jupiter)를 모두 숭배하고 있었다. 초기의 로마는 일곱 개의 언덕을 중심으로 형성되었으며 그 발전도 점진적이었다.

2) 로마 제국의 출현과 시대 배경

그리스가 독자적 문화를 구축하기 시작하던 시대만 하더라도 로마는 변방의 작은 도시국가에 불과했다. 로마가 세워진 것은 주전 8세기경이었으며, 영광스러운 과거의 추억이라고는 하나도 없는 티베르 강 유역의 한 작은 거주지로부터 출발하였다. 그러나 늑대의 젖을 먹고 성장한 로물루스와 레무스 형제의 로마 건국에 얽힌 신화는 이 작은 도시국가가 강력한 군사력을 바탕으로 한 대제국으로 성장한 역사에 비해 낭만적으로 들리기조차 한다. 그러나 고마인들이 점차 반도의 남부로 이동함에 따라 그들은 '대그리스'(*magma Graecia*) 문화와 접촉하게 되었다. 그리스 문화가 자신들의 문화보다 더욱 훌륭하다고 판단한 로마인들은 그리스의 알파벳부터 신들에 이르기까지 많은 부분을 그들의 문화 속에 수용하기 시작했다. 가장 흥미있는 것들

중 하나는 로마인들이 그리스인들의 사회 정치적 조직과 사고방식을 그대로 받아들였다는 것이다. 그래서 그들은 그리스인들과 같이 '공화국'(*res publica*)을 세웠다. 주전 3세기 말에 로마는 지중해의 패권을 놓고 카르타고와 치른 세 차례에 걸친 포에니 전쟁을 승리로 이끌었으며, 특히 주전 146년의 제 3차 포에니 전쟁 때는 이미 지중해 지역 문화 활동의 중심지로 성장해 있었다. 삼두정치에서 승리하여 독재자의 위치에 오른 케사르(Julius Caesar)는 현재 프랑스인 갈리아를 정복하고 게르마니아의 라인 강까지 진출했으며, 그의 뒤를 이른 조카 옥타비아누스(Octavianus)는 그리스 헬레니즘 왕국인 이집트를 정복하고 스스로 공화정의 옹호자 '제1급 시민'(princeps)

라 변명했지만 '위대한 자'를 의미하는 아우구스투스(Augustus)란 명칭에 걸맞게 로마를 공화정에서 제국으로 바꿔 놓았다. 로마가 팽창하는 동안 로마는 군인, 상인들을 통해 외국의 선진문물을 왕성하게 수입하는 한편 공화정의 시대부터 벌써 토착 문화를 유럽 전역에 전파하고 있었다. 이국적이면서 헬레니즘 시대의 그리스적 요소가 로마의 양식과 결합하면서 이른바 그레코로만(Grecoroman)이란 독특한 양식을 창출하였는데, 이러한 경향은 중세의 새로운 도상과 형식이 나타나기 이전까지 지배적 양식으로 지속되었다. 로마 미술은 대부분 그리스로부터 물려받은 것이었으나 보수적이고 추상적인 그리스 미술에 비해 훨씬 더 진취적이고 개방적인 특징을 지닌다.

로마 제국의 수도 로마

3) 황제 예배

로마인들은 자기들이 정복한 여러 민족들에게서 여러 다른 언어, 종교 그리고 문화를 전수받았다. 로마 제국은 서서히 이 외국인들의 신앙을 수용하였는데 그 중에는 정치 지도자를 숭배하는 신앙도 포함되어 있었다. 동방지역은 살아 있는 자기들의 통치자를 예배하는 관습이 있었다. 애굽인들은 바로가 태양신으로부터 내려온 것이라고 생각하였고, 희랍인들은 죽은 자기들의 위대한 군인들을 예배하였다. 알렉산더 대왕은 알렉산드리아에 자기 자신을 예배하는 예배 처소를 마련하였다. 시리아의 셀루시드 왕들과 애굽의 톨레미 왕들은 이러한 관행을 답습하여 자기들을 땅에 있는 살아 있는 신이라고 부르게 하였다. 로마의 세력이 이러한 왕조들을 물리치고 그들

시저 아우구스투스

을 대신하게 되매 '로마 예배'(로마는 로마 여러 속국들을 대표하며 신격화되었다)가 그들의 종교를 대신하게 되었다. 피정복 민족들은 로마의 큰 인물들을 숭배하기 시작하였으니 곧 슐라, 마크 안토니, 그리고 줄리어스 시저 등이 숭배의 대상이 되었다. 로마인들은 처음에는 이 통치자들에 대한 숭배를 경멸하였다. 그러나 그들은 자기들의 죽은 조상들의 영혼을 숭배하게 되었고 가장을 신격화하게 되었다.

시저 아우구스투스는 통치자 숭배와 조상 숭배를 통합하여 국가에 대한 숭배 속에 포함시켰다. 그의 속국들에서는 로마에 충성하는 자들이 자기들의 황제에 대한 충성심을 아우구스투스와 로마를 예배하는 것으로 표시하게 하였다.

로마제국 전역에 걸쳐 로마의 속국들은 지역종교와 황제 예배를 연합하여 하나로 접목시켰다. 각 주마다 지도급 시민들이 로마와의 연계를 더욱 공고히 하기 위하여 황제 예배를 집행하는 제사장이 되었다. 그러나 아우구스투스는 이러한 로마제국의 신앙을 유대인들에게는 면하게 해 주었다.

옥타비아누스(Augustus Caesar)의 동상

로마 황제 칼리귤라(주전 37-41년)는 자기 자신을 신이라고 하였고 자신을 위하여 두 개의 신전을 건립하였는데, 하나는 공공자금으로 다른 하나는 개인자금으로 건립하였다. 주피터처럼 옷을 입고 그는 신의 명령을 읽어 나갔다. 카스토르와 폴룩스 두 개의 신전을 궁전 출입문으로 하여 그는 그 두 신의 신상이 있는 가운데

트라얀 황제의 신전터

나타나서 백성들의 경배를 받았다. 그는 자기 누이와 결혼하였는데 이것은 애굽 톨레미 왕조의 풍습이었다. 주전 40년에 어떤 유대인들이 자기를 위해 세워진 제단을 허물어버린 사건이 발생했는데 칼리귤라는 이에 격분하여 주피터의 신상을 자기 모습으로 만들어 예루살렘 성전 안에 두라고 명령하였다. 유대인들은 이에 대하여 말하기를 "만약 그 신상을 거기에 두려면 유대 나라 전체를 첫 번 희생제물로 드려야 할 것"이라고 하였다(플라비우스 요세푸스 전쟁들 2집 10권 4장). 시리아 총독 페트로니우스가 이 명령을 철회하였다.

칼리귤라의 뒤를 이은 클라우디우스는 유대인들에게 금지되었던 종교를 회복시켜 주었고 자기를 예배하는 일은 피하도록 허락하였다. 그는 말하기를 "나는 모든 사람들에게 야비한 사람이라는 소리를 듣기 원치 않는다. 또한 성전이나 그와 관계된 것들은 영원히 신에게만 돌려져야 할 것들이다"라고 하였다.

기독교인들에 대한 로마인들의 정책을 나타내 주는 가장 유명한 이야기는 젊은 플리니(주후 62-113년)와 트라얀 황제(통치기간 주후 98-117년) 사이의 대화에서 찾아볼 수 있다. 플리니는 비투니아(현대의 터키)에 파송되어 나라를 잘못 다스린다는 비난이 있는지 조사하라는 임무를 수행했다. 비투니아 사람들은 자기들 주변의 기독교인들을 비난하였으나 플리니는 이 문제를 어떻게 다루어야 할지 갈피를 잡을 수가 없었다.

"…기독교인들이라고 불리는 사람들에 대한 나의 조사 방법은 이러했습니다. 나는 먼저 그들에게 자신이 기독교인이냐고 물었습니다. 그들이 그렇다고 하면 다시 한번 물어 기독교인에게 주어지는 처벌이 어떤 것인지 설명해 주면서 확인했습니다. 그들이 그래도 믿는다고 하면 그들을 처형하라고 명령을 내렸습니다…자기는 기독교인이 아니라고 하거나 과거에도 기독교인이 된 적이 없었다고 말하는 사람은 우상신에게 드리는 기도문을 나를 따라 복창하게 했고 당신의 신상에 포도주와 유향을 받치며 경배하라고 했으며…마지막으로는 그리스도를 저주하라고 했습니다. 이러한 것들은 진정한 기독교인들은 절대로 하지 않는 행동들입니다. 이러한 방법이 그들을 다루는 적합한 방법이라고 생각합니다… 이러한 방법이 요즘처럼 그 수가 위험한 수준이 되는 때에 당신께 권해드릴 좋은 방법인 것 같습니다. 지위 고하를 막론하고 나이의 노소를 불문하며 남자건 여자건 간에 모두가 박해의 대상입니다. 이 급속히 번져가는 미신은 도시에만 국한하지 않고 작은 마을과 시골에까지 번져가고 있습니다. 그러나 이를 점검하고 수습할 가능성은 있는 것 같습니다"(서간문 10권 96).

이에 대하여 황제는 요약하여 대답하기를

"나의 사랑하는 플리니여! 네가 기독교인들이라고 부른 사람들을 점검하고 조사하는 일은 지극히 합리적인 방법이다…이 사람들을 찾으려고 돌아다닐 필요가 없다. 그들이 비난받게 되고 죄가 있는 것이 드러난다면 그들은 마땅히 처벌 받을 것이다. 단 그들 중 누구든지 자기가 기독교인임을 부인하고 이를 증명하게 되면(이것은 우리들의 신에게 경배하는 것으로 증명된다) 그는 돌이킨 것으로 보고 용서해 줄 것이다"(서간문 19권 97).

황제 예배는 기독교가 공인되던 콘스탄틴 황제(통치기간 주후 305-337년) 때까지 로마 제국의 공식적 이방 종교로서 존속하였다.

4) 로마의 문화

로마 문화의 전체적 특성으로 꼽을 수 있는 것은 가장 첫번째는 절충적 성격이다. 로마인들은 선진 문화권이던 에트루리아인의 문화에 그리스 문화를 받아들이는 등 선행하는 모든 문화를 거의 다 흡수하여 폭과 깊이를 부여하였다. 두번째는 실용적, 실제적인 성격을 들 수 있다. 로마인들은 추상적이고 명상적인 면보다는 실용적인 토목 공법이나 의학을, 창작과 미학적인 면보다는 현실적인 과학 기술과 법률을 발달시켰다. 세번째는 로마 문화의 교량적 역할을 들 수 있다. 로마에 의해 그리스 및

로마 광장

그 이전의 고전 문명의 '유럽화'가 달성되었다. 철학은 그리스 철학을 보존하였으며, 법 개념은 오늘날까지 통용된다. 또한 라틴어는 많은 유럽 언어의 모태가 되었는데, 직접적으로 영향을 받은 이탈리아어나 프랑스어 등은 말할 것도 없고, 앵글로 색슨어에서 유래된 영어도 라틴어와 깊은 관련을 갖는다. 로마의 문화 유산 가운데서도, 로마의 정치제도와 로마법은 오늘날 유럽의 정치체제에 많은 영향을 미쳤다. 또한 사회계약설, 인민 주권 개념 및 견제와 균형을 내용으로 하는 삼권 분립의 원리, 법치주의 등 후세에 확립된 정치사상의 기초는 로마의 유산이다. 특히 로마의 법률은 미국, 영국을 제외한 이탈리아, 프랑스, 스페인, 그리스, 일본, 스코틀랜드, 남아메리카 제국, 그리고 우리나라 등 여러 근대 국가의 법률적 기초가 되었다.

5) 로마와 초기 기독교의 미술

(1) 에트루리아 미술

에트루리아인들은 로마가 팽창하기 전 이탈리아에서 가장 강력한 무리로서, 주전 10세기경 에게해 지역으로부터 이탈리아 반도의 중서부에 정착하여 독자적인 문화를 꽃피웠다. 주전 800년으로부터 주전 500년에 이르는 에트루리아 미술은 소아시아의 튀루스(옛 페니키아의 항구도시)와의 강한 유대로 고대 근동의 영향을 강하게 반영하고 있으나, 성숙기인 주전 500년부터 주전 400년의 시기 동안 그리스의 영향을 받아 독자적인 자기 양식을 만들어 내었다. 그러나 주전 400년경부터 쇠퇴 현상을 보여주다 주전 70년경 로마에 의해 정복됨으로써 에트루리아 미술은 로마 문화에 흡수된다. 이 에트루리아 미술의 특색은 생생한 사실주의와 뛰어난 기술적 재능을 함축하고 있으며 금속공예가 우수하다. 그리고 화장, 매장 등의 장례 풍습 때문에 유골 단지, 석관 등의 유적, 유물을 많이 남겼다. 이 미술의 중요성을 언급하자면 로마가 세계를 제패하기 이전 에트루리아인들은 그리스의 이념을 이탈리아에 유포하는 담당자였다. 특히 에트루리아 회화는 로마의 예술적 전통을 구축하는데 기여했다.

(2) 로마 미술의 특징

로마 미술은 추상적이고 관념적인 그리스인들에 비해 세속적인 로마인들의 취향을 반영하고 있다. 강력하고 잘 조직된 군사력을 보유하고 있던 로마 공화정은 그리스의 헬레니즘 국가들을 하나하나 복속시켰다. 마지막으로 케사르와 옥타비아누스가 프톨레마이오스 왕조의 이집트를 정복함으로써 그리스를 장악했으며 로마의 정복자들은 자신의 권력과 시용으로 정복당한 나라의 문화재를 약탈하여 자신의 저택과 정원을 장식하였다.

그리스 미술의 연장 : 로마 철학자 세네카는 "로마가 군사적으로는 그리스를 정복했을지언정 문화적으로는 그리스의 식민지이다"라고 이야기했다. 이러한 사실은 국가적 차원에서 축조된 압도적 규모의 토목, 건축공사(콜로세움, 개선문, 판테온, 대수로, 교량, 도로 등)가 증명해 준다.

(3) 건축

로마 하면 우리는 판테온(만신전), 콜로세움, 개선문 등의 거대한 규모의 건축물을 떠올리게 된다. 그만큼 로마 미술은 건축으로 대표된다고 해도 과언이 아니다. 로마가 예술사에 기여한 것은 건축공학이며, 특히 공리성 규모의 장대함은 현대적 관점과 기능에 가장 가까운 것이라고 할 수 있다. 로마의 건축에는 아치, 둥근 볼트의 공학적 원리가 적용되었으며, 콘크리트와 같은 새로운 건자재가 사용되기도 했다. 또한 바실리카나 개선문, 콜로세움, 대목욕탕처럼 기념비적이고 비종교적인 건축과 더불어 포장도로, 다리, 터널, 하수구, 운하 등 실용적인 토목공학도 발달했다. 로마 건축을 대표하는 콜로세움은 대경기장이자 기독교도를 박해한 역사적 사건의 현장으로도 유명하지만 그리스 건축의 세 양식인 도리아, 이오니아, 코린트를 모두 적용한 건축물이다. 특히 주후 79년 베수비우스 화산폭발로 전 도시가 화산재로 뒤덮여 버렸던 폼페이와 헤르쿨라네움의 유적을 보면 점포와 주택, 여러 층의 공동주택(아파트와 같

콜로세움의 정경

은)이 있었음을 알 수 있다. 또한 로마인들은 알렉산더가 자신이 정복한 지역에 헬레니즘 도시인 알렉산드리아를 건설했던 것처럼 유럽은 물론 북아프리카 등의 정복지역에 대경기장과 목욕탕, 도로 등을 갖춘 많은 로마식 도시를 건설했다.

(4) 회화

세속적 주제에 대한 로마인들의 관심과 취향은 특히 회화에 강하게 나타나고 있다. 모든 후기 헬레니즘 시대의 예술처럼 로마의 회화는 그리스, 이집트, 에트루리아로부터 빌려온 요소를 절충한 특징을 드러낸다. 또한 종교적이며 영웅적인 주제를 설명하기 위한 배경으로서의 풍경이 아니라 풍경화, 정물화 등 순수회화 장르가 이미 로마시대에 나타나고 있음에도 주목된다. 주후 79년 베스비우스 산의 화산폭발로 화산재에 잠긴 폼페이와 헤르쿨라네움의 발굴을 통해 로마회화의 진면모가 드러남으로써 신 고전주의 형성을 자극했던 것은 이미 잘 알려진 사실이다. 폼페이와 주변 도시들의 화가들과 실내 장식가들은 위대한 헬레니즘 미술가들이 이룩해 놓은 업적을 적극적으로 활용했다. 그리스 회화들이 대부분 유실된 반면 로마회화는 폼페이 등의 매몰로 오히려 그 원형을 고스란히 간직할 수 있었다. 폼페이 회화는 크게 4가지 양식으로 나눠진다.

제 1양식은 주전 2세기에 지중해 연안 세계에 두루 보급되었던 양식의 회화와는 전혀 무관한 것이었다. 그것은 다른 종류의 대리석판처럼 보이도록 형태를 갖춘 채색된 석고로 단순하게 벽면을 덮은 것에 불과했다. 제 2양식은 로마의 독창적인 창조의 결과였다. 제 2양식의 벽면들은 방의 경계가 뒤로 물러난 듯이 보이거나 아니면 그것이 완전히 제거된 듯이 보이도록 그렸다. 착각을 불러일으키는 그림들은 공간이 그럴 듯하게 연장된 느낌을 주도록 언제나 합리적이고 자연스럽지만 재미있게 다양화되었다. 논리적이고 그럴 듯한 이 양식에 싫증을 느낀 미술가들은 마침내 벽의 평평하고 한정적인 특성을 강조하고, 미묘하고 복잡한 세부를 즐기며, 또 합리적이고 논리적인 모든 외양을 공공연하게 거부하는 제 3양식을 출현시켰다. 그러나 주후 62년경 폼페이에 지진이 일어나 많은 장식들을 다시 장식해야 할 일이 발생하자 그들은 제 3양식 대신 다시 환영적인 제 4양식을 창안했다. 제 4양식은 다소 저속하게 그려진 것이지만 명랑하고 연극적인 장면을 화려한 효과로 표현해 놓은 것이다.

(5) 조각

로마 조각은 기본적으로 헬레니즘 조각의 영향을 강하게 반영하고 있다. 로마인들은 그리스 조각품들을 열정적으로 수립하고 구입했다. 그리스를 정복할 당시 로마의 지휘관들은 자신의 무훈을 과시하기 위해 문화재들을 노략질하고 약탈하여 그것으로 자신의 저택이나 정원을 장식했다. 그러나 문화재를 약탈하는 것에 한계를 느끼자 이번에는 그리스 원작을 대리석으로 모방하고 복제하였다. 로마인들은 자신들이 정복한 그리스 예술가들로 하여금 로마의 가옥과 공공건물을 장식하도록 의뢰했다. 로마인들의 이러한 태도에는 다소 속물 근성(snobbism)의 요소도 작용하였으나, 그것이 그리스로부터 로마를 분리시키는 주요 요인이 되기도 했다. 순수한 로마적 특징은 이상적인 아름다움보다 실용적인 목적이 앞선 초상조각에 잘 나타나고 있으며, 또한 예루살렘의 파괴와 같은 사건을 보여주는 티투스의 아치나, 트라얀 황제가 아시아인들을 정복한 것을 기념하기 위해 세운 역사적이고 기념비적인 부조에서 볼 수 있는 것처럼 설화적 양식이 두드러진 조각을 통해 확인할 수 있다. 마르쿠스 아우렐리우스 황제의 기마상은 그리스 조각에서 볼 수 있는 추상성이 배제된 철저한 사실주의를 지향하고 있으며, 트라얀 황제의 개선 주는 로마인들이 조각을 회화적으로 이해했을 뿐만 아니라 마치 연극처럼 시간의 흐름에 따라 내용을 읽어나가는 서술적이며 영화 또는 연극적인 것으로 표현하고자 했음을 보여준다.

마치 증명사진을 보듯, 묘사된 대상의 개성을 뚜렷이 보여주는 초상 조각의 발달(케사르, 브루투스 등의 초상조각)은 로마 조각이 물려준 훌륭한 유산이었다.

6) 초기 기독교 미술

로마 정부가 팔레스타인 지역을 식민 지배하고 있을 때 베들레헴에서 태어난 예수 그리스도는 고대 유대교를, 사랑에 바탕을 둔 기독교로 바꿔 놓았다. 인류의 구원

카타콤 안에 그려진 벽화

도미틸라 카타콤

을 위한 그의 죽음은 로마 정부에 핍박을 받고 있던 식민지의 많은 민중들에게 구원의 상징이 되었고, 기독교는 곧 로마제국에도 급속하게 파급되었다. 로마 황제들은 자신의 초상 조각 앞에 모든 신민들이 무릎 꿇을 것을 종용했는데 유대 기독교도들만이 우상을 숭배하지 않는다는 이유로 황제의 명령을 거부했다. 기독교도들의 이러한 태도는 로마의 황제들에게 하여금 기독교 박해의 빌미를 제공했다. 드디어 아마추어 시인이자 광기에 사로잡힌 황제에 의해 수많은 기독교도들이 검투사들의 처절한 격투장이었던 대경기장에서 대량으로 순교당하는 사건이 자행되자 기독교도들은 신앙의 자유를 지키기 위해 지하 무덤인 카타콤에서 그들의 종교 행사인 예배를 가졌다. 대부분 학식이 적었던 초기 기독교 신자들에게 교회의 지도자들은 예수의 이적과 기독교 교리를 설명하기 위해 이미지를 활용하지 않을 수 없었다. 그러나 이미지는 우상숭배의 혐의를 불러올 수 있으므로 조심스럽고 제한적으로 사용되었다. 알파와 오메가, 물고기, 십자가 등이 많은 종교적 상징으로 사용되었지만 성경의 진리를 설명하는 데는 한계가 있었다. 카타콤의 벽화들은 초기 기독교인들의 고민의 흔적을 잘 보여준다. 그들은 그림의 주제를 명확하게 나타내는 것 외의 부수적인 요소는 철저하게 배제함으로써 그리스 로마 미술의 환영주의를 다시 상징적이고 개념적인 것으로 되돌려 놓았다.

로마제국의 박해에도 불구하고 기독교의 성장은 막을 수 없는 물줄기와 같은 것이었다. 마침내 기독교는 로마의 귀족은 물론 황실에까지 파급되었으며 기독교를 공인한 콘스탄티누스 대제의 어머니도 기독교로 개종했다. 드디어 313년 콘스탄티누스 황제는 밀라노 칙령을 발표하여 기독교를 공인했다. 따라서 지금까지 지하에 은둔해 있던 기독교는 대규모 신자들을 수용할 교회가 필요했다. 그래서 공회당이자 재판정이며 시장이 열리는 장소인 바실리카를 교회 건물로 개조하였다. 바실리카는 교회 건축에 적합한 건축양식이었다.

7) 로마 시민권

신약성경 시대에는 로마가 지중해 연안을 통치하였다. 그 통치 영역은 북쪽으로는 야만족 골(프랑스)과 독일의 경계지역까지 미쳤고 지중해 유역이 포함되었다. 애굽도 북부 아프리카 지역과 함께 이에 포함되었다.

그러나 로마인들은 가는 곳마다 공공사업을 수행했으며 좁은 도로를 건설해 놓았고 정부관리, 군인들, 그리고 때에 따라 전체 식민지들에 로마 시민권을 부여하기도 하였다. 야만적인 통치방법을 사용하기도 하였으나 로마는 보복하는 정복자는 아니었다. 그들의 목적은 새로 정복한 지역에서 훌륭한 로마인을 배출해 내는 것이었으며, 그렇게 함으로써 로마 제국이 참된 로마가 되도록 하자는 것이었다. 이것은 상당한 반발을 불러일으켰다. 이는 피정복 민족들은 로마에 대한 적개심을 불태우고 있었기 때문이었다.

로마 원로원은 세밀한 검토를 거쳐 최대한의 자치를 허용하기로 결정하였다. 유대의 경우 이것은 본토의 왕(헤롯 대왕)에게 유대인들을 통치하도록 허락하는 것이었다. 헤롯 대왕이 죽으니 나라는 그의 세 아들 빌립, 아켈라오 그리고 헤롯 안디바가 나누어서 다스리게 되었다. 유대의 민주주의자들은 이를 용납하지 아니하였다. 그리하여 그들은 아우구스투스 시저에게 청원하여 유대나라에 왕의 제도를 폐지해 달라고 하였다. 시저는 이를 허락하고 기원 6년에 이를 시행하였다. 팔레스타인에 로마 군인들과 세금 거두는 자들이 아직도 가득 차 있었으나 유대인들은 자기들의 내부 문제를 스스로 처리할 수 있도록 허락을

빌립보 감옥

받았다.

로마는 또한 어떤 이들에게는 로마 시민권을 부여함으로 그들을 회유하였다. 역사가 윌 두란트는 말하기를 "과거 어느 때보다도 더욱더 로마 시민권이 배타적으로 보호되었고 높이 추앙을 받았다"고 했다. 로마 시민권을 가지고 있는 사람은 그가 별로 중요한 지위에 있지 않을지라도 높은 지도층과 맞먹는 위치로 간주되었다. 로마가 법으로 어느 정도의 자유를 부여했으므로 사람들에게 이중국적의 소유를 용인하였다. 그리하여 사도 바울은 다소와 로마에서 시민권자의 권리를 누릴 수 있었다. 로마 시민권자의 혜택은 분명했다. 로마 시민권자는 단순히 투표권이 있는 정도가 아니라 그에 상응하는 보호를 받는다는 것이었다. 로마 시민권자는 재판에 의하지 않고는 결박당하지 않으며 감옥에 갇히지도 않는다. 그는 죄수들에게 죄의 자백을 강요할 때 일반적으로 사용하는 방법인 채찍질을 당하지도 않는다. 만약 그가 통치지역에서 부당하게 대우받으면 로마에 청원할 수 있었다.

전형적인 로마의 도로

바울과 실라가 단순히 소란을 일으키는 유대인들이 아니라는 사실을 깨닫게 된 빌립보에 있는 로마 관헌들은 두려워 떨 수밖에 없었다. 그들은 자기들이 로마시민임을 주장하였는데 그것은 주민등록표의 명단을 확인해 보면 알 수 있는 일이었다. 클라우디스 황제는 로마시민이라고 허위 주장을 하던 사람들을 처형하였다. 그러기에 시민이 아니면서 자기가 시민이라고 가볍게 다룰 수는 없는 일이었다. 그런데 빌립보의 이 사람들은 부지중에 로마 시민을 묶고 때리고 감옥에 가두었다. 그러

나 바울과 실라는 그들의 사과를 기꺼이 받아들였다. 바울은 그들에게 말하기를 재판관이 공공연히 자기를 감옥에 가두었으므로 이번에도 공개적으로 자기를 방면해야 할 것이라고 요구하였다. 재판관은 기꺼이 이에 응했고 이 고집센 선교사들에게 마을을 떠나 달라고 부탁하였다(행 15:12-40).

네로(Nero) 황제

그 후 예루살렘에서도 바울은 로마와 관련된 자기의 입장을 다시 한번 이용하였다. 유대인 중 바울을 반대하는 자들의 아우성치는 소리가 로마 군인들을 자극시켰고 따라서 바울은 보호감호소에 갇히게 되었다. 바울은 자기에게 채찍질이 가해지자 – 아마도 질서를 문란케 했다는 죄목으로 – 자기가 로마시민임을 밝혔다. 이로 인하여 그를 때리던 채찍질이 중단되었을 뿐 아니라 그를 안전하게 호송하여 예루살렘을 빠져 나가게 했다. 사도행전은 바울이 2년간 로마에서 셋집에 살았다는 것으로 끝을 맺고 있다. 그에게 설교가 허락되었고 결신자를 만들 수도 있었다. 네로 황제가 베드로를 일반 죄수들의 처형 방식대로 십자가에 못 박았다고 전해지고 있으나, 바울은 교수형에 처하여졌다. 이는 비교적 명예로운 죽음이며 고통이 적은 처형법이었다. 로마시민으로 태어난 바울이 누린 마지막 특권이었다.

8) 팍스 로마나(Pax Romana)

역사가들은 팍스 로마나(로마의 평화)라는 타이틀을 주전 30년부터 주후 180년까지에 적용하여 사용하였는데, 그 기간 중 로마 제국은 번성하여 황금기를 맞이하였다. 이 기간 동안에 로마 제국은 평화와 번영과 좋은 정부를 가지고 있었으며 그 영역은 영국에서 유프라테스 강까지 그리고 북해로부터 남쪽 사하라까지 이르는 지역이다. 로마의 평화는 옥타비아누스 통치로부터 시작된다. 옥타비아누스는 주전 31년에 악티움 해전에서 대적을 물리치고 로마 황제의 자리를 차지한 사람이다. 1세기에 걸친 내전 후에 드디어 로마는 한 사람의 통치를 받는 나라로 통일되었다. 옥타비아누스는 로마 원로원의 어느 존경받는 원로로부터 아우구스투스라는 명칭을 얻게 되었고 제국 내의 내부 문제에 그의 통치력을 집중함으로 2세기에 걸친 강력한 통치와 평화의 기초를 확립하였다.

로마의 평화는 로마에 무역의 증가와 번영을 가져다 주었다. 제국의 해군은 지중해에 출몰하여 로마와 소아시아 여러 지역 및 아프리카 해안 사이의 선박 수송을 위협하고 있던 해적들을 모조리 소탕하였다. 로마의 큰 도로들은 기본적으로는 각 주로 통하는 군사도로였다. 또한 곡식들을 로마로 실어 나르는 것도 이 도로들을 통하게 되었고 포도주와 감람유를 외방 각 주로 실어 나르는 것과 통행료 및 여러 가지 다른 인위적 장애물들은 다 제거되었다. 안정된 화폐의 공급과 예금방법과 신용제도의 개선 등은 경제적 성장을 자극하였다. 로마 각 주마다 생산이 급격히 증가하게 되었고 얼마 안 가 스페인 지역의 도자기류, 플랜더스 지역의 직물류, 독일 지역의 유리제품을 로마에서 쉽게 찾아볼 수 있게 되었다.

평화를 유지하는 데 있어 중요한 점은 아우구스투스가 각 주정부의 자치를 허용할 의사가 어느 정도냐 하는 것과 각 지역에서 일어나는 반란과 무력 활동을 군사력을 사용하여서 얼마나 신속하게 진압할 수 있느냐 하는 문제였다. 아우구스투스는 피정복 민족들이 로마에 반항하지 않고 평화롭게 지내주기만 한다면 자기들의 언어를 지키고 자기들의 관습과 종교를 지키는 것을 허용하였다.

로마의 평화를 위해서 로마 제국 내에서 농업 활동이 기본적인 경제 활동으로 생각되었는데 이 기간에는 도시들이 급속히 성장하게 되었고 범세계적인 다민족이 섞여 사는 나라가 되어 버려 인종과 문화가 뒤섞이게 되었다. 로마 제국의 인구는 가장 번성기에 1억이 넘었는데 거기에는 이태리 사람들, 희랍 사람들, 애굽인들, 독일인들, 겔트족, 기타 등등이 포함되어 있었다. 하드리안 황제(주후 117년부터 138년까지 통치) 때에는 로마제국의 영토가 1억 2천 5백 평방 마일이 넘었다.

아구스도는 세금을 통해 모든 부를 로마로 집중시켰다. 그는 로마를 벽돌로 지은 도시에서 대리석으로 지은 도시로 발전시켜 놓았다. 국가에서는 많은 기계공들을 지원하였는데 이들은 모두 조합에 가입되어 있었다. 로마 시민들의 공공 생활에서 오락과 스포츠가 점점 더 큰 역할을 담당하게 되었다.

로마 통치 하의 세계 평화는 제 3세기경 로마가 경제적인 위기에 처하게 되면서 끝을 맺게 되었고 그 때에 정치적 무질서와 화폐의 인플레로 인하여 로마 제국의 경제는 파탄지경에 이르게 되었다.

9) 로마의 멸망

팍스 로마나(Pax Romana)는 아우구스티누스, 트라얀과 같은 정복 황제들에게만 국한된 것이 아니었다. 제국의 팽창은 로마 문화의 세계화를 가져왔다. 마르쿠스 아우렐리우스와 같은 현명한 황제가 통치하던 평화로운 시기가 있었는가 하면 로마 제국의 말기에는 불과 백 년 만에 수십 명의 황제가 바뀌는 사태가 빚어졌다. 하루 저녁에 황제가 살해되고 새로운 황제가 등극하는 일이 반복된 것이다. 두 세기가 넘도록 번성을 누렸던 로마는 3세기에 접어들면서 어려운 시대를 맞게 되었다. 284년 디오클레티아누스 황제는 제국을 네 부분으로 나눠 쇠퇴를 저지하고자 했으며, 콘스탄티누스 대제는 330년 수도를 로마에서 콘스탄티노플로 옮김으로써 제국의 몰락을 예방하고자 했다. 그러나 황제가 죽은 후 60년 뒤인 395년 로마는 동서로 분할되었다. 로마의 분리 후 410년 서로마가 고트족에게 약탈당했으며, 451년에는 교회도 동서로 분리되기 시작했고 461년 게르만의 용병대장 오도 아케르에 의해 서로마 제국이 멸망함으로써 위대한 로마의 영광은 역사 속으로 사라졌다.

10) 기독교의 발전

로마의 정신적 유산인 기독교는 로마 멸망 후 통일 유럽의 전통을 계승 유지하게 되었다. 기독교는 고대의 문화와 사상을 중세 세계에 전달함으로써, 서양의 정신적, 문화적 지배자가 되었다. 기독교는 원래 동방에서 시작된 새로운 종교로서 점차 로마 제국에 그 세력을 침투시켰다. 그리하여 새 종교는 로마사회에 만연한 현실주의적 생활 방식과 도덕적 질서를 거부하였으며, 따라서 로마 제국의 정치적 권력구조와 충돌하게 되었다. 그러나 신흥종교의 순수성과 세계성은 성도들의 열렬한 호응과 추종을 얻어 로마 사회에서 강인한 생명력을 얻게 되었다. 그리하여 기독교는 일단 로마제국의 종교로 공인되자 교회의 행정과 조직을 통해서 서방세계의 보편적 종교가 되었다.

기독교의 모태는 유대교이다. 두 종교는 많은 점에서 같지만 반면 여러 면에서 상이하기도 하다. 유대교나 기독교는 다 함께 여호와(Jehovah, Jahweh)를 숭배 대상으로 하는 일신교(一神教)이다. 따라서 유대교 경전인 구약성경은 기독교에서도 존중되고 있다. 우주 창조 및 세계 종말에 관한 신앙은 유대교나 기독교에 다같이 공통적이다. 유대교에서는 세계의 존재 일체가 전지전능한 하나님의 창조이다. 신은 발생근원으로서의 창조주이며 지배자이다. 또한 창조주인 하나님은 현실세계에 최후의 심판을 내리고 종말을 가져오는데, 그때에 구원받는 자와 구원받지 못하는 자를 가려내게 될 것이다. 그러나 두 종교의 차이점도 있다. 기독교에 있어서는 최후의 심판을 미래 세계(천국)의 시작이라고 보며, 또 한편 미래는 하나님의 영적 활동에 의해 현재에도 실현되고 있다. 여기에 비해 유대교에서는 현재와 미래가 단절되고 있다. 또한 유대교에 있어서 구원은 마땅히 율법을 지키는 자에게만 내려진다. 즉 율법의 유무가 구원 여부를 결정한다. 이 율법은 이스라엘인에게만 내려지며 유대인은 하나님이 선택한 민족으로서 모든 세계의 이교도들은 그 지배를 받아야 한다. 이와 같이 좁은 국수주의적 선민 사상은 기독교에 의해 극복되었다. 기독교는 유대교의 형식적 율법주의를 거부하고 민족, 국가, 계급, 신분을 초월하여 모든 인간에 대해 평등한 구원의 하나님을 말한다. 그리하여 기독교에 있어서 하나님은 최후 심판의 하나님을 강조하기도 하지만 절대적 사랑(agape)의 하나님으로 인식되었다. 간단히 말해서 기독교는 하나님 앞에서 인간의 평등을 주장하고 모든 인간이 서로 사랑할 수 있다는 세계 동포 사랑을 내세웠다. 유대교는 세계의 종말에서 메시야가 유대인의 번영만을 위해 출현할 것이라고 믿었는 데 반하여, 기독교는 모든 인간에게 미치는 모든 영역에서의 평화의 도래를 말하고 있다.

11) 역사적 의의

기독교는 유럽 문명과 종교의 관계를 매우 깊은 것으로 만들었다. 그러므로 기독교적 요소들을 생각하지 않고서는 모든 유럽 역사에 있어서의 인간의 활동분야, 즉 예술, 문학, 사상 등은 관찰될 수 없다. 다음으로 기독교의 종교적 모든 요인은 일반 세속적 활동, 즉 정치, 사회, 경제에 걸친 활동과 얽혀 복잡한 역사적 양상을 나타냈다.

끝으로 기독교는 종교가 인간 심리에 필요한 결과라는 인식을 많은 사람들에게 널리 받아들여지도록 하였다. 기독교는 서양 문명사에 있어 하나의 중요한 사건이며 따라서 역사가들은 기독교의 조직 및 교리와 사상 그리고 종교적 관념의 영향을 서술하지 않으면 안 된다. 종교는 일반적으로 진실이라고 인정된 일련의 사상이나 교리를 제시한다는 사실에 그 의의가 있으며, 그러한 사상이나 교리는 인간 행위에 어떠한 규범을 부여하기도 하고 변화를 주기도 하면서 문화를 창조한다. 따라서 기독교가 서양 문명의 방향에 근본적으로 중요한 의미를 부여했던만큼 그 문화사적 의의는 결코 가볍게 평가될 수 없다.

기독교는 주후 1세기를 전후하여 시작되어 그 이래로 수세기에 걸쳐 성장하였다. 그 단계는 원시 기독교 시대(그리스도에서 사도들에 이르는 100여 년의 사도시대), 로마 기독교 시대(박해 - 공인 - 로마국교의 과정), 중세 기독교 시대(교부에서 스콜라 철학에 이르는 기간) 등으로 나누어질 수 있다. 여기서 예수 그리스도(Jesus Christ)의 생애에 대해서는 세밀하게 고찰할 수는 없다. 그의 공생애의 사역은 3년간 지속되었으며 12사도들과 함께 유대(Judea)와 갈릴리(Galilee) 지방 등을 다니며 복음을 전파하였다. 예수 그리스도의 생활 태도는 극히 소박하였으며,

네로 황제 동전

콘스탄틴 황제

가난한 하층계급의 사람들과 밀접한 유대를 가졌다. 그는 당시의 전통적인 도덕적 인습 속으로 파고들었으며, 인간의 본질적 가치를 발견하는 능력을 갖고 있었다. 그의 사상은 간결하고 알기 쉬운 말로 표현되었으며, 여러 사람들을 감동시키는 힘이 있었다. 기독교의 사도(使徒)시대는 예수의 생애의 끝에 시작되었다. 그의 제자들은 예수의 사명을 로마 제국의 각 지역에 널리 퍼뜨리기 시작하였다. 사도들 가운데 바울은 가장 주목될 만하다. 그는 상당한 교육적 배경을 가진 인물이며 한때 기독교를 극렬히 반대하였으나 다메섹에서 예수 그리스도를 만난 후에 개종하여 열정적인 복음전도에 나섰다. 그는 동 지중해 연안, 아테네, 고린도, 로마 등지를 돌아다니면서 많은 성도들을 격려하고 네로 황제 때 로마에서 순교하였다. 간단히 말해서 바울은 기독교가 진정한 세계의 종교라는 것을 보여준 대표적인 인물이었다.

처음에 로마 제국은 기독교를 박해하지 않았다. 왜냐하면 로마의 종교정책은 로마 황제에 대한 숭배와 국가적 종교를 존중하는 한 모든 종교를 다 허용하는 것이었기 때문이다. 그러나 기독교도들이 이러한 국가적 정책을 존중하지 않을 뿐 아니라 황제숭배를 거부하였으므로, 그들에 대한 탄압이 시작되었다. 그리스도인들에 대한 박해는 네로 황제 때에 무자비하게 자행되었고 트라얀 황제 때에도 계속되었다. 3세기에는 더욱 심해져서 데시우스(Decius) 황제와 디오클레시안(Dioclesian) 황제 때에는 심지어 그리스도인들은 시민권까지 박탈당하였다. 그러나 그리스도인들은 이러한 박해에도 굴하지 않고 "순교자의 피는 교회의 씨앗이 된다"고 강조하면서 기독교 신앙을 사수하기 위해 죽음을 피하지 않았다.

이러한 박해가 반전 된 것은 4세기 초엽 콘스탄틴 황제때에 이르렀다. 312년 콘스탄틴 황제는 자신이 승리함으로써 로마 제국의 서쪽 절반을 장악하게 된 전투를 바로 눈앞에 두고 이방신으로부터 돌아서서 기독교의 하나님께 기도하였다. 로마의 역사가 유세비우스(Eusebius)는 이 사건을 다음과 같이 말하고 있다.[1)]

"그가 기도하는 동안에…하늘로부터 놀라운 표징이 나타났다. 그는 태양 너머로 하늘에서 빛나는 십자가 트로피를 보았는데, 거기에는 '이것으로 정복하라'가 새겨져 있었다."

콘스탄틴 황제는 자기 병사들의 방패에 십자가 표지를 붙이게 하였고 결국 승리하였다. 이 사건은 그로 하여금 그리스도인의 하나님의 권능을 확신하게 만들었다. 그는 얼마지나지 않아 개종하였고 제국과 교회의 역사 모두가 그 이전과는 완전히 다르게 되었다. 콘스탄틴 황제는 기독교를 제국내의 합법적인 종교로 인정하였다(313년 밀라노 칙령). 그리고 323년 이후 로마 제국의 동서부 모두를 자신의 지배 아래 두게 되자 기독교에 대한 제국의 특혜를 더욱 확대하였다. 성경을 필사하고 배분하는 일을 국고에서 지원했고, 감독들의 공의회를 개최하여 그들의 여행비와 숙박비를 지불하였고 교회와 성소를 건축하기 위한 비용을 기쁨으로 담당했다. 더 나아가 그는 정부 직책에 그리스도인들을 우선적으로 임명하였으며, 세속적 문제들에 대해 감독들의 조언을 구하였고 로마감독에게는 자신이 거했던 궁궐을 거주지로 주었다. 마침내 381년에 이르러 데오도시우스 황제는 기독교를 로마의 국교(國敎)임을 선언하고 모든 이교의식을 금지하였다.[1] 이리하여 기독교는 로마를 정복하였다. 결국 로마는 문화적으로는 그리스에 의해 정복당했고 종교적으로는 기독교에 의해 정복당한 것이다.

신약성경 시대의 유대교는 수세기의 격변하는 역사의 유산이다. 인접한 민족들과 함께 유대인들은 차례대로 아랍 제국을 지배했던 거대한 세력들의 통치 하에서 때로는 독립적인 생활을 하기도 하고 때로는 폭력적인 침입으로 생활 형태를 규제받기도 하였다. 다양한 제국과의 접촉은 이스라엘의 역사에 지속적인 영향을 미쳤고 예수 시대의 유대교는 그와 같은 과거의 역사적 배경과 밀접한 관련을 가지고 있다고 할 수 있다. 따라서 신약 시대의 유대교의 역사적, 사회적 그리고 문화적인 배경을 주변 제국과의 관련성 속에서 살펴보는 것이 중요하다고 할 수 있다.

1) Ronald A. Wells, *History Through the Eyes of Faith; Western Civilization and the Kingdom of God*(「신앙의 눈으로 본 역사」, 한인철 옮김, IVP, 2000), 61 재인용.

참고자료

성경과 연관된 로마 황제들[2)]

1대 : 옥타비아누스(주전 31년-주후 14년, 성경: 가이사 아구스도, 눅 2:1)

그의 본명은 가이우스 옥타비우스이다. 서민출신이나 어머니가 카이사르의 질녀로 아버지가 죽은 후 카이사르의 보호를 받았다.

주전 44년 시저가 암살된 후에 그의 유언장에 자신이 지명되어 있음을 알고, 그의 이름을 가이우스 율리우스 카이사르 옥타비아누스로 개명하였고 시저의 사병을 장악하였다. (후에 카이사르 이름은 율리우스 클라우디우스가(家)의 황제는 이 이름을 쓰게 되었다.그리고 독일은 '카이제르'(카이저), 러시아는 '차르'로, 각나라의 황제를 의미하는 명칭이 되었다)

제 2삼두정치 때에 로마를 3등분하여 서방은 자신이, 동방은 안토니우스, 아프리카는 래피두스가 장악하였으나 래피투스를 탈락시키고 안토니우스와 주전 31년 악티움에서 아그리파(아그립바)가 이끄는 군대가 승리하여 1인자가 되었다. 그는 장군의 역량은 빈약하였으나, 부하의 장악력으로 전 로마장군의 충성을 받아냈다.

특별 권한은 포기하였으나 제정과 군사를 장악하는 신중한 일처리로 모든 권한은 잡게 되었다. 로마를 대리석의 도시로 바꾸는 건축사업과 절제의 모범을 보이며, 클레오파트라의 유혹에도 넘어 가지 않았다. 아우구스투스에게는 사랑하는 율리아라는 딸이 있었는데 그녀는 방탕하여 많은 사람과 바람을 피웠다. 율리아를 티베리우스에게 주었을 때에 그는 방탕한 그녀를 싫어하여 로도스 섬에 은둔하였다. 티베리우스의 친어머니이며 아우구스투스의 부인인 리비아 두루실라가 아들을 위하여 그녀의 방탕한 생활을 고하였다.

아우구스투스의 법에 의하면 사형에 해당하였으나 그녀의 대한 사랑으로 귀양을 보냈다. 그녀의 첫번째 남편은 티베리우스와 사촌인 마르켈루스이다. 후계문제로 고민하다가 티베리우스를 양자로 삼고 공동정치를 하다가 사망하였다. 그의 누나 옥타비아는 안토니우스와 재혼하여 동생과 남편의 화해를 위하여 노력하다가, 클레오파트라와 연애하자 이혼하였다. 안토니우스가 죽은 후 그의 유자녀를 돌보고 생활이 정숙하여 존경을 받았다. 황제는 속주국 주민에게 호적을 하라고 명령하여 요셉과 마리아는 유대 땅 베들레헴에서 가서 아기 예수를 낳았다. 그의 명령은 성경의 예언을 이루게 하였다(눅 2:1).

아그리파(마르쿠스 아그리파)

미술을 전공한 사람이면 이 사람의 이름을 기억할 것이다. 그의 두상은 석고로 만들어져 뎃생의 모델이 되었으며 다비드와 함께 미남에 들어간다. 그는 옥타비아누스의 부장으로 주전 36년 섹스투스에서 폼페이우스에 대한 해전의 승리와 주전 31년 악티움 해전에서 바람의 방향을 계산한 교묘한 전술로 기선을 제압하여 안토니우스 함대를 격파했다.

그는 아우구스투스와 동료이자, 아우구스투스의 호적조사에 함께 참여하였으며, 그의 군사적 역량으로 아우구스투스가 황제가 될 수 있었다. 그는 황제의 딸 율리아가 과부가 되자, 옥타비아누스가 그에게 주어 2번째 남편이 되어 대(大) 아그리파(아그립파)를 낳았다. 그는 먼저 빕사니아 아그립파라는 딸을 두었는데 이 딸이 티베리우스와 결혼하였다. 아그립바가 죽자 아우구스투스는 티베리우스가 매우 사랑하는 부인 빕사니아 아그리파를 빼앗아 다른 사람에게 시집 보내고 아우구스투스의 딸 율리아를 티베리우스에게 주었다.

아그리파와 율리아 사이의 다섯 아이들 중에서 대(大) 아그리피나(아그리파)는 황제 칼리굴라의 어머니이며 황제 네로의 외할머니였다. 그는 주전 20년 중엽에 지금도 남아 있는 유명한 판테온을 완성하였고, 트레비 분수에 공급되는 물도 그에 의하여 건설된 고가수로를 통해 공급되었다. 헤롯은 아그리파 장군과 절친한 친구가 되면서 손자 또 증손자와 증손녀 이름에 아그립바를 드루실라는 아우구스투스의 부인 '리비아 드루실라'라는 이름을 붙인 것으로 생각된다(행 12:23, 24:24, 26:1-26).

2) Fritz M. Heichelheim, *A History of the Roman people*(「로마사」, 김덕수 옮김, 서울 : 현대지성사, 1999)와 Donald R. Dudley, *The Civilization of Rome*(「로마문명사」, 김덕수 옮김, 서울 : 현대지성사, 1997) 참조.

대(大) 아그리파(주전 14 ?–주후 33년)

마르쿠스 아그리파의 딸이며 아우구스투스의 손녀이다. 통칭 대(大)아그리피나라고 불렸으며, 남편 게르마니쿠스 카이사르는 아우구스투스 황제의 후손이다. 주후 4년 티베리우스는 옥타비아누스의 양자되었고, 같은 해에 게르마니쿠스 카이사르는 티베리우스의 양자가 되었다. 남편과 함께 동방원정(東方遠征)에 따라갔으나 주후 19년 남편이 동방 안티오키아(안디옥)에서 갑자기 사망하자, 다시 로마로 귀국하였다.

티베리우스 황제가 남편을 질투하여 독살시켰다는 말도 있어 황제를 의심하며 적대시하였다. 이 때문에 티베리우스황제에 의하여 주후 29년 판다테리아 섬으로 유배되었으며, 그곳에서 단식 끝에 죽었다. 남편(게르마니쿠스 카이사르)의 동생이 클라우디우스 황제이다. 아내 대(大) 아그리피나와의 사이에 칼리굴라, 소(小) 아그리피나, 드루실라 등 9남매를 두었다.

2대 : 티베리우스(주전 12년–주후 37년, 성경: 디베료, 눅 3:1)

그는 곰보에다 못났고 성품은 음침하며 시기심이 많았다고 전해진다. 아들과 이름이 똑같은 티베리우스의 아버지는 행정관으로 율리우스 카이사르 휘하의 함대 지휘관을 지냈다. 그의 어머니인 리비아 드루실라는 남편과 사촌이었으며 티베리우스를 낳았을 때 13세였다.

리비아가 둘째 아들을 임신하고 있을 때에 그녀의 미모에 이끌려 아우구스투스는 역시 임신 중이던 자기 아내와 이혼하고 아버지 티베리우스에게서 어머니를 빼앗아 결혼하였다. 어린 티베리우스는 아버지한테 남았으며 몇 개월 뒤 동생인 드루수스가 태어나자 동생도 아버지에게로 보내졌다. 아버지가 죽을 당시 티베리우스는 9세였기 때문에 동생 드루수스와 함께 어머니 리비아에게로 가서 황제와 함께 살았으며, 그는 장성하여 아우구스투스의 정복사업을 도왔다. 아우구스투스가 티베리우스와 3번째로 율리아와 강제 결혼시킬 때 그는 30세였고, 그녀는 27세로 5명의 아이를 낳은 경험이 있었다.

율리아는 행실이 좋지 않았으나 황제가 사랑하는 딸이었기 때문에 그녀를 비난하면 티베리우스는 상처를 입을 위험이 있었다. 그는 방탕한 그녀를 싫어하여 주전 6년 로도스 섬에 은둔하였다. 주후 4년 옥타비아누스의 양자가 되면서 후계자로 지목 받았다. 주후 14년에 황제가 죽자 그는 56살에 공동정치에서 제위로 등극하였다. 초기에는 정치를 잘하였으나 후에 폭군으로 변하였으며, 궁중에 음모가 난무하여 그는 카프리섬으로 은둔하여 공포정치를 하다가 암살되었다. 제위 15년 되는 해에 예수님의 공생애가 시작된다. 그도 후계자가 문제였고 실질적인 권리를 가지는 살아 있는 후계자가 거의 없었기 때문에 그는 아우구스투스처럼 가장 바람직하지 못한 후계자를 골랐다. 그는 아우구스투스의 손녀 대(大) 아그립바(아그리피나)와 결혼한 게르마니쿠스의 아들 가이우스 칼리굴라를 아우구스투스의 혈통임을 고려하여 양자로 삼았다. 티베리우스는 동성연애자로 성을 위하여 미소년들의 이빨을 다 뽑았다고 전한다. "디베료 가이사가 위에 있은지 열 다섯 해…", 예수님의 공생애가 시작되었다라고 기록되었다(눅 3:1).

3대 : 칼리굴라(주후 37–41년)

정식 이름은 가이우스 카이사르 게르마니쿠스이다. 비슷한 이름이 많아 아버지 게르마니쿠스의 군인들이 그가 어릴 때 신었던 군화식의 유아용 구두가 귀여워 지어준 별명이 칼리굴라이다. 티베리우스가 병으로 혼수상태에 빠지자, 후계자인 칼리굴라는 황제로 제위계승의 소식이 전하여졌다. 근위대는 새 황제에 대한 지지를 선포하였다. 이와 중에 티베리우스는 의식을 회복하고 일어나 로마의 명망가들은 혼란에 빠지게 되었으나 이것을 해결한 사람은 근위대 사령관인 마크로이었다.

다음날 그는 티베리우스를 담요로 질식시켜 죽였다. 즉위 초에는 민심수습 정책으로 환영을 받았으나, 점차 자신이 인간세계에 나온 신(神)이라는 망상에 사로잡혀 자신을 신이라고 여기고 제사하게 하였다. 불륜관계인 누이들에게 과도한 애정을 쏟았으며, 특히 아끼던 누이 드루실라가 죽었을 때에 그녀를 신격화하였다. 이는 로마 역사상 최초로 여자를 신격화한 일이었다. 그는 낭비로 재정을 파탄시켰다. 그는 주피터 신의 황금 턱수염을 모방하여 자신도 대중 앞에 설 때에 황금수염을 착용하여 주피터와 동일하게 보이도록 하였다.

그는 살아남은 형제 2명을 죽였으며, 3명의 여동생을 강간하였는데 그래서 네로도 그의 아들이라고 주장하기도 한다. 누이 중에 악녀로 유명한 소(小) 아그리피나(아그립파)이다. 그리스 총독의 부인을 소환하여 몇 차례 강간한 후 일생동안 누구와도 성관계를 갖지 말라고 명령하였다. 그의 부인은 키에소니아인데 아주 미인이라고 한다. 부인과 귀족이 보는 앞에서 성관계를 가지거나, 귀부인을 선택하여 나체로 만들어 감상하였으며, 연회장에서 성관계를 한 후에 느낌을 이야기하였다고 한다.

그는 사랑하는 애마(愛馬)가 있었는데 애마를 공동통치자로 임명하였고, 직위에 해당하는 사무실과 상아로 만든 마구간을 주었으며, 황제가 수여한 황금 잔으로 와인을 마셨다고 한다. 잔혹한 독재와 부하를 함부로 죽이는 광폭한 행동 때문에 그는 27세로 경호원에게 암살당하였다.

소(小) 아그리피나(주후 15-59년)

그녀는 대(大) 아그리피나(아그립파)의 장녀이다. 그녀는 주후 28년 아헤노바르부스와 결혼하여 사이(혹은 칼리굴라)에서 네로를 낳았다. 주후49년 그녀는 남편을 죽이고 삼촌인 클라우디우스 황제와 결혼하였고, 황제의 친아들 대신 자신의 아들인 네로를 후계자 겸 양자로 삼게 하였다. 네로를 황제에 오르게 하기 위하여 황제의 딸 옥타비아와 결혼하게 하였으며, 황제의 전처였던 발레리아 메살리나의 살해에 가담하기도 하였다. 그녀는 황제의 친아들 브리탄니쿠스를 독살하는 등 네로를 권좌에 앉히기 위해 끊임없이 음모를 꾸몄다.

주후 54년 황제인 남편을 독살하기 위하여 황제에게 독버섯을 먹였는데, 전의가 버섯을 토하게 하기 위하여 깃털을 목에 넣은 것이 잘못되어 질식사하였다고 한다. 그녀는 섭정하려는 욕망으로 네로를 제위(帝位)에 오르게 하였으나, 그녀도 섭정 때문에 네로의 명령을 받은 노예에게 피살되어 모든 욕망을 접었다. 그녀는 성을 즐기기 위하여 문란한 도시 폼페이의 창녀촌에서 자진하여 밤새도록 남자를 상대하였는데 날이 밝는 것을 섭섭해하기도 하였다고 한다.

4대 : 클라우디우스(주후 41-54년, 성경: 글라우디오, 행 18:2, 11:28-30)

그는 게르마니쿠스 카이사르의 동생이다. 다리는 절고, 침 흘리는 병자라 공적생활을 하지 않았으나 근위병들에게 옹립되어 제위에 올라서 재정을 다시 일으켰다.

주후 43년 남 잉글랜드를 평정하고, 평정한 장군의 이름이 부루투스에서 브리튼(The Great Britain, 대영제국)이 왔다고 하는 설을 남긴 사람이다. 주후 49년 조카인 소(小) 아그립파(아우구스투스의 외종손)와 결혼을 하였다. 그의 왕비들은 말썽꾸러기들이었다. 세번째 아내 메살리나는 칼리굴라의 총애를 받았던 연극계의 대표인 미네스타에 반하여 연극을 중단시키고 섹스시중을 명령하였으며, 그의 흉상을 금으로 만들어 궁중에 장식하여 화가 난 황제는 왕비의 섹스신하 다수를 처형하였다. 클라우디우스 황제는 몸은 병자이지만 머리는 명석하였다. 그러나 그는 인기는 없는 황제라고 한다. 황제는 처음에는 유대인에게 우호적이었으나, 유대인을 본토에서 추방하여 브리스길라와 아굴라는 고린도로 쫓겨왔다(행 18:2). 아가보의 예언한 세계적인 대 기근이 이 황제에 실현되어 예루살렘의 교회가 어려울 때 도왔다(행 11: 28-30).

5대 : 네로(주후 54-68년)

주후 54년 어머니(소 아그리파)는 섭정하려고 황제를 독살하였다. 근위병의 추대로 네로가 제위에 오르니 로마 역사상 최초로 어린 나이 17세이었다. 근위장관 부루스와 철학자 세네카의 후원으로 초기는 선정하였다. 그러나 점차 포악하여 의붓동생을 죽이고, 어머니 아그리파의 배를 발로 차자 어머니는 치마를 찢으며 '여기를 쳐라, 너를 낳은 자궁을 쳐라' 라고 소리쳤다고 한다. 그는 어머니를 죽이려고 배에 구멍을 뚫었으나 헤엄쳐 나오자 자객을 보내어 죽였다고 한다.

62년 오토(나중에 황제가 됨)의 젊은 아내 포파이아 사비나와 사랑에 빠져 그녀와 결혼하기 위하여 옥타비아를 살해하였다. 부루투스가 죽고 원로원의 음모

가 탄로나 세네카(고린도의 총독 갈리오의 형)와 추종자를 살해하였다. 주후 64년의 로마 대화재 후 폐허 위에 로마 시 전체의 1/3 크기인 궁전 '황금저택'을 짓기 시작하였지만 완성하지는 못하였다. 그리스 문학에 심취하여 예술콩쿠르를 도입하였고, 4대 제전을 개최하며 직접경기에 출전하였다.

갈리아의 반란과 함께 스페인 총독 갈바가 로마로 진군할 때에 원로원, 민중, 근위병까지 합세하자 그는 로마를 탈출하여 재위 14년, 나이 31살에 '아! 이 세상은 위대한 예술가를 잃는구나' 하고는 자살하였다. 재위 시는 미남에 활달한 성격, 초기의 선정, 진취적인 사고 때문에 인기 있는 황제로 알려져 죽은 뒤에도 네로를 자칭하는 자가 나왔다고 한다. 그러나 후세에 그는 폭군의 대명사가 되었다. 로마화재 책임을 그리스도인에게 전가시키고 대학살을 감행하였으며, 저녁이면 그의 정원은 그리스도인 몸을 횃불로 삼고, 전리품으로 잡아온 여자들을 발가벗겨 병사들에게 범하게 하였다. 자신도 벗은 채 수레를 타고 다니기를 좋아하였고, 기독교도들의 처참한 몸부림을 즐겼다고 한다. 로마인들이 박해를 구경한데서 구경거리라는 뜻의 시어터(theater)가 극장의 어원이 되었다.

성경 계시록의 마귀의 숫자 666은 네로와 교황을 지칭하기도 한다. 네로는 바울을 고소했고, 또한 베드로를 처형하였다. 영화 쿼바디스에서 그는 로마화재를 보면서 눈물 항아리에 눈물을 담는 모습이 나오나 실상은 56km떨어진 악티움 휴양지에 있었다고 한다.

네로가 죽은 후에 주후 68년 6월 73세의 늙은 장군 갈바(6대)가 정권을 잡았으나, 주후 69년 1월 오토 장군(7대)이 살해하여 정권을 잡았다. 3개월 후에 비텔리우스(8대)의 반란에 쫓긴 오토는 자살하였고, 비텔리우스가 정권을 잡았으나 이도 반란군에 쫓겨나고 베스파시아누스(9대)가 황제의 자리에 올랐다. 1년 동안에 4명의 황제가 바뀌었다.

9대 : 베스파시아누스(주후 69-79년)

베스파시아누스는 주후 66년 말 네로가 유대인 반란 진압 총사령관으로 파견하여 전과를 올렸다. 네로의 자살 후 혼란 속에 동방의 군단이 먼저 그를 황제로 추대하자 발칸도 뒤따랐다. 유대진압은 아들 티투스에게 맡기고 로마로 향했다. 성실하고 국가회복과 반란의 피해를 복구하였다. 사후에 두 아들이 차례로 황제가 되었다.

주후 70년에 예루살렘을 티투스가 예수님의 예언대로 완전히 파괴하였으며 기념으로 서쪽 벽만 남겼다. 유대인 110만 명을 학살하고 10만 명을 포로로 데려가 콜로세움을 건설하기 시작하였다. 주후 71년 유대반란의 평정귀환식을 가졌고 그때의 개선문(티투스 아치)이 지금도 남아있다. 포로는 로마 건설의 도구로 썼다가 건설을 마치고 살아서 남아 있는 유대인을 생매장하였다. 노예 소녀 체니스는 그의 정부로 있다가 결혼하는 바람에 노예에서 황후가 되었다.

10대 : 티투스(디도, 주후 79-81년)

즉위 후에 선정으로 환영받았으나, 79년의 베수비오 화산의 대폭발로 폼페이시가 땅속으로 매몰되었으며, 주후 80년 로마의 대화재와 페스트의 만연으로 불행이 잇달았다. 로마의 재건과 구제사업에 전력하여 민중의 추앙을 받았고 콜로세움을 완성하였다. 그는 유대를 정복하고 기념으로 개선문을 건축하고 '티투스 아치'라고 하였다.

정복과 개선행렬 이야기가 조각되어 있다. 그래서 유대인은 지금까지 이 개선문 아래로는 통과하지 않는다고 한다.

11대 : 도미티아누스(주후 81-96년)

형의 뒤를 이어 즉위하여 원로원을 제압하였고 비판자를 탄압하였다. 또한 브리튼 섬(영국)의 로마화에 힘썼고 군대를 스코틀랜드까지 진군시켰다. 86년 자신을 '주님이자 하나님'이라고 부르게 하고 기독교인을 심히 박해했다. 그는 요한을 밧모섬에 귀양보낸 장본인이기도 하다. 결국 그는 근위장관과 결탁한 왕비에게 암살당했다.

제2장 신약성경시대의 유대인

Search the BIBLE lands

1. 페르시아의 지배와 이스라엘의 유대교

유대교의 역사는 바벨론 유배 시대에서 시작된다. 주전 722년 앗시리아에 의해서 북 이스라엘 왕국이 몰락하고, 유다 왕국은 주전 587년에 바벨론에 의하여 점령되는데, 예루살렘이 파괴되고 민족의 지배층이 포로로 잡혀가게 된다. 바벨론 포로 시대에는 성전 의식을 거행하는 일이 금지되었기 때문에 유대인들은 그들의 신의 율법을 엄격히 준수하고, 이스라엘의 선민 의식을 표시하기 위해서 안식일 계명과 할례의 계명을 준수하였다. 이런 율법 준수의 실천은 이후 정신적이고 영적인 회복의 전제가 되었다. 바벨론을 무너뜨린 페르시아의 왕 고레스(Kyrus)는 주전 539년 바벨론과 시리아 그리고 팔레스타인의 지배자가 되었다. 페르시아는 피지배 민족에게 유화 정책을 사용하였다. 페르시아는 대대적인 이주를 강요하거나, 하나의 국가 종교를 신봉하도록 요구하지 않았다. 오히려 그들은 피지배 민족들에게 그들의 독자성을 지키며 자기들의 관습에 따라 살도록 허용한다. 이러한 방법을 통해서 자기들의 편을 얻고자 했다. 또한 페르시아 정부는 그들 자신의 언어 대신에 시리아와 팔레스타인에서

사마리아 거리

사마리아 대제사장과 사마리아 오경

사용되던 아람어를 사용하였다. 이러한 유화 정책은 유대인 사회의 독자적인 생활의 가능성을 주었다. 바벨론을 점령한 고레스는 예루살렘 성전을 재건하고, 성전 기물(스 6:3-5)을 돌려 주도록 하였다.

주전 5세기 바벨론에서 살던 유대인들 가운데, 예루살렘 유대인 공동체의 건설에 대한 충동이 일어났다. 느헤미야와 에스라는 예루살렘 성벽을 재건하고, 유대인의 순수성을 강조하며 율법(모세 5경)을 가르치고 준수할 것을 강화하였다. 유대인의 공동체 의식(儀式)은 페르시아 제국의 보호 아래에 있게 되어 유대인들은 간섭을 받지 않고 율법의 규정에 따라 그들의 생활을 영위할 수 있었다.

유대인의 정체성 회복과 관련해서 우리는 사마리아인의 현존에 대해서도 살펴볼 필요가 있다. 앗시리아에 의해 점령된 북 이스라엘 주민들은 이주한 이방 주민들과 혼합되었다(왕하 17장). 그들의 후손은 대지에 풍요와 번영을 주는 땅의 신을 숭배하였기에 유대인들로부터 순수한 이스라엘 민족으로 인정받지 못하고 멸시와 천대를 받게 된다. 예루살렘의 유대인 공동체는 그들을 다른 민족과 철저하게 구별하여 그들과는 어떤 교역과 거래도 하지 않았다. 이런 결과로 사마리아와 유대의 정치적인 분리가 초래되었다. 이와 같은 이유로 사마리아인들은 그들 자신의 성소를 만들고자 하는 소원을 갖게 된다. 유대인 역사가 요세푸스(Josephus)에 의하면 사마리아인들이 알렉산더 대왕의 치하에서 비로소 그리심(Garizim, cf. 요 4:20)에 성전을 건설하도록 재가를 받았다고 기록하고 있으나 아마도 그들의 성소의 건축은 그 이전에 이루어진 것 같다. 사마리아 사람들이 그들 자신의 성소를 소유하게 된 이후 유대인들과 그들 사이에는 더욱 격렬한 적대감이 지배하게 되고 끝내 전쟁의 충돌이 일어나 주전 128년에 유대인들은 그리심의 성전을 파괴해 버린다.

예수의 시대에 유대인과 사마리아인은 서로 교제하지 않았다(요 4:9). 사마리아 사람들은 유대인들에게는 이방인으로 취급되었다(눅 17:18). '사마리아인'이란 미친 사람으로 간주되는 사람에게나 붙여지는 모욕적인 말로 사용되었다(요 8:48). 하지만 예수는 이웃 사랑의 실천의 예로 유대인의 행위가 아니라 한 사마리아인의 행위를 제시하고 있다(눅 10:30-37). 문둥병에서 고침을 받고 하나님께 영광을 돌린 사람도 유대인이 아니라 사마리아인이라고 기록하고 있다(눅 17:18). 초대 기독교 공동체는 처음에는 머뭇거렸으나(마 10:5-6), 곧 유대인과 사마리아인 사이에 생겨난 분열을 극복하고 복음을 사마리아에 전파하였다(행 8:2-25).

2. 알렉산더 대왕과 팔레스타인

알렉산더 대왕(주전 316-323년)은 마케도니아인으로서 그리스식 교육을 받았으며 나중에는 아리스토텔레스의 가르침을 받았다. 그는 20살 되던 주전 336년에 왕위에 올라 아버지로부터 그리스 통치권을 물려받게 되었다. 주전 334년에 행해졌던 페르시아 원정은 철저하고 강력하게 추진되었는데 그것은 페르시아, 소아시아, 페니키아, 팔레스타인, 이집트, 메소포타미아, 이란, 인도를 쓸고 지나가는 그리스 문화의 개선 행진이기도 했다.

알렉산더

이수스(Issus)의 전투(주전 333년)에서 알렉산더 대왕은 페르시아의 왕 다리우스 3세를 격파하였으며 이 승리로 인하여 시리아와 팔레스타인을 거쳐 이집트에 이르는 길을 열었다. 알렉산더의 정복 기간 동안 유대는 아무런 저항없이 파르메니오(Parmenio) 사령관에게 항복하였다. 페르시아 총독이 거주하던 사마리아는 페르딕카스(Perdikkas)와 그의 군사들에 의하여 정복되었다. 요세푸스에 의하면 알렉산더는 정중한 복장을 하고 나온 예루살렘의 대제사장에게 다음과 같은 말을 했다고 한다. 알렉산더가 마케도니아에 있을 때 이미 그의 꿈에 나타나, 그에게 '페르시아 제국에 대한 통치권을 장악하라는 이스라엘 하나님의 명령을 전달했다'는 것이다. 그는 어디에서나 당연하게 신이 임명한 '세계 지도자'로서 등장하고 있었다. 유대인들은 강력한 그리스 군대에 깊은 충격을 받고 주저하지 않고 새로운 지배자의 우월한 세력을 받아들였다. 유대인들은 평화적으로 항복하였기 때문에 페르시아 지배 하에서 누리던 권리를 계속 유지할 수 있었다.

알렉산더 시대로부터 로마 제국 시대를 거쳐 지중해 지역과 근동지방을 지배해 온 문화는 그리스적이고 헬레니즘적인 요소들을 분명히 보유하고 있었기 때문에 오늘날의 학자들은 이 문화를 '헬레니즘'(Hellenism)이라고 말한다. 이 문화는 주전 1세기 알렉산더의 노력에 힘입어 발전하고, 유대교에 긍정적인 영향과 부정적인 영향을 동시에 미쳤다. 지배 세력이 페르시아에서 그리스로 바뀌었음에도 외적인 변화는 그래도 유지되었지만, 그리스 사람들의 생활과 태도는 유대인들의 내부 생활에 깊은 영향을 주었다. 이때부터 유대인들은 팔레스타인에서 희랍어를 통상언어로 사용하는 희랍인들과 직접적으로 이웃하여 살게 되었다. 그래서 신약성경 시대에 팔레스타인에 살던 많은 사람들이 희랍어를 이해하고 사용할 수 있었다. 로마 수비대의 지도자와 대면할 때에도 희랍어를 사용할 수 있었다.

또한 언어와 더불어 헬라주의 문명이 이 땅에 들어왔다. 희랍 이주민들은 그들의 생활 유형을 가지고 왔으며 이러한 생활을 고수하였다. 그와 더불어 희랍 건축물들이 생겨났다. 극장과 목욕탕이 여러 도시 안에 세워졌으며 경기장에서는 운동 경기가 개최되었다. 축제 때 식탁에서 식사를 함으로써 희랍 풍습에 동화되었다(막 14:18). 희랍인들에 의하여 고도로 발달된 의술이 이용되었다(막 5:26). 그들이 대화 속에서 사상의 단계를 전개해 나가고 질문과 대답을 교대하여 문제의 해결을 찾으려는 것과 같이, 유대인들은 토론하고, 교리 문답에서 신의 뜻의 진리를 묻고 설명하는 것을 배웠다. 희랍인들의 우월한 문화와 문명에 대하여 많은 유대인은 매우 광범위하게 호의를 갖게 된다.

주전 323년 33세로 알렉산더 대왕이 갑자기 죽게 되자 신속하게 합병된 제국은 정치적 혼란 속으로 빠지는 결과를 맞았다. 왕의 사령관들 간의 후계자 싸움으로 제국의 통일은 깨져 버렸다. 알렉산더 대왕 이후 팔레스타인과 시리아 남부에 대한 지배권은 톨레미(Ptolemaios, 전사라는 뜻)에게 돌아갔고, 헬라주의적 영향이 팔레스타인 안에 변함없이 계속되었다. 페르시아와 알렉산더 대왕과 마찬가지로 톨레미 역시 예루살렘 내 공동체의 내적인 용무에 대해서는 간섭하지 않았다.

1) 칠십인 역 성경(라틴어, LXX 또는 Septuaginta)

히브리어 구약의 헬라어 번역본이다.

기원

70인역이란 라틴어의 70(septuaginta)에서 온 것으로 70인의 번역자가 번역에 참

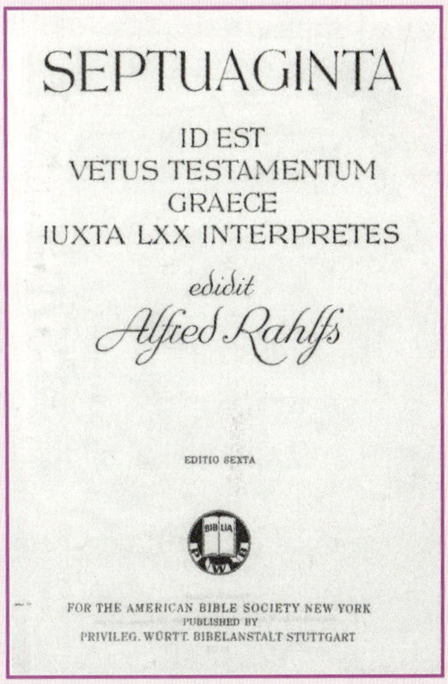

70인경

여했다고 해서 붙여진 이름이다. 톨레미 2세(주전 285-246)의 관리였던 '아리스테아스'가 필로크라테스에게 보낸 편지에 의하면, 알렉산드리아 황실 도서관장이 임금에게 도서관 비치용으로 구약성경을 헬라어로 번역한 성경이 필요하다고 제의한 것을 왕이 받아들여, 히브리 노예들을 해방시키고 아리스테아스와 호위병들을 통해 많은 선물을 보내며 예루살렘 대제사장 엘르아살에게 번역을 위한 율법서와 학자들의 파송을 요청하였다. 그 결과 열두 지파에서 6명씩 72인이 선발되었으며 바로섬에서 72일 동안 번역을 완료하고 유대의 대회를 소집하여 번역에 이상이 없음을 확인하였다. 그러나 16세기 이후 이 내용은 의심되었고 오늘날은 거의 신뢰받지 못하고 있다. 그 이유는 첫째, 정통적 유대인들의 번역으로는 너무 자유 분방한 번역이었기 때문이다. 둘째, 정통적 유대인들로서는 신성한 히브리어 성경을 이방 언어로 번역하는 것에 찬동하기 어려웠고 필요성을 느끼기 어려웠을 것이기 때문이다. 셋째, 번역자들이 팔레스타인 지명에 익숙하지 못했기 때문이다. 넷째, 불완전한 히브리어 지식이 노출되었기 때문이다. 따라서 70인경은 팔레스타인에서 파송된 정통 유대인의 번역이 아니라 당시 알렉산드리아에 살던 이주 유대인 학자들의 번역으로 보는 것이 타당하다.

번역 동기

70인경이 필요하게 된 동기는 첫째 알렉산더의 애굽 정복으로 헬라어가 당시 국제 공용어로 등장하게 되었고, 둘째 알렉산더의 유대인 애굽 이주 정책을 이어받은 톨레미 1세와 톨레미 2세의 이주민들에 대한 종교적 권리와 문화적 특혜 등의 유화 정책으로 이주민들이 점차 증가되었으며 저들이 헬라어로 된 성경을 필요로 하게 되었기 때문이다.

히브리성경	70인경	신약	한글
여호와(יְהוָה)	κύριος	κύριος	주님, 예수님, 여호와
엘로힘(אֱלֹהִים)	θεός	θεός	하나님

중요성

종교적으로 당시 유대인들과 초대교회의 성도들에게는 구약 경전으로서, 이방인들에게는 구약 계시의 소개서로서, 신약성경 기자들에게는 신약 언어 선택의 길잡이로서의 역할을 하였다.

평가

모세오경은 비교적 정역이며 시편과 이사야서는 불충분한 의미역이다. 다니엘서는 자유로운 해석역이며 예레미야서는 히브리식 헬라어라 할 정도로 여자적 번역으로 평가된다.

70인경의 오역 또는 의역이 신약에 인용된 이유[3)]

오역된 곳	히브리성경	한글	70인경	신약(헬라어)
시편 40:6	나의 양귀를 깎아 주셨나이다.	나의 귀를 통하여 들리시기를	나를 위해 한몸을 준비하셨다.	나를위해 한몸을 예비하셨다(히 10:5).
이사야 40:3	한 소리가 외친다. 광야에서 예비하라. 사막에서 평탄케 하라. 광야, 사막: 길을 준비하는 장소	외치는 자의 소리여 광야에서 예배하라. 사막에서 평탄케 하라	광야에서 외치는 자의 소리가 있어 예비하라. 평탄케 하라. 광야: 외치는 자가 서 있는 장소	마 3:3에 그대로 인용. 광야에서 외치는 자의 소리가 있어(70인경 그대로 인용)

3) 유재원, 「구약서론」, 총신대학교 강의안

1. 구약 예언의 이중적 의미 중 궁극적인 의미 적용을 위하여

구약 예언서의 "광야에서 여호와의 길을 예비하라 사막에서 우리 하나님의 대로를 평탄케 하라"라는 말씀은 이중적 의미를 가지고 있다.

첫째로, 구약적으로는 이스라엘 백성의 광야와 사막을 통한 바벨론의 귀향을 의미하며 이 포로 귀환과 함께 여호와께서 승리의 왕으로서 이스라엘에 강림하신다는 것이다. 따라서 이스라엘의 광야를 통한 포로 귀환은 여호와께서 이스라엘에 왕으로 오시는 준비 과정에 불과하며 그 자체가 예언의 목적이 아님을 알 수 있다.

둘째로, 이 예언의 궁극적 성취는 온 세상의 왕으로서 이 땅에 오시는 예수 그리스도의 도래와 이스라엘의 회복이었다. 그러므로 이 예언이 신약에 적용되면서 이미 성취된 바벨론 포로의 귀환이라는 구약적인 의미로 적용될 필요가 없이 이제 임박한 직접적인 예언으로서 메시야의 도래라는 궁극적 의미로 적용되어야 한다. 따라서 구약에서 이스라엘의 포로 귀환 여정에 놓여 있던 광야길과 사막길은 신약계시에 있어서는 불필요한 것이 되었고 이같은 불필요한 내용을 제거하기 위해 70인경의 오역은 새로운 재료로 성령에 의해 채택되었음을 볼 수 있다. 이것은 70인경의 오역이나 의역의 배후에도 성령의 간접적 조명이 있었음을 의미한다.

2. 구약에서 신약에로의 점진적 계시 성취를 위하여(이사야서에만 관계)

구약에서 선지자가 기록한 "한 소리가 외친다"는 말씀을 선지자들은 천사의 외침으로 받아들였다. 따라서 이것이 직접적으로 인용된다면 신약에 있어서는 분명한 의미전달이 불가능했고 또한 성취도 불가능할 수밖에 없었다. 구약적으로 볼 때 이스라엘의 회복을 통해 여호와가 오시는 길의 준비를 고하는 이 천사의 사역은 신약적으로 세례 요한에게 계승되었으니 이것이 그에게 적용되기 위하여는 불필요한 단어였던 "광야에서"가 앞으로 연결되어 이 예언을 고하는 세례 요한이 서 있는 장소로서 필요 적절하게 사용되었다. 만일 구약의 예언이 직접 인용되었다면 한 천사의 외침은 어떤 의미도 주지 못할 것이다. 구약에서 이 예언을 고하는 천사의 사역이 세례요한에게 적용되도록 작정하신 하나님의 계획에 70인역자들의 고의, 혹은 실수에 의한 번역이 그대로 호응되었다고 볼 수 있다. 여기서 70인역의 번역을 통한 구약에서 신약으로의 점진적 계시 성취와 신약적인 의미로의 확정을 볼 수 있다. 또한 이 성취는 세례 요한이 좋은 소식을 전하도록 명령받은 천사 가브리엘의 예고를 받은 후 출생하였으며 또한 그의 사역이 주를 위해 백성을 예비하는 사역이라고 말한 누가복음 1:17에 의해 확실히 드러난다.

이사야 40:3	한소리가 외친다.------	'천사의 소리' =백성 회복의 준비사역
	광야에서	(여호와께서 강림준비 사역)——→세례 요한에게 적용됨
	너희는…예비하라	

• 구약적으로 천사의 준비 사역이 신약에서 세례요한으로 바뀌었다는 말이다.

2) 마카비(Makkabaios)의 반란 혹은 독립 전쟁

시리아를 다스리던 알렉산더의 후계자들은 헬라주의에 대한 열렬한 대변자들이었다. 그래서 그들은 헬라주의 문화를 장려함으로써 나라 안에 있는 여러 다른 민족들을 밀접하게 결합시키려 하였다. 광범위한 유대 사회는 이러한 정책에 대립하였지만, 예루살렘의 제사장 집단에는 많은 헬라주의화의 추종자들이 있었다. 대제사장은 유대 사회의 지도자로서 시라아 왕의 법률과 명령이 철저히 시행되도록 노력하였다. 시리아를 다스리던 안티오쿠스 4세는 주전 169년에 전쟁으로 바닥난 국고를 충당하기 위하여 예루살렘 성전을 강탈하였지만 유대 사회는 어떠한 저항도 할 수 없었다. 성전의 값비싼 기물들, 즉 번제 제단과 일곱 촛대 그리고 제상 등을 안디옥으로 가져갔다. 성소에 행해진 이러한 첫번째의 만행이 있은 후 곧 두번째의 가혹한 침해가 있었다. 몇몇의 저항에 부딪치기는 했지만 확고하게 기반을 구축했던 예루살렘과 유대의 헬라주의화는 이제는 강제로 시행되었고 그럼으로써 유대인 공동체의 독자적인 생활은 끝났다. 예루살렘 성벽은 무너졌으며 옛 다윗 도시의 언덕 위에는 폭군의 성이 세워졌다. 안식일을 지키고 자녀들에게 할례를 베푸는 행위가 유대인에게 사형의 협박으로 금지되었다. 왕의 감독관들이 이러한 명령이 준수되고 있는지를 감시하기 위하여 나라 곳곳에 파견되었다. 예루살렘의 번제 제단이 있는 자리에 이교도의 제단이 세워졌고 거기에서 최고의 신, 즉 올림피아의 제우스에게 희생제물이 드려졌다(주전 167년).

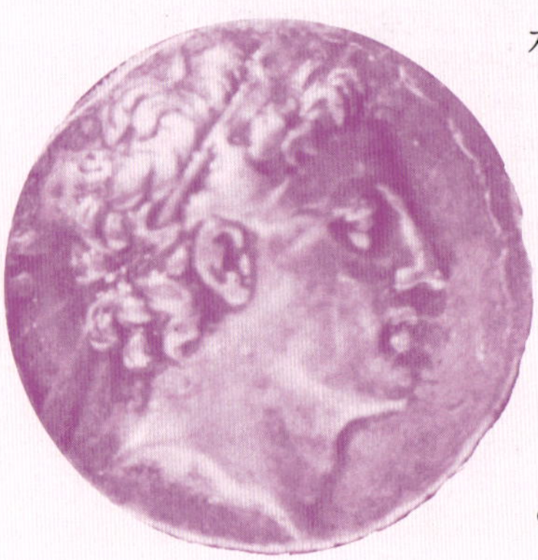
안티오쿠스 4세

이러한 시리아 정부가 도입하고자 했던 이교도적인 종교형태들은 민족적인 반발을 유발시켰다. 이러한 민족적인 저항은 느헤미야와 레위인들이 시도했던 유대교 재건에 깊은 영향을 받음으로써 발생한 것이었다. 지방의 주민들은 헬라주의 문화와 문명에 스스로를 개방하였던 많은 도시인들보다 더욱 집요하게 선조들의 신앙을 고수하였다. 무엇보다도 이러한 문화투쟁에서 율법에 충실한 자들을 정열적으로 이끈 것은 모데인(Modein)이라는 작은 마을에서 일어난 돌발적인 사건이었는데 그로 말미암아 외국 지배권에 대한 봉기가 불붙었고, 이 봉기의 주체는 마타디아(Mattathias)라는 제사장 집안에서 비롯된다. 마타디아에게는 다섯 명의 아들이 있었는데 그 중 가장 유명한 아들이 바로 유다 마카베오(Makkabaios, 망치라는 뜻)였고, 그 이유로 후대의 문헌은 이 가문을 흔히 '마카베오 일가'라고 부른다. 그러나 하스몬이라는 조상의 이름에 따라 유다 마카베오의 후손들은 그 당시 사람들로부터 '하스몬 일파'라고 불렸다. 이 가문은 부호이기는 했지만 귀족에 속하지 않은 지방의 제사장 가문으로서, 시리아 헬레니즘 정부를 거부하였다. 이 투쟁에서 마타디아와 그의 아들들은 대 성공을 거두고 그의 자손들은 대제사장과 왕의 지위에까지 오르게 되었다.

마타디아는 주전 167년에 시리아 정부가 파견한 제의 관리를 위하여 이교도의 제단에 제물을 드리려 했던 유대인 한 명을 살해했으며 또한 그 제의 관리도 죽여버렸다. 따라서 그는 제의 장소에 부여된 면책 특권을 침해한 것이다. 마타디아와 그의 아들들은 유대의 광야로 가서 그곳에서 의병을 조직하여 헬레니즘 신봉자들과 투쟁하였다. 여기에서 투쟁의 의지에 불타는 유대인 군중들이 그들을 중심으로 모여들었다. 처음에는 광야에서 여기저기 나타나 나라 안 도처에 세워졌던 이방 신전을 파괴하거나 배교한 유대인들을 징벌하기 위하여 소규모의 군사 행동을 하였다. 그 후 얼마 뒤에 늙은 제사장 마타디아가 죽자 그의 아들 유다가 전사들의 지휘권을 이어받았다.

주전 167년부터 160년까지 민중 봉기의 주도권을 차지했던 유다 마카베오(망치와 같은 자)는 유능한 투사로서 그의 동료들로부터 존경을 받았으며 적들로부터는 두려움의 대상이 되었다. 그는 뛰어난 종교적인 인품을 지녔다기보다는 군사적이고 정치적인 역량을 가진 자로서 그가 유대 민족의 영웅으로 추앙을 받은 것은 당연한 일이었다. 그는 더 이상 소규모의 게릴라 활동이나 습격을 못하게 하고 시리아에 대한 대규모의 공격을 감행하였다.

3. 로마 시대(주전 63년 이후)[4)]

1) 하스모니안 왕조(Hasmoneans, 주전 134-63년)

하스모니안은 주전 142-63년에 통치하였던 유대 대제사장과 왕들의 가문이다. 하스모니안이라는 이름은 마타디아의 증조부의 이름에서 유래되었다고 요세푸스는 기록하지만 확실한 것은 없다. 하스모니안 가문이라는 말은 요세푸스의 기록에 나타난다.

(1) 시몬(주전 141-135년)

주전 141년 시몬은 그 자신의 백성에 의해서 지배자 또는 통치자라는 칭호를 부여받았다. 그리고 세습 계승권이 그의 후계자들에게 허락되었다. 주화들이 제조되었고, 독립 조약이 로마와 스파르타를 대상으로 체결되었다. 평화의 시대의 결과 유대의 번영은 이룩되었고 시몬의 치리적인 능력, 사제적인 고결함, 엄밀한 정의가 유감없이 그 효력을 발휘하였다. 그는 비록 그들의 왕은 아니었지만 포로 후기 시대의 유대인들이 지금까지 지녔던 최상의 통치자였던 것 같다.

(2) 요한 힐카누스(주전 134-105년)

주전 134년 시몬이 살해되고 시몬의 생전에 국민에 의하여 결의된 대로 그의 아들 요한 힐카누스(Johannes Hyrkan, 주전 134-105년)가 통치권을 이어받는다. 그의 대제사장 재임 동안에 매우 중요한 한 가지 발전이 일어났다. 그것은 평민 계급인 바리새파를 편들던 그가 귀족계급인 사두개파를 편들게 된 것이다. 마카베오 봉기를

4) F. F. Bruce, *Jesus and Christian origins outside the New Testament*(「신약사」, 나용화 역, 서울 : 예수교 문서 선교회, 1978)와 Bo. Reicke, *Neutestamentliche Zeitgeschichte*(「신약성서 시대사」, 한국신학연구소 번역실 옮김, 서울 : 한국신학연구소), 1986, 참조.

일으켰던, 율법에 신실한 유대인 무리들 가운데 바리새인의 공동사회가 생겨났다. 하스모니안은 본래 이들과 가까운 관계였으나 이제는 매우 거리가 멀어져 힐카누스는 바리새인들에게 지지를 얻으려 하지 않고 냉정한 현실주의적 정치를 추구했던 것이다. 그는 헬라주의에 대해서 배타적이거나 폐쇄적이지 않고 오히려 그들의 지지를 얻으려 했다. 힐카누스는 율법에 대한 바리새인들의 태도에서 점차로 돌아서서 그의 뜻을 지지하는 사두개인들과 가까워졌다. 바리새인들은 지금까지 그들의 영향을 많이 받아 왔던 힐카누스가 감히 왕의 신분까지 취하려 한다는 것에 공개적으로 저항하였다.

(3) 유다 아리스도불로 1세(주전 105-103년)

임종 전에 힐카누스는 자기가 죽은 후 그의 미망인이 세속적 권력을 보유하는 한편 그의 맏아들 아리스도불로가 대제사장직을 맡도록 결정하였다. 그러나 아리스도불로는 경건과는 거리가 먼 인물이었다. 그는 정치적인 야망이 강렬하였다. 아버지 요한 힐카누스가 죽고 난 후 그의 아들인 유다 아리스도불로(Aristobul)가 권력을 장악하였다(주전 105-103년). 아리스토불로는 동방의 작은 국가들의 왕들처럼 행동하였다. 그는 유대인 지배자로서는 처음으로 왕의 칭호를 사용하였다. 그는 부친의 부국강병책을 펴 나갔다. 그는 불과 1년이라는 짧은 통치기간 동안에 북쪽으로 사마리아와 스키토폴리스 너머까지 국경을 확장시켰다. 그는 출전을 계속하여 갈릴리를 점령하는 데 성공하였다. 그래서 점령 지역의 주민들에게 강제로 할례를 받게 하였다. 그렇지만 유대교로의 강제 개종은 종교적인 의도에서가 아니라 왕의 지배권에 복종시키려는 것이었다. 아리스도불로는 주전 103년에 짧은 통치를 한 후 죽었다.

(4) 알렉산더 얀네우스(주전 103-76년)

아리스도불로 후의 새로운 지배자 요나단(Jonathan)은 자신의 이름을 희랍식인 얀네우스(Janneus)로 개명하여 자신을 알렉산더 얀네우스라고 불렀다(주전 103-76년). 그는 전쟁으로 인하여 솔로몬 시대의 이스라엘과 유대의 넓이에 거의 상응하는 지역을 통합하였다. 그러나 그의 나라는 확고하지 못하였다. 점령지의 주민들은 추방되든지 아니면 강제로 유대화되어야 했기 때문에 항상 불안하였고, 왕은 자주 나라 안의 이곳저곳으로 반란을 진압하거나 예방하기 위하여 급히 출정하지 않으면 안 되었다. 하스모니안의 지배는 자기 백성들에게 광범위한 지지를 얻지 못했기 때문에 기반이 약했다. 경건한 사람들은 군인이면서 동시에 대제사장의 직위를 수행하고 있는 지배자의 정책에 대하여 공개적으로 반대를 하였다. 그는 그런 것들을 두려워하지 않고 잔인하고 독단적으로 그의 뜻을 관철하였으며 바리새인들과 그의 추종자들을 폭력으로 억압하였다.

(5) 살로메 알렉산드리아(주전 76-67년)

히브리 이름으로는 살로메인 그녀는 9년이라는 좀처럼 드문 평화의 시대 동안에 바리새인들에게 국내 문제들에 대해서는 폭넓게 허용하였지만 외교 청책은 그녀의 수하에 두고서 현명하고 경건하게 통치하였다. 알렉산더 얀네우스는 임종하면서 그의 부인 살로메 알렉산드라에게 바리새인들과 다시 화해하도록 충고했다고 한다. 그녀는 왕이 죽은 후 지배권을 이양받아 9년 동안(주전 76-67년) 신중하고 지혜롭게 통치하였다. 살로메는 이제 나라의 정치적인 상황에도 영향력을 갖고 있던 바리새인들과 화해하였다.

(6) 아리스도불로 2세(주전 67-63년)

주전 67년에 살로메 알렉산드리아가 죽자 그녀의 합법적인 아들 힐카누스 2세가 법에 따라서 왕위를 이어받아야 했지만 그의 동생 아리스도불로 2세가 왕위를 놓고 그와 쟁탈전을 벌였다. 이 전쟁이 결판 나기 전에 장차 아랍 제국의 운명과 팔레스타인의 운명을 결정하게 되는 로마 제국의 세력이 나타났다. 폼페이우스가 군대를 이끌고 진격하여 시리아와 유대 모든 영역을 로마 제국에 합병시켰다. 이후 하스모니안 왕국은 외적인 힘을 상실하였을 뿐 아니라 유대 백성들에게서도 왕국을 지지하여 줄 수 있는 세력을 더 이상 가지고 있지 못하였다.

(7) 하스모니안 가문의 업적

하스모니안 가문이 재위하고 있던 기간 동안의 그들의 업적은 탁월하고 항구적이었다. 그들을 통하여 유대교와 유대 국가는 로마인들에게도 무시를 당하지 않는 세력이 되었고 인근 종교와 문화들로부터 가장 격렬한 감정의 주체로 뚜렷하게 부각되었다. 국가 내에서는 성전과 그 희생 제사가 계속되었고, 하스모니안 가문의 치하에서 장려되어 왔던 율법에 대한 점증된 연구와 독서는 서기관 활동에 대한 자극을 주어 성경을 필사하고 연구하고 가르치는 일이 촉진되었다. 이러한 것은 이 시대의 명백한 특징인 두 당파들인 바리새파와 사두개파의 성장 및 그들 사이의 격렬한 반목보다도 이들 통치의 가장 항구적인 유산이었다. 성경에 대한 경외와 더불어 죽은 자의 부활과 사후 미래 생명에 대한 희망이 병행되었는데 이는 하스모니안 시대의 경험들로부터 유래된 교리들이었다. 결론적으로 현대 유대교의 초석들이 하스모니안 통치 시대 동안에 다듬어지고 놓였다는 주장은 지나친 표현이 아닐 것이다.

2) 폼페이우스의 유대 정복(주전 63년)

폼페이우스(Pompeius Magnus, 주전 106-48년)는 아버지의 지지 기반으로 활약했다. 아버지의 휘하에서 군인으로 활약한 그는 술라의 지지자로서 정계에 등장하였다. 이베리아 반도의 세르토리우스를 토벌한 후 스파르타쿠스의 반란을 진압하고 크라수스와 함께 주전 70년에 집정관이 되었다. 주전 67년에 로마를 괴롭혔던 해적을 지중해에서 일소해 버렸고, 주전 63년까지 이집트를 제외한 동방을 평정하였다. 주전 60년 크라수스, 케사르(Caesar, 시저)와 함께 제 1차 삼두정치를 실시하고 주전 55년에 다시 집정관이 되었으며, 주전 52년에 단독으로 집정관이 되었다. 그러나 케사르와 대립하던 원로원 보수파의 충동으로 주전 49년 이후 케사르와 싸웠는데, 주전 48년에 그에게 패배하고 이집트로 도망갔다가 거기서 암살당한다.

폼페이우스와 유대의 관계는 그가 유대를 멸망시키고 다시 독립 국가 유대를 로마의 속국으로 전락시켰던 관계이다. 유대에서 서로 대립하고 있던 두 파벌은 폼페이우스의 호의를 자기 편으로 끌어들이기 위하여 애썼다. 폼페이우스가 팔레스타인에 대한 결단을 미루자 아리스도불로 2세는 더 이상 참지 못하고 군사적인 수단으로 그의 지배권의 기반을 확고하게 하려고 하였다. 이에 폼페이우스는 의심을 하게 되어 예루살렘까지 진격하게 되었다. 아리스도불로와 그의 추종자들은 도시 안에 보루를 쌓고 항거하였으나 3개월 동안의 포위 후에 그들의 저항은 무너졌다. 폼페이우스의 군대에 의하여 1만 2천 명의 유대인들이 살육되었다(주전 63년). 폼페이우스는 예루살렘에 입성하여 성전에 들어갔으며 또한 지성소를 실제로 보았다. 폼페이우스와 그의 참모들은 이곳을 로마가 점령했다는 표시로 주전 63년 가을의 어느 축제일(아마도 속죄일이었던 것 같다)에 지성소를 짓밟아 버렸다. 폼페이우스는 지성소 안에 아무것도 없다는 사실을 알고는 대단히 놀랐다고 한다.

오랫동안 내려온 소문에 의하면 유대인들은 당나귀 머리를 숭배한다는 것이었다. 그 동물이 유대인들이 이집트에서 나올 때 그들에게 물을 주었다는 것이다(이처럼 로마인들은 유대인 이후에는 기독교인에 대한 오해를 하는 것을 종종 볼 수 있다). 그러나 그는 성소에서 아무것도 탈취하지 않았으며 곧 다시 예배를 드릴 수 있게 명하였다. 대제사장만이 접근하는 지성소 앞에서 이방인이 멈추어 서지 않았다는 것은 경건한 사람들에게는 죄를 지은 백성에 대한 하나님의 심판으로 이해될 수 있는, 성전에 대한 무서운 모독으로 보였다. 예루살렘을 점령한 후 폼페이우스는 팔레스타인의 상황을 정리하였다. 아리스도불로 2세는 그의 두 아들 알렉산더와 안티고누스와 함께 로마로 압송되었으며 힐카누스 2세는 다시 대제사장의 직위에 임명되었다. 제국의 동부를 장악하고 있는 폼페이우스와 케사르(Julius Caesar) 사이의 싸움에서 케사르가 승리하고 폼페이우스는 48년에 살해되었으며 힐카누스 2세는 케사르의 편을 지지하였다.

힐카누스 2세의 가장 강력한 후원자 중의 한 사람은 이두매 총독 안티파트로스(Antipatros)였다. 그의 두 아들 파사엘(Phasael)과 헤롯(Herod)은 정치적인 감각이 뛰어나 정치적인 향방을 잘 감지할 수 있었다. 주전 48년 안티파트로스는 알렉산드리아에서 포위되어 있던 율리우스 케사르에게 지원군을 보냈고 그 도움으로 케사르는 포위망을 뚫을 수 있었다. 이에 대한 답례로 케사르는 힐카누스에게 백성들의 통치자(ethnarch)라는 칭호를 회복시켜 주었고, 헤롯과 파사엘에게는 분봉왕의 지위를 주었다. 주전 40년대 말에 유대에서 상당한 폭동으로 안티파트로스를 살해하고 힐카누스 2세를 유배시켰다. 이때 파사엘은 자살하였고, 헤롯은 로마로 도망하였다. 몇 년 후 케사르의 진직 부관이었던 안토니우스에 의해서 헤롯은 유대의 왕이 되어 유대로 돌아오게 되었다.

3) 로마의 삼두정치와 팔레스타인

로마의 삼두정치란 로마 공화정 말기에 3명의 실력자가 동맹하여 국가권력을 독점한 정치형태를 말한다. 로마의 삼두정치는 2회에 걸쳐 있었다. 제 1차 삼두정치는 주전 60년에 있었다. 평민파 수령 케사르(Gaius Juius Caesar, 주전 100-44년)는 원로원 벌족파의 세력을 누르기 위하여 장군 폼페이우스, 부호 크라수스와 비공식적 동맹을 맺고 다음해 집정관이 되어, 세 사람이 희망하는 정책을 강경하게 실현하였다. 그러나 그 결합은 굳은 것이 아니어서 케사르가 갈리아 지방의 징벌을 위하여 로마를 떠난 사이에 약화되었으므로 주전 56년에 다시 그 결속을 재확인하였다. 그러나 주전 54년 폼페이우스의 아내인 케사르의 딸이 죽고, 주전 53년 크라수스가 동방 토벌전에서 전사하였기에 삼두정치의 일각이 무너져 동맹이 해소되고, 주전 48년 케사르가 폼페이우스를 격파하고 독재 정치를 하게 되었다.

제 2차 삼두정치는 주전 44년에 있었다. 케사르가 암살된 후 제 1의 실력자인 안토니우스(Marcus Antonius, 주전 82-30년)는 옥타비아누스(Otavianus, Caesar Augustus, 주전 63년-주후 14년), 레피두스(Lepidus)와 결탁하여 국가 재건 3인 위원에 정식으로 취임하였다. 그 결과 5년간의 독재적 권력을 얻은 삼자는 일체의 반대세력을 제거하기 위하여 300명의 원로원 의원과 2천 명의 기사 계급에 있는 자들을 살해 또는 추방하고 속주의 분할통치를 하였다. 그리고 옥타비아누스와 안토니우스는 연합하여 반대파인 부루투스와 카시우스의 군대를 분쇄하였다. 그 후 삼자의 직권은 두 번 갱신되었으나, 주전 36년 레피두스가 실각하여 삼두정치는 자연 소멸되었고, 결국 주전 31년 옥타비아누스가 안토니우스를 악티움 해전에서 결정적으로 격파하고 로마를 통일하여 단독 지배자로 군림하게 되었다. 이 때를 계기로 로마 공화정은 무너지고 제정으로 넘어갔다. 옥타비아누스의 본명은 가이우스 옥타비우스(Gaius Octavius, 주전 63년-주후 14년)로 율리우스 케사르의 양자가 된 후 가이우스 줄리어스 가이사르 옥타비아누스 (Gaius Julius Caesar Octavianus)라는 이름을 갖게 되었다.

승리를 거둔 옥타비아누스가 로마로 돌아온 주전 30-27년에 로마 제국 내에 그의 '초기 제정'이 성립되었다. 그는 주전 28년에 로마의 최고의 권력자로 불리면서 고풍스럽고, 종교적으로 들리는 아우구스투스(Augustus)라는 칭호를 얻게 되었다. 그러나 옥타비아누스는 로마의 옛 전통들을 손상시키지 않으려고 조심했고, 로마의 관습과 언어를 선전하였다. 옥타비아누스는 케사르라는 성을 가지고 있었지만 황제를 자처하지 않았다. 호구조사를 보도하는 누가복음 2:1에서 누가는 황제 아우구스투스로 표기하지 않고 케사르 아우구스투스로 표기하고 있는 것에 주목해 볼 수 있다.

4) 유대 왕 헤롯(주전 37-4년)

(1) 안토니우스와 헤롯의 관계

옥타비아누스와 안토니우스 간의 싸움은 신약성경에 간접적인 영향을 주었다. 로마 제국의 동쪽 부분을 통치하던 안토니우스의 첫번째 계획은 헤롯에게 유대의 왕위

❶ 헤로디움 ❷ 맛사다

를 보장하는 것이었다. 이 계획의 실천 방안으로 그는 이 전략적인 장소에 우애가 깊은 사람을 심어 놓았던 것이다. 주전 40년에 로마는 헤롯에게 왕의 칭호를 부여하면서 그를 유대와 사마리아의 통치자로 임명하였지만 예루살렘에서의 소요 때문에 주전 37년에 유대인들의 왕의 자리에 오를 수 있게 되었다(주전 37-4년). 헤롯에게 부여된 위치는 '속주 왕'이었다. 헤롯은 자기의 보좌를 유지하기 위해서 로마의 총애를 받으려고 백방으로 노력하였다. 안토니우스가 옥타비아누스에게 패하자 헤롯은 발 빠르게 움직여 옥타비아누스에게 달라붙었다. 요세푸스의 기록에 의하면 헤롯은 이렇게 된 것이 전부 클레오파트라 때문이라며 그녀를 비난하는 연설을 하였으며 옥타비아누스에게는 안토니우스에게 했던 것처럼 충성을 다하겠다고 약속하였다.

헤롯은 주전 31년 안토니우스 진영에서 옥타비아누스 진영으로 건너가 통치자의 자리를 유지하려고 애썼다. 헤롯이 오랫동안 자기 자리를 지키게 된 것은 헤롯을 대체할 만한 더 강력한 후보자가 없었기 때문이든지 아니면 옥타비아누스가 그의 목숨을 구해 주었기 때문에 로마의 지배를 벗어나지 못할 것을 잘 알고 있었기 때문일 것이다. 헤롯의 통치는 옥타비아누스에 의해서 주전 30년에 재승인되었다. 헤롯은 그의 제위 기간 동안 로마에 충성하였다.

⑵ 유대인의 통치자로서의 헤롯

헤롯은 평생 유대인들에게 인정을 받으려고 노력하였다. 그는 아브라함이 하갈에게서 난 이스마엘의 후손인 이두매 사람으로 주전 73년에 태어났다. 유대 왕 헤롯을 로마가 얼마나 높이 평가하고 있었는지는 클레오파트라가 간절히 원했음에도 불구하고 안토니우스가 유대 왕국을 클레오파트라에게 넘겨주지 않은 사실로도 입증될 수 있다. 유대인들에게 있어서 이두매 사람은 혼혈아였고, 따라서 그들은 이 외지 사람을 자기들의 왕으로 임명한 것에 대해 분노를 느꼈다. 헤롯의 친 로마 정책도 철저했다. 유대 국내에서도 그리스-로마의 신들을 모신 신전이 세워졌다. 아우구스투스에 대한 감사로 사마리아를 세바스테[Sebaste, Sebastos=Augustus(라틴), 존엄자]라는 이름으로 바꾸기까지 했다. 가이사랴(Caesarea)라는 항구 도시도 건설되었다. 가이사랴는 '케사르의 도시'라는 뜻이다. 이 가이사랴에는 로마와 아우구스투스에게 바쳐진 신전도 세워졌다.

헤롯이 히르누카누스 2세의 딸 마리암네(Mariamne)와 결혼을 하였지만 백성들로부터 그의 지위를 합법화하는 데 전혀 영향을 주지 못했다. 헤롯은 가이사랴 항구를 재건하고 예루살렘 성전을 확장, 일신하는 등 눈에 띄는 업적을 남겼으나 유대인들에게는 신임을 얻지 못했다. 헤롯이 사망했을 때에는 눈물 한 방울도 흘리지 않았다고 한다(주전 4년). 헤롯의 말년에 세례 요한과 나사렛 예수가 태어났다(마 2:1; 눅 1:5).

❶ 가이샤라의 수로 ❷ 헤롯이 확장한 제 2성전 모형

⑶ 헤롯의 예루살렘 성전 증축

헤롯의 가장 큰 업적은 예루살렘 성전을 헬레니즘식으로 개축한 것이다. 이 성전은 원래 솔로몬이 건립했다가 포로기 이후에 스룹바벨이 다시 세운 것으로 그 당시 점차 퇴락해 가고 있었다. 헤롯은 주전 20년에 3번째 성전 개축 공사를 착수했다. 9년 반의 세월이 걸려 성전 본체가 완성되었다. 그리고 나머지 성전들이 완성되기까지 더 많은 시간이 소요되었고 주후 63년이 되어서야 비로소 성전 전체의 봉헌식이 거행되었다. 그러므로 헤롯이 세운 성전은 불행하게도 주후 70년 유다 · 로마의 전쟁으로 파괴되기 전까지 몇 년 동안만 찬란하게 빛났다. 헤롯에 의해서 증축된 건물들로 인해서 성전 광장은 솔로몬이 세운 성전보다 두 배나 넓었다. 고대에서 가장 커다란 성전 광장 중의 하나였던 이 성전 광장을 돌아본 사람들은 그 조화와 장식들에 감명을 받았을 것이다. 35m나 깊이 파 내려간 기초는 볼 수 없다고 할지라도 그 엄청난 높이에 모든 사람들이 감탄하지 않을 수 없었다. 성전 건물의 크기도 옛 성전의 두 배나 되었다. 이 성전의 바깥 길이는 50m에 달했으며 성전 회랑 정문에 금빛으로 빛나는 태양신의 독수리 휘장을 박았는데 이것으로 인해서 유대인의 분노를 샀다.

그러나 그 밖의 다른 점에 있어서 그는 민족의 종교적 감정을 소중하게 여겼다. 훌륭한 건물과 웅장한 문들로 이루어진 이 성전은 유대 민족의 장엄한 기념물이었으며, 헤롯은 문화적으로 존경받는 위치를 확보하기 위해서 이 기념물 건축에 적극 협조하였다. 유대인들은 이 호화 건물을 통해 헤롯과 헬레니즘에 대한 적개심을 모두 씻어 버렸고 거룩한 장소를 숭배하고 방문하였으며 이곳을 부요하게 만들고 화려하게 장식했다. 그리고 세 번의 전쟁이 일어났을 때(주후 66-70년, 115-117년, 132-135년)에도 열광적으로 이 곳을 방어했다.

헤롯성전

5) 공생애 이전의 예수 시대(주전 4년-주후 28년)

(1) 유대교의 몇몇 중요한 제도들

성전

바벨론 포로생활을 마치고 예루살렘에 귀환한 유대인들이 건축한 간소한 성전(스룹바벨 성전)은 헤롯 대제(주전 40-4년)의 명령에 따라 지어진 웅장한 건물로 대체되었다. 헤롯의 성전은 주전 19년에 착공되어 예수 당시까지도 준공을 보지 못하고 있다가(요 2:20) 주후 64년에 이르러 완공되었으나 불과(2:20) 주후 70년에 로마인들에 의해서 완전히 무너지고 말았다. 예수님의 제자들을 놀라게 한(막 13:1) 것이 바로 최고급의 화려한 색깔들을 가진 거대한 돌들과 대리석과 황금으로 지어진 복잡하고도 위압적인 이 성전의 건물들이었다. 여기서 제사장들과 성전 수종자들의 집례로 수세기에 걸쳐 내려온 제사의식과 경배가 계속되었다. 하지만 안토니오 요새의 로마 수비대가 성전 뜰에서 일어나는 모든 일들을 낱낱이 내려다보고 있었다(행 21:31이하). 또 이방인의 뜰(이방인이 이 뜰에서 더 안쪽으로 들어가면 죽임을 당하였다: 행 21:28-29, 엡 2:14)에는 예수 그리스도의 노여움을 샀던 장사하는 자들(비둘기 등 제물들을 파는 자들)과 돈 바꾸는 자들(성전세를 위한 환전상)이 진을 치고 있었다. 그리고 지붕이 가려진 행각에서는 사람들이 모여 무릇 자신의 뜻을 펴고자 하는 선생의 말에 귀를 기울였다.

회당

성전은 오직 하나밖에 없었으나 각 지역사회는 그들의 회당을 갖고 있었다. 여기에서는 제사의식이 거행되지 않았다. 회당은 예배와 율법 연구의 자방 중심지 역할을 하였다. 안식일에는 회중이 모여 남녀 간에 자리를 따로 하여 앉아서 율법과 선지자의 글을 읽고

❶ 고라신 회당
❷ 회당의 두루마리
❸ 회당

❶

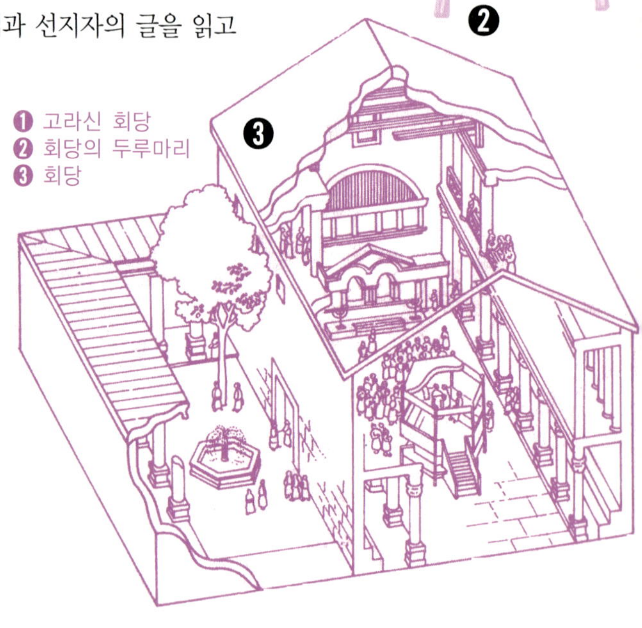

❷

❸

해석하는 것을 듣고(눅 4:16이하) 또 기도식에 참여하였다. 그러나 회당은 예배처소 이상의 무엇이었다. 그것은 지역사회 학교요 공동체의 중심이요 또한 지역행정의 본부였다. 회당의 장로들은 그 지역사회의 행정당국자들이요 행정관들이요 공중도덕의 파수꾼들이었다.

율법과 유전

이스라엘은 모세 이후로 율법을 항상 지녀 왔다. 그러나 에스라 시대(주전 5세기 선지자들의 율법에 대한 백성의 불순종이 초래한 직접적인 결과로 보았던 바벨론 포로생활이 풀려 고국으로 귀환하던 시대) 이후로는 율법의 연구에 더 큰 강조점을 두었고 그리하여 유대인들은 '학자 백성'이 되기에 이르렀다. 이 철저한 율법 연구 는 '유전'의 목록이 점차 비대해져 가는 결과를 초래하였고 그 유전들은 율법 못지 않은 구속력을 가진 것으로 간주되는 데까지 나아갔다. 율법과 유전의 직업적인 연구생들이자 전문가들인 서기관들은 모든 경우들에 대한 규례들을 정하여 둘 필요가 있었다. 예를 들면 안식일에 금지된 행위에는 39가지의 형태가 있었는데 추수하는 일과 타작하는 일이 여기에 포함되었다. 이삭을 잘라 손으로 비비어 먹는 것도 역시 금지사항에 해당되었다(눅 6:1-2). "안식일에 가기 알맞은 길"(행 1:12, 3분의 2마일 정도)은 허용된 최대치였다. 애석하게도 유전의 세목에 지나치게 열중한 나머지 서기관들은 때때로 율법 자체의 보다 더 중요한 부분과 관심사를 잊어버리곤 하였다(막 7:1-13, 3:4-5, 마 23:23).

(2) 유대교의 분파와 당 그리고 운동들

유대인들은 자기들의 믿음을 지키고 전수하기 위해 무진 애를 쓰는 와중에서도 몇 개의 분파로 나누어져 있었다. 그리스도인들은 오늘날에도 그렇듯이 유대교에 다양하고 심지어는 전혀 상반되는 관점이 존재했다는 사실을 인식하지 못하고 '유대인'을 생각하는 경향이 있다. 1세기 유대교에 있어서 정통 유대교를 규정한다는 것은 대단히 어려운 문제라고 할 수 있다. 하나의 집단으로서의 유대교가 아니라 다양한 유대교라고 언급하는 것이 보다 정확한 표현일 것이다.

1세기 유대교에 속한 분파들은 대부분 신약성경에 언급되어 있다. 사두개파는 심지어 바벨론 포로 기간 동안에도 팔레스타인에 있을 때 준수했던 성전과 성전 제의에 대한 헌신이라는 형식주의를 강조했다. 바리새파는 변화되는 상황에 적응하려는 전형적인 집단이었다. 유대인들이 바벨론 포로 기간 동안 성전 없이 지내게 되었을 때 바리새파 사람들은 백성들을 지도하기 위한 회당과 교사들을 발전시켰다. 주후 70년 성전이 파괴된 후에도 그들은 토라와 그 해석에 대한 연구와 전수를 강조하였다. 주후 70년 이후에는 바리새파라는 용어가 더 이상 사용되지 않은 듯하다. 에세네파는 자기 부정과 자기 훈련 그리고 집단 전체보다는 자기 자신에게 엄격할 것을 강조하는 금욕주의자들이었다. 열심당은 하나님만 이스라엘의 주라는 자기들의 믿음을 어떤 방법으로든 타협하는 것을 용납하지 않은 과격 단체였다. 이 집단들은 시기마다 다른 이름으로 불리고 다른 모습을 띠고 나타났지만 유대교에 대한 이런 접근들은 유대교의 역사를 통해 줄곧 존재해 왔던 것 같다.

바리새파(Pharisees)

바리새파는 토라를 가르치는 선생과 토라의 해석자들이었다. 성문 율법과 구전 율법의 권위에 헌신적인 학자 계급이었다. 바리새파라는 명칭의 정확한 의미에 대해서는 의견이 분분하지만 '분리하는 자' 혹은 '구분하는 자'라는 pharisaios의 동사형에서 비롯되었다고 믿는다. 복음서에서 사용된 몇 가지 용어들은 바리새파 사람들이 어떤 사람들이었는지를 분명히 하고 그들이 팔레스타인 유대교를 잘 모르는 사람들에게 어떤 역할을 했는지를 설명해 준다. 그들은 율법을 능숙하게 다루는 사람들이며 율법 선생들이었다. 바리새파 사람들은 당대의 자유주의자들이라고 할 수 있다. 사두개파 사람

바리새인

들과는 달리 바리새파 사람들은 그들끼리 마음이 맞았고 백성들의 호응을 받았다. 바리새파 사람들은 토라와 아울러 선지자들의 책을 권위 있는 성경으로 인정하였다. 바리새파는 상황이 변함에 따라 새로운 깨우침을 얻기 위해 성경의 지속적인 구전 해석을 매우 강조하였다.

이들은 종교적인 순수주의자들로서 주전 2세기의 '하시딤'(하나님의 충성된 자들)에서 발전하여 정치적인 일들보다는 종교적인 일에 전념해 온 집단이었다. 예수님 당시 그 숫자가 약 6,000명 정도였다고 한다. 이들은 실제로 의식상의 부정을 엄격하게 피하는 생활을 했으며, 특별히 제사의 정결 문제나 음식법 및 안식일 계명 등에서 특별한 주의를 기울였다. 당시 바리새인들의 교훈은 예수께서 '장로들의 유전'이라고 부른 '미쉬나'에 잘 나타나 있다. 정통 유대교의 기초는 모세오경에 있다. 그러나 이 율법은 후에 구전에 의하여 보충되었는데 그것을 '미쉬나'라고 하며, 모세오경과 똑같은 권위를 갖는다. '미쉬나'는 6부 63소책자로 되어 있다.

'미쉬나'는 다시 '게마라'라고 알려진 주석과 함께 '탈무드' 안에 편집되어 있다. 탈무드에는 바벨론 탈무드와 예루살렘 탈무드가 있는데 이것이 편집된 것은 주후 500년 경이다. 탈무드 자료 중 대부분은 '할라카'와 '학가다'로 되어져 있는데 '할라카'는 율법적 해석을 말하며, '학가다'는 비율법적, 실제적 해석을 말한다.

미쉬나의 하나인 '족장들의 말씀'(Pirke Aboth) 1:1 이하에 보면 이런 말이 나온다. "모세가 시내산에서 율법을 받았으며 그것을 여호수아에게 전달해 주었고, 여호수아는 장로들에게, 장로들은 예언자들에게, 예언자들은 그것을 '위대한 회당'(Great Synagogue)의 교사들에게 주었다." 그들은 3가지를 말했는데 첫째 판단할 때 심사숙고 할 것, 둘째 많은 제자들을 기를 것, 셋째 율법 주변에 울타리를 만들 것이라고 했다. 여기서 '울타리'라 함은 율법을 지키기 위해 만들어 놓은 6,000여 개에 달하는 규례들을 말한다. 그 중에서 저들은 중요한 것 613개를 뽑아서 가르쳤다. 그 내용은 긍정적인 것(하라) 248가지, 부정적인 것(하지 말라) 365가지이다. 당시 바리새파에는 온건한 힐렐(Hillel)파와 엄격한 샴마이(Shammai)파가 있었다. 예를 들어 샴마이파에서는 여자에게서 부정이 발견되지 않은 한 아내와 이혼할 수 없다고 가르친 데 반해서, 힐렐파에서는 여자가 접시를 깨는 경우에도 이혼할 수 있다고 가르쳤다.

랍비들에게 가장 중요한 것은 절기에 관한 율법이다. 이 절기들은 팔레스틴에서는 물론이고, 흩어진 유대인들에게도 똑같이 중요하였다. 그러나 3대 절기인 유월절, 맥추절, 장막절은 성지에서만 온전히 지켜졌다. 이들은 이 절기 외에도 안식일을 중요시했다. 그들은 믿기를 "안식일이야말로 유대인들을 이방인들과 구별시켜 주는 표시"라고 생각했다. 안식일에 관한 규정으로는 해서는 안 될 39가지의 규정이 있다(파종, 경작, 추수, 단 묶기, 도리깨질, 키질, 곡식 씻기, 맷돌 갈기, 체질, 반죽, 빵 굽기, 털 깎기, 세탁, 방망이질, 염색, 물레질, 직조, 두 개 이상의 고리 만들기, 두 개 이상의 실을 엮기, 두 개 이상의 실을 분리하기, 매듭 짓기, 매듭 풀기, 두 코 이상 꿰매기 위하여 뜨기, 사냥, 도살, 가죽 벗김, 소금에 절이기, 치료, 털이기기, 재단, 두 개 이상의 글자 쓰기, 두 개 이상의 글자를 쓰기 위해 지우기, 건축, 집 헐기, 불 끄기, 불 켜기, 망치질, 이사 혹은 물건 옮기기). 이것은 율법의 정신보다는 법의 형식에 얽매인 것임을 알 수 있다.

또 다른 예를 들어 보면 첫째로 안식일에 여인이 거울을 봐서는 안 된다. 왜냐하면 거울을 보다가 흰머리카락이 있어 뽑을 경우 이것은 노동을 한 것이기 때문에 안식일을 범한 것이 된다. 둘째로 안식일의 여행 거리는 2,000규빗을 넘지 못한다(행 1:12). 그러나 2,000규빗마다 쉬어서 걸어갈 경우 먼 거리라도 그것은 안식일 법에 저촉되지 않는다. 셋째로 물건을 공중으로 던질 때 던진 손으로 받으면 안식일 법에 저촉되나, 다른 손으로 받으면 괜찮다고 하였다. 이 같은 바리새파와 관련이 깊은 것으로서 서기관과 랍비들을 들 수 있다. 그들의 최고 관심사와 기쁨은 율법(물론 유전도 포함하여)을 낱낱이 지키는 데에 있었다. 이 표준으로 판단할 때 그들은 모범적인 유대인들이었다(빌 3:5-7). 이 목적으로 그들은 가능한 한 자신들을 다른 사람들에게서 멀리 떨어지게 하였다. 그들은 십일조(하나님께 드리는 10분의 1)를 드리지 아니한 음식일 경우 바리새인 아닌 자로 더불어 식사할 수가 없었다. 아마도 필연적으로 이 같은 분리정책은 그들보다 못한 사람들을 경멸하는 방향으로 이끌어 갔을 것이다. "너보다 더 거룩하다"는 그들의 태도는 바리새인이라는 이름을 오늘날 불명예스러운 이름으로 바꾸어 놓고 말았다. 유대인들의 경전이라 불리는 탈무드에 보면 콜러는 극단주의자인 바리새인의 7가지 형태를 다음과 같이 말하고 있다.[5)]

① '어깨' 바리새인('shoulder' Pharisee) : 어깨에 훈장을 단 것같이 사람들 앞에서 그의 선행을 과시하고 다니는 자.
② '잠시 기다려' 바리새인('wait-a-little' Pharisee) : 그가 선행을 행하기 전 사람들에게 잠시 기다리도록 요청하는 자.
③ '멍든 상처형' 혹은 '유혈형'('bruised' or 'bleeding' Pharisee) 바리새인 : 여인을 보지 않으려고 그 눈을 감음으로 걷다가 벽에 부딪쳐 멍이 들거나 피를 흘리는 자.
④ '곱사등형' 바리새인('hump-backed' Pharisee) : 거짓으로 겸손한 체하면서 허리를 깍듯이 굽히고 걷는 자.
⑤ '영원히 세는' 바리새인('ever-recokoning' Pharisee) : 선행이 실패를 메운다면서 자신의 선행을 항상 세고 다니는 자.
⑥ '하나님을 경외하는' 바리새인('God-fearing' Pharisee) : 욥같이 진정 의로운 자.
⑦ '하나님을 사랑하는' 혹은 '천생형' 바리새인('God loving' or 'born' Pharisee) : 아브라함 같은 자.

사랑과 자비에 앞서 엄한 율법 준수를 요구하고 메마른 율법주의자와 혼합된 이 오만한 태도는 그들을 예수 그리스도와 정면으로 충돌하게 만들었다. 예수께서는 그들의 정통신앙을 책망하신 것이 아니라 그들이 범한 오류와 교만과 무정한 생활자세를 책망하셨다. 바리새인들의 많은 자들이 자신이 의로워 보이기 위하여 율법을 순

5) Bruce. Metzger, *The New Testament : Its background growth and content*(「신약성서개설」, 나채운 역, 대한기독교서회, 1998), 39. 재인용.

종하기를 기도했을지라도 그 중에 참으로 덕스럽고 선한 자들이 많이 있었다. 모든 자들이 외식하는 자들은 아니었다. 그리스도 지상사역 동안 진심으로 찾아왔던 니고데모는 아리마대 요셉과 함께 예수님의 시체를 장사한 바리새인이었다. 다소의 사울, 곧 그가 교회를 열심히 핍박하는 자였지만 그는 바리새인이며 바리새인의 아들이고 율법으로는 흠이 없는 자(빌 3:6)라고 선언했다.

바리새인들의 영향은 그들의 숫자에 비하여 미미한 것이었다. 주후 70년 예루살렘이 멸망한 후로 유대교가 발전해 온 것은 바로 이들의 노선을 따라서였다. 그들은 개인적인 경건과 엄한 윤리표준 그리고 더 잘 알려진 가혹한 율법주의에 계속 강조점을 두어 왔다. 그들은 다른 유대인들에게 사랑을 받지 못하였다 하더라도 존경은 받았다. 사두개파와 바리새파로 알려진 이 특정 집단은 모두 마카베오 시기(주전 160년경)에 나온 종교 집단이다. 바리새파는 하시딤(Hasidim) 또는 정결한 사람들이라고 불리는 집단 출신으로 생각된다. 이 경건한 유대인들은 안식일에 전쟁을 함으로써 율법을 범하게 되는 일을 하지 않았다. 그 결과 전쟁에서 살아 남은 사람은 그리 많지 않았다. 간신히 살아 남은 사람들은 율법을 보수하려는 열심에는 변함이 없었지만 자기들의 견해를 조금 수정하였던 것 같다.

① 율법학자 힐렐(Hillel)

예수님 당시 바리새파는 예수님께서 세상에 모습을 드러내시기 바로 한 세대 전에 일어난 서로 강하게 상반되는 두 집단으로 나누어져 있었다. 유대의 구전 율법의 발전에 지대한 공헌을 한 지도적인 학자인 힐렐(주전 60?년-주후 20년)이 그 지도자로 있던 한 집단은 율법에 대해 상당히 관대하고 자유주의적인 해석과 견해를 가졌고, 이방인이든지 다른 유대인이든지 상관없이 대부분의 논쟁에서 타협적인 위치를 취하였다. 학자들은 오랫동안 예수님의 교훈이 소위 소극적인 황금률을 세운 힐렐의 교훈과 유사하다고 생각해 왔다. 이 소극적인 황금률은 탈무드에서 전하는 힐렐과 샴마이의 일화에 등장한다. 그 일화는 힐렐의 인내심과 샴마이의 성급함을 대조시킨 일화로서, 한 발로 서 있는 동안에 토라 전체를 배우기를 원했던 한 개종자에 관한 이야기이다. 이 사람은 샴마이에게서 쫓겨난 후 힐렐에게로 갔는데, 힐렐은 그에게 "당신이 하기 싫은 일을 다른 사람에게 시키지 마시오. 이것이 바로 토라의 전부이며, 나머지는 모두 다 이에 대한 주석에 불과할 뿐이오. 이제 가서 그것을 배우시오"라고 말했다는 일화이다. 힐렐의 이러한 가르침을 따르는 힐렐 학파는 율법에 대한 자유롭고 폭넓은 해석을 주장하였고, 또한 유대인과 이방인들에 대해 종교적, 정치적 논쟁에 있어서 관대하고 화해적인 입장을 취하였다. 힐렐 학파는 예루살렘 성전 파괴(주후 70년) 이후에 가장 큰 영향력을 행사하였다.

② 가말리엘(Gamaliel)

사도행전에 두 번(행 5:34; 22:3) 언급되는 가말리엘은 힐렐의 추종자였다. 사도행전에서 처음 언급될 때 잡혀 온 사도들에 대하여 온건한 실용주의 노선을 따라 그들을 옹호하면서 산헤드린에 "너희가 이 사람들에게 행하려고 하는 것을 조심하라"(행 5:33)고 충고했다. 사도들을 심하게 다루는 유대인들의 태도에 대한 그의 경고와 충고는 몇 가지의 의미가 있다. 첫째로, 그의 특징인 관용성과 포용성을 볼 수 있고, 둘째로 점차 증가하는 사두개파의 적대적 입방으로부터 바리새적 유대주의(사도들의 가르침에 등장하는 죽은 자의 부활 사상 같은 가르침)를 고수하기를 원했음을 볼 수 있으며, 셋째로 그가 하나님의 목적과 역사하는 능력에 대한 진실한 경건심을 가지고 있었음을 알 수 있다. 사도행전에 언급되는 두번째 경우는 바울이 예루살렘 군중 앞에서 자기를 변호하는 말 가운데 나오는데 바울은 그를 자기의 스승으로 주장한다. 바울이 가말리엘을 언급한 것은 그렇게 함으로써 군중들이 가말리엘의 온건정책을 그에게 적용하리라는 은근한 기대가 있었기 때문이라고 볼 수 있다. 다시 말해서 바울은 가말리엘의 문하생이었으며(행 22:3) 이런 의미에서 그는 힐렐의 간접적인 영향을 받았다는 주장이지만 바울과 가말리엘의 관계를 부정적으로 보는 시각도 있다. 당시에는 소수의 사람들만 이들의 입장을 추종하였다.

③ 갈릴리 유다

사도들을 변호하는 가말리엘이 언급한 인물이다. 아켈라오가 퇴위하고 로마의 집정관 구레뇨가 인구조사를 명령함으로써 많은 유대인들의 종교적 감정을 자극시켰을 때, 사독이라 불리는 한 바리새인과 함께 주후 67년에 로마 정권에 대항하여 반란(해방, 저항 운동)을 일으켰다가 실패한 본보기로서 사도행전 5:37에서 언급된다. 사도행전에서는 그가 갈릴리 사람이라고 불린다고 말한다(갈릴리는 혁명 · 저항 혹은 반란의 메카). 요세푸스는 유다를, 그 당시 다른 유대 종파에 이어서 폭력적인 혁명가들과 종교적인 동기의 암살자들로 구성된 유대 종파의 창설자로 믿으면서, 이 종파가 후에 열심당과 시카리(Sicarii)로 알려지게 되었다고 기록한다.

④ 율법학자 샴마이(Shammai)

또 다른 바리새파는 샴마이가 이끄는 학파로서 그는 이방인들과 일체 접촉하지 않았으며 모세 율법에 대한 엄격한 해석과 로마 정부에 대한 대항을 주장하였다. 샴마이 학파는 보다 과격한 반로마적 경향을 가지고 폭력 사용도 주저하지 않은 종파와 연합하여 예수님 당시 산헤드린을 장악하였다. 주후 70년 예루살렘 성전이 파괴된 이후에야 비로소 힐레의 보다 온건한 견해가 주도하게 되었다.

주후 70년 이후에는 바리새파와 서기관이라는 용어가 일반적인 용례에서 사라지고 '랍비'라는 이름으로 대체되었으며 유대교는 당파나 종파를 덜 강조하게 되었다. 예루살렘 멸망 이후 살아 남은 영적 지도자들은 얌니아(Jamnia)라는 작은 마을에 모여 토라 연구에 착수하였고 1세기 말(대략 주후 90년경)에 랍비들은 어느 책이 거룩한 책인지를 결정하는 구약성경의 정경성을 결정하였다.

바리새인

사두개파(Sadducees)

사두개파의 기원에 대해서는 열왕기상 1:32, 34, 38, 45에 나오는 다윗 때에 제사장 사도에게서 유래되었다고 하나 분명치 않다. 한 가지 분명한 것은 이들이 마카비 때에 정치에 참여한 권력층이었다는 사실이다. 사두개인들은 세력이 강했으면서도 몇몇 부유한 가문들, 특히 지도자적인 제사장 가문이나, 귀족, 지주들의 후손들이었다. 사두개인들은 예수님 당시 또 하나의 주요 분파였다. 하지만 그들은 이미 영향력을 잃어가고 있었다. 그들은 일찍이 정치적인 이점을 교활하게 이용하여 유력한 지위를 확보해 두었던 부요한 지주회(유대 최고의 종교회의)에서 바리새파와 거의 대등한 의석수를 차지하고 있었다(행 23:6-10). 대제사장들 중 상당수가 사두개파였거나 친 사두개파였다. 사회 구조상 가장 높은 위치에 있던 사두개파는 자기들을 다윗이 임명한 대제사장 사독의 후예라고 말하기도 하고(삼하 8:17; 왕상 2:35), '의로운 자'라는 의미의 사디크(Saddiq)라는 단어에서 유래한 후손들이라고 생각하기도 했다. 이들은 토라(모세오경)의 권위만을 인정하고 그 속에서 분명하게 가르치지 아니한 어떤 것을 교리로 규정하거나 설정하는 것을 거부하는 극단적으로 보수적인 입장을 취하였다. 사두개파는 토라에 등장하는 천사들의 존재는 부인할 수 없었으나 바벨론 포로 이후 무성하였던 천사와 귀신에 대한 발전된 신앙들에 대하서는 냉담하였다. 그들은 토라에서 부활을 찾지 못하였다. 그래서 그들은 천사의 형태든 영의 형태든 부활 신앙을 거부하였다(행 23:8).

예루살렘 함락

사두개파 사람들은 부활이라는 개념 자체를 거부하였기 때문에 예

〈표 17〉 바리새파와 사두개파의 비교

구 분	바리새파(초자연 주의자)	사두개파(자연주의자)
1. 역사관	하나님의 예정과 또 이것이 인간의 의지와 일치됨을 주장	하나님의 예정을 부인하고 개인의 자유만을 강조
2. 종말론	영혼의 불멸과 육체의 부활을 믿음	부활을 부인(행 23:8)
3. 영적 존재	천사와 악마의 존재를 믿음	천사와 악마의 존재를 부인 (행 23:8참고)
4. 종교의 권위	기록된 성경(구약)과 전해 내려오는 미쉬나를 인정.	구전으로 기록된 성경인 구약, 특히 모세오경만 인정하고 모든 구전을 부정함.

수님의 부활을 믿지 않았다. 바울은 부활 소망에 대한 그의 믿음을 언급함으로써 사두개파와 바리새파 사이의 분열을 조장할 수 있었다(행 23:6-8).

더 알기 쉽게 바리새파의 교리와 비교해 보면 위의 <표 16>과 같다.

사두개파는 유대의 평민들과는 거의 접촉이 없었고 인기에 별로 연연하지 않았다. 그들은 하나의 귀족적인 소수 공동체로서 일반 사람들의 지지를 별로 못 받았다. 사두개파는 성전 운영에만 관심이 있는 대제사장 집단으로 이루어진 귀족 계급이었고 성전이 파괴된 70년 이후 사두개파는 변화된 유대교 상황에 적응할 수 없어 역사에서 사라졌다.

에세네파(Essene)

신약성경에는 이 이름이 언급되어 있지 않지만 그 당시 유대인의 사상에 강한 영향을 준 집단이었다. 이 경건한 사람들은 도시에서 격리된 집단으로 살기도 하였고, 또는 광야에서 공동체로 살기도 하였다. 바로 이 광야의 공동체가 1940년대 말에 쿰란(Qumran)에서 발견된 공동체이다. 이 에세네파에 대하여는 이미 제1부 제3장에서 언급하였다.

열심당(Zealot)

바리새파와 사두개파가 로마의 통치를 최대로 이용하려 했고 또 쿰란 사회가 하나님의 강권적인 개입으로 말미암아 그들을 꿈꾸었던 반면에 많은 유대인들은 보다 적극적으로 구원을 쟁취하고자 하였다. 주후 70년에 로마군이 예루살렘을 멸망시킨 사건을 초래한 대반란의 불을 붙인 것이 바로 열심당이었다. 예수 당시에도 실패로 끝나긴 했으나 이미 산발적인 반란이 여기저기서 일어나고 있었다(행 5:36-37 참조; 필시 바라바도). 또 백성들도 반란을 일으킬 태세가 되어 있었다. 애국심에 불탄 열심당원들은 로마에 복종하는 것은 곧 이스라엘의 참된 왕이신 하나님께 거역하는 것이라는 신앙에 호소하였다. 적어도 사도들 중에 하나는 이전의 열심당원이었다.

예수님의 제자 중 한 사람인 시몬은 누가복음 6:15과 사도행전 1:13에서 셀롯인(Zealot, 즉 열심당)으로 언급되어 있다. 열심당이란 이름은 이들이 로마인들과 격렬하게 투쟁하여 예루살렘을 방어한 과격 단체라서 붙여지게 되었다. 로마와의 긴장관계가 고조됨에 따라 열심 있는 유대인들의 다양한 집단이 폭력적으로 변하게 되었다. 주후 54년에 시카리(Sicarii) 또는 암살단(Assassins)이라고 불리는 집단이 최초로 언급되었다. 이들은 겉옷 속에 단도를 감추고 군중 속에 들어가 로마인들과 결탁하였다고 생각되는 사람을 찔러 넘어뜨리고는 다시 군중 속으로 유유히 사라지곤 하였다. 주후 66년에 유대 · 로마 전쟁이 발발하였을 때 이들이 예루살렘을 장악하여 거의 광신적으로 예루살렘을 방어하였다. 사실 이 광신 때문에 문제의 해결이 불가능하게 되었고 결국 주후 70년에 예루살렘은 멸망되고 말았다. 요세푸스는 이들이 심지어 로마인들에게 포위되어 있는 상황에서도 심한 당파 싸움을 했다고 비난한다. 열심당이 예루살렘을 장악하자 바리새파 사람들은 실제로 예루살렘을 떠났다. 그렇다면 어떤 의미에서 예루살렘을 방어한 사람들은 유대교를 대표하는 주류 종파가 아니었다고 할 수 있다. 예루살렘은 그 당시 가장 과격한 극단에 속한 종파가 방어하고 있었던 것이다. 광신적인 과격단체라는 말보다는 열렬한 민족주의자라는 말이 더 나을 듯하다.

묵시 문학 운동

이와 같은 분위기 속에서 '아포칼립스'(묵시)로 알려진 문학형식이 급속도로 보급되었다. 주전 2세기 이후로 팔레스타인에서는 많은 묵시문서들이 저작되었다. 그 문서들은 하나의 강력한 이원론의 입장을 취하고 있다. 곧, 선과 악, 하나님과 사단, 빛과 어두움은 서로 충돌하고 있어 도무지 화합될 수 없다는 것이다.

> "현 세계 질서는 악의 세력의 지배 하에 있으나 최후의 결전이 있게 될 것이며 그 후에는 판도가 바뀔 것이다. 하나님은 모든 반대자들을 물리치시고 모든 악을 영원히 멸하실 것이며 새롭고 복된 백성이 모든 압제에서 풀려나 영광 중에 통치하게 될 것이다."

이러한 메시지는 자주 특별한 환상들을 통해서 상징적인 숫자들과 세심한 날짜와 연한 및 시대의 계산과 함께 전달되고 있다. 그리고 대개는 신비적인 형태를 취하고 있다. 그것은 거의 절망에 빠진 백성에게 소망을 갖게 하는 메시지요 유일하신 참 하나님, 곧 이스라엘 하나님의 절대 주권에 호소하는 승리적인 메시지였다. 신약의 요한계시록은 여러 가지 면에서 하나의 전형적인 묵시문서이다(하지만 요한계시록은 기독교의 입장에 성령의 감동으로 오류 없이 기록된 하나님의 말씀으로 유대 묵시문서들이 에녹, 모세, 엘리야, 혹은 에스라와 같은 구약의 유명한 인물들에게 돌리고 있는데 반하여 요한은 그 기록한 계시록에 자기의 이름을 밝히고 있다는 점에서 유대의 다른 묵시문서들과 근본적인 차이가 있다). 그 밖의 중요한 차이점은 유대의 묵시 문학가들은 과거의 역사를 그것이 마치 예언이나 되는 것처럼 기록하고 있으나 요한은 온전히 미래에 집중하고 있다는 데서 찾아볼 수 있다.

메시야에 관한 소망들

메시야에 관한 묵시문학의 엄청난 환상들은 그 당시 유대인들이 마음에 품고 있던 여러 가지 소망들 중 어느 한 가지만을 붙들고 있는 것에 불과하였다. 모세와 같은 선지자(신 18:15-19), 다시 올 엘리야(말 4:5-6), 그리고 무엇보다도 이스라엘에게 승리와 평화와 영광을 가져다줄 사명을 띤 위대한 왕이요 용사인 다윗의 자손 등과 같은 구약의 여러 메시아적 인물들이 일반 사람들의 마음에 깊이 뿌리 박혀 있었다. 어떤 이들은 이방인들도 이 소망에 참여할 자리가 있는 것으로 보았고 또 어떤 이들은 그 소망을 배타적으로 자기 민족만을 위한 것으로 보았다. 그리고 영적인 회복을 생각하는 사람은 소수였고 로마에 대한 전투적인 승리로 보는 사람이 대부분이었으므로 예수께서 자신을 '그리스도'라고 칭하는 데에 신중을 기하셨던 것은 놀랄 일이 못된다. "이스라엘의 위로"(눅 2:25)를 간절히 기다렸을 그러한 백성에게 오셨다. 그러나 아무도 그 위로가 십자가의 길을 통해서 오리라고는 기대하지 못하였다.

흩어진 유대인들

이제까지 우리는 팔레스타인의 유대인들만을 생각해왔다. 그러나 기독교는 곧 팔레스타인 밖으로 퍼져 나갔고 거기서도 역시 유대인들과 첫 대면을 하였다. 적어도 주전 6세기의 포로시대 이후로 유대인들은 중동지역과 지중해 동편의 여러 나라들로 흩어지기 시작하였다. 그러므로 주후 1세기경에는 애굽에만 백만 명에 달하는 유대교포들이 살고 있었다. 알렉산드리아에서는 유대인이 전 인구의 상당부분을 차지하였고 대부분의 주요 도시들에 회당(아니면 적어도 기도처, 행 16:13)을 가진 유대인 집단촌이 들어서 있었다. 이들은 바로 흩어진(나그네) 유대인들이었다(헬라어는 '디아스포라'). 때로는 이들이 헬라파 유대인들로 지칭되었는데 이것은 약간 부당한 명칭이다. 알렉산더 대제의 정복과 함께 지중해 세계를 휩쓸고 그보다 더 먼 지역에까지 퍼져 간 헬라문화와 사상의 파장인 '헬레니즘'은 로마제국의 문화에서도 여전히 그 지배적인 위치를 점하고 있었고, 또 팔레스타인의 보다 보수적인 분위기에서 떠나 있던 이 흩어진 유대인들은 아무래도 헬라의 생활양식을 더 쉽게 받아들였다. 하지만 그들이 자기의 구별된 종교와 문화를 포기하여 유대인의 신분을 저버렸다기보다는 헬라사상과 접하고 그것으로부터 뭔가를 배우고자 한 것이었다. 후대의 유대인 저작물들 중 상당수, 특히 알렉산드리아에서 나온 저작물들(예: 솔로몬의 지혜서나 필로의 저작물)은 헬라 철학의 깊은 영향을 받고 있다. 알렉산드리아 출신의 학식 있는 유대인 아볼로(행 18:24)는 그가 기독교로 돌아오기 이전에 분명히 이 학파에 속하여 있었을 것이다.

유대교에 입교한 이방인들

유대인들이 부당하게 완고한 배타주의자들이고 또 비난을 받는 경우가 자주 있다. 그러나 사실 특히 흩어진 유대인들 중에는 이방인들에 대한 사명을 인식하고 있는 사람들이 많았고 이방인들을 유대교에 입교시키기 위해서 진지한 노력을 기울인 일이 있었다. 유대인의 종교를 받아들인다는 것이 이방인들에게는 쉬운 일이 아니었다. 입교지원자는 먼저 할례와 세례를 받아야 했고 안식일과 부정한 음식에 대한 규례와 같은 의식적인 법규들을 포함하여 모세의 모든 율법을 지키기로 서약해야만 했다.

바알 신상을 섬기는 곳

그는 사실상 자기 본래의 민족성을 버려야만 했다. 이같이 엄격한 단계들을 거쳐서 유대교에 입교한 이방인들은 상당수에 달하였다. 더 많은 사람들이 로마의 퇴폐적인 다신교와는 아주 대조적인 유대교의 유일신 신앙과 엄한 도덕에 매료되어 있었다. 그들은 유대인들의 믿음과 사상에 자신을 일치시킬 각오가 되어 있었다. 그러나 완전한 개종의 절차를 밟는 과정 앞에서 멈추고 있었다. 상당수가 부자요 영향력 있는 관리들이었던 이 유대교 동조자들은 신약성경에서 "하나님을 경외하는 사람들" 혹은 "경건한 사람들"로 알려지고 있다(행 13:26, 43, 50, 17:4). 사마리아인 대제사장 아므람(Amram)은 오늘날 생존하고 있는 사마리아인 소수 공동체의 지도자이다.

사마리아인들

사마리아인들은 주전 722년 사마리아가 함락된 이후 그곳에 새로 이주시킨 이방민족들과 피가 섞인 북방 이스라엘 왕국의 살아 남은 백성들의 후손이었다. 그들은 실제로 유다와 협력한 적이 결코 없었고 느헤미야 시대에 이르러서는 그 불화가 분명히 해결될 수 없는 것이 되고 말았다. 세겜을 내려다 보는 그리심산 위에 사마리아인의 성전을 건축한 것(요 4:20)은 유대인들이 이단종교를 배척한 증거였다. 주전 128년에 사마리아인의 성전을 파괴한 것은 유대인의 왕 힐카누스였다. 하지만 유대인이 그러하였듯이 사마리아인들도 하나님을 예배하였다. 그들의 권위는 모세오경(창세기에서 신명기까지)이었다. 그러나 나머지 구약성경은 인정치 않았다. 그들의 모세오경은 유대인의 그것과 거의 차이가 없었다. 많은 유대인들처럼 그들도 모세와 같은 선지자의 강림을 고대하였다. 사마리아인들에 대한 유대인들의 증오와 멸시는 어떤 근본적인 신앙의 차이에서 온 것보다는 역사적인 측면과 인종적인 측면에서 온 것이 더 많았다.

(3) 헬라인과 로마인의 종교

헬라인의 전통적인 옛 종교는 인간들처럼 사랑하고 다투고 싸우는 남신과 여신들의 신전과 함께 실제로 로마의 유사한 다신교와 융합되어 있었다. 그것은 헬라와 로마 문화의 일부로 보존되었고 또 공적으로 장려되었다. 대부분의 헬라인과 로마인들은 여전히 그 옛 신앙에 공식적으로 동의하고 그 의식들에 참여하였으나 마음은 이미 그것들에서 떠나 있었다. 로마 제국의 동부 지역에서는 이 신들이 지방 신들과 결합하여, 때로는 땅을 지배하는 에베소의 다산의 여신과 헬라인의 아주 순결한 아르테미스(Artemis) 여신이 동일시되는 것과 같은 우스꽝스러운 결과를 초래하기도 했다(로마의 다이애나 여신, 행 14:11이하 참조). 숭배는 필시 그곳 지방 신들에게 전통적인 헬라 신들의 이름을 붙인 경우에 해당할 것이다.

새로운 종교 사상들이 일어난 것은 동방에서였다. 그 중 하나가 황제 숭배였다. 그것은 신약시대 전체를 통해서 아첨하는 신하들에 의하여 동방에서 자유롭게 행하여졌다. 그리스도의 탄생 이전에도 헤롯 대제는 아구스도(Augustus, 헬라어는 '세바스토스', '경배를 받을 자') 황제의 명예를 위하여 사마리아의 이름을 '세바스네'로 개칭하였고 또 그곳에 아구스도의 신전을 지었다. 보다 개인적이고 감동적인 믿음을 원하는 자들은 신비종교들에 빠져들었다. 헬라의 신비적인 요소들 – 엘류시스의 신비나 오르퓨스의 신비 – 이 서방에 알려진 지는 오래였으나, 로마제국의 영토 확장과 함께 애굽(이시스와 오시리스/세라피스)과 페르시아(미드라스) 및 그 밖의 동방 여러 곳에 퍼져 있던 유사한 신비종교들 간에 차이가 있었다 할지라도, 개인적으로 일정한 가입 절차를 밟아서 입교하지 않는 자에 대해서는 일체의식에 참여시키지 않는 공통점을 갖고 있었다. 의식들은 자주 신(페르세폰, 오르퓨스, 오시리스, 그리고 그 밖의 신들)의 죽음과 부활에 관한 신화에 중심을 두었고 모든 입교자들이 다 참여하는 연극을 통해서 그 신화가 재연되곤 하였다. 그들은 공식적인 국가의 종교가 지닌 냉랭한 지성주의와는 아주 다른 따뜻하고 감동적이며 개인적인 헌신의 정신을 불러일으켰다.

점성술과 복술, 마술, 마귀 숭배, 그리고 그 밖의 신비적인 관습들 역시 동방 종교의 매혹적인 요소들로서 종교에 어떤 실재성과 실제적인 효력을 부여하기 위한 것들이었다.

신약의 서신들이 저작될 때쯤에는 뒤에 가서 '영지주의'로 총칭된(주후 2세기) 수많은 종파들이 발전하기 시작하였다. 그들은 세부사항에 있어서 상당한 차이를 보였으나 '물질'은 악하고 영은 선하다는 기본 사상을 함께 나누고 있었다. 이 사상에 의하면 하나님이 물질로 만물을 창조하실 수 없었고 또 그의 아들이 그 물질세계 안에서 육신의 몸을 입으실 수도 없었다. 그러므로 그들은 하나님과 세상 사이의 전반에 걸쳐서 종속적인 존재들을 대면하고 있었다. 사람들은 물질세계의 악을 함께 나누고 있었으나 가능한 신의 불꽃을 포함하고 있다. 사람이 구속받기 위해서는 하늘에 근원을 둔 지식(헬라어는 그노시스)을 가질 필요가 있다. 이 같은 견해들은 환상적인 신화들에 표현되어 있었고 또 신비종교들의 경우에서와 같이 영지주의의 여러 종파들의 초보자들에게 알려져 있었다.

바울이 지적한 바와 같이 그 당시의 세상은 "범사에 종교성이 많았다"(행 17:22). 사람들은 헛된 신화가 아닌, 따를 만한 가치가 있는 신앙을 원하였다. 그것은 하나님을 구하고 참되고 실제적이며 만족을 주는 종교로 인도하는 길을 간절히 찾는 세상이었다.

(4) 시리아 총독 구레뇨(Quirinius)

구레뇨의 완전한 이름은 푸블리우스 술피키우스 쿠이리니우스(Publius Sulpicius Quirinius)이다. 구레뇨라는 이름은 로마인들에게 있어서 '새사람'이라는 의미를 갖는다. 구레뇨에 대한 연대들이 불분명하고, 그래서 성경 학자들도 예수 그리스도의 탄생 시기에 관한 문제에 대해서 혼란된 주장을 하고 있다. 그는 시리아를 다스리던 로마 총독이며, 예수 탄생 때에 인구조사를 행한 사람이다(눅 2:2). 그러나 요세푸스의 기록에 나와 있는 인구조사는 누가복음에 나타나 있는 자료의 빈약한 내용과 그 시기와 범위에 있어서 일치하지 않는다. 그리고 이러한 불일치로부터 복음서 연구에서 오랫동안 논란이 되고 있는 문제가 발생하였다. 구레뇨가 시리아의 로마 총독으로 임명된 것은 주후 6년경으로 헤롯의 재위 시(헤롯은 주전 4년에 사망한다)에 예수가 탄생했다는 마태복음 2:1의 보도와 너무 많은 차이를 보인다.

이 문제를 해결할 수 있는 하나의 가능성은 주전 9년에서 6년 사이에 시리아의 총독이었던 퀸크틸리우스(Quinctilius)를 퀴리니우스(Qurinius)로 혼동했을 가능성이다. 주전 5년 혹은 4년경에 시리아 변경에서 군사 통치를 행하던 구레뇨가 동방에 특별한 명령을 내릴 수 있는 가능성이다. 누가가 인구조사의 장본인인 로마 관료의 이름을 잘못 표기한 것이라는 주장으로 고대에는 이런 가능성이 있음을 역사가 유세비우스는 인정한다.

또 다른 가능성은 헤롯이 주전 7년에 자기가 다스리는 백성들에게 아우구스투스에게 충성하는 맹세를 하도록 요청했다는 요세푸스의 기록에서 찾아볼 수 있다. 이것은 속주의 왕이나 총독이 자기의 충성심을 보이기 위해서 취하는 행동으로 지방 행정 장관이나 조사원 앞에서 충성을 맹세하는 행동이다. 헤롯이 요구한 충성 맹세가 누가가 언급하고 있는 조사일 가능성이 있다는 말이다.

아우구스투스는 몇 차례에 걸쳐 인구조사를 실시했고 마지막 인구조사가 주전 8년에서 4년 사이에 실시되었다. 하지만 이 기간에 행해진 인구조사에는 속주국이었던 유대는 포함되지 않았다. 70-80년이나 이후에 글을 쓴 누가는 아우구스투스의 인구조사와 헤롯의 인구조사를 구별하지 못했을 가능성도 있다. 누가는 헤롯이 행한 충성에 대한 맹세가 시라아의 다른 총독 하에서 동방에서 시작되어 구레뇨 때에 와서 끝난 아우구스투스의 로마 제국 전체의 인구조사에 해당된다고 생각했을지도 모른다는 가정이다.

(5) 헤롯 왕가 : 빌립(Phillippus), 안디바(Antipas), 아켈라오(Archelaus)

헤롯이 주전 4년에 사망했을 때 유대인들이 아우구스투스에게 사절을 보내서 자기 아들들을 후계자로 지명한 헤롯의 유언을 로마가 받아들이지 말 것을 요청한다. 그러나 아우구스투스는 왕국을 분할해 자기 세 아들에게 위임한다는 헤롯의 유언을 승인했다. 아켈라오(Archelaus, 주전 25년-주후 18년)는 유대와 사마리아 그리고 이두매의 통치자(주전 4년-주후 6년)가 되었고, 헤롯 안티파스(Herod Antipas, 주전 23년-주후 39년)는 갈릴리와 동부 요르단에 있는 뵈뢰아의 통치자(주전 4년-주후 39년)로 임명되었다. 헤롯 안티파스는 신약성경에서 헤롯이라는 이름으로 여러 차례 등장하는데 세례 요한의 죽음과 예수의 처형과 관련이 있는 인물이다. 그리고 빌립(Phillippus, 주전 24-주후 34)은 나라의 북부에 있는 요르단 동부 지역을 다스렸다. 이들은 통치자 즉 소영주라는 칭호를 부여받았지만 백성들에게 있어서 그 칭호의 차이는 아무런 의미가 없었다. 이 지배자들은 백성들에게 왕으로 여겨졌기 때문이다. 신약성경에는 아켈라오(마 2:22)도, 헤롯 안티파스(막 6:14; 마 14:9)도 왕으로 언급되었다.

헤로디아와 그녀의 가계도(헤롯왕가의 족보)

아래 그림에는 헤롯대왕의 아들인 아켈라오(마 2:22)가 누락되어 있음

매우 전제적이고 포악하게 통치하던 아켈라오는 백성들에게서 가장 미움을 받았다(마 2:22). 그래서 억압받던 신하들이 아우구스투스에게 한 번 더 사절을 보내어 그들의 고통을 간절히 호소하였고, 그는 이 호소를 받아들였다(예수는 아켈라오의 본거지인 여리고에서 달란트 비유를 말함으로써 통치자의 임명과 관련된 문제를 암시하고 있는 것처럼 보인다; 눅 19:11-17). 아켈라오는 주후 6년에 그의 지위에서 밀려

나 갈릴리로 추방되었다. 그가 다스리던 지역은 시리아와 팔레스타인에서 백성들로부터 일반적으로 존경을 받고 있던 로마 총독에게 예속되었다. 그러므로 예수 시대에는 갈릴리와 요르단 동쪽 북구 지역의 땅은 유대인 영주의 지배 하에 있었고 반면에 사마리아와 유대 그리고 이두매는 로마 총독의 지배를 받았다(눅 3:1). 아켈라오가 다스리던 유대와 사마리아는 당시의 로마 총독이었던 구레뇨(Quirinius)의 지배를 받게 되었고, 시리아와 팔레스타인의 공식적인 재산 평가를 시행하도록 한 그의 명령으로 민족주의 그룹을 중심으로 유대 민족들 가운데 동요가 생겨나게 되었다.

헤롯 안티파스는 그의 아버지 헤롯만큼 난폭한 정치를 하지 않았지만 정책에 있어서는 우선적으로 헤롯의 원칙들을 따랐다. 또 그는 헬레니즘 문화의 신봉자였는데 이것은 여러 번 경건한 자들의 마음을 상하게 만든 그의 건축물들에 잘 나타나 있다. 그러나 안티파스는 유대교의 경건성을 존중하려고 했기 때문에 예루살렘 축제 때 모습을 드러내기도 했으며 동전을 아무 그림 없이 찍어내도록 하기도 했다. 그리고 황제의 이름이 새겨진 금 방패를 예루살렘의 헤롯 궁전에 설치하자는 빌라도의 조치를 거절하였다. 이런 방식으로 그는 각기 상이한 이해관계를 조정하였기 때문에 30년 동안 아무 혼란도 없이 통치할 수 있었다. 빌립도 헬레니즘에 지대한 관심을 가졌다. 그가 다스리는 지역이 유대가 아니라 이방 지역이었다는 것은 그에게 커다란 행운이었다. 그는 안정을 누리며 자신의 정책에 따라 상업과 문화를 발전시킬 수 있었다. 따라서 그는 관대하고 평화롭게 통치했다는 평가를 받았다. 그는 그의 아버지 헤롯처럼 국가적인 기념물을 남겼는데 특히 유명한 두 도시를 건립하였다. 가이사랴 빌립보로, 여기서 베드로가 예수에 대한 신앙고백을 하였다(마 16:13). 또 다른 도시는 벳세다-율리아스로, 이곳은 요단 강물이 갈릴리 호수로 흘러 들어가는 하구에 위치한 어장이었는데 헬레니즘적인 상업도시로 개척하여 원래의 벳세다라는 이름을 아우구스투스의 딸인 율리아를 기리기 위해서 율리아스라고 개명하였다. 이 근방에서 예수님은 최초로 오병이어의 기적을 행하셨다(막 6:45; 눅 9:10).

제3장 신약성경 이야기

Search the BIBLE Lands

신약성경은 예수 그리스도의 말씀과 사역에 대한 흥미로운 이야기로서, 처음은 그가 땅 위에서 살 동안 행하며 가르치기를 시작하신 것에 대하여, 또한 그리스도께서 그가 아버지께 돌아가서 교회를 세운 후에 택하신 사도들을 통하여 행하고 가르치기를 계속하신 것에 대하여 말씀하고 있다.

신약성경은 모두 28권으로 구성되어 있고 마태복음에서부터 요한계시록까지 있다. 마태복음에서 요한복음까지는 예수님의 생애와 행하신 기적들과 죽으심과 부활하심에 대하여 쓰여 있으며, 사도행전은 예수 그리스도가 죽은 후, 그 제자들이 사도들의 행적을 기록한 책으로, 신약 성경 중 유일한 역사 문서이다. 복음서들 바로 뒤에 이어진다. 그 내용은 거의 전부가 베드로와 바울로 대표되는 초대 기독교 사회의 활동에 관한 것으로, 사도 베드로와 바울을 중심으로 전개되고 있다. 또한 디모데전서에서는 바울이 디모데에게 거짓 선생을 어떻게 대할 것과, 공 예배를 인도하는 법, 목회 지망생을 선발하는 일, 돈에 대해서 공정한 충고를 주는 일, 하나님의 사람으로서 어떻게 행할 것 등에 관하여 교훈하고 있다. 요한 1, 2, 3서는 에베소 주변의 교회들에게 독특한 종류의 영지주의에 대하여 경고하고 있다. 마지막에 나와 있는 요

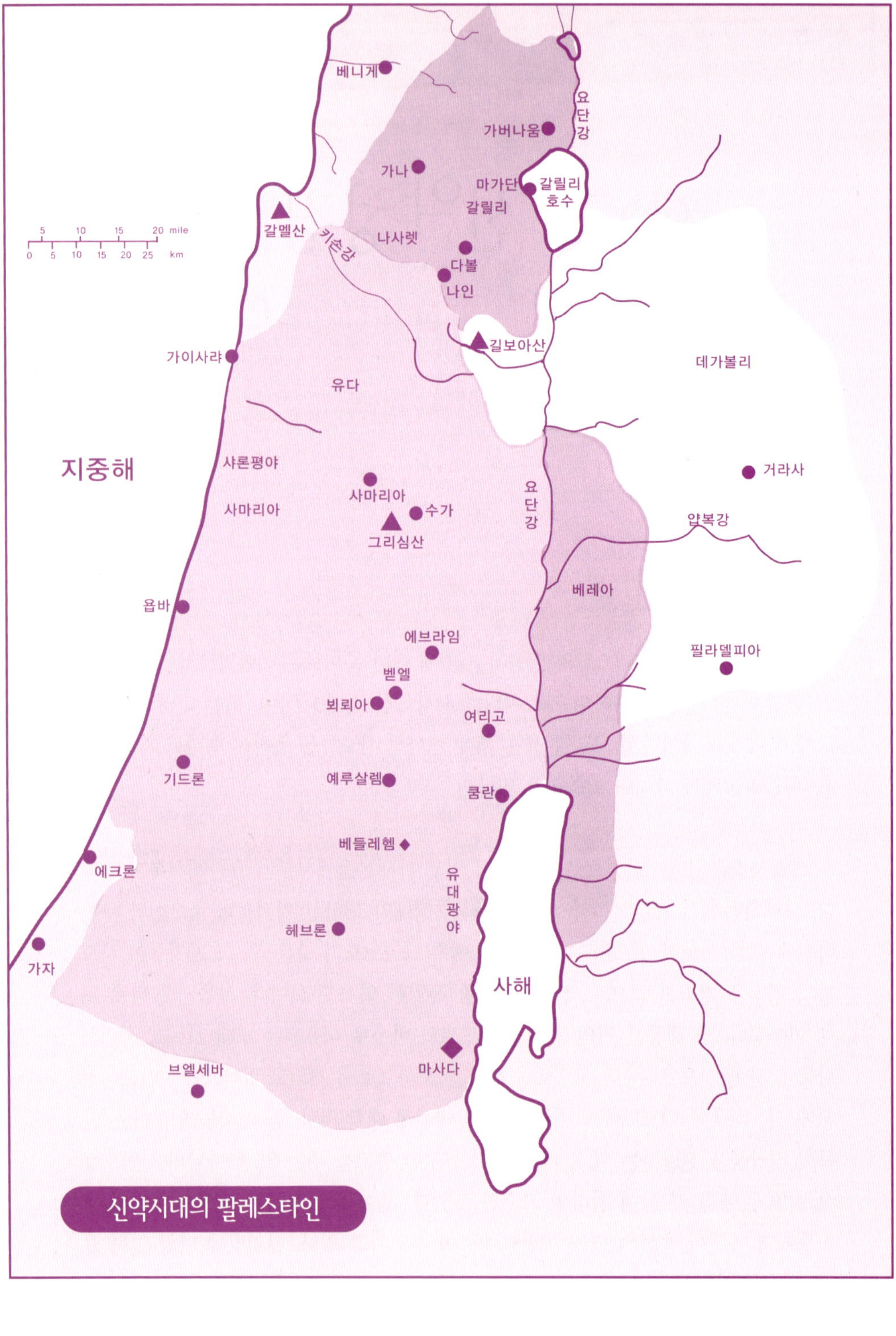
베니게
요단강
가버나움
가나
마가단
갈릴리 호수
갈릴리
갈멜산
5 10 15 20 mile
0 5 10 15 20 25 km
나사렛
기손강
다볼
나인
길보아산
가이사랴
데가볼리
유다
지중해
샤론평야
거라사
사마리아
수가
사마리아
요단강
그리심산
얍복강
베레아
욥바
에브라임
필라델피아
벧엘
뵈뢰아
여리고
기드론
예루살렘
쿰란
베들레헴
에크론
유대광야
헤브론
가자
사해
마사다
브엘세바

신약시대의 팔레스타인

밧모섬

한계시록은 그리스도와 사단 간에 행하여지는 보이지 않는 영적 전쟁을 들여다보게 하고 그리스도가 가장 사랑하던 제자 요한이 밧모섬에서 받은 앞으로 일어날 계시를 기록한 성경이다.

1. 복음서들의 가르침

1) 예수의 탄생과 성장

예수님은 갈릴리 나사렛에서 자랐다. 그 당시 이곳을 다스리던 헤롯 왕은 그의 통치기간 중 경쟁자로 보이는 자는 모두 살해했으며 박사들이 유대인의 왕을 경배하러 왔다는 말을 듣고 새로 태어날 왕을 죽이려 했다. 그러나 예수님은 이미 안전한 곳으

▲회당에서 가르치시는 소년 예수

◀ 나사렛(현재 모습)

로 옮겨지셨다. 예수님을 낳은 마리아는 성경 읽기와 기도하기를 예수께 가르치며 양육하였다.

예수의 소년 시절의 사건으로 복음서에 기록된 것이 있다. 그가 12살 되었을 때에 유월절을 지키기 위해 예루살렘에 간 일과 예수께서 "내가 내 아버지 집에 있어야 될 줄을 알지 못하셨나이까?"하고 부모님에게 대답하신 일인데 그 때 그들은 매우 기이히 여겼다(눅 2:41-51). 이러한 사건 전후의 구절이 예수의 청소년 시절에 관하여 우리가 알 필요가 있는 모든 것을 알려준다. 누가복음 2:40은 탄생으로부터 12년간을 묘사하며 52절은 공생애가 시작되기 전까지의 약 18년간을 총괄하고 있다.

예수님이 시험 당하셨던 시험산

2) 예수님의 무명시절

요단강에서 예수님은 자신이 고백할 아무 죄가 없었으나 다른 사람의 죄를 자기의 것으로 삼을 결심을 하셨다. 그리고 요한에게 세례를 받으셨다. 그 후에 40일 동안 금식하셨다. 그 기간 동안 사단으로부터 시험을 받았으나 하나님의 말씀으로 사단의 유혹을 물리치셨다.

예수께서 유월절에 예루살렘에 올라갔을 때 성전 안에 있던 장사꾼들과 돈 바꾸는 자들을 내쫓으시며 "너희가 이 성전을 헐라 내가 사흘 동안에 일으키리라"(요 2:19)라고 말씀하셨다. 이것은 그의 육체가 죽음 가운데서 사흘 만에 일으켜질 것을 암시하며 부활의 능력으로 존재하게 될 그의 영적 몸인 교화를 가르치신 것이다.

3) 예수님의 명성에 대한 기록

예수께서 어떤 마을에서 어느 안식일날 회당 예배에 참석하셨을 때 자기 사역이 선지자 엘리야나 엘리사의 사역처럼 이스라엘보다 이방인에게 더 환영받으리라고 말하자, 그곳에 있던 사람들은 노를 발하며 그를 성읍 밖으로 끌고나가 밀어뜨리려고 했다. 이것은 그가 장차 버림받을 전조였으며 그의 활동의 중심지를 가버나움으로 옮기는 계기가 되었다. 그 곳에서 그는 "때가 찼고 하나님 나라가 가까웠으니 회개하고 복음을 믿으라"(막 1:14, 15)라고 말씀하셨다. 하나님의 나라(천국)는 사람들의 생활 속에서 하나님이 친히 다스리시는 것이며 예수께서 그것을 시작하러 오신 것이다.

또한 그는 하나님 나라의 복음을 선포하고 사람들에게 거기 들어가라고 하실 뿐 아니라 제자들에게 그 나라의 법도를 가르치셨다. 더욱이 예수는 그의 교훈을 잊을 수 없는 비유로 강화시키셨다. 이 비유들은 죄인에 대한 하나님의 사랑과, 구원을 얻기 위하여 하나님의 자비에 겸손히 의지할 필요와, 우리가 서로 사랑해야 할 일과, 하나님의 말씀이 임하고 하나님의 나라가 자라는 모습과, 제자들이 받은 은사를 키우고 행사해야 할 책임과, 복음을 거절하는 자의 받을 심판 등을 보여주고 있다.

그는 여러 가지 능력을 행하셨는데 그 중에서도 흔히 행하신 일은 병을 고치는 이적이었다. 그가 병을 고치신 사역의 이유는 사랑이었다. 그의 기적은 하나님 나라의 신성의 '표적'이었다 그것들은 성경이 예언한 대로 메시야의 통치가 시작되었음을 표시한다.

기적은 또한 예수께서 하나님의 아들이라는 표적이기도 하였다. 기적은 행동을 통한 비유로서 그가 하나님의 아들이시라는 주장을 극적으로 표시하신 것이었다. 5천 명을 먹이신 일은 그가 생명의 양식이심을, 눈먼 자를 낫게 하심은 그가 세상의 빛이심을, 그리고 죽은 자를 살리심은 그가 친히 부활이요 생명이심을 각각 증명해 보이심이었다.

그의 공생애의 제 2년 초기에 열두 제자를 택하고 부르시고 그들이 맡은 일을 보여 주셨다. 갈릴리에서의 전도 기간에 그를 따르는 군중이 많아져 갔다. 그들이 배고파할 때 예수께서는 보리떡 다섯 개와 물고기 두 마리로 오천 명이 넘는 그들을 다

먹이셨다. 이 사건으로 소문이 퍼지면서 그들은 그를 왕으로 삼기를 결심한다. 곧 그를 로마의 지배에서 해방시킬 국가적 영도자로 삼으려 했다. 그러나 예수님은 그 자리를 피하셨다.

4) 예수님의 고난에 대한 예고

예수께서는 그가 생명의 떡이며 누구든지 그에게 와서 그를 믿으면 다시는 영적으로 굶주리거나 목마르지 않으리라 하셨고 그가 세상의 생명으로 주는 양식은 자기 몸이라고 하셨다. 이 말을 듣고 유대인들은 예수께서 하신 말씀을 듣고 서로 토론하며 그를 멀리하였다.

그가 빌립보에 갔을 때 예수께서 열두 제자에게, 사람들이 나를 누구라고 말하더

❶ 십자가에 못 박히는 예수님 ❷ 십자가에 달린 예수님

냐고 묻자 그들은 세례 요한, 엘리야, 선지자 중 하나라고 한다고 하였다. 그러자 예수께서는 너희는 나를 누구라 하느냐고 물었다. 이에 베드로가 "주는 그리스도시니이다"라고 대답하였다. 여기에서 예수께서는 인자가 많은 고난을 받고 장로들과 대제사장들과 서기관들에게 버린 바 되어 죽임을 당하고 사흘 만에 살아나야 할 것을 비로소 저희에게 가르치시되 드러내놓고 이 말씀을 하셨다. 예수께서는 틀림없이 그렇게 될 것이라고 주장하시고, 고난을 통한 영광, 혹은 죽음을 통한 생명이라는 동일한 길이 그를 따르는 자에게도 있을 것이라고 말씀하셨다.

군중들은 예수를 지지하였으나 서기관과 바리새인들은 그에게 독설을 퍼부었다. 그는 자신이 사람의 죄를 용서할 권위가 있는 인자, 또는 병든 죄인을 고치러 온 의사, 혹은 또는 내가 안식일의 주인이라고 주장하셨는데, 이러한 그의 주장은 더해 갔으며 그로 인해 유대인 지도자들은 그의 결백성 앞에서 부끄러움을 느끼고 마음이 상했으며 백성 가운데 예수의 명성이 높아져 감을 시기하였다. 유대인 지도자들은 그에게 신학적, 정치적인 변론을 걸어 왔으나 그를 책잡지 못하였다.

자신이 유대인의 손에 죽임을 당하게 될 날이 가까이 왔음을 아신 예수께서는 열두 제자와 저녁식사를 하신 후에 그들의 구원을 위하여 주실 자기 몸과 피의 상징인 떡과 포도주를 나누어 주시면서 그를 기념하여 먹고 마시도록 하였다. 예수와 제자들이 감람산에 오르기 시작하면서 예수님은 '이 잔'을 마시지 않도록 기도하셨는데 '이 잔'이란 죄악 위에 내리는 하나님의 진노에 대한 구약의 상징이다.하지만 그는 자신의 뜻을 굽혔으며 조용히 기도로 끝맺었다. 그 때 군병들이 예수를 잡으러 왔고 그의 제자였던 가룟 유다는 예수님을 돈을 받고 그들에게 내어주었다. 예수께서 잡혀간 날부터 심한 심문이 계속되었으며 총독인 본디오 빌라도는 예수가 아무런 죄도 없다는 것을 알고 있었지만 예수에게 사형을 내리며 군중들에게 넘겨주었다.

예수께서 이 고난을 어떻게 대하고 참았는지는 그가 십자가 위에서 말씀하신 칠

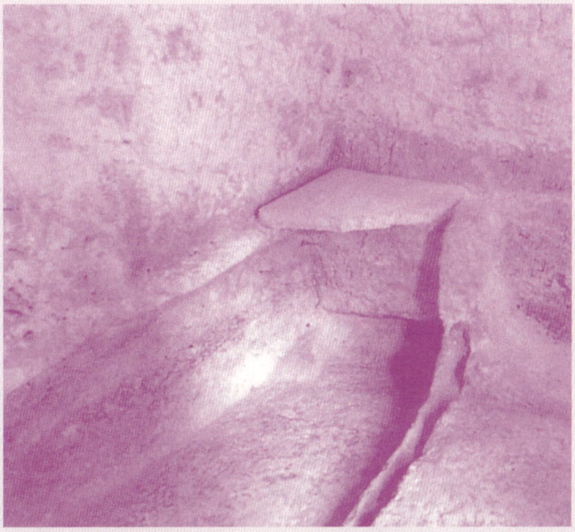
빈무덤

언으로 알 수 있다. 그를 괴롭히는 자들이 용서받기를 기도하였고, 자기 모친을 요한에게 돌보도록 맡겼으며, 그의 옆에서 십자가형을 받는 회개하는 행악자가 그 날 낙원에서 그와 함께 있을 것을 다짐하셨다. 이로써 그의 고난의 성격과 목적이 무엇이었는지를 깨달을 수 있다. 첫째 "내가 목마르다"라는 말은 그의 육체적인 고통이 어떠했는지를 보여준다. 다음으로 "나의 하나님 나의 하나님 어찌하여 나를 버리셨나이까?"라는 말은 그가 하나님께 버림당함을 보여 주는데 그것은 '우리의 죄' 때문에 당연히 받을 하나님의 심판이었다. 그가 자신이 죽을 것이며 사흘 만에 다시 살 것임을 제자들에게 미리 말씀하신 것처럼, 약 36시간 후에 하나님은 예수님을 죽은 자 가운데에서 일으키셨다. 이는 그가 헛되이 죽지 않았다는 확연한 증거였다. 돌로 입구를 막아 놓았던 동굴 안에서 예수님의 몸이 없어졌으며 아니라 그의 수의만 잘 개켜진 채 그대로 거기 놓여 있었다. 이러한 사실은 분명히 사람이 그 시신을 치운 것이 아니라 하나님이 죽음에서 그를 일으키셨다는 증거였다. 그 후에 살아나신 주님은 사람에게 나타나 보이시기 시작하였다.

이렇게 나타나시기를 사십 일간이나 하셨고 감람산에서 마지막으로 나타나셔서 제자들을 축복하시고 하늘로 올라가셨다. 예수께서 승천하시고 제자들은 예루살렘으로 큰 기쁨 중에 돌아와서 기다렸다. 예수께서 다시금 부활의 몸으로 나타나실 것을 기다리는 것이 아니요, 약속대로 성령께서 능력 중에 오실 것을 기다렸다.

2. 사도행전과 서신들 - 교회의 탄생과 복음 전파

예수님께서 하늘로 승천하신 후 베드로는 예수 그리스도를 전하되 그의 생애와 죽음과 부활을 전했다. 제자들에 의해 세워진 초대 교회는 많은 시련들과 역경을 겪어야 했다. 베드로와 요한이 백성을 가르쳐 예수께서 죽은 자 가운데서 부활하신 것을 전하기 시작했을 때 그들은 체포되어 법관들 앞에서 심문을 받게 되었다. 그들은 예수께 대하여 놀라운 담력을 가지고 증거하면서 그만이 구주라고 선포하였다. 그럴 때마다 그들은 체포되어 감금되었지만, 주의 천사가 그들을 풀어 놓으며 가서 거룩한 성전 경내에서 복음을 전파하도록 하였다. 사단이 사도들을 사회적 행정 업무에 사로잡히게 하여 하나님이 그들을 부르신 대로 가르치는 일에 집중하지 못하게 하였지만, 사도들은 이런 일들을 다른 사람에게 맡기고 하나님이 하라고 하신 우선적인 일, 곧 "기도하는 일과 말씀 전하는 일"에 전념하였다.

사도들이 세운 한 인물로 스데반을 들 수 있다. 그는 은혜와 믿음과 지혜와 권능이 충만한 그리스도인이었다. 사도행전 7장에 보면 스데반의 설교가 언급되고 있다. 이 설교로 인해 그는 성 밖으로 내던져져서 죽임을 당했다. 이러한 그리스도인들에 대한 핍박은 그들을 유대와 사마리아로 흩어지게 했는데 사마리아와 이디오피아로 뻗어 나간 복음의 전파는 교회의 문을 열어 이방인들을 들어오게 하는 데 중요한 역할을 하였다.

또한 하나님의 복음을 전파하는 그리스도인들과 교회를 핍박하던 사울이라는 인물을 하나님께서는 부르셔서 예수님의 이름을 유대인과 이방인에게 전할 그리스도의 그릇이 되게 하셨다(이름이 바울로 바뀌게 되었다).

3. 요한계시록 – 새하늘과 새땅

요한계시록은 예언서이다. 이것은 미래에 일어날 일을 이야기한다. 창세기가 시작에 관한 책이라면 요한계시록은 완성에 관한 책이다. 요한계시록은 성경 전체의 결론 부분으로서 계시록을 잘 이해하게 되면 성경 전체를 볼 수 있는 안목이 열리게 된다. 성경 모든 예언의 해답이기 때문이다. 특히 요한계시록은 예수 그리스도를 우리의 승리의 왕으로 묘사하고 있다.

〈표 18〉 창세기와 계시록의 비교 대조

창세기(서론)	요한계시록(결론)
천지 창조(1:1)	새 하늘과 새 땅 (21:1)
"어두움을 밤이라 칭하시니라"(1:5)	"거기는 밤이 없음이라"(21:25)
"하나님이 두 큰 광명을 만드사"(1:16)	"그 성은 해나 달의 비춤이 쓸데 없으니"(21:23)
첫 아담의 결혼	마지막 아담의 결혼
사단(뱀의 후손)의 출현(3:3)	사단의 영원한 파멸(22:18-19)
하나님과 사람들의 동거의 단절(3:8-9)	하나님이 사람과 함께 거함(21:1)
슬픔과 고통의 시작(3:16)	다시는 눈물이 없음(21:4)
"땅은 너로 인하여 저주를 받고"(3:17)	"다시 저주가 없으며"(22:3)
죄로 인한 인간의 통치권의 상실(3:19)	그리스도 안에서 인간의 통치권의 회복(22:5)
생명의 나무 접근 금지(3:22-24)	생명 나무를 다시 먹게 됨(22:2)
하나님의 임재 앞에서 쫓겨남(3:24)	"그의 얼굴을 볼 터이요"(22:4)

제4장 예수 그리스도

Search the BIBLE Lands

예수 그리스도에 대한 직접적인 원래의 자료로서는 4복음서밖에 없다. 거기에 예수님의 생애에 대한 전기와 같은 자세한 기록은 없으나, 그의 신성과 인성 및 그의 하신 일에 대하여 기록하였다. 그러나 예수 그리스도에 대한 예언은 이미 세상에 오시기 수백년 전 구약성경을 통해 있었는데 하나님의 약속된 메시야로서 그 모습을 미리 보여 주셨다.

그러면 먼저 하나님의 말씀을 통해 예수 그리스도에 대하여 어떻게 약속하셨고 예수님은 메시야에 관한 예언들을 어떻게 성취하셨는지 살펴보도록 하자.

소피아 성당 내 예수님 상

1. 예수 그리스도에 대한 예언 및 성취

〈표 19〉 예수 그리스도에 대한 구약의 예언과 신약의 성취

예언 구절	내 용	성취 구절	예언 구절	내 용	성취 구절
창 3: 15	여자의 후손	갈 4:4	사 53:1	세상의 불신	요 12:37
창 12: 3	아브라함의 씨	마 1:1	시 41:9	제자의 배반	눅 22:47, 48
창 17: 19	이삭의 후손	눅 3:34	슥 11:12	은 삼십에 넘기우심	마 26:14, 15
민 24: 17	야곱에서 나온 한 별	마 1:2	슥 11:13	토기장이의 밭 값에 팔리심	마 27:6,7
창 49: 10	유다 지파 출신	눅 3:33			행 1:18-20
사 9: 7	다윗 왕권의 후계자	눅 1:32	시 109:7, 8	배신자 유다의 운명	막 14:57
시 45: 6,7	기름부음 받은 영원한 왕	히 1:8-12	시 35:11	거짓 고소를 당하심	막 15:4,5
미 5: 2	베들레헴 탄생 사건	눅 2:4-5, 7	사 53:7	고소 당함에 침묵하심	마 26:67
사 7: 14	동정녀 수태	눅 1:26-31	사 50:6	침 뱉음을 당하고 매 맞으심	요 15:24
단 9: 25	탄생의 시각	눅 2: 1.2	시 35:19	이유 없이 미운 바 됨	롬 5:6, 8
호 11: 1	애굽 피난	마 2:14	사 53:5	우리를 위해 희생되심	막 15:27
렘 31: 15	유아 학살 소동	마 2:16-18	사 53:12	악한 자들과 함께 못박히심	요 20:27
사 40: 3-5	첩경을 평탄케 함	눅 3:3-6	슥 12:10	손발이 찔리심	눅 23:35
말 3: 1	선구자의 예배	눅 7:24, 27	시 22:7	멸시와 수치를 당하심	롬 15:29
말 4: 5,6	엘리야의 미리 옴	마 11:13	시 69:9	훼방 당하심	요 19:29
시 2: 7	하나님의 아들로 선포됨	마 3:17	시 69:21	쓸개와 신 포도주를 받으심	눅 23:34
사 9: 1	갈릴리 사역	마 4:13-16	시 109:4	원수를 위한 기도	마 27:35
시 78:2-4	비유의 사용	마 13:34-35	시 22:17, 18	그 옷이 제비뽑혀 나누임	마 27:46
신 18: 5	선지자 사역	요 6:14	시 22:1	하나님의 버림을 당하심	요 19:34
사 61: 1, 2	상한 심령의 치유자	눅 4:18	시 34:20	그 뼈가 꺾이지 않음	요 19:34
사 53: 3	동족 유대인의 멸시	요 1:11	슥 12:10	옆구리가 찔리심	마 27:57-60
시 110: 4	멜기세덱 반차의 제사장	히 5:5, 6	사 53:9	부자처럼 장사됨	막 16:6, 7
슥 9: 9	예루살렘 입성 사건	막 1:7, 9, 11	시 16:10	부활하심	막 16:19
시 8: 2	어린이들의 환영	마 21:15	시 68:18	승천하여 하나님의 우편에 계심	고전 15:4

2. 예수 그리스도의 탄생 및 성장

마태복음에 의하면 예수는 유대 헤롯 왕 때 베들레헴에서 태어났다(마 2:1). 그리고 헤롯의 후계자인 아켈라오 시대(주전 4-주후 6)에 이집트에서 돌아왔다. 그러므로 예수는 늦어도 주전 4년 이전에 태어났던 셈이 된다. 누가도 그의 복음서 첫 장에 위와 똑같은 사실을 전제하고 있는데 세례 요한이 헤롯 치하에서 태어났고(눅 1:5) 예수가 그보다 여섯 달 늦게 태어났다고 기록하고 있다(눅 1:26). 그러므로 예수는 같은 왕인 헤롯 왕의 시대에 태어난 셈이 된다. 누가는 2장에서 예수의 탄생을, 아우구스투스의 명령으로 시리아의 총독이었던 구레뇨(Quirinius) 시대에 실시된 호구조사(눅 2:1-2)와 연결시키고 있다.

예수님의 탄생

이 호구조사가 주후 6년에 실시되었다는 역사적 기록에 의해서 누가는 예수의 탄생일을 마태보다 최소한 10년 늦게 잡고 있는 것으로 보인다. 이 문제에 대해서 오랫동안 학문적인 토론이 있어 왔고 호구조사를 실시한 로마 총독의 이름을 잘못 인용했다는 논의를 통해서 주전 9-6년 사이의 탄생설을 주장하기도 한다. 최초의 그리스도교가 메시야 탄생의 날짜에 주목했다기보다는 메시야의 탄생이라는 역사적인 사건 자체를 중요시했음이 분명하다.

1) 예수님의 생애에 대한 기록

예수님께서는 구약성경과 장로들의 유전들에 의해 지배되고 율법을 바리새인들 방식으로 해석하던 유대 사회 속에서 생활하셨다. 예수님 당시의 유대인들은 큰 사건들에 대한 기대감 속에 살았다. 그들은 로마의 압제를 받고 있었으나 메시야가 곧 오실 것이라는 강한 확신 속에 살았다. 메시야에 대해서 여러 그룹이 다양한 견해들을 가지고 있었으나 어떤 형태로든지 메시야가 오실 것이라는 소망을 가지지 않은 유대인은 한 사람도 없었을 것이다.

주전 6년경, 이스라엘 헤롯 왕의 통치가 끝나 갈 무렵 제사장 사가랴는 예루살렘 성전에서 직무를 수행하고 있었다. 그가 저녁 기도 시간에 제단에 향을 피우고 있을 때에 천사가 그에게 나타나서 그에게 첫 아들이 태어날 것을 예고해 주었다. 이 아이는 메시야의 길을 예비해 줄 것이며 엘리야의 영과 능력이 그에게 머물러 있을 것이라고 하였다. 그의 부모들은 그를 요한이라 부르게 되었다.

요한이 태어나기 석 달 전에 같은 천사(가브리엘)가 마리아에게 나타났다. 천사가

베들레헴의
목자들이
양치던 장소

베들레헴 전경

마리아에게 말하기를 그가 잉태하여 아기를 낳을 것인데 이는 성령으로 난 것이며 그 이름을 예수라고 부르라고 했다. 마리아는 놀랐으나 자기가 처녀로서 아기를 낳을 것이며 그 아기는 바로 하나님의 아들이고 하나님의 백성들을 구원할 자라는 것을 알게 되었다.

마리아와 정혼한 남편 요셉은 마리아에게 나타난 놀라운 죄의 결과에 대하여 심한 충격을 받았다. 그는 그녀를 조용히 끊기로 결심하였다. 그때에 천사가 꿈에 나타나 그에게 상황을 설명하고 계획된 대로 정혼한 여인을 데려다가 결혼하라고 지시하였다. 새로 결혼한 요셉과 마리아가 아우구스투스 시저의 명령에 따라 고향인 베들레헴으로 갔을 때에 예수님께서 거기서 탄생하셨다.

그들이 베들레헴에 도착하니 요셉과 마리아는 숙소를 찾을 수가 없어서 구유에 (아마도 가축들을 위해 지어 놓은 조그만 장소) 머물게 되었다. 그곳에서 영원하신

하나님의 아들이 탄생하신 것이다.

2) 어린 시절

예수님의 어린 시절에 대하여 5가지 사건들이 알려져 있다. 첫째는 유대의 율례를 따라 태어난 지 8일 만에 할례를 받았고 이름을 지은 일이다. 죄 없으신 하나님의 아들에게 이 의식을 행하신 것은 자기 자신을 하나님의 언약 아래 복종시키심이며 또한 자기 자신이 하나님의 백성인 이스라엘의 일원임을 확인하는 일이었다. 두번째는 예수님께서 할례 받으신 것에 대한 확인으로 성전에 그 모습을 보이신 것이다. 그는 또한 성전에서 5세겔의 돈을 내고 '구속함'을 받으셨다. 마리아는 정결케 하는 예식으로 가난한 사람들이 드리는 예물을 드렸다. 예수님의 사명은 이때에 두 사람의

성전에서의 소년 예수(눅 2:49)

경건한 사람들, 즉 시므온과 안나에 의하여 입증되었다.

세번째로 그 후 얼마가 지난 후 일단의 '지혜로운 자들'(동방 박사들)이 예루살렘에 나타나서 '유대인의 왕'으로 나신 이가 누구시냐고 물었다. 포악한 인간 헤롯은 그만 깜짝 놀라 버렸다. 서기관들로부터 메시야의 탄생지에 대한 예언을 들은 헤롯은 박사들을 베들레헴으로 보내면서 만약 거기서 메시야를 찾으면 자기에게 다시 와서 알려 달라고 부탁하였다. 헤롯은 말하기를 자기도 가서 그에게 경배하겠노라고 했다. 실제로는 아기 그리스도가 있는 곳을 알아내어 또 한명의 예비 경쟁자를 미리 멀리 쫓아낼 생각이었다. 그러나 천사가 박사들에게 나타나 헤롯에게로 돌아가지 말라고 했다. 그들이 베들레헴에 도착하기 전에 별이 다시 나타나 예수님과 그의 부모가 지금 함께 있는 그곳에 나타나 머물러 있었다.

네번째로 박사들이 떠나고 난 뒤 하나님께서는 요셉에게 가족을 데리고 애굽으로 피신하라고 지시하였다. 얼마 안 되어 헤롯은 죽었고 하나님께서는 요셉에게 나사렛으로 돌아가라고 명하셨다.

다섯번째 사건은 예수님께서 열두 살 되던 해에 부모를 따라 성전에 가셨던 일이다. 성경은 말하기를 예수님께서 "그 지혜와 그 키가 자라가며 하나님과 사람에게 더 사랑스러워 가시더라"라고 했다.

3. 예수 그리스도의 공생애와 메시지

1) 예수 당시의 팔레스타인 유대인들의 상황

예수 당시 팔레스타인 유대인들의 상황을 생각하지 않고 예수의 생애나 메시지를 이해하기는 불가능하다. 유대인들은 로마인의 지배 아래 있는 지역에서 살고 있었다. 유대인들은 로마인을 불경한 이방인으로 생각했다. 게다가 이 지역은 하나님의 백성인 유대인들에게 신성한 곳이었다. 왜냐하면 이 지역의 중심은 성전과 지성소가 있는 하나님의 특별한 장소인 예루살렘이기 때문이다. 유대인들은 거룩한 땅과 성전과 지성소가 있는 신성한 장소를 로마가 통치한다는 사실이 하나님 보시기에 혐오할 행위라고 확신했고, 더욱이 하나님 자신이 그 일을 바로잡으려고 하고 있다고까지 확신했다.

대부분의 유대인들은 어떤 묵시적 희망의 형태를 취해서 하나님이 역사에 개입하여 그의 백성을 구원하려 하고 있다고 믿었다. 이런 희망에 고무된 어떤 사람들은 로마에 대항하여 전쟁을 시작하기를 갈망했다. 그들은 하나님이 자기들 편을 들어 그 전쟁을 끝낼 것이라고 믿었다. 이런 무리들 가운데 가장 극단적인 사람들이 열심당이었다. 그들은 로마에 대항하는 유대-로마 전쟁이 주후 66년에 실제로 일어났을 때 그 전쟁의 최선봉에 섰다. 거의 모든 유대인들은 이런저런 유형으로 이 희망을 공유했고, 때가 되었을 때 로마에 대항해서 무기를 잡을 준비가 되어 있었다. 또한 하나님이 그의 백성을 구원하기 위해 얼마나 빨리 행동할 것이냐는 문제는 어떤 점에서 하나님의 눈에 비친 백성들의 경건 상태에 놓여 있다는 것이 널리 받아들여졌다.

예수 시대 동안에 동료 유대인들에게 특별히 멸시받은 무리는 '세리와 죄인'이다. 세리들은 그들 대부분이 착취자들이었기 때문에 미움을 받기도 했지만 그들이 직·간접적으로 그 땅을 점령하고 있는 불경한 이방 당국을 위해 일하고 로마가 부과한 세금을 징수했기 때문에 미움을 받았다. 여기서 말하는 죄인들은 그들의 행위나 직업이 하나님과 율법에 위반되는 사람들이다. 매춘부(창녀)가 그 예가 될 수 있다. 특히 그들이 로마 군인을 손님으로 받아들였다면 더 확실하다. 이처럼 '세리와 죄인'들은 사회에서 버림받은 유대인들을 가리키는 일반적인 용어였다. 그들이 사회에서 버림받은 이유는 그들의 행위나 직업이 하나님께 죄가 되었으며 따라서 아마도 그들의 존재가 자신의 백성에 대한 하나님의 구원행위를 지연시키고 있다고 생각되었기 때문이다.

2) 예수님의 복음전도 사역

(1) 초기 유대 선교

주요 사건들

- 가나에서 물로 포도주를 만드심(요 2:1-11)
- 성전을 정결케 하심(요 2:14-22)
- 니고데모와의 대화(요 3:1-21)
- 수가 성 우물가에서 사마리아 여인을 만나 복음을 전하심(요 4:5-39)

이 시기의 예수님의 생애에 대해서는 요한복음에만 기록되어 있다. 세례 요한의 증언에 따라 요한과 안드레가 예수님을 따르게 되었다. 베드로는 자기 형제의 말을 듣고 예수님을 따르게 되었다. 네번째 예수님을 따르게 된 빌립은 예수님께서 자기를 부르실 때에 즉시 순종하였다. 빌립은 나다나엘(바돌로매)을 그리스도께 인도했으며 그리스도께서 나다나엘의 속마음을 아시고 계심을 말씀하시자 자기도 그들 중에 합류하였다. 이 시기에 예수님은 다음과 같이 그의 사역을 행하셨다.

가나에서 물로 포도주를 만드셨다. 이것은 예수 그리스도가 행하신 첫번째 이적이었다(요 2:1-11). 그 후 주님은 가버나움으로 가셨고 유월절이 가까워지자 예루살렘으로 가셨다. 이것은 예수님의 공생애 기간 중 첫번째 유월절이었다(요 2:13). 그리고

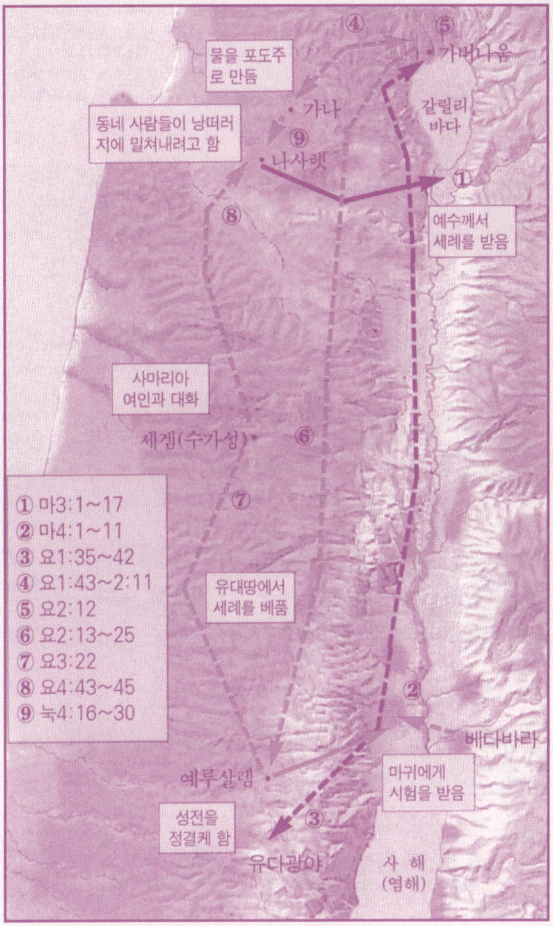

예수님의 초기 유대 사역

세례 받으시는 예수 (마 3:16, 17)

성전을 정결케 하셨다(요 2:14-22). 예루살렘에서 성전을 청결케 하신 후 예수께서는 처음으로 자기가 죽으실 것과 부활하실 것을 암시하셨다. "너희가 이 성전을 헐라 내가 사흘 동안에 일으키리라." 성전 청결 사건은 성경에서 두 번 언급되는데 여기에서 한 번, 예수님의 마지막 예루살렘 입성 때 한 번 있었다. 유대 지도자들 중의 한 사람인 니고데모라는 바리새인이 밤에 예수님을 찾아와 영적인 문제로 대화를 나누었다(요 3:1-21). 그 대화는 '거듭남'에 관한 것이었다. 그 후 6개월간은 예루살렘 이외의 지역에서 복음을 전하셨으나 아직 유대 지역에서였고 세례 요한도 유대 지역에서 역사하고 있었다. 서서히 백

❶ 요단강의 전경
❷ 혼인잔치 돌항아리

성들은 세례 요한을 떠나 예수님을 따르게 되었다. 6개월이 끝나 갈 무렵 세례 요한은 감옥에 갇히게 되었는데 이는 그가 헤롯 안디바가 자기 동생 빌립의 아내를 취한 것을 비난했기 때문이었다(마 14:3-5). 예수님은 세례를 주시고(요 3:26), 여러 이적을 행하신 후(요 2:23), 사마리아를 통해 갈릴리 지역으로 가셨다. 갈릴리로 가는 도중 사마리아 지방에서 수가성 우물가에서 사마리아 여인을 만나 복음을 전하셨다(요 4:5-39). 이곳에서 예수님은 자신을 가리켜 영생을 주는 자라고 말씀하셨고 참된 예배에 대해 언급하셨다. 우물가에서 예수님을 만난 사마리아 여인은 예수님을 참메시야요 구세주로 받아들였고 물동이를 버려두고 예수님을 전파하는 여인이 되었다.

야곱의 우물을 그린 그림

(2) 갈릴리 전도

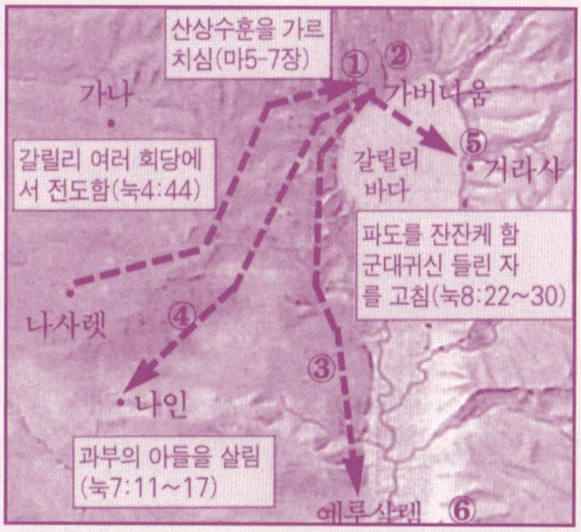

예수님의 갈릴리 사역

주요 사건들

- 어느 왕의 신하의 아들을 고치심(요 4:45-54)
- 안식일에 회당에서 이사야의 글을 읽으심(눅4:16-30)
- 병고침과 많은 이적을 보이심(마 8, 9장, 막 2, 3, 5장, 눅 4, 5장)
- 산상 수훈(마 5-7장)
- 제자들을 파송함(눅 6:20-49)
- 가버나움에서의 두 가지 이적(야이로의 딸과 혈루증 여인 고치심(마 9:18-26, 막 5:21-43, 눅 8:40-56)
- 5병2어 사건(마 14:13-21)
- 변화산 사건(마 17:1-9, 막 9:2-9, 눅 9:28-36)
- 예루살렘을 향하여 가심(눅 9:51)

갈릴리 전도는 예수님께서 가장 왕성하게 사역하신 지역이며 세례 요한의 투옥(마 4:12, 막 1:14)과 함께 시작된다. 주님은 이곳에서 다음과 같은 사역을 하셨다. 예수님께서 갈릴리 지역으로 되돌아오시면서 처음 들르신 곳이 가나였다. 이곳에서 예수님은 어느 왕의 신하를 만났다. 그리고 그 고관의 열심에 감탄하여 그의 아들의 질병을 고쳐주셨다(요 4:45-54). 나사렛에서는 회당에서 성경을 읽으시고(히브리어), 그 성경 중 일부에 대하여 설명해 달라는(아마도 아람어) 부탁을 받았다. 예수님께서 자신을 이사야가 예언한 메시야로 말씀하시자 그들은 분노하였다(눅 4:16-30). 그들은 예수님을 이끌어 성 밖으로 끌어내어 절벽으로 밀어 버리고자 하였으나 예수님은 그들 한가운데를 지나 그 자리를 피하셨다. 그 후 예수님께서는 가버나움에 가셨는데 가버나움은 예수님의 선교 본부가 된 듯한 곳이다(참고; 마 9:1). 이곳에서 예수님께서는 베드로, 안드레, 야고보 그리고 요한을 불러 제자를 삼으시고 같이 선교여행을 떠나자고 하셨는데 그들은 자기들의 집과 직업으로 되돌아간 듯하다. 예수님께서는 안식일마다 회당에서 가르치셨고 거기서 귀신 들린 사람들을 고쳐주셨다. 그는 또한 베드로의 장모를 고쳐주셨다(마 8:14-15, 막 1:29-31, 눅 4:38, 참고; 고전 9:5). 많은 병자들이 몰려들게 되었고 "예수께서 일일이 손을 얹으사 고치셨다"(눅 4:40).

예수님의 선교활동의 다음 단계는 일반 대중들 속에 널리 알려지신 단계였다. 예수님의 첫째가는 사명은 가르치는 것이었다. 그러기에 예수님을 한 곳에 붙들어 놓고 질병 치료의 역사만 일으키기 바라는 사람들에게서 그는 등을 돌리셨다(눅 4:42-44, 참고; 막 1:35, 37). 사람들은 그의 기적과 가르치심에 환호하였다. 이러한 그의 역사에 있어 대표적 활동을 들라고 하면 문둥병자를 고치신 일이라고 할 수 있다(눅 5:12-15; 참고; 막 1:40-45). 이러한 일로 인해 예수께서는 율법을 지키지 않으시는 것처럼, 사람을 동정하지 않으시는 것처럼, 또한 사람을 구원시키는 일에 관심이 없으신 것처럼 예수님을 평가절하하는 일이 있었다(예수님께서는 문둥병자에게 예루살렘까지 먼 길을 가서 성전에 들러 자신을 하나님께 드림으로 정결케 하는 예식에 참예하라고 말씀하셨다).

가버나움에서 예수님께서는 중풍병자를 고치심으로, 또한 사람들이 미워하는 세리였던 마태를 불러 제자를 삼으심으로(눅 5:16-29) 자기에게 죄를 사하는 권세가 있음을 보여 주셨다. 마태는 즉시 응하였다. 마태의 집에서 벌인 잔치 때에 서기관들과 바리새인들이 예수님과 그의 제자들을 비판하여 말하기를 그들은 먹기를 탐하는 자들이라고 하였다. 예수님께서는 대답하시기를 그들은 메시야가 함께 계심을 기뻐하는 것이지 먹고 마시기를 탐하는 것이 아니라고 하셨다. 그는 자기의 죽음과 그에 따른 슬픔을 암시해주셨다. 그러나 그는 슬픔은 잠시이며 복음의 정신을 유대의 율법주의라는 '낡은 포도주 부대'에 담아서는 안 된다고 하였다(눅 4:30-39).

이 기간 동안 예수님께서는 유대의 높은 지위에 있는 자들로부터 점증하는 반대에 부딪혔다. 유대인들의 명절날 예루살렘에 계신 예수님께서 안식일에 38년 된 병자를 고치신 일로 공박을 받으셨다(요 5:1-16). 이리하여 예수님께서는 안식일에 대한 자신의 권위를 선포하셨으며 유대인들은 즉시 이것이 신적 권위를 선언한 것이라고 이해하였다. 예수님께서는 죄를 벌하시며 죽은 자들을 살리시는 하나님의 마음을

예수님의 선교 본부가 된 가버나움

❶ 회당에서의 예수(마 13:54, 55) ❷ 베드로 장모의 집터

자신이 알고 있다고 말씀하셨다. 그를 비판하는 사람들은 하나님만이 그런 일을 하실 수 있다고 지적하였다.

갈릴리로 돌아와서 예수님께서 자기 제자들이 안식일에 이삭을 잘라 먹은 일에 대하여 변호하신 일로 안식일에 대한 논란이 다시 일어나게 되었다. 예수님께서는 안식일의 주인은 궁극적으로 주님이시라는 점을 분명히 하셨다. 유대 종교 지도자들은 예수님을 잡을 궁리를 하기 시작하였다(마 12:1-14; 막 2:23-3:6; 눅 6:1-11).

예수님께서 열두 제자를 한 사람씩 내보내사 그의 복음 전도를 대신 수행하게 하셨다. 열두 제자를 세우신 것은 그리스도의 선교에 있어 새로운 장을 여는 것이었으니 산상보훈의 위대한 설교의 말씀을 시발점으로 해서 출발하였다. 예수님께서 말씀을 마치시고(평지에서의 선교 말씀이라고도 불린다) 새로이 선택된 사도들과 함께 산에서 내려오셨다(눅 6:20-49; 참고; 마 5:1-6:29).

또한 순서가 맞지 않게 기록된 몇 개의 사건들이 있다. 아마도 설교 말씀을 하신 바로 그 날인 듯한데, 예수님께서는 어느 백부장의 하인을 고쳐주셨다. 이 백부장은 로마의 군인으로서 유대종교에 동정적이었으며(눅 7:5) 예수님을 참된 메시야로 받

베데스다 연못

나인(Nain) 성

아들였음이 틀림없다. 그 하인은 백부장이 주님께 부탁하던 "바로 그 시각에" 고침을 받았다(마 8:5-13; 참고; 눅 7:1-10).

산상 수훈의 말씀을 하시던 그 장소로부터 11km쯤 떨어진 곳에 있는 가버나움에서 많은 군중들이 예수님을 향하여 서로 밀치면서 가까이 가고자 하였다. 이 자리를 피하기 위하여 예수님께서는 따르는 많은 무리들과 함께 나인(Nain)으로 떠나셨다. 그 마을 입구에서 어느 과부의 아들을 살려 주셨다. 이 사건으로 인하여 군중들은 크게 동요되었다(눅 7:11-15).

이 때쯤에 세례 요한이 보낸 사람들이 예수님께 와서, 예수님께서 정말 메시야이시냐고 물었다. 예수님의 활동은 극적이거나, 무엇을 깨어 부수거나, 심판하시는 것이 아니라 평화롭고 자비로운 것이었다. 예수님께서는 요한을 칭찬하셨고 그를 반대한 유대 지도자들을 책망하셨다. 예수님께서는 요한의 설교를 들은 갈릴리 여러 성읍들이 "회개하지 아니한" 것을 지적하셨다. 그들은 진정한 의미에서 "주님께 나아온 것"이 아니었다(마 11:20-24; 눅 7:18-35; 참고; 10:12-21).

예수님께서 방문하셨던 여러 성읍 중 어느 한 곳에서(아마도 나인 성인 듯하다) 죄

❶ 산상설교 ❷ 팔복교회

인인 한 여자가 예수님께 향유를 부었다. 예수님께서는 집주인인 바리새인 시몬이 있는 곳에서 그 여인의 죄가 사하여졌다고 하셨다. 시몬은 마음으로 분히 여겼으나, 예수님께서는 그 여인의 사랑을 받으시고 기뻐하셨다(마 26:6-13; 막 14:3-9; 눅 7:36-50).

이렇게 해서 예수님의 두번째 갈릴리 여러 성읍들에 대한 선교 여행이 시작된다(눅 8:1-4). 열두 제자와 몇몇 경건한 여자들(막달라 마리아, 헤롯을 수종드는 자의 부인인 요안나, 수산나, 그 외의 여러 사람들)이 예수님과 동행하였다. 예수님께서 이번 선교 여행에서 귀신 들린 자를 고치시니 바리새인들이 귀신의 힘을 빌어 귀신을 내어 쫓는다고 비난하였다. 이에 대하여 예수님께서는 그들을 심히 책망하셨다(마 8:28-34; 막 5:1-20; 눅 8:26-39). "하나님의 말씀을 듣고 그대로 행하는 자"들을 축복하신다는 사실을 강조하였다(눅 8:21). 그 날에 예수님께서는 배를 타시고 많은 비유의 말씀을 해주셨다. 비유는 예수님께서 가르치시는 데 있어 가장 많이 사용하신 방법이었는데, 이것은 예수님께서 전하시고자 하는 진리를 잘 전해주기도 하고 감추기도 했다(막 4:10-12; 눅 8:9-10). 예수님께서는 비유를 많이 사용하셨고 그 외에도 상황에 따라 여러 가지 말로 가르치셨는데 오늘날 목사님들이 설교에 예화들을 많이 사용하는 것과 같은 것이었다.

배에서 말씀을 전하신 후에 예수님께서는 갈릴리 바다를 건너서 서편 해안으로 가셨다. 떠나시기 전에 두 사람이 그에게로 와서 그의 제자가 되겠다고 했다(마 8:18-22). 그러나 두 사람 모두가 비현실적이고 무가치한 일을 요구하기에 예수님께서는 그들을 책망하셨다. 바다를 건너가시는 동안 심한 풍랑이 일어 예수님의 생명을 위협하였다. 그는 그 배의 뒤편에서 베개를 높이시고 주무시고 계셨으므로 제자들이 그를 깨웠다. 그가 즉시 풍랑을 잠잠케 하시니, 제자들은 외치기를 "저가 뉘기에 바람과 물을 명하매 순종하는고" 하였다(눅 8:25; 참고; 막 4:35-44).

갈릴리 바다의 맞은 편에 가셔서는 예수님께서 귀신 들린 자를 만나 그 귀신들을 내어 쫓아 돼지 떼에게로 보내시니 돼지들이 바다에 빠져 몰사하였다. 마을 사람들이 그리스도를 만나러 나아와서, 귀신 들렸던 자가 옷을 깨끗이 입고 온전한 정신으로 앉아 있는 것을 보게 되었다. 그런데 놀라운 것은 그들이 자기들에게서 떠나 달라고 예수님께 부탁한 일이다. 예수님께서는 고침 받은 자에게 가서 친속들에게 메시야에 대하여 말하라고 말씀하신 후에 그들의 말대로 거기를 떠나셨다(마 8:28; 막 5:1-20).

예수님께서 가버나움으로 돌아오신 후에 두 가지 기적을 행하신 것이 기록되어 있다. 한 가지는 예수님께서 야이로의 딸을 살리신 일이고, 또 한 가지는 혈루증을 앓던 여인이 예수님의 옷자락을 만진 일로 고침을 받은 일이었다(마 9:18-26; 막 5:21-43; 눅 8:40-56).

예수님께서는 세번째 갈릴리 지역에 가셔서 많은 이적을 행하셨으나 나사렛에서는 배척을 받으셨다. 예수님께서는 추수꾼이 더욱더 많은 영적 결실을 맺게 되기를 갈망하셨다. 그는 제자들을 두 사람씩 짝을 지어 이스라엘 여러 도시에 보내사 회개하도록 촉구하셨고 그들에게 병든 자를 고치고 귀신을 쫓아내는 능력을 주셨다. 그리하여 그들의 활동을 예수님의 선교 활동으로 영역이 확대되게 하셨다(마 10:5-15; 막 6:7-13; 눅 9:1-6).

오병이어 교회

이 시점에서 세례 요한의 죽음이 언급되었음을 볼 수 있다. 헤롯 안디바는 세례 요한을 죽이기 전에 오랫동안 망설였는데, 이는 백성들을 두려워했기 때문이었다. 그러나 그의 아내 헤로디아는 자기 딸 살로메를 이용하여 요한을 죽이고자 한 자기의 목적을 달성하였다. 헤롯은 죄책감을 느껴서 예수님께서 세례 요한이 부활한 분이 아닌가 하고 확인해 보려 하였다.

예수님께서는 요한의 죽음을 슬퍼하시면서, 또한 군중들에 둘러싸여 너무 피곤하셔서 열두 제자를 불러 모으시고 갈릴리 바다를 건너가셨다. 그러나 군중들이 거기에 먼저 가 있었고 예수님께서는 하루 종일 그 무리들을 가르치셨다. 예수님께서 떡 다섯 덩이와 물고기 두 마리를 나누어 주시고 계속 생겨나게 하심으로 군중들 모두를(남자만 5,000명) 먹이셨고 모임은 절정에 달하게 되었다. 남은 것을 모으니 열두 바구니에 가득 차게 되었다(마 14:13-21).

5,000명을 먹이신 기적을 베푸신 직후 예수님께서는 풍랑이 일어나고 있는 중이

▲보리떡 다섯개와 물고기 두 마리로 오천명을 먹이신 벳세다
보리떡 다섯개와 물고기 두 마리▶

었으나 열두 제자들을 배에 태우시고 그들을 갈릴리 바다 건너 편으로 보내셨다. 예수님께서는 자기를 억지로 왕으로 세우겠다는 열심이 지나친 무리들로부터 몸을 피하셔서 산으로 가셨다. 자정이 지난 지 3시간 후에 제자들은 호수 한가운데에서 심한 풍랑을 만났다. 제자들이 극심한 곤경에 처해 어려운 때에 예수님께서는 물 위로 걸어 그들에게 오셨다(마 14:22-36; 막 6:45-56). 무서워 소리지르는 제자들을 안심시키시니 베드로가 예수님께 부탁하기를 자기로 하여금 물 위로 걸어 예수님께 갈 수 있게 해 달라고 했다. 그런데 걸어가는 도중에 베드로는 무서워 빠져 가고 있었다. 예수님께서 그의 손을 잡으시고 그를 배로 인도하여 주셨다. 바다는 즉시 잠잠해졌다.

가버나움에서 예수님께서는 각지에서 자기에게로 모여 드는 병든 자들을 고쳐 주셨다. 곧이어 배가 불러진 군중들이 도착하였다. 그들은 예수님께서 회당에 계신 것

가버나움 회당

을 보고 또한 예수님께서 자기를 가리켜 하늘로부터 내려온 참된 생명의 떡이라고 설명하시는 말씀을 들었다.

그들은 이러한 가르치심을 권위있는 말씀으로 받아들이게 되었으며 예수님의 살을 먹고 피를 마신다는 말을 이해할 수 있게 되었다. 이것이 무리들 중 많은 사람들을 실족시킨 결과가 되었고 실족된 사람들은 예수님을 떠나게 되었다(요 6:22-66). 예수님께서는 열두 제자들에게 너희도 떠나려느냐고 물으셨다. 이 말씀으로 인하여 그 유명한 베드로의 고백이 나오게 된 것이다. "주여!…우리가 뉘게로 가오리이까? 우리가 주는 하나님의 거룩하신 자신 줄 믿고 알았삽나이다"(요 6:68-69).

생명의 떡에 대한 교훈의 말씀을 마치신 후에 예수님께서는 많은 사람을 가르치시는 일보다는 자기 제자들을 가르치시는 일에 전념하셨다(마 15:1-20; 막 7:1-23). 유대 지도자들은 예수님께서 자기들의 종교의식을 인정하지 않고 또 자기들의 권위의식을 책망하시니 이에 대하여 분개하였다. 예수님께서는 이곳 저곳으로 옮겨 다니며 많은 대중에게 노출되는 것을 피하셨으나 언제나 회피하실 수 있는 것은 아니었다. 두로와 시돈 지방에서 예수님께서는 이방인의 딸을 고쳐 주셨고(마 15:21-28), 데가볼리에서는 군중들이 데리고 온 많은 사람들을 고쳐 주셨다(마 15:29-31). 예수님께서는 몇 개의 떡과 물고기 두어 마리를 계속 늘어나게 하사 4,000명을 먹이셨다(마 15:32-39; 막 8:1-10).

가버나움 지역으로 돌아오신 예수님께서는 유대 종교 지도자들에게 둘러싸이게 되셨다. 이 자리를 피하시기 위하여 예수님께서는 배를 타고 갈릴리 바다 건너편으로 다시 건너가셨다. 가시는 길에 예수님께서는 바리새인들과 사두개인들 그리고 헤롯당에 대하여 경고하셨다(마 16:1-12; 막 8:11-12). 벳새다에서 예수님께서는 한 눈먼 자를 고치셨다(막 8:22-26). 그 후에 예수님과 그의 제자들은 북쪽 지역인 가이사랴 빌립보 지역으로 갔는데, 거기서 베드로는 예수님이 메시야, 즉 "그리스도 곧 살아계신 하나님의 아들"이시라고 고백하였다. 이에 예수님께서 베드로를 향하여 그의 믿음으로 그는 반석이 되었으며 그 반석 위에 내 교회를 세우겠다고 하셨으니 이는 베드로의 반석 같은 믿음을 말씀하신 것이다(마 16:13-20; 참고; 막 8:27-9:1). 이 때쯤에 예수님께서는 자기가 고난당하시고, 죽으시고 다시 부활하실 것을 말씀하셨다. 일주일쯤 지난 후에 예수님께서는 베드로와 야고보와 요한을 데리고 산에 올라가 하늘에서의 영광스러운 모습(변화)을 그들에게 보여 주셨다. 그들 앞에서 예수님께서는 모세와 엘리야로 더불어 함께 계시는 모습으로 변화되셨다(마 17:1-13; 막 9:2-13; 참고; 눅 9:28-36). 산 밑으로 내려오신 예수님께서는 제자들이 고치지 못한 귀신 들린 소년을 고쳐 주셨다(마 17:14-23; 막 9:14-32; 눅 9:37-44).

가이샤라 빌립보

예수님께서는 다시 갈릴리로 가셨는데 이번에는 알리지 않고 조용히 가셨다. 열두 제자들에게 자기가 죽으시고 다시 살아나실 것을 다시 한번 말씀하

셨으나 이번에도 제자들은 그가 말씀하신 것을 이해하지 못하였다.

예수님께서는 기적적으로 준비하신 돈으로 성전세를 내셨다. 가버나움으로 가시는 길에 제자들에게 참된 의미의 위대한 자에 대하여 그리고 용서에 대하여 가르쳐 주셨다(마 17:22-18:35).

여러 달 후에 예수님께서는 초막절을 지키시기 위하여 예루살렘으로 가셨다. 가족들과 함께 가지 아니하시고 혼자 조용히 가셨다. 예루살렘에서는 예수님께 대한 백성들의 생각이 나누어지지 않았다. 예수님께서는 분명히 말씀하시기를 자기는 아버지께로부터 보내심을 받았고, 자기가 메시야이며 세상을 구원할 자라고 공공연히 밝히셨다. 당시 최고 종교 지도자들은 관헌들을 보내어 예수님을 잡으려 하였으나, 잡으러 갔던 자들이 예수님의 말씀에 감동받아 자기들의 임무를 수행치 못하였다. 그래서 종교 지도자들은 예수님으로 하여금 율법을 어기게 함으로 그를 깎아 내리려 하였다. 그러나 그렇게 하지는 못하였다. 그들은 간음하다 현장에서 붙잡힌 여인을 예수님께 데리고 왔고, 예수님께서는 그 일의 처리를 전적으로 그들에게 넘기셨다(요 8:1-11). 이 기간 중에 니고데모는 공회(유대종교 지도자들의 최고의 모임)에 모인 사람들의 증오심을 누그러뜨리려 노력하였다. 그러나 예수님께서는 예루살렘에 계시는 동안, 안식일에 눈먼 자를 고쳐 주셨다. 이것이 대단한 논쟁을 불러일으켰고 그 사람은 회당에서 쫓겨났다(이것은 대단한 수치였다). 예수님께서 그 사람을 만나시니 그 사람은 예수님께서 메시야이심을 깨닫게 되었다(요 9장). 여기서 예수님께서는 그 유명한 선한 목자에 관한 말씀을 해 주셨다(요 10:1-21).

(3) 베뢰아 전도

주요 사건들

- 선한 사마리아인의 비유를 말씀하심(눅 10:25-37)
- 마르다와 마리아와의 만남(눅 10:38-42)

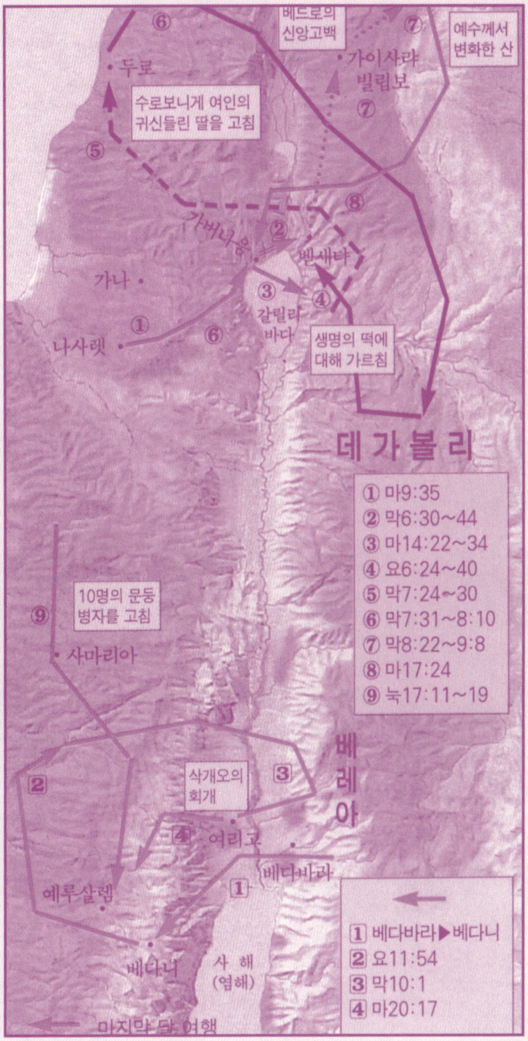

예수님의 후기 사역

- 죽은 나사로를 살리심(요 11:17-46)
- 소경 바디매오를 고치심(눅 18:35-43, 막 10:46-52, 마 20:29-34)
- 여리고에서 세리장 삭개오와 만남(눅19:1-10)

예수님께서 다시 갈릴리로 돌아오시기까지 약 두 달간의 공백기간이 있다. 아마도 이 기간 중 예수님께서는 70명의 제자들을 이스라엘 각 지역으로 보내시면서 하나님 나라가 가까웠고 예수님께서 메시야라는 것을 전파하라고 하셨을 것이다(눅 10장). 예수님께서 예루살렘으로 되돌아오시는 길에 사마리아를 통과하려 하셨으나 백성들이 그를 거부하였다. 그래서 예수님께서는 요단강을 건너 베뢰아를 거쳐 갈 길을 가셨다. 그때 어느 율법사가 예수님께 영생을 얻으려면 무엇을 해야 하느냐고 물었다. 예수님께서는 그에게 하나님을 사랑하고 네 이웃을 사랑하라고 대답해 주셨다. 그러자 그 율법사는 대답하기를 "누가 내 이웃입니까?"라고 물었다. 그때에 예수님께서는 그 유명한 선한 사마리아 사람의 비유를 말씀해 주셨다. 이 여행 기간 동안 예수님께서는 많은 이적을 베풀어 주셨다. 안식일에 18년간 불구 되었던 여인을 고쳐 주셨고 온 몸이 잔뜩 부은 고창병 환자를 고쳐 주셨다(눅 13:11-17; 14:1-6). 안식일에 기적을 행하신 일로 인해 바리새인들은 더욱더 예수님을 미워하게 되었다.

그 후에 무대는 유대로 옮겨갔다. 아마도 이때에 예수님께서 베다니에 가셔서 마

❶ 마리아, 마르다, 나사로가 거주했던 오늘날의 베다니 ❷ 나사로의 무덤

리아와 마르다의 집을 방문하셨던 것 같다. 마리아는 예수님의 발 앞에 앉아 있었고 마르다는 음식을 준비하고 있었다. 마르다는 자기 동생이 일을 거들지 않는다고 불평하였다. 그러나 예수님께서는 마리아가 '좋은 것'을 택했다고 하셨는데, 이는 예수님께서 아직 이 땅에 계실 동안 그의 가르침에 귀를 기울이는 것이었다(눅 10:42). 예루살렘에서 매년 지키는 봉헌제에서 예수님께서는 공개적으로 자신이 메시야라고 선언하셨다. 유대인들은 이것을 신성모독죄라고 생각하여 그를 잡으려고 또다시 노력하였다. 예수님은 요단강을 건너 베다니로 물러 나셨다. 그러나 종교 지도자들의 반대는 점점 더 강도를 더해가며 퍼져 나갔다. 사회에서 버림받은 사람들이 그의 가르치심을 듣기 위해 몰려 들었다. 그는 다시 대부분의 말씀을 비유로 말씀하셨다. 그는 열두

❶ 소경 바디매오를 고쳤던 예루살렘에서 여리고로 내려가던 길 ❷ 종려나무의 도시인 여리고(삭개오 사건)

제자들에게 자기가 말씀하신 비유의 참뜻을 비공개로 말씀하셨고 또한 그들을 위해서 특별한 훈련을 계속 하셨다. 어느 날 마리아와 마르다의 집으로부터 다급한 연락이 왔는데 그들의 오빠 나사로가 병들어 죽게 되었다는 것이었다. 예수님께서 베다니에 도착하시니 나사로가 죽어 장사 지낸 지 4일이 되었다는 것이다. 그러나 예수님은 그를 무덤에서 살려내셨다. 이 기적으로 인해 종교 지도자들은 그를 제거할 결심을 더욱 굳히게 되었다(요 11:1-46). 예수님께서는 다시 사람들로부터 잠시 떠나 조용히 물러나셨다. 그러고는 다시 죽음을 향하여 예루살렘으로 발걸음을 돌리셨다(요 11:54-57). 예루살렘으로 가시는 도중에도 기적을 베푸시고 가르치셨으며 또한 바리새인들과의 마찰도 있었다. 그가 가시는 길에 몇몇 부모들이 자기 아기들을 예수님께 데려와서 축복해 주시기를 부탁했다(눅 18:15-17). 그는 어느 '젊은 부자 관헌'에게 자기의 모든 재물을 버려두고 나를 좇으라고 권고하셨다(눅 18:18-30). 또한 그의 제자들에게 자기의 임박한 죽음에 대하여 다시 한번 말씀하셨다(눅 18:31-34). 그 일이 임박한 것을 아시고 그는 하나님 나라의 상급에 대하여 말씀하시고 제자들에게 그 나라 모든 사람들을 섬기는 자가 되어야 한다고 가르치셨다(마 20:1-6). 여리고 부근에서 예수님께서 몇몇의 눈먼 사람들을 고쳐주셨는데 그 중에 바디매오란 사람이 있었다. 그는 예수님께서 메시야이심을 깨달았다(막 10:46-52). 예수님은 세리인 삭개오의 집에서 식사를 하셨는데 삭개오는 예수를 믿음으로 구원을 받게 되었다(눅 19:1-10). 예수께서는 여리고로부터 나사로, 마리아 그리고 마르다의 집이 있는 베다니로 가셨다.

(4) 마지막 한 주간

예수님께서 십자가에 달려 돌아가시기 바로 전 한 주간에 대한 기록은 복음서에서 많은 비중을 차지한다. 교회에서는 이 주간을 보통 고난 주간이라 한다. 고난 주간의 예수님의 행적은 다음 페이지의 <표 20>와 같은 도표로 표현될 수 있다.

예수님께서는 여리고에 있는 문둥이 시몬의 집에서 잔치에 참석하셨는데 거기서 마리아는 예수님께 값비싼 향유를 부어 자기 머리털로 예수님의 발을 씻겨 드렸다. 유다는 이에 반대하였으나 예수님께서는 여인을 칭찬하셨다. 그는 말씀하시기를 이 여인은 다가올 자신의 장례 준비를 위해 자기의 머리에 향유를 부은 것이라고 지적하셨다. 다음날(일요일), 예수님께서 나귀를 타고 예루살렘 성에 들어가셨는데 예수님을 따르는 무리들이 자기들의 옷을 펴서 그의 앞길에 깔았다. 바리새인들이 예수님께 군중들을 나무라라고 말하니, 예수님께서는 자기를 따르는 사람들이 잠잠하면 돌들이 소리 지를 것이라고 대답했다. 그 날 저녁에 예수님과 열두 제자들은 베다니로 되돌아갔다. 다음날 그들은 다시 한번 예루살렘으로 갔다. 그곳에서 예수님은 노끈으로 채찍을 만들어 성전을 청결케 하셨다. 화요일에 유대 지도자들은 예수님께 무슨 권세로 그런 일을 했느냐고 설명해 달라고 요구하였다. 예수님께서는 대답 대신 몇 개의 비유를 말씀하셨다. 예수님께서는 한편으로 서기관들과 바리새인들을 지적하여 책망하셨다. 가룟 유다가 공회 앞에 나타나 예수님을 은 30에 넘겨주기로 한 것이 화요일 저녁이었을 것이다. 이 금액은 오늘날 미화로 따지면 20불 미만이며, 예수님 당시에는 노예 한 사람의 값이었다. 예수님께서는 베다니에서 수요일을 쉬시

〈표 20〉 고난 주간 예수님의 주요 행적 (도표)

찬양받으시는 왕 조롱받으시는 왕

<table>
<tr><td colspan="3">대중에 대한 사역(눅 21:37-38)</td><td colspan="2">제자들에 대한 사역</td><td>고독한 사역</td></tr>
<tr><td>일</td><td>월</td><td>화</td><td>수</td><td>목</td><td>금</td></tr>
<tr><td colspan="3">활동적인 날들</td><td colspan="2">조용한 날들</td><td>폭력적인 날</td></tr>
<tr><td colspan="3">권위</td><td colspan="2">연민</td><td>복종</td></tr>
<tr><td colspan="5">예수께서 많이 말씀하시다.</td><td>예수께서 거의 말씀하지 않으시다.</td></tr>
<tr><td>나귀 새끼를 타고 입성
(눅 19:35-37)
마 21:1-1
막 11:1-10

예루살렘 멸망 예언 눈물(눅 19:41f)</td><td>성전 청결
(막 11:15)
마 21:12-17
열매없는 무화과 나무 저주
(막 11:12)</td><td>무화과나무가 마름 (막 11:20)
성전에서 가르치심 (눅 20:1f)
권세에 대한 질문(눅 20:2f)
두 아들의 비유(눅 20:1-11)
포도원 비유(막 12:1f)
혼인잔치 비유
헤롯당의 비유
(막 12:13f): 세금
사두개인의 질문(막 12:18f): 부활
서기관의 질문
(막12:28f): 첫 계명
재림 전 사건(감람산)
(마 24, 막 13)</td><td>예수를 잡으려고 모의
(막 14:1)
베다니에서 마리아가 향유를 부음(막 14:3f)
유다의 배반
(막 14:10)</td><td>유월절잔치 예비(막 14:12f)
주의 만찬(막 14:22)
제자들의 발을 씻기심(요 13:4f)
유다가 물러감
(요 13:30)
베드로의 부인을 미리 말씀하심
(막 14:30)
겟세마네의 기도
(막 14:32f)
붙잡히심(요 18:3f)
베드로의 부인
(마 26:19f)
안나스 앞에서심
(요 18:13)
가야바 앞에 서심
(요 18:24)
희롱(눅 22:63)</td><td>공회의 의논(마 27:1)
빌라도의 심문(마 27:11f)
헤롯의 심문(눅 23:6f)
십자가를 지고 성에서 쫓겨나시다(요 19:17)
빌라도의 정죄(마 27:26)
십자가에 못박히심
(마 27:35)
십자가상의 일곱 말씀
1.마 27:46
2.눅 23:34
3.눅 23:43
4.눅 23:46
5.요 19:26-27
6.요 19:28
7.요 19:30
아리마대 요셉이 새 무덤에 장사(마 27:60)</td></tr>
</table>

며 지내셨다. 목요일 저녁에 제자들과 함께 유월절 만찬을 가지셨다. 식사 후에 예수님께서는 최후의 만찬을 다시 오시는 그 날까지 앞으로도 계속 지켜야 할 의식으로 제도화하셨다. 이 상징적 만찬은 떡을 떼는 것(그의 몸을 상징)과 포도주를 마시는 것(그의 피를 상징)으로 구성되었다.

예수님과 남은 제자들은 다락방을 떠나 겟세마네 동산으로 갔다. 예수님께서 피땀 흘려 기도하실 때, 제자들은 잠이 들었다. 세 번 그들에게 오셔서 그들이 잠이 든 모습을 보셨다. 마침내 자기의 영혼을 평안케 하시고 자기 죽음을 맞을 준비를 했으며

▲ 겟세마네 동산에서 기도하시는 예수(마 26:39)

▲ 겟세마네 동산

기드론 계곡 ▶

죽음의 의미를 되새겨 보셨다. 이때에 유다가 무장한 무리들과 함께 도착하였다. 그는 예수님께 입을 맞춤으로 군인들에게 예수님을 알려 주었다. 예수님은 체포당하셨다.

(5) 고난의 길

날이 새자 대제사장들과 서기관들이 예수님을 공회로 끌고 가서 가서 정죄하고 총독 빌라도에게 고소했다. 빌라도는 예수님을 심문했으나 아무 죄도 찾지 못하고 놓아 주기를 원했다. 그러나 빌라도의 관정에 모여든 유대인들은 민란을 일으킬 기세로 "예수를 십자가에 못박으소서! 우리에겐 가이사 외에 왕이 없습니다!"라고 소리쳤다. 빌라도는 어찌 할 수 없이 예수님을 십자가에 못박아 죽이도록 내어 주었다. 하나님의 선민이 하나님께서 보내신 자를 죽이는데 앞장 선 것이다. 예수께서는 자신이 달려야 할 십자가를 지고 빌라도의 법정

(6) 예수님이 받으신 여섯 번의 재판[1]

	예수님은 십자가에 달려 돌아가시기 전에 여섯 번의 재판을 받으셨다. 이 여섯 번의 재판은 예수님이 과연 무죄하신 분이었던가를 해결해 주는 대단히 중요한 재판들이다.					
	첫번째 재판	두번째 재판	세 번째 재판	네번째 재판	다섯 번째 재판	여섯 번째 재판
성경구절	요 18:12-24, 19-23절 ;	마26:57,59-68 요18:24-27	눅22:66	마27:2, 11-14; 눅23:1-5 막15:1-5; 요18:28-38	눅23:6-12	마27:15-26; 막15:6-15 눅23:13-25; 요19:8-14
장 소	안나스의 집	가야바의 집 뜰	산헤드린 공회	빌라도의 법정 (고등법원)	헤롯의 법정(지방법원)	빌라도의 두 번째 재판
심문자	안나스(대제사장 가야바의 장인)	대제사장 가야바와 서기관과 장로들	가야바와 그의 관리- 장로, 대제사장, 서기관	본디오 빌라도	헤롯 안디바	본디오 빌라도
시 간	목요일 늦은 밤 혹은 금요일 이른 새벽	금요일 이른 새벽	금요일 아침	금요일 아침	금요일 아침	금요일 아침
심문내용		①네가 하나님의 아들이냐? ②네가 그리스도냐?	① 너는 그리스도인가? ② 하나님의 아들인가?	① 네가 이스라엘의 왕이냐? ② 그러면 네가 왕이 아니냐?	여러 말로 심문함	너는 어디서부터냐?(너의 정체는 무엇이냐?)
예수님의 반응	답변하지 않으시다	답변하지 않으시다	질문에 대한 사실임을 인정함	재판과정에 완전히 협조하심	전혀 답변하지 않으심	답변하지 않으심
평 가	①안나스는 당시 배후의 실권자였으나 예수님을 재판할 자격은 없었다. ②유대인들의 법에 따르면 사형에 해당되는 중죄는 밤에 심문하거나 재판하면 안되고 낮에 재판하게 되어 있었다. ③ 예수님은 부당하게 불법 구타를 당하셨다	①가야바를 위사한 관리들은 증인도 없이 바로 사형언도를 내렸다. ② 예수님의 얼굴에 침을 뱉고 뺨을 치고 주먹으로 치는 등 불법구타가 이루어졌다. ③ 베드로가 3번 예수님을 부인했다.	① 처음 있는 합법적인 재판 ② 합법적인 재판이었기에 예수님은 재판과정에 완전히 협조했다. ③ 예수님은 당신이 그리스도이시며 하나님의 아들이심을 증거하셨다. ④ 예수님이 하나님의 아들이고 그리스도라는 죄목으로 사형이 언도됨	①합법적인 재판, 그런데 이 빌라도 법정에서 예수님의 죄목이 갑자기 바뀜(백성을 미혹하는 선동분자 로마의 세금제도를 반대하는 반동분자, 로마황제의 권위를 무시하는 자칭 왕) ②예수님은 로마법에 위배되는 왕이 아니라 천국의 왕, 진리를 증거하는 왕이라고 밝히심 ③ 빌라도는 무죄판결을 내림	①불법재판(빌라도 법정에서 판결난 사건을 다시 헤롯왕에게로 보낸 것이 불법임) 이것은 고등법원에서 이미 무죄판결이 났는데 지방법원으로 다시 내려 보낸 격이 된 것이다.	① 빌라도는 예수께서 무죄하신 사실에 확신을 가졌으나 정치적인 압력에 못이겨 유죄판결을 내림 ②예수님을 십자가에 못박으라고 외치면서 대제사장들이 "가이사 외에는 우리에게 왕이 없나이다" 라고 말하는 것은 모세의 율법을 정면에서 부인하는 범법행위임(신17:14이하 참조)

1) 김호식「그리스도론 下」서울: 요단출판사, 2000. 168-98 참조.

1. 첫번째 장소

2. 두번째 장소

3. 세번째 장소

에서 골고다 언덕까지 걸어 가셨다. 지금 예루살렘의 이 고난의 길(비아돌로로사, Via Dolorosa)에는 특별한 사건을 기념하는 열 네 곳의 장소가 있다.

첫번째 장소는 안토니오(Antonia) 요새 남쪽 부분인 총독 관저로 예수께서 로마 총독 빌라도(Pilate)에게 재판 받으신 곳이다. 현재 이곳은 아랍인 학교가 있다. 스데반 문을 통하여 약 250m 들어가면 이 학교가 나온다.

두번째 장소는 에케 호모(Ecce Homo) 개선문이라고 알려진 고대 로마 유적 가까이에 있다. 이것은 예루살렘 함락을 기념하는 하드리안(Hadrian) 시대(주후 135년)에 세워진 승전 기념 개선문 일부이다. 세 개의 문 중 큰 개선문은 현재 십자가의 길에서 볼 수 있는데, 길을 걸쳐서 한 쪽은 아랍집이고 한 쪽은 시온 자매 교회(Church of the Sister fo Zion) 안에 있다.

이 교회는 안토니아 요새 안뜰과 말을 타고 들어가도 미끄러지지 않게 돌에 홈을 파서 포장한 로마 시대 길의 흔적이 있는 요새의 일부 등 고대 유적의 잔존물 위에 세워졌다. 돌 바닥의 어떤 부분에는 로마 군병들이 게임을 한 고대 주사위 게임의 표식이 새겨져 있어서 예수님의 옷을 가지려고 게임을 했다는 성경 말씀을 기억나게 한다(마 27:35). 이 밖에도 이 곳에는 예수께서 심문을 받고 채찍에 맞으셨다는 박석 교회(Monastery of the Flagellation)와 선고교회(The Condemnation Chapel)가 있다. 군병들은 가시로 면류관을 만들어 예수님의 머리에 씌우고 희롱하였다(요 19:1-3).

4. 네번째 장소

5. 다섯번째 장소

6. 여섯번째 장소

세번째 장소는 첫번째 장소에서 약간 경사진 길을 내려 오다가 남쪽으로 꺽어지는 지점이다. 전승에 의하면 예수께서 십자가를 지고 가시다가 첫번째 넘어진 것을 기념한다. 이 장소에는 아르메니안 카톨릭 소속의 작은 예배당이 있다. 이것은 제 2차 세계 전쟁 중에 자유 폴란드 군대 소속의 카톨릭 군인들에 의하여 세워진 것이다.

네번째 장소는 십자가를 지고 가시던 예수님께서 어머니를 만난 곳을 기념하는 예배당이다. 예배당 문 위에는 폴란드 조각가 질렌스키(Zilenskey)이 작품인 십자가를 지신 예수님과 어머니가 만나는 장면이 조각되어 있다. 세번째 지점에서 남쪽으로 약 10m 거리에 있다.

다섯번째 장소는 골고다를 향한 언덕이 시작 되는 곳이다. 한 문의 처마에 있는 서명은 예수님과 구레네 시몬이 만나는 장면을 회상하게 한다. 그는 십자가에 못 박힐 무거운 예수님의 십자가를 대신 진 인물로 나온다. 이 이야기는 요한복음을 제외한 복음서에 나온다(마 27:32; 막 15:21; 눅 23:26).

여섯번째 장소는 골고다로 향한 언덕 위에 위치하며, 예수님과 베로니카(Veronica)가 만나는 전승을 회상시켜 주는 그리스 카톨릭 소속의 교회가 있다. 그녀의 무덤이 여기에 있다고 한다. 카톨릭 교회에서만 전해 내려 오는 전승에 의하면 베로니카는 손수건으로 예수님 얼굴의 땀을 닦아 주었는데, 이 곳에는 예수님의 얼굴 모습이 새겨져 있었다고 한다.

7. 일곱번째 장소

8. 여덟번째 장소

9. 아홉번째 장소

일곱번째 장소는 예수님께서 두번째 넘어진 것을 기념하는 곳이다. 여기서부터 길은 더욱 좁아지고 경사는 급해 진다. 지금은 상점이 들어 서 있다.

여덟번째 장소는 그리스 정교회 수도원이 있는 곳이다. 수도원 바깥 쪽에는 시간이 지남에 따라 검어진 작은 십자가가 조각되어 있다. 이곳은 예수께서 신실한 여인들을 만났던 곳을 가리키고 있다. 예수께서는 자신을 따라오는 여인들에게 "예루살렘의 딸들아 나를 위하여 울지 말고 너희와 너희 자녀를 위하여 울라"고 하셨다(눅 19:27-30).

아홉번째 장소는 예수께서 세번째 넘어졌다는 전승을 전하여 주고 있다. 지금 이곳은 콥틱 수도원 입구의 로마시대 원주(Column)에 의하여 기념되고 있다.

십자가의 나머지 다섯 개 장소는 예수께서 골고다에 도착해서 일어난 일들과 간련된 곳들이다. 로마 병사들이 예수님의 옷을 벗긴 곳, 예수님을 십자가에 못 박은 곳, 예수님을 매단 십자가가 서 있던 곳, 십자가에서 예수님을 내려 놓은 곳, 그리고 마지막으로 예수께서 묻히셨던 무덤이다.

이 장소들은 예수님 무덤 교회(The Holy Sepulchre) 안에 위치하고 있다. 예루살렘에 있는 교회 가운데 가장 오랜 역사를 가지고 있는 예수님 무덤 교회는 한때 채석장이었다. 그리고 성벽 바깥쪽에 위치 했었다. 동산 모양이 인간의 두개 골을 연상케 하는 모습이었다. 산의 이름은 히브리어로 두개 골을 뜻하는 굴고렛(Gulgoleth), 즉 골고다였다(요 19:16-18).

주후 135년에 로마 하드리안 황제는 기독교인들을 모독하기 위해서 골고다 언덕에 쥬피터(Jupiter), 주노(Juno), 비너스(Vinus)의 제단을 세웠다. 그로부터 200여 년 후, 그 이전의 기독교 유적인 예수님의 무덤과 예수님을 매달은 십자가가 콘스탄틴 황제의 어머니 헬레나 여사에 의하여 발견되었다(325)고 전한다. 그녀는 황제에게 부탁하여 그곳에 교회를 세웠다(326-335).

이 교회는 무덤 주위의 돌을 깍아 내리고 무덤과 골고다 언덕만을 자연석으로 살리면서 지었다. 이곳도 이스라엘에 있는 다른 교회처럼 정복자들에 따라 파괴와 복구를 거듭하다가 십자군들에 의하여 더 확장하여 건립되었다(1099).

그후 1808년에는 화재로 심하게 손상된 것을 그리스 정교회가 복구하였다(1868). 현재 예수님 무덤 교회는 로마 카톨릭, 그리스 정교회, 아르메니아 교회, 콥틱 교회, 시리아 교회 등에서 분할하여 관리하고 있다.

골고다에 도착한 예수님은 두 행악자와 함께 유대 시간으로 제 삼시에 십자가에 달리셨다(마 15:25-27). 예수께서는 십자가에 못박은 자들을 향하여 "아버지여 저희를 사하여 주옵소서"라고 하셨다(눅 23:34).

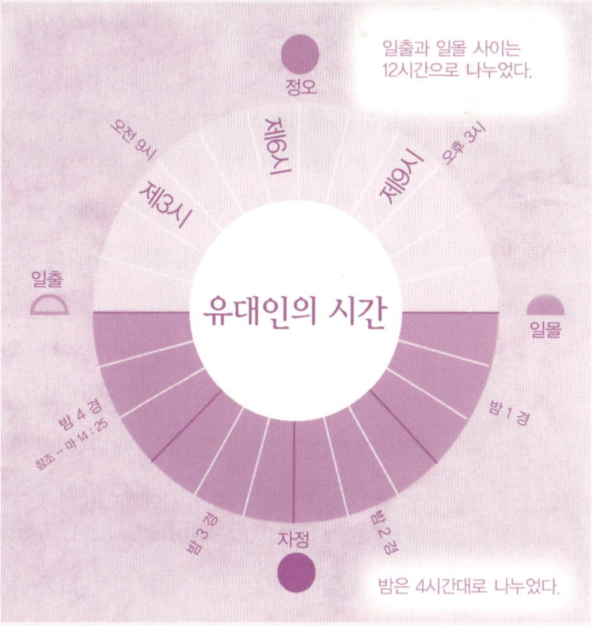

제 육시가 되었을 때 땅이 어둡기 시작하여 제 구시까지 계속되었고(마 27:45-50, 막 15:33-37; 눅 23:44) 예수께서는 "다 이루었다" 하시고 숨을 거두셨다(요 19:30). 이에 성소의 휘장이 찢어져서 하나님과 막혔던 담이 허물어 졌다(마 27:51;

10. 열번째 장소 *11.* 열한번째 장소 *12.* 열두번째 장소

막 15:38; 눅 23:45). 인간에게 구원의 길이 열린 것이다.

예수님 무덤 교회 안에 있는 이 장소는 '예수님의 어머니 마리아를 위한 제단(Altar of the Stabat Mater)'에 의하여 나뉘는 두 개의 예배당(Chapel)이 있다.

하나는 '거룩한 십자가 못의 제단(Altar of the Nails of the Holy Cross)'이라 불리는 예배당으로 로마 카톨릭에서 관리한다. 거기에는 예수님의 옷이 벗겨지고(고난의 길의 열번째 장소), 십자가 위에 못으로 박은 장소(고난의 길 열한번째 장소)임을 알려주는 모습이 표현되어 있다. 다른 하나는 로마 정교회에서 관리하는데 그리스도와 마리아 그리고 요한의 상이 있다. 예수께서 십자가에 못박힌 장소(고난의 길 열두번째 장소)로 생각되는 곳은 은빛링으로 표시되어 있다.

안식일 전날 저물었을 때였다. 공회 의원 중의 한 사람인 아리마대 사람 요셉은 빌라도에게 예수님의 시신을 달라고 했다. 로마법에 의하여 처형된 사람은 시신이라도 함부로 하지 못했기 때문이다. 빌라도는 예수께서 죽은 것을 확인하고 시체를 내어 주었다(마 27:57 이하; 막 15:42 이하; 눅 23:50 이하; 요 19:38 이하).

13. 열세번째 장소

무덤교회 안의 예수님 무덤

요한복음에 의하면, 니고데모도 몰약과 침향 섞은 것을 가져왔다(요 19:38, 40). 무덤 교회로 들어가면 핑크빛의 긴 석판이 이 성경 말씀을 기념하고 있다. 전승에 의하면, 이곳이 십자가에서 내려온 예수님의 몸에 니고데모가 가져온 기름을 바른 곳이다(고난의 길 열세번째 장소).

예수님은 십자가에 못박힌 동산 안에 아직 사람을 장사하지 않은 새 무덤에 장사되었다(요 19:41-42). 예수님의 무덤은 무덤 교회를 들어서면 좌측으로 둥근 홀이 나오는데 이 홀의 중앙에 위치하고 있다. 현재 기념하고 있는 무덤은 1810년 그리스 정교회와 러시아인들에 의해서 무덤 자리에 세워진 것으로 러시아식의 둥근 천장을 하고 있다. 천장에는 여러 개의 은제 램프가 걸려 있는데 네 개의 다른 카톨릭 교회 소속이다. 무덤 안에는 시체를 누이는 곳을 대리석으로 만들어 놓았다.

우리는 예수님의 무덤이 있는 장소를 정확히 알 수가 없다. 그래서 많은 기독교인들은 또 다른 장소를 예수님의 무덤이라고 추측하기도 한다. 이곳을 '정원 무

예루살렘 성밖의 정원 무덤

덤'(Tomb of The Garden)이라고 부른다. 이 무덤은 비잔틴 시대의 것으로 추정되며 다마스커스문 북쪽의 성 밖에 위치한다. 이곳을 '고든의 무덤'이라고도 하는데, 이것은 영국 장군 찰스 고든(Charles Gordon)이 1883년에 발견했기 때문에 불려지는 명칭이다.

그 동산에는 포도즙 틀의 잔해가 있고 무덤 앞에는 돌을 굴릴 수 있게 하기 위하여 홈이 파져 있다. 무덤 안에는 요한복음에 나오는 천사가 앉았을 장소를 연상시키는 시신의 발쪽과 머리쪽에 평판이 만들어져 있다(요 20:12). 뿐만 아니라 빛과 공기가 들어 올 수 있도록 네모꼴 구멍을 벽의 높은 곳에 뚫어 놓았다.

(7) 가상칠언– 십자가 상에서의 일곱 말씀

히브리어로는 '골고다'라고 불리고 희랍어로는 '갈보리'(해골이란 뜻)라고 불리는 곳에 이르러 예수님은 마침내 십자가에 못 박히셨다. 이때가 금요일(목요일이라는 설도 있음) 아침 9시경이었다. 예수님께서 십자가에 달리시기까지의 과정은 마태복음

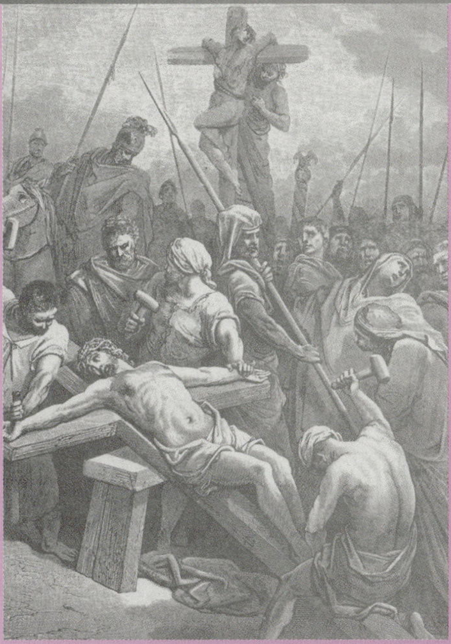
그리스도를 십자가에 못 박음(요 19:18)

골고다

27:32-56에 기록되어 있고 다른 복음서들에도 기록되어 있다. 십자가 위에 못 박히신 예수님의 머리 위에는 "유대인의 왕 나사렛 예수"라는 죄패가 붙어 있었다. 예수님을 모욕하기 위해 두 명의 강도가 그 좌우에 달렸다. 인류 역사상 가장 참혹한 암흑의 순간이었다. 오전 9시부터 오후 3시까지 6시간을 주님은 십자가 상에서 진통하셨다.

이 십자가 위에서 예수님은 일곱 말씀을 하셨다. 오전에 4마디 정오에 한마디, 그리고 오후에 2마디를 하셨다. 이때 땅이 떨며 지진이 일어났고, 예루살렘 성전의 휘장이 위에서 아래까지 찢어져 둘이 되었는데 이것은 모세의 율법이 끝났다는 사실을 의미한다. 이것을 지켜본 백부장은 심히 두려워하며 "이는 진실로 하나님의 아들이었도다"(마 27:54)라고 고백하였다. 예수님께서는 금요일 저녁 어두워지기 전에 무덤에 장사되었다. 예수님의 몸은 무덤 속에서 금요일 저녁부터 토요일 저녁까지(두번째 날) 그리고 토요일 해진 후부터 일요일 새벽까지(세번째 날) 계셨다.

〈표 21〉 가상칠언

오전에 하신 말씀

① "아버지여, 저희를 사하여 주옵소서. 자기의 하는 것을 알지 못함이니이다"

② 육신의 어머니에게 "여자여, 보소서. 아들이니이다"라고 말씀하시고 사랑하는 제자 요한에게도 "보라, 네 어머니라"라고 하시면서 당신의 어머니를 돌볼 것을 부탁하셨다.

"예수여 당신의 나라에 임하실 때에 나를 생각하소서"라고 말한, 같이 십자가에 달린 한편 강도에게

③ "오늘 네가 나와 함께 낙원에 있으리라"고 말씀하셨다.

④ "엘리 엘리 라마 사박다니"("나의 하나님 나의 하나님 어찌하여 나를 버리시나이까!")

정오에 하신 말씀

⑤ 정오 때쯤 되어서 "나는 목마르다"라고 말씀하셨다.

오후에 하신 말씀

⑥ 3시경에 "다 이루었다"라고 말씀하셨다.

⑦ 큰 소리로 불러 가라사대 "아버지여, 내 영혼을 아버지 손에 부탁하나이다" 하시고는 운명하셨다.

(8) 그리스도의 부활

"그가 여기 계시지 않고 그의 말씀하시던 대로 살아나셨느니라"(마 28:6). 이 말은 안식 후 첫 날 새벽녘에 예수님의 무덤을 찾아온 여자들에게 전한 천사의 이야기이다. 모세의 율법을 지키기 위해 그들은 안식일을 쉬고 미처 못 다한 장례 일을 마치기 위해 무덤에 돌아왔다. 그런데 무덤 입구에 있던 돌이 굴려져 있고 무덤은 비어 있었다.

(9) 예수님의 나타나심

여자들은 그들이 보고 들은 것을 사도들에게 말하기 위해 갔다. 베드로와 요한이 여자들의 보고를 확인하기 위해 무덤으로 달려갔다. 무덤은 비어 있었다. 얼마 후 막

돌무덤

예수님의 부활(마 28:5, 6)

달라 마리아가 무덤 곁에 서서 울고 있었다. 홀연히 예수님이 그녀에게 나타나셨다. 그러나 그녀는 예수님이 그녀의 이름을 부르기 전까지는 그를 알아보지 못했다. 예수님은 형제들에게 그가 살아나셨고 아버지께로 올라갈 것이라고 전하라고 하셨다. 그녀는 재빨리 이 말씀을 실천에 옮겼다.

이러한 예수님의 부활 소식은 십자가 사건 후에 절망에 사로잡혀 있던 사도들에게 새로운 희망을 불어넣어 주었다. 곧 다른 소식도 들려 왔다. 그것은 엠마오로 가는 시골길에서 그리스도께서 두 제자에게 나타나신 것과 게바(베드로)에게 나타나신 사건들이다.

그 날 밤, 문을 닫은 방에 모여 있던 그들 가운데 예수님이 나타나셨을 때 제자들은 깜짝 놀랐지만 그 몸의 상처를 보고는 앞에 서 계신 분이 그들과 같은 육체를 가진 주님이라는 확신을 갖게 되었다. 예수님은 구운 생선을 먹음으로써 살과 뼈가 없는 영이 아님을 보여 주셨다(눅 24:43). 마침 그 자리에 없었던 도마를 제외한 다른 사도들은 예수의 부활을 이제 더 이상 의심하지 않게 되었다. 도마는 다른 제자들이 주를 보았다고 말할 때에도 "내가 그 손의 못자국을 보며 내 손가락을 그 못자국에 넣으며 내 손을 그 옆구리에 넣어 보지 않고는 믿지 아니하겠노라"(요 20:25)라고

참고자료

부활의 증거

예수님은 죽으시기 전에 자신이 3일만에 부활할 것이라고 공공연하게 예언한 바 있었다(눅 18:31-33). 예수님이 십자가에 못 박혀 돌아가셨을 때 그의 시체는 바위 속에 판 돌 무덤 속에 넣어 졌고 그 입구는 돌로 막혀졌다. 그 위에는 총독의 인봉이 찍혔으며 파수꾼이 무덤 입구를 지켰다. 그런데 3일 후에는 그 무덤 안에 있던 예수님의 시신은 사라졌다. 무덤이 비어 있었던 것이다. 이 신비를 어떻게 설명할 것인가? 이 신비는 오직 예수님의 부활로만 풀린다. 그러나 예수님의 부활을 거부하는 학설들이 있다. 이것을 살펴보면 다음과 같다.

1. 부활을 부인하는 4가지 학설들

(1) 제자들이 예수의 시체를 도난했다는 설

이 학설은 예수님의 제자들이 예수님의 시체를 훔쳐간 후 예수님이 부활하셨다고 조작했다는 것이다. 그러나 문제는 자기들이 시체를 숨기고 거짓으로 예수 부활을 증거하였다면 그들은 거짓말을 위하여 순교 당하고 핍박받고 사자들에게 뜯겼다는 결론이 나온다. 그 놀라운 고결한 인격의 사람들이 그런 거짓말을 하고 또 그런 거짓말을 위해서 그 생애를 바쳤다는 것은 불가능한 것이다.

(2) 유대 지도자들이 시체를 훔쳤다는 설

이것은 더 비합리적인 가설이다. 만일 예수님의 반대자들이 시체를 보관하고 있었다면 왜 오순절 날 예수의 제자들이 예수의 부활을 증거했을 때 그 주장을 반박하기 위해서 그들이 보관하고 있었던 시체를 내보이지 못했을까? 그들은 시체를 훔치지 않았다. 이런 행위는 오히려 예수 부활의 소문에 도움을 주기 때문이다.

(3) 졸도설

이것은 예수가 십자가에서 죽은 것이 아니라 잠시 기절하였다가 서늘한 동굴 무덤에 들어가 있다가 3일만에 의식을 회복하고 깨어났다는 학설이다. 그러나 이 학설을 반박하는 너무나 뚜렷한 증거가 있다. 그의 죽음은 공식적으로 확인되었다(막 15:44-45). 확인 후에도 다시 창으로 그의 옆구리(횡경막 근처)를 찔러 물과 피가 쏟아지게 하는 사망 확인 절차가 있었기 때문이다. 찌르면 피만 나와야지 왜 물과 피가 나왔을까? 현대 의학에 의하면 심장이 터졌을 때 물과 피가 분리된다고 한다. 설사 다시 일어났다 할지라도 그의 온몸을 묶은 동아줄, 돌문, 파수꾼 등이 해결할 수 없는 문제로 남는다.

(4) 무덤을 잘못 찾아갔다는 설

이 학설은 예수님을 따르던 여자들이 너무 슬픈 나머지 정신이 없어 다른 빈 무덤을 잘못 찾아갔다는 이론이다. 그러나 여인들은 그렇다고 인정한다 할지라도 뒤에 찾아온 베드로와 요한도 실수를 했을까? 또 무덤 안에 남겨진 세마포만 보아도 여자들과 제자들이 찾아갔던 곳은 예수님의 무덤이라는 것을 알 수 있다.

결국 예수님의 무덤이 비어 있었다는 것은 예수님의 부활을 강력히 증거한다. 예수님은 환상으로가 아니라 진짜 뼈와 살을 가지시고(눅 24:36-43) 나타나시되 시공의 제한을 초월하는 모습으로 무려 12번 이상에 걸쳐 열두 제자와 여러 여자들과 동생 야고보에게와(고전 15장) 바울과 또 500여 명에게 일시에 나타났다. 예수님의 부활은 현실이며 역사적 사실이다.

2. 부활 신앙의 중요성

그러면 왜 예수님의 부활이 그렇게도 중요한 것인가? 부활에 대한 믿음과 신앙은 초기 기독교 사상의 핵심을 이루고 있다. 오순절 날 베드로가 성령 충만한 가운데 행했던 첫 번째 설교의 강조점은 예수님이 죽은 자들 가운데서 다시 살아나셨다는 사실이었다(행 2:24-32). 그리고 자신과 열한 사도는 이 사건에 대한 '증인'이라고 강조했다. 사도 바울이 3차 전도 여행과 로마 여행을 통해 전했던 복음 전도의 핵심은 "예수님이 부활하셨다"는 것이었다. 이것은 사도가 되는 자격들 중의 하나의 요건이었다. 가룟 유다를 대신해 사도가 될 사람을 뽑을 때의 조건은 "예수의 부활하심을 증거 할 사람"(행 1:22)이어야 했다. 바로 예수 그리스도 부활 사건으로 인해 안식일 대신에 안식 후 첫날 예수님의 부활을 기념하기 위해서 주일(主日)을 지키게 되었다. 또한 초대교회는 예수 그리스도가 다시 살아난 것을 선포하는 것을 통해 교회가 탄생하게 되었다. 바울은 '부활장'이란 불리는 고린도전서 15:14-20에서 부활에 대해서 다음과 같이 말하고 있다.

"그리스도께서 만일 다시 살지 못하셨으면 우리의 전파하는 것도 헛것이요. 또 너희 믿음도 헛것이며 또 우리가 하나님의 거짓 증인으로 발견되리니 우리가 하나님이 그리스도를 다시 살리셨다고 증거하였음이라. 만일 죽은 자가 다시 사는 것이 없으면 하나님이 그리스도를 다시 살리시지 아니하셨으리라. 만일 죽은 자가 다시 사는 것이 없으면 그리스도도 다시 사신 것이 없었을 터이요. 그리스도께서 다시 사신 것이 없으면 너희의 믿음도 헛되고 너희가 여전히 죄 가운데 있을 것이요. 또한 그리스도 안에서 잠자는 자도 망하였으리니 만일 그리스도 안에서 우리의 바라는 것이 다만 이 생뿐이면 모든 사람 가운데 우리가 더욱 불쌍한 자리라. 그러나 이제 그리스도께서 죽은 자 가운데서 다시 살아 잠자는 자들의 첫 열매가 되셨도다."

"나는 부활이요 생명이니"(요 11:25)

❶ 예수님이 승천하신 장소 ❷ 예수님의 승천 기념 교회

하였다.

예수님은 한 주 후에 다시 제자들에게 나타나셨다. 이번에는 도마도 거기에 있었다. 예수님은 도마에게 "네 손가락을 이리 내밀어 내 손을 보고 네 손을 내밀어 내 옆구리에 넣어 보라 그리하고 믿음 없는 자가 되지 말고 믿는 자가 되라"(요 20:27)라고 말씀하셨다. 이러한 예수님을 향해서 도마는 "나의 주시며 나의 하나님이시니이다"라고 고백하게 되었다. 사도들, 특히 도마를 의심에서 믿음으로 변화시킨 이 사건은 예수님의 몸의 부활에 대한 가장 강력한 증거가 될 것이다. 그 후에 예수님은 갈릴리 바닷가에서 일곱 제자들에게 나타나셨다. 산 위에서는 열한 제자들에게 다시 나타나셨다. 또한 예수님은 500여 형제에게 일시에 보이셨고, 그 후에 야고보에게도 보이셨다(고전 15:6-7). 그리고 부활하신 지 40일 후에 하늘로 승천하실 때 마지막으로 모든 사도들에게 나타내 보이셨다. 예수님은 그들과 함께 말씀하시고 마지막으로 축복의 말씀을 하시면서 구름을 타고 승천하셨다.

(10) 빈 무덤의 중요성

바울은 예수님의 부활의 중요성에 대해 다음과 같이 말한다.

> "그리스도께서 만일 다시 살지 못하셨으면 우리의 전파하는 것도 헛것이요 또 너희 믿음도 헛것이며 또 우리가 하나님의 거짓 증인으로 발견되리니…그리스도께서 다시 사신 것이 없으면 너희의 믿음도 헛되고 너희가 여전히 죄 가운데 있을 것이요"(고전 15:14-17).

예수님은 우리 죄를 속죄하기 위해 죽으셨다. 그러나 그가 또한 무덤에서 일어나신 것을 알지 못한다면 우리는 이 사실을 깨닫지 못할 것이다. 왜냐하면 죽음을 정복할 힘이 없는 자에게는 우리의 죄를 용서할 능력도 없을 것이기 때문이다. 오로지 빈 무덤의 빛, 즉 부활을 통해서만 십자가의 중요성이 부각되는 것이다. 더 나아가 예수님의 부활은 우리의 부활 가능성도 증명해 준다. 그리스도께서 자기의 죽음을 정복하셨다면 그의 제자들을 위해서도 죽음을 정복할 수 있다. 이렇듯 영생에 대한 그리스도인들의 소망은 예수님의 부활과 뗄 수 없는 관계에 있다.

또한 그리스도의 부활은 그가 십자가에 죽으셨을 때 옛 언약과 그 율법도 그 역할을 다했음을 보여준다. 이스라엘을 1500년 동안 지배했던 모세 시대(율법 시대)는 갈보리 언덕 위에서 끝이 났다. 거기에서 예수님은 "우리를 거스르고 우리를 대적하는 의문에 쓴 증서를 도말하시고 제하여 버리사 십자가에 못 박으신" 것이다(골 2:14). 그때부터 유대인과 이방인 등 모든 인류는 그리스도 시대에 살고 있으며, 신약 성경에 기록된 그리스도의 법 아래 있는 것이다.

(11) 지상명령(The Great Commission)

예수님은 승천하시기 전에 제자들에게 대사명을 주셨다. 공관복음서(마태, 마가, 누가복음)에 이 사실이 조금씩 다른 형태로 기록되어 있다. 예전에는 예수님께서 열두 제자에게 유대 땅으로만 다니면서 전도하라고 명하셨지만 지금 그가 주시는 새 사명은 전 세계를 대상으로 하는 것이다.

대사명에 대한 복음서의 기록을 살펴보면 다음과 같다.

> "너희는 가서 모든 족속으로 제자를 삼아 아버지와 아들과 성령의 이름으로 세례를 주고 내가 너희에게 분부한 모든 것을 가르쳐 지키게 하라. 볼지어다 내가 세상 끝날까지 너희와 항상 함께 있으리라"(마 28:19-20).

> "너희는 온 천하에 다니며 만민에게 복음을 전파하라. 믿고 세례를 받는 사람은 구원을 얻을 것이요 믿지 않는 사람은 정죄를 받으리라"(막 16:15-16).

> "이같이 그리스도가 고난을 받고 제 삼 일에 죽은 자 가운데서 살아날 것과 또 그의 이름으로 죄사함을 얻게 하는 회개가 예루살렘으로부터 시작하여 모든 족속에게 전파될 것이 기록되었으니 너희는 이 모든 일의 증인이라"(눅 24:46-48).

기독교는 복음을 전파하는 종교이다. 예수님은 제자들을 향하여 복음을 모든 사람들에게 전하라고 하셨다. 그러므로 제자들에게 "가라"라고 명령하셨다. 복음은 가르쳐지고 전파되어야 한다는 것이다. 즉, 그리스도께서 모든 죄인 때문에 죽으셨고, 장사되셨으며, 부활하셨다는 사실을 전파해야 하는 것이다. 그들이 전한 것은 '부활하신 그리스도'였다. 이 복음은 또한 '모든 족속'에게 전파되어야 한다. 왜냐하면 복음은 인종, 국가를 망라하여 예수님을 그들의 구세주로 받아들이는 모든 사람들을 위한 것이기 때문이다.

이 사명을 통해 주어진 구원의 조건은 대단히 단순한다. 즉, 누구든지 그리스도를 '믿고', '회개하고', '세례를 받아야' 한다는 것이다. 세례는 아버지와 아들과 성령의 이름으로 행해진다. 그리스도께서 말씀하신 바와 같이 죄사함을 받는 축복은 세례의 결과로서 이루어진다. 예수님은 "믿고 세례를 받는 사람은 구원을 얻을 것이니라"라고 말씀하셨다(막 16:16).

예수님께서는 그가 하늘로 올리우신 그대로 – 눈에 보이게, 육체적으로 – 이 땅에 다시 오겠다고 약속하셨다. 또한 예수님은 성령께서 오실 것이라고 약속해 주셨다. 이 약속은 오순절 성령이 오심으로 성취되었다. 지상의 교회는 육체적으로 재림하실 그리스도를 손꼽아 기다리고 있다.

3) 예수의 하나님 나라 선포[6]

하나님 나라의 선포가 예수님의 메시지의 중심적인 특징이라는 것은 의심의 여지가 없다. 우리는 예수가 하나님 나라를 선포했다고 말하는 것이 무엇을 의미하는지 질문해야 한다.

(1) 하나님 나라의 배경과 특징

구약적 배경

구약에서는 '하늘 나라'라는 표현이 나타나지 않고 후기 유대 묵시문학에서야 비로소 나타난다. 그러나 이 단어의 어원이나 특히 그 안에 포함된 사상은 구약에 근거를 두고 있다. 그러므로 구약의 배경 없이는 후기 유대 묵시문학의 하늘나라나 신약의 하늘나라 선포를 잘 설명할 수 없다. 구약에는 하늘나라에 대한 언급은 없으나 '여호와' '주' 등을 왕으로 지칭하는 경우가 모세오경에서부터 나타난다. 또한 구약은 여호와의 왕권에 대하여 많이 언급하고 있는데 이러한 여호와의 왕권은 과거적인 면과 미래적인 면으로 나누어 생각할 수 있다. 미래적인 왕권은 특히 선지서에 잘 나타나 있다. 선지자들의 기본적 특징은 하나님 나라가 이스라엘의 국가 형태로 나타

6) G. B. Beasley-Murray, *Jesus and the Kingdom of God*(「예수와 하나님 나라」, 박문재 옮김, 크리스찬 다이제스트, 1991)와 Herman N. Ridderbos, *The Coming of the Kingdom*(「하나님 나라」, 오광만 옮김, 서울 : 엠마오, 1987)을 참조할 것.

난다고 묘사한 데 있다. 즉 하나님이 통치하시고 그의 원수들이 굴복할 것이라는 것이다. 그리고 다른 특징은 영적인 것을 묘사하는 것으로, 그 날에 여호와께서 압박받는 이스라엘을 구원하신다는 것이다. 그러나 그것이 이스라엘의 국가적인 것을 묘사하든지 영적 실체를 언급하든지 간에 현실적 실체를 벗어나 전적으로 다른 새로운 시대를 시사하는 경향이 있다. 일반적으로 그 나라에 대한 묘사는 현세적인 데 머물고 있으나 그 기저에는 영원 불멸의 구원에 초점이 맞추어져 있다.

구약의 미래의 왕과 메시야 왕은 같은 것이기에 구약의 하나님 나라 사상과 메시야 왕국은 같은 것이다. 다니엘서에는 하나님의 나라와 세상의 나라가 잘 대조되어 있다. 세상 나라를 상징하는 느부갓네살 왕이 신정국 이스라엘을 점령하지만 세상 나라에 대해 우월한 통치권을 가진 하나님이 권세와 영광을 세상 나라에서 빼앗아 인자에게 주는데 그 나라의 왕인 인자는 그의 백성에게 복을 나누어 줄 것이다(단 7:18). 여기서 우리는 지상적, 민족적 왕국의 특징에서 천상적, 계시적 왕국의 특징으로 바뀐 예를 볼 수 있다. 또한 하나님의 통치를 노래하는 시편 47, 93, 97, 99편에서도 하나님 나라의 특징을 찾아볼 수 있다. 이런 시편들은 우선 역사적 사건에 대해 언급하고 있지만 그 기저에는 종말론적이고 명백한 여호와 왕권의 계시를 말하고 있음을 알 수 있다. 그러므로 구약에는 신약에서처럼 하나님 나라를 명백히 나타내는 구절은 없으나, 그의 백성을 위하고 그의 통치를 반대하는 세력을 누르는 하나님 나라의 도래에 대한 생각은 옛날부터 구원을 기대하는 이스라엘의 중심 동기가 되어 왔다. 하나님을 왕(현재적 왕권)이라고 고백하는 데 기초를 두고 하나님의 강력하고도 종말론적인 의미의 왕권(미래적 왕권)을 기대한 것이다.

후기 유대적 배경

말쿠드 샤마임(Malkuth Shamaim)이란 표현이 후기 유대문학에서도 발견된다. 하늘 왕국 또는 하늘 왕권이란 말은 이 표현에 대한 문자적 해석이다. 말쿠드 샤마임은 이스라엘을 이교국의 세력에서 구원하고 열국을 하나님께 귀속시킬 하나님의 미래의 세계지배를 의미하기도 한다. 그러나 미래의 소망에 대한 내용에 관하여는 다양한 개념들이 있다.

① The Psalms of Solomon(솔로몬의 시편) : 이스라엘의 회복에 강조점을 두고 있으며 초자연적인 성격에 관한 언급은 전혀 없다.
② The Testaments of the Twelve Patriarchs(12 족장들의 언약) : 메시야 왕국의 우주구원, 죽은 자의 부활, 전 세계의 심판, 하나님 낙원에서의 영생 등 약간 초자연적 성격도 가미되었다. 이원론적 세계관을 가졌다.
③ Enoch(에녹서) : 더 초자연적인 성격을 가지고 있고 메시야를 초자연적 인자로 묘사하고 있다(아마 다니엘서 7장에서 유추한 것 같다).
④ Apocalypse of Baruch(바룩의 묵시록) : 죽은 자의 부활과 세상의 심판 후 메시야의 지상에서의 지배는 천상에서의 메시야 왕국으로 계승될 것이며 영원한 것이라고 하였다.
⑤ 랍비문학 : 여기에서는 도움될 만한 자료가 없고, 후기에 와서야 죽은 자의 부활과 세상의 심판 후에 새 시대가 이 땅에서 실현될 것이라는 것이다.

이상의 내용을 종합해 볼 때 말쿠드 샤마임의 미래의 상태는 고정된 개념이 아니었고 점차 하나의 형태로 고정되어 감을 알 수 있다. 그리고 메시야가 그의 사역을 통해 말쿠드 샤마임을 이룬다는 사상은 없다. 그러므로 많은 개념들이 서로 혼합되어 많은 수정과 발전을 겪은 것이라 할 수 있다.

그리고 그들의 구원의 시기는 이 세상의 끝과 내세의 도래 사이에 있다는 것이다. 즉 구원의 시기는 죽은 자의 부활보다 선행하며 이스라엘의 임시적 구원만 가져온다는 것이다. 이러한 견해에 따르면 말쿠드 샤마임은 메시야의 왕국과 일치하지 않으며 훨씬 더 많은 것을 포함한다.

우리는 그리스도께서 선포하신 하나님 나라의 의미를 찾는 데 있어서 전적으로 예수 그리스도의 선포의 범위 내에서 면밀히 연구해야 할 것이다. 어떻게 보면 하나님 나라의 개념을 역사적 배경을 무시하고 연구한다는 것이 비역사적이고 잘못된 것처럼 보인다.

그러나 앞에서 말한 것처럼 그 역사적 내용은 매우 변화를 많이 겪은 일관성이 없는 것이기에, 예수 그리스도의 하늘나라 선포를 후기 유대문학의 입장에서 살펴볼 수는 없는 것이다. 그러므로 우리는 예수님의 가르침에 근거해서 하나님 나라의 개념과 의미를 찾아야 할 것이다.

(2) 하나님 나라의 개념의 일반적 특징

첫째, 하나님 나라는 하나님 중심적이다. 하나님 나라의 왕국의 도래라는 말은 하나님께서 자신을 왕으로 주장하심과 자신의 힘과 권세를 나타내시기 위하여 이 세상에 오셨다는 말이다.

이러한 하나님 중심적 관념에서만 예수님의 설교를 이해할 수 있다.

예수님께서 그 나라가 임하실 것을 기도하실 때 하나님의 이름을 거룩히 하시는 것과 그의 뜻에 순종할 것을 위해 기도하셨다(마 6:9, 10).

왕국의 도래는 우선 하나님의 영광의 표현이고 하나님의 의가 땅에 충만하게 재확증되고 유지되는 것이다. 예수님의 설교는, 인간은 그의 가치를 잃었으나 하나님은 그들을 기꺼이 용납하신다는 확신에 의해 주장되었다. 이것은 하나님 중심적 사상에 근거한 것이다. 이것이 구약에서 되풀이되어 나타나는 신적 계시의 기본동기일 뿐만 아니라 예수님께서 선포하신 하나님 나라의 복음의 근원이 된다. 그리고 예수님의 설교에서 왕국의 하나님 중심적 특징은 하나님 나라의 도래가 하나님 자신의 사역으로 비롯되고 철저히 그의 사역에 의존한다는 것을 함축한다. 왕국의 도래는 인간이 준비하는 것이 아니라 하나님께서 구속과 심판을 위해 왕으로 오시는 것이다.

둘째, 하나님 나라는 동력적 성격을 가지고 있다. 이것은 왕권, 왕의 통치 왕국을 의미한다. 복음서에는 왕의 행사로서 '통치'라는 의미가 지배적으로 사용되었다. 그러므로 '하늘나라가 가까웠다'는 것을, 공간적이며 정적인 실재로 생각하기보다는 하나님의 통치 즉 하나님의 왕으로서의 행동을 생각해야 한다.

셋째, 하나님 나라는 메시아적이다. 하나님 나라의 도래는 메시야로서의 인격체와 관련되어 있다. 누가복음 1장에서 하나님 나라와 이스라엘의 회복 그리고 메시야 왕에 대하여 말하고 있다. 예수님의 왕국에 대한 설교는 메시야에 관한 계시이다. 예수님은 스스로 그리스도라고 하셨는데(마 24:5), 대부분 '그리스도'란 말 대신에 '인자'라는 말을 사용하셨다. 그러므로 예수님에 의하여 선포된 하나님 나라의 메시야적 특성은 왕국의 도래 때 '인자'에 의하여 채워질 중심 위치에 의하여 결정된다. 인자의 도래는 하나님 나라의 도래의 동의어이다(마 13:41; 16:28; 19:28; 24:27 등). 이런 점들은 예수님의 가르침이 다니엘서 7:13에 관련되어 있음을 알려준다. 그러므로 예수님은 인자이시며 그러한 초자연적, 우주적 '인자'의 의미는 하나님 나라의 성격을 특징 짓는다.

복음서에는 메시야와 인자가 동인화되어 있다. 인자는 메시야 다윗의 자손 바로 그 분이시다. 다윗의 자손은 신적인, 우주적인 권위를 부여받은 인자이다.

⑶ 하나님 나라의 도래 – 성취적인 면에서

하나님 나라가 이미 이 땅 위에 현림한 것은 성경에서 말하고 있다. 예수님께서는 매우 강력하게 마태복음 12:28, 누가복음 11:20에서 하나님 나라의 현림을 말씀하신다. 바알세불을 힘입어 귀신을 쫓는다는 바리새인들의 비난 섞인 말에, 분쟁하는 나라는 존재할 수 없다는 말씀으로 사단과 그의 왕국에 대한 적대자는 하나님과 하나님의 왕국임을 밝히고 있다. 이와 같은 사실은 마태복음 12:29(막 3:27)에서 더 명백해지는데 거기서 강한 자는 결박을 당한다. 마귀를 내쫓는 것은 악마에 대한 예수님의 승리이며 하나님의 왕국의 획기적인 신전을 입증하는 것이다. 또한 이와 같은 사실은 예수님이 사단에게 시험받으신 일로도 나타난다. 특별히 '세상 모든 나라'에 관한 유혹은 예수님과 사단 사이에 투쟁이 있음을 보여주고 있다.

여기에서 사단은 '세상의 왕'으로 나타난다. 예수님의 공적 사역 초기부터 이미 사단에 대한 예수님의 능력이 이미 입증되었던 것이다. 이것은 마귀를 쫓는 사실로만 증명되는 것이 아니라 귀신 들린 자들이 예수님 앞에서 취한 행동으로도 증명된다. 이 모든 것이 예수님의 인격과 오심 안에서 하나님 나라가 현재적 실체임을 증거한다. 누가복음 10:18, 19을 보면, 그 구절들에 대한 주석이 어렵다 하더라도 분명한 것은 사단의 통치가 무너졌다는 것이며 동시에 하나님 나라가 도래한 위대한 순간임을 암시하고 있다. 이런 사실은 구원의 순간, 약속의 성취 곧 하나님 왕국이 이미 왔다는 것을 입증하고 있다.

하나님 나라의 현림은 예수님께서 기적을 행하시는 능력에서도 나타난다. 이와 같은 것은 마귀를 쫓으신 사실 안에서와 같이 분명하지는 않으나, 마태복음 4:23, 9:35에 나타나는 바와 같이 예수님의 하나님 나라 전파와 그의 기적은 서로 연결되어 쓰였다. 즉 예수님께서는 하나님 나라를 말과 행동을 통하여 전파하신 것이다. 더욱이 세례 요한의 질문에 대한 예수님의 대답은 병을 치료하시는 예수님의 능력 속에 하나님 나라의 도래가 명백하게 나타나 있음을 증명하고 있다. 마태복음 11:12의 말씀도 예수님의 기적과 관계되어 있고, 마태복음 13:16과 누가복음 10:23의 '보는 것' '듣는 것' 역시 제자들이 약속의 성취 곧 구원시대의 도래를 보고 들을 수 있음을 의미하는데, 이것은 기적을 보고 복음전도를 듣는 것을 의미한다. 이와 같이 신약성경의 기적은 독단적인 성격을 가지고 있는데 예수님의 기적은 메시야적 구원 행위이며 종말론적인 성격을 가지고 있다.

그러므로 예수님의 모든 기적은 사단의 힘이 파괴된 것을 의미하므로 하나님 나라가 도래하였음을 의미한다. 동시에 병은 사단의 통치의 결과로 나타나고 예수님의 마귀에 대한 투쟁은 윤리적 영역에서뿐 아니라 물리적 통치의 전체 안에서도 나타난다. 예로, 누가복음 13:11, 16에서의 질병은 육체의 무질서를 가져오는 악마의 눌림이고, 마가복음 9:25에서의 질병은 사단에게 속한 것을 말하고 있다. 또 예수님께서 귀신들이나 파도치는 바다를 향해 사용하신 '꾸짖음'은 세상에 대한 죄와 저주의 결과인데, 세상 안에 작용하는 모든 파괴로 이것 역시 하나님 나라의 도래를 입증하는 실례이다. 그리고 하나님의 왕국과 관련된 기적 중 가장 독특한 것은 '죽은 자를 살리심'이다. 전 복음의 내용으로 보아 하나님 나라의 구원은 그 절정이 '죽은 자를 살리심'으로 귀착된다.

예수님께서는 세례 요한의 질문에 대한 응답으로 그의 기적을 언급하셨을 뿐만 아니라 가난한 자들에게 복음이 전파된다는 것도 말씀하셨다. 메시야와 하나님 나라의 도래는 예수님의 기적 안에 명백하게 되었을 뿐만 아니라 그의 가르침(전파) 안에도 명백히 나타나 있다. 누가복음 16:16에서 "율법과 선지자는 요한의 때까지요, 그 후부터는 하나님의 나라의 복음이 전파되어…"라고 하였다. 이와 같이 율법과 선지서 안에 나타나는 미래를 향한 기대가 예수님의 복음전파로 성취되었다는 것을 의미하고 있다. 바로 이것이 제자들에게 그들이 보고 듣는 것이 복되다고 말씀하실 수 있었던 이유였던 것이다. 복음(Gospel)이라는 말의 구약적 배경은 특히 이사야서에서 찾을 수 있다. 거기에 좋은 소식의 전달자가 언급되어 있는데, 그 전달자는 야웨의 왕국통치와 새 시대의 도래를 전파한다(사 52:7). 이사야 61장에서 구원의 전달자는 Speaker로 소개되었고 성령으로 기름부음을 받고 좋은 소식을 온순한 자들에게 전하는 자로서 소개되고 있다. 예수님이 사용하신 복음(Gospel)의 뿌리를 이와 같이 찾을 수 있으므로 예수님께서 자신을 이사야서의 기쁨의 전달자와 동일시하셨다는 것이 명백하다. 그러므로 예수님이 전하는 하나님 나라의 도래가 그의 오심과 함께 현재 성취된 것을 말하고 있다.

예수님께서 전파하신 하나님 나라의 성취에는 하나 이상의 국면이 있다. 복음서를 자세히 연구해 보면 예수 그리스도의 오심에서 하나님 나라는 약한 자를 파멸하는 통치를 가지고 오는 능력으로, 그리고 병들고 죽은 자를 고치는 능력으로, 혹은 심령이 가난한 자에게 전파되는 구원과 축복의 메시지로 나타났을 뿐 아니라, 장차 완전하게 그들에게 주어질 미래의 구원에 대한 현재적 소유로서, 그것을 받아들이는 자의 선물임을 밝히고 있다. 그러므로 하나님 나라의 도래는 필연적으로 그것의 선포뿐만 아니라 그것과 함께 구원의 선물을 동반한다. '하나님 나라에 들어간다'고 말하는 성경구절 대부분이 미래상의 어떤 영원한 축복을 나타내고 있지만, 또한 하나님 나라는 현재 이미 받아 누리는 소유라 해도 이상한 것이 아니다. 예수님께서 말씀하신 바대로, 하나님 나라를 소유하리라는 가난한 자의 축복은 미래에 완전히 나타날 선으로서 선언되었지만, 그럼에도 불구하고 하나님 나라는 현재 심령이 가난한 자의 소유가 되는 것이다. 마태복음 13:16, 17에서 예수님께서는 제자들에게 "지금 보고 듣는 것이 복되도다"라고 말씀하셨고 누가복음 19:9에서 여리고 삭개오에게 "오늘 구원이 이 집에 이르렀다"라고 말씀하셨다. 복음을 받고 믿는 것은 현재의 일이다. 예수님의 말씀은 단지 언어나 약속일 뿐만 아니라 능력과 실체인 것이다. 그러므로 하나님 나라는 믿는 자의 구원 소유이며 이러한 소유는 현재적이다.

(4) 잠정적인 면에서

예수님께서는 그 나라의 임하심이 단지 가까운 장래에 기대되는 실체라고만 주장하지 않으셨다. 그는 자신의 인격과 사역에서 보이신 바 구원에 대한 구약성경의 예언을 현재로서 성취하심으로써 또한 그 나라의 임하심을 현재적인 것으로 입증하셨다. 그럴지라도 예수님께서 선포하신 그 나라의 임하심은 현재적으로는 완성되지 아니한 잠정적 성격을 가지고 있는 것이다.

사실 복음서에서 하나님 나라의 현재와 미래를 명확히 구분하고 있지는 않다. 어느 구절에서는 왕국이 임했다고 하며 어느 구절에서는 올 것이라고 말하고 있다. 어떤 때는 왕국의 현재를 말하고 있다. 이러한 현상은 뚜렷하고 조직적인 종말론의 결핍 때문이 아니라 복음의 특징인 것이다. 이러한 이유 때문에 하나님 나라의 도래를 두 구분(미래와 현재)으로 나누려는 시도는 배척되어야 한다. 오히려 현재적 실체와 미래적 실체로서 완성적이고도 종말적인 의미를 포함한 예수님의 하나님 나라 선포(설교)에서 예수님의 설교의 성격과 독특한 본질을 파악하는 것이 좋을 것이다.

그 나라의 도래(현재와 미래)에 대한 주님의 선포에는 악한 자의 끊임없는 권세의 행사로 말미암아 크나큰 긴장이 되어 있었다. 이 사실은 악한 자의 계속되는 권세에 대해 복음서에서 예수님이 어떻게 말씀하시는지 알아 봄으로 잘 입증될 수 있다. 예수 그리스도의 악한 자에 대한 승리는 하나님 나라의 현재성에 대한 가장 명백한 증거들 중 하나이다. 그러나 사단의 권세가 끝나지 않았다는 명백한 증거가 복음서에 나타나 있다. 주님께서 가르치신 주기도문에서 "시험에 들지 말게 하옵시고, 다만 악에서 구하소서"라고 하였다. 이것은 악한 자의 능동적인 영향력을 내포하고 있는 것이다.

예수님의 공생애 사역 시초부터(광야시험) 마귀는 그를 넘어뜨리기 위해 공격하였다. 마찬가지로 예수님의 제자들도 사단의 증오와 공격 대상이었다. 이러한 사실은 주기도문의 결론인 "악에서 구하소서"에서 잘 나타난다. 사단이 그들을 밀 까불 듯이 청구(claiming)하였으니 주님은 이에 그들이 믿음을 잃지 않도록 기도하신 것이다. 사단은 적그리스도로서 어떻게 하든지 하나님께 속한 것은 무엇이든지 제거하려고 한다. 그러기에 주님은 기도를 하신 것이다. 바로 여기에 기도하는 것과 청구하는 것 사이에 심각한 대립이 있는 것이다. 그리스도는 제자들을 시험에서 보호하시거나 그들로부터 시험을 제거하실 수는 없었던 것이다. 왜냐하면 이것은 예수님의 원수와 어두움의 권세의 시간이기 때문이었다(눅 22:53). 그러나 중재자의 기도로써, 그것은 시험에서 제자들의 믿음을 유지하기에 충분했다. 이러한 사실은 두 가지 중요한 사실을 보여 주는데, 첫째로 예수님의 오심과 사역 가운데서 사단과의 투쟁은 절정에 이르렀고, 둘째로 이 투쟁은 끝난 것이 아니라 막강한 능력을 가지고 계속되어 왔다는 것이다.

마태복음 12:43-45에서 예수님은 경고하시기를 '더러운 영'은 나갔지만 마귀는 자기 살던 집으로 돌아가기를 갈구한다고 하셨다. 그러므로 마귀는 땅 위에서 아직 소멸되지 않은 것이다. 당분간 떠났을 뿐이다. 새 주인(성령)이 그 새 거주지에 오시지 않는 한 마귀는 깨끗이 소제되고 비어 있는 곳을 발견하여 마귀의 전 군대를 데리고 올 것이다. 이렇게 되면 나중 형편이 전보다 더욱 비참하게 된다. 이러한 지속적이고 맹렬한 사단의 공격은 하나님 나라의 비유 내용에서 중요한 요소인 것이다. 마태복음 13:25의 가라지 비유를 보면 39절에서 설명한 것처럼 단지 원수는 씨를 뿌리는 실체인 것이다. 가라지를 뿌리는 적개심은 예수 그리스도의 오심과 그의 사역에 반항하여 그것을 좌절시켜 자신을 유지코자 하는 극도의 적의에 찬 것이다. 마태복음 8:28(막 5:11; 눅 8:26)에 기록된 가다라 지방의 귀신 들린 자의 치유 이야기에서도 마귀에 대한 예수님의 지배력이 나타난다. 마귀는 예수님의 접근을 무서워하여 소리지르며 떤다. 그들은 때가 되기 전 자기들을 괴롭히지 않기를 간청한다. 왜냐하면 마귀는 지옥불의 영원한 처벌을 무서워 하기 때문이다(계 20:10, 14). 여기에서 자기의 때란 하나님이 그들의 힘을 꺾고, 영원한 처벌의 고통에 마귀들을 던지는 하나님이 정하신 시간이다. 이 시간은 사단의 능력이 끝나고 그의 가장 큰 원수인 그리스도께서 통치하실 때인 것이다. 마귀는 그 때를 알기 때문에 예수님께 간청한 것이다. 이때가 아직은 아닌 것이다. 사단은 여전히 시간을 가지고 있으며(예수님께서 오신 후에도 하나님에 의하여 그에게 허락된) 장소를 가지고 있다(계 12:12). 이런 의미에서 사단이 하늘에서 떨어졌다는 예수님의 말씀이 이해될 수 있다.

예수님이 행하신 기적에서 하나님 나라의 잠정적 성격을 우리는 볼 수 있다. 예수님의 기적은 메시야적인 구원행위로서 종말론적 성격을 가지고 있다. 이것은 인간을 위협하는 질병과 재난과 위험들이 여전히 사단의 활동과 밀접한 관계를 가지고 있음을 보여 준다. 또한 이것은 하나님 나라의 도래를 표명하면서 만물의 재창조와 신생으로서 간주되는 질병의 치료와 죽은 자의 일어남에서도 나타나고 있다. 그러나 이러한 기적들은 부수적인 것으로서 일시적인 상징이라는 것에 환기해야 할 것이다. 즉 그 기적들은 자체가 목적이 아니라 하나의 수단으로서 사용되고, 복음전파를 촉진하는 기능을 갖고 있는 것이다. 그러므로 기적은 계시의 방편이 있을 뿐 결코 계시의 내용은 아닌 것이다. 그러므로 예수님의 기적에 대하여 다음 네 가지 점을 주목해야 할 것이다.

첫째로, 주님께서 광야의 유혹을 받으실 때 예수님의 기적적인 능력은 전적으로 하나님이 주신 임무만 하도록 되어 있음이 나타난다. 하나님 아버지께서 허용하시는 배고픔을 피하려 하지 않으시고 하나님의 말씀에 의지한 것이다. 예수님은 기적이나 기사로 사람들의 호의를 구하려고 하지 않고, 자기의 능력을 하나님 아버지의 뜻에 순종시킴으로 그의 기적을 선교의 보조로 사용하신 것이다.

둘째로, 예수님의 기적 자체는 목적을 갖지 않고 다만 그의 능력의 증거로 도울 뿐이다. 마가복음 1:36-38에서 그의 기적을 본 군중들이 그를 찾을 때 예수님은 말씀하시기를 "다른 마을로 전도하러 가자 이를 위하여 내가 왔다"라고 하셨는데 이는 자기의 메시야적 과업 목표를 말씀하신 것이다.

셋째로, 예수님의 기적과 사람들의 믿음 사이에 밀접한 관계가 있다. 기적을 통하여 사람들은 예수님을 믿은 것이다. 다시 말하면 사람들이 믿음을 가지도록 혹은 사람들이 그를 믿도록 하기 위해 기적의 의미가 있는 것이다.

넷째로, 예수님의 기적은 하나님 나라의 도래를 제시할 뿐 아니라 우주적인 신생(우주적인 오는 시대)을 가리킨다. 제자들이 전도 여행 후 주님께 귀신이 쫓겨감을 기쁘게 여겨 고할 때 예수님은 "귀신들이 항복하는 것으로 기뻐하지 말고 너희 이름이 하늘에 기록된 것으로 기뻐하라"고 하셨다.

이상에서 우리는 예수님의 기적이 계시의 방편이지 결코 계시의 내용이 아님을 알게 되었다. 또한 예수님의 기적은 철저하게 말씀과 긴밀히 연관을 가지고 행하여질 뿐 아니라 믿음의 결과를 가져오는 것과도 밀접한 연관을 갖고 있으며 철저하게 하나님 아버지께서 하라고 하신 일에만 기적이 행하여지고 있음을 보게 된다.

예수님의 오심으로 시작된 하나님 나라의 양상은 다양한 방법으로 나타난 하나님 나라에 관한 예수님의 비유에서 명확하게 볼 수 있다. 그런 의미에서 비유의 구속, 역사적 의미와 그 설명을 고찰하지 않으면 안 된다.

율리커(Julicher)는 우화적이고 풍유적인 해석에 반대하여 비유를 영적인 것에서부터 보편적으로 관찰할 수 있는 인생의 실체의 묘사라고 해석하고 있다. 그러나 이러한 해석은 자유주의자의 견해를 따르는 것으로서 단지 비유를 매우 피상적이고 윤리적인 해석으로 여기는 것일 뿐이다. 철저종말론의 견해도 비유를 전적으로 종말적인 것으로 해석한다. 즉, 예수님은 단지 비유로서 미래 왕국의 확실성을 말한 것이라고 주장한다. 그러나 우리의 견해로는 비유는 하나님 나라의 계시의 복잡한 성격으로서, 현재적인 면과 미래적인 면이 비유의 실제적인 주제라는 것이다. 예수님의 비유는 예수님의 전도와 설교의 수사적 성격과 밀접한 관련을 갖고 있다.

비유는 하나님 나라에 관해 보다 많은 계시적이고 역사적인 내용을 우리에게 제공해 준다. 그러므로 우리들은 예수님의 비유들을 구속사의 관점에서 보아야 한다. 제자들이 주님께 "무슨 의도로 비유로 말씀하십니까?"하고 물었을 때 주님은 "너희에게는 천국비밀을 아는 것이 허락되었으나 저희 외인들에게는 모든 것을 비유로 한다"(막 4:11-12)라고 하셨는데 이것은 비유의 두 가지 효과를 말씀하신 것이다. 하나는 계시이고 다른 하나는 어떤 것을 감추는 것이다. 왜냐하면 "저희로 보기는 보아도 알지 못하며, 듣기는 들어도 깨닫지 못하게 하여 돌이켜 죄사함을 얻지 못하게 하려 함"이기 때문이다. 즉 이 말씀은 비유의 의미가 오직 하나님 나라의 신비를 알도록 주어진 자들에게만 이해될 수 있다는 것이다. 이런 의미에서 예수님의 비유는 예언 성취인 것이다(시 78:2 "내가 입을 열고 비유를 베풀어서 옛 비밀한 말을 발표하리니"). 그러므로 예수님이 비유로 말씀하신 목적을 간단히 요약하면 첫째 그것은 하나님 나라의 오심(도래)을 특별하게 감추이게 하는 방식이다. 두번째 그것은 예수님의 오심으로 시작된 하나님 나라의 계시의 특별한 양상(modelity)을 표현하는 것이다. 즉, 하나님 나라는 이미 임하였으며 메시야는 계시된 것이다. 그러나 이 사실은 오직 하나님의 은혜에 의하여 믿음으로만 알게 되는 것이다.

앞에서 말한 것처럼 비유의 내용들은 예수 그리스도의 오심과 더불어 시작된 하나님 나라의 특별한 성격과 의미를 분명하게 밝혀 주고 있다. 그것은 예수님의 왕국에 대한 현재성의 선포와 최후 심판의 연기 사이의 관계를 설명해 주고 있다. 특히 씨 뿌리는 자의 비유는 다른 비유들을 이해하는 데 초석이자 관문으로서 우선권을 가지고 있다. 이 사실은 예수께서 제자들에게 하신 말씀에서 그 증거를 찾을 수 있다(막 4:13). 또한 제자들이 예수님의 이 비유를 이해하지 못하였다는 사실에서 이 비유가 단지 일반적이거나 교육적이거나 혹은 심리적이고 교훈적인 교훈을 주기 위하여 사용되지 않았다는 것을 알 수가 있다(눅 8:9). 더욱이 이 비유가 단지 일반적인 의미를 전달하는 것이 목적이라면 상징에 대한 제자들의 이해력의 결핍은 우리를 놀라게 할 뿐 아니라 그 비유 자체는 '외인'에게 비밀로서의 중요성을 지니는 수단으로서 고수할 수가 전혀 없었을 것이다. 그러므로 이 비유의 목적은 비유 속에 그려진 사건과 하나님 나라의 계시 사이의 관계성에 있는데 이는 구속사적 요소인 것이다. 이 관계성은 제자들에게는 분명치 않은 것이었다(비록 하나님 나라의 비밀인 그 나라의 현재성을 이해할 수 있는 특권이 허락되었었지만). 그렇기 때문에 이 비유에 대한 예수님의 첨가된 설명이 중요한 역할을 하고 있다. 우리가 이 비유에서 간취할 수 있는 유일한 사실은, 그 주제가 하나님 나라의 계시에 대하여 말하고 있다는 것이다. 마가복음 14, 누가복음 8:11에서 씨는 하나님의 말씀으로 비유되었다. 이 씨 뿌리는 자의 비유의 특징을 간단히 살펴보자.

첫째로, 이 비유는 하나님 나라의 비밀을 내포하고 있으며 자신을 농부로서 비유함으로써 그리스도와 더불어 그리스도 안에서 임하는 하나님 나라의 양식에 대한 교훈을 말하고 있다.

둘째로, 이 비유는 씨 뿌리는 자에게 열매가 있느냐 없느냐의 두 가지 사실을 강조한다. 열매가 없는 이유는 씨가 길가와 바위와 가시떨기에 떨어졌기 때문이며 또한 그 배후에는 사단의 방해공작이 있다는 것으로까지 소급되기도 한다(마 13:19, 막 14:15, 눅 8:12). 이것은 마음의 피상적 조건과 세상적인 염려에 기인하는 것이다. 즉 씨 뿌리는 자의 부주의가 언급된 것이 아니라 바로 씨를 받는 토양의 '세상적인 방법'의 실체에 문제가 있는 것으로 지적한다.

셋째로, 이 비유는 세 가지 토양에서 열매가 없음을 지적할 뿐만 아니라 좋은 옥토에 떨어져서 위대하고 놀랍게 번식하는 법칙을 좇아서 열매를 맺는 씨에 대하여 말하고 있다. 또한 열매가 없거나 나쁜 결실의 가능성에도 불구하고 30배, 60배, 100배의 놀라운 열매의 결실을 발견하게 된다. 이것은 복음을 전파하는데 많은 실패가 있을지라도 씨앗의 놀라운 힘에 대해 지적하고 있다.

요약컨대, 이 비유는 계시로서 모든 것을 정복하기 위한 하나님의 종말적인 세상의 오심이 씨의 방식과 같이 진행된 것이며 하나님께로부터 모든 권위와 능력(권세)을 받으신 메시야는 농부의 모습으로 나타나신다는 것을 우리에게 말해 주고 있다. 참으로 이러한 방식으로 추수의 때(종말의 때)는 올 것이다. 이것을 깨닫는 자마다 신비를 알 뿐만 아니라 감추인 계시의 의미를 알게 될 것이다. 사단의 권세에도 불구하고, 또 마음의 완곡함과 세상에 대한 염려와 부에 대한 미혹에도 불구하고 하나님의 능력 있는 말씀과 그리스도의 사역을 통해서, 결실은 예비되어 있는 것이다. 그리고 오직 현재의 비밀을 아는 자만이 미래의 계시를 소유할 것이다. 왜냐하면 씨는 하나님의 말씀이기 때문이다.

이제는 알곡과 가라지의 비유를 간단히 고찰함으로 하나님 나라의 잠정적 특징을 찾아보고자 한다. 이 비유는 내용상 씨 뿌리는 자의 비유를 더욱 정교화하고 보다 더 자세히 상술하고 있다. 이 비유는 씨 뿌리는 자의 모습을 묘사하고, 부가된 설명으로 명백하게 진술하고 있으며, 또한 좋은 씨를 뿌리는 자는 인자임이 분명하게 기술되어 있다. 이 비유의 특징을 보자.

첫째, 이 비유는 하나님 나라의 비밀에 대한 통찰력으로 시작하여 하나님 나라의 실체의 완성에 관한 양식을 제공해 주고 있다. 즉 그 나라는 씨와 같이 진행되는 말씀의 방식으로 올 것이며 또한 메시야는 씨 뿌리는 자의 형태로 오신다는 사실이다.

둘째로, 씨가 뿌려진 후에 씨가 직면하는 장애물에 대해 언급하고 있다. 여기에서는 나쁜 토양의 모습으로 나타난 것이 아니라 알곡 사이에 가라지를 뿌리는 원수의 모습으로 나타난다.

셋째로, 이 비유의 새로운 요소는 알곡에서 가라지를 단번에 제거하는 것이 더 낫지 않겠느냐는 종들의 질문과 이 제거는 추수 때까지는 결코 일어나지 않을 것이라는 땅 주인의 대답이다. 여기에서 주목할 것은 누가 알곡과 가라지를 분리하는가가 아니라 언제 그것이 일어날 것인가 하는 데 초점이 있다는 것이다. 주인은 추수 때까지 연기한 것이다.

넷째로, 이 비유는 또한 하나님 나라의 현재적인 것과 미래적인 것 사이의 관계에 대한 조명을 가져다준다. 하나님 나라의 현재적인 면 – 마지막 심판의 연기와 하나님 나라가 임한 후에도 여전히 존재하는 악과 선의 혼합의 연속 – 에 대한 선언으로 제기된 문제를 이 비유는 취급하고 있다. 왕국은 씨와 같이 임한다. 인자는 추수꾼이 되기 전 씨 뿌리는 자이다. 씨 뿌리는 자는 당장 추수할 수 없는 것이다. 심판의 연기는 그리스도와 같이 임한 하나님 나라의 양식에 따라 정해지는 것이다.

다섯째, 이 비유의 일반적 목적으로서, 가라지는 알곡과 매우 현저한 유사성을 갖고 있어서 적어도 시간이 있는 동안에는 그들을 구별하기 힘들다는 것이다. 그러나 가라지가 눈에 띄게 분명해질 때면 알곡 또한 이미 제 모습을 드러낸다. 그렇게 되면 가라지와 알곡을 혼동할 위험은 없는 것이다. 그리고 가라지와 알곡의 뿌리들이 얽혀 있으므로 가라지를 뽑는 것은 위험성을 지니고 있다. 그러므로 추수 때까지 그 제거를 연기하는 것이다.

고기잡는 그물의 비유는 알곡과 가라지의 비유와 매우 유사하다는 점에서 같은 목적을 가지고 있다(마 13:40-42; 13:49-50). 분명하게 이 비유 역시 구속적-역사적 요소를 다루고 있다. 그물을 바다에서 끌어올린 이후 어부는 해변에서 고기를 고르는 것이다. 예수 그리스도와 함께 임한 그리스도 왕국은 먼저 모으기 위해 임하고 모은 후에야 결정적인 분리(심판)를 하고 자신을 그의 완전하신 영광 가운데서 계시하실 것이다. 그러므로 이 비유에서 고기의 분류는 마지막 심판을 의미하고, 고기잡는 일은 현재의 복음전파를 의미한다고 생각된다.

(5) 하나님 나라의 복음의 주제

여기에서는 복음 선포의 중요성에 대하여 간단히 살펴보기로 한다. 복음의 내적

구조를 보면 복음은 선물, 즉 구원(Salvation)과 요구 곧 명령(Command)이 긴밀하게 연결되어 있다. 그런데 이것에 앞서 이러한 구원의 선포를 구성하고 있는 어떤 전제가 있다. 복음은 전혀 새로운 것이 아니다. 구원은 계시의 역사에 의해 결정된다. 그러므로 구원 선포를 이루는 근거를 순수한 사실적 근거로 보아야 한다. 이렇게 함으로써 예수님의 구원선포와 명령을 더욱 깊이 이해할 수 있을 것이다.

예수님의 하나님 나라 선포에서 가난한 자에 대한 복음이란 말이 자주 나온다. 하낙(Harnack)은 심령이 가난한 자(the poor in spirit)는 새로운 의의 근원이 되는 겸손이라고 한다. 불트만(Bultmann)은 심령이 가난한 자를 죄인이라고 한다. 그러나 심령이 가난한 자를 특수하고 역사적인 의미로 보는 것이 타당하다.

구약에서 가난한 자와 심령이 가난한 자의 배경을 살펴보면 그 의미가 매우 명백해진다. 두 낱말 모두 외적인 빈곤이나 억압을 의미한다. 그리고 이것들은 구약에서 거듭하여 나타나는데 특별히 시편과 선지서에서 많이 나타난다. 그들은 사회적으로 억압당하고 불의의 세력으로부터 고통당하며 또 자신만의 이익을 생각하는 자들에 의해 고통당하는 자들이다. 그러나 그들은 동시에 하나님에 대한 믿음을 가지고 하나님 편에 서서 신실히 살아 있어서 오직 그분의 나라로부터 구원을 기대하는 사람들이다. 그들은 악을 악으로, 불의를 불의로 대항하지 아니하고, 하나님을 믿지 않은 세속적인 사람들 사이에서 진정한 하나님의 백성을 형성하는 것이다. 그리고 그들은 계속하여 주님의 구원과 도래와 왕적 구속의 현현에 대한 약속으로 위안을 받는다(시 22:27; 25:9; 34:3; 37:11; 72:12, 13; 147:6; 사 11:4; 29:19 등등).

가난(poor)이란 특별한 의미로서 오래 전부터 구원의 약속을 기다리는 것을 의미한다. 그리고 마태복음 5:4, 6장, 누가복음 6:21에서 굶주리고 애통하는 것은 도덕적 결핍을 말하고 있는 것이 아니라 현재에도 계속되는 억압과 불의의 세력으로부터 하나님께서 그의 백성을 구원해 주실 것을 바라는 것이다.

예수님 자신의 가르침 가운데서 이러한 사상에 대한 매우 명백한 예를 가지고 있는데 공정하지 못한 재판관의 비유(눅 18:1-8)와 마리아의 찬송(눅 1:46-55)이다. 특히 마리아의 찬송에서 하나님 나라와 가난한 자의 연관이 잘 나타나 있다. 거기에서

'강한 자'와 '천한 자'가 나오며 '부유한 자'와 '굶주린 자'가 나오는 가운데 '전능하신 분'께서 구속적인 개입을 하셔서 구원의 복(beatitude)를 주신다. 이것의 근거는 주님께서 "그 종 이스라엘을 도우사 긍휼히 여기시고 기억하시되 우리 조상에게 말씀하신 것과 같이 아브라함과 및 그 자손에게 영원히 하시리로다"이다.

예수님에 의하여 언급된 가난은 보편적인 것이나 어떤 특별 계층에 한정되는 것이 아니라 하나님과 그의 백성 사이의 특별 구속사적 관계에 바탕을 두고 있는 것이다. 하나님 나라의 복음은 가난한 자의 복음으로서 특정 지어질 수 있다.

언약이란 말은 복음서에서 한 번밖에 나오지 않지만 복음서에서 중심적인 중요성을 띠고 있다. 그 언약의 모습은 예수님이 탄생하실 때부터 나타난다(눅 1:32; 눅 1:54, 눅 1:68, 마 1:21). 그리스도의 나심은 이스라엘에게 하신 하나님의 언약의 성취였다.

세례 요한의 가르침은 주의 백성으로서의 이스라엘의 견해와 대조되는 듯 하다. 이스라엘의 전체성에 대한 개념이 개인의 회개로 대치된다. 그는 아브라함의 자손이라고 생각하는 자들을 거절했던 것이다. 이것은 종교적 개인주의라고 생각될 수 있으나 요한의 설교는 분명히 아브라함과 맺은 언약의 성취를 말하고 있다. 여기에서 아브라함의 자손은 육적으로 아브라함에게서 난 모든 자손을 말하는 것이 아니라 아브라함의 진정한 자녀를 말하고 있다. 모든 육적인 아브라함의 후손이라는 생각이 배제되었으나 하나님의 백성에 대한 구속사적 중요성과 사고들은 포기되지 않았다. 그것은 전적으로 하나님의 자유로운 재창조의 은혜 때문이다.

예수님의 설교에서 하나님의 백성으로서의 이스라엘의 전체성을 볼 수 있으나 그것은 사실상 옛 사상을 대치하는 새 이스라엘의 개념이었다. 초기 사역에서 하나님과 이스라엘 간의 역사적이며 특별한 관계를 볼 수 있다. 그래서 예수님께서 세상에 오신 목적은 "이스라엘의 집의 잃어버린 자"를 찾으시려는 것으로 알려졌었다. 그것은 이스라엘의 전체성에 해당되는 말씀이다. 그러나 그러한 설교의 배후에는 다른 양상, 즉 전체이든 개인이든 간에 유기(reprobation)라는 개념이 있다. 그리스도의 왕국 선포는 복음의 선포였지만 또한 이스라엘에 대한 심판도 포함되어 있다. 이제는 이스라엘에 속했기 때문에 구원을 얻을 수가 있는 것이 아니라 회개해야만 구원을 얻을 수 있다. 예수님은 비록 유대지방에서만 사역하셨지만 그의 설교는 하나님의 자녀들이 세상 각지로부터 와서 아브라함과 야곱과 더불어 앉을 것을 말하고 있다. 결국 예수님의 후기 설교는 그 백성이 믿지 않으므로 그들의 특권은 박탈되고 다른 백성들에게 그것이 주어질 것을 말씀하고 있다(마 21:40-41). '육체로 따라 난' 이스라엘을 가리키는 '하늘 나라의 자녀들'이란 말은 '좋은 씨'라는 새로운 의미로 쓰이게 되었다. 처음에 이스라엘의 전체성에 적용된 하나님과의 특별한 관계는 이제는 복음을 듣고 믿음과 회개로 받아들이는 하나님의 선택된 자들에게 한정된 것이다. 이러한 변화는 구약성경에 그 근거를 두고 있다(렘 31장). 예수님께서 열두 제자를 부르신 것은 구속사적 중요성을 가진다. 그들은 구약의 열두 지파를 의미하는데 그 지파에 속한 모든 자들을 일컫는 것이 아니라 새로운 하나님의 백성을 나타낸다. 이 공동체는 이스라엘의 열두 지파라고 불리는데 왜냐하면 구속 계획이 이 안에서 계속되며 이스라엘과의 언약이 그 안에서 목적에 달성하기 때문이다. 또한 혼인잔치의 비유에서도 그것을 볼 수 있다. 이 비유는 하나님 나라의 우주적 특성을 지적하고 있다. 그리고 그 안에 언약의 사상이 계속되는 것이다.

예수님에 의하여 선포된 복음의 모든 구조는 언약의 개념에 의해서 결정된다. 성만찬에서 예수님은 "이것은 죄사함을 받게 하려고 많은 사람을 위하여 흘리는 바 나의 피 곧 언약의 피니라"라고 하셨다. 이 말씀은 언약의 견지에서 예수님의 메시야적 사역을 말해 주기 때문에 중요하다. 이것은 예레미야 31:31-34의 새 언약(the New Covenant)과 관계가 있다. 이 언약의 그리스도의 대속적 고난과 죽으심에 근거하기 때문에 깨어질 수 없는 것이다. 왜냐하면 언약의 피가 모든 사람들에게 흘러져서 새롭고 영원한 언약을 가능하게 했기 때문이다. 그러므로 그리스도 안에서 선포된 구원은 언약의 개념에 집중되는 것이다. 이제 '이스라엘', '그의 백성', '하나님의 백성'이란 말은 새로운 의미를 가진다. 하나님의 백성이란 육적인 이스라엘이 아니고 그리스도께서 그들을 위해 언약의 피를 흘려주신 자들이며 성령에 의하여 마음이 새로워진 자들이다. 즉 복음의 견지에서 보면 그들은 복음선포를 믿음과 회개로 받아들이는 자들이다. 바로 그들 안에서 언약은 적용되는 것이다.

하나님 나라의 복음은 '가난한 자의 복음'처럼 '선택된 자에 대한 복음'으로도 규정 지을 수 있다. 이것은 그리스도의 탄생 때부터 볼 수 있는데 "땅에서는 기뻐하심을 입은 자들에게는 평화로다"라는 천사의 말에서 하나님의 구속적인 은혜가 표현되어 있다. 그러면 선택된 자는 누구인가? 그것은 개인적 의미에서 이해될 수 없고 하나님의 백성의 선택이란 의미에서 이해될 수 있으며 이 백성의 수는 하나님의 구속의 섭리로 결정된다.

사실 하나님 나라의 복음은 하나님의 미쁘신 뜻에 의해서 나왔다. 누가복음 12:32을 보면 이 사실이 더욱 분명하다. "적은 무리여 무서워 말라 너희 아버지께서 그 나라를 너희에게 주시기를 기뻐하시느니라."

선택은 오직 하나님의 주권적인 은혜로만 된다. 그러나 동시에 선택이 운명론이나 정적인 것으로 해석되어서는 안 될 것이다. 왜냐하면 선택의 개념은 믿음 안에서 끊임없이 기도할 것에 강조점을 두고 있기 때문이다.

요약하면, 가난한 자에 대한 복음으로서의 하나님 나라의 복음 선포는 하나님의 기쁘신 뜻에 깊이 뿌리 박고 있는 하나님과 그의 백성 사이의 언약관계에 근거한다고 말할 수 있다. 이 언약의 확증과 갱신은 그리스도의 말씀과 사역, 특별히 그리스도의 대속적인 죽음으로부터 그 근거와 특징을 가진다.

하나님 나라가 현재적인 것인가 혹은 미래적인 것인가, 혹은 이미 이땅에 임했으나 그 완전한 것은 미래적인가 하는 데 견해의 차이가 있는 것 같다. 그러나 성경에 의하면 하나님 나라는 이미 임했으며, 완전한 것은 미래, 하나님의 정한 시기에 임할 것이라는 것이다.

예수님이 말씀하신 하나님 나라는 혼자 지어낸 것이거나 환상이 아니고, 구약에 배경을 둔 구속사적인 하나님의 나라이다. 하나님 나라는 구약의 성취로서 예수님의 초림과 함께 이 땅에 임하였다. 예수님의 가르침과 기적이 바로 이를 증명한다. 그러나 임한 그 나라는 완전한 것이 아니다. 세상은 아직 사단의 권세 아래 있다. 그러나 그 나라는 예수님의 재림으로 장차 완성될 것이다. 바로 여기에 하나님 나라의 현재성과 미래성이 있는 것이다.

4. 신약성경 이외의 자료에 나타난 예수[7)]

예수 그리스도에 대하여 처음 소개를 받는 이들이 간혹 갖는 의문들 중의 하나가 "예수라는 인물이 정말 역사적 인물인가, 아니면 실제로 있었는지 없었는지 모를 전설적인 인물인가?"하는 것이다.

이러한 의문들을 해결할 수 있는 방법은 일반 역사 속에 나타난 자료들을 찾아보는 것이다. 당시 로마의 역사가이며 아시아 총독을 지낸 정치가였던 로마인 타키투스(Tacitus)는 주후 64년 네로 황제 시대에 핍박을 받은 기독교인들의 모습과 티베리우스 황제 시대에 유대 지방에서 총독 본디오 빌라도에 의해 처형된 예수 그리스도에 대하여 다음과 같은 역사적 기록을 남겼다.

"그들은 자신들의 이름을 그리스도에게서 따왔는데 그리스도는 디베료 황제 치하에 있던 총독 본디오 빌라도의 선고로 처형을 당한 자이다. 이로 인해 그 유해한 미신은 당분간 저지를 당했으나 새롭게 일어나 처음 그 역병이 발생했던 유대에서뿐만 아니라 로마 속에서도 번성하게 되어 로마에서는 세상에서 가장 끔찍하고도 수치스러운 그것이 모여 자리를 잡게 되었다"(Tacitus).

티베리우스

7) F. F. Bruce, *Jesus and Christian origins outside the New Tastament*(「예수님과 기독교의 기원」, 한균 역, 서울 : 생명의 말씀사, 1984), 74-8.

이것은 2세기 초 로마 역사가에게서 발견할 수 있는 정보이다. 이것은 아마도 그리스도인들에 대한 로마 당국의 심문에 근거한 자료를 토대로 기록되었을 것이다.

두번째 언급은 로마 역사가 수에토니우스(Suetonius)에게서 나온다. 그는 약 120년경에 율리우스 시저(Julius Caesar)로부터 시작되는 처음 12명의 로마 황제들의 전기를 편찬한 사람이다. 「글라우디오의 생애」(*Life of Claudius*)라는 저작 속에서 그는 글라우디오 황제에 대하여 다음과 같이 기술하고 있다.

글라우디오

"황제는 유대인들이 크레스투스(Chrestus)의 선동으로 인하여 계속해서 폭동에 참여하고 있었기 때문에 로마에서 그들을 추방시켰다."

'크레스투스'(Chrestus)란 평범한 노예의 이름으로 그리스도(Christ)란 이름의 철자가 잘못 표기된 채 널리 보급되어 온 것이었다. 수에토니우스가 「글라우디오의 생애」에서 언급하고 있는 상황은 최근에 로마에 있는 유대인 공동체 속으로 기독교가 도입됨으로써 그 속에서 논쟁과 투쟁을 동반하는 반란이 일어나게 된 결과를 말하고 있는 것이다. 이러한 반란을 진압하기 위해 치안 조치가 취해졌는데 이 치안 조치를 기록해 놓은 것이 몇 십 년 후에 어느 역사가가 그 사건을 언급하게 되었을 때 자료 구실을 해 주었던 것이다. 또한 주후 70년경 로마의 티두스(Titus) 황제에게 포로로 잡혔던 당시의 유대 독립운동가이자 역사가인 요세푸스(Josephus)는 그의 책 「유대고사」(*Antiguities*) 제 18권에서 유대 총독 빌라도의 통치 기간(주후 26-36년) 동안에 유대 백성들이 당면했던 여러 가지 문제를 설명하고 있다. 그는 여기에서 무려 3페이지에 걸쳐 예수의 역사성을 증거했다. 다음은 그 기록들 중 일부이다.

"그런데 이 당시에 예수가 있었는데 만일 예수를 사람이라고 부르는 것이 타당한 것이라면 그는 지혜자였다. 왜냐하면 그는 놀라운 일을 행하는 사람이었고 기쁨으로 진리를 받아들이는 사람들의 스승이었기 때문이다. 그는 많은 유대인과 이방인을 모두 자신에게로 오게 했다. 그는 그리스도였다. 우리들 중 주요 인물들의 제안에 따라 빌라도가 그를 십자가에 못 박도록 형을 선고했을 때 처음에 그를 사랑했던 사람들은 그를 저버리지 않았다. 왜냐하면 그는 제 3일 만에 다시 살아나 그들에게 나타났기 때문이다. 하나님의 선지자들이 이러한 일과 그에 관한 그 밖의 놀랄 만한 무수한 일들을 예언했듯이 말이다. 그리고 그로부터 이름이 붙여진 그리스도인들이라는 지파는 오늘날까지 소멸되지 않고 있다."

예수님에 대한 또 다른 언급은 요세푸스의 저술 이외에 유대 문헌(Jewish Literature) 속에서 찾아볼 수 있다. 그 중 가장 중요한 것은 탈무드의 소책자 「산헤드린(43a)」 속에 보존되어 있는 "바리이타"(baraitha)이다.

"예수는 유월절 전일에 달렸다. 이 일이 있기 40일 전에 고지자(告知者)는 외치길 '그는 돌에 맞으러 끌려 나올 것이다. 왜냐하면 그는 마술을 행하고 이스라엘 백성을 미혹시켰으며 그들을 배교하도록 꾀어 냈기 때문이다. 누구든지 그를 변호하여 무슨 할 말이 있거든 나와 말해 보게 하라'고 했다. 그를 변호하는 아무런 제의도 없었으므로 그는 유월절 전일에 달렸다."

"바리이타"(baraitha)는 예수님이 유월절 전날에 달렸다고 진술하고 있는 점에서 요한복음과 일치하고 있다. 그러나 예수님의 죄에 대한 서술은 우리가 복음서에서 읽게 되는 예수님과 서기관들 간의 신학적인 논쟁에 대한 유대인들의 구전에 의존하고 있다. 예를 들어 '마술'을 행했다는 고소는 예수님이 바알세불의 도움으로 귀신을 아냈다는 그들의 주장(막 3:22)을 회상하고 있음을 할 수 있다. 어쨌든 위의 자료들은 한결같이 예수 그리스도의 역사성에 대해 명백하게 증명해 주고 있다. 그러므로 그리스도에 대한 신앙은 확실하게 드러난 역사적 사실에 근거를 두고 있음을 기억해야 한다.

5. 기독론

기독론은 예수 그리스도의 인격과 그의 하신 일을 다루는 것이다.

1) 예수 그리스도의 인격

예수 그리스도의 인격을 이해하는 것은 쉬운 일이 아니다. 예수님에 대한 다섯 가지 칭호는 그의 인격과 하신 일을 다루는 데 있어 어느 정도 중요한 요소가 된다. 첫째, 예수라는 이름은 자기 백성을 구원할 자로서의 그의 역할을 강조하고 있다. 둘째, 그리스도란 말은 히브리어의 '기름 부음을 받은 자'라는 의미의 메시야란 말과 같은 뜻으로 신약성경이 사용한 말이다. 셋째, 인자라는 말은 거의 예수님 자신만이 사용하신 칭호였다. 넷째, 하나님의 아들이라는 이름은 공식적으로 또는 메시야적인 관점에서 예수님께 적용 되었다. 다섯째, 주님이라는 말은 단순한 칭호로서 예수님을 부를 때 사용되었다. 오늘날 기독교인들은 예수님께서 하나님이신 동시에 인간이시며, 두 가지 각각 다른 성품이 그의 인격 속에 "혼동되지 않고, 변하지 않으며, 보이지 않고, 분리되어 있지 않은" 상태로 연합되어 있다고 믿고 있다(칼케돈 신조, 기원 451년).

성경은 말하기를 예수님께서는 하나님의 명령에 의해 경배를 받으실 분이며 그분보다 낮은 영적 존재들은 경배의 대상이 될 수 없다고 하셨는데 이는 경배는 오직 하나님께만 드리게 되어 있기 때문이었다. 예수 그리스도는 하나님의 아들로서, 그의 아버지와 함께 천지 만물을 창조하신 분이다. 성경은 또한 예수님의 참인성에 대해서도 가르치고 있다. 신약성경에 기록된 그리스도는 환상이거나 귀신이 아니다. 그는 모든 면에서 인간이다. 그는 다른 사람들을 인간이라고 불렀던 것처럼 자기 자신을 인간이라고 불렀다. 그러나 성경은 모든 인간이 죄를 짓고 있으나 예수님께서는 죄를 범하신 일이 없으시다는 점을 강조하고 있다.

2) 예수 그리스도의 인간성

그리스도께서는 한 분이시나 두 가지 각각 다른 성품을 지니셨는데 이것은 한 육체 안에 두 인격이 존재하는 것과는 다르다. 그리스도의 신성이 우리의 예배의 궁극적 대상이긴 하지만 우리가 기도할 때에는 그리스도의 인성과 신성 두 가지 성품을 함께 나타내 주는 칭호를 사용할 수 있다. 예수님께서 삼위 중의 한 분이시고 또한 그의 인간으로서의 생활이 그의 모든 인격과 그의 능력을 포괄적으로 포용하고 있기 때문에 성경은 예수님을 하나님이며 인간이라고 말하고 있다. 이는 하나님의 활동하심과 하나님의 성품이 영원하신 하나님의 아들 그리스도에게로 그대로 이전된 것이라고 보기 때문이다.

3) 예수 그리스도의 신분

그는 율법 앞에 자신을 겸손히 낮추셨다. 그 결과로 하나님께서는 율법보다 높은 자리로 그를 높여 주셨다. 성자께서는 자기의 신적 권위를 내버리시고 인간의 성품을 입으셨다. 하나님의 말씀이 육신을 입으셨을 때 그가 과거에 어떠하셨는가 하는 것을 완전히 버리신 것은 아니었다. 아버지 하나님께서는 그리스도를 죽음에서 일으키심으로 그를 높이사 하늘로 들려 올리우시고 자기 오른편에 앉게 하셨다. 그리스도께서는 그 영광의 자리로부터 산 자와 죽은 자를 심판하러 다시 오실 것이다.

4) 선지자로서의 그의 역할

선지자로서의 역할을 하기 위해서는 하나님께로부터 명확한 그의 말씀을 받아야 한다. 구약성경은 하나님의 말씀을 그의 백성들에게 최종적으로 또한 명확하게 전달하는 위대한 선지자가 나타날 것이라고 약속하였다. 예수님께서는 바로 그 선지자이셨다. 이 땅에 계시는 동안 그는 자기를 따르는 사람들에게 자기 말과 행동으로 하나님의 일들을 가르치셨다. 지금도 하늘로부터 성령의 역사를 통해서 그의 예언자적 활동을 계속해서 역사하고 계신다.

5) 제사장으로서의 역할

구약 성경의 선지자들이 백성들 앞에서 하나님을 대신하는 역할을 했다고 하면, 제사장들은 하나님 앞에서 백성들을 대신하는 역할을 했다. 제사장은 하나님께서 임명하셔야 한다고 성경은 말하고 있다. 예수님께서는 자기 자신을 제사를 위한 희생물로 드리셨다. 그리스도께서는 죄인과 하나님을 화해하게 하셨다. 하나님께서는 그리스도를 보내사 우리의 죄를 속량해 주심으로 인류를 향한 그의 사랑을 나타내셨다. 그리스도께서는 우리를 대신하여 아버지 하나님께 끊임없이 변호해 주심으로 우리가 하나님 보시기에 완전해질 수 있도록 만들어 주신다. 마지막으로 그리스도께서는 믿는 자들을 위해 기도해 주신다. 우리가 등한시하는 것들, 보잘것 없는 것이라고 생각하는 것들, 혹은 우리가 보지 못하는 것들을 위해서 대신 간구해 주신다. 그는 또한 아직까지 믿지 않는 사람들을 위해서도 기도해 주신다. 그는 이러한 중보자적 역할을 맡아 쉬지 않고 역사하신다.

6) 왕으로서의 역할

삼위일체 하나님의 제 2위이시며, 아버지와 함께 창조의 역사에 참여하신 그리스도께서는 모든 만물 위에 계시며 지배하시는 왕이시다. 그는 구세주이시며 영적 세계의 임금이시니 이 말은 그가 자기 백성들의 마음의 문을 열어 그들의 마음과 생명을 다스리신다는 뜻이다. 그리스도께서는 영적으로 볼 때 왕이시기 때문에 그는 교회의 '머리'가 되신다.

제5장 열두 사도(제자)

Search the BIBLE Lands

예수님께서는 그의 복음 전도 초기에 열두 사람을 뽑으셔서 같이 다니시며 복음을 전하셨다. 예수님의 열두 제자 선택 계획의 우선적 목표는 그가 아버지께로 되돌아 가신 후 그의 생애를 증거하고 그의 사역을 계속할수 있는 사람들을 선택하는 일이었다. 그러면 왜 예수님께서는 열두 제자[8]들을 택하셨을까? 마가복음 3:14, 15을 보면 첫째는 자기와 함께 하시려고 제자들을 택하셨다. 다시 말해서 인간성을 가지신 예수께서 인간적인 동정과 교제를 필요로 하셨으며 더욱이 제자들을 택하여 가까이 둠으로써 특별한 교육을 하시기를 원하셨던 것이다. 둘째로 예수님은 복음 전도의 사명을 맡기기 위하여 저들을 택하셨고 파송하셨다. 이런 까닭에 예수님의 열두 제자들을 '사도'라고 부른다. 사도란 '보내심을 받은 자'란 뜻이다. 셋째로 귀신 내쫓는 일을 하기 위해 제자들을 택하셨다. 그러나 이 세번째는 두번째 사명인 복음전파를 위한 사명을 위한 것이다. 열두 제자들은 대단히 중요한 책임을 지게 되었다.

또한 예수님께서 하늘로 승천하신 이후에는 예수님을 대신하여 이 땅에서 사역하게 된다. 그들의 명성은 그들이 죽은 뒤 오랜 세월이 지난 후에까지도 계속해서 교회에 영향을 끼치고 있다. 그러기에 열두 사도를 택하신 것은 대단히 중요한 일이었다.

8) 신성종, 「신약역사」, 서울 : 개혁주의 신행협회, 1993, 105-146.

“이 때에 예수께서 기도하시러 산으로 가사 밤이 맞도록 하나님께 기도하시고 밝으매 그 제자들을 부르사 그 중에서 열둘을 택하여 사도라 칭하셨으니”(눅 6:12-13)하였다. 한편 사도들 중 대다수가 가버나움 지역 출신이었는데, 가버나움은 예의 바른 유대사회의 입장에서 볼 때는 천대받는 지역이었다. 그곳은 유대의 가장 늦게 편입된 지방에서 중심 되는 도시였고 “이방인들의 갈릴리”라고 알려져 있었다. 그러나 예수님께서는 그런 열두 사람을 강력한 지도자들로 변하게 해 주셨으며 또한 기독교 신앙을 담대히 전할 수 있는 유능한 전도자들로 만드셨다. 그들의 성공적인 전도에 힘입어 예수님께서 주님이시라는 것을 널리 전할 수 있게 되었다.

최후의 만찬

신약 성경에서는 열두 사도의 이름이 네 군데 수록되어 있는데 그 중 셋은 복음서에, 나머지 하나는 사도행전에 수록되어 있다(<표 22> 참조).

복음서에 수록된 세 개의 명단을 보면 한가지 두드러진 특징이 있는데 열두 사도들 중 가장 탁월하였던 인물인 베드로가 항상 처음에 와 있는 반면에 예수를 배반한 가룟 유다가 언제나 마지막을 장식하고 있다는 점이다. 이 명단을 살펴보면 언제나 세 조(組)로 나뉘고, 이름의 순서가 달라지는 경우가 있으나 한 조 안에 네 사람씩 되어 있는 것으로 보인다. 그리고 신약에 나오는 모든 명단을 살펴보면 셋으로 나뉜 조마다 제일 앞에 나오는 제자의 이름은 절대로 바뀌는 법이 없다. 조를 나누어 보면 다음과 같다.

	마태복음(마 10:2-4)	마가복음(막 3:16-19)	누가복음(눅 6:14-16)	사도행전(행 1:13-26)
1.	시몬 베드로	시몬 베드로	시몬 베드로	베드로
2.	안드레	안드레	안드레	야고보
3.	세베대의아들야고보	요한	야고보	요한
4.	요한	안드레	요한	안드레
5.	빌립	빌립	빌립	빌립
6.	바돌로메	바돌로매	바돌로매	마태
7.	도마	마태	마태	바돌로매
8.	마태	도마	도마	도마
9.	알패오의 아들 야고보	야고보	야고보	야고보
10.	다대오	다대오	시몬	시몬
11.	가나안인 시몬	가나안인 시몬	유다	유다
12.	가룟 유다	가룟 유다	가룟 유다	맛디아

〈표 22〉 신약 성경에 나오는 열두 제자 명단

열두 제자 아이콘

베드로

요한

빌립

셀롯인 시몬

안드레

도마

바돌로매

유다

야고보

작은 야고보

마태

맛디아

- 제 1조 : 시몬 베드로, 안드레, 야고보, 요한
- 제 2조 : 빌립, 바돌로메 혹은 나다나엘, 도마, 마태
- 제 3조 : 알패오의 아들 야고보, 다대오(레바오), 혹은 야고보의 아들 유다, 시몬, 가롯 유다.

이러한 제자들의 순서는 예수님의 부름을 입은 순서대로 명단의 순서가 정해진 것으로 보인다. 우선 1조 네 제자의 경우는 그렇게 해당된다. 베드로, 안드레, 야고보, 요한 그리고 그 뒤에 빌립과 나다나엘의 순서가 이어진다(요 1:40-45).

열두 제자들은 네 사람씩 네 조를 나눌 뿐 아니라 다시 네 사람을 두 사람씩 짝 짓는 조직, 그러니까 둘씩 여섯 조를 조직하는 경우도 있었다. 70명의 문도들이나 열두 제자들이 두 사람씩 짝이 되어 전도로 파송한 일이 복음서에 나타나는데(눅 10:1, 막 6:7) 이러한 두 사람씩의 구성은 전도시에 피차 동정과 이해와 용기를 주기 위함이었다.

그러면 예수님은 어떻게 두 사람 조를 구성했을까? 베드로와 요한은 자주 한조가 된다. 유월절 식사를 준비할 때나(눅 22:7-8), 예수님의 무덤에 찾아갈때(요 20:2-4),

열두 사도의 순교
1. 베드로는 로마에서 머리를 아래로 두고 거꾸로 매달리는 십자가 처형으로 순교 당했고
2. 야고보는 제일 먼저 예루살렘에서 칼로 목이 잘리는 죽음을 당했으며
3. 요한은 도미티안 황제의 박해시 끊는 기름 가마에 들어갔다가 기적으로 구조되어 후에 밧모섬으로 유배당하여 그곳에서는 지하 갱에서 유황을 캐는 노예 노동에 시달리며 주일에 계시의 환상을 보았다. 그는 결국 에베소로 돌아와 장로(長老) 사도로 장수하여 자연사했고
4. 빌립은 소아시아에서 교수와 십자가, 돌로 치는 여러 처형의 방법 중 하나로 순교를 선택했으며
5. 바돌로매는 아르메니아에서 몽둥이로 처형을 한후 참수당했다.
6. 마태는 에디오피아에서 칼로 처형이 되고
7. 도마는 인도에서 창으로 산 채 몸을 관통하여 순교 당했으며
8. 작은 야고보는 예루살렘의 높은 탑에서 내어 던져 돌로 치고 그래도 목숨이 있어 톱으로 토막을 내는 처형을 당했다.
9. 다대오의 유다는 메소포타미아에서 화살로 사살되었다.
10. 셀롯당인 시몬은 페르시아 가까운 곳에서 불한당의 습격을 받아 목숨을 잃었다.
11. 반역자 유다는 자살하여 제 갈 곳으로 갔다.

그리고 기도하기 위해서 성전에 함께 갈때(행 3:1), 군중에게 말할 때(행 4:1), 감옥에 함께 투옥되고(행 4:3). 함께 담대히 맞서며(행 4:3), 석방이 되어 교회에 돌아와 같이 보고한다(행 4:23). 이러한 두 사람의 짝을 안드레와 야고보에게서도 본다.

성경학자들은 예수님이 제자들의 짝을 어떻게 구성하였는가에서 제자들의 성격 차이, 인품과 개성의 차이를 숙지한 것으로 판단한다. 가령 다혈질의 베드로는 명상적이고 조용한 요한과 짝이 되었다. 조심성이 너무 많은 빌립은 단순한 신앙의 소유자인 나다나엘과 한 조가 되었고, 의심의 질문을 하는 지성적인 도마는 확고한 신앙이 소유자인 마태와 한 조가 되었다. 이러한 조의 구성은 아마도 서로의 힘을 극대화하고 개인의 결점을 보완하여 최대의 시너지 효과를 위한 방법이라고 생각된다.

전승에 의하면 사도(제자)들은 각기 개성과 정성과 일치하게 전도의 전략을 작성하여 각기 흩어져 자기의 목표로 매진하였다고 한다. 각기 사도들은 그곳에서 전도와 교육과 조직과 교회 건립을 추진하였지만 거의 모두가 순교하였다. 사도들은 성실하게 명령받은 대로 실천하였다. 그러나 그 사역은 지금도 계속되어야 하며 오늘 우리에게도 막중한 임무요, 사명이다. 예수님은 이같이 말씀하셨다.

"아버지께서 나를 보내신 것 같이 나도 너희를 보내노라"(요 20:21).

베드로의 상징 : 열쇠와 물고기

1. 베드로 - 예수님의 수제자

1) 배경

배드로의 원래 이름은 히브리어 시므온(행 15:14; 벧후 1:1)이었지만 많은 유대인들처럼 그는 헬라어의 비슷한 소리의 이름인 '시몬'으로 신약성경 당시 불려졌다. 그의 아버지 이름은 요나(마 16:17)였다. 그래서 그는 종종 '바요나 시몬'이라고 불리웠

관련 성경 구절들

부르심을 받음 : 마 4:18-20, 막 1:16-18, 눅 5:1-11 요 1:40-42
결혼한 기혼자 : 막 1:30, 고전 9:5
12사도로 선정 : 마 10:2, 막 3:16, 눅 6:12-14
그리스도에 대한 신앙고백 : 마 16:16, 막 8:29, 눅 9:20
변화산에 동참 : 마 17장, 막 9장, 눅 9:28-36
베드로를 위한 예수의 기도 : 눅 22:31-32
그리스도를 3번 부인함 : 마 26:69-75, 막 14:66-72, 눅 22:52-62 요 18:17, 25-27
다락방에 모인 사도와 연설하는 베드로 : 행 1:15-22
예루살렘의 광장에서의 3천명에게 설교 : 행 2:14-36
공회 앞에 선 베드로 : 행 4장
아나니아와 삽비라를 책망 : 행 5장
마술사 시몬의 제의를 거절 : 행 8:18-24
애니아를 치유, 다비다를 다시 살려냄 : 행 9:32-43
고넬료의 가정에서 설교(복음선포) : 행 10장
천사가 베드로를 감옥에서 풀어내다 : 행 12장
이방인과 무할례자를 복음 안에서 용납하는 연설 : 행 15:6-11
바울에게 책망을 들음 : 갈 2:14
바울의 교훈에 대한 베드로의 해명 : 벧후 3:15-16
베드로의 최후의 예언 : 요 21:18-19, 벧후 1:14
교회를 위로하고 거룩한 삶을 권고 : 베드로전서, 후서

다(마 16:17). 이것은 곧 '요나의 아들 시몬'이라는 의미이며, '세베대의 아들 야고보'(마 4:21) 또는 '알패오의 아들 레위'(막 2:14) 등과 같이 아버지의 이름을 붙여서 부르는 것이 그 나라의 관습이었다. 그는 기혼자(막 1:30)였으며, 그가 전도자의 사명을 감당하는 동안 그의 아내와 함께 동행하였다(고전 9:5). 요한복음에 따르면 그의 고향은 가울라니티스 근처의 벳새다(요 1:44)였지만 갈릴리에 있는 가버나움에도 집이 있었다(막 1:21 이하). 두 곳 모두 호수가 있었고 거기서 그는 어부였다. 그곳은 모두 이방인과 빈번한 접촉이 있는 곳이기도 했다(그의 형제 안드레의 이름은 헬라어였다). 시몬은 북쪽 지역의 강한 액센트가 있는 아람어를 사용하였고(막 14:70) 그의 민족의 신앙과 견해를 따랐다(행 10:14 참조). 비록 율법 교육을 받지는 못했지만(행 4:13) 읽고 쓰는 능력에는 전혀 문제가 없었다. 그는 세례 요한의 영향을 받았고

(행 1:22 참조), 그의 형제 안드레는 요한의 제자였다(요 1:39 이하 참조).

2) 베드로의 이름에 대하여

(1) 시몬(Simon)

시몬은 그의 본래 이름이다. 특히 친근감으로, 또는 중요한 때 종종 이 이름을 사용하였다. 베드로가 시몬으로 불리운 것은 두 가지 경우이다. 첫째는 가정에서 그는 시몬으로 불렸다. 마가는 시몬의 집과 시몬의 장모를 말할 때(막 1:29-30), 누가는 시몬의 배와 시몬의 고기잡는 친구를 말할 때(눅 5:3, 10) 그리고 고넬료가 베드로의 집에 갈때에 시몬으로 불려졌다(행 10:5, 18; 11:13). 둘째는 예수님과의 관계에서 시몬으로 호칭되었다. 예수님이 그에게 깊은 데로 가서 그물을 던지라고 할 때(눅 5:4), 가이사랴 빌립보에서 그를 칭찬할 때(마 16:17), 닥쳐올 유혹에 대하여 경고할 때(눅 22:31), 그리고 겟세마네 동산에서 잠들었을 때에(막 14:37) 그러했다.

(2) 시므온(Symeon)

시몬은 헬라명, 시므온은 히브리어 이름이다. 뜻은 '듣는다'는 의미로 베드로후서에서도 이 용어로 표현되고 있다(벧후 1:1).

(3) 베드로(Peter)

헬라이름으로 뜻은 '반석'이다. 이 이름을 예수님에게서 받았다(막 3:16, 눅 6:14).

(4) 게바

베드로가 헬라식 이름이면 게바는 아람어식 이름으로 '반석'이란 뜻이다. 베드로의 동생 안드레가 그를 예수님에게 데리고 왔을 때 예수님은 "네가 요한의 아들 시몬 이니 장차 게바라 하리라(게바를 번역하면 베드로라)"했다(요 1:42). 이때의 사람들은 거의 두가지 이름을 동시에 사용했다. 즉 헬라식 이름은 사무적인 경우, 일반

베드로의 3번 부인

가이사랴 빌립보

통용어로 사용되었고, 다른 한 가지 이름은 사사로운 경우와 친한사이에서 통용되었다. 예를 들자면 도마(Thomas)를 디두모(Didymus)라고 부르기도 했는데 도마는 아람어이고 디두모는 헬라어로 '쌍둥이'라는 뜻을 갖고 있다. 다바다(Tabitha)를 도르가(Dorcas)라고 불렸는데(행 9:36) 다비다는 아람어요, 도르가는 헬라어로 옷감을 짤 수 있는 털을 깎는 양의 한 종류를 의미한다.

3) 소명, 부르심

요한복음은 예수가 갈릴리 사역을 시작하기 전에 그리스도의 활동 시기를 설명한다. 그리고 요한복음에서 안드레의 도움으로 베드로와 예수가 첫 대면을 하게 된다. 이때 호숫가에서 베드로는 예수의 즉각적인 부름에 응답한다(막 1:16-17). 이어서 12 제자의 인격적인 부름이 뒤따른다(막 3:16 이하).

4) 예수의 공생애 동안의 베드로

베드로는 처음에 부름받은 제자들 중 하나였다. 그는 항상 제자들 목록에서 처음을 차지한다. 그는 또한 세 명의 중심권 제자 중의 하나였다(막 5:37; 9:2; 14:33; 참조 13:3). 그의 충동적인 성격이 자주 표현(마 14:28; 막 14:29; 눅 5:8; 요 12:7 참조)되었고, 그는 열두 제자의 대변인처럼 행동했다(마 15:15; 18:21; 막 1:36 이하; 8:29; 9:5; 10:28; 11:21; 14:29 이하; 눅 5:5; 12:41). 최근 베드로의 집이 고고학적 탐구에 의해 가버나움에서 발견되어졌다. 그래서 오늘날 많은 순례자들이 갈릴리 가버나움에 있는 베드로의 집을 찾는다. 베드로의 집에 대한 언급은 마가복음 1:29에서 처음 발견된다. 그 집에서 예수는 시몬의 장모의 질병을 고치셨고 그 집 문전에서 많은 병자들을 고치셨다고 하였다(막 1:33). 또한 그 집에서 쉬셨는데(막 1:35), 다음 날 많은 사람들이 몰려와 집 마당에는 설 자리가 없었다고 하였다(막 2:2). 예수는 갈릴리 호수 주변을 여행하시고 열두 제자를 택하신 후에도 베드로의 집으로 돌아오셨다(막 3:19). 그곳에서 제자들을 조용히 가르치셨으며(막 7:17), 어느 날에는 예수의 어머니가 동생들을 데리고 그 집으로 찾아오시기도 하였다(막 3:31). 예수는 베드로의 집에서 어린 아이를 가운데 세우시고 제자들에게 겸손의 덕을 가르치셨다(막 9:33-37). 여기서 중풍병자들을 고치셨다(막 2:1-12).

베드로의 집에 대한 마가의 마지막 언급은 예수께서 전도길에서 돌아오신 다음부터이다(막 10:10). 베드로의 집터에 세워졌다는 팔각 성당(The Octagonal Basilica)은 예배의 처소로서 기념하기 위하여 세워진 것이지, 기독교 공동체의 일반적인 필요에 의해서 되어진 것은 아니다. 오래전부터 이 집은 기독교인들의 순례지였는데 그 집에 대한 전설들이 최근의 고고학적 발굴에 의해 사실임이 다음과 같이 증명되었다.

① 베드로의 집 마루에서 낚시 둘과 돌도끼 하나를 찾아내었다. ② 베드로의 집 주위에 1세기의 주택들이 밀집해 있었다. ③ 집 중앙에 큰 방이 있었는데, 그곳을 예배 처소로 쓴 것 같고 그 주위에 여러 방들이 있는데 거기에서 거주했을 것이다. ④

4세기 이후 가버나움의 유대인 출신의 기독교인들이 베드로의 집 중앙 큰 방동편에 큰 예배실을 만들고 북쪽에 방들을 만들어 집 주위를 둘러 막아 성별한 흔적이 있다. ⑤ 그 중앙 홀의 벽 위에 상징들과 그림들이 조각된 것을 볼 수 있는데 그것은 가버나움의 유대인 출신의 기독교인들과 순례자들이 그곳을 성스럽게 생각하여 그린 것으로 추측된다. ⑥ 5세기 중엽에 베드로의 집터 위에 5면의 현관으로 된 8각 성당을 지었다고 하였다.

베드로가 예수를 만난 것은 동생 안드레의 인도로 이루어진 것을 찾아 볼 수 있다(요 1:40). 그들은 둘 다 갈릴리 바다에서 고기를 잡는 어부들이었다. 베드로가 처음 예수를 만났을 때 그는 청년이었으며, 메시야에 대해 깊은 관심을 갖고 있었다. 동생인 안드레가 메시야를 만났다고 하자 그는 그물을 던지고 메시야를 보러 갔다. 그 후 그는 계속 어부로서의 생활을 하였다. 여기까지가 요한복음의 내용이다. 마태복음과 누가복음에는 그 후에 일어난 일을 기록하고 있다. 따라서 베드로의 소명에 관한 요한복음과 공판 복음의 기록에 의하면 예수께서 갈릴리 해변에 오셨다가 전에 만난 베드로를 보시고 "나를 따르라, 내가 너로 사람을 낚는 어부가 되게 하리라"(마 4:19)고 초청하자 베드로와 안드레는 그물과 배를 버리고 예수를 따랐다고 하였다. 누가복음 5:1-11에는 좀더 자세하게 언급된 것을 볼 수 있다.

베드로의 기질은 보통이 아니었다. 그는 겸손하기보다는 언제나 자기 주장이 강한 편이었다. 그는 언제나 제자들의 대변자로 앞에 나섰다. 기록에 보면 요한과 바울도 높은 존경을 받았지만 사도들에 서열에 있어서는 언제나 베드로가 앞에 나온다.

가이사랴 빌립보 근처의 기로에서 그는 모든 무리의 대표였다. 이곳에서 예수는 "너희는 나를 누구라 하느냐"라는 질문을 던졌다. 그 질문은 제자들 모두에게 한 것이었다(막 8:27, 29). 이때 베드로는 "주는 그리스도시요, 살아계신 하나님의 아들이시니이다"라고 고백했다. 연이어 발생한 질책 역시 그들 모두를 향한 것이었다(8:33). 그러한 과정에서 베드로는 항상제자들의 중심에 있었다. 얼마간은 마가복음 14:29 이하에서 예수를 끝까지 따르겠다고 했던 자기 자랑 역시 사도들의 대표로서

한 것이다.

또한 베드로는 충동적인 사람이었다. 흔히 먼저 행동해 놓고 그 다음에 생각하는 사람이었다. 그리하여 예수께서 그를 부르시자 즉시 그물을 던지고 예수를 따랐다. 물 위로 걸어오시는 주님을 보고 참지 못하여 배에서 내려 주님께 걸어갔다. 예수께서 부활하신 후에도 배가 언덕에 닿기를 기다리지 않고 뛰어내린 사람이 바로 베드로였다. 그러나 베드로의 성격은 그의 이름처럼 굳은 편은 아니었다. 예수는 그의 제자들 중에서 베드로를 누구보다도 많이 꾸짖으셨고 칭찬도 많이 하셨다.

헌신에 대한 베드로의 표현이 가장 컸기에 예수에 대한 그의 부인이 가장 노골적인 것이었다(막 14:66 이하). 주께서 잡히시기 전 날 어떤 일이 있어도 주님을 버리지 않겠다고 맹세했지만 주께서 잡히자 다른 제자들과 함께 도망했으며, 심지어 3번씩이나 주님을 부인했다. 그리고는 금방 예수의 얼굴을 보고 문밖에 나가 가슴을 치며 통곡한 사람이기도 하다. 말하자면 베드로는 용기와 비겁, 강인함과 나약함이 결함된 보기 드문 사람이었다. 그러나 그는 부활의 소식을 듣고 크게 변했다(막 16:7). 또한 그는 개인적으로 부활하신 예수의 방문을 받았다(눅 24:34; 고전 15:15).

오순절 성령강림 이후에 베드로의 격렬한 성격은 마침내 변화되어 그리스도께 대한 충성의 화신이 되었다. 베드로의 성격 중 가장 훌륭한 것은 그가 죄에 대해 예민하였다는 점이다. 예컨대 "주여 나를 떠나소서, 나는 죄인이로소이다"(눅 5:8)라고 말한 것으로 잘 알 수 있다. 베드로도 가롯 유다처럼 범죄했으나 그는 즉시 회개하였다.

5) 사도 시대 교회에서의 베드로

사도행전은 사명을 이행하고 있음을 보여준다. 오순절 전에 베드로는 공동체를 이끌던 사람이었다(행 1:15 이하). 오순절 이후 그는 주로 설교가(2:14 이하; 3:12 이하), 유대인 당국자 앞에서의 대변자(4:8 이하), 규율의 행정장이었다(5:3 이하). 교

베드로가 사도 요한과 함께 앉은뱅이를 일으킨 미문

오늘날의 욥바

회가 대개 그 사회에 깊은 영향을 준다 해도 특히 초자연적 능력이 부여된 것은 베드로에게 였다(5:15). 교회의 첫 사역지인 사마리아에서 그 같은 지도력이 발휘되었다(8:14 이하). 또한 중요한 것은 그가 이방 선교에 관련된 첫 사도이고 분명한 섭리의 도구라는 사실이다(10:1 이하; 참고. 15:7 이하). 이것은 즉시 그를 비난받게 했다(11:2 이하). 갈라디아서 2:11 이하는 전(全)이교적 요소가 물씬한 첫교회 안디옥에서 베드로의 모습을 짐작케 해준다. 이방인 개종자들과 식사 교제를 하고 있을 때 유대 그리스도인이 오자 도망을 친 사건이 일어나 바울에게 크게 힐문을 당했다. 하지만 베드로와 바울 사이에 어떤 신학적인 차이의 흔적은 없다. 바울의 불평은 베드로의 이론과 그의 삶 사이의 부적합성 때문인 것이다. 이러한 실수에도 불구하고 이방인 선교에 베드로보다 더 진실한 친구는 없었다. 바울의 복음과 베드로의 복음은 비록 표현은 약간 달랐지만 동일한 내용을 갖고 있었다. 사도행전, 마가복음, 베드로전서에서의 베드로의 설교는 고난받는 종으로서의 그리스도 개념에 근거한 동일한 십자가 신학을 나타낸다. 베드로는 자신의 유대인 전도와 바울의 이방인 전도를 동일한 사역의 부분으로 인정하고 기꺼이 협력했다(갈 2:7 이하). 그리고 예루살렘 회의에서 그는 오직 믿음만을 조건으로 이방인을 완전히 받아들일 것을 주장한 최초의 인물로 기록되고 있다(행 15:7 이하).

스데반의 죽음 후에 베드로의 경력은 추적하기 어렵다. 욥바와 가이사랴 등에서의 베드로에 대한 언급은 그가 팔레스타인의 전도 활동을 맡았음을 시사한다(이때 예루살렘의 지도자 역할은 분명히 야고보가 맡았다). 그는 예루살렘에서 옥에 갇혔다가 기적적인 탈출을 하여 '다른 곳으로' 떠났다(행 12:17). 그곳을 확인하려는 시도들은 성과가 없다. 우리는 그가 안디옥으로 갔다고 알고 있다(갈 2:11 이하). 오래 있지는 않았지만 그는 아마 고린도에도 갔었을 것이다(고전 1:12). 그는 소아시아 북편의 그리스도인들과 친밀한 관계를 맺고 있었고(벧전 1:1), 바울이 비두니아로 가려는 계획이 금지된 것은(행 16:7) 베드로가 그곳에서 활동하고 있었기 때문일지도 모른다.

베드로의 로마 거주는 논란되어 왔으나 그 근거는 불충분하다. 베드로전서는 거의 확실히 로마에서 기록되었다(벧전 5:13;). 베드로전서는 네로의 박해 직전이나 도중에 쓰여졌다는 흔적을 보이고 있다.

6) 쿼바디스 도미네(Quo Vadis Domine)[9]

로마의 황제였던 네로(Nero)는 로마시에 방화하고 시민의 반대 화살을 피하기 위해 그 죄를 그리스도인에게 씌워서 박해를 가했다(주후 64년). 성도들은 베드로에게 박해를 피해 살며 더 많은 사람에게 복음을 전해 달라고 간청하였다. 베드로는 성도들의 간청에 따라서 로마를 떠났으나 압바아 문에서 멀지 않는 곳에서 예수님을 만났다. 그때 베드로는 "도미네 쿼바디스"(Domine Quo Vadis: 주여 어디로 가시나이까?)라고 물었다. 예수님은 대답하시기를 "네가 나의 백성을 버리므로 내가 로마에 가서 또 한 번 십자가에 달리겠다"고 하고는 사라지셨다. 베드로는 땅위에 엎드려 얼마간 말도 없이 움직이지도 않으면서 울고 있었다. 그리고 마침내 일어나더니 떨

9) 강문석, 「사도사」, 서울 : 기독교문서선교회, 1984, 131.

리는 손에 지팡이를 쥐고 7개의 언덕 위에 세워진 위대한 도시를 향해 걷기 시작했다. 베드로와 동행했던 소년 나자리우스는 깜짝 놀라서 "쿼바디스 도미네"라고 불었는데 베드로의 대답은 오직 한마디 "로마에"였다.

로마에 돌아온 베드로는 복음전도를 위해 최선을 다했다. 아그립바 총독의 첩 4명이 믿었고, 황제의 총애를 한몸에 받았던 알피누스의 처 구산집페(Kusanchipe)가 회심하고, 원로원의 가족, 군인들, 많은 시민들이 그리스도인이 되었다.

초대 교부 중의 한 사람인 락틴티우스(Lactintius)는 베드로와 바울의 순교(죽음)에 대하여 이렇게 기록하고 있다.

> "지긋지긋하게 사나웠던 폭군 네로는 거룩한 교회를 때려 부수고 의를 폐해 버리려 결심했다. 그래서 그는 하나님의 종들을 박해하고 그러는 중 베드로를 십자가에 못박고 바울을 목베었다."

베드로를 처형하기 전에 관원들은 본보기로 베드로의 처를 먼저 십자가에 달았다. 베드로는 "주님을 기억하라"며 처를 격려하고 자기의 차례가 왔을 때 예수님을 부인한 일이 있는 자신이 예수님과 같은 처형을 받는다는 것은 송구스럽다 하여 스스로 부탁해서 거꾸로 달려 순교를 당했다고 전해진다.

베드로! 비록 그가 많은 결점을 가지고 있고 실패가 많은 인물이었지만 그는 언제나 용기와 고결함과 성실함을 잃지 않았다. 예수님에게 발견되어 제자가 되었고, 예수님에 의해서 대사도로 세워졌으며, 열두 사도의 대변자요, 지도자로서 후세에 빛나는 업적을 남겼다. 그는 자신의 체험을 기억하면서 그의 말년에 쓴 베드로 후서에 다음과 같이 말한다.

> "그러므로 사랑하는 자들아 너희가 이것을 미리 알았은 즉 무법한 자들의 미혹에 이끌려 너희 굳센데서 떨어질까 삼가라. 오직 우리 주 곧 구주 예수 그리스도의 은혜와 저를 아는 지식에서 자라 가라. 영광이 이제와 영원한 날까지 저에게 있을지어다"(벧후 3:17, 18).

2. 안드레 – 선교의 아버지

안드레의 상징 : 가로지르는 십자가

안드레는 갈릴리 바다 북쪽 해안에 있는 벳세다(Bethsaida)에서 출생한 갈릴리 사람이었다. 후에 그는 가버나움 바닷가에서 살았다. 그의 이름의 뜻은 '용감한', '남자다운'이란 말이다. 복음서의 다른 곳을 보면 안드레는 육체적으로 튼튼하며 경건하고 신앙적인 사람이라고 했다.

안드레는 예수가 택하신 첫번째 제자이다. 그래서 초대 교회는 그를 '프로토클레토스'(πρῶτοκλητός)라고 불렀는데 그 뜻은 '첫번째로 불리움을 받았다'는 뜻이다. 그는 어떤 의미에서 세례 요한의 후계자였다. 세례 요한이 예수를 대중 앞에 소개한 것처럼 안드레는 예수를 각 개인에게 소개한 것으로 유명하다.

안드레는 '요안나'(Joanna)란 어머니와 '요한'이란 이름을 가진 아버지(어부) 사이에서 태어났다. 그러나 안드레의 아버지의 보다 정확한 이름은 '요나'(Jonah)라고 해야 한다. 안드레가 태어난 뱃새다는 나사렛에서 동쪽으로 약 40km 떨어져 있다. 영어의 '스미스'란 이름이 본래 '대장장이'란 직업과 관계된 것처럼 '요나'란 이름은 어부의 직업을 의미한다. 그래서 어업에 종사한 제자 '요한'도 '요나'라고 불렸다. 안드레가 그물을 버리고 세례 요한을 따른 것으로 보아, 그는 어업보다 영혼의 일을 더 중요하게 여긴 것이 틀림없다. 그는 가버나움에서 요단 골짜기를 따라 먼 길을 걸어

관련 성경 구절들

부르심을 받음 : 마 4:18–20
형 베드로를 예수님께 인도함 : 요 1:40–42
감람산에서 종말 사건의 시간을 질문함 : 막 13:3–4
벳새다 광야에서 5병2어 사건때 예수님께 한 소년을 인도 : 요 6:8–9
빌립과 함께 찾아온 헬라 사람을 인도함 : 요 12:20–23
다락방에서 함께 기도하며 성령을 기다림 : 행 1:12–14

세례 요한이 전도하는 여리고의 맞은편 베다니에 이르렀다. 여기서 그는 그가 지금 찾고 있었던 영적 문제에 대하여 권위있는 음성을 들었다. 그는 갈릴리와 유대 도시들에서 본 영적인 죄악, 타협과 탐욕 및 사기 등에 불만을 가지고 있었다. 그러나 세례 요한은 거친 광야의 소박한 인간으로 단순한 덕행에 힘쓰며, 육체의 안전이나 세상의 공명을 아무것도 아닌 것으로 여기는 데에 안드레의 마음은 쏠렸고, 이분이야말로 따를 만한 지도자라고 생각했다.

그리하여 안드레는 열심히 세례 요한을 섬기기 시작했다. 세례 요한으로부터 그는 머지 않아 약속된 왕이 오실 것을 들었다. 유대인들은 이 오실 왕을 '메시야'라고 불렀는데 헬라어로는 '그리스도'란 말이다. 안드레가 세례 요한의 전도를 듣고 수많은 사람들이 영적 도움을 찾아 몰려드는 것을 보았을 때, 안드레는 머지 않아 그 자신의 생애를 변화시킬 사건을 위해 준비가 되어 있었던 것이다. 헤로디아의 일로 헤롯의 감정이 악화되어져 있을 때, 세례 받으러 나온 군중 속에 나사렛 예수도 있었다. 세례 요한은 그의 사촌 동생인 예수를 보자 전도를 중지하고 군중의 주의를 예수에게로 돌려 말했다. "보라 세상 죄를 지고 가는 하나님의 어린 양이로다. 내가 전에 말하기를 내 뒤에 오는 사람이 있는데 나보다 앞선 것은 그가 나보다 먼저 계심이라 한 것이 이 사람을 가리킴이라 나도 그를 알지 못하였으나 내가 와서 물로 세례를 주는 것은 그를 이스라엘에게 나타내려 함이라 하니라"(요 1:29-31). 이 말을 들은 안드레는 요한의 메시지 이상의 것을 구하고 있었다. 사실 요한의 메시지는 옛 계시, 즉 구약의 범주 안에 속한 것이었다. 요한이 오시리라고 선포했던 그리스도가 오신 것이다. 그리하여 안드레는 세례 요한을 떠나 즉시 예수를 따랐다. 그때 세례 요한을 따르던 제자 요한도 예수를 따랐을 것이다. 안드레는 먼저 형 시몬 베드로와 빌립을 예수에게 소개했다. 그때 안드레는 예수를 따랐을 뿐, 아직 제자가 되지않은 일종의 구경꾼이었다. 그러나 예수께서 "나를 따라오너라. 내가 너희로 사람을 낚는 어부가 되게 하리라"고 하셨을 때 베드로와 함께 주님의 제자가 된 것이다.

안드레를 흔히 '선교의 아버지'로 언급하는데 그것은 그가 먼저 그의 형제인 베드로를 주님께 인도했고(요 1:41), 떡 다섯 덩이와 물고기 두 마리를 가진 어린아이를 예수께 인도했으며(요 6:8, 9), 헬라인들을 주께로 인도했기(요 12:20) 때문이다. 말하자면 그는 예수의 제자들 중 최초로 가족을 예수께 인도한 사람이요, 최초의 어린이 전도자요, 최초의 이방인 전도자였던 것이다. 안드레는 언제나 자기를 뒤에 숨겼다. 그는 예수의 최초의 제자이면서도 삼인측에도 못들고 뒤로 물러선 것을 볼 수 있다. 그는 편협한 민족주의자가 아니라, 세계적 보편주의자였다. 그는 당시에 숫자에도 들지 못한 어린이를 예수께 인도했으며, 저주물로 밖에 여기지 않던 이방인들을 예수께 인도한 것이다. 비록 그는 자기가 인도한 베드로와 동료였던 요한, 야고보가 예수의 심복들이 되고 자기는 소외된 꼴이었으나 그는 원한을 품지 않았으며, 긍지를 가졌다. 그는 첫 자리를 탐하는 인물이 아니었다. 언제나 주님을 먼저 생각하고 형제들을 생각하고 자신을 언제나 뒤에 둔 인물이다.

안드레의 말년에 대해서는 전승에 의존할 수 밖에 없다. 유세비우스에 의하면 그는 흑해 연안 수구디아(Scythia – 남부 러시아) 지방에서 전도했다고 한다. 그리하여 오랜동안 러시아의 수호 성자가 되었다. 「성 안드레와 성 바돌로메의 행전」(*The Act of St. Andrew and St. Bartholomew*)은 그가 바데지방에서 선교를 했다고 언급하고 있으며 「안드레의 순교」(*Martyrdomf St. Andrew*)란 책에 의하면 그가 수구디아(Scythia)에서 돌에 맞고 십자가에 못박혔다고 전한다. 다른 유력한 전승은 그가 그리스에서 전도했다고 말한다. 그 전승에 의하면 그가 투옥되었다가 에기아테스(Aegeates) 총독의 명령에 의해 십자가 형을 당했는데 이유는 총독의 처인 맥시밀라(Maximilla)가 안드레의 전도를 듣고 그 남편을 떠났기 때문이라 한다. 이때 안드레는 엑스(X)형 십자가에 달렸다하여, 그런 십자가를 오늘날도 '성 안드레 십자가'라 부른다. 성물 권위자인 메다겐(Maedagen)에 의하면 "콘스탄틴이 336년에 사도들의 성전을 기공하여 356년 그의 아들에 의해 준공되었는데 거기에는 디모데, 누가, 안드레의 유해를 모셨다"고 한다. 4-5세기경에 성 '레굴루스'(Regulus)란 사람에 의해 안드레의 것으로 보이는 유해 몇을 스코틀랜드로 옮겨 후년에 유명한 성 안드레시에 묻혀 스코틀랜드의 성자가 되었고, 안드레의 십자가는 스코틀랜드의 상징이 되었다. 안드레는 또한 러시아 신자들과 헬라 신자들에 의해 수호 성자로 존경을 받는다.

3. 세베대의 아들 야고보 - 최초의 순교자

야고보의 상징
나그네의 모자

예수에게 가장 가까운 세 제자 중 야고보에게 대한 사적이 가장 적다. 야고보에 대해 성경이 비교적 침묵하고 있으나 그는 제자들 중 뛰어난 사람이다. 아마도 그의 생애 중에 가장 놀라운 것은 그의 죽음의 방법과 시기이다. 그는 열두 제자 중 최초의 순교자였다. 성경에는 유다의 죽음과 야고보의 죽음에 대해서만 기록되어 있다.

야고보는 주님이 특별히 사랑한 제자인 요한의 형이었다. 요한과 함께 그는 그의 아버지(세베대) 밑에서 안드레와 베드로와 함께 동업을 하고 있었다. 그들은 여러 개의 배를 소유하고 있었으며, 일꾼들을 고용하고 있었다. 따라서 그들은 여유 있는 어부들이었다. 야고보는 예수 그리스도와 사촌간으로서 어려서부터 서로 알고 있었을 것이다. 성경에는 야고보의 소명에 대해 다음과 같이 기록하고 있다. "거기서 더 가시다가 다른 두 형제 곧 세베대의 아들 야고보와 그 형제 요한이 그 부친 세베대와 한가지로 배에서 그물 깁는 것을 보시고 부르시니 저희가 곧 배와 부친을 버려두고 예수를 좇으니라"(마 4:21-23).

관련 성경 구절들
부르심을 받음 : 마 4:21, 막 1:19, 눅 5:10, 11
열두제자가 됨 : 마 10:2, 막 3:14, 눅 5:6, 13, 14.
변화산에 참여함 : 마 17:1, 막 9:2, 눅 9:28
겟세마네 동산에 동참 : 마 26:36-37, 막 14:33
헤롯에게 죽임 당함 : 행 12:1-2

요한은 세례 요한을 따르다가 그를 떠나 예수를 따랐다. 그러나 야고보가 요한의 제자였다는 기록은 없다. 야고보는 예수를 따르며 얼마 동안 견습 기간을 가진 후에 가버나움에서 베드로 장모의 병을 고치는 데에 참여하였다. 그 후에 야고보는 열두 제자의 하나가 되었는데 그때부터 그는 중요한 위치를 차지했다. 예를 들면 주께서 야이로의 딸을 살리실 때, 변화산에 가셨을 때, 겟세마네 동산에서 주님이 기도하고 계셨을 때에 야고보는 함께 있었다. 야고보의 성격이 처음에는 요한처럼 다혈질적이었음을, 보아너게 즉 '우뢰의 아들'(막 3:17)이란 말에서 짐작할 수 있다. 또 변화산에서 내려온 후 예루살렘으로 올라갈 때에 예수께서 사마리아로 지나가시게 되었는데 어떤 마을에서 그 일행을 푸대접한 일이 일어났다. 이때에 야고보와 요한이 분노해서 예수께 하늘에서 불을 내려 이 악한 동네를 멸망시킬 의향을 물은 것(눅 9:54)을 보면, 그의 격정적인 언행을 볼 수 있다. 그래서 예수님은 그에게 '보아너게'란 별명을 주신 것이다. 그 후 얼마 되지 않아 야고보와 요한의 어머니가 예수께 나와 그가 영광으로 오실 때 자기의 두 아들을 하나는 우편에, 하나는 좌편에 앉혀 주시기를 요청함으로써 다른 제자들로 하여금 화를 내게 했다. 이러한 야심에 대해 예수께서는 다음과 같이 말씀하셨다. "열 제자가 듣고 야고보와 요한에 대하여 분히 여기거늘 예수께서 불러 다가가 이르시되 이방인의 소위 집권자들이 저희를 임의로 주관하고 그 대인(大人)들이 저희에게 권세를 부리는 줄을 너희가 알거니와 너희 중에는 그렇지 아니하니 너희 중에 누구든지 크고자 하는 자는 너희를 섬기는 자가 되고 너희 중에 누구든지 으뜸이 되고자 하는 자는 모든 사람의 종이 되어야 하리라. 인자의 온 것은 섬김을 받으려 함이 아니라 도리어 섬기려 하고 자기 목숨을 많은 사람의 대속물로 주려 함이니라"(막 10:41-45).

야고보는 열두 제자 중에서 제일 먼저 순교하였다. 헤롯 아그립바 1세가 야고보를 칼로 쳐서 죽인 것이다(행 12:2). 전설에 의하면 이때가 주후 44년이었는데 야고보는 아직도 꽤 젊은 나이였다고 전해진다. 사도행전에는 그의 죽음을 이렇게 기록하고 있다. "그때에 헤롯 왕이 손을 들어 교회 중 몇 사람을 해하려 하여 요한의 형제 야고보를 칼로 죽이니"(12:1, 2).

야고보가 순교하게 된 그 박해는 기독교인들을 더욱더 강하게 만들었다(행 12:5-25 참조). 성경은 이렇게 선포하고 있다. "그러나 하나님의 말씀은 흥왕하여 더하더라"(24절).

전승에 의하면 야고보는 첫번째 스페인 선교사가 되었다고 한다. 로마 가톨릭교회의 권위있는 사람들은 야고보의 뼈가 스페인 북서 지방 산티아고 시에 매장되어 있다고 믿는다.

4. 요한 – 사랑의 사도

요한의 상징
성찬의 잔과 뱀

예수님의 제자 요한에 대해서는 상당량의 내용이 성경에 기록되어 있다. 그는 갈릴리의 어부인 세베대의 아들로서, 그의 어머니는 예수의 어머니인 마리아의 동생 살로메였다. 그렇다면 요한은 예수님과 사촌지간이 된다. 그는 갈릴리에서 자랐으며, 안드레와 베드로 및 그의 형제인 야고보와 동업을 했다. 그는 한때 세례 요한의 제자이기도 했다. 그는 예수의 첫번째 갈릴리 여행에 동참했고 후에 그의 동료들과 함께

관련 성경 구절들
부르심을 받음 : 마 4:21, 막 1:10. 눅 5:10
사도로 임명됨 : 마 10:2, 막 3:17
무리한 요구와 책망 : 마 20:20-23, 막 10:35-40, 눅 9:49-56
예수님의 신성을 증거 : 요 1:1, 요일 1:1-5
예수님께 사랑을 받음 : 요 13:23, 19:26. 21:7, 20
예수님이 모친을 요한에게 부탁함 : 요 19:27
베드로와 함께 산헤드린 공의회에서 해명 : 행 4:13
순종을 권고, 거짓교사에 대한 경계를 부탁함 : 요일 1-5장
요한계시록을 기록함 : 계 1장 이하
주의 속히 오심을 기도함 : 계 22:20

어업을 버리고 그리스도의 제자가 되었다. 그는 갈릴리 가나 혼인 잔치에 예수와 함께 갔고(요 2:1-11), 예수의 초기 유대 전도 길에 예루살렘에 동행하기로 했다. 요한이 예루살렘에 집을 가지고 있었는데 아마 그 집에서 주님은 니고데모와 만났을 지도 모른다. 그는 열두 제자의 하나로서 전도 여행에 참여하기도 했다.

주께서 야이로의 딸을 살리실 때, 베드로 및 야고보와 함께 거기 있었으며(막 5:37), 변화산에서도 동행하였다(17장). 주님이 겟세마네 동산에서 괴로워하며 기도할 때에도 함께 있었으니 요한이야말로 가장 가까운 제자 중의 하나이다. 사마리아 동네의 푸대접에 격분해서 하늘에서 불을 내려 그들을 멸하자고 말한 요한은 그의 형제인 야고보와 함께 '우뢰의 아들'이란 별명을 얻었다(막 3:17). 어떤 때는 자기 그룹에 속하지 않은 자가 주의 이름으로 귀신을 쫓아낸다 하여 금하기도 한(막 9:38) 편협한 열성 분자이기도 하였다. 그의 어머니가 야고보와 요한에게 하나님 나라의 요직을 요청함으로써 요한의 야심을 보여주기도 한다(막 10:35).

요한은 마지막 성만찬 때 예수의 바로 우편에 앉는 특권을 누렸다(요 13:23). 그는 대제사장 가족들을 잘 알고 있었기 때문에 주께서 재판 받으실 때 들어갈 수 있었다. 아마도 그의 아버지가 어업계의 대표로서 예루살렘을 왕래하는 가운데 중요한 지도자들과 지면을 갖게 된 것으로 보여진다. 더욱이 그는 예수의 십자가 앞에 서서 마리아의 봉양을 부탁받기도 하였다(요 19:26). 그는 베드로와 함께 주님의 시체를 무덤에 갖다 놓을 때 함께 있었으며, 베드로보다 먼저 무덤에 달려가 빈 무덤을 발견하기도 하였다. 그의 가장 위대한 신앙 행위는 수의만 있는 빈 무덤을 보고 예수의 부활을 믿은 점이다(요 20:8). 요한은 공관복음에는 자주 나오나 요한복음에는 이름이 나오지 않고 대부분 "예수의 사랑하시는 제자"(요 19:26, 20:2, 21:7, 20)란 말로 나타난다. 그 당시 "예수의 사랑하시는 제자"란 말은 요한을 뜻한다는 것을 다 알고 있었기 때문이다. 요한은 기독교 시대가 동틀 무렵부터 거의 주후 100년까지 장수하다가 자연사한 유일한 제자이다. 그의 서신들이 보여 주듯이 그는 기독교 세계의 영향있는 위치에서 예루살렘 멸망 직전 소아시아의 에베소로 이주해 그곳의 교회에서 목회한 것을 알 수 있다. 그의 형 야고보가 제자들 중의 첫 순교자였음에 반해서 요한은 제자들 중 마지막으로 죽은 자이다.

요한의 후기 생활에 대해서는 전승에 의존할 수 밖에 없다. 학설에 의하면 요한이 에베소에 머물러 있는 동안 예수의 어머니 마리아를 여러 해 동안 모셨다는 것이다. 또 하나의 다른 전설은 요한이 예루살렘에서 마리아가 죽을때까지 친어머니처럼 돌보았다는 것이다. 그러나 이 두 전설 중 마리아가 에베소에서 죽었다는 전설이 더 유력하다. 요한의 제자인 폴리갑을 잘 알고 있었고 소아시아 태생의 이레니우스도 에베소의 요한의 교훈을 여러 번 회고했으며, 요한이 트라잔 때까지 에베소에서 살았다고 기록하고 있다. 에베소에 사는 동안 요한은 터키의 바다 앞에 있는 죄인 수용소인 밧모섬에 귀양 갔다고 한다. 유세비우스에 의하면 요한이 밧모섬에서 석방되어 에베소로 돌아왔다고 한다. "도미티안이 15년을 다스린 후 네르바(Nerva)가 계승하자 로마의 원로원은 도시티안의 칙령을 취소하고 억울하게 추방장한 자들을 돌아오게 하여 그들의 소유를 회복시켜 주었다"고 한다. 그리하여 요한도 밧모섬에서 에베소에 돌아와 거주했다고 전해져 온다. 요한이 에베소에 머무는 동안 요한복음을 썼는데 그 경위에 대해 유세비우스는 이렇게 기록하고 있다. 제 4복음(요한복음)은 열두 제자의 하나인 요한이 썼는데 다른 제자들과 감독들이 복음서 쓸 것을 권고하자 요한은 이렇게 말했다고 한다. "오늘부터 나와 함께 사흘을 금식하고 우리 각자에게 계시되는 바를 서로 알리자."

그날 밤 제자 중 하나인 안드레에게 계시가 임했으며, 요한은 모든 것을 자신의 이름으로 기록하였고, 다른 이들 모두가 그것을 확인하였다.

에베소 방문객을 위한 안내서에 보면 사도 요한의 무덤의 역사에 대해 다음과 같이 언급한 것을 볼 수 있다. "요한의 제자들이 사도의 무덤위에 예배당을 지었는데 그것이 기독교인들의 예배의 중심지가 되었다. 그 예배당에 순례자들이 많아 6세기 저스티니안(Justinian) 황제와 그의 아내 데오도라(Theodora)가 그 초라한 예배당 대신 성자의 기념관으로 손색이 없을 130m 길이의 십자가형 예배당을 지었는데 그 중앙부 본당 위에는 둥근 비우 6개와 입구의 넓은 현관에는 작은 지붕 다섯이 있었다. 중앙지붕은 4각으로 된 4개의 기둥으로 버티어 있다. 요한의 묘는 바로 그 밑에 있는데 그 방의 먼지가 치유하는 능력이 있다해서 중세기에 많은 병자들을 그리로 데리고 왔다고 한다." 유세비우스는 플리 크라테스(Poly Crates)의 말을 인용해 사도 요한의 무덤이 에베소에 있다는 것을 확인하고 있다.

5. 빌립 – 진지한 탐구자

빌립의 상징
홀장(주교, 수도원장의 직표)과 작은 십자가

'빌립'이란 이 헬라 이름은 '말(馬)을 사랑하는 사람'이란 뜻이다. 역사상 '빌립'이란 이름으로 유명한 사람은 알렉산더 대왕의 아버지인 마게도니아 제국의 빌립 왕이다. 알렉산더는 팔레스타인을 정복하고 헬라의 영향을 남겼는데, 특히 북갈릴리 지역에 더욱 그러했다. 더구나 1세기 대에 그 지방에는 분봉왕 빌립이 있었다. 그의 이름은 마게돈의 왕의 이름을 딴 것이었다. 그는 사도 빌립이 태어나기 10년 전 쯤에 사도 빌립의 고향인 베세다를 통치하였다. 사도빌립의 생애와 활동에 대한 헬라적 영향은 대단히 중요하다. 빌립은 스불론 족속에 속하였던 것으로 보여진다. 요한복음 1:43을 보면 예수께서 빌립을 보시고 "나를 따르라"고 말씀하셨다. 헬라적인 영향을 받은 이 젊은 자유주의적 유대인인 빌립이 복음을 유대인뿐 아니라 헬라인에게도 전

관련 성경 구절들

부르심을 받음 : 요 1:43
나다나엘을 예수님께 인도함 : 요 1:40-46
열두 사도로 선택됨 : 마 10:3, 막 3:18 눅 6:14, 요 12:22, 행 1:13
다락방에서 질문하여 책망을 받음 : 요 14:8-9

사도 빌립 기념교회

파하기를 원하시는 주님에게 필요하셨던 것이다. 빌립은 즉시 나가서 그의 친구인 나다나엘을 보고 다음과 같이 말하였다. "모세가 율법에 기록하였고 여러 선지자가 기록한 그이를 우리가 만났으니 요셉의 아들 나사렛 예수니라"(요 1:45). 얼마 후 몇몇의 헬라인들을 그리스도에게 소개한 사람도(요 12:20-33) 빌립이었다. 그의 이름은 오병이어(五餠二魚)의 기적과 함께 기록되어 있고, 마지막 성만찬(요 6:5-7)에도 기록되어 있다. 빌립에 관한 모든 자세한 언급은 요한복음에만 나온다. 아마도 그것은 요한이 빌립과 같은 갈릴리의 동향인이고, 서로 잘 아는 친구였기 때문일 것이다. 사도 빌립을 논하기 전에 우리가 주목할 것은 제자 빌립이 사도행전 5:6에 나오는 집사 빌립과는 동명이인(同名異人)이라는 점이다. 사실 우리는 사도 빌립보다 집사 빌립을 더 잘 알고 있다. 집사 빌립은 사마리아 전도에 크게 공헌했으며(행 8:5-14), 에디오피아 내시를 회개시켰고(행 8:26-40), 가이사랴에서 바울을 유숙시켰다(행 21:18). 분명히 집사 빌립은 초대 교회의 중요한 선교적 역할을 한 사람이다. 그래서 심지어 초대 교회의 터툴리안이나, 유세비우스 같은 인물도 두 빌립을 혼동했으며, 애굽이나 아르메니아 교회력에는 "집사요 사도인 빌립"을 기념할 정도로 혼동하고 있다.

제임슨(Anna Jamesson)의 「거룩한 전설」(*Sacred and Legendary Art*)에 의하면 다음과 같이 기록하고 있다.

"주님의 승천 이후 빌립은 스구디아(Scythia)로 가서 거기서 20년간 전도하고, 그 후 브루기아(Bhrygia)의 히에라폴리스(Hierapolis)에 갔다. 그때에 그곳의 사람들은 뱀의 형태로 된 군신(軍神) 마스(Mars)를 섬겼다고 한다. 빌립이 그들의 무지를 불쌍히 여겨 뱀을 향해 없어져라고 명령하니 재단 밑에서 기어 나가며 사람들에게 악취를 뿜어 사람들이 많이 죽었는데 그 중에 왕자가 끼어 있어 빌립이 살려 주었다고 한다. 이것을 본 제관들이 노해 빌립을 잡아 십자가에 매어달고 돌로 쳤다고 한다. 그때 그는 주님이 십자가에서 하신 기도를 드리며 그의 영혼이 하나님께로 갔다."

다니엘루(Danielou)도 「기독교의 세기」(*The Christian Centries*)에서 다음과 같이 기록하고 있다.

"파피아스가 사도들을 알고 있는 사람들에게서 수집한 전설에 의하면 사도 빌립의 딸들이 히에라폴리스에서 말하는 것을 들었다고 한 점으로 미루어 빌립이 히에라폴리스에 살았던 것으로 믿어진다. 후에 몬타너스파의 프로클루스(Proclus)가 예언하는 네 딸을 가졌던 사람은 제자 빌립이 아니라 동명이인인 집사 빌립이었다. 그러나 2세기 말 에베소의 감독 폴리크라테스는 파피아스의 의견에 동의하면서 빌립이 히에라 폴리스에서 죽었다고 하였다. 그의 두 딸은 처녀로 있다가 히에라폴리스에서 죽고, 둘은 결혼하였는데 그 중에 하나가 에베소에서 죽었다."

흥미로운 것은 나그 하마디(Nag Hammadi)에서 발견되어진 빌립의 복음서이다. 이 책은 영지주의적 성격을 띠고 있으며, 분명히 후대의 것이다. 위경으로 「빌립의 행전」(*Acts of Bhilip*)이 있는데, 거기에 보면 동정녀를 찬양하고 있다.

빌립이 프랑스에 선교했느냐 하는 것은 많은 논쟁이 있다. 그러나 그가 라오디게아와 골로새에서 가까운 히에라폴리스에서 전도하다가 죽었다는 데는 별 이의가 없다. 빌립의 프랑스 선교에 관한 전설에 보면 다음과 같은 것이 있다. 세빌(Seville)의 대주교인 이시도르(Isidore, 주후 600-636년)는 스페인 교회의 위대한 인물로 많은 저작을 남겼는데, 그는 이렇게 기록하였다.

> "베드로와 고향이 같은 벳새다의 빌립은 가울(Gauls)사람들에게 그리스도를 전파하였으며, 흉용한 해변의 흑암 속에 앉아 있는 이들에게 지식의 빛과 믿음의 안식처를 전달해 주었다. 후에 그는 돌에 맞아 십자가에 달려 히에라폴리스(브루기아의 도시)에서 죽어 시체를 세워 묻었으며 그의 딸들도 거기에 함께 쉬고 있다."

추기경 바로니우스(Baronius)는 이렇게 말한다.

> "제자 중 다섯 번째인 빌립이 아시아의 윗부분을 복음으로 단장하고 마침내 히에라폴리스에서 87세로 순교했는데 크리소스톰(Chrysostom)도 그 사실을 기록하고 있다. 그에 의하면 빌립은 스구디아에 가서 바돌로매와 함께 전도했다고 한다. 이시도르에 의하면 빌립이 가울에 가서 기독교의 복음을 전파했다고 한다."

주후 673년 경에 태어난 어셔(Ussher) 대주교에 의하면 베데(Bede)가 그의 책 「수집과 꽃들」(*Collectims and flowers*)속에서 빌립이 가울에서 전도했다고 기록하고 있다는 것이다.

그 밖에도 이와 유사한 여러 가지 기록들을 볼 수 있다. 폴리크라테스(주후 194년)의 공문에 의하면 "열두 제자의 하나인 빌립이 히에라 폴리스에 잠들고 있다"고 기록되어 있다. 이런 여러 가지 점으로 미루어 빌립이 히에라 폴리스에서 죽어 그곳에서 묻힌 것으로 믿을 수가 있다. 그러나 그가 프랑스에 갔다가 그곳에서 어떻게 죽었는지, 아니면 프랑스에 가지 않았는지는 확인할 길이 없다. 교황 요한 3세(주후 560-572)가 빌립의 유해를 히에라 폴리스에서 로마의 교회로 이장했으며 그곳을 '성 사도 빌립교회'라고 불렀다. 그 교회에서 발행되는 안내서에 의하면 10세기 이후 그 제단 밑에 대리석판과 그 뒤의 성골실에서 사도들의 유해를 볼 수 있다고 한다.

바돌로매 상징
날아다니는 칼

6. 바돌로매(나다나엘) – 간사함이 없는 사람

'바돌로매'란 이름은 문자적으로 '돌로매의 아들'이란 뜻이다. 그의 이름은 열두 사도 중의 하나로 언급되어 있으나(마 10:3, 막 3:18, 눅 6:14, 행 1:13) 신약에서 그에 대한 다른 언급을 전혀 찾아 볼 수 없다. 「12사도들의 족보」(*Genealogies of The Twelve Apostles*)에 의하면 그는 납달리 족속이었다고 한다. 9세기 네스토리아파의 다메섹인 엘리아스(Elias)가 처음으로 바도로매가 다름아닌 '나다나엘'이라고 발표했다. 공관 복음과 사도행전에 나오는 열두 제자의 명단 중 빌립과 바돌로매의 이름이 항상 같이 나온다. 그런데 요한복음에 보면 나다나엘을 예수에게 인도한 사람이 빌립이라고 하였다(요 1:45). 이 사실에 비추어 많은 사람들은 바돌로매와 나다나엘을 동일한 사람으로 믿고있는데, 필자의 생각으로도 그것이 옳다고 생각된다. 위경인 「바돌로매의 복음서」(*Gospel of Bartholomew*)에 의하면 그가 인도에서 복음을 전했으며, 히브리어로 된 마태복음의 사본을 가지고 왔다고 한다. 또 다른 위경인 「빌립의 행전」(*Acts of Bhilip*)에 보면 빌립과 바돌로매가 히에라폴리스에서 복음을 전하고 빌립이 십자가에 거꾸로 못 박혀 순교했으나 바돌로매는 어떤 이유로 그 순교를 피했다고 한다. 그 후 그는 아르메니아(Armenia)에서 복음을 전파했다고 한다. 그래서 아르메니안 교회에서는 빌립을 창시자로 주장한다.

요한복음에 보면 예수께서 나다나엘을 보시고 "이는 참 이스라엘 사람이라. 그 속에 간사한 것이 없도다"(요 1:47)라고 칭찬하셨다. 예수는 "네가 무화과 나무 아래

관련 성경 구절들

열두사도로 선택됨 : 마 10:3, 막 3:18, 눅 6:14, 행 1:13
예수님이 무화과 나무 아래 있을 때 보심 : 요 1:48
예수님의 첫 예언 : 요 1:51
그의 행적 : 요 1:45-51, 21:2

있을 때에 보았노라"(요 1:48)고 말씀하셨다. 그 당시 집들은 대개 단칸방이라서 기도나 명상은 그늘이 많이 지는 무화과 나무 아래에서 하는 것이 일반적이었다. 무화과 나무는 대개 키가 5-6m 정도에 가지가 반경 7-8m 퍼져있어 정자나무로 안성맞춤이었다. 바로 그곳에서 그는 주님의 소명을 받은 것이다. 여기서 우리는 그가 ① 간사함이 없는 진실한 사람이며 ② 기도의 사람이며 ③ 예수를 "하나님의 아들, 이스라엘의 왕"(요 1:49)으로 바로 발견한 사람임을 알 수 있다. 그 후의 그의 행적에 대해 여러 가지 전설이 있으나 대부분이 위경에 근거하거나 가톨릭에서 전해져 내려오는 역사적으로 증명하기 어려운 전승일 뿐이다.

7. 도마 – 질문을 통해 진리를 탐구하는 자

도마의 상징
건축업자의
자와 작살

도마는 '디두모'(Didymas)란 별명을 가지고 있는데 그것은 '쌍둥이'란 뜻이다. 그는 갈릴리 태생으로 본래 어부였다. 공판 복음에는 도마의 선택에 관해서만 기록하고 있을 뿐 아무런 설명이 없다(마 10:3, 막 3:18, 눅 6:18, 행 1:13). 요한복음에는 그를 '의심하는 도마'로 표현하고 있으나, 그는 예수의 교훈에 참된 신념을 가졌고, 선생인 예수를 참으로 사랑했음을 알 수 있다. 예를 들면 예수께서 위급한 위험에 놓여 있음에도 불구하고 나사로를 돕기 위해 베다니로 가자고 한것도 도마이다. 그때

관련 성경 구절들
열두 사도 중의 한 사람 : 마 10:3, 막 3:18
쌍둥이였음 : 요 11:16
열정적인 성격의 소유자 : 요 11:16
질문자 : 요 14:5
그의 회의와 고백 : 요 20:24

그는 "우리도 주와 함께 죽으러 가자"(요 11:16)고 하였다. 이것을 그의 용기로 보아야 할지, 아니면 숙명적인 비관주의로 보아야 할지, 아니면 두 가지가 다 포함되어 있었는지는 분명치 않다. 수난 주간 도마는 "주여 어디로 가시는지 우리가 알지 못하고늘 그길을 어찌 알겠삽나이까"(요 14:5)라고 질문을 했다. 의심을 품고는 견딜 수 없는 그의 태도를 여기서 볼 수 있다. 이때 예수는 "내가 곧 길이요, 진리요, 생명이다"(요 14:6)라는 유명한 답변을 하셨다. 도마가 '의심하는 자'란 별명을 듣게 된 것은 요한복음 20:25에서이다. 그때 그는 다른 제자들과 함께 있지 않았기 때문에 부활하신 주님을 보지 못했다. 그래서 그는 "내가 그 손의 못자국을 보며 내 손가락을 그 못자국에 넣으며 내 손을 그 옆구리에 넣어 보지 않고는 믿지 아니하겠노라" 고 말했는데, 여기서부터 그 별명이 붙게 된 것이다. 여기서 우리는 그의 철저한 성격을 보게 된다.

그러나 그는 부활하신 주님을 만난 뒤에 가장 위대한 신앙 고백인 "나의 주시며, 나의 하나님이시니이다"(요 20:28)라고 외쳤다. 그의 오랜 의심은 확신으로 변한 것이다.

도마의 선교 활동에 대해서는 여러 가지 전설이 있다. 그 중에 몇 가지를 소개하면 다음과 같은 것들을 들 수 있다. 첫째는 동방 교회의 전설이다. 그 전설에 의하면 "1,900여 년 전에 주님의 제자 성 도마가 바벨론에 있는 자기 민족 간에 첫번째 교회를 세우고 그 후 성령의 인도와 전도의 열성을 가지고 인도 대륙에 들어와 복음을 전파하고 신자들에게 세례를 주었다"고 한다. 그래서 그 말씀이 옥토에 떨어져 백배의 결실을 내어 온 아시아 대륙에 퍼졌으나 오랜 역사의 변천으로 인해 여기저기 '남은 자들' 외에는 거의 다 없어졌다는 것이다. 둘째는 수리아-인도교회(The Syrian-Indian Church)의 전설이다. 굳스피드(E. J. Goodspeed) 박사는 그 전설을 다음과 같이 전하고 있다. "도마의 인도 선교를 기록한 소위 「도마행전」은 현대의 권위있는 학자들(Harnack 및 M. P. James)이 믿기로는 3세기 초에 기록되어진 것이다." 그것은 도마가 바대(Parthia)를 지나 인도에 들어가 전도했다는 수리아-인도 교회의 전설과 일치가 된다. 「도마행전」은 1세기 인도 역사와도 관련된다. 셋째는 네스토리아파 교회의 전설이다. 교회사가인 스튜어트(John Stewart)는 그의 책 서문에서 "예수의 복음이 요원의 불길같이 인도의 대륙에 퍼졌으며, 도마는 49년 이전에 인도에 도착한 것이 분명하다"고 하였다. 이 놀라운 교회의 중심은 처음은 에데사(Edessa), 그 후에는 페르시아의 아비아베네(Abiabene)로 옮겨졌다. 주후 첫 몇 세기 동안에 기독교의 공동체가 중앙 아시아 전체에 퍼졌다. 아프가니스탄과 티벳과 같은 나라가 기독교 활동의 중심지였다. 넷째는 애굽의 콥틱 교회(Aziz S. Atiya)는 도마에 관해 다음과 같이 기록하고 있다. "남인도 교회 교인들은 도마가 말라바르(Malabar)에 전해 준 '사도적 기독교'라는 오랜 전승을 자랑하여 그들 교회 이름을 '성 도마교회' 라고 부른다." 다섯 번째로 가톨릭 학자인 문다단(Mundadan)의 「도마 전설의 연구」는 그 역사성을 인정하고 있다. 그는 1960년에 독일 대학에서 도마에 관한 박사 학위 논문을 썼으며, 그 후 1971년에 그 책을 증보하여 「성 도마 교인들의 전승」(*The Traditions of the Saint Thamas Christians*)이란 제목으로 출판하였다.

그는 함비(Hambye)신부의 견해를 따라 도마의 전설에 대한 학자들의 견해를 네 가지로 분류했다. 첫째는 도마의 인도 선교를 부인하는 그룹, 둘째는 도마의 북인도 전도는 인정하나 남인도 전도는 부인하는 그룹, 셋째는 도마의 북인도 전도를 지지하며, 남인도 전도에 대해서도 전적으로 부인하지는 않는 그룹, 넷째는 도마가 남인도와 북인도에 전도를 했다고 믿으나 남부가 더 믿을 만하다는 그룹으로 나뉘어진다고 하였다. 그가 말하기를 "도마의 인도 선교에 관한 자료는 전설뿐이고, 바울과 베드로와 활동을 기록한 누가의 사도행전과 같은 당시의 문헌이 없다. 도마의 인도 전도에 관한 최초의 문헌은 3세기 초에 수리아말로 기록된 외경인 「도마행전」뿐이다. 이때부터 교구들과 교회사가들은 도마의 바대 선교 및 인도 선교에 관하여 언급하기 시작했으며, 4세기부터는 도마의 인도선교에 관한 전승이 모든 교회에서 인정되게 되었다"고 하였다.

8. 마태 – 직업(세리)을 바꿔 열정적인 전도자가 된 사람

마태의 상징
돈주머니

마태는 '작은 야고보'(James the Less)의 형제이며, 알패오의 아들이다(막 2:14). 마태의 다른 이름은 레위였는데 그는 세리였다(마 10:3). 그는 안디바 때에 가버나움에서 세리 노릇을 했다. '마태'란 이름은 '하나님의 은사'란 뜻인데 예수께서 시몬에게 '베드로'란 이름을 주셨듯이 레위에게 '마태'란 이름을 주신 것 같다. 당시 세리들은 행음자, 대금 업자, 포주, 행상인, 목자, 피장이처럼 공공의 직책을 맡을 수 없을 뿐 아니라 법정에서 증거할 수 없는 사람들이었다. 세리를 미워한 것은 로마에 붙어 세금을 청부받아 강탈과 횡포가 말이 아니었기 때문이다. 그래서 세례 받으려는 세리들에게 요한은 "정한 세 외에는 늑징치 말라"(눅 3:13)고 했다. 당시 세리들은 사리사욕을 위해 민족을 배반한 사람으로 미움을 받았다. 마태도 다른 제자들과 같이 여러나라에 가서 복음을 전한 것 같다. 이레니우스는 그가 히브리인들 가운데서 전도했다고 말한다. 그러나 이것이 팔레스타인 안에 있는 히브리인들을 말하는 건지 해외의 히브리인들을 말하는지는 분명치 않다. 아마도 둘 다가 아닌가 생각된다. 알렉산드리아의 클레멘트는 마태가 15년 동안 일했다고 언급했다. 그는 계속해서 말하기를 마태는 그 후 에디오피아와 북그리스와 수리아 및 페르시아인들에게 갔다는 것이다. 초대 교회의 저자인 헤라클레온(Heracleon)은 마태가 순교하지 않았다고 주장하나 대부분의 학자들은 마태가 순교하였다고 보고 있다. 제롬은 마태복음의 저작권

관련 성경 구절들
부르심을 받음 : 마 9:9, 막 2:14, 눅 5:27
파송받음 : 마 10:3, 막 3:18. 눅 6:15
큰 잔치를 마련하고 새로운 믿음의 친구들과 교제 나눔 : 눅 5:27-29
다락방에서 함께 기도함 : 행 1:13

에 대해 다음과 같이 말하고 있다. "레위라고도 알려진 한 때 세리이기도 했던 마태는 그리스도의 복음을 써서 처음에는 할례받은 신자들을 유대어에서 히브리어로 출판했다가, 그 후에 누구를 통해서인지는 모르나 헬라어로 번역되어졌다. 히브리어판은 오늘날까지 밤빌루스(Pamphilus)가 부지런히 수집한 가이사랴의 도서관에 보존되어 있다. 나는 그것을 사용하는 수리아 베뢰아(Beroea)의 나사렛 사람들이 나에게 설명해 준 것을 들었다. 마태가 구약을 인용할 때에는 헬라어로 된 70인역보다 히브리 성경을 따랐다."

100년 경에 살았단 파피아스를 유세비우스는 인용하고 있다. "마태가 예수의 말씀을 아람어로 썼는데 사람들이 그것을 능력 껏 헬라어로 번역했다는 것이다." 유세비우스보다 한 세기 반 전의 이레니우스는 "마태도 그들 자신의 방언으로 히브리인들을 위해 복음서를 썼다"고 하였고 어거스틴도 "다른 복음서들은 헬라어로 기록되었으나 마태복음만은 히브리어로 기록되었다"고 하였다. 이제 끝으로 마태의 활동과 죽음에 관한 여러 가지 전설들을 살펴보자 먼저 주목할 것은 마태에 대해 서로 모순되는 많은 전설이 있다는 점이다. 먼저 「안드레와 마태의 행전」(*Acts of Andrew and Matthew*)이라고 불리우는 외경에서 보면 마태가 식인종에 가서 전도를 했는데 그들이 그의 눈알을 뽑고 30일간 가두었다가 잡아먹으려 했는데 27일째 되던 날, 안드레가 풍파를 피해 나타나 마태를 구출했다는 것이다. 마태는 다시 식인종에게 돌아가서 그들 가운데 기적을 행하였으나 왕이 그를 질투해서 그를 묶고 파피루스로 덮어 기름과 역청을 발라 나무 위에 올려 놓은 후 그 백성의 금으로 만든 12개의 우상으로 둘러싸고 나무에 불을 지렀다는 것이다. 그런데 불은 이슬로 변하고 불길이 12개의 금으로 만든 우상을 다 녹여 버리고 불은 용의 형태가 되어 왕을 그의 궁까지 쫓아내서 움직이지 못하도록 그를 둘러쌌다는 것이다. 이때에 마태가 불을 꾸짖고 기도한 뒤 순교했다는 것이다. 왕은 회개하여 제사장이 되었고, 그리고 마태는 두 천사와 함께 승천했다는 것이다. 또 굳스피드에 의하면 초기에 마태와 맛디아(Mathias)사이에 혼동이 있었다는 것이다. 바빌론 탈무드의 전설은 맛디아의 재판과 처형에 관해 언급하고 있는데 마태는 아마도 맛디아와, 같은 나라에서 죽지는 않았을 것으로 보인다고 하였다.

암부로스(Ambrose)는 마태를 페르시아와 연결시키고 있다. 도마가 인도에서 마태복음을 발견했다는 것은 마태가 에디오피아 가까이에 있었다는 전설을 간접적으로 보여준다. 만일 마태 자신이 페르시아에 있었다면 마태복음이 인도에서 발견되는 것은 당연하기 때문이다. 따라서 마태는 페르시아를 방문했을 가능성이 많다고 하였다. 왜냐하면 페르시아는 안디옥에서 인도로 가는 길 도중에 있기 때문이다.

마태의 묘지에 대해서, 그의 유해를 보관하고 있는 이태리 살레르노(Salerno) 성당 옆에 고고학 박물관이 있는데 그 안내 책자에 다음과 같이 기록하고 있다. 중앙 발코니 옆 벽화에는 페스툼(Paestum) 감독인 요한이 마태의 시체를 발견한 수도사 아다나시아스(Athanasias)를 접견하는 그림이 있다. 또 다른 벽화에는 지솔포(Gisolfo) 1세가 수도원장인 요한에게 카파치오(Capaccio)에 있는 사도 마태의 유해를 성당으로 모시는 그림이 있다. 성가대원들의 자석 위에는 마태의 유해를 모시는 그림이 있다.

마태의 생애에 대해 전승에 의하면 그는 민족주의적 열심당의 일원이었을지도 모르는 야고보와 서로 적대 관계에 있었으나 예수께서 저들을 화해시켜 결국 충성된 제자들이 되었다는 것이다. 마태는 팔레스타인에 15년간 머물러 있었으며, 그 후에 다른 기독교 지도자들의 성공 소식을 듣고 흩어진 유대인들과 그리고 이방인들에게 가서 여러 번 선교여행을 했다는 것이다. 먼저 그는 아람어로 그 복음을 써서 북팔레스타인 사람들에게 전달했고, 그 후에 히브리어로 사본을 만들어 그가 가는 곳마다 전달했다고 한다. 아닌게 아니라 마태복음을 보면 이방인들보다도 유대인들에게 기록했음을 볼 수 있다. 마태복음에는 많은 구약의 예언과, 그것이 예수에게서 어떻게 성취되었는가를 언급한 것을 많이 볼 수 있다. 그러나 그것은 가능성에 불과하다.

로마 카톨릭의 전승에 의하면 마태는 에디오피아에 가서 복음을 전했다는 것이다.

그의 묘를 언제, 그리고 어떻게 찾았는지 모르나 한 가지 분명한 것은 수도사인 아다나시아스가 살레노르의 노름나 공(The Norman Duke) 앞에 나타나 그가 마태의 묘를 찾았다고 언급한 사실이다. 그 후 그는 마태의 유해를 그곳으로 이장하도록 제의했다. 후년에 그의 유해중 일부가 로마로 옮겨졌으나 대다수는 오늘날까지 살레르노에 남아있다고 한다.

이상은 전설이기 때문에 우리가 더 이상 확인할 수는 없다. 한가지 확실한 사실은 마태는 유능한 저자요, 열성있는 제자였으며, 어쩌면 열두 제자 중 가장 많은 교육을 받았을지도 모른다는 것이다. 따라서 그는 고위층의 사람들에게 그리스도를 증거할 수 있는 준비가 잘 되어 있었으며 복음서를 기록할 그릇으로 쓰임받기에 적임자였다는 것이다.

9. 알패오의 아들 야고보 - 작은 야고보

작은 야고보의 상징 곤봉

알패오의 아들 야고보는 흔히 '작은 야고보'(James The Less)라고 불리우는데, 그것은 그가 세베대의 아들 야고보보다 더 젊었기 때문이었다. 그는 '레위'라고 불린 마태의 형제였으며 마리아(글로바, 즉 알패오의 아내)의 아들이었다. 마태와 마찬가지로 야고보는 갈릴리 바다 북편에 자리잡고 있는 가버나움 태생의 사람이었다. 우리는 어떻게, 그리고 언제 예수께서 회당에서 복음을 전했을 때 들었을지도 모른다. 예수께서 마태에게 "나를 따라오라"고 했을 때, 첫번째 만남이라고 하기보다는 이미 예수에 대하여 관심을 갖고 있었던 마태에 대해 결단을 위한 마지막 소명이었을 가

관련 성경 구절들
예수님의 제자로 기록 : 마 10:3, 막 3:18, 묵 6:15, 행 2:9, 12

능성이 많다. 야고보와 마태가 형제이므로 그들은 예수의 이종 사촌이기도 하다. 그렇다면 그들이 그 이전에 만났을 가능성은 많이 있다.

우리는 야고보가, 마태가 친구들을 위해 베푼 잔치에 참여했을 것이라는 어떤 기록도 갖고 있지 않다. 간접적인 여러 증거들은 그가 참석하지 않았을 것을 암시해 준다. 왜냐하면 야고보는 마태의 불명예스러운 세리로서의 활동에 반대했을 것이기 때문이다. 후대의 전설에 의하면 야고보는 처음에 열심당원으로 헤롯과 로마의 압제에서 벗어나려는 민족적 애국 운동에 가담했으나 그 유혈 방법에 반대하고 경건과 금욕 생활을 추구했다는 것이다. 야고보가 어느 정도 금욕 생활을 했는지는 알 길이 없다.

성경에는 '야고보'란 이름을 가진 사람이 많이 있기 때문에 그들을 구별하는 것이 중요하다. 첫째는 '큰 야고보'(James the Great)라고 불리워지는 요한의 형제요 세베대의 아들인 야고보가 있다. 이 야고보는 헤롯 안디바 때, 목이 잘려 순교한 사람이다. 둘째는 마태의 형제로서 우리가 별로 알지 못하는 작은 야고보이다. 셋째는 유다, 즉 '다데오'란 사도의 아버지가 되는 야고보가 있다. 넷째는 예수의 형제로서 초대 예루살렘 교회에서 감독으로 있었던 야고보이다. 작은 야고보와 예수의 형제인 야고보 사이에는 많은 혼동을 일으킨다. 그래서 로마 가톨릭 교회와 아르메니아의 정통 교회에서는 작은 야고보와 예수의 동생 야고보를 같은 사람으로 보기도 하였다. 그들의 이유는 복잡하고 모순덩어리여서 성경만으로는 증명할 수가 없다. 바울이 갈라디아서에서 '주의 형제 야고보'(갈 1:19)라고 했음에도 불구하고 저들은 마리아가 영원한 동정녀임을 주장하기 위하여 '형제'(즉, 동생)란 말을 '사촌'이라고 주장한다. 이러한 주장은 초기 기독교의 이단인 가현설(Docetism) 때문이었다. 이단 사상에 의하면 성(sex)을 죄악시 하여 성모 마리아 숭배와 함께 예수의 동생들은 요셉의 전처 소생이라 하여, 이복 형제들로 만들어 마리아의 영구 동정녀설을 주장했다. 그러나 이것은 잘못된 생각이며, 더구나 알패오의 아들 야고보가 동시에 요셉의 아들 야고보가 될 수는 없는 것이다.

많은 전설들이 작은 야고보와 예수의 형제 야고보를 혼동함에도 불구하고 「동방 기독교사」(*History of Eastern Christanity*)를 쓴 아티아(Atyia)는 다음과 같이 구별하고 있다. "사도 시대에 수리아의 기독교의 씨앗이 예루살렘에 뿌려졌는데 수리아 교회의 첫 감독은 열두 제자의 하나인 야고보, 즉 작은 야고보였다." 벗지(Budge)의 연구에 의하면 야고보는 그리스도를 전파하였다는 이유로 유대인들에게 돌로 맞아 예루살렘의 성소에 묻혔다고 한다. 그 후 유해는 콘스탄티노플(Constantinople)의 성 사도 교회에 이장되었으며 그것은 아마도 저스티니안(Justinian)의 통치 때였을 것으로 보인다.

샤프(Mary Sharp)의「유럽의 성자 안내서」(*The Travellar's Guide to Saints in Europe*)에 의하면 572년 경 알패오의 아들 야고보의 유해는 콘스탄티노플에서 로마로 옮겨졌으며, 교황 요한 3세가 '빌립과 작은 야고보 교회'에 안장했다고 한다. 10세기에 와서 그 교회이름은 '성 사도들 교회'로 줄어졌다.

최근 고고학자들이 로마에 있는 현재의 교회 바닥을 발굴한 결과, 그 교회가 6세기에 건축된 것을 확인하였으며 교황 요한 3세가 지은 것임을 알게 되었다.

10. 유다 다대오 – 3가지 이름을 가진 사람

다대오의 상징
미늘창(창과 도끼를 겸한 15–16세기 경의 무기)과 옛날 창

신약에 '유다'라는 사람을 가진 사람이 많이 있다. Judas는 Judah(히브리어)의 헬라형이고 Jude는 Judah의 라틴어 형이다. 유대인들 가운데서 가장 많은 이름이기도

관련 성경 구절들
야고보의 아들 유다 : 행 6:16, 행 1:13
가룟인이 아닌 유다 : 요 14:22
'다대오' 라고도 불리움 : 막 3:18
유다의 질문 : 요 14:22

하다. 제롬은 이 유다를 '트리오니우스'(Trionius)라고 했는데, 그 뜻은 '이름이 셋'이란 말이다. 마태복음에는 그가 '다대오'(10:3)란 별명을 가진 '레비어스'(Lebaeus)라고 기록되어 있고 마가복음에는 단순히 '다대오'(3:18)라고 언급되어 있으며, 누가는 그를 '야고보의 아들 유다'(눅 6:16, 행 1:13)라고 기록하고 있다. 이 유다의 정확한 신분은 대단히 복잡하다. 그것은 성경에서 그에 대해 세 가지 이름을 사용하고 있을 뿐 아니라, 그를 야고보의 아들로 언급하고 있기 때문이다. 물론 이 야고보가 어떤 사람인지 알 수 있다면 우리는 유다에 대해서 더 많이 알 수 있을 것이다. 그러나 실제로는 그렇지 못하다. 로마 가톨릭 번역에는 누가복음 6:16을 '야고보의 형제'라고 번역하고 있으나 개역(Revised Versions)에서는 일반적으로 그를 '야고보라 하는 사람의 아들'로 번역하고 있다. 헬라어 원문을 직역하면 '야고보의 유다'(Judas of James)라고 할 수 있는데 이때 of는 '…에 속한', 즉 '…의 아들'(son of …)이라고 번역하는 것이 일반적이다. 신약에는 이 유다 외에 같은 이름을 가진 다른 유명한 두 사람이 더 있다. 하나는 예수를 배반한 가롯 유다이고, 다른 하나는 유다서의 저자로 알려진 예수의 동생 유다이다.

여기서 '야고보의 아들 유다'는 세베대의 아들, 즉 큰 야고보의 아들로 생각된다. 그것은 다음 세 가지의 이유 때문이다. 첫째는 이 유다를 '야고보의 아들'이라 했기 때문이고, 둘째는 그를 예수의 동생인 야고보의 아들로 볼 수는 없기 때문이다. 왜냐하면 예수의 동생인 야고보보다 젊었기 때문에 이런 큰 아들을 갖는 것은 불가능하기 때문이다. 그뿐 아니라 초기의 전승들에 의하면 예수의 동생 야고보는 금욕주의적인 사람으로서 결혼을 하지 않았으리라고 생각되기 때문이다. 셋째로 작은 야고보는 알패오의 아들이었다. 더욱이 그가 젊다는 의미로 '작은 야고보'라고 불리워졌다면, 그에게 이런 큰 아들이 있을 것으로는 생각되지 않는다. 따라서 이 유다는 '큰 야고보의 아들'이라는 결론이 나온다. 다시 말해서 세베대의 손자요, 사도 요한의 조카였던 것이다.

'다대오'란 이름은 '두다'(Theudas), 혹은 '데오도르'(Theodore)란 이름의 축소형이며, '가슴', 혹은 '사랑하는', '귀여운'이란 뜻을 가진 아람어의 '타드'(tad)란 말에서 유래한 것이다. 또 다른 이름인 '레비어스'(Lebbaeus)란 이름은 '가슴'을 뜻하는 히브리어의 명사 '레브'(led)란 말에서 유래된 것이다. 그러면 이제 유다에 관한 초기 전설에 대해 살펴보자. 오리겐이 언급한 바 있는 「에비온 복음서」(*Gospel of the Twelve Apostles*)에서는 예수께서 디베랴 바닷가에서 부르신 제자 가운데 유다가 포함되어 있다고 기록하고 있다. 「12사도의 족보」(*Genealogies of the Twelve Apostles*)에서는 유다가 요셉의 족속이라고 하였다. 그러나 「벌의 책」(*Book of the Bee*)에 의하면 그는 유다족에 속해 있다고 했는데 그것이 정확하다고 본다. 왜냐하면 큰 야고보(James the Great)가 유다족에 속해 있기 때문이다. 티센돌프(Tischendorf)가 언급한 「다대오의 행전」(*The Acts Thaddaei*)에서는 다대오를 열두 제자의 하나로서뿐 아니라, 70인 제자의 하나라고도 언급하고 있다. 유세비우스도 그렇게 말한다. 초대교회 역사가인 칼리스투스(N. Callistus)는 그의 교회사에서 다대오가 어떻게 수리아와 아라비아와 메소포타미아 및 페르시아에서 복음을 전했는지 기록하고 있다. 그에 의하면 다대오는 수리아에서 순교했다는 것이다. 아르메니아 교회와 다대오 사이의 관련된 전설은 가장 확고한 사실의 하나로 받아들여지고 있다. 유다 다대오는 아르메니아를 방문하고 그곳을 복음화시킨 다섯 사도 중의 하나이다. 아르메니아(Armenia)는 이 세상에서 최초로 기독교국이 된 나라이다. 티리다테스(Tiridates)왕이 귀족들과 함께 성 그레고리(Saint Gregory)에게 세례를 받고, 주후 301년에 기독교를 국교로 공적으로 선포한 것이다. 안트레시안(A. Antreassian)이 쓴 「예루살렘과 알메니아인」(*Jerusalem and The Armenians*)이란 알메니안 교회 역사에서 다음과 같이 언급하고 있다. "모든 교회들은 알메니아에서 사도인 다대오와 바돌로매로 말미암아 기독교가 1세기 초에 전파되었다는 전승을 받아들이고 있다." 이것은 사도들이 사도행전 1:8의 말씀대로 복음을 전파한 결과이다.

아르메니아는 그리스도의 부르심에 일찍이 응답한 처음 몇 나라 가운데 하나이다. 따라서 위에 언급한 두 사도는 아르메니아의 최초의 계몽자가 될 것이다. 일반적으로 인정된 연대는 다대오가 8년(주후 35-43년), 바돌로매가 16년간(주후 44-60년) 전도한 후에 두 사람 다 아르메니아에서 순교했다. 다대오는 주후 50년, 아르다제(Ardaze)에 의해서, 바돌로매는 주후 68년 데르벤드(Derbend)에 의해서 각각 순교했다. 아티야는 그의 「동방 기독교사」에서 아르메니아 교회의 기원과 발전에 대해 다음과 같이 언급하고 있다.

"아르메니아가 기독교 신앙의 발상지인 팔레스타인에서 가깝기 때문에 전도인들이 일찍부터 아르메니아에 많이 들어간 것은 상상할 수 있는 일이다. 정통 아르메니아 교회의 역사가인 오르마니안(Ormanian)같은 사람은 아르메니아 교회의 사도적 계승을 주장한다. 아르메니아의 첫 계몽자들인 다대오와 바돌로매의 기념 교회가 아르메니아의 동남쪽에 있는 아르타즈(Artaz)와 알파크(Alpac)에 아직도 서 있으며, 아르메니아인들은 언제나 그것을 존중해 왔다는 것이다. 일반적으로 인정되는 전설에 의하면 아르메니아에서 최초로 복음을 전한 사람은 주후 43-66년까지 복음을 전한 유다 다대오와, 그 후 60년에 도착해서 68년 데르벤드(Derbend)에서 순교한 바돌로매이다. 아르메니아의 전설에 의하면 다대오가 아르메니아 교회의 첫번째 감독이었다. 다른 전설에 의하면 아르타즈(Artaz) 감독구(區)의 일곱 감독들에 의하여 2세기까지 계속되었다. 그뿐만 아니라 아르메니아 교회의 순교의 역사는 사도 시대에 많은 순교자를 내어 다대오와 함께 1,000여명의 성도들이 순교했으며, 또 바돌로매와 함께 순교한 신도들도 많았다고 한다."

다대오에 관한 재미있는 전설이 유세비우스를 통해 전해오고 있다. 이 전설에 의하면 예수와 에데사(지금은 남부 러시아에 속해 있음)의 왕인 아브갈(Abgar) 사이에 서신이 왕래되었다고 한다. 유세비우스는 에데사의 문서국에서 이 편지를 보고 수리아말로 된 그것을 친히 번역했다고 주장한다. 소위 아브갈 왕이 아나니아스를 시켜 예루살렘의 예수께 보낸 편지에 다음과 같은 말이 나온다.

"에데사 왕 아브갈은 예루살렘에 나타나신 훌륭하신 구주께 문안 드립니다.

나는 당시의 명성과 약 없이 병을 고치신다는 소식을 들었습니다. 당신이 소경을 보게하시고, 절름발이를 걷게하시며, 문둥이를 깨끗케 하시고, 더러운 귀신들을 내어 쫓으시며 고통스럽고 오래된 병을 고치시고, 죽은 자를 살려 주신다구요. 이 소식을 듣고, 나는 당신께 대해 두 가지 결론을 내렸나이다. 당신은 하늘에서 강림하신 신이시거나, 아니면 신의 아들일 것입니다. 바라기는 당신께서 오셔서 저의 지병을 고쳐주시기를 빕니다. 듣자옵건데 유대인들이 불평을 하면서 당친을 해치려 한다 하오니, 저의 성(城)이 비록 작으나 고귀하오며, 우리 둘이 거하기에는 적지 않습니다."

이 편지에 대해 소위 아브갈 왕에게 보낸 예수에 회신에는 다음과 같이 기록되어 있다 한다.

"나를 보지 않고 믿으시는 왕께 축복합니다. 내게 대해 '나를 본 자들은 믿지 않으나 나를 보지 못한자들은 믿고 구원을 얻으리라'고 한 말이 있습니다. 왕께 오라시는 말씀에 대해서는 나를 보내신 이의 뜻을 다 성취하고 보내신 이에게로 올라갈 것이므로 그 후에 나의 제자 하나를 보내어 그로 하여금 당신의 병을 고치고 당신과 당신의 백성에게 생명을 주도록 하리이다."

지금까지의 발견과 사실로 미루어 우리는 유다에 대해 다음과 같이 종합할 수 있다. 유다는 큰 야고보의 아들이요 세베대의 손자였다. 그는 유다지파에 속한 사람이다. 아마도 그는 그의 아버지와 함께 가버나움 가까운 곳에서 고기잡이를 하다가 예수의 제자가 되었을 것이다. 그는 70인 제자 중의 하나이기도 했으나 그러나 또한 열두 제자중의 하나로서 확고한 위치를 가지고 있었다. 성경에는 그가 예수께 단 한 번 질문한 것만 기록되어 있다. 요한복음에 보면 "가룟인 아닌 유다가 가로되 주여 어찌하여 자기를 우리에게 나타내시고 세상에게는 아니하려 하시나이까"(14:22)라고 기록되어 있다. 많은 학자들은 이것이 겟세마네 동산에서 예수께서 기도하시기 직전에 있었던 마지막 질문으로 믿고 있다. 이 질문에 대해 예수는 다음과 같이 대답했다. "사람이 나를 사랑하면 내 말을 지키리니 내 아버지께서 저를 사랑하실 것이요,

우리가 저에게 와서 거처를 저와 함께 하리라. 나를 사랑하지 아니하는 자는 내 말을 지키지 아니하나니 너희의 듣는 말은 내 말이 아니요 나를 보내신 아버지의 말씀이니라"(요 14:24, 25).

예수께서 부활하신 후 다대오의 이름은 사도들의 공적 명단에 나온다(행 1:10). 그는 오순절에도 참여했다. 의심할 것도 없이 그는 외국에 전도하기 위해 예루살렘을 떠난 최초의 사도 중의 하나였을 것이다. 아브갈(Abgal) 전설이 어느 정도 사실성을 포함하고 있는지는 모르나, 만약 그것이 사실이라면 유다는 이방 왕에게 직접 전도한 최초의 사도 중의 하나가 될 것이다. 우리는 유다가 바돌로매와 함께 아르메니아에서 복음을 전했다는 것을 의심할 이유는 없다. 또 그가 수리아와 북부 페르시아에서 복음을 전했을 가능성도 많다. 전설에 의하면, 그가 거기서 순교한 후 카라 켈레시아(Kara Kelesia)에 묻혀있다가 몽고족이 침입할 때 그 유해의 전부, 혹은 일부가 서방으로 옮겨져 지금 로마와 스페인에 일부씩 보존되어 있다고 한다.

11. 가나안인 시몬 - 셀롯인(열심당원)

시몬의 상징 톱

신약 성경에서는 그를 '가나안인 시몬'(마 10:4, 막 3:18) 혹은 '셀롯인 시몬'이라고 언급하고 있다(눅 6:15, 행 1:13). 여기서 '셀롯인'이란 '열심당원'이란 뜻이다. 「에비온의 복음서」(*Gospel of the Ebionites*)에 의하면 가나안인 시몬이 사도로서 소명을 받은 것은 디베랴 바다에서 안드레, 베드로, 세베대의 두 아들 및 다대오 등과

관련 성경 구절들
부르심을 받음 : 마 4:18-22
가나안인 시몬으로 불리움 : 마 10:4, 막 3:18

함께 였다고 한다(참조, 마 4:18-22). 굳스피드는 그의 「열두 제자」란 책에서 시몬과 관련된 아르메니아의 전설을 다음과 같이 전해준다. 아르메니안의 전설은 그곳에 복음을 전한 사람으로서 다대오 바돌로매 외에도 다른 네 사도의 이름을 언급하는데, 그 중의 하나가 "가나안인 시몬"이란 것이다. 뉴만(Dorman Newman)은 1985년 시몬에 관해서 다음과 같이 썼다. "그는 애굽, 구레네, 아프리카, 마르타니아 및 리비아에서 복음을 전하고, 서방의 섬들 심지어는 영국에까지 가서 전도하여 기적을 많이 행하고, 많은 역경속에서 일하다가 이교도들에게 잡혀 십자가에 못박혔으며, 거기서 묻혔다." 다른 전설에 의하면 애굽에서 전도하고 메소포타미아로 올라가서 사도인 유다를 만나 함께 페르시아로 가서 전도를 해 많은 신자들을 얻고 순교의 면류관을 썼다고 하나, 역사가들 중에는 부인하는 사람들도 있다. 애굽의 콥틱 교회는 시몬이 애굽과 아프리카와 영국에 가서 전도하다가 페르시아에서 순교했다고 믿고 있다. 아무튼 이 여러 전설들은 시몬에 대해 여러 가지 다른 사실들을 말하고 있으나, 그가 애굽에서 북 아프리카를 통하여 마우리타니아(Mauretania)까지 복음을 전파하고 심지어는 먼 영국의 섬들에까지 전도 여행을 계속했다는데 일반적으로 의견이 일치되고 있다.

여러 사도들이 영국에 가서 선교를 했다는 전설은 대단히 오래되고 널리 퍼진 이야기이다. 그 전설이 결코 비합리적인 것만은 아니다. 만약 도마가 인도에까지 갈 수 있었다면 사도들 중 어떤 이들은 영국에까지 갈 수도 있었을 것이다. 뉴만은 사도들의 생애에 관한 그의 책에서 다음과 같은 전설을 기록하고 있다.

> "시몬은 그리스도의 다른 제자들과 함께 예루살렘에서 예배하며, 계속 교통하다가 오순절에 성령의 기적적인 은사를 받았다. 그래서 다른 형제들고 마찬가지로 복음을 전파할 자격을 갖추게 되었다. 그는 틀림없이 열의와 지성을 다해 그의 은사를 사용했을 것이다. 그러나 우리는 세계의 어느 부분에서 그가 복음을 전했는지 잘 알 수 없다. 어떤이들은 그가 애굽, 구레네, 아프리카, 그리고는 마우리타니아 전토에 복음을 전하고 서북쪽으로 가서, 마침내는 영국에까지 가서 많은 고난을 무릅쓰고 다수의 신자를 얻은 후 십자가에서 순교했다고 한다."

몰간(R. W. Morgon)은 「영국에서의 사도 바울」(*St. Paul in Britain*)이란 책에서 시몬의 영국 방문에 관하여 다음과 같이 기록하고 있다.

> "요셉 다음으로 영국에 온 사도는 열심당원인 시몬이었다. 이 점에 관해서는 의심의 여지가 없다. 그러나 동방 교회에서는 그가 페르시아에서 순교했다고 말한다. 영국에서 순교했다고 주장하는 이들 가운데는 두로의 감독인 도로데우스(Dorotheus) 같은 사람을 들 수 있다. 도로데우스는 이렇게 증거한다. '열심당원인 시몬이 마우리타니아와 아프리카 지방에서 전도하고, 마지막에는 영국에서 십자가에 못박혀 순교하고 거기서 묻혔다.' 그러나 문제는 십자가형은 로마인들이 도망간 노예들이나 탈영병 및 국가 반역자들을 벌하는 방법으로서 영국에는 그런 법이 없었다는 점이다. 그러므로 시몬은 데시우스(Cains Decius)가 통치한 영국의 동부 카이스토르(Caistor) 근처에서 순교했을지 모르나 십자가형은 아니었을 것이다."

그러나 지금까지 말한 시몬의 영국 순교설은 그의 페르시아 순교설보다 약하여 믿기는 어려우나 그가 영국에 전도했을 가능성은 부인하기 어렵다. 왜냐하면 시몬의 영국 전도 전설의 가능성은 영국이 주전 1000년이상 중동에 잘 알려진 나라이다. 칼 마이어(Karl E. Meyer)는 그의 「고고학의 즐거움」(*The Pleasures of Archaeology*)이라는 책에서 다음과 같이 기록하고 있다.

> "무역의 통로가 영국의 서남부에 있는 웨섹스(Wessex) 무덤 속에서 발견했다. 그보다도 더욱 놀라운 것은 1953년 6월에 영국의 앳킨슨(R. J. C. Atkinson) 교수가 사르센의 석주(Sarsen Stone)의 사진을 찍으려 하다가 발견한 도끼와 단검이다. 도끼는 청동기 시대의 것이요, 단검은 그리이스의 미세네(Mycenae)형이었다. 애킨슨은 그 큰 석주의 건축가는 당시 지중해 세계의 도시 문명에 관한 지식을 가진 사람이라고 믿고 있다. 그 당시 영국은 로마에게 정복되기까지 다른 어느 때 보다도 더 유럽적이었다고 그는 말한다."

코트렐(Cottrel)의 「로마 연구지」(*Journal of Roman Studies*)에 의하면 "어거스틴

이 캔트(Kent)에 가서 색손(saxon)에게 복음을 전파하기 전, 이미 250여년 전에 그리스도가 조그마한 건물 속에서 예배되어져 왔으며, 건물의 주초가 함프쉬어(Hampshire) 밑에 지금 묻여져 있다는 것이다. 그리고 그 구조는 기독교 국가에 있어서 유명한 성당과 유사하다고 하였다."

영국의 초기 가톨릭사의 권위인 베데(The Venerable Bede)는 730년 경에 쓴 그의「영국 교회사」에 이렇게 말하고 있다.

> "2세기 영국의 왕 루시우스(Lucius)가 어떻게 기독교인이 될 수 있는지에 대해서 로마 당국에게 편지를 썼다고 하였다. 분명히 베데는 가톨릭교가 영국에 어떻게 들어왔는가에 대해 관심이 컸으나 어거스틴(579) 이전에 대해서는 침묵하고 있다. 그러나 베데도 영국의 기독교 운동에 가톨릭과 기타 교회들 간의 충돌에 대해서는 자주 언급하고 있다. 중세기 가톨릭 교회는 어거스틴의 영국 선교에서 그 기원을 잡고 있으나 베데도 그 전에 영국에 기독교가 있었다는 것을 인정하고 있다."

루시우스 왕이 어떻게 기독교에 대한 것을 알았는지 알 수 없으나 그의 회심 전에 영국의 여러 지역에 교회가 있었던 것만은 의심할 수 없다. 그것은 사도 시대였을 때부터였는지도 모른다. 그렇다면 사도인 시몬의 노력으로 말미암아 어떤 조직체가 있었는지는 알 수 없으나 그에게서부터 복음을 들은 신자들일 계속해서 예배를 드리고 확장되어 루시우스왕에게까지 연결되었을 가능성은 충분히 있다. 시몬이 영국을 방문했다 할지라도, 그것은 긴 기간은 아니었을 것이다. 왜냐하면 그가 아리마대 요셉과 함께 글라스톤버리(Glastonbury)에 갔을 것이기 때문이다. 그러므로 그의 전도 여정은 다음과 같이 가정할 수 있다. 즉 예루살렘을 떠나 애굽을 거쳐, 북아프리카의 카르타고에 들렸다고 스페인에서 배를 타고 영국에 상륙했을 것이라는 것이다. 그때 그는 요셉과 함께 글라스톤버리를 거쳐서 당시 로마의 식민지였던 런던으로 갔을 것이다. 로마인들에게는 라틴어로 전도했을 것이며, 라틴어를 모르는 영국인들에게는 간접적으로 전도했을 것이다. 그러나 로마 치하의 영국에서도 라틴어가 많이 사용되었다.

12. 가룟 유다 – 예수를 팔아 먹은 배반자

신약성경에서 가장 큰 수수께끼는 3년 동안이나 섬기며 따라다녔던 선생 예수를 원수에게 팔아 먹은 가룟 유다의 정체이다. 그의 이름은 열두 제자 명부 가운데 세 번 나온다(마 10:4, 막 3:29, 눅 6:16). 요한복음에 보면 유다가 예수를 팔던 밤에 주께서 드린 기도가 기록되어 있다. "내가 저희와 함께 있을 때에 내게 주신 아버지의 이름으로 저희를 보전하사 지키었나이다. 그 중에 하나도 멸망치 않고 오직 멸망의 자식뿐이오니 이는 성경을 응하게 함이니이다"(요 17:12).

성경 역사의 무대에 나타난 인물들 가운데 가룟 유다 만큼 비극적이고 경멸받는 사람은 없다. 어떤 시인은 가룟유다를 다음과 같이 묘사했다. "그 비열한 유대인이, 그 민족 전체보다도 더 고귀한 진주를 값싸게 내어 던졌도다." 입맞춤으로 그리스도를 배신한 것은 참으로 소름끼치는 무서운 짓이었다. 그래서 어떤 설교가는 그것을 키스가 아니라 '히스'(hiss, 독을 뿜는 뱀의 소리란 뜻)라고 묘사했다.

가룟 유다의 죽음도 그의 생애 만큼이나 끔찍한 장면이었다. 만대에 증오의 적이 된 그의 인생에 무서운 신비가 깃들여 있는 것이다. 예수께서 말씀하신 대로 그는 차라리 나지 않았더라면 좋을 뻔한 사람이었다. 드 퀸시(Thomas De Quincey)는 가룟 유다에 관한 그의 수필에서 그를 '실패한 애국자'로 묘사하려고 하였다. 그에 의하면 유다는 예수를 사랑했고 그의 능력을 믿었기에 그의 정치적 지도를 강요했던 것이 그만 잘못되어 주님을 팔아 먹은 결과가 되었으며, 후회 막급한 그는 목을 매어 자살한 것이라고 한다. 그래서 예수의 십자가형은 '우연한 사고'란 것이다. 그러나 이와

관련 성경 구절들
그의 출신 성분 : 마 10:4, 막 3:10, 눅 6:16, 요 6:70
예수를 배신함 : 마 26:14, 47, 막 14:10, 43, 눅 22:3, 47, 요 13:26, 18:2
목 매어 자살함 : 마 27:5. 행 1:18

같은 해석은 주님 자신에 의해 거부되고 있음을 알 수 있다. 예수께서는 말씀하시기를 "내가 너희 열 둘을 택하지 아니하였느냐 그러나 너희 중의 한사람은 마귀니라."(요 6:70)고 했으며, 또 "인자는 자기에게 대하여 기록된 대로 가거니와 인자를 파는 그 사람에게는 화가 있으리로다. 그 사람은 차라리 나지 아니하였더면 제게 좋을 뻔하였느니라"(마 26:24)라고 말씀하셨기 때문이다. '가룟 유다'(Judas Iscariot)란 이름은 '케리옷의 유다'(Judas of Kerioth)란 말에서 와전(訛傳)된 것이다. 케리옷(Kerioth)은 헤브론에서 남쪽으로 몇 마일 떨어진 작은 마을이었다. 따라서 예수의 열두 제자중 열한 사람이 북방 갈릴리 사람이었는데 비해, 유다만이 남방 유다 지방 출신이었다. 그의 아버지의 이름은 시몬이었다(요 13:2). 오늘날까지 유다의 이름은 경멸과 증오의 상징이 되어 자녀에게 '유다'(Judas)란 이름을 붙이는 부모가 없다. 그러나 시몬이 그 아들에게 '유다'란 이름을 주었을 당시에는 그 이름은 명예로운 이름이었다. 예를 들면, 유대의 역사상 가장 위대한 인물의 이름이 유다 마카비(Judas Maccabeus)였고 예수의 형제 중 하나의 이름도 유다였다. '유다'(Judas)란 이름은 유다(Judah) 지파의 이름이다. 그래서 오늘날은 'Judas'란 이름 대신 'Jude'란 말을 쓰나 사실 그것은 'Judas'란 이름의 단축형이다.

오늘날도 우리는 그를 반역의 괴수로 생각한다. 그래서 양떼를 도살장으로 유인하는 염소를 '유다 염소'(Judas goat)라고 부르며, 또 동양에서는 매력있게 보이나 맛이 쓴 나무를 '유다의 나무'(Judas tree)라 부른다.

그러나 당시의 제자들은 그를 의심치 않았을 뿐 아니라 신뢰했기 때문에 그에게 회계를 맡겼던 것이다. 그리하여 그의 배신을 알게 되었을 때 제자들은 깜짝 놀랐던 것이다. 그러나 예수께서는 유다의 배신 행위 이전에 미리 알고 계셨다. 그래서 "너희 중 하나가 나를 팔리라"(막 14:18-21, 눅 22:21-23)고 말씀하셨고, 마태복음 26:21-25에 보면 유다가 "내니이까"라고 물었을 때 "네가 말하였도다"라고 하셨으며, 요한복음 13:18-30에는 더 자세하게 언급되어 있다. 그런데 놀라운 것은 유다가 일어나 나갈 때, 다른 제자들이 별로 눈여겨 보지 않았다는 점이다. 그말은 마태복음

26장에 기록되어진 예수와 가룟 유다의 대화를 다른 제자들이 듣지 못했다는 결론이 나온다. 아니면 그 말의 뜻을 잘못 이해했다고 봐야 할 것이다.

이에 대해 바클레이는 이렇게 설명한다.

즉 옛날 회식에서는 낮은 식탁이어서 왼쪽 팔꿈치에 몸을 의지하고 오른 손으로 음식을 먹었다고 한다. 아마도 예수의 품에 의지했다는 요한은 예수의 우편에 앉았을 것이다. 식탁의 높은 자리는 주인의 왼편 자리였는데 웬 영문인지 유다가 거기에 앉아 있었다. 유월절 식탁에는 세가지가 반드시 나온다. 첫째는 카로, 즉 애굽에서 벽돌 만들던 진흙을 연상하여 사과, 대추, 석류 등으로 반죽한 것과, 둘째는 매운 냉이, 꽃 상치, 쓴 박하 등으로 만들어 애굽의 노예생활을 상기시킨 쓴나물과, 셋째는 누룩없는 떡이다. 식사 중 주인이 호떡처럼 생긴 떡 사이에 카로을 넣은 샌드위치를 만들어 과일 반죽에 찍어서 귀빈에게 주는 것이 예의였다고 한다. 그래서 주님은 귀빈석에 앉은 반역자 유다에게 그것을 주셨다는 것이다(요 13:26). 만찬 기분으로 보아서 예수와 유다의 대화는 두 사람 사이의 사담(私談)처럼 되었다는 것이다. 바클레이의 설명은 예수의 다른 제자들이 가룟 유다가 배신할 것을 알았다면 그냥 두지 않았을 것이라는 가정 밑에서 전개한 것으로 있을 수 있는 설명이다.

유다의 입맞춤

유월절은 만월이기 때문에 달이 밝아 쉽게 예수를 발견할 수 있으나 유다는 구름이 끼는 만약의 경우를 생각해서 키스로 신호를 삼았다고 한다(마 26:47-50, 막

가룟 유다가 스스로
목매달아 죽은 장소 – 아겔다마

14:43-45, 눅 22:47). 마태복음 27:3-10에 보면 그 후에 유다는 자살을 했고 그가 받은 돈 30세겔로는 대제사장들이 피밭을 샀다고 하였다. 그러나 사도행전 1:16-20에 보면 "불의의 삯으로 밭을 사고 후에 몸이 곤두박질하여 배가 터져 창자가 다 흘러나온지라"라고 서로 상반되는 듯한 묘사를 하고 있다. 그러나 두 기록은 모순된다기 보다는 부분적 묘사에 불과한 것으로 보인다. 즉 마태는 목매어 죽은 사건만을 기록하였고, 누가는 사도행전에서 목매어 죽은 뒤에 줄이 끊어졌거나, 혹은 다른 이유로 인해서 곤두박질하여 배가 터진 나중의 사건을 기록한 것으로 본다.

가룟 유다의 죽음에 대해 마펫은 무서운 부종병에 걸려 배가 터졌다고 했고, 파피아스는 전신이 부어, 눈이 보이지 않고 마차가 지나갈 수 있는 골목도 지나갈 수 없게 되었을 뿐 아니라, 창질이 겸해 악취가 코를 찔러 살아 있을 때나 죽은 후에 사람들이 접근할 수 없었다고 하였다. 단테는 신곡에서 유다가 지옥의 9층 밑바닥에서 신음한다고 묘사하고 있다. 그러나 이런 묘사들은 흥미 이상의 아무런 지식도 더해주지 못한다. 가룟 유다의 본심은 마리아가 비싼 향유를 주님의 발에 부었을 때 잘 나타났다. "왜 이 향유를 300데나리온에 팔아서 가난한 사람들에게 주지 아니하느냐"(요 12:5)고 트집을 잡았던 것이다. 그 이유를 요한은 이렇게 기록하고 있다. "이렇게 말함은 가난한 자들을 생각함이 아니요, 저는 도적이라 돈 궤를 맡고 거기 넣는 것을 훔쳐 감이러라"(요 12:6).

유다의 일생은 처음에 언급한 대로 이해하기 어렵다. 가장 큰 문제는 왜 그가 예수의 제자가 되었느냐 하는 점이다. 많은 학자들은 그가 열심당에 가입하여 활동을 하다가 예수를 보고 유대 민족을 구원해 줄 정치적 지도자로 보았다가 그의 목적을 이룰 수 없게 되자 배신하였다고 본다.

다음은 왜 그가 배신을 했느냐이다. 이 동기에 대해 여러 가지의 의견이 제시되어 왔으나, 스튜어드(Steward)는 몇 가지 동기가 복합적으로 작용했다고 보고 있다. 즉 돈에 대한 사랑(요 12:6)과 혼자만 소외된 데서 오는 시기심, 또 주님을 따라 다니다가 다가올 재난에 대한 두려움, 그리고 유다의 비뚤어진 원한(예수에게 기만당했다는 생각) 등이 그것이다. 그러나 우리는 성경이 설명하는 것 이상의 자세한 동기를 알 수 없다. 유다에 대해서는 위경에도 이렇다 할 자료가 없다. 다만 흔히 「아랍인의 복음서」(*The Arabic Gospel of the Infancy*)에 이런 기록이 나온다. "유다는 아이 때에 벌써 마귀에 사로잡혔다. 아이 때에 예수를 만나 그를 습격하자 예수께서 그에게서 마귀를 쫓아냈다"는 것이다.

가룟 유다는 구원받지 못한 가장 비극적인 인물이며, 세상이 알고 있는 최대의 실패자라고 할 수 있다.

제6장 초대교회 이야기

Search the BIBLE Lands

1. 교회란 무엇인가?

1) 교회의 어원

교회는 헬라어로 '에클레시아'(ἐκκλησία)이다. 에클레시아는 에크(ἐκ)와 칼레오(καλέω)의 합성어로서, 에크(ἐκ)는 '밖으로', 칼레오(καλέω)는 '불러낸다'의 뜻을 가지고 있다. 박형룡 박사는 에크(ἐκ)는 '일반 대중으로부터'를 의미한다고 보았고 '에클레시아'(ἐκκλησία)는 인류세계에서 불러낸 피택자들로 되어 있다는 것을 지시하는 것으로 해석하였다. 그러므로 교회라는 것은 하나님께서 세상으로부터 불러내어 모아 놓으신 무리를 가리킨다. 어두움의 세력 가운데서 해매던 자들을 그 세력으로부터 하나님의 나라, 하나님의 공동체로 불러냄을 말하는 것이다. 바울 서신들에는 '에클레시아'(ἐκκλησία)라는 말이 60번 정도 등장하는데 그 모든 문맥은 교회를 '그리스도인들의 모임'으로 강조하고 있다. 여기서 우리가 생각할 수 있는 중요한 점은 교회가 그리스도인들의 '집합적' 명칭이라는 점과 '그리스도에 의한' 모임이라는 점과 '사람들이' 모인다는 점이다. 교회는 '집합적'이란 명칭에서 보듯이 공동체를 말하는 것이고, '그리스도에 의한'다는 의미는 그리스도로 인하여, 그리스도를 믿는, 그리스도를 신뢰하는 모임을 말하는 것이고, '사람들이' 모인다는 것은 사람들을 저항하는 모임이라는 것을 말한다. '사람들이' 모인다고 할 때 오해해선 안될 것은 교회가 사람들의 의견이나 개념을 나타내는 것이 아니라는 점이다. 이 점을 짐 그래함(Jim Grham) 목사는 다음과 같이 잘 표현한다.

교회가 한 자리에 모일 때는 두 가지 이유가 있다. 첫째는 하나님이 우리에게 하시는 말씀을 듣고자 하는 일이고 둘째는 우리에게 말씀하신 하나님의 뜻을 행하기 위함이다. 그러므로 교회의 핵심적인 삶의 중심에는 하나님의 말씀이 자리잡고 있다.

교회는 다른 사람들을 지향하지만 사람들이 교회를 주관하지는 않는다. 교회의 또 다른 말로 '쉬나고게'(συναγωγή)가 사용되었는데, 이 말은 순(σύν)과 아고(ἀγω)의 합성어로 문자적으로 해석하면 '함께 온다'는 의미가 된다. 이 단어는 전적으로 유대인의 종교적 집합이나 혹은 공예배를 위하여 모인 건물을 지시할 때 사용되었다(마 4:23;행 13:43; 계 2:9, 3:9). 쉬나고게(συναγωγή)에서도 공동체적 색채를 분명히 느낄 수 있다.

2) 구약에서의 의미

칠십인경에서는 신약의 교회를 지칭하는 단어인 '에클레시아'(ἐκκλησία)와 '쉬나고게'(συναγωγή)를 '카할'(קָהָל)과 '에다'(עֵדָה)의 번역어로 사용하였다. 카할이라는 단어는 구약성경에서의 집회(창 4:96), (온)회중(출 12:6; 16:3; 레 4:13;민 14:5; 대하 30:23; 렘 26:17; 느 8:2), 총회(민 20:6;신 5:22; 9:10; 10:4; 18:16, 삿 20:2; 21:8), 무리(삼상 17:47; 슥 10:1; 겔 17:17; 27:27; 32:22)라는 말로 사용되었다. 벌코프(L. Berkhof)는 카할이 '백성들의 대표' 또는 '백성들의 실제 모임'을 뜻하는 것으로 여겼다. 카할은 군대 복무를 위해서 부름 받은 사람들의 모임에, 공공 활동을 위해서 부름받은 사람들의 모임에, 하나님을 예배하려고 모인 모임에 사용되었다. 그리고 카할은 악한 일을 하려고 모인 자들에게 사용되었다. 카할이라는 단어가 악한 무리를 가리킬 때도 사용되었다 할지라도 그 용례가 '어떤 모임'을 가리키는데 사용된 것임에는 틀림없다.

에다라는 단어는 구약 성경에서 회중(출 16:22; 레 8:4; 민 8:9; 10:2, 3; 16:2; 20:8), 무리(시 22:16; 86:14; 잠 5:14)라는 말로 사용되었다. 에릭슨(Millad J. Ericson)은 이 단어에 대해 다음과 같이 설명한다. "주로 오경에서 나타나는데, 특히 반 이상이 민수기에서 나타난다. 그것은 사람과 특별히 회막 앞에 모인 사람들과 관계가 있다. 그 용어는 출애굽기 12:3에서 처음으로 나타나는데, 이러한 사실은 이스라엘의 '회중'이 생겨난 것은 유월절을 기념하고 애굽을 떠나라는 명령에서부터였음을 암시하고 있다." 벌코프(L. Berkhof)는 이 단어가 "지정하다, 혹은 지정된 장소에서 함께 만나다. 또는 함께 오다를 의미하는 에다(עדה)에서 유래하였다"고 지적했다. 이 단어도 카할(קהל)과 마찬가지로 악인들을 지칭할 때도 사용했으나, 그 용례 역시 '어떤 모임'을 가리키는데 사용되었다. 이 두 단어가 어느 시점에서는 별 구분 없이 사용되었으나 동의어라고 말할 수는 없다. 어떤 때는 카할은 하나님의 언약 공동체를 지칭하고, 에다는 제사 공동체를 지칭하는 것이다. 이 두 단어는 때로 일반 무리를 지칭하거나, 악한 무리를 지칭할 때 사용되기도 했으나 구약에서의 통합된 의미는 하나님의 공동체를 지칭할 때 사용되었다.

3) 신약에서의 의미

예수님 자신은 에클레시아라는 말을 사실상 두 번 밖에 사용하지 않으셨다. 첫 번째는 베드로가 가이사랴 빌립보에서(마 16:18) 주님께 그 위대한 신앙 고백을 했던 때였다. 그리고 두 번째는 범죄한 형제에게(마 18:17) 제자들이 해야 할 의무에 관하여 주님이 제자들에게 하신 교훈에서였다. 마태복음 16장의 이전 배경을 살펴보면 제자들은 예수님을 따라다니고 있지만 그 분이 누구인지를 모르는 상황에 있었다. 제자들에게 예수님은 자신이 누구인가를 질문하셨고 베드로의 입을 통해 예수님이

'그리스도'되심을 고백 받은 후에 비로소 교회를 언급하셨다. 마태복음 18:17에 나타나는 교회는 형제가 죄를 범하였을 때 권고해야 할 어떤 공동체를 말하고 있다. 따라서 이 두 내용에서 나타나듯이 예수님께서 말씀하시는 교회란 예수님이 메시야이심을 믿는 자들의 공동체이다. 즉 교회는 메시야의 통치하에 있는 공동체를 말하는 것이다. 예수님은 개인보다는 '집단'에 더 큰 관심을 갖고 계셨다. 이것은 복음서 기자들의 일반적 경향이기도 하다. 첫 네 제자들을 부르신 사건만 해도 아주 분명하다. 마태복음과 마가복음에서는 두 명씩 따로, 누가복음에서는 네 명이 함께 주님을 따르기 시작하는데 일단 부르심을 받은 후로는 늘 '제자들'이란 단어로 집단체가 언급되고 있음을 주목해야 한다.

예수님은 그 집단의 '하나됨'을 중시하셨다(요 17:20-22). 하워드 스나이더(Howard Snyder)는 그리스도 공동체를 다루면서, 예수님의 가르침의 실질적인 효과와 중요성에 대해 등한시하기 쉬운 오류를 지적했다. "산상수훈은 개인적인 윤리만을 다루었을 뿐 사회적 윤리는 다루지 않았으며, 따라서 교회는 사회적, 정치적 문제의 지침으로서 성경 외의 다른 것을 찾아본다든지, 계급 투쟁에 대한 과학적 분석에 의존한다든지 또는 다른 석학들의 의견에 귀를 기울여야 한다는 생각이다." "예수님의 가르침에는 개인적 차원과 사회적 차원 사이의 이분법이 존재하지 않는다." 예수님 자신이 세상을 위해 오셔서 세상을 위해 일하는 모범을 보여주셨듯이 교회는 세상의 빛과 소금이 되어(마 5:13-16) 세상을 위해 일해야 할 것을 말씀하신다. 예수님의 교회를 향한 큰 가르침의 요약은 하나님을 사랑하고, 네 이웃을 네 몸과 같이 사랑하는 것인데(이웃사랑 – 마 5:43; 19:19; 22:39; 막 12:31; 눅 10:27; 10:29-37; 15:6, 9. 하나님 사랑 / 이웃사랑 – 마 22:37-39; 막 12:30-31), 이는 예수 공동체가 하나님을 향하고 동시에 세상을 향하는 것임을 보이기 위함이셨다.

사도행전에서는 '교회'라는 말이 24회나 등장한다. 사도행전을 간단히 요약한다면 초대 교회의 발생과 더불어 교회의 성장, 부흥을 잘 나타내고 있는 점이라고 하겠다. 이 곳에서 사용된 에클레시아는 한 지역의 신자들과 모든 지역의 신자들을 함께 지칭함으로써 지역을 초월한 하나된 그리스도의 공동체를 언급하고 있다. 사도행전에서의 교회의 개념의 특징은 시내산 언약 아래서 모세를 지도자로 하여 형성되었던 광야 공동체를 '광야 교회'(행 7:38)로 지칭함으로써 교회의 공동체 범위가 구약에까지 소급되었으며, 온 유대와 사마리아와 땅 끝까지 확산되는 그리스도의 공동체(행 1:8; 9:31 참고) 형성을 보여주는 것이다. 교회의 개념은 한 지역의 그리스도 공동체를 말하기도 하고, 공간과 시간을 초월한 우주적 그리스도 공동체를 말하기도 한다.

사도행전 2:44-47에서는 그리스도 공동체의 삶의 모습을 잘 나타내 주고 있다. 그들은 "믿는 사람들 모두가 한 곳에 있었고 모든 것을 함께 사용했으며…"(44-45절)라고 묘사하고 있다. 그들은 "함께 있었고", "함께 사용했고", 소유를 팔아서 "필요에 따라 모두에게 나누어 주었다." 또한 이들이 그리스도 공동체 내의 생활으로만 그친 것이 아니라 "온 백성에게 칭송을 받았다(47절)"는 말씀은 그리스도 공동체가 '세상을 향해' 있음을 보여주는 단면이라고 하겠다.

바울 서신에는 교회의 개념을 보다 구체적이고 다양하게 표현하고 있다. 도날드 거스리(Donald Guthrie)의 주장을 들어보자.

> 바울이 교회를 언급하는데는 두 가지 주요한 방법이 있는데 대부분의 그의 서신들에서 교회는 특정지역의 신자들이 공동체이고, 또 한 가지는 보편적인 교회이다.
>
> 바울의 교회 개념은 사도행전의 것과 일치한다. 또한 바울의 교회 개념은 발전한다. 신약 문헌을 기록한 저자들 가운데서 교회론의 문제에 가장 심오한 성찰을 기울인 사람이 바울이라 말한 것은 교회 개념이 발전되고 확장되었음을 잘 보여준다. 교회의 개념이 발전되었다는 것은 바울 서신에서 에클레시아의 사용 횟수에서도 나타난다. 에클레시아는 신약에 총 114회 사용되었는데 그 중 바울 서신에는 에베소서에 9회, 골로새서에 4회, 그리고 고린도전서의 22회를 포함하여 총 46회나 등장한다. 바울의 교회 이해는 그 모든 것이 '그리스도 안에서' 출발하고 있다. 교회가 다양성 속에 통일성을 가질 수 있는 것은 바로 이

때문이다. 바울은 교회를 '그리스도의 몸'으로 지칭하여(엡 1:23) 몸이 여러 지체를 소유하면서 몸 전체가 하나의 몸으로 존재하듯이 교회는 그리스도 안에서 다양성과 통일성을 갖는 유기체로 보았다. 교회의 다양성은 통일성을 '위해' 일하며, '함께' 일한다. 이러한 이해로 바울은 신자들의 '하나됨'을 중시하였다(고전 3:1-9; 12:12-13; 엡 4:3), 교회 안의 사역자들도 그리스도의 몸을 세우기 위해 일한다(고전 3:1-9; 12; 엡 4:11-12).

그리스도의 몸으로서의 교회의 통일성 속에는 구속사적인 개념이 내포되어있다. 이는 아브라함과 함께 맺어진 하나님의 언약 백성들이 그리스도 안에서 하나를 형성하고 있음을 말해 주고 있다(갈 3:16, 27-29). 리델보스(H. Ridderbos)는 "그리스도의 몸은 그리스도 안에 있는 하나님의 백성이며 진정한 아브라함의 씨인 모든 사람의 통일체"라 하였다. 바울의 통일성은 구약의 공동체와 함게 신약의 이방인에게로까지 확장된다(갈 3:14, 27-29). 그리스도의 머리되심은 만물 위에, 혹은 모든 주권들, 권세들 위에 충만하다(골 2:9,10; 엡 1:22; 4:10). 전 우주가 그리스도의 능력 안에 있는 것이다. 그리스도의 몸으로서의 교회는 성령의 역사하심에 따른 내적인 통일체를 이룸과 동시에 외적 통일성을 강조한다(고전 1:13, 3:1-9; 12:12; 롬 12:4, 5; 엡 4:16, 25; 골 3:14, 15). 이러한 이해 때문에 바울은 고린도 교회를 향하여 가시적 교회의 분리 즉, 교회내의 분쟁, 파당, 시기등이 그리스도의 몸된 교회를 파괴하는 것으로 말하였던 것이다.

4) 교회의 본질

교회는 복합적인 의미를 가지고 있을 뿐 아니라 하나님의 뜻이나 목적과 아주 밀접한 관계를 가지고 있기 때문에 교회를 정의한다는 것은 여간 어려운 문제가 아니다. 그럼에도 불구하고 교회의 어원과 전 성경에서의 교회의 의미를 생각해봄으로써 교회의 참 모습을 보여주는 독특한 강조점을 접할 수 있었다. 이는 세 가지로 요약할 수 있는데, 첫째는 하나님의 공동체로서의 교회 이해이며, 둘째는 그리스도의 몸으로서의 교회 이해이고, 셋째는 구속적인 친교로서의 교회 이해이다.

(1) 하나님의 공동체로서의 교회

교회가 하나님의 공동체라는 것은, 교회의 기원이 인위적인 것이 아니라 하나님께서 은총을 베푸시고 선택하여 부르신 언약 백성임을 강조하는 것이다. "교회란 육으로 태어난 사람들의 모임이 아니라 위로부터 부름 받고 그리스도로 말미암아 하나님의 가족으로 태어난 '신씨가'(神氏家, Family of God)이다." 따라서 교회는 하나님께 속한다. 교회에는 하나님의 주권적인 의지가 존재한다. 구약의 카할이라는 단어가 보여주듯이 하나님은 이스라엘 백성들을 언약의 공동체로 부르셨다.

마튼즈(E. A. Martens)는 하나님의 언약 공동체 즉 하나님의 백성이 된다는 의미를 세 가지로 말하였다. 첫째로, 이스라엘은 언약에 의해 정의된 공동체였다. 언약은 이스라엘과 그들의 하나님과의 관계를 분명하게 결속시켰기에, 이스라엘은 야훼가 그들의 최고 지배자요 절대자이심을 인정하였다. 둘째로, 결속력이 있는 공동체 이스라엘은 언약을 통해 더 한층 종교적 유대감과 결속을 크게 다질 수 있었다. 마튼즈는 그 결속력 요소를 출애굽이라는 공동 체험과 언약 때문이라고 했다. 출애굽의 공동체험은 비이스라엘까지도 한 백성으로 융합되게 하였다. 이를 볼 때 하나님의 공동체는 인종적이 아니라 종교적이고 영적으로 형성된 것임을 알 수 있다. 이러한 모습은 사도행전과 바울 서신에서의 언급하는 그리스도의 공동체가 구약의 하나님 백성 공동체와 연합되고, 신약 시대 이후의 이방인 가운데 형성되는 하나님의 백성과 연합되는 내용과도 일치한다. 이는 구원의 보편화와 더불어 하나님의 백성으로서 교회의 보편화를 의미한다. 셋째로, 이스라엘은 야훼와 언약을 맺은 공동체였다. 이는 언약을 통하여 분명히 제시된 "너희로 내 백성을 삼고 나는 너희 하나님이 되리라"는 하나님의 말씀에서 나타난다. 본질적으로 언약은 한 개인이 아니라 공동체를 지향하고 있다. 바울이 그가 설립한 이방 교회를 '하나님의 이스라엘'(갈 6:16; cf. 롬 2:28)로 명함은 언약 공동체의 계승을 염두에 두기 때문이다.

구속사의 전 과정 속에서 하나님의 공동체라는 개념이 현 교회에 주는 의미에 대해 한스 큉(Hans Küng)이 잘 요약하고 있다.

첫째, 교회가 하나님의 백성이라는 사실이 명확함으로 모든 하나님의 백성의 구성원들은 모두가 하나님의 부르심을 받았고, 그리스도로 말미암아 의롭게 되었고, 또한 성령에 의하여 성화된 사람이므로 교회는 어떤 특정 계급이나 신분, 또는 관료에 불과한 것이 아니다. 교회는 온 하나님의 백성이요, 온 에클레시아이며, 온 신앙 공동체이다. 그리고 이 하나님의 백성의 구성원들은 교회 안에서 모두 동등하다. 둘째, 모두가 하나님의 부름을 통하여 하나님의 백성이 되었기 때문에 교회를 개인화해서는 안 된다. 교회가 참으로 하나님의 백성이라면 교회의 출발점을 신자 개인에게서 찾는 것은 잘못이다. 신자 개인은 공동체 내에서 존립하며, 나아가 각 개별 공동체도 교회라는 한 공동체 내에서 존립한다. 셋째, 교회는 하나님의 자비로운 사랑과 부름의 선택 없이는 있을 수 없는 것이지만 동시에 인간의 순종하는 신앙의 응답 없이는 교회란 없다고 본다. 넷째, 교회는 역사상의 백성이므로 교회를 이상화해서는 안 된다. 죄악도 오류도 없는 교회란 존재하지 않는다.

하나님의 사랑에 의해 선택받은 하나님의 공동체는 하나님의 사랑을 증거해야 되기에 하나님의 공동체는 자기 중심적이고 배타적이 되어서는 안 된다. 세상으로부터 부름 받은 하나님의 공동체는 세상을 향해, 세상 속에서 하나님의 사랑을 드러내야 하는 것이다.

(2) 그리스도의 몸으로서의 교회

신약에는 교회에 대해서 그리스도의 신부(요 3:29; 마 25:6; 계 19:7; 엡 5:24,25), 성령의 전(고전 3:6; 엡 2:21, 22; 벧전 2:5), 하늘의(새) 예루살렘(갈 4:26; 히 12:22; 계 21:2, 9, 10), 진리의 기둥과 터(고전 3:11; 엡 2:20) 등과 같은 많은 비유들이 사용되었으나 그 가운데 가장 보편적으로 연구된 것은 교회가 그리스도의 몸이라는 개념일 것이다. 교회를 그리스도의 몸이라 부르는 것은 그리스도와 그의 교회

사이에 존재하는 밀접한 관계성과 연합을 지칭하기 위한 것이다. 교회를 그리스도의 몸으로 이해하는 것은 로마서의 고린도전서에 잘 나타나고 있다. 칼빈은 로마서 주석에서 그리스도의 몸을 해석하면서 한 몸의 각 부분에 서로 독특한 기능이 있고 그 어떤 것도 모든 기능을 가지고 있지 않으며 모든 부분이 서로 다르듯이 하나님께서는 그의 교회에게 다양한 은사를 분배해 주신다고 말한다. 교회를 그리스도의 몸으로 설명하는 것은 그리스도와 신자간의 상호 연합과 교회의 통일성과 다양성을 나타내는 것이다.

교회를 '그리스도의 몸'이라 부를 때 가장 중요한 의미는 그리스도가 교회의 머리가 되신다는 사실이다. 그리스도가 교회의 머리되심은 그리스도가 교회의 설립자시요, 그의 영이 교회를 인도한다는 확신에 기초하는 것이다. 그리스도가 교회의 머리되신다는 바울의 이해는 그리스도께 인류의 대표로서 인류를 구속하기 위하여 한 몸으로 죽으시고 살아나셨으며, 그리고 신자들은 그 한 몸 안에서 그분과 함께 죽고 살아났음을 의미한다. 그리스도는 새 언약의 대표인 머리로서 많은 사람의 죄를 담당하신 종의 몸이다. 따라서 교회는 그리스도 안에서 성장되고 성숙되어 간다. 그리스도의 몸의 성장은 몸 전체가 머리에 붙어서 각 마디와 힘줄을 통해 양분을 받고 서로 연결되어 하나님의 계획대로 자라간다(골 2:19).

그리스도의 몸된 교회는 그리스도를 머리로 하여 성장할 뿐 아니라 모든 지체가 그리스도 안에서 하나됨을 의미한다. 머리되신 그리스도가 몸을 위하시듯이 그리스도의 몸은 주를 위하고(고전 6:13), 각각의 지체는 서로 같이하여 돌보는 일을 감당함으로 '하나됨'을 힘써 지켜야한다(고전 12:25). 교회 안에 주어진 성령의 은사 역사도 공동체의 유익을 위해 사용되어야 한다(고전 12:7; 엡 4:11-12).

그리스도의 몸된 교회는 그리스도의 사역을 계승한다. 교회는 그리스도가 세상에서 일하시는 방편이기에 교회는 그리스도의 손과 발이요, 입이요 목소리이다. 그리스도가 세상을 위해 이 땅에 오신 것처럼 교회는 그리스도의 사랑을 가지고 세상을 향해 나아가야 한다. 이 때도 교회는 여전히 그리스도를 머리로 모시고 있음을 망각해서는 안 된다. 교회는 독립된 주체로서 그리스도의 사역을 감당하는 것이 아니라 그리스도의 뜻을 순종해야 하는 것이다. 교회는 그리스도의 말씀에 순종할 때 새로운 생명을 공급받는다.

교회의 머리이신 예수와 지체인 교회는 살아있는 유기체이다. 유기체란 생명체로서 성령의 유대로 연합된 성도들의 집합체를 말하는 것이다. 바울은 고린도 교회를 향해 각 은사와 능력의 차이가 오히려 몸의 표상을 능숙하게 사용함으로 각각의 다양성에도 불구하고 그 다양성 때문에 연합되었음을 말하고 있다. 몸은 하나로 움직인다. 이는 몸이 여러 지체로 구성된 유기체이기 때문이다. 만일 그리스도의 은사가 모두 다 같다면, 그러한 획일성은 통일성의 필요조건을 충족시키지 못할 것이다.

(3) 구속적 친교로서의 교회

하나님의 공동체로서의 교회, 그리스도의 몸으로서의 교회는 궁국적으로 구속에 대한 감격과 그리스도를 중심한 인격적 관계성을 갖는다. 구속적 친교는 하나님과 인간의 관계인 종적인 관계와 인간 상호간의 횡적인 관계와의 만남이다. 타락한 인간과 창조주 하나님과의 만남(사귐)을 실현하신 분이 바로 예수 그리스도이시다. 따라서 구속적 공동체는 그리스도를 '믿는 자들의 무리'로 형성한다(행 2:44). 교회의 머리되신 그리스도께서 자신의 백성들에게 선행하여 가르치신 말씀은 하나님을 사랑하고 이웃을 사랑하는 것으로 집약된다. 구속적 친교가 하나님 중심적이면서 동시에 인간 지향적인 구조를 갖는 이유가 여기에 있다.

성경에 사용된 구속적 친교의 개념인 '코이노니아'는 하나님의 공동체적 모습과 그리스도의 몸된 모습을 성도들의 삶 속에서 실제화 함을 의미한다. 코이노니아의 전체적 사상을 제공하는 것은 예수 그리스도와 성령 안에서의 사귐, 예수 그리스도와 성령과의 사귐이다. 이것이 신자들 상호간의 친교를 이루는 바탕이며 기둥이다. 구속적 친교에로 부르시는 분은 하나님이시며(고전 1:9), 그 친교는 인간 안에서 실현된다. 고린도전서 11:17-34은 이를 잘 보여주는 내용이다. 고린도교회는 성만찬을 통하여 그리스도의 죽음에는 동참(수직적 코이노니아)하였으나, 이에 동참하는 신자들의 관계에서는 그리스도의 죽음이 진정한 모습으로 실제화되지 못하였다. 즉 교회 내에서 부자 성도들이 가난한 성도들을 무시하고 자신들의 배만을 채움으로써 교회에 분열과 싸움이 생겨나게 되었다. 바울은 이러한 모습은 교회를 업신여기는 행위이며(22절), 그리스도의 죽음에 참여하는 자의 모습으로 합당치 않다고 책망한다(27-29절). 그리스도 코이노니아는 신자간에 어떠한 차별도 용납지 않는다(롬 3:22). 코이노니아는 '하나'라는 인식이 전제되는 것이다(갈 3:28; 고전 12:13; 골 3:11).

하나님의 사랑은 신자들 사이에 실현되고 세상 가운데 나타나고 증거되어야 한다. 신자 상호간의 사랑을 통해 하나님의 사랑(그리스도의 사랑)은 공동체 안에, 세상 안에 실제화된다. 예수님께서 "너희가 서로 사랑하면 이로써 모든 사람이 너희가 내 제자인줄 알리라"(요 13:35)고 말씀하심은 바로 이 의미이다.

교회의 참 사명은 인류와 세상을 섬기는 일에 있다. 이러한 교회는 흩어지는 교회가 되어야 하며, 세상에 군림해서 영광을 받는 것이 아니라 세상을 위해서 고난받는 교회가 되어야 한다. 교회는 이 세상에서 구속하시는 하나님의 사랑의 임재를 증거하는 대변자가 되어 이 세상을 하나님의 구속 활동의 장으로 이해하고 세상으로 나아가야 한다. 교회는 하나님을 향해 수직적으로 친교하면서 삼위 하나님의 사랑을 가지고 세상에 나아가 수평적 친교를 이루어야 할 책임을 갖고 있다.

5) 교회의 시작

(1) 예수 그리스도로부터 시작

예수님께서 처음에 제자들을 불러 모았고 이 제자들은 새 이스라엘의 핵심 인물들이 되었다. 교회는 본질적으로 그 기원이 하나님으로부터 시작되었기 때문에 단순히 인간적인 기관이 아님을 우리는 기억해야 한다. 신약 초대교회의 기원은 예수님께서 십자가의 죽으심과 장사된지 사흘만에 부활하여 승천하신 후에 성령을 보내어 주시겠다는 약속을 믿고 다락방에서 기도하던 제자들로 부터 유래된다. 제자들은 오순절날에 성령을 충만하게 받은 후 예루살렘에서 베드로를 중심으로 복음전도를 시작하였다. 그리하여 최초의 교회는 유대나라 안에 사는 유대인들로부터 시작되었다. 이 사람들은 구약에 익숙했던 유대인들이었으나 예수 그리스도의 부활, 승천, 재림을 믿었다. 그들의 중심은 예수 그리스도를 믿는 믿음이었다. 결국 예수 그리스도의 죽으심과 십자가와 부활과 승천이 없었다면 교회는 형성되지 못했을 것이다. 예수님의 이 사건과 성령 주실 것을 믿은 제자들의 열성과 기도와 하나로 뭉친 마음이 시초가 되어서 결국은 '새 이스라엘'의 교회가 부흥과 발전이 있었다.

많은 사람들이 이 교회를 분명히 알지 못하여 신앙은 제쳐놓고 세상 의학으로는 못 고칠 병을 고치는 곳으로 알고 있거나 귀신 쫓아내는 곳으로 알고 있으며 정신수양이나 하는 곳으로 착각을 하는 경우가 많이 있다. 그래서 "내 병 고쳐주면…헌금도 하고, 교회에 다니겠다"라고 하기도 하고, "이 고민 해결해 주면…하겠다"는 말들을 많이 하는데 이것은 참으로 잘못된 생각이다

예수 그리스도를 통하여 시작된 이 교회는 먼저 예수를 메시야(구세주)로 믿어야 하며 병을 고치거나 고민을 해결하는 것은 그 부수적인 결과이다. 예수님은 사도들의 터 위에 교회를 세우셨고 그 몸으로 대속의 제사를 드림으로 주의 백성들을 친히 피로 값주고 사셨다. 또한 택한 주님의 백성들을 죽은 자 가운데서 영생을 얻도록 하셨고 성령을 보내셔서 성도들을 충만하고 넘치는 은혜 아래 생활하게 하셨다.

신약성경의 여러 곳에는 '그리스도와 교회와의 관계'를 설명하고 있다. '목자와 양', '포도나무와 가지,의 관계로, '성전의 모퉁이 돌'로서 '대제사장과 제사장 나라'로서, '머리와 많은 지체를 가진 몸'으로서, '신랑과 신부'로서, '많은 형제 중의 첫 열매'로서, '주인과 종'으로 설명되고 있다. 이와 같은 설명들은 교회의 거룩함과 하

나됨이 그리스도 안에 있다는 것을 말한다.

⑵ 성령 충만을 통하여 시작(오순절 성령 강림)

예수님께서는 교회를 세우시기 위해 제자들을 불러 새 이스라엘의 일원으로 만드셨고 이 사람들은 성령의 능력을 받아 복음전도를 열정적으로 감당해 나가는 것을 통해 교회는 설립되어 갔다. 마가의 다락방에서 성령 강림을 위해 기도했던 120명의 성도들에게 오순절날 성령이 임했다(사도행전 2장). 결국 교회는 성령을 통하여 각 사람의 심령에 뜨거운 부흥활동을 일으켰고 그 속에서 교회가 탄생되었다. 그리고 교회 부흥의 불길이 일어나게 된 것이다.

(3) 복음 증거를 위해 시작

예수 그리스도의 십자가의 사건과 부활 사건은 '주님이 우리의 구주이심'을 보여주신 대표적인 사건이다. 사도들이 전했던 메시지의 핵심은 '예수그리스도의 부활 사건'이었고 이것을 들은 많은 유대인들은 "우리가 어이할꼬"하고 회개하고 주님 품으로 돌아오는 기적이 일어났다. 주님을 십자가에 못 박으라고 소리치던 군중들이 주님 앞으로 겸손히 머리 숙이고 돌아온 것이다.

사도들에 의해 선포된 복음은 전세계를 향해 계속해서 전파되어 갔으며, 그 결과 교회도 든든히 서가게 되었다. 이와 같이 교회의 존재 목적의 하나는 복음을 전파하는데 있다.

6) 초대교회 예배 생활

(1) 모이기에 힘썼다.

처음으로 예수 그리스도를 구세주로 받아들인 사람들은 모두 유대인들었다. 이들은 조상 대대로 물려 받았던 회당생활을 하던 사람들이었다. 이런 유대교적인 환경 속에서 기독교는 자연스럽게 성장할 수 있었다.

회당 예배의 중요한 세 가지는 찬송과 기도와 가르침이었고 찬송은 시편을 낭독했다. 시편은 구약 찬송가로서 이 찬송을 합창함으로서 예배가 시작되었고 에베소서 5:19, 골로새서 3:16, 야고보서 5:13 등을 보면 찬양이 익숙했기에 초대 그리스도인들도 이 찬송을 부름으로 예배가 시작되었음을 말하고 있다.

(2) 기쁨과 순전한 마음으로 하나님을 찬미했다.

복음의 순수한 소리가 울려 퍼지는 곳, 사람들이 복음의 소리에 귀를 기울여 새 생명을 얻으려고 하는 곳은 언제나 기쁨이 넘쳐난다. 그리고 그 찬양은 순전한 마음으로 하나님을 찬미하는 소리로 넘쳐나기 마련이다. 로마서 1:16을 보면 "복음은 모든 믿는 자들에게 구원을 주시는 하나님의 능력"이라고 말씀하신다.. 그러므로 하나님의 능력을 입은 성도들이 모이니 찬미 소리가 넘치지 않을 수 없었다.

초대교회의 공동 생활체는 서로 일치된 것이고 마음에서부터 우러러 나오는 진실된 행위로서 교제했다. 그 당시 적어도 오천 명이 넘었던 그 무리들의 마음이 하나가 되었다는 것은 크리스천의 참 모습을 보여준다.

초대교회 예배장소의 하나인 갑바도기아의 동굴교회

복음 진리에 대한 받아들이는 마음도 하나요, 서로 공경하며 교제하는데도 불평과 불화가 없고 분열이 없었다. 그리스도 안에서 한 형제들로서 한 마음을 가졌다(벧전 3:8). 똑같은 규칙을 가지고 행했고(빌 3:16) 마음을 같이하여 하나로 뭉쳤고 같은 사랑을 품었다(빌 2:2). 모든 사람들이 원하는 단 한 가지 마음은 하나님의 축복을 받는 것이었고 모든 성도가 느끼는 것도 한결같이 성령의 위로와 충만이었다. 그리고 모든 사람이 생각하는 단 한 가지는 그리스도에게 끝까지 진실된 마음으로 충성하는 것이었다.

이와 같은 한뜻과 한 감정과 하나의 사상은 온 무리를 움직이는 원동력이 되었다. 이런 힘은 그 후 콘스탄틴, 유세비우스 황제 시대에도 이어져서 모든 사람이 한 마음과 한가지로 생생한 신앙을 갖고 있게 한 놀라운 결과를 가져왔다.

이러한 초대교회의 성도들의 생활은 모든 사람의 본이 되고 칭찬을 받는 생활이 되었다(행 2:41).

2. 초대 교회의 모습들

초대 교회에 관한 자료는 주로 신약 성경에서 발견할 수 있다. 특히 바울 서신들은 양에 있어서나 질에 있어서 으뜸가는 자료에 해당된다. 바울의 첫 번째 전도여행은 주후 46년경에 있었으며 그의 서신은 그 이후부터 기록되었다. 바울은 자신이 세운 지역교회를 대상으로 하여 편지를 썼다. 바울이 교회에게 보낸 서신들의 목적은 각 교회의 질문들과 그들이 당면한 문제들에 대하여 권고하며, 자기 설교의 핵심이라 할 수 있는 사도적 메시지를 보다 완전하게 설명하고자 하는 것이었다. 이것은 두말 할 것도 없이 초대 교회의 매우 귀중한 자료이다. 그러나 우리가 언제든지 이용할 수 있는 초대교회의 가장 직접적인 증거는 사도행전 속에 나타나 있다. 사도행전은 예루살렘에서 교회가 처음 시작될 때부터 주후 30년 후 로마에서 마지막 교회가 설립될 때까지 교회가 확장되는 과정을 생동감 있게 잘 설명해 주고 있다.

신약 초대 교회의 출발은 사도행전 2장에서 자세히 소개 한다. 오순절 성령 강림으로 신약 교회의 탄생이 시작되었다. 사도들은 삶의 현장에서 하나님께서 그리스도 안에서 이루신 복음을 세상에 선포하였다. 이렇게하여 최초의 교회는 거룩한 성 예루살렘에서 출발되었다. 부활하신 예수 그리스도는 회개와 사죄함이 예루살렘으로부터 시작하여 주의 이름으로 모든 족속에게 전파될 것이라 미리 말씀해 주셨다(눅 24:7). 사도들에게 성령 받기를 기다리라고 명령하신 것(49절)은 이 약속의 성취와 관련이 있다. 성령의 강림으로 교회는 시작되었다.

1) 예루살렘 교회 – 신약 최초의 교회

예루살렘 교회는 성령의 도래(강림)와 기독교 운동의 출발점 이라는 면에서, 그리고 가장 먼저 세워졌다는 의미에서 신약 최초의 교회였다.

(1) 설립과 성장

역설적이지만 최초의 기독교 공동체는 예수 그리스도에 대한 반대가 가장 심했고 예수님께서 죄인으로 처형당하셨던 바로 그 장소(예루살렘)에서 시작되었다. 그리고 예루살렘 교회는 모든 기독교 공동체의 모체가 되었다. 옛 신앙의 중심지는 또한 새로운 신앙의 중심지가 되었고 그 새로운 신앙은 세상 끝까지 퍼져 나가게 된다(행 1:8). 그 최초의 씨앗은 예수그리스도의 죽음과 부활 그리고 아버지 보좌로 승천하셔서 성령을 물붓듯이 쏟아부어 주신 그 성 안에서 열매를 내었다. 다가오는 말세에도 그리스도께서 그의 왕국을 완성하기 위해 감람산으로 재림하실 것이다(슥 14:4; 행 1:11, 12). 그렇게 되면 천상의 예루살렘이 신자들에게 임하여 거처가 될 것이다.

하나님의 말씀이 지중해 지역을 거쳐 점점 전세계로 전파되어 나가기 시작하자 예루살렘으로부터 멀리 떨어진 지역에 사는 사람들도 그들 스스로를 거룩한 성을 기점으로 하는 교회의 지체라고 생각하게 되었다.

예루살렘에서 출발된 초대교회는 괄목할 만큼 빠른 속도로 성장하기 시작했다. 오순절 날 초대교회의 숫자는 3천 명이나 되었다(행 2:41). 그 후 그 인원은 5천명에까지 도달했다(행 4:4). 이런 까닭에 산헤드린 공회는 베드로와 그의 동료들을 체포하지 않을 수 없게 되었다. 왜냐하면 대제사장이 지적한 대로 그들의 가르침은 "예루살렘을 가득하게"하였기 때문이다(행 5:28). 그러나 이러한 유대 지도자들의 적대 행위에도 불구하고 하나님의 말씀은 더욱더 흥황해 갔으며 예루살렘에서는 제자들의 숫자는 점점 증가해 나갔다(행 6:7). 개종자들 가운데는 헬라파 유대인들도 있었다(1절). 그러나 무엇보다도 가장 놀라운 것은 허다한 제사장의 무리들이 기독교인들의 믿음에 굴복했다는 사실이다(7절). 우리는 사도행전 중반부에서, 그 제사장들의 무리 중에 믿는 사람들이 생긴 것을 보게 된다(행 15:5). 사도행전 21:20에서는 야고보와 예루살렘 교회의 장로들이 수천 명에 달하는 유대인 기독교인들에 대해 언급하고 있다.

(2) 유대교와의 관계

멀지 않아 예루살렘 교회는 유대교와 유대 당국에 대하여 자신의 입장을 명백히 밝혀야 할 처지에 놓였다. 처음에 유대인들은 기독교인들을 바리새파나 에세네파와 같은 종파 또는 종교 집단으로 생각하였다(행 24:5, 14; 28:22). 이런 까닭에 예루살렘 교회는 조심스럽게 성전에서 예배를 드렸다(행 2:46).

그들이 자신들을 일컫는 칭호 가운데 몇 가지는 에세네파 사람들이 사용하는 것과 비슷했다. 즉 '성도'(롬 15:25, 26, 31; 고전 16:1), '하나님의 택하신 백성'(막 13:20, 22, 27) 및 '교회'(마 16:18)가 그것이다. 어떤 학자들은 그들이 '가난한 자들'이란 칭호까지도 사용했을지 모른다고 생각한다. '형제'란 칭호는 랍비들이 사용하는 '하벨'[(haber), asscciate: '동료'라는 의미]이란 말과 용법이 유사하였다.

그러면 그들이 사용했던 '칭호'는 어떤 의미가 있었을까? 그들이 이러한 칭호들로 전혀 다른 무엇인가를 의도했음은 명백하다. 그들은 자신들을 참 이스라엘이라고 생각하기보다는 오히려 약속의 성취를 얻은 새로운 이스라엘이라고 생각했다. 이러한 확신은 신약성경 전편에 걸쳐 뚜렷하게 나타나있으며, 예수님 자신에게서 비롯되고 있다(요 15:1-8; 롬 9:6; 갈 6:16; 히 12:22-24; 벧전 1:1). 주님께서 12명을 사도로 세우시고 또한 새 언약을 세우셨다는 점에서 그 분의 목적을 충분히 보여주고 있다. 또한 가룟유다 대신 맛디아를 선출한 것 역시 제자들이 주님께서 의도한 바가 무엇이었는가를 파악하고 있었다는 것을 암시한다. 나중에 헬라어를 사용하는 기독교인들이 자신들을 '에클레시아'에 속한다고 표현했을 때 그 표현은 자신들의 공동체가 유대의 한 종파가 아닌 그보다 훨씬 뛰어 넘는 어떤 것이라는 점을 분명히 밝혀 준 셈이다. 그들은 자신들의 새 이스라엘 즉 메시야를 얻은 하나님의 백성이라고 생각했다. 이것은 그들 스스로가 창안해 낸 생각이 아니었다.

설혹 예루살렘 교회가 유대교와 기독교 사이의 연속성을 인정한 것이 사실일지라도 예루살렘 교회는 자신이 어떤 사명을 위임받은 별개의 공동체라고 생각했다.

그 사명은 예수 그리스도 안에서는 궁극적으로 '유대인이나 이방인이나 모두가 하나다' 라고 받아들이는 것이었다.

(3) 박해

예루살렘 교회의 성장과 발전은 최초로 유대 지도자들에 의한 박해를 초래한 직접적 요인이 되었다. 헬라권 기독교도 가운데 한 사람인 스데반은 예수님을 십자가에 못박히게 판결하였던 유대인 지도자들의 죄를 신랄하게 지적함으로써 유대 당국의 탄압을 받게 되었다 결국 그로 인한 박해 가운데 스데반은 돌에 맞아 죽고 헬라 사람들은 예루살렘 성에서 쫓겨났다(행 7:54-8:3). 라토렛이 말한 바와 같이 이 교회의 최초의 순교자는 "기독교가 유대교의 한 분파가 아니라 전혀 새로운 것이며 옛 신앙을 대신하는 것임을 강조했기에 순교를 당한 것이다.

스데반의 처형을 마땅히 여겼던 다소 출신의 사울은 열성적인 바리새파 청년으로 기독교인들을 더욱 핍박하는데 앞장을 섰다(행 7:58; 8:1). 그는 이미 예루살렘과 유대에서 그랬듯이 다메섹에 있는 기독교인들도 핍박하기를 원했다(행 9:1; 26:10, 11). 그러나 그는 다메섹 도상에서 예수그리스도를 만난 후 이 박해자는 전도자가 되어, 자기가 그렇게도 핍박했던 기독교의 복음 전파를 위해 일생을 바쳤다(이 부분은 본서 7징 '바울과 그의 전도여행'을 참조할 것).

주후 41년 헤롯 아그립바 1세는 유대 행정장관에게 위임되었던 사법권을 계승받아서 새로운 기독교인 박해를 시작하였다. 세베대의 아들 야고보를 처형한 후 그는 계속해서 베드로를 체포하려고 하였다(행 12:1-17). 그러나 베드로는 기적적으로 성을 도망쳐 나갔다. 그러다가 아그립바의 갑작스런 죽음 때문에 예루살렘 교회는 평

온을 얻을 수 있었다(행 12:23, 24). 그러나 그 후 10년이 지나기도 전에 유대교 내에서 열심당원들의 영향력이 점차 커지자, 그들은 헬라 사람들이나 로마 사람들과 공모하여 율법을 범하는 자들을 죽이는 운동을 전개했다. 만약 어떤 기독교인이든지 여기에 동조하지 않는 것같이 보이면 그 광신자들의 반감을 사서 죽음을 당하게 되어 있었다. 바울을 암살하려고 했던 유대교 광신자 집단인 시카리파(the Sicarii)가 결의한 내용은(행 23:12-15) 그들이 못하는 일이 없을 정도로 되었다는 것을 보여준다.

주후 62년 총독 베스도(Festus)가 일찍 죽자 대제사장 안나스 2세는 총독의 자리가 비어있는 기회를 틈타 다시 교회를 탄압하게 되었다. 주님의 형제 야고보는 율법을 범했다는 죄명으로 고소되어 다른 신자들과 함께 사형 선고를 받았다. 일반 대중들–심지어 바리새인들까지도–은 야고보가 매우 양심적인 사람이었음을 알고 있었으므로 이러한 가혹한 처사를 비난하였다. 결국 안나스는 새로운 왕 곧 아그립바 2세에 의해 해임되었다.

주후 70년 디도 황제에 의해 예루살렘이 파괴되자 예루살렘 교회는 교회의 모체로서의 특별한 지위를 상실하게 되었다. 유대인들과 마찬가지로 기독교인들도 분산되었던 것이다. 그 결과 기독교의 미래는 지중해 동쪽 지역의 이교도 국가에 맡겨지게 되었다. 그러나 한 가지 특이한 사실은 사실상 예루살렘 교회의 실질적인 소멸이 팔레스타인 이외 지역의

예루살렘 멸망

❶ 디도 황제는 먼저 예루살렘을 에워싸고 굶어 죽게 하였다. 그것은 대항자들을 복종시키기 위해서였고 다음으로 그는 안토니오 요새를 파괴했다

❷ 포위했던 병사들은 성전으로 들어갔다.

❸ 그리고 그들은 이방인들의 뜰 서쪽 회랑에 불을 질렀다.

공동체 발전에 영향을 미쳤다는 점이다. 팔레스타인 지역 밖에 세워진 교회들은 모교회였던 예루살렘 교회가 지녔던 권위를 되찾아야 한다는 생각하였다. 그래서 중동 지역의 교회들은 예루살렘 교회의 구성과 조직을 그대로 채택했다. 이와 같이 하여 유대 기독교 공동체는 세상에 갓 출현한 교회들에게 중요한 많은 영향을 미쳤으며 중요한 공헌을 남겼다.

(4) 지도자

초창기 초대 교회는 자신의 모습을 하나의 조직체로 생각하지 않았다. 초대교회는 하나님의 택하심을 입은 백성들로 이루어진 새로운 이스라엘이었다. 또한 그리스도의 몸으로 만물 가운데 만물을 충만케 하시는 자의 충만이었으며(엡 1:23) 손으로 짓지 아니한 성령의 전이었다. 초대교회 공동체는 저들을 통해 역사(歷史) 속에서 역사(役事)하시고자 택하신 하나님의 백성이었다.

그러므로 명령과 감독에 관련된 문제들은 초대 예루살렘 교회에서는 생겨나지 않았다. 하지만 사도들이 처음부터 진리의 수호자로서 특별한 지위를 가지고 있었다. 예수 그리스도는 그의 사역의 대행인으로 열두 제자를 부르셨고 사도로 세우셨다.

그러나 사도적인 권위는 본래의 제자들에게만 국한되지 아니하고 바울, 바나바 그리고 기타 다른 사람들에게까지도 적용되었다(행 14:14; 고전 9:1). 예루살렘 교회에서 구제 사역을 위해 일곱 집사들을 임명한 것도 오로지 열두 제자들의 손으로만 이루어진 일이 아니었다. 12사도들은 신자들 전체의 의견을 참고하여 그들이 스스로 선출하도록 권고하였다. 일곱집사 선출이 가능했던 이유는 그 제안이 모든 교인의 마음에 들었기 때문이다. 사도들이 그들을 임명하기는 했지만 투표한 사람들은 바로 교인들이었다. 선출 받은 일곱집사는 이미 성령과 지혜가 충만한 사람들이었다(6:3). 일곱집사들을 세운 것은 예루살렘 교회에서 처음 시작되었다.

야고보와 베드로와 요한은 예루살렘 교회의 기둥이요, 지도자였다. 그러나 그들의 권위는 본래부터 가지고 있었던 것이 아니었고 독점적인 것도 아니었다(갈 2:9).

그 권위는 장로들 및 집사들과의 협력하에 항상 성령의 인도에 따라 행사되는 것이었다(행 15:28).

(5) 예배

예루살렘 교회의 예배는 성전과 가정 두 곳을 중심으로 이루어졌다. 우리는 사도행전 서두에서 초대 기독교인들이 하나님께 찬미하고 복음의 진리를 가르치기 위해서 성전에서 모이는 모습을 본다(행 2:46; 5:42, 비교, 눅 24:53). 예수님도 성전에서 정기적으로 가르치셨다(막 14:49). 그 위치는 바깥 뜰의 동쪽 면을 따라 있었던 솔로몬의 행각이었고(행 3:11; 5:12) 예배는 유대인 회당의 모임과 아주 비슷한 점이 있었다. 초대교회의 모임은 공동 식사가 특징이었다. 사도행전 3:1에는 베드로와 요한이 제 9시 기도시간에 성전으로 올라갔다고 되어 있다. 이는 사도들이 뚜렷한 목적을 가지고 계속 모임을 가졌다는 사실과 아울러 줄곧 유대 성전에서 예배를 드렸음을 암시한다. 이것이 얼마나 오랫동안 지속되었는지 알지는 못한다. 그것은 아마도 박해가 시작될 무렵에 중단되었을 것이다.

동시에 기독교인들은 스스로 집에서도 모임을 가졌다. 그 집들 중 하나는 예수님이 승천하신 후, 열 한 제자가 머물렀던 다락방이었다(행 1:13). 이 방은 예수 그리스도께서 잡히시기전에 유월절을 보내시던 바로 그 방이었다. 왜냐하면 원문에 사용한 정관사 표현은 어떤 특정한 다락방을 가리키고 있기 때문이다. 또한 누가복음 24:33-36과 요한복음 20:19, 26을 보면 그곳은 주께서 부활 후 나타나신 현장이었다. 사도행전 12:12에을 보년 마가요한의 어머니 마리아의 집은 기도하는 장소로 언급되어 있다. 바로 이곳이 오순절날 성령께서 강림하신 곳이었다.

어떤 학자들은 사도행전 2:46과 5:42에 언급된 (전자는 떡을 떼는 것에, 후자는 가르치고 전도하는 것에 관련하여) '집에서'라는 표현은 사실은 '서로의 집에서 번갈아'라는 형태로 번역하는 것이 옳다고 본다. 그 경우 이는 예배의 목적으로 여러 집이 교대로 이용되었음을 암시한다. 그러나 어떤 학자들은 그 표현을 단순히 '가정에서' 즉 '각자 자기 집에서'라는 뜻이라고 생각한다.

그러면 예루살렘 교회의 예배 방식은 어떠했을까? 그것은 유대 회당의 전례에 근거해 있었다. 그 전례는 하나님의 말씀을 읽고 설명하고 이를 경청하며 또한 기도와 찬송으로 하나님께 말씀을 아뢰는 데에 중점을 두었다. 기독교인들이 자신들의 예배를 이와 비슷한 방향으로 발전시킨 것은 자연스러운 일이었다. 그러나 우리 주님께서는 몸소 당신을 기억하는 성찬 예식을 제정하여 이 회당 의식에 중요한 또 하나의 요소를 덧붙이셨다. 사도행전의 기록으로 보면 예루살렘 교회의 예배는 이 두 가지 요소(유대회당의 전례와 성례전)가 결합된 것이었음이 분명하다. 이는 기독교인 집회 방식의 모범이 되었다. 우리는 신자들이 사도들의 가르침을 듣고 교제하며 떡을 떼고 기도하고 위해 열심히 모였다는 것을 알고 있다(행 2:42). 이와 같은 유대 회당의 예배 방식과 다락방 성례전의 결합은 모든 기독교 예배의 규범을 이루었다.

2) 안디옥 교회

알렉산더 대왕(Alexander the Great)이 거느렸던 장군들 가운데 하나인 셀루커스(Seleucus)는 주전 300년에 안디옥을 세웠다. 그는 아버지 안티오커스(Antiochus)의 이름을 따서 그 도시의 이름을 지었다. 안디옥은 군사적으로나 상업적으로나 전략상 중요한 요충지에 있었다. 그곳은 남쪽과 남서쪽에 있는 팔레스타인과 이집트는 물론 북쪽과 서쪽에 있는 소아시아에 이르는 통로가 되었다. 게다가 그곳은 동양과 서양에 있는 가장 중요한 무역로 상에 있었다. 그 주변에는 물이 풍부했다. 그 지역은 온테스(Orontes) 강을 따라 자리잡고 있어서 하류로 몇 마일 떨어진 곳에 그 지역의 항구도시인 셀류키아(실류기아)를 통해 바다에 이르는 통로를 갖고 있었다(참조. 행 13:4).

지리학자 스트라보(Strabo)는 안디옥에 대해서 이렇게 표현했다. "안티오케이아(Antiocheia)는 4중으로 되어있는 도시이다. 이는 네 지역으로 이루어져 있기 때문이다. 네 거주지는 각각 자연 장벽과 인공 장벽에 의해 요새화되어 있다." 안디옥으로부터 몇 마일 떨어진 곳에는 다프네(Daphne)로 알려진 유명한 숲이 있다. 그곳에는

오늘날의 안디옥

아폴로 신전이 있었고 유람객들을 끌어들이는 마력이 있었으니, 이 점에서는 고린도에 뒤지지 않았다. 그러나 고린도와 마찬가지로 안디옥은 지적인 중심지로 발전하는 데는 실패했다. 그 시민들은 명랑함과 익살스러움이 뒤섞인 기질을 갖고 있었다. 기독교의 제 1세기 동안에 안디옥은 로마와 알렉산드리아에 이어 3번째로 큰 도시였다. 이 시대에 이 도시의 인구는 50만의 정도 되었으리라 추측된다. 안디옥에는 기독교인들과 동양인들이 같이 거주했으며 나중에는 로마인들도 섞여 살았다. 또한, 유대인들도 적지 않은 숫자가 살고 있었다. 요세푸스는 다음과 같이 이 부분에 대하여 다음과 같이 언급하고 있다.

> "세계의 모든 지역의 본 주민들 가운데 밀도 높게 점점히 박혀 있는 유대 인종은 특히 시리아에 많다. 그 나라에 혼합되어 살고 있는 것은 두 나라가 인접해 있는 까닭이다. 그러나 그들은 특별히 안디옥에 모여들었다. 이것은 부분적으로는 그 도시가 크다는 사실에 힘입은 바이지만 주로 안티오커스 왕(King Antiochus)의 후계자들이 그들을 거기에서 안전하게 살 수 있게 해 주었기 때문이다."

더 나아가서 요세푸스는 주전 2세기에는 안티오커스 에피파네스(Antiochus Epiphanes)의 후계자들이 기독교인들과 동일한 근거에서 유대인들에게 시민권을 주었다고 말한다. 이런 까닭에 이교도였던 주민들에게 유대인들이 그와 같이 강력한 영향을 끼쳤고 그들 가운데 많은 사람들이 유대인의 종교 의식에 자발적으로 어느 정도 동화되었다. 이것은 이 사람들이 하나님을 경외하는 사람들이 되었다는 것을 말해준다. 유대인들과 로마인들 사이에 벌어진 전쟁은(주후 66-70년) 안디옥에 거주했던 유대인들은 생명을 위협했고 폭도들의 행패로 목숨을 잃은 사람들도 있었다. 그러나 티투스(Titus) 황제는 유대인들의 친구가 되었고 유대인들의 지위는 전쟁 전과 다름없이 그대로 유지되어야 한다는 포고령을 내렸다.

(1) 교회의 설립 및 성장

스데반이 순교를 당한 후 기독교인들이 받은 박해는 팔레스타인 밖의 지역들로 복음을 확산시키는 결과를 가져왔다. 유대인들에게 복음을 전하며 베니게 해안을 따라 가던 몇몇 헬라파 사람들이 마침내 안디옥에 이르렀다. 처음에는 새로 도착한 사람들이 유대인들에게만 증거했지만, 그들 가운데 몇몇 사람들은 헬라인들에게도 말씀을 선포하지 않을 수 없게 되었다(행 11:20). 예수그리스도를 영접한 이방인들은 교회 안에서 유력한 인물들이 되었다. 예루살렘 교회는 그리스도를 영접하는 새로운 이방인들을 지도할 필요가 있었다. 그래서 예루살렘 교회는 안디옥의 상황을 조사하기 위해 바나바를 파송했다(행 11:22). 구브로 출생(행 4:36)이었던 바나바는 안디옥 지방에 익숙한 사람이었다. 바나바가 안디옥에서 접하게 된 상황은 그를 매우 기쁘게 했다. 그래서 그는 예루살렘으로 되돌아가지 않고 계속적으로 안디옥에 있으면서 그 교회에 합류하여 그 도시민들을 대상으로 복음전도 사역에 대단한 성공을 거두었다(행 11:23-24). 이 부분에 대한 자세한 내용은 '제7장 바울과 그의 전도여행'에서 다룰 것이다.

(2) 안디옥 교회의 특징

이방인 교회로서 최초로 시작된 안디옥 교회는 다음과 같은 특징을 갖고 있다.

첫째로, 안디옥에서 신자들이 처음으로 '그리스도인'이라 일컬음을 받았다. 그러나 '그리스도인'이라는 이름은 주의 계시로 주어진 것은 아니었다. 유대인들은 그들을 "나사렛 이단"(the sect of the Nazarenes)이라 불렀다. 이와 유사하게 '그리스도인' 이라는 말은 농담을 즐기고 비웃는 경향이 있는 그 도시의 이방인 주민이 사용하기 시작한 것이었다. 그들은 안디옥 교회 성도들이 그리스도에 대해 말하는 것을 들었으므로, 이 말을 별명의 근거로 삼았다.

사도행전 11:26에 나타나는 '일컬음을 받다'라는 말은 예수와 관련해서 마태복음 1:21에 사용되고 있는 것과 같이 '이름을 주는 것'을 나타내는 일반적인 용어를 표현하고 있는 것은 아니다. 이것은 일이나 특별한 관심과 관련해서 어떤 사람을 가리키는 용어이다(참조, 롬 7:13). 이외에 신약성경에서 '그리스도인'이라는 말이 사용되고 있는 것을 보면(행 26:28, 벧전 4:16) 비난을 하기 위해 의도적으로 사용된 것임을 알 수 있다.

둘째로, 안디옥 교회는 유대인들과 이방인들이 한 공동체를 이루어 '실제적으로 하나가 된 것을 보여주었던 최초의 교회'였다(참조. 엡 2:11-22; 이 부분은 안디옥에서의 바울의 체험을 잘 반영하고 있다). 안디옥에서 유대인들과 이방인들이 함께 앉아 식사를 한 것은 사도 바울의 증언(갈 2:11-24)에서 잘 나타난다. 이것은 하나의 혁신이었다(행 11:2-3). 이 식탁의 교제는 오직 예루살렘 교회에 소속된 사람들이 참석하여 자신들은 이러한 공동체의 식탁의 교제를 원치 않는다고 표현하였을 때만 제외하고 계속해서 지속 되었다. 두 공동체가 이와같이 하나가 될 수 있었던 것은 바울과 바나바가 모든 사람들이 율법으로부터의 자유를 얻고 또한 예수 그리스도 안에서 이방인 신자에게 유대인 신자와 똑같은 위치를 부여하는 사실을 말하였고 그대로 적용하였기 때문이다. 이러한 구체적인 적용은 바로 하나님의 축복 아래 안디옥 교회가 입증하였던 것이다(갈 2:12).

셋째로, 안디옥 교회는 '가르침을 강조했던 교회'였다. 바나바가 사울을 찾으러 갔던 것은 바로 이런 이유였다(행 11:25~26). 이방인들은 구약성경에 대해 무지했고 또한 그들의 환경은 윤리적이고 도덕적인 기준을 그들에게 제시해 주지 못했다. 그래서 그들은 유대인들보다 더 많은 가르침을 필요로 했다. 바울이 자기가 세운 새로운 교회들에게 보낸 편지에서 소위 실제적인 부분을 읽을 때 그 가르침의 많은 부분은 이미 안디옥 교회의 배경에서 만들어졌다.

넷째로, 안디옥 교회는 '풍부하면서도 다양한 사역의 은총'을 입었다. 안디옥 교회의 지도자를 소개할 때 몇몇 선지자들과 교사들의 이름이 언급되고 있다(행 13:1). 은사를 받은 사람들을 이같이 언급하고 있는 것은 아주 많은 사람들이 다양한 사역을 그들이 받았던 은사에 따라 하나님의 교회를 섬기고 있었음을 보여준다.

다섯째로, 안디옥 교회는 설교하고 가르치는 문제에 있어서는 예루살렘 교회와 동일한 방식을 택했다. 하지만 구제하는 문제는 예루살렘 교회와는 달랐다.

예루살렘 교회에서는 성도들이 구제 행위를 할때 그 교회의 가난한 사람들을 고려해 넣었다. 그러나 안디옥 교회에서는 가난한 사람들에 대해 아무런 언급이 없다. 안디옥은 부유한 도시였으므로 그와 같은 환경이 교회의 교인들에게도 어느 정도 반영되었을 것이다. 누가는 각 사람이 자기 힘대로 냈다고 말한다(행 11:29). 안디옥교회는 예루살렘에 기근이 임박했다는 소식을 들었을 때 예루살렘 교회를 돕기 위해 많은 헌금을 모아 보냈다(행 11:27-30). 하지만 이런 안디옥 교회의 구제의 행위가 아무런 희생도 수반하지 않았다고 생각한다면 그것은 잘못된 것이다. 왜냐하면 수확물의 부족은 당시 유대 지역에서만의 문제가 아니라 수리아 지역에서도 문제였기 때문이다.

여섯째로, 안디옥 교회는 '선교하는 일에 열정이 넘치는 교회'였다. 사도시대를 개관해 보면 안디옥에 강력한 그리스도인 공동체가 세워졌다는 점에서 하나님의 섭리를 느낄 수 있다. 그리스-로마 세계를 복음화 하는데 예루살렘 교회는 여러 가지 이유로 그 중요성이 희석되어 갔다. 그러나 안디옥 교회는 위대한 선교 사역의 확장을 위한 충분한 후원자로서 준비를 갖추고 있었다. 결국 이것은 소아시아와(마케도니아를 포함한) 그리스에서 이방인 교회들의 엄청난 성장을 가져오는 결과를 낳았다.

안디옥은 주로 박해의 결과로서 선교적 성격을 띠게 되었던 예루살렘 교회와는 달랐다. 안디옥 교회는 선교하는 교회였다. 그 교회는 선교사들에 의해 세워졌다는 점에서 선교적인 교회요, 나아가서 멀리 떨어진 지역들에게 복음을 전파하기 위한 터전이 되었다는 점에서 선교적인 교회였다. 안디옥 교회는 땅 끝까지 증인이 되라는 그리스도의 지상명령(행 1:8)을 이행하려고 시도했던 최초의 교회였다. 이방인들을 받아들이는 문제에 대한 예루살렘 공의회의 결정은 이와 같은 선교적 확장에 신선한 자극을 주었다. 성령께서 그 교회의 지도자였던 바나바와 사울을 선교사로 파송하도록 요구했을 때 그들은 주저하지 않고 온전히 순종했다. 이것은 안디옥 교회 신자들의 자랑이었고 또한 금식과 기도로 입증되었다(행 13:2-3).

⑶ 모 교회(예루살렘 교회)와의 관계

안디옥 선교를 시작한 사람들은 모(母) 교회였던 예루살렘 교회와 깊은 관계가 있었다. 그러므로 모 교회는 여러 가지 면에서 안디옥 교회와 접촉을 유지하는 것은 자연스러운 일이었다. 사실상 안디옥 교회는 "예루살렘의 지교회와 같은 것"이었다. 바나바가 처음으로 그리고 그 후에는 아가보를 앞세운 일단의 선지자들이 왔고(행 11:27), 유다와 실라(행 15:22), 베드로(갈 2:11), 야고보가 보낸 사람들(갈 2:12)과 마가 요한(행 15:37)이 뒤따라 왔다. 다른 사람들도 왔다(행 15:1). 그러나 이들이 교회의 위임을 받았는지는 확실하지 않다. 두 교회는 성령의 사역을 동일하게 체험하고 있다는 점에서 같았다. 성령은 예수 그리스도를 중심으로 한 설교를 존중하고 그 설교를 듣는 사람들에게 깨닫게 하셨다. 그리고 사역을 위해 은사를 주시고 교회의 선교에 복종하도록 교회를 권유하는 분이시다. 또한 두 공동체는 모두 기도하는 공동체였다. 물론 양자는 어느 정도의 차이점도 나타난다. 예루살렘 교회는 하나님의 능력을 기사와 표적의 견지에서 바라보았다. 그러나 안디옥의 배경에서는 이런 성격에 대해 아무것도 말하고 있지 않았다. 물론 이것 자체가 기사와 이적이 일어나지 않았음을 입증해 주지는 않는다. 예루살렘의 배경에서는 금식에 대한 언급이 전혀 없는 데 반해서, 오히려 안디옥 교회에서는 중대한 시점에서 금식은 두드러지게 나타난다(행 13:3). 이것은 종종 바울의 삶의 특징으로 남아 있었다(행 14:23; 27:9). 모교회는 선교적 확장이라는 결과를 낳았던 모진 박해에 처하지 않을 수 없었다. 그러나 안디옥 교회는 성령으로 말미암은 깊은 신앙의 열정 속에서 선교적 역할을 감당하여 복음을 가지고 이교 세계에까지 나아갔다. 게다가 그러한 선교적 관심은 여러 해 동안 지속되었다. 이것은 안디옥 교회의 선교에 대한 계속된 기도와 큰 기쁨과 함께 복음의 승리를 보고했던 그 교회가 보낸 선교사들과의 긴밀한 관계 때문이었다.

3) 빌립보 교회

빌립보 교회는 바울의 제 2차 전도 여행때 세워졌다. 빌립보에서 하나님을 경외하던 루디아라는 여인을 만나 그녀와 그녀의 집안 사람들이 예수 그리스도를 받아들임으로서 빌립보 교회는 탄생되었다. 이 부분에 자세한 내용은 '제7장 바울과 그의 전도여행'에서 소개하고 있다. 루디아의 집에서 잠시 동안 휴식을 취한 뒤에 선교사들은 작별의 말을 남기고 그 도시를 떠났다. 이 때에 서술상에 있어서 '우리'라는 말의 사용이 중단되고 있는데, 이는 누가가 그 곳에 남아 있었음을 시사하는 것이다. 의심할 바 없이 그는 기독교 공동체에서 지도자의 임무를 떠맡았다. 바울이 "복음에 대한 봉사로 모든 교회에서 칭찬을 받는 형제"(고후 8:18)라고 일컬었던 사람이 누가라는 것은 바로 누가였다. 아마도 바울은 후에 고린도를 방문하려는 것과 관련해서 빌립보에서 이 편지(고린도후서)를 써서 보냈을 것이다(행 20:1; 비교. 고후 2:12-13). 누가의 역할이 의사와 저술가로 국한되지 않았다는 것은 확실하다. 아마도 누가는 겸손한 사람이어서 빌립보 공동체의 발전에 끼친 자기의 공헌을 열거하지 않았음에 틀림 없다.

4) 데살로니가 교회

데살로니가 교회는 바울의 2차 전도여행 시 세워졌다. 이 부분은 '제7장 바울과 그의 전도 여행'에서 세밀하게 다루었다.

데살로니가 교회 성도들에 대한 바울의 평가

바울은 서신들 전체에 걸쳐 데살로니가 교회에 대한 많은 말을 하고 있다. 그것들은 다음과 같다.

첫째, 그들은 그들에게 전해진 메시지를 기꺼이 받아들였으니, 그것을 하나님의 말씀으로 받았으며(살전 2:13, 살후 3:1) 이러한 근거에서 우상을 버리고 살아계신 참 하나님께로 향하였다(살전 1:9-10).

둘째, 그들은 그들의 믿음(살전 1:3; 3:7)과 사랑(살전 1:3; 4:10)과 소망(살전 1:3; 4:13; 5:8)으로 말미암아 칭찬을 받았다. 그들은 기본적인 덕목에서 탁월하였다.

셋째, 그들은 주와 그의 구원을 증거하는 데 열심이었다(살전 1:8).

넷째, 그들은 그리스도를 위하여 비난과 박해를 받았다(살전 1:6; 2:14; 3:3-4, 살후 1:6). 이러한 고난 가운데서, 그들은 주께서 주시는 기쁨을 경험했으며(살전 1:6), 이어서 그들은 사도 바울에게 기쁨의 근원이었다(살전 2:19-20; 3:9).

다섯째, 주님의 재림에 대하여 그들이 처음에 품었던 열렬한 기대(살전 1:10)가

이제 그의 재림이 명백히 지체됨으로써 다소 흔들리게 되자, 더 이상의 가르침에 의해 그리고 이 설명이 가져다 줄 위로로 든든하게 하는 것을 필요로 했다(살전 4:13-18). 그들은 정신을 똑바로 차리고 깨어 있어야 한다(살전 5:4-11).

여섯째, 신자들은 그들이 오늘까지 행한 것에 만족해서는 안 된다. 바울의 권고의 두드러진 특징은 가능한 한 모든 면에서 그 교회를 칭찬했으나 여기에 더 향상 시켜야 할 책임을 가져야 한다는 것이다. 그들은 더욱 더 하나님을 기쁘시게 하기 위하여 살아야 하고(살전 4:1), 서로 서로에 대한 사랑을 계속 더 풍성하게 해야 하고(살전 3:12; 4:10), 서로 격려하고 서로 세워주기를 계속해야 한다(살 5:11). 즉 "더욱 힘쓰는 교회가 되어야 한다"는 것이다.

일곱째, 그들은 거룩하게 살라고 부르심을 받았다(살전 4:7). 이것이 분명히 하나님의 뜻이므로 그들에게는 부도덕한 것을 멀리해야할 책임이 있다(살전 4:3). 하나님의 성령께서는 그들이 그렇게 하는 것을 가능케 하실 것이다(살전 4:8).

5) 고린도 교회

고린도 교회는 바울이 2차 전도여행시 세워졌다. 고린도 교회의 특징이라면 신자들 가운데에는 이방인들이 다수를 점하고 있었다는 사실이다. 개종자들의 대부분은 하류 계층 출신들이었다(고전 1:26-28). 그러나 바울은 그들을 그렇게 평가하지 않았다. 오히려 그들의 부르심에는 하나님의 주권이 분명하게 드러났다. 한편 소수의 상류 계층도 눈에 띈다. 여기에는 가이오와 에라스도가 포함되고(롬 16:22-23) 아마 소스데네도 포함되었다(고전 1:1). 사회적인 지위보다 더 중요한 것은 이교적 환경의 영향이었다. 이것은 그들의 삶을 결정짓는 하나의 요인으로 남아 있었다. 바울은 이러한 영향을 인정했고 그들의 문제를 다루는 데 있어서 이것을 적절하게 사용했다. 특히 고린도 교회의 상황에서 그랬다. 거기에서 터져나온 문제들이 그의 관심을 끌게 되었을 때 그는 에베소에서 꼭 하지 않으면 안되는 사역에 꽉 매여 있었다. 그가 매일같이 모든 교회들에 대한 걱정에 짓눌려서 고통을 당하고 있다고 고백하지 않을 수 없었다(고후 11:28). 고린도 교회는 사도 바울의 염려의 큰 부분을 차지하고 있었다.

고린도 교회의 문제들

바울이 고린도를 떠난 후에 그 교회에서는 많은 문제들이 제기 되었다. 만약 그렇지 않았다면, 그는 서신으로 문제들을 처리하기보다는 오히려 직접 그것들을 다루었을 것이다. 그 도시의 상업 활동과 부가 문제들을 계속해서 일으켰던 것처럼 이교적 환경이 문제들을 일으켰다. '방탕한' 생활 습관에 빠져 세속적인 것들에 대한 그릇된 평가를 내리기 쉬웠다. 가장 파괴 적인 요소는 유혹의 손길을 뻗치는 그 도시의 부도덕이었다. 이런 상황 속에서 사도 바울은 다음과 같이 고린도 교회의 문제점들을 지적 하고 있다.

① 교회 내의 분파 문제(고전 1-4장)

> "내 형제들아 글로에의 집 편으로 너희에게 대한 말이 내게 들리니 곧 너희 가운데 분쟁이 있다는 것이라. 이는 다름 아니라 너희가 각각 이르되 나는 바울에게, 아볼로에게, 나는 게바에게, 나는 그리스도에게 속한 자라 하는 것이니 그리스도께서 어찌 나뉘었느뇨"(고전 1:11-13).

고린도 교회안에 여러 계층이 있었다는 것은 여러 가지 문제를 안고 있음을 말해준다. 그 중에 첫 번째가 분파 문제였다. 바울이 모든 것들 가운데서 이것을 제일 먼저 다루고 있다는 바로 그 사실은 이 문제가 대단히 심각한 것이었음을 보여주고 있다(고전 1:10-4:21). 바울이 선교를 마치고 수리아로 떠난 후에 아볼로 사도가 그들을 가르쳤다. 그는 알렉산드리아 출신으로 웅변이 뛰어났다. 그리고 게바(베드로) 역시 이 교회에 직접 간접으로 영향을 미쳤을 것이다. 마침내 고린도교회 안에는 끼리끼리 모이는 일들이 생기게 되었고 드디어 누구에게 세례를 받았느냐 하는 것을 기준으로 파벌이 형성되었다. 적어도 네가지 분파가 형성되었다. 이들은 바울파, 아볼

로파, 게바파, 그리스도파 였다. 바울은 자기와 다른 지도자들 모두가 그리스도에게는 물론 전체 교회에게 속해 있는 것이지 개별적인 집단에 속해 있는 것은 아님을 지적함으로써 이 분파주의와 싸웠다(고전 3:21-23). 게다가 바울은 문제를 처리하는 가운데 지혜에 대하여 언급하면서 세상의 지혜와 하나님의 지혜를 대조시키고 있다(고전 1:18 이하). 그는 그리스도와 그가 십자가에 못박히신 것에 중심을 둔 계시된 진리를 내세웠다(고전 2:6-16). 특히 그는 분파주의는 영적인 유아 상태에 있는 고린도 교인들을 붙잡고 있는 세속성의 표시라고 비난했다(고전 3:1-3). 고린도 교인들은 그들 주위에 있는 구원받지 못한 세속적인 사람들과 같이 행하고 있었다. 이러한 분파주의는 그리스도의 몸을 갈기 갈기 찢는 어리석은 일이었다. 바울은 자신과 게바 그리고 아볼로와 같은 기독교 지도자들은 단지 그리스도의 일꾼들에 불과하다는 점을 분명히 하였다(고전 4:1). 그들이 단지 교회에서 기둥들이었으나 그리스도는 기초였다(고전 3:10).

② 성적 부도덕(근친상간, 고전 5장)

"너희 중에 심지어 음행이 있다 함을 들으니 이런 음행은 이방인 중에라도 없는 것이라" (고전 5:1).

고린도 교회안에 자기 아버지의 아내와 공공연히 동거 생활을 하는 사람이 있다는 소식을 사도 바울이 들었을 때(고전 5:1) 그는 몹시 염려하였다. 바울이 서신에서 '그 아비의 아내'(고전 5:1)이라고 표현하고 있는 것을 볼 때 아마 그녀는 계모였을 것이다. 친모였다면 바울은 "어머니"라고 말했을 것이다. 바울은 교회가 이 문제에 대하여 아무 조치도 하고 있지 않음을 알고 이중으로 염려하였다(고전 5:2). 그의 충고는 분명하였다. 그것은 교회의 징계에 관한 것이었다. 바울은 교회의 생명이나 그 지체들의 생명이 위태로울 때 교회가 심판자의 역할을 담당해야 한다고 권하고 있다. 바울은 교회로 하여금 하나님 나라의 자녀들 사이에는 성적인 부도덕이 들어설 여지가 없다는 점을 상기시킨다. 그것은 옛 생활에 속한 것이지 새 생활에 속한 것이 아니었다(고전 6:9). 회중 가운데 어떤 사람들은 이에 대해 독자적으로 오만한 태도를 취했다. 바울이 "모든 것이 내게 가(可)하다"(고전 6:12)라고 쓸 때 그는 그들이 할 수도 있을 말을 인용한 것처럼 보인다. 그는 그들이 간과한 것을 한두가지를 상기시킨다. 창기와 합하는 것은 그녀와 하나가 되어 한 몸이 되는 것이다(고전 6:16). 이것은 그리스도와 하나가 되는 것과 분명한 대조를 이룬다. 더욱이 그러한 일은 그들의 몸을 자기의 전(殿)으로 삼으신 성령에 대한 심한 모욕이다(고전 6:19). 결국 이 신자들의 몸은 자신들의 것이 아니다. 왜냐하면 그들은 예수 그리스도의 피 값으로 사신 바 되었기 때문이다. 그러므로 그들은 더 이상 자신을 죄에 내맡기는 데 자유롭지 않다. 바울은 참된 크리스찬의 관심은 종종 쓰라린 비난을 동반할 수 없다고 말한다. 그리고 기독교는 아무도 판단하려고 하지 않는 어리석은 감상이나 비굴한 태도를 취해서는 안된다. 지금의 작은 쓰라림으로 생명을 구하는 것이 쓰라림 없이 생명을 잃는 것보다 낫다.

③ 고소(세상 법정에서의 소송, 고전 6장)

"너희 중에 누가 다른 이로 더불어 일이 있는데 구태여 불의한 자들 앞에서 송사하고 성도 앞에서 하지 아니하느냐?(고전6:1) 너희가 피차 송사함으로 너희 가운데 이미 완연한 허물이 있나니 차라리 불의를 당하는 것이 낫지 아니하며 차라리 속는 것이 낫이 아니하냐"(고전 6:7)

그리스 사람들의 기질은 무서울 정도로 개인주의적이었다. 이러한 기질상의 특성은 고린도 교회에서 당파 문제와 소송 문제를 야기시키는 근거가 되었다. 이는 모든 개인들이 경쟁 관계에 있는 사람들의 관점에서 상황을 보려 들지 않고 자기 마음대로 행하기를 고집했기 때문이었다. 바울은 "형제가 형제로 더불어 송사할뿐더러 믿지 아니하는 자들 앞에서 하느냐"라고 한탄한다(고전 6:6). 당시 그들은 세속적인 사람들 즉 구원받지 못한 사람들과 같이 행하고 있었다. 그들은 적어도 자기들의 의견의 차이들을 판결하도록 신자들 가운데서 한 사람 이상의 사람들에게 기대해야 했다. 그러나 분쟁의 뿌리는 더 깊은 데까지 뻗어있었다. 만약 그들이 사실상 그리스도의 마음과 은혜를 지녔더라면 우선 이러한 문제들이 생기지 않았을 것이다. 더군다나 이교 법정에서 이것들을 심리하게 하지는 않았을 것이고 주 예수의 대의를 흐리게 하는 것보다는 차라리 손해를 보는 것이 더 나았을 것이다.

물론 법정이 잘못된 것은 아니다. 어떤 면에서 법정은 하나님께서 합법적인 자들을 무법한 자들부터 보호하기 위하여 사용하시는 도구이다. 그러나 바울은 기독교인들은 법을 거역하는 자가 아니며 두 형제(두 그리스도인) 간에 불평이 있을 때 그 분쟁은 자기들끼리 해결할 수 있어야 한다고 생각한 것이다. 그렇지 않고 이러한 해결이 불가능하면 그들은 교회 안에서 지혜 있는 어떤 사람을 찾아 그들의 사건을 판단하도록 할 수 있어야 한다(고전 6:1-6)

④ 결혼문제(고전 7장)

고린도 교인들은 독신생활과 결혼생활에 관하여 여섯가지 질문을 제기하였다. 몇가지 질문은 육신적인 면의 존재를 악으로 생각하는 헬라적인 경향을 반영해 주고 있다. 문제들은 다음과 같은 것들이었다.

- 혼인한 부부가 회심한 후에도 계속적인 정상적인 성생활을 영위해야 할 것인가? 그렇다(7:1-7).
- 독신자는 혼인해야 할 것인가? 바울은 독신생활을 택하였으나 오직 절제의 은사를 받은 사람들만 그리할 일이다(8-9절).
- 회심하지 아니한 남편이나 아내에 대해서는 어떠한가? 당사자가 이혼을 원하지 않는 한 그리스도인은 이교 신앙을 가진 혹은 불신자인 당사자와 함께 살아야 한다(12-16절).
- 약혼한 남녀는 결혼해야 할 것인가? 이것은 개인이 결정을 내릴 문제이나 바울은 극심한 고난의 때에 독신자가 그리스도인의 사명을 감당하기에 더 유리할 것이라 말하고 있다(25-38절).
- 과부가 재혼할수 있는가? 할 수는 있으나 바울은 이 경우에 단서를 붙이고 있다(39-40절) 즉 남편이 죽으면 자유하여 자기 뜻대로 시집 갈 것이나 주 안에서 재혼하라는 것이다. 그러나 바울은 개인적으로 그냥 과부로 지내는 것이 더욱 복이 있다고 말하고 있다.

바울은 결혼이 사람으로 하여금 부도덕에 빠지지 않게 해 주는 억제의 역할을 할 수 있음을 지적함으로써(고전 7:2) 결혼을 부도덕과 연관하여 말하고 있다. 그는 결혼을 하나의 카리스마로도 다룬다. 한편 그는 결혼하지 않고 사는 능력도 역시 하나의 카리스마로 다룬다. 그는 자신을 이 범주에 넣고 있다. 각 사람은 어느 쪽이든지간에 하나님께서 주신 은사를 지닌다. 결혼은 가능한 것이고 고귀한 것이지만 오직 신자와 하지 않으면 안된다. 아무래도 바울은 이 부분을 쓰는 가운데 결혼을 문제시하는 관점 즉 금욕주의적 태도를 다루고 있는 것같다. 그가 "남자는 결혼하지 않는 것이 좋다"(고전 7:1)고 말할 때 그는 교회에서 어떤 사람들에 의해 그에게 전수되었던 생각을 재현하고 있는 것일지도 모른다. 금욕주의적 태도는 분명히 부도덕적 태도와 상반되는 것이긴 하지만 이 두 접근은 영혼과 육체를 날카롭게 분리하는 이원론에서 유래한 것일 수 있다. 그리스도께 자신을 내맡겼다고 하는 부도덕한 사람들은 부도덕한 행동을 함으로써 너무 정화되어서 자기들의 내적인 생활에 있어서 순전히 육체를 더럽히는 그 어떤 것에 대해서도 무감각하다고 주장했을지도 모른다. 한편 금욕주의자들은 영혼은 육체와 완전히 분리되어야 하고 이런 근거에서 결혼은 배제되어야 한다고 주장했다. 바울의 입장은 홀로 사는 것이 하나님께서 주신 은사이면 가능하지만 그렇지 않으면 비극적인 잘못일 수 있다는 것이다. 바울 자신은 홀로 살아감으로써 가족을 부양해야 하는 의무로부터 자유로 왔으며 따라서 결혼을 했을 때 할 수 있었던 것 보다 더 많은 것을 그리스도를 위해 할 수 있게 되었다. 각 사람은 하나님으로부터 지침을 받아야 하며, 그것에 따라 행동해야 한다. 결혼에 대해 그의 언급은 다음과 같다. "만일 기독교인 남편에게 불신자인 아내가 있는데" 그 여자가 남편과 같이 살기를 원한다면 그를 버려서는 안된다(7:12). 또한 믿는 아내에게 믿지 않는 남편이 있는데 그가 아내와 같이 살기를 원한다면 그 남편을 버리지 말라(7:13). 만일 결혼 생활을 그대로 지속하면 구원받는 자가 구원받지 못한 자를 구할 수도 있을 것이다. 그러나 만일 믿지 않는 편이 헤어지기를 원하면 크리스찬은 속박받을 필요가 없다(7:15).

⑤ 우상 앞에 놓였던 고기를 먹는 것(고전 8-10장)

"너희 자유함이 약한 자들에게 거치는 것이 되지 않도록 조심하라"(고전 8:9).

고린도에서는 이교와 완전히 손을 끊기가 어려웠다. 무역인들과 상인조직들이 신전들에서 그들의 사회적인 직무를 장악하고 있었다. 가게에서 파는 대부분의 고기는 먼저 우상들에게 바쳐졌었던 것들이었다. 특히 우상 제물로 바쳐졌던 고기를 먹는 문제는 교회 안에 있는 많은 사람들 특히 가난한 사람들에게는 실제적인 문제였다. 이는 아마 그들이 그렇게 함으로써 절약할 수 있었을 것이기 때문이다. 의심할 바 없이, 이 사람들에게는 우상 앞에 놓았던 고기와 우상 앞에 놓지 않았던 고기를 구별하는 것은 격식을 갖추는 데 급급하는 표지처럼 보였다. 한편 약한 양심을 가진 사람들은 이러한 종류의 고기를 먹는 풍습이 결코 우상숭배와 연루(連累)되어 있지 않은 것으로 보기는 어렵다고 생각했다. 바울은 고기가 우상 앞에 놓여졌다는 이유로 변화가 일어나는 것은 아니라고 주장하는 입장을 같이하고 있었다. 그렇지만 사람이 먹을 수 있는 자유를 지니고 있어야 하면서도 모든 사람이 사랑의 지배를 받아야 하므로 그 사람의 행동이 '약한' 형제로 하여금 먹게 하고 그렇게 함으로써 그의 양심을 더럽히게 한다면 '강한 점'이 단지 거치는 것이 되고 말 것이라는 점을 바울은 지적한다(고전 8:9). 사람은 먹을 수 있는 자유를 지니고 있어야 한다. 그러나 우상 앞에 놓은 고기를 먹음으로 연약한 자들의 양심을 더럽힌다면 사랑은 기꺼이 자유의 행사를 보류하게 해야 한다. 모든 것 가운데서 최고의 원리는 하나님의 영광을 위해 모든 것을 행하는 것이다(고전 10:31). 이 문제를 다루는 가운데 바울은 행동의 자유를 언급한다. 그는 계속적으로 다른 영역에서도 이 원리를 적용한다. 이를테면, 그 자신은 다른 그리스도인의 지도자들이 결혼을 한 것처럼 결혼할 자유가 있지만(고전 9:5) 이 권리를 사용하지 않으리라고 결심했다. 또 그는 그리스도교 사역자로서 재정적인 원조를 요구할 자유가 있지만(고전 9:6-7) 여기에서도 그 권리를 사용하지 않았다. 그는 이전에 바나바와 협력하여 사역한 것과 관련해서 그들이 기본적으로 필요한 것들을 마련하려고 손으로 일을 했음을 지적한다(비교, 살전 2:9). 바울은 그리스도인의 자유를 찬양하나 약한 형제나 불신자에게 거침돌이 되지 않도록 하라고 신자에게 주의한다(고전 9:1-10:32).

⑥ 여자와 머리에 베일(수건)을 쓰는 문제(고전 11장)

당시에는 여자가 머리에 무엇인가를 둘러쓰지 않은 채 공적인 자리에 나오는 것이 금지되어 있었다. 그 수건은 거리에서 안전과 존경을 보증해 주었다. 그러나 기도하러 갈 때는 헬라와 히브리인의 관습상에 차이점들이 있었다. 헬라 여자들은 남자들과 마찬가지로 머리에 아무것도 쓰지 않고 기도하였다. 로마와 유대 사람들은 남녀간에 머리에 무엇을 쓰고 기도하였다. 교회는 통일된 규례를 필요로 하였다. 바울이 강조하려고 하는 것은 머리에 무엇을 쓰는 것이 권위에 대한 복종을 의미한다는 것이다. 바울은 창조질서를 통해 남녀를 구분하고 있다. 여자보다 남자가 먼저 창조되었다. 그러나 남자는 언제나 여자에게서 태어난다는 점을 고려할 때 이 원리의 한계가 무엇인가를 보여준다. 바울 당시에는 남자들이 여자들보다 머리를 짧게 깍는 것이 관행화 되어 있었다. 바울은 이점을 근거로 하여 여자가 너울을 써야 함을 강조하고 있다. 이렇게 여자의 머리에 무엇을 쓰는 문제를 논의하는 목적은 공적 예배의 질서를 세우기 위한 것이었다. 분열, 무질서, 잘못된 해석을 야기시키는 행위들은 피하는 것이 좋다. 참된 의미의 여성 해방은 머리에 무엇을 쓰는 것과 같은 외적인 표징을 제거하는 문제라기 보다는 마음의 문제였다. 관행을 준수하더라도 얼마든지 더 깊고 영구적인 영적평등이 이루어 질 수 있다.

⑦ 성만찬의 남용(고전 11장)

> "그런즉 너희가 함께 모여서 주의 만찬을 먹을수 없으니 이는 먹을 때에 각각 자기의 만찬을 먼저 갖다 먹으므로 어떤이는 시장하고 어떤이는 취함이라. 너희가 먹고 마실 집이 없느냐…"(고전 11:20-22).

초대 교회에서는 성만찬을 나누는 것이 예배 드리는 중요한 목적 중의 하나였다. 그런데 고린도 교인이 주의 만찬을 분별하지 목하고 남용한 일은 매우 고통스런 사건이었다. 이것은 교인들의 생명 자체를 먹어 치우는 치명적인 암이었다. 예수님의 이름으로 떡을 떼고 술을 마시기 위하여 모인 사람 중 어떤 사람들은 거룩한 잔치를 이교적인 파티로 만들었고 그만 취하여 교회를 떠났다. 바울은 저들이 참여한 잔치는 바로 그리스도 자신이 다락방에서 제정해 주신 성스러운 만찬임을 상기시켜 주었으며 이 용서할 수 없는 불경건한 행동을 책망하였다(고전 11:23-26).

"그러므로 누구든지 주의 떡이나 잔을 합당치 않고 먹고 마시는 자는 주의 몸과 피를 범하는 죄가 있느니라"(고전 11:27).

⑧ 은사 문제(고전 12-14장)

성령은 은사의 원천이시다. 그러므로 은사는 그분의 뜻대로 하나의 은사를 혹은 여러 은사들을 각 사람에게 나눠주신다. 이 은사들은 전체로서의 몸을 세우기 위해 존재하며 모든 신자들의 유익을 위해 주어진다. 그러므로 은사들은 자기 과시를 목적으로 이기적으로 활용되어서는 안 된다. 또한 은사를 받은 사람들은 자기가 도취되어 있었다고 주장할 수 없다. 그러나 고린도 교회의 어떤 사람들은 방언의 은사를 덕을 세우는데 사용하지 않았다. 그들의 메시지를 통역해 주는 사람이 없을 때도 계속 방언으로 말하였다. 그들은 은사를 가지고 주님을 증거하기보다 오히려 사람들의 주의를 끌려는데 사용하였다. 이러한 행동은 개인주의를 조장하고 바람직한 질서를 붕괴시키고 진리를 찾는 사람들에게 혼란을 일으키는 증거가 되고 있었다. 이런 상황속에서 사도 바울은 개개 지체는 전체가 필요로 하는 일을 행하며(고전 12:22-25) 몸을 이루는데 필요한 특유의 은사를 받고 있다(고전 12:4-13)고 권면했다. 한 지체가 고난을 당하면 모든 지체가 함께 고난을 당하며(고전 12:26) 한 지체가 영광을 받을 때 모든 지체가 다 즐거워 한다(고전 12:26). 이것이 그리스도의 몸인 교회인 것이다(고전 12:27-28). 이것은 고린도전서 13장의 가르침에 관련시켜 설명될 수 있다. 여기에서 사랑은 은사들이 활용될 수 있는 방식으로서만이 아니라 은사들보다 더 큰 은사로 높여진다. 이 은사는 하나님 자신의 본성이 어떤 것인가를 보여주기 때문이다.

⑨ 부활 문제(고전 15장)

바울은 고린도전서 15장 전체를 '몸의 부활'이라는 주제에 할당하고 있다. 이 장은 성경 전체 중에서 부활에 관한 고전적인 장이다. 대부분의 유대인들은 몸의 부활을 믿었다(곧 죽었던 그 몸이 다시 부활 할 것을 믿었다). 헬라인들은 영혼만 불멸하다는 것으로 믿었다. 그들은 몸은 영혼의 감옥이며 죽음은 육체의 제한으로부터의 자유를 가져온다는 사상을 물려받았다. 이 같은 그리스적인 배경은 헬라인들로 하여금 부활의 가르침을 받아들이기 어렵게 만들었다. 그러나 바울은 이 장에서 그리스도의 부활이 가장 중요하다고 주장한다. 그것은 2차적인 문제가 아니고 일차적인 문제이다. 기독교의 믿음은 부활 위에 세워져 있으며 부활이 무너지면 그 믿음도 함께 무너진다. 더욱이 부활은 이미 확증된 하나의 역사적인 사실이다. 바울의 외침은 그리스도의 부활이라는 진리와 함께 그리스도는 우리와 같은 인성을 지녔다는 진리를 강조하는 것이었다. 만약 그리스도 인으로 죽은 자들이 일어난다고 주장하지 않는다면 그리스도가 죽은 자들 가운데서 살아나리라고 주장할 수도 없다. 만약 그렇다면 우리는 희망이 없고 여전히 죄 가운데 있을 것이다. 그리스도의 부활은 곧 그리스도 인의 부활을 암시한다. 그리스도는 사실상 마지막 아담 즉 새사람의 머리이시다. 부활이 이것을 입증한다. 첫째 아담은 우리에게 죄와 죽음을 준데 반해서 오직 마지막 아담은 이 두 원수의 파괴 행위가 통하지 않는 생명을 제공한다.

6) 에베소 교회

사도 바울이 제 2차 선교여행의 여정을 계획할 때 에베소를 주목했음이 분명하다. 그와 그의 동료들이 갈라디아 교회들을 재방문 하자마자, 그는 에베소 지역의 방문을 위한 준비를 갖추고 있었다. 그러나 어떤 이유 때문인지 모르지만 성령께서 아시아에서 복음을 전하지 못하도록 막으셨다(행 16:6). 그러나 그가 마게도냐와 아가야에서 복음을 전하는 데 정성을 쏟고 있었을 때도 사도 바울의 머리에는 에베소가 있었다. 그는 3차 전도여행시 에베소에 3년간 머무면서 목회 하였다. 빌립보에서 데살로니가에서 몇 주간, 아덴에서의 아마도 더 적은 기간, 그리고 고린도에서 일년 반에 비하면, 그는 에베소에서 삼 년이라는 더 긴 기간을 머물렀다(행 20:31).

에베소는 궁극적으로 제국의 수도로 나아가기 위해 준비하는 무대였다(행 19:21). 바울이 에베소에 도착했을 때, 그 지역은 아직까지 복음화되어 있지 않았다. 따라서 하나님께서는 그에게 그리스도를 위해 그 지역에 들어가고자 하는 그의 바람이 이루어지도록 허락하셨다는 사실을 깨달았다. 이 도시를 활동의 근거로 삼아 사도 바울은 아시아의 전 지역을 대상으로 증언하는 기회를 가졌다(행 19:10). 교회의 미래를 위해 에베소의 사역이 전략적으로 중요하다는 사실을 깨달은 누가는 사도 바울과 관련이 있는 어떤 다른 상황에 대한 설명을 제시할 때보다 더 충실한 설명을 제시했다.

특히 요한계시록 2장에서 일곱 교회를 소개할 때 에베소 교회가 우선적으로 언급된다는 사실은 아시아 지역에 있어서의 신앙의 역사적인 발전에서 이 교회가 두드러진다는 점을 입증하고 있다.

에베소 교회의 특징

사도 바울이 3년간 목회했던 에베소 교회는 다음과 같은 특징을 갖고 있다.

첫째, 에베소 교회는 아시아 지역으로 뻗어 나갈 수 있는 요충지로서 많은 전략적인 위치를 점유하고 있었다. 이런 기회를 이용하여 많은 사람들이 예수 그리스도의 복음을 전파하기 노력했다고 시사하는 표현들이 있다. 이 복음 사역은 주님에 대한 사랑에 힘입어 이루어졌다(계 2:2, 4). 아시아 지역을 복음화 시키는 데 있어서 에베소 교회는 데살로니가 교회와 잘 비교된다. 데살로니가 교회는 단지 작은 도시를 대상으로만 사역하는 것에 만족하였으나 에베소 교회는 전 지역을 대상으로 사역하는 책임을 감당하려고 했다.

둘째, 에베소 교회는 많은 하나님의 종들의 수고가 있는 교회였다. 이들 가운데 바울과 사도 요한의 사역은 실로 대단하였다. 바울은 그 도시에서 상당히 오랜 기간 머물러 있었기 때문에 그가 방문했던 다른 지역들의 경우보다 더 넓게 말씀의 씨앗을 뿌릴 수 있었으며 많은 조력자들을 발굴할 수 있었다.

셋째, 에베소 교회는 많은 반대에도 불구하고 성공을 거둔 교회였다(고전 16:9).

넷째, 에베소 교회는 양떼들의 목자로 섬기도록 소명을 받은 바울의 모범과 조언을 간직한, 신실한 장로들의 지도를 받고 있었다(행 20:17 이하).

다섯째, 에베소 교회는 분명히 다양한 성령의 은사를 받은 교회였다. 이것은 사도행전 19:1-7에서 엿볼 수 있고 또한 에베소서는 이를 뒷받침하고 있다(엡 3:5; 4:11-13; 6:18).

여섯째, 에베소 교회는 그리스도의 몸 안에서 유대인과 이방인이 하나가 되는 것을 강조하여 교회의 일치를 몸소 실천하는 교회였다(비교, 엡 2:11-22).

7) 골로새 교회

골로새는 소아시아 브루기아 지역의 서남에 있는 도시로서 메안더(Maender) 강의 한 지류인 리쿠스(Lycus) 강의 계곡에 위치하고 있었다. 그리고 서쪽으로 약 20km 지점에는 라오디게아가 자리잡고 있었고, 또한 라오디게아 북쪽에는 히에라볼리가 위치하고 있었다. 그러므로 골로새는 이 두 도시와 더불어 소아시아에서 수리아(현재명: 시리아)로 가는 동서 교통의 요지로서 일찍부터 번영했다. 특히 주전 5세기경 크세르크세스(Xerxes, 성경에는 아하수에로 왕으로 번역됨) 때에는 매우 번창한 무역 도시였다. 그리고 수리아의 안티오커스 3세는 이 성읍에 2,000명 가량의 유대인 가족을 이주시켰다. 바울은 골로새를 방문할 의도를 갖고 있었으나 본 서신을 쓰기까지 실제로 방문한 적은 없었다(골 2:1). 사실상 누가는 사도 바울이 그 지역을 피하도록 초자연적으로 인도를 받았음을 시사하고 있다(행 16:6). 그러나 바울이 에베소에 머무르고 있는 동안에 에바브라(Epaphras)라는 이름을 가진 골로새 사람이 바울이 전한 복음의 영향을 받았고 자기 고향으로 돌아가 복음을 전했다. 바울은 이 사람을 대신 사역하는 자신의 동역자로 간주했다(골 1:7). 동역자인 에바브라는 또한 인접하고 있는 라오디게아와 히에라볼리에 있는 교회들을 세웠을 것이다(골 4:13).

사도 바울이 골로새 교회와 접촉한 것은 또 하나의 경우는 골로새에 살고 있었던

골로새 유적지에서 예배

빌레몬과 그 가족을 통해서였다. 그는 빌레몬을 가리켜 사랑하는 친구요 동역자라 불렀다(몬 1). 덧붙여서 그는 빌레몬의 아들인 아킵보에게 인사하며 그리스도를 위한 그의 가치 있는 봉사에 감사를 표했다(몬 2). 또한 그는 골로새 교회에 보낸 서신 가운데 그를 위한 말을 포함시켰다(골 4:17). 골로새서에 있는 인사말이 "골로새의 그리스도 안에 있는 거룩하고 신실한 형제들"에게 말해지고 있는 것으로 보아 골로새에는 빌레몬의 집이 아닌 또 다른 집에서 모이는 모임들이 있었을 것이다. 그러나 아마 성도들은 빌레몬의 집에서 모였을 것이다(몬 22절). 사도 바울은 빌레몬에게 서신을 써서 보내는 가운데 자기의 친구되는 빌레몬에게 보낸 서신에서 자기를 위한 처소를 준비해 달라고 요청한다. 이것은 바울이 골로새를 방문할 의도가 있었음을 보여준다(몬 22절). 그는 당시에 여전히 옥에 있었던 것으로 보아(몬 1절) 그가 곧 석방되리라고 기대하고 있었다. 빌레몬서는 자기 주인에게서 달아나서 바울의 도움을 받으려 했던 빌레몬의 종인 오네시모(Onesimus)에 대한 내용이 골격을 이루고있다. 이 서신은 골로새서와 거의 같은 시기에 씌여졌다(몬 23-24; 골 4:12, 14). 바울이 옥중에 있을 때 에바브라가 골로새 교회의 형편을 바울에게 보고했다. 이 보고를 들은 바울은 골로새 교회에 편지를 하면서 에바브라가 골로새 성도들을 사랑하며 기도하고 있으며(골 4:12) 성령 안에서 그들의 사랑을 알렸다라고 지적함으로써(골 1:7) 똑같이 주의 깊게 에바브라를 칭찬하고 있다.

골로새 교회의 문제들

지리적 여건상 골로새는 동서 문물의 교류 장소로서 발달된 도시였기 때문에 일찍부터 동서양의 갖가지 철학과 종교 사상이 혼합된 상태에 있었다. 따라서 골로새 교회는 순수한 십자가 복음을 왜곡시키는 여러 가지 잘못된 이단 사상과 부단히 싸워야 했다. 골로새 교회 내에 침투하고 있었던 주요 이단 사상은 유대주의적 영지주의였다.

바울은 골로새에서 유행하고 있는 지식체계를 "사람의 유전과 세상의 초등학문에 의존하는 공허하고 거짓된 철학"(골 2:8)으로 묘사한다. 그 체계는 천사 숭배(골 2:18)였다. 그러한 이러한 천사 숭배의 배후에는 영지주의 이단이 있었다. 그래서 사

참고자료

영지주의란 무엇이었는가?

이 사상은 골로새서 2:23의 말씀에 경고하고 있는 내용과 상당한 맥락을 같이하고 있다. 이것은 이미 1세기 초부터 영지주의 이단들이 교회 내에 존재하고 있음을 말해주고 있는 것이다. 영지주의는 유대교, 헬라철학 및 동양철학의 혼합이다. 영지주의는 기독교 헬라의 철학, 그리고 특별히 바벨론의 우주적인 신화론, 페르시아의 이원론을 혼합한 종교 사상이라 볼수 있다. 그중에서 가장 두드러진 것은 헬라의 이원론적 사상과 기독교와의 혼합이다. 때문에 기독교 영지주의는 헬라화된 기독교(Hellenized Christianty)라고 부르기도 한다. 영지주의의 특징을 살펴보면 다음과 같다.

1. 하나님께서는 여러 단계의 지식과 믿음을 창조하셨다.
2. 성경이외에 예수의 제자들에게 주신 비밀구전(a sacret oral tradition)이 있다. 이것은 구전을 통해 전승되어 내려오고 있으며 이 비빌의 구전을 소유한 이들은 영지주의 자신들이라고 보았다.
3. 영지주의의 가장 두드러진 특징은 영과 육의 분리라는 철저한 이원론적인 사고이다. 영은 선하고 물질은 악하다고 보기 때문에 물질적 창조는 악하다. 영혼만이 구원을 받는다. 이런 이원론적인 사고는 그들에게 두가지의 극단적인 삶의 방식을 가져다 주었다. 첫째는 육체의악을 극복하기 위한 극단적인 금욕주의이다. 둘째는 어차피 육체는 악하기 때문에 육체의 소욕을 다스릴수 없으며 육체의 구원을 가져올 수 없다는 생각에서 자유 방임주의로 흘렀다. 대개의 노스틱파는 성과 결혼에 대해 극단적으로 금욕주의적 태도를 취하였다. 인간은 본래 단성이며 여자를 창조한 것도 악의 원천이라고 보았다. 반면에 영지주의자였던 카포크레두스(Carpocrates)는 그의 추종자들이 죄를 짓도록 강요하였다. 그의 아들 에피파네스(Epiphannes)는 난잡한 성관계가 신의 율법이라고 가르쳤다.
4. 물질계는 악하다라는 개념은 창조주와 구원자를 구분한다. 말시온은 구약의 하나님과 신약의 하나님을 구분한다. 또한 절대자는 악한 물질계를 창조할수 없다는 개념 때문에 하나님과 물질계 사이에 중간자를 개입시켜 그가 세상을 창조하였다고 믿는다. 영지주의자들은 하나님을 물질계와 아무런 관련이 없다고 말한다. 악은 물질에서 나왔다. 하나님은 선하다. 따라서 하나님은 물질세계와는 거리가 먼 존재이다. '하나님은 누구인가? 악은 무엇인가? 어떻게 인간이 하나님을 알 수 있는가? 어떻게 악에서부터 구원을 얻을 수 있는가?' 는 그들이 갖고 있는 중요한 관심사였다. 하나님, 인간, 죄인, 그리고 구속에 관한 문제를 해결하는 과정에서 영지주의자들은 한가지 사실을 그들의 신념으로 수용한다. 그것이 영지적인 지식(gnosis knowledge)이다. 이 지식은 영계로부터 온 계시(revelation)이다. 그로시스(gnosis)에서 영지주의(Gnosticism)이라는 말이 유행하였다.

도 바울은 이러한 유대주의적 영지주의에 대항하여 구원은 오로지 예수그리스도 안에만 있다(골 1:21-25)고 주장했다. 바울은 예수 그리스도의 유일성과 충분성을 말한다. 그분은 보이지 아니하시는 하나님의 형상이시다(골 1:15). 그리스도는 만물을 지배하고 계신다(골 1:15-18). 모든 지혜와 지식이 그리스도 안에 감추어져 있다(골 2:3). 그리고 그리스도 예수 안에는 신성의 모든 충만이 거한다(골 2:9).

골로새 이단은 뚜렷하게 금욕주의적인 것을 강조하면서(골 2:20-21) 일정한 종교의식과 규정(골 2:16)을 요구했다. 이러한 요구에 대하여 바울은 이들의 잘못된 점을 지적하면서 그리스도는 "모든 주권과 권세의 머리"(골 2:10 이하)이시며 "모든 주권과 권위의 무장을 해제하시고 공중 앞에서 그들을 구경거리로 삼으셨다"(골 2:15)고 언급하고 있다. 바울은 다음과 같이 말한다. "그러므로 너희 먹고 마시는 것과 절기나 월삭이나 안식일을 인하여 누구든지 너희를 폄론하지 못하게 하라"(골 2:6). 계속해서 바울은 강력하게 권면한다.

> "누구든지 일부러 겸손함과 천사숭배함을 인하여 너희 상을 빼앗지 못하게 하라…너희가 세상 초등학문에서 그리스도와 함께 죽었거든, 어찌하여 세상에 사는 것과 같이 의문에 순종하느냐? 곧 붙잡지도 말고 맛보지도 말고 만지지도 말라 하는 것이니(이 모든 것은 쓰는 대로 부패에 돌아가리라) 사람의 명과 가르침을 좇느냐? 이런 것들은 자의적 숭배와 겸손과 몸을 괴롭게 하는 지혜 있는 모양이나 오직 육체 좇는 것을 금하는 데는 유익이 조금도 없느니라"(골 2:18-23).

바울은 골로새 교회의 잘못된 점을 바로 잡으려고 가르치는데 있어서 비교적 부드러운 어조로 권면했다. 그러나 갈라디아인들에 대한 그의 반박은 훨씬 더 강하고 예리하다. 골로새의 문제는 더 미묘한 것이었기에 재치있게 접근하지 않으면 안되었다. 바울은 디모데를 제 1차 투옥과 제 2차 투옥 사이의 기간에 골로새에서 가까운 에베소 교회의 사역자로 세웠다(딤전 1:3). 바울이 죽은 후에 디모데가 골로새 성도들과 교제를 나누었을 것이다. 그 교회가 그 후에 어떻게 되었는지에 대해서는 거의

참고자료

갑바도기아의 동굴교회 및 지하도시[10)]

골로새처럼 사도들의 주요 전도지역이 아니면서도 기독교 시초부터 복음이 전파된 곳이 있다. 바로 갑바도기아(Cappadocia)이다. 이곳에서 온 일단의 유대인들이 오순절날 예루살렘에 왔다가 성령께서 임하는 것을 체험하였다(행 2:9).

그리고 성경의 어느 곳에도 나타나지 않던 갑바도기아는 초대 교회가 핍박받던 수난의 시절에 씌여진 베드로전서에 나온다(벧전 1:1). 이로 보건데 갑바도기아 지역에는 일찍부터 기독교인이 있었던 것을 볼 수 있다. 그 후 이 지역은 신학적인 학파까지도 형성했으며, 4세기에는 바질(Basil)이나 그레고리(Gregorius)같은 유명한 학자도 배출하였다.

이곳은 고원지대로 소아시아 동쪽에 자리 잡고 있으며 정확한 경계는 알 수 없다. 주후 17년 티베리우스 황제(Tiberius) 황제가 로마의 영토로 만들었다. 그 후 이곳은 로마제국의 가장 막강한 일선 보루 중의 하나로 삼았다. 트라얀 황제의 통치 당시 이 지방의 규모와 중요성은 더 커졌다. 갑바도기아 지역이 세계적으로 널리 알려지게 된 것은 무엇보다도 이곳에서 발견된 동굴 교회들 때문이다. 이 동굴 교회는 대부분 비잔틴 시대에 만들어진 것이다. 겉으로 보면 단지 암벽에 구멍이 뚫려 있는 것처럼 보이다. 동굴 속에는 벽면이 성화로 가득한 완전한 형태의 교회가 있다. 지금 잘 보존되고 있는 벽화는 9세기 이후의 것이며 그 이전의 것들은 아랍인들과 아시아인들이 침입했을 때 파괴하거나 손상시켜 버렸다. 터키(Turkey)가 지배할 때부터 이 지방 수도자들의 수가 줄어 들었지만 수도자들은 1922년까지 여기 남아 있다.

갑바도기아 지역의 중심부인 궤레메(Goreme)의 남쪽에는 카이마클리와 데린쿠유라는 곳이 있는데 여기는 지하도시로 유명하다. 카이마클리(Kaymakli) 지역에는 주전 5세기에도 사람이 산 흔적이 보이는 동굴이 발견되었다. 이곳은 화산 잿더미 응회암을 파서 만든 것인데 수천명이 들어갈 수 있는 규모이다. 복잡한 여러 통로들, 환기 통로, 그리고 생활을 할수 있는 벽장, 식탁, 침대, 선반들이 발견되었다. 그 입구는 회전 연마기와 같은 거대한 돌바퀴를 굴려 닫을 수 있게 되어 있다. 밖에서 쳐들어 온다고 생각할 때에는 들어가는 터널의 입구을 막아 버림으로써 전체 지하도시를 봉했던 것이다.

카이마클리에서 얼마 떨어지지 않은 곳에 있는 데린쿠유(Derinkuyu)의 한 지하도시는 19세기 교회 아래에서 발견되었는데 거기에는 일곱 개의 저장창고, 복도, 부엌, 집회소, 묘지와 교회가 있다. 이 도시의 터널은 수 km나 되며, 2만명 이상의 인원을 수용할 수 있다. 또한 공기를 통하게 하는 문, 물 저장소와 연결되는 수직적인 벽들이 있다. 이러한 지하 도시는 아직까지도 전체 규모가 밝혀지지 않을만큼 엄청나다. 바로 초대 교회 박해 당시 교인들이 지하에 숨어서 예배 드렸던 생생한 현장이다. 이처럼 기독교는 어떠한 박해에도 굴하지 않으면서 주님의 구원역사를 이루어간 종교이다.

갑바도기야 데린쿠유 지하도시

갑바도기야 카이마클리의 지하도시

10) 성중경, 「성지, 그 구원의 현장을 따라」, 예향, 1995, 160-161.

알려져 있지 않다. 또한 이교회는 요한계시록 2-3장에 소개하고 있는 예수그리스도께서 일곱교회에 보낸 서신에 포함되지 않는다.

8) 로마 교회[11)]

영원한 도시로 알려져 있고 일곱 기둥 위에 세워져 있는 로마는 주전 8세기에 형성되었다. 처음에는, 그 도시는 살아남기 위해 싸워야 했다. 그러나 초기 기독교 시대의 초창기에는 로마의 그 장엄함은 절정에 달했다. 많은 지역으로부터 사람들이 이 도시를 방문하러 왔다. 그 가운데 어떤 이들은 영구적인 거류민으로 남아 있었고 이로 인하여 그 도시는 국제적인 성격을 띠게 되었다. 그 도시의 교양있는 시민들은 대개 라틴어는 물론 그리스어도 사용할 수 있었다. 많은 지역으로부터 부(富)와 무역, 세수(稅收)가 그 도시로 흘러 들어왔다. 이와 같은 풍성히 넘쳤던 부유함은 호화로운 공공 건물과 부유한 사람들의 집에 잘 나타나고 있다. 노예들은 인구가 백만 이상이나 되는 이 대도시에서 자유민들보다 훨신 더 많았다. 이런 까닭에 빈민가는 로마의 아름다움을 훼손했고 자기 집이 없어 남의 집에 세들어 사는 사람들은 짐이 되었다. 이 당시에는 여행이 비교적 쉽고 안전했으며, 이런 환경은 사상의 교류와 초대 기독교 공동체의 복음 전파에 큰 도움이 되었다.

(1) 교회의 설립

사도행전을 통해 교회들의 설립에 대한 많은 정보를 준 누가는 이상하게도 제국의 도시인 로마의 기독교 운동의 기원에 대해서는 아무 말도 하지 않고 있다. 그는 오순절 성령 강림의 날에 예루살렘에 있었던 흩어진 유대인들 가운데 "로마로부터 온 나그네들"이 있었다고 말한다(행 2:10). 생각하면 이 사람들 가운데 일부가 복음의 메시지를 갖고 이탈리아로 되돌아갔을 것이다. 주후 4세기에 살았던 암브로시아

11) Evertt F. Harrison, *The Apostolic Church*(「사도교회의 역사와 성장」, 신성수 옮김, 서울 : 기독교문서선교회, 1990), 393-404 요약.

스터(Ambrosiaster)의 로마서 주석의 머리말에는 다음과 같이 언급한다:

> "사도 시대에 로마에 살고 있는 유대인들이 있었다. 믿음을 갖고 있었던 이 유대인들은 로마인들에게 그리스도를 믿는다고 고백하지만 율법을 지켜야 한다는 전통을 전해 주었다…로마인들을 비난해서는 안 되고 오히려 그들의 신앙을 칭찬해야 한다. 이는 그들이 어떤 기사나 표적도 보지 않고 사도들 가운데 어느 한 사람도 보지 못했음에도 불구하고, 그리스도를 믿는 믿음을 받아들였기 때문이다."

여기에서 특별히 흥미로운 것은 로마서에 대한 암브로시아스터의 주석을 보면 베드로와 바울이 함께 로마에 교회를 설립했다는 전승이 쓰여졌다는 사실이다. 이를테면 이것은 초대교부 이레니우스(Irenaeus)의 「이단에 대항하여」(*Against Heresies*, 3.3.2)에서도 나타난다. 그러나 이레니우스는 바울이 로마서를 쓸 때 자기가 몸소 설립하지 않았던 교회에 편지를 쓰고 있다는 것을 알았음에 틀림없다. 그는 사도 바울이 로마 교회와 접촉하게 하면서 그곳에 머무르고 가르쳤다는 사실로 말미암아 바울이 교회를 양육했고 성장시켰다는 뜻으로 말하고 있다. 베드로가 설립자의 역할을 했다는 것이 서방에서 널리 받아들여지고 있을 때 암브로시아스터가 이와 같이 쓸 수 있었다는 중요하다. 그는 제국의 수도에서 신앙의 출발에 대한 보존된 전승을 전하고 있다. 로마 교회에 대한 바울의 관심은 아굴라와 브리스길라를 만남으로써 시작되었고 고무되어졌다. 아굴라와 브리스길라는 글라우디오 황제가 로마로부터 유대인을 추방하라는 명령을 내렸을때 그 도시에서 고린도로 왔었다(행 18:2). 브리스길라는 상당히 탁월한 여자였음이 분명하지만 유대인인지 로마인인지 알려져 있지 않다. 만약 그녀와 그녀의 남편이 바울을 만났을 때 이미 신자였다면 우리는 1세기 중반 이전에 로마에 교회가 존재했다고 가정할 수 있다. 누가는 사도행전의 마지막 장에서 로마의 다른 곳에는 물론(행 28:14-15) 보디올(Puteoli)에도 신자들이 있었음을 시사하고 있다(행 28:13-14).

누가는 바울이 로마의 자기의 셋집에서 하나님나라의 복음을 전했다고 언급하고 있다. 그런데 바울과 그 교회와의 접촉에 대해 이상하게도 침묵을 지키고 있다. 그가 강조하고 있는 것은 바울이 자신의 말을 들으러 오는 유대인들의 마음을 움직이려고 했다는 것이다. 그러나 마지막 절에서 그는 바울이 어떤 제약도 받지않고 설교하고 가르치는 사역을 수행했다고 언급한다(행 28:31). 이것은 로마 교회의 교인들이 때때로 가르침을 받으러 사도 바울을 방문했다는 암시가 있다고 볼 수 있다.

바울은 고린도에서 로마인들에게 보낸 편지에서 수도에 있는 교회는 어떤 때를 위해 존재한다고 분명히 언급하고 있다. 그는 그의 서신을 읽는 사람들에게 자기가 자주 오려고 했지만 항상 길이 막혔다고 말한다(롬 1:13). 다시 그는 여러 해 동안 그들에게 오기를 간절히 바랐다고 밝힌다(롬 15:23). 이러한 사도 바울의 언급들은 1세기 중엽 혹은 더 일찍 로마에 기독교 공동체가 존재했다는 것을 분명히 보여준다

(2) 로마 교회의 구성원들

그러면 로마 교회의 구성원들이 주로 유대인들이었는가? 혹은 이방인들이었는가?. 아니면 그것은 아주 비슷한 숫자의 유대인들과 이방인들로 이루어졌는가? 이에 대한 명백한 대답을 할수 있는 자료는 없다. 사도 바울은 아브라함을 '우리 조상'(롬 4:1)이라고 언급하고 있지만 대다수의 이방인들로 이루어졌던 고린도교인들에게 보낸 서신을 보면 유사한 말을 사용하고 있으므로 이 구절을 문제를 해결하는 실마리로간주하는 것은 위험하다. 로마서 1:16과 2:10에서는 유대인들과 이방인들이 함께 언급되고 있다. 우리는 서신의 처음 몇 장에서 두 집단이 모두 구원을 필요로 한다는 사실을 읽을 수 있다. 바울이 로마서 14-15장에서 악한 자들과 강한 자들에 대한 문제를 논할 때, 그 교회의 유대인 집단과 이방인 집단을 각각 염두에 두고 있음을 알아야 한다. 바울은 그리스도께서 조상들에게 주신 약속을 견고케 하시고 이방인으로 그 긍휼하심을 인하여 하나님께 영광을 돌리게 하시려고 할례받은 사람들의 종이 되셨다고 말한다(롬 15:8-9). 이같은 이중적인 접근은 이스라엘의 과거와 현재와 미래에 관한 문제를 살피고 있는 9-11장의 특색을 이룬다. 이것이 교회 안의 유대인 성도

들에게 특별한 관심을 보이고 있음을 알 수 있다. 그러나 바울은 이방인에 대해서도 관심의 눈길을 거두지 않고 있다. 바울은 "내가 이방인인 너희에게 말하노라"라고 말한 다음에 계속해서 돌감람 나무 가지를 접붙이기 위해 원가지를 잘라 내신 하나님께서는 그처럼 쉽게 접붙여진 가지들을 잘라 내실 수 있기 때문에 그들의 위치에 대해 자랑하지 말라고 경고한다(롬 11:13-24). 유대인들과 이방인들 모두는 로마에 있는 교회를 사실상 대표하고 있었다. 더욱이 이방인들이 좀더 많았다는 인상을 받는다(참조, 롬 1:13).

그러므로 유대인들과 이방인들이 별개의 공동체를 형성했다기보다는 오히려 한 기독교 공동체안에서의 두 부분을 형성했을 것이다. 민약 바울과 베드로가 로마에서 만났다면(주후 63년 후에) 예루살렘에서 맺은 약속에 따라 자연스럽게 그들은 사역의 현장을 나눔과 동시에 연합과 일치를 강조 했을 것이다. 이것은 로마 교회의 공동 설립자가 그들이었다는 초기의 일반적인 전승의 기초를 이룬다. 의심할 바 없이 그들이 로마에 있었고 그곳에서 순교하였다. 그리고 그들은 유대인과 이방인을 하나로 만들었다. 그러나 하나의 유기적인 공동체로의 모습은 아마 예루살렘이 파괴된 후에야 비로소 실현되었을 것이다.

(3) 교회의 조직

바울이 로마에 있는 신자들에게 서신을 써서 보낼 때 단순히 한 교회 앞으로 보내지 않고 있다는 것은 주목해야 한다. 오히려 "로마에 있어 하나님의 사랑하심을 입은 모든 자에게"(롬 1:7) 보내고 있다. 교회라는 말이 로마의 신자들에게 적용된 것은 단 한번 나타나는데(롬 16:5), 그것은 브리스길라와 아굴라의 집에 모인 사람들과 관계가 있다. 아마 그 도시의 여러 지역에 신자들의 다양한 모임이 형성되었을 것이다 .이것은 로마서 16장에서 잘 보여주고 있다. 그 가운데 하나는 아리스도불로(Aristobulus)라는 이름과 관련이 있다(롬 16:10). 나깃수(Narcissus)와 관계가 있는 유사한 모임도 언급되고 있다(롬 16:11). 그 이름에 따르면 그는 로마에서는 저명한 자유민이었으나 이미 세상을 떠났다. 아마도 그는 그의 가족이 그리스도인이었거나 그의 가신(家臣)과 노예들이 그리스도인이었을 것이다. 로마서 16:14에서는 다섯 사람과 '저희와 함께 있는 형제들'이 인사를 받는다. 마지막 단체 경우에도 마찬가지이다. 특히 이 두 실례에서는 집에서 모이는 교회를 보여 주고 있다.

로마서에서는 어떤 부분에서도 장로들에 대한 언급이 없다. 만약 로마서 12:8이 장로들에 대한 언급이라고 번역된다면 그것은 예외가 될 것이다. RSV는 "도움을 베푸는 자"로 번역하였고 대부분의 번역들은 "지도하는 자"나 이와 유사한 말들로 번역했다. 바울은 로마 교회에서 영적인 은사들이 활용되고 있음을 말하고 있다(롬 12:3 이하). 바울은 그 은사들이 옳은 방식으로 쓰여지기를 원하며 많은 관심과 사람 속에 끝까지 조언을 아끼지 않는다.

⑷ 교인들의 사회적 지위

바울이 로마에 보낸 짧은 말이 흥미를 끈다 :

> "모든 성도들이 너희에게 문안 하되 특별히 가이사집 사람 중 몇이니라"(빌 4:22).

이 서신을 쓸 때에 제국의 조직에 몸담고 있는 신자들이 있었다. 의심할 바 없이 어떤 이들은 노예였지만 다른 이들은 자유민이었을 것이다. 심지어 정부의 관리인 로마의 귀족 가운데 몇몇이 이 초기의 교회에 속해 있었다. 크랭필드(C. E. B. Cranfield)는 타키투스의 「연대기」(*Annals*, 13.32)를 출처로 인용하면서 이같이 언급한다.

> "주후 43년에 영국으로 원정하도록 명령을 받았던 아우루스 플라우티우스(Aulus Plautius)의 아내인 폼포니아 그래시나(Pomponia Graecina) – 타키투스는

이 여자를 '귀부인'(insignis femina)으로 묘사한다 – 는 그리스도교의 영향권에 들어왔다. 그녀는 '이국의 미신'을 믿는다고 고발을 당했지만 그녀의 남편의 재량에 맡겨져서, 로마서가 쓰여질 때쯤 그녀의 남편의 관장 하에 이루어진 가족회의에 의해 심문을 받고 석방되었다.

나깃수의 권속에 대한 언급(롬 16:11)도 이를 증명해 준다. 다드(C. H. Dadd)는 다음과 같이 말한다 :

> "제국의 가문에 속한 자유민인 티베리우스 글라우디오 나르시수스(나깃수)라는 사람이 있었는데, 그는 글라우디오 아래서 큰 영향력을 행사했으며, 네로가 즉위하자마자 처형되었다. 노예들로 이루어진 그의 '권속'은 그의 다른 재산과 함께 황제에게 양도되었다. 그 다음에 그들은 그러한 경우에 흔히 볼 수 있는 바와 같이 나르시시아니(Narcissiani)라는 특징적인 이름을 그대로 지닐 수 있었다."

이것을 입증해 주는 것처럼 보이는 비문이 있다. 이 나르시시아니의 일부가 빌립보서 4:22에 언급된 "가이사의 집의 성도들" 가운데 있었다는 것이다.

네로의 시대로부터 일 세대가 지난 후 즉 도미티안의 통치기나 그 통치가 끝날 무렵에 클레멘트 전서(1 Clement)로 알려진 서신이 로마 교회에서 쓰여져서 고린도에 있는 교회로 전해졌다. 클레멘트 서신 65장에 보면 고린도로 서신을 갖고 갔던 사람들의 이름이 실려있다. 처음에 나타나는 두 이름, 글라우디오 엡페부스(Claudius Ephebus)와 발레리우스 비톤(Valerius Biton)에 대하여 요하네스 바이스는 다음과 같이 말한다.

> "그것들은 이중적인 이름이고, 그 이름의 첫 부분인 글라우디오와 발레리우스는 유명한 두 가문인 클라우디아 일족(gens Claudia)과 발레리아 일족(gens Valeria)과 관련이 있다고 추정케 한다. 아니, 관련이 있다는 것이 합리적이다.

68년에 네로와 함께 사멸했던 첫 제국의 가문인 쥴리안–클라우디안(Julian–Claudiam)은 클라우디아 일족에 속했다."

수에토니우스는 티베리우스의 전기의 서두에 클라우디아 일족의 명성과 기품을 묘사하고 있다.

결국 로마 교회에 바울이 서신을 보냈을 때 그 도시 전역에 흩어져 있으면서 그들 사이에 서로 연락을 유지하며 하나가 되었던, 그리고 집에서 모이는 교회들의 집합이었다고 보아야 한다. 가난이라는 한계를 갖고 있었던 예루살렘에 있는 교회와는 달리 이 교회는 서쪽으로 더 멀리 심지어는 서바나(스페인)까지 복음을 전하려는 바울의 바람을 이루는 데 있어서 그에게 큰 도움이 될 수 있었다. 로마 교회는 고울지방과 스페인에 복음을 전하기 위한 선교 기지로서의 역할을 담당할 수 있는 유일한 위치에 있는 교회였다. 그러므로 로마 교회의 이와 같은 위치는 왜 스페인을 향한 바울의 비전을 항상 로마 교회와 밀접하게 연결시키고 있는지를 설명하는 데 도움을 준다(행 19:21; 비교, 23:11, 롬 15:24, 28)

(5) 박해를 받은 로마 교회

예루살렘에 있는 교회와 같이 로마 교회도 박해를 당했다. 로마 교회에 대한 최초의 공격은 네로황제와 관련이 있다. 타키투스에 의하면 네로 황제는 혐오스러운 행위를 해서 미움을 받은 계층, 즉 일반적으로 그리스도인으로 일컬어지고 있는 사람들을 죄인으로 불러 세우고 용의주도하게 잔학한 처벌을 가했다고 말한다. 많은 기독교인들은 많은 핍박을 받았다. 로마는 세계 모든 지역으로부터 더럽고 비열한 모든 것이 흘러 들어오는 저장소요 그것을 신봉하는 사람들이 생기는 곳이다. 따라서 먼저 신앙을 고백하는 사람들(즉, 기독교인들)에 대한 체포가 이루어졌으며 다음에는 증거에 입각하여 아주 많은 그리스도인들이 방화 혐의 때문이라기보다는 오히려 인류에 대한 증오 때문에 유죄 선고를 받았다. 그들은 처형을 당했을 뿐만 아니라 유희

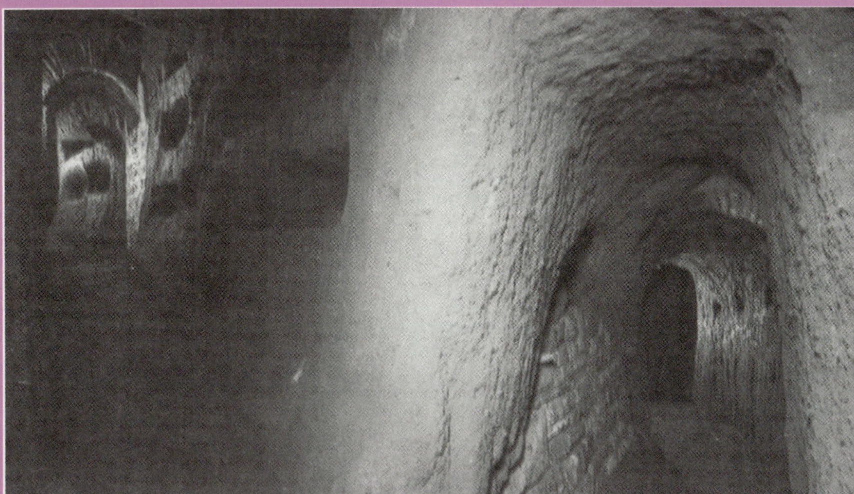

세비스타인 카타콤

의 대상으로도 활용되었다. 짐승의 가죽을 쓰고 개들에게 찢겨 죽은 사람들이 있었는가 하면, 십자가에 못 박혀 죽은 사람들도 있었고, 깜깜한 밤을 밝히도록 화형당한(불태워진) 사람들도 있었다. 이들의 죽음은 오로지 한 개인의 잔인함을 충족시키기 위한 것이었다.

로마 교회에 대한 이 최초의 박해에 관한 가장 초기의 기독교의 증언은 클레멘트 전서에 나타난다. 이것은 로마 교회의 대표자였던 클레멘트가 고린도로 보낸 편지이다. 그는 네로에 관해서는 아무말도 하지 않고 있지만 박해의 원인을 시기와 질투라고 보면서 바로 이 특징이 고린도에서도 대파괴를 가져오지나 않을까 우려하고 있다. 베드로와 바울의 죽음을 언급한 후에(클레멘트전서 5장) 클레멘트는 계속해서 다음과 같이 말한다: "거룩한 삶을 살았던 이 사람들에게는 수많은 택함 받은 사람들이 모여들었다. 그들은 질투의 희생물이 되었고 우리 가운데 많은 모욕과 고문을 견디는데 있어서 가장 아름다운 실례를 제공했다"(클레멘트전서 6장).

이때에 수많은 그리스도인들이 목숨을 잃었다. 이 시대 이후로 신자들을 카타콤에서 생활하였고 거기에서 생을 마친 사람들도 많았다. 카타콤은 지하통로인데 그 길이는 수 백 마일이나 되었다. 카타콤의 가장 오랜 단면에 있는 비명의 대부분은 라틴어로 되어 있다기보다는 그리스어로 되어있다. 이 비명들은 죽은 사람들의 부와 지위에 관해서는 아무 것도 알려주지 않고 단순히 죽은 사람의 이름과 나이 그리고 그 믿음에 대한 간략한 말이 적혀있다. 타키투스는 박해의 동기를 그리스도인들의 배타성과 "우상숭배의 거부" – 그들은 신들을 기꺼이 인정하려 들지 않았을 뿐 아니라 특히 신성화 된 가이사를 신으로 기꺼이 인정하려 들지 않았다 – 로 본다.

어쨌든 네로 황제 마지막 통치 기간 중 베드로와 바울이 로마에서 순교했다. 네로시대의 박해 후, 한 세대가 나갔을 때 로마 교회는 다시 한 번 도미티안 황제 치하에서 제국의 미움을 사서 박해를 당했다. 디오 카시우스(Dio Cassius)는 다음과 같이 기록한다.

> "같은 해에 도미티안은 많은 사람들을 처형했다. 다른 많은 사람들 가운데에는 집정관인 플라비우스 클라멘스도 있었으니, 그는 도미티안의 사촌이었고 또한 황제의 친척인 플라비아 도미틸라의 남편이었다. 그 두 사람은 무신론자로 고소를 당했던 것이다. 무신론 때문에 유대적 관습에 물들게 되었던 다른 더 많은 사람들이 유죄선고를 받아 어떤 이들은 처형당했고 다른 이들은 재산을 몰수당했다. 그러나 도미틸라는 단지 판다테리아로 추방되었다."

유세비우스도 많은 그리스도인들이 도미티안 치하에서 순교를 당했다고 기록하고 있다. 이 황제가 교회를 괴롭힌 까닭은 주로 개인적인 것 때문이었다. 그것은 그가 모든 신하들에 의해 신으로 인정되어야 한다는 것이었다. 그러나 기독교인들은 황제를 그들의 주님으로 인정할 수 없었다. 이것은 십계명의 제 1계명과 제 2계명을 정면으로 위반하는 것이었기 때문이다.

클레멘트전서가 쓰여졌을 때, 로마 교회는 이 두 번째 대학살을 막 통과했다. 인사말 바로 다음에 그 서신은 고린도 교회에 글을 써서 보내는 일이 지연된 이유로서 "갑작스럽게 되풀이해서 우리에게 닥친 불행과 재난"을 언급하고 있다. 이 서신은 고린도 교회를 괴롭히는 문제의 해결책을 제시할 뿐만 아니라 간접적으로 이 시대의 로마 교회의 성격과 전망을 보여준다.

어쨌든 로마에 교회가 없었더라면 신자들은 구원과 그리스도인의 삶을 위한 구원의 분명한 지침에 대한 포괄적인 해설을 담고 있는 '로마서'라는 이 보배를 가질 수 없었을 것이다.

3. 계시록에 나타난 소아시아 7대 교회[12)]

1) 에베소(Ephesus) 교회(현재명: 에베소)

'에베소'는 헬라어로 '인내'라는 뜻이다. 이곳은 오늘날 터키가 자리 잡고 있는 소

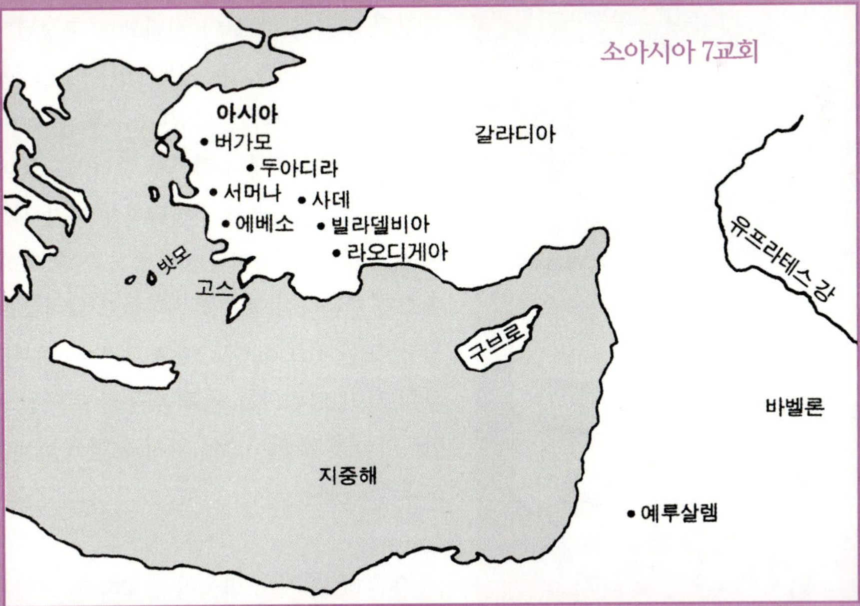

12) 권성수, 「요한계시록」, 선교횃불, 2001, 44-134 참조.

에베소 원형 극장

에베소 셀수스 도서관 유적

아시아의 서해안, 코레소스 산맥과 지중해 사이의 카이스테르강 하구에 위치한다. 카이스테르 강 남북으로 메안테르, 헤르무스 두 강이 유입되었기에 그 하구에 위치한 에베소는 로마 아시아 최대의 도시이자 동양과 서양을 연결해 주는 요충지였다. 현재 쿠사다스 항구 옆에 있는 셀죽(Selcuk)에 위치하고 있다. 신약시대 당시 에베소는 로마, 알렉산드리아, 안디옥 다음으로 인구 약 250,000명을 가진 세계에서 네 번째로 거대한 도시였다. 역사에서 에베소의 이름이 최초로 언급된 것은 주전 13세기경의 히타이트 성경의 헷 족속 비문에서인데 그 비문에 아파사스(Apasas)라고 불렸던 도시가 바로 이 지역으로 추정된다. 주후 1세기에 에베소는 기독교인들에게는 중요한 도시 중 하나가 되었다. 주후 37-42년 사이에 복음전도에 주력하던 그리스도의 사도들이 예루살렘에서 추방당하게 되자 사도 바울(Paul) 은 제 2차와 3차 전도 여행 때 에베소를 방문하여 복음을 전파하고 교회를 세웠다. 또한 사도 요한도 예수 그리스도로부터 그의 모친 마리아를 돌볼 임무를 부여받고, 마리아와 함께 에베소에 와서 살면서 말년을 보내기도 했다.

주후 68년 사도 바울이 순교하자, 요한은

그를 대신해서 에베소 교회의 지도자가 되었다. 요한은 버가모, 서머나 등지에서 선교를 하다가 로마로 끌려가 고문을 당한 후 지중해 연안의 밧모 섬으로 유배를 당해, 이곳에서 계시록을 썼다. 로마 황제 도미티안(Domitian)이 피살당하자 요한도 유배에서 풀려나 에베소로 돌아와 '요한복음'을 썼다. 요한은 자신의 뜻에 따라 에베소에 묻혔으며, 비잔틴 제국 시대에 그의 무덤이 있는 자리에 '사도 요한의 교회'가 세워졌다.

계시록에서 주님은 에베소 교회에 대하여 "네 행위와 수고와 네 인내를 알고 또 악한 자들을 용납지 아니한 것과 자칭 사도라 하되 아닌 자들을 시험하여 그 거짓된 것을 네가 드러낸 것과 네가 참과 내 이름을 위하여 견디고 게으르지 아니한 것을 아노라"(계 2장)라고 말씀하셨다. 여기서 '행위'는 원문에 '행위들'이다. 이것은 에베소교회가 많은 실천과 실제적인 '수고' 차원의 행위들이 있었음을 보여준다. 또한 에베소 교회가 '니골라당'(니골라당은 행 6:5에 나오는 유대교에 입교한 안디옥 사람 니골라를 추종한 사람들의 그룹을 말한다. 니골라는 초대교회 일곱 집사 중의 한 사람이었으나 후에 배교하였다고 전해진다)을 미워한 것을 칭찬하고 있다. 이것은 에베소 교회가 정행(正行)과 정통(正統) 교리가 있던 교회였음을 보여준다. 그러나 에베소 교회는 '처음 사랑을 버린 교회'라고 주님은 책망하셨다. 이 말은 에베소 교회가 처음 행위들을 가지고 있지 않다는 것을 의미한다. 이것은 은혜 받은 초기에 주님의 사랑에 감격하여 주님이 말씀을 깊이 사모하여 받아먹고 주님을 나의 생명, 나의 사랑, 나의 기쁨, 나의 인생으로 모시며 살던 열정적인 삶이 변질된 것이다.

그래서 주님은 처음 사랑으로 돌아가는 3R의 단계를 말씀해 주셨다. 1단계는 생각하라(Remember), 2단계는 회개하라(Repent), 3단계는 처음 행위를 가지라(반복하라, Repeat)이다. 주후 7-8세기에 들어와 에베소는 다른 지중해 연안의 도시들과 마찬가지로 아랍인들이 침략을 감수해야 했으며, 결국 1304년에는 터키인 들의 수중에 떨어졌다. 에베소는 지진으로 황폐되기 시작하여 오늘에 이르렀다.

서머나로 알려진 항구도시 이즈밀

2) 서머나

서머나는 헬라어로 '몰약'이라는 뜻이다. 또한 어원적으로는 '쓰다'는 의미를 갖는다. 서머나는 오늘날의 터키의 '이즈밀'(Izmir)이다. 터키의 3대 도시 중 하나인 '서머나'는 그 원래 발음이 '스미르나'이며 터키인들은 '이즈밀'이라고 부른다. 1997년 당시의 인구는 거의 300만에 이르렀으며 에게해 지역의 연초와 건포도를 비롯한 포도와 관련된 농산물, 대리석 및 의류, 피혁수출로 유명하다. 서머나의 역사를 잠시 살펴보면 이 지역은 주전 3000년부터 인간이 거주하기 시작하였고, 주전 800년경 도리아인들의 침략을 받아 그리스로부터 쫓겨난 이오니아인들이 이곳을 점령하고, 터키 중서부에 걸쳐 위대한 문명을 건설하였다. 유명한 장님 서사시인 호머(Homer)

서머나 폐허

가 태어나 활약한 곳도 바로 이곳 서머나였다.

한 때 리디아 왕국의 침략을 받아 폐허가 된 이곳에 알렉산더 대왕은 피구스 산 기슭에 성벽을 쌓고 새 도시를 건설하였다. 그 후 서머나는 버가모 왕국의 일부가 되었다가 로마제국에 편입되어, 주전 3세기부터 주후 2세기 그리스 시대에 크게 번성하였고 항구 상업 도시로서 유대인들이 이곳에 많이 살게 되었다. 유대인들이 이곳에서 초대 교회를 핍박하였다(계 2:9-10). '유대인들의 훼방'에 관한 언급은 이와 같은 맥락에서 이해할 수 있다. 서머나는 비잔틴 제국, 셀주크-오토만 제국 그리고 터키 등의 역사적 변천에도 불구하고 그 지리적인 중요성 때문에 계속 번성하였다. 비잔틴 제국은 도시 곳곳에 기독교적 유적을 남겨 놓았으나 아랍 및 터키인들의 침략으로 기독교 유적은 거의 사라졌으며 수 차례의 자연 재난으로 거의 모든 고대 유적

❶ 서머나의 아고라 위쪽 평원 ❷ 아고라의 아래쪽 평원
❸ 오늘날의 서머나 모습

지가 파괴되었으나 오늘날 여전히 옛날의 영화를 누리고 있다.

서머나 교회는 언제, 누구에 의해서 교회가 세워졌는지 우리는 알 수가 없다. 다만 서머나 교회의 건립은 에베소 교회를 중심으로 아시아에서 활동했던 바울의 선교사역의 열매라고 추측 할 수 있다(행 19:10). 서머나 교회에 대하여 주님은 "네게 네 환란과 궁핍을 안다"고 말씀하셨다. 서마나 교회는 겉으로는 유대인 회당이지만 실상은 사단의 회당인 유대인 집단으로부터 훼방을 당했다. 여기서 훼방은 '참소'를 가리킨다. 이러한 유대인들의 참소로 인해 서머나 교인들은 박해를 받았으며 재산도 빼앗기는 고통을 당했을 것이다. 그럼에도 불구하고 그들은 주님을 배반하지 않았다. 황제 숭배 반대로 많은 박해를 받았을 뿐 아니라 유대의 적대 세력을 만났지만 주님께 충성했기 때문에 주님으로부터 생명의 면류관을 약속 받았다(계 2:9-10). 서머나 시내 중심지에 자리 잡고 있는 서머나 교회(폴리캅 기념 교회)는 17세기에 새로 지어진 건물로 여러 가지의 성화가 그려져 있다. 사도 요한의 직계 제자였으며, 그로부터 직접 교육을 받았던 폴리캅은 주후 115-116년까지 서머나 교회의 감독이었다.

폴리갑(사도 요한의 제자)

주후 156년에 서머나에서도 기독교에 대한 박해가 시작되었다. 지방 총독인 스타티우스는 빌라델피아 등지에서 잡아 온 11명의 기독교인들을 원형 경기장에서 야수의 먹이가 되게 하였다. 이런 상황 속에서 체포된 폴리캅은 서머나 시의 원형극장으로 끌려가고 있었다. 그때에 유대인들과 이방인들이 합세하여 폴리캅을 박해했다. 유대인들은 큰 소리를 지르면서 폴리캅이 로마 국교에 대적한 로마의 역적이라고 참소했다. "이놈은 아시아의 선생, 그리스도인들의 아비, 우리 신들을 뭉게는 자다. 수많은 사람들에게 제사도 드리지 말고 경배도 드리지 말라고 가르치는 놈이다." 군중은 고함을 치면서 아시아의 총독과 대제사장 빌립에게 폴리캅을 처형할 것을 요구했다. 그러나 이런 상황 속에서 폴리캅은 기도하고 있었다.

이때 어릴 적부터 친구였던 총독 스타티우스는 그를 살리기 위해 '시저의 이름으로 맹세하고 그리스도를 욕하라'고 명령하고 그의 신앙을 부정하라고 하였다. 그러나 폴리캅은 '저는 86년간 주님을 섬겼습니다. 그분은 한 번도 제게 나쁜 일을 하시지 않았습니다. 그런데 제가 어떻게 저를 구원하신 저의 왕을 욕할 수 있습니까?" 그때 마이크가 없는데도 많은 사람들이 "폴리캅, 남자답게 담대하여라!"는 음성을 들었다. 폴리캅은 11시 경기가 끝나고 오후 2시에 드디어 화형을 당했다. 이것이 서머나 교회를 통해 말씀하시는 충성의 귀감이다. 오늘날에도 그의 순교를 기리기 위해 그가 세웠던 교회 위에 현대식으로 폴리캅 기념교회를 세우고 예배당으로 사용하고 있다. "십자가 없이는 면류관이 없다"(No cross, no crown).

3) 버가모

버가모는 '이중 결혼' 또는 '결혼 산'이란 뜻을 갖고 있다. 버가모는 무시아의 가장 중요한 도시 중의 하나였다. 에게해로부터 24km정도 떨어진 고대 카이쿠스강(현재 바이클 차이 강)에서 3.2km 쯤 되는 내륙에 위치하고 있다. 바울 사도는 제 2차 전도 여행시 버가모을 통과했으나(행 16:7-8) 이곳에 머물면서 어떤 복음 사역을 했다는 기록은 없다. 이 지역은 선사 시대부터 도시가 형성된 곳이나, 도시의 기원은 잘 알려져 있지 않다. 역사적인 기록에 등장하기 시작한 것은 알렉산더 시대부터 이다. 알렉산더 대왕이 사망하자 그의 막료인 리시마쿠스(Lysimachus)는 버가모가 천연적 요새에 위치하고 있음을 깨닫고 산의 정상에 성을 쌓고 아크로폴리스를 형성

❶ 버가모의 도서관 ❷ 버가모의 비잔틴 교회 유적

❶, ❷ 버가모 유적

하였다. 리시마쿠스가 죽자 버가모 왕국이 탄생하였고, 이후 버가모는 로마시 요새에 위치하고 있음을 깨닫고 산의 정상에 성을 쌓고 아크로폴리스를 형성대를 거쳐 비잔틴 시대에 이르기까지 산업과 무역의 중심지로, 문화와 의학의 도시로 번영하였다. 이곳의 부의 근원은 농업과 은광, 가축, 양털 직조 그리고 글씨 쓰는 양피지였다. 양피지는 이곳에서 처음 제조되었으며, 특히 유메네스 2세(주전 197-159년에 창설된 도서관에는 약 20만권의 책들이 소장되어 있었다고 한다. 마을 한가운데 있는 붉은 벽돌로 지어진 신전 건물은 기독교가 국교로 채택된 후 버가모 교회로 사용되었다. "네가 어디 사는 것을 내가 아노니 거기는 사단의 위가 있는 데라 네가 내 이름을 굳게 잡아서 내 충성된 증인 안디바가 너희 가운데 곧 사단이 거하는 곳에서 죽임을 당할 때에도 나를 믿는 믿음을 저버리지 아니하였도다"(계 2:13). 주님은 버가모에 '사단의 위'가 있다고 했다. 여기에서 '사단의 위'는 '사단의 보좌'를 의미하는데 이것은 로마에 의해 조종되는 자들의 정치적인 박해를 말하고 있다. 버가모는 황제 숭배의 위협이 다른 도시와는 달리 1년 내내 계속되는 곳이었다. 로마가 황제 숭배의 서쪽 센터라면 버가모는 황제 숭배의 동쪽 센터였다. 그래서 주님은 "네가 어디에

사는 것을 안다"라고 말씀하셨다. 이것은 주전 133년 로마의 속주 아시아의 수도가 된 버가모는 천혜의 중심지였던 관계로 황제신의 숭배를 거절한 기독교인들에게 대표적인 박해의 장소가 되었던 것을 배경으로 말씀한 것임에 틀림없다. 순교 당했던 안디바는 버가모 교회의 초대 감독으로 추측된다. 그러나 비록 버가모 교회가 외적으로는 순교자를 낸 교회였지만 내적으로는 안으로부터 유혹에 넘어간 교회였다. 그것은 발람과 니골라당의 교훈을 지키는 자들이 있었던 것이다. 이것은 버가모 교회가 아마도 이교적인 제사의식 속에서 행음을 용인하는 교인들이 있었음을 의미하는 것이다. 제사음식을 먹고 음행에 끼여 들어가는 것은 당시 버가모에서 용인된 관행이었기에 일부 교인들은 기독교 신앙생활과 헬라-로마 사회의 문화적 관습을 타협적으로 조화시키려는 의도로 그러한 사회문화적인 압력에 굴복하였고 그것을 묵인하였던 것이다. 에베소 교회는 교리를 지키기 위해 사랑을 잃어 버렸는데 버가모는 사랑을 용인하다가 이단을 관용하는 문제를 낳게 되었다.

4) 두아디라

두아디라의 의미는 '두아의 성읍'이란 뜻이다. 일곱 교회가 소재한 도시 중 가장 작은 도시였다. 그러나 두아디라는 7서신 중 가장 긴 메시지를 받았다. 버가모와 사데를 잇는 교통의 요지에 위치하고 있는 이곳은 주전 7세기경 리디아(Lydia)인들이 거주하며 "펠로피아"(pelopia)라 불렀다. 주전 3세기경 셀르키드(Seleucus) 1세는 이곳에 도시를 세우고 상업과 산업의 중심지로 발전시켰으며, 한때 로마와 동맹 관계에 있던 버가모 왕국의 지배 하에 있다가 로마의 속령이 되었다. 비잔틴 제국 시대에는 아시아 일곱 교회 중의 하나가 위치하여 크게 번성하였으며 주후 1425년 오토만 제국의 지배를 받게 되어 오늘에 이르렀다.

두아디라의 역사적 중요성은 군사적인 것과 상업 중심지로서의 역할이다. 두아디라는 지형상 훌륭한 요새라고는 할 수 없으나 지리적으로 길고 넓은 골짜기 지대에

두아디라
비잔틴 교회
유적

위치해 있어서 중요한 군사적 요충이 될 수밖에 없었고 많은 유대인들을 이주시켰기 때문에 유대인들의 전통적인 상술과 지리적 특성은 자연히 상업도시로 번성케 했으며, 이 때 이미 상인조합(길드, Guild)조직을 가지고 있었다. 사도행전 16:11-15에 의하면 사도 바울은 제 2차전도 여행 때에 빌립보에서 '두아디라에서 온 루디아'를 만났다고 되어있다. 루디아는 자주 장사로서 하나님을 공경하는 여자였다. 이러한 두아디라 교회는 내부적인 문제로 책망을 받았다. 그것은 거짓 선지자 '이세벨을 용납한 문제'였다. 발람은 초기 이스라엘을, 이세벨은 후기 이스라엘를 무너뜨렸다. '자칭 선지자 여자 이세벨'이라 했으니 거짓 선지자이다. 이미 언급한 바와 같이 두아디라에는 각종 상업조합들이 있었고 각 길드마다 수호신이 있었다. 특히 트림나스 신전의 사제들과 조합은 유대관계가 있었으며 계돈을 타는 날이면 큰 잔치가 열렸고 여기서 우상 숭배와 신전의 여사제들과 행음을 하게 되었다. 두아디라 교회는 요즘 직장생활을 하는 신자들이 신앙인들로서 겪는 갈등을 매일 겪어야 했다. 그들은 새신자들을 얻고 사회에 적응하는 유연성을 신앙과 결부시켜 영적인 타락의 길을 걸어갔던 것이다. 현재 두아디라는 과거의 어떤 유적의 흔적도 찾아보기 어렵다. 단지 도시의 한 귀퉁이에 아마도 아폴로 신전으로 보이는 신전 하나와 회랑이 있는 길 그리고 하나의 커다란 비잔틴 교회 기둥들만이 부서진 상태로 그냥 방치되어 있다.

5) 사데

헬라어로 '남은 자' 또는 '남은 물건'이다. 이곳은 두아디라에서 남동쪽으로 약 65km 정도 떨어져 있다. 호머에 의하면 사데는 팍토루스(Pactollus)라는 작은 강이 흐르고 험준한 산을 배경으로 한 난공불락의 요새로, 주전 1200년경에 세워진 도시로, 그 후 수세기가 지난 후 산 기슭에 제 2의 도시가 형성된 고대 리디아(Lydia)왕국의 수도였다. 그리스 철학의 아버지로 불리우는 탈레스(Thales)가 사데에서 태어났다. 사데는 부와 철학과 법률과 음악의 도시로 널리 알려지기도 했다. 주전 6세기에 전성기를 맞게 되는 크로수스 왕은 서구인들에게 부를 상징하는 왕으로 널리 알려져 있을 만큼 사데는 당시 부유한 상업도시로 직물, 귀금속 생산 및 사금이 유명하였으며 인류 최초로 금화를 만든 곳이기도 했다. '마이더스의 황금의 손' 전설의 근원지이기도 하다.

사데 교회 유적

이 곳에는 아시아 지역의 '다산과 풍요의 여신' 아데미 신전이 있었으며 부도덕한 제사의식이 거행되곤 하였다. 이러한 상황 속에서 주님은 사데교회에 대하여 말씀하시기를 "내가 네 행위를 아노니 살았다 하는 이름은 있으나 죽은자로다"라고 하셨다. 이것은 사데 교회의 교인들이 겉으로는 행위가 많음에도 불구하고

열매를 맺지 못하고 활력이 없다는 것이다. 즉 교회가 겉으로는 실천이 있지만 깊은 잠에 빠져 피상적인 실천 뿐 온전한 실천이 없다는 것이다. 또한 사데교회는 옷을 더럽힌 교회였다. 주님은 사데에 그 옷을 더럽히지 않은자 몇 명이 있다고 하셨다. 버가모나 두아디라는 다수가 문제가 없고 소수가 문제였지만 이 교회는 다수가 문제가 있고 소수가 온전한 경우였다. 옷을 더럽혔다는 것은 그 당시 세속 문화로 물질문화에 뒹굴면서 더러워졌다는 것을 의미한다. 사데의 사이벨레(아데미) 신은 과소비와 도덕적 문란의 상징이었다. 사데는 무역의 중심지였고 돈이 많았다. 도덕성이 땅에 떨어진 도시의 교회가 사데 교회이다. 또한 당시에 사데에는 다른 교회처럼 정치적 박해나 내부로부터의 유혹이 없었기 때문에 교회 밖에 나가면 다른 불신자들의 행동과 같이 뒹굴어 버렸다. 그들의 이중성 그것이 바로 옷을 더럽힌 것이었다. 그리하여 주님은 "네가 어떻게 받았으며 어떻게 들었는지 생각하고 지키어 회개하라"(계 3:3) 라고 말씀하셨다.

6) 빌라델피아

빌라델피아는 필리아(φιλία, 사랑)와 아델포스(ἀδελφός, 형제)가 합쳐진 복합 명사로 '형제사랑'을 뜻한다. 이 지역은 사데의 동남쪽으로 약 40km 지점에 위치에 있는데 이 지역은 리디아(Lydia) 왕국 시대에 칼라테부스(Callatebus)라는 이름의 도시로 건설되었다. 이곳에 도시를 세운 목적은 동쪽의 리디아의 프리기아에 그리스 언어와 관습을 보급하는 중심도시가 필요했기 때문이다. 또한 버가모 왕들에게 종속되어 있는 중앙지역들을 안정시키고 규제하고 교육하는데 있었다. 이렇게 빌라델피아는 그 성축으로부터 특별한 목적으로 건설된 도시이다. 그 후 주전 159-138년에 페르가뭄(pergamum, 성경의 버

빌라델피아 비잔틴 교회 유적

가모)의 앗탈로스(Attalus) 2세는 자기 동생 유메네스(Eumenes)에 대한 사랑으로 인해 이곳 이름을 필라델푸스(Philadephus)라고 명명하였다. 한편 이곳은 지진이 많기로 유명한데 그 중 주전 17년에 이 지방을 중심하여 발생했던 지진은 인근 10여개의 도시를 강타하여 전 지역을 폐허로 만들었다. 이때 티베리우스 황제가 도시 재건에 큰 도움을 주었다. 이런 까닭에 이곳 시민들은 감사의 의미로 도시의 이름을 '네오가이사랴'(황제)라고 개칭하였다. 그러나 그 이름은 네로 통치 기간 때 다시 옛 지명으로 변경되었다. 비록 주전 17년 지진으로 인해 고대의 유적들이 거의 파괴되었지만 기독교 유적을 중요한 위치를 차지하고 있는 교회 하나가 파괴된 모습으로 남아있다. 이 교회는 비잔틴 시대에 세워져 사도 요한에게 바쳐졌다. 비교적 높은 4개의 도움으로 구성된 이 교회의 벽에는 11세기에 그려진 프레스코 벽화가 희미하게 남아있으나 그나마도 점차 마모되어 가고 있어 보는 이로 하여금 안타깝게 하고 있다. 이곳은 사데, 버가모 그리고 라오디게아와 히에라볼리 사이에 위치하고 있어 이들을 잇는 중요한 교통의 요지였다. 이곳은 농업과 가죽제품, 직조업이 주요산업이며 농산물로는 포도를 재배하였는데 소아시아 내의 300여 교회에서 쓰는 성찬식 포도주를 무료로 공급하여 형제 사랑을 실천하였다. 지금도 이 곳에 수십㎞의 포도밭이 펼쳐져 있다. 사도 요한은 빌라델피아 교회에 대하여 이렇게 언급하고 있다. 이 교회는 적은 능력을 가졌다. 그렇지만 그들은 주의 말씀을 지켰다. 그들은 주의 이름을 부인하지 않았다. 또한 열린 문을 가진 교회였다. 여기서 열린 문의 의미는 사도행전 14:27, 고린도전서 16:9, 고린도후서 2:12, 골로새서 4:3에 근거하여 그리스도의 복음을 전할 수 있는 기회, 복음을 받아들일 수 있는 마음, 원수들이 있음에도 불구하고 능률적으로 복음이 전파되는 기회를 가리킨다. 빌라델피아는 앞서 언급한 대로 루디아와 브리기아의 지역에 교통로에 있는 헬라 문명의 중심지였다. 곧 선교적 도시와 같았다. 빌라델피아는 소아시아 지역에서 아랍인들의 침략 속에서도 끝까지 남아 있었던 기독교의 마지막 보루였다.

라오디게아의 경기장 유적

7) 라오디게아

라오디게아는 '백성의 정의', '민중의 권력'이라는 뜻이 된다. 오늘날 데니즐리와 파묵칼레 사이에 위치한 라오디게아는 소아시아 프리기아(Phryghia, 성경상의 부르기아)의 수도로 교통의 요지인 리커스 계곡에 위치하여, 부유한 상업도시로서 발전했다. 라오디게아에서 골로새까지 16km, 히에라볼리까지는 약 9km 정도의 거리이다. 알렉산더가 죽은 후 셀루키드(Seleucid) 2세가 그의 부인 라오디스(Laodice)의 이름을 따서 도시 이름을 라오디게아라 불렀다. 라오디게아는 특히 직물과 약품제조로 유명하다. 라오디게아는 모시직물과 면직물 공업이 발달했던 곳으로 로마의 상원들이 입고 다녔던 흰옷은 거의 이곳에서 만들어졌다. 특히 이곳에서는 '후루기아 분말'로 알려진 안약을 만들어 수출하였다. 특히 고약과 안약은 귀앓이와 눈병에 특효약이었다.

라오디게아의 의학이 얼마나 유명했던지 당시 즉기스(Zeuxis)와 알렉산더 빌라렛스(Alexander Philaleths)라는 의학교수 이름이 동전에 새겨지기 까지 했다. 그러나 이렇게 라오디게아가 유명했지만 교회는 소아시아 7교회 중 가장 충격적인 메시지를

라오디게아 가까이에 있는 히에라볼리(현지명: 파묵칼레)의 석회석 폭포의 장관

받았다. 주님은 아무 칭찬 없이 책망부터 시작하셨다. "내가 네 행위를 아노니 네가 차지도 아니하고 덥지도 아니하도다. 네가 차든지 덥든지 하기를 원하노라. 네가 이같이 미지근하여 덥지도 아니하고 차지도 아니하니 내 입에서 너를 토하여 내 치리라"(계 3:15-16). 이곳에서 6.5km 떨어진 히에라볼리의 온천물이 수로를 통해 라오디게아로 흘러 들어오게 하였다. 라오디게아의 온천물은 이곳에 도착하면 식어서 덥지도 차지도 않은 물이 되었다. 이 말씀은 라오디게아 교회의 믿음이 덥지도 차지도 않음을 책망하고 있다. '미지근하다'는 것은 영적인 미숙을 말하는 것이 아니다. 이것은 그리스도를 입술로는 고백하지만 실제 행동을 보여주지 못하는 외식적인 상태를 의미하는 것이다. 열정도 기쁨도 없는 모습이 라오디게아의 영적인 모습이었다.

또한 이 교회는 '부자'교회였다. '부요해졌다'는 것이다. 이것이 미지근하는 이유가 된다. 즉 내 노력, 내 힘으로 잘살게 되었다는 것이 하나님이나 신앙이 필요없다는 결론을 내리게 된 것이다. 이것은 교만이다. 이러한 라오디게아 교회의 모습은 풍요로운 현대 교회의 모습을 떠오르게 한다. 결국 라오디게아의 모습은 겉으로는 부자였으나 영적으로는 가난한 교회가 될 수밖에 없었다. 라오디게아 교회는 바울이 에베소에 복음을 전할 때 에바브라를 통해 세워진 교회일 것으로 생각하고 있다. 골로새서에 보면 라오디게아에 대하여 언급하고 있는데(골 4:16, 2:1, 3:13-15) 특히 마지막 절의 문안인사에서 라오디게아 있는 '눔바'라는 여자의 집에 교회가 세워 졌음을 알 수 있다.

일곱교회에 보낸 서신의 통일성과 다양성

소아시아 일곱교회에 보낸 예수 그리스도의 서신들은 각기 다른 내용을 말하고 있음에도 불구하고 다음과 같은 몇가지 동일한 점을 발견할 수 있다.

첫째로 각교회의 수신자들이 모두 그 교회의 사자들(지도자들)이라는 것이다(2:1, 8, 12, 18: 3:1, 7, 14). 둘째로 서신의 내용은 각기 다양하지만 송신자이신 주님께서는 자신을 꼭 밝히고 있다(2:1, 8, 12, 18, 3:1, 7,14). 뿐만 아니라 각 편지마다 주님께서는 자신들이 그들의 행위를 안다고 선언하셨다. 셋째로 각 교회들마다 적절한 칭찬과 책망이 제시되어 있다(2:2-4, 6, 9, 13-15, 19, 20; 3:1,4, 8-10, 15). 넷째로 각 교회에 필요에 필요한 권면과 경고가 제시되어 있다(2:5, 10, 16, 22-25; 3:3, 11, 16-19). 다섯째 각 서신들마다 '이기는 자들'에게 주시는 축복들을 수록하고 있다(2:7, 10, 11, 17, 26-28; 3:5, 12, 21). 여섯째 각 서신들은 '귀 있는 자는 성령이 교회들에게 하시는 말씀을 들을지어다'라는 표현을 통해 각 개인들에게 영적인 교훈을 각성시키고 있다(2:7, 11, 17, 29, 3:6, 13, 22). 일곱째 각 서신들은 단어, 구절, 교훈에의 경고 등을 서로 반복하거나 더 나아가서는 신, 구약 성경의 다른 부분 그리고 계시록의 다른 부분에서의 표현을 두드러지게 반복하고 있다는 점이다. 예를 들면 '인자'라는 호칭(단7:13; 10:5), 그리스도에 대한 묘사(막 9:2, 3, 변화산상의 예수), 생명나무(2:7; 22장), 둘째사망의 해를 받지 않는 것(11, 20장), 교회에 대한 경고(4, 마 21:12의 제자들에 대한 경고) 등이다.

소아시아의 7교회

	에베소 교회 (2:1-7)	서머나 교회 (2:8-11)	버가모 교회 (2:12-17)
위치와 역사	1. 아시아의 로마수도 2. 제일 큰 항구 도시 3. 아데미 여신전(세계 제일 큼) 4. 바울이 3차 전도 여행시 설립 5. 디모데가 첫 시무	1. 에베소 북쪽 40마일에 위치 2. 인구 30만의 항구 도시 3. 황제숭배의 중심지 4. 폴리갑이 순교한 곳 (주후 155)	1. 서머나에서 북쪽으로 60마일 2. 우상숭배의 중심지 (치유의 신) 3. 사탄의 위가 있음
예수님의 모습	오른손에 일곱 별을 쥐고 금촛대 사이를 다님	처음이요 나중이요 죽었다가 살아난 주님	좌우에 날선 검을 가지신 주님
칭찬	1. 행위 2. 수고 3. 인내 4. 악한자를 용납지 아니함 5. 자칭 사도의 거짓을 밝힘 6. 주님의 이름을 위하여 견디고 게으르지 않음 7. 니골라당의 행위를 미워함.	1. 환란과 핍박에서도 영적으로 부요한 자 2. 자칭 유대인의(사단회)의 방해를 이김	1. 주의 이름을 굳게 잡음 2. 충성된 종인 안디바가 순교해도 믿음을 버리지 아니했다. 3. 사탄의 위가 있는 곳에서 믿음을 지켰다.
책망	처음 사랑을 버렸음	없음	1. 발람의 교훈을 지키는 자들이 있었다. 2. (음행과 우상제물) 3. 니골라당의 교훈을 지킴
권면	1. 회개하여 행위를 가지라	1. 환란과 시험을 두려워 말라 (10일간 시험) 2. 죽도록 충성하라 그리하면 생명의 면류관을 받는다	1. 회개하라 2. 회개하지 않으면 속히 임하여 주의 입의 검으로 싸우신다.
상급	이기는 자에게는 하나님의 낙원에 있는 생명 나무 과실을 줌	이기는 자는 둘째 사망의 해를 받지 않는다	이기는 자에게 감추었던 만나를 주고 흰 돌을 주어 그 위에 새 이름을 새긴다
특징	사랑을 잃은 교회	핍박받는 교회	세속화된 교회
해설	1. 처음사랑-첫 은혜 받았을때의 첫 열심과 행위(렙 2:2) 2. 니골라당-7집사 중 1인 율법은 필요없고, 육은 더럽고 영만 선하다는 이원론을 주장했다. 따라서 신자는 죄를 지어도 괜찮다고 했다. 3 생명 나무과실-과거에는 에덴 동산에 있었으나 지금은 하늘나라에 있음	1. 환란과 궁핍-신앙 때문에 직업, 집, 재산을 빼앗겼음 2. 사단의 회-기독교인을 박해하는 유대인들의 모임 3. 죽도록 충성 질적-진실성(골 3:23) 양적- 다하는 것(신 6:5) 시간-끝까지 4. 둘째 사망-영원한 지옥 영적 죽음, 신체적 죽음, 영원한 죽음	1. 사탄의 위-우상숭배의 총 집합소 2. 발람의 교훈-민 22:7-17 벧후 2:15 3. 만나-초자연적 하늘의 양식 (출 16:14-33, 요 6:51) 4. 흰돌-법정에서 무죄자에게 주는 돌 그리스의 풍습-약혼자에게 주는 돌 5. 새 이름-새 인격

두아디라 교회 (2:18-19)	사데교회 (3:1-6)	빌라델비아 교회(3:7-13)	라오디게아 교회(3:14-22)
1. 버가모 동남쪽 35마일 2. 상업의 중심지 특히 직조 공업의 발달 3. 루디아의 고향 4. 상업조합이 있었고 이들이 우상숭배를 지원했음	1. 서머나 북동쪽 50마일에 위치 2. 루디오(터어키)의 수도로 보석공업과 함께 염색 공업의 도시 3. 경제적으로 부유한 도시 4. 사도 요한의 전도로 세워진 교회	1. 사데의 동남쪽 25마일에 위치 2. 지진의 위험이 항상 따랐음 3. 지금까지도 기독교가 있다.	1. 에베소 동쪽 40마일에 위치 2. 안약과 온천이 유명 3. 산업의 중심지로 부요 주후 60년에 지진으로 전폐되었으나 자력으로 재건했다.
눈이 불꽃같고 발은 빛난 주석같은 하나님의 아들이신 주님	하나님의 일곱 영과 일곱 별을 가진 주님	진실하고 거룩하사 다윗의 열쇠를 가진자 열면 닫을 사람이 없고 닫으면 열 사람이 없는 주님	아멘이시요 충성되고 참된 증인이요 하나님의 창조의 근본이신 주님
1.사업 2. 사랑 3. 믿음 4. 성경 5. 인내 6. 처음보다 나중행위가 더 많음	그 옷을 더럽히지 아니한 몇 명이 네게 있어 흰옷 입고 나와 함께 다니리니 그들은 합당자이니라(3:4)	1. 열린 문을 두어 능히 닫을 자가 없다. 2. 적은 능력으로 주의 말씀을 지켰으며 주의 이름을 배반치 않았다. 3. 사단회의 몇을 네 발 앞에 절하게 하겠다.	없음
1. 거짓 선지자 이세벨을 용납하여 음행과 우상제물을 먹게함 2. 회개의 기회를 거절함	1. 살았다는 이름은 있으나 실상은 죽은 교회 2. 행위가 온전한 것이 없음	없음	1. 차지도 덥지도 아니함 2. 입으로 토해 버림 받을 대상 3. 부자요 부족이 없다는 교만 4. 곤고, 가련, 가난, 눈먼 것을 알지 못함
1. 회개하지 아니하면 침상에 던진다. 2. 큰 환란가운데 던진다 3. 사망으로 자녀를 죽인다 4. 너희의 있는 것을 내가 올때까지 굳게 잡아라	1. 일깨어 그 남은 바 죽게 된 것을 굳게 하라 2. 네가 어떻게 받았으며 어떻게 들었는지 지키어 회개하라 3. 내가 도적같이 이르리니 어느시에 네게 임할지 알지 못하니라 고로 깨어 있어라	네가 가진 것을 굳게 잡아 아무나 네 면류관을 빼앗지 못하게 하라	1. 차든지 덥든지 하라 2. 불로 연단한 금을 사서 부요케하고 흰 옷을 사입어 벌거벗은 수치를 보이지 않게 하고 안약을 사서 눈에 발라 보게 하라 3. 열심을 내고 회개하라 4. 주의 음성을 듣고 문을 열어라 이기는 그에게는 내가 보좌에 함께 앉게하여 주기를 내가 이기고 아버지 보좌에 함께 앉은것과 같이 하리라(3:21)
이기는 자에게 만물을 다스리는 권세를 주어 철장을 가지고 저희를 다스리며 질그릇 깨듯하여 새벽별을 주신다.	이기는 자는 이와같이 흰옷을 입을 것이요 내가 그이름을 생명책에서 반드시 흐리지 아니하고 그 이름을 내 아버지 앞과 그 천사들 앞에서 시인하리라(3:5)	1. 너를 지키어 시험의 때를 면제하리라(10) 2. 이기는 자는 네 하나님 성전에 기둥이 되게 하리니…	
이교와 타협한 교회	생명을 잃은 교회	선교하는 교회 (승리의 교회)	열의가 없는 교회(미지근한 교회)
1. 이세벨-왕상 16:31, 21:25, 왕하 9:7 음행과 우상 제물을 받게하는 유혹의 교회 2. 우상제물-행 15:20; 28-29, 고전 8, 10:18-31 롬 14:1-4, 14-23, 딤전 4:4-5 3. 너희에게 있는 것-믿음 4. 새벽별-예수 그리스도(계 22:16, 민 24:17)	1. 그 남은 바 죽게된것-영적상태의 가련한 모습(사 1:5-9) 2. 흰 옷-옳은 행실(계 19:8) 3. 생명책-하늘의 4책 ㄱ.생명책-구원받은 자의 이름 기록 ㄴ.말씀의 책-하나님의 말씀 ㄷ.기념책-성도의 기념될 일을 기록 ㄹ.행위책-심판받을 자의 행위 기록(계 20:12, 단 7:10)	1. 열린문-①선교의 문(골 4:3 행 14:27) ②하늘의 문(계 4:1) ③기도의 문(마 7:7) 2. 적은 능력 3. 인내의 말씀-인내로 말씀을 지킨자는 말세 환란의 시험 때를 면제 받는다 (롬 5:3-4, 약 1:2-4) 4. 하나님의 성전의 기둥-보아스(능력)와 야긴(세움, 진리)(왕상 7:21-22)	1. 불로 연단한 금-믿음(벧 3:1-7) 2. 안약-계시의 영(엡 1:17-19) 3. 차든지 덥든지-열심을 내라, 회개하라 4. 곤고, 가련, 가난, 눈먼, 벌거벗음-영적인 비참

제7장 바울과 그의 전도 여행

Search the BIBLE Lands

1. 바울의 프로필

1) 성장 과정

사도행전 22:3을 보면 바울은 자기 자신을 소개하기를 "나는 유대인으로 길리기아 다소에서 났고 이 성에서 자라 가말리엘의 문하(門下)에서 우리 조상들의 율법의 엄한 교훈을 받았고"라고 했다. 이것은 바울의 생애 배경을 알 수 있는 실마리가 된다.

2) 다소(Tarsus) 성에서

주후 1세기경의 다소는 소아시아 동부에 있는 길리기아 지방에서 가장 큰 도시였다. 해안에서 약 16km정도 내륙에 있었으나, 다소는 시내를 관통해서 흐르는 시드너스강을 통해서 바다로 통하게 되는 주요 항구도시였다. 다소는 동쪽 지방과 서쪽 지방이 만나는 지점에 있는 중요한 요충지로, 육지와 바다 양면으로 많은 상품들이 교

오늘날의 다소의 모습

류하는 곳이었다. 다소는 예로부터 유명한 유산이 있었다. 이곳 시민들에게 강한 자부심을 불러일으키는 과거의 전통과 전설도 있었다. 바로 이 도시에서 바울은 성장했다. 그의 서신서들을 읽어 보면 그가 소년 시절에 자라났던 다소의 풍경과 장면들이 반영되어 있음을 찾아 볼 수 있다. 예수님께서는 시골생활의 예화를 많이 사용하셨던 반면 바울의 언급들은 도시 생활에서 우러나오는 것들이었다. 또한 다소는 학문의 도시이기도 했다. 특별히 아구스도(Augustus) 황제가 다소 출신의 그의 선생 아테노도루스(Athenodorus)를 정화 운동의 일환으로 다소로 보낸 이후 학문적인 중심지가 되었다. 이런 영향으로 이곳에는 많은 학자들이 있어 다른 도시에 비하여 학구열이 컸다. 다소성의 철학자들은 대부분이 스토아 철학자들이었다. 그러므로 다소에는 스토아 철학자들에 대한 존경심이 컸고, 그들의 사상적 영향은 일반시민에게까지 미쳤다. 감수성이 예민한 바울은 이러한 학문적 풍토 속에서 넓은 시야로 세계를 보았으며 세계의 끝까지 진출하려는 꿈을 키웠을 것이라고 본다.

3) 로마 시민

바울은 베냐민 지파의 혈통을 가졌고, 그 이름을 사울이라 칭함은 베냐민 지파에서 출생한 최초의 왕인 사울을 따라서 명명한 듯 하다. 바울은 이와 같이 부요한 가정에서 출생하였으나 다메섹으로 가는 도중 예수님을 만난 후에는 그의 일생에 대변혁이 일어났다. 영광의 주님이 그에게 나타나시고 그리스도를 대적했던 그를 확신

❶ 다소에 있는 로마의 아치문
❷ 오늘날의 다메섹의 직가(거리)

있는 주님의 제자로 만드셨다(행 9:1-31). 이런 계기로 그는 남은 인생을 주님을 위한 복음전도자로서 '이방인의 사도'로서의 사명을 감당하였다. 특히 복음 전도를 위한 도구로 사용된 바울이 다소에서 얻은 로마 시민권은 그에게 많은 도움을 주었다. 당시 로마 시민권을 부여받을 수 있는 조건은 두 가지로 나눌 수 있다.

로마제국의 지배자들은 자기 영토 내에 거주민을 크게 두 부류로 구별하였다. ① 이탈리아의 원주민을 위시하여 이방인이라 하더라도 로마에 공을 세운 자 ② 금전 또는 정복민과 함께 온 노예들이다. 전자에게는 로마 시민권을 부여해서 특수한 인권과 권리를 허락하였다. 이것이 어떤 명예나 지위는 아니라 하더라도 로마법에는 그들에게 체포, 구금, 매질이나 십자가에 처형할 수 없도록 규제하고 있었다. 바울은 이러한 시민권을 가지고 있었다. 그러므로 그가 전도여행 중에 반대자들에 의하여 빌립보 옥중에 투옥되었을 때, 자신이 로마 시민권을 소유한 자임을 밝히자 즉시 석방되었고(행 22:24-30) 예루살렘에서는 유대인의 난동으로 가이사랴에서 구금되었을 때, 억울함을 황제에게 호소하여 정당한 재판을 받기 위해 고소했다(행 25:9-12). 고대 세계에서는 로마 시민은 영예스러운 칭호였으며 땅끝까지 통하는 안전 통행증이었다. 바울은 그러한 시민권을 소지하고 있었으며 또 그것을 복음전도를 위해 매우 효과적으로 사용했다.

4) 유대인 가문(교육)

바울의 가정은 대표적인 바리새인의 가정으로 엄격한 가정교육으로부터 시작하였다. 유대 법으로는 다섯 살이 되면 성경 공부를 시작하고, 열 살이 되면 율법 전승들을 공부해야 한다고 규정짓고 있다. 바울도 이 규례를 따라 다섯 살 때부터 성경을 배웠고 열 살 때에 유대교의 중요한 문헌들을 암송하였다. 또한 천막 만드는 기술도 함께 익히게 되었다. 특별히 유대교의 교육사상은 생각과 행동을 함께 할 수 있는 교육 지표를 갖고 있다. 이러한 유대교육의 목표는 이념과 실천 즉 생활 교육의 병행을 자연스럽게 요구하였다. 그런데 바울의 선교사역 과정에서 학창시절의 직업교육은 그의 선교생활에 크게 기여했던 것을 잘 알 수 있다(행 18:3, 살후 3:8). 바울은 율법을 더 배우기 위해 '가말리엘'에게 보내졌다. 바울이 유대인들에게 자기 내력을 이야기한 것을 보면(행 22:3) 예루살렘에 오랫동안 거주한 것으로 보인다. 또한 바울은 고향을 떠나 유대 예루살렘에서 율법 교리의 교육을 엄하게 받았다고 술회하고 있다. 바울은 가말리엘에게서 적어도 3가지를 배웠다.

첫번째는 허심탄회한 솔직성, 두번째는 바른 판단력, 세번째는 율법에 대한 열심이었다. 이러한 교육은 바울로 하여금 완전한 교육을 받은 율법자이며 인정받은 법관으로 만들기에 충분했다. 이것만 보아도 바울은 완전한 교육을 받은 율법자이며 인정받은 법관이었다. 그러므로 바울은 자기 자신을 뛰어난 유대인임을 증거했다. 바울은 출생 8일 만에 할례를 받았다(빌 3:5). 이것은 그는 하나님의 것이라는 표시로서 선민의 표시를 자신의 몸에 지니고 있다는 것이다. 바울은 이스라엘 민족의 일원이라는 것과 하나님과 계약을 맺은 선택받은 민족의 한 사람이라는 것이다. 그는 이 사실을 로마서 11:1에서도 재삼 강조하였다. 또한 바울은 혈통적으로 볼 때 단순한 이스라엘 사람이 아니라, 그는 이스라엘의 귀족이었다. 또한 그는 바리새인이었다. 즉 그는 충실한 유대인이었을 뿐만 아니라 '성별된 사람' 중 한사람이었다(갈 1:15). 율법으로는 흠이 없는 자였으며 율법을 지키기 위해 많은 그리스도인들을 박해하였다. 이것은 오직 율법에 따라 살고 생각(사고)하는 것이 그의 생활이었기 때문이다. 비록 그가 헬라 문화권에 살고 있었지만 일반 '디아스포라'처럼 헬라니즘에 동화되지는 않았다.

5) 성격

바울의 성격은 강직하고 열정적이었다. 그가 노한 즉 추상같고 평시에는 온화한 봄날 같았다 한다. 이런 성격은 회심 전이나 회심 후에나 변치 않았다. 회심 전에는 이런 성격으로 기독교인을 박해했고, 회심 후에는 또한 이런 성격으로 전도하였다.

그는 이런 성격으로 회심 전에는 스데반을 박해하였고, 또한 회심 후에는 베드로를 면책한 적도 있었다(행 8:1, 갈 2:12). 그리고 교회 안의 교인이라도 그리스도의 말씀과 반대하는 사람들을 '거짓 사도요', '저주를 받은 자들이요', '개'들이니 삼가라고 했다(고후 11:13-15, 갈 1:8, 빌 3:2). 이런 일은 그의 성격이 악해서가 아니라 열정적이고 강직한 데서 오는 것이었다. 이런 그의 강직한 성격과 인격은 결국 십자가의 복음으로 세계를 정복할 수 있게 했다. 바울의 힘 있는 말 한마디 한마디는 성령의 역사와 더불어서 유대인의 죄를 회개시키고, 이방인의 마음을 감화시켜 예수를 그리스도로 믿게 하였다. 그의 이 강직한 성격은 전도 여행 시 당한 많은 박해와 환난을 이길 수 있는 한 가지 요인이 되었다. "사방으로 우겨쌈을 당하여도, 낙심하지 아니하며, 핍박을 받아도, 거꾸러뜨림을 당하여도, 망하지 아니하고, 우리가 항상 예수 죽인 것을 몸에 짊어짐은 예수의 생명도 우리 몸에 나타나게 하려함이니라"(고후 4:8-10). 바울은 고난을 받으면서도 예수의 생명이 그 몸에 있어서 넘어지지 않았다. 또한 바울은 헬라인 이상으로 조직적 두뇌를 가지고 있었다.

에베소서와 골로새서에 나타난 조직적이면서 치밀한 필체나 로마서와 같은 당당한 논설은 도저히 그 시대 사람으로는 따라갈 수가 없었다. 그러면서도 바울에게는 그리스도의 온유함과 겸손함과 사랑을 소유하고 있었다. 그는 자신을 가리켜 "죄인의 괴수", "사도 중에 지극히 작은 자라"라고 했다. 또한 "믿음, 소망, 사랑 이 세 가지는 항상 있을 것인데, 그중에서 제일은 사랑이라", "우리 주 예수 그리스도 안에 있는 하나님의 사랑에서 끊을 수 없으리라"라고 하였으며 "나는 날마다 죽노라"고 고백했다(딤전 1:15, 고전 15:9; 13:13, 롬 8:39, 고전 15:31). 결국 그에게는 풍부한 지, 정, 의가 믿음 안에서 하나를 이룬 훌륭한 사도였다. 그는 신학자, 전도자, 목회자로서 '전세계의 복음 전도화'라는 비전을 가슴에 품고 동서남북으로 좇아다니면서 그리스도를 증거하는 복음의 사도가 되었다.

참고자료 사도바울이 말하는 '육체의 가시'란?[13]

"여러 계시를 받은 것이 지극히 크므로 너무 자고하지 않게 하시려고 내 육체에 가시 곧 사단의 사자를 주셨으니 이는 나를 쳐서 너무 자고하지 않게 하려 하심이니라"(고후12:7).

바울에게 있어서 육체의 가시는 무엇일까?

많은 학자들은 이 육체의 가시를 안질이라고 말한다. 그렇게 말하는 데는 두 가지 이유가 있다. 하나는 바울이 다메섹 도상에서 부활하신 주님을 만날 때 정오의 햇빛보다 더 찬란한 빛을 받아 눈이 멀어 앞을 전혀 보지 못한 적이 있었다는 것이다. 또 하나는 갈라디아교회 성도들이 바울이 전하는 복음을 듣고 너무나 감격해서 자기들의 눈이라도 빼어 줄려고 했다는 것이다. 눈을 빼어 줄려고 한 것을 보면 바울이 안질로 심한 고통을 당하고 있었기 때문일 것이라는 것이다. 또 어떤 사람은 간질이라고 말한다. 또 어떤 사람은 심한 편두통이라고 말한다. 또 어떤 사람은 말더듬는 것이라고 말한다. 가톨릭에서는 독신으로 살아가는 바울에게 찾아오는 육체적인 욕구라고 말한다. 또 어떤 사람은 유대인들의 핍박이라고 말한다.

바울은 이 육체의 가시를 '사단의 사자'라고 말한다. 최근에 바울의 육체의 가시에 대하여 가장 타당성 있는 주장은 존 윌킨슨(John Wilkinson)의 쓴 「성서와 치유」(*The Bible and Healing*)에서 아주 세밀하게 설명하고 있다. 이것을 소개하면 다음과 같다.

바울의 육체적 가시가 말라리아라는 진단은 1893년 출판된 윌리엄 람세이(William Ramsay) 경(卿)이 저술한 「A.D. 170년 이전의 로마제국에서의 교회」(*The church in the Roman Empire before A.D. 170*)라는 책에서 처음으로 주장되었는데, 여기서 그는 바울의 가시에 대하여 가장 잘 설명하고 있다. 이 주장은 소아시아 지역의 여행자와 고고학자로서 자신의 경험을 토대로 제기되었는데 그의 체험에 따르면, 말라리아에 의한 열병은 바울의 1차 선교여행 중 버가라는 곳에서 이 질병에 감염되었다고 믿었던 밤빌리안 연안지역의 풍토병이었다는 것이다. 이 질병에 대한 그의 설명은 모두 흥미진진한데, 그 이유는 그의 설명이 로날드 로스(Ronald Ross) 경이 1897년 8월 20일 인도에서 얼룩 반점이 있는 날개를 가진 학질모기에 물려 사람에게 말라리아 기생충이 감염되었다는 사실을 증명했었던 것보다 앞서 이루어졌기 때문이다.

우리는 말라리아가 최소한 주전 4세기부터 지중해 동부지경에 널리 퍼져있는 질병이었다는 사실을 알고 있다. 이 질병은 그리스와 로마의 역사에서 하나의 중요한 역할을 했는데 일부 역사가들은 그리스와 로마의 문명을 차례대로 쇠퇴시켰다는 이유로 비난하기도 하였다. 존스(Jones)는 말라리아가 고대 그리스인들 사이에 가장 흔한 질병들 가운데 하나였으며, 그리스인들이 열병(puretos)을 말할 때는 보통 말라리아를 의미하는 것이었다고 지적하였다. 말라리아의 특징이라면 주기적으로 발생하는 열과 비장(spleen, 림프구를 만들고, 노폐한 적혈구를 파괴하는 구실을 하는 내장으로 일명 지라라고도 부른다)이 확대되는 질병이라고 고대 그리스의 의사들에 의하여 자주 설명되고 있다.

지금까지 우리가 살펴본 모든 질병들 중에서 말라리아라는 진단이 바울의 질병이 묘사된 두 본문의 모든 요구 사항들을 가장 잘 만족시켜 주고 있다. 이런 주장은 아래에 한 가지씩 이러한 요구사항들을 적어 놓고 그것들을 말라리아의 특징들과 비교함으로써 관찰될 수 있을 것이다. 고린도후서 12장 본문 요구 사항들을 탐구해 보도록 하겠다.

13) John Wilkinson, *The Bible and Healing*(「성서와 치유」, 김태수 옮김, 기독교연합신문사, 2001, 388-412 요약, 성경에 나타난 치유를 다룬 이 책은 매우 탁월한 저술로서 이 분야에 관심이 있는 사람은 반드시 읽어야 할 필독서이다. 특히 사도 바울의 '육체의 가시'에 대한 부분을 아주 세밀하게 다루고 있다).

고린도후서 12:1-7

(1) 이 질병은 반드시 육체적인 것이어야 하는데, 그 이유는 가시가 육체적이기 때문이다(7절). 여기서 어떤 특별한 설명은 필요가 없다. 왜냐하면 말라리아는 말라리아 기생충의 다양한 변종들에 의해 발생되는 하나의 육체적 질병이기 때문이다.

(2) 이 질병은 가시가 그런 것처럼 고통을 수반해야 하고, 또한 주먹으로 머리와 몸을 세게 치는 것과 같은 통증을 수반해야 한다(7절, kolaphizo). 그런데 두통과 근육, 뼈, 그리고 관절의 통증은 말라리아의 전형적인 증상이다.

(3) 이 질병은 감정 고양과 반대되는 감정인 우울증을 동반한다. 그런데 간헐적인 열, 오한, 그리고 발한이 동반되는 말라리아를 치료하지 않고 방치해 두면, 그 환자에게 즉시 심각한 상태의 고통과 우울감을 일으킨다.

(4) 이 질병은 바울의 회심 체험과는 관계가 없는 것이어야 한다. 왜냐하면 그 질병은 2절에 언급된 날짜로부터 우리가 알 수 있는 것처럼 회심 체험보다 몇 년 후에 발생했기 때문이다. 그런데 만일 이 질환의 발병이 회심 체험이 일어났던 것보다 몇 년 후라면, 말라리아는 그런 회심 체험과는 관계가 없게 된다.

(5) 이 질병은 고린도후서 12:1-4에 묘사되어 있는 황홀경의 체험과 같은 종류의 것이어서는 안 된다. 비록 말라리아가 꿈이나 심지어는 환각을 일으킬 수도 있으나, 말라리아는 결코 바울이 묘사한 것과 같은 황홀경의 체험을 일으키지 못하며, 바울이 '계시'(apokalupseis, 1절과 7절)라고 부르는 하나님에 대한 새로운 진리를 깨달음도 일으키지 못한다.

(6) 이 질병은 바울이 육체의 가시를 자신에게 주셨다고(edothe) 언급하는 7절에서처럼 주어과거 시제에 의해 묘사될 수 있는 분명한 시작점을 가지고 있어야 한다. 감염된 모기에 물린지 약 10일이나 10일이 지난 후에 말라리아의 첫 발작은 갑작스런 체온의 상승이나 떨림 현상과 함께 시작된다.

(7) 이 질병은 재발되기도 하고 때때로 바울에게 악영향을 끼쳐야 한다. 즉 이것은 7절에 언급되어 있는 '고양되다'라는 뜻인 휴페라이로(huperairo)와 '주먹으로 때리다'라는 뜻인 콜라피조(kolaphizo)라는 두 개의 동사들의 현재 시제에 암시되어 있기 때문이다. 그런데 아마도 바울이 감염된 말라리아의 유형은 '양성 삼일열' 혹은 '삼인열 말라리아'(vivian malaria)로 볼 수 있을 것이다. 왜냐하면 이런 변종의 말라리아는 지중해 지역에 아주 흔한 것이었는데, 이 질병은 치료되지 않으면, 발병 후, 혹은 몇 주, 몇 달, 그리고 심지어는 몇 년이 지나서도 재발되는 악명 높은 질병이었기 때문이다.

(8) 이 질병은 최소한 14년 동안 지속되는 만성적 질병이어야 한다. 그런데 말라리아를 치료하지 않으면 만성적 질병이 되고, 여러 해 동안 지속되기도 한다. 더욱이 바울의 경우는 말라리아가 풍토병인 지역을 여행할 때 항상 재감염될 가능성이 있기 때문에 그럴 수 있다.

우리가 바울의 육체적 약함에 대해 설명하는 고린도후서의 본문을 살펴보았으므로, 이제는 갈라디아서 4장에 대해서 고찰해 보도록 하겠다.

갈라디아서 4:13-15

(1) 이 질병은 '육체의' 연약함으로써 묘사되었기 때문에 육체적 속성이 앞에서와 같이 요구되며(13절), 질병의 결과가 육체적으로 나타나야 한다(14절). 그런데 우리가 이미 살펴본 것처럼, 여기서는 말라리아가 분명히 하나의 육체적 질병이기 때문에 어떤 특별한 설명이 필요없다.

(2) 이 질병은 밤빌리아에서 감염될 수 있는 질병이어야 한다. 왜냐하면 바울이 갈라디아 지방을 처음 방문하기 직전에, 그는 타우루스 산맥과 소아시아의 남부 해안 사이에 위치하는 이 지역이 낮은 평원에 머물렀었기 때문이다. 그런데 여름에 물의 공급이 풍부한 이 평원은 무덥고

습기가 많았으며, 말라리아 기생충에 감염된 모기들이 연못과 늪지대에 많이 번식했다. 1차 선교여행에서 바울은 사이프러스에 있는 바보(Paphos)에서 와서 버가(Perga) 항구 도시에 세스트리스 강까지 항해를 했었다(행 13:13). 우리가 살펴보았던 것처럼, 바로 람세이(Ramsay)가 바울이 말라리아에 감염되었다고 주장하는 근거가 여기에 있다.

(3) 이 질병은 갑작스럽게 발병하여 중요한 계획을 변경시킬 만큼 오래 지속되는 질병이어야 한다. 그러므로 그 질병은 간질 발작처럼 단기간에 이루어지는 것이 아니라, 몇 주는 아니라 해도 며칠 동안 지속되고, 요양기간을 필요로 하는 질병이어야 한다. 바로 이런 상황이 말라리아의 특징과 부합된다.

(4) 이 질병은 보통 환자의 이동을 무덥고 다습한 기후에서부터 더 시원한 산악지역으로 환자를 옮기도록 충고를 받을 수 있는 질병이어야 한다. 말라리아 열병으로 고생하는 환자들이 시원한 산악기후에서 더욱 편안함을 느끼고, 무더운 평원의 습지대에서 옮겨지면 감염의 위험성 역시 줄어든다는 것은 잘 알려진 사실이다. 이것은 바울로 하여금 해발 약 3,600피트(약 1,080m)에 위치했던 비시디아의 안디옥에 도착하기 위해 험난한 타우루스 산맥을 넘어가도록 했던 바울의 계획이 변경된 것을 설명해 줄 수 있을 것이다(행 13:14 참조). 만약 바울이 말라리아에 감염되지 않았더라면, 시원한 기후와 고지대를 찾지 않았을 것이므로, 바울은 자신의 갈라디아 첫 방문이 질병 때문이었다고 갈라디아인들에게 말할 수 있었던 것이다(13절). 이 질병으로 인하여 처음에는 갈라디아를 방문할 계획이 없었지만 계획을 바꾸게 된 것이고, 이 질병 때문에 갈라디아에서 치료를 받게 되었다.

(5) 이 질병은 이 질병에 걸린 사람과 접촉한 다른 사람들까지도 경멸하고 모욕할 수 있는 그러한 질병이어야 한다(14절, NIV). 이 구절은 보통 바울이 이 질병에 시달리는 동안 아마도 탈수증과 고통 때문에 신체적 외모가 혐오스러웠을 것에 대한 갈라디아인들의 반응을 묘사하는 것으로 이해되어 왔는데, 람세이는 이보다 훨씬 더 그럴듯한 주장을 했다. 이교도의 종교적 신앙에 따르면, 열병은 환자에게 그 열병을 일으키기 위하여 지하세계로부터 불을 보낸 신들의 응징이나 징벌이라는 것이다. 그런데 만일 바울의 상태가 이런 종류의 열병이었다면, 갈라디아 사람들은 바울을 이러한 신들의 불쾌의 대상으로 여겼을 것이고, 따라서 그를 경멸과 질시의 대상으로 간주했을 것이다. 그런데, 바울은 분명 그들이 자신을 하나님의 천사나 사자처럼 환영해 주었다고 말하였다.

(6) 이 질병은 치료 방법이 그 당시에 알려져 있지 않아야 하며, 그 환자의 친구들이 이 질병의 진행과정에 동정심을 표현한다해도 아무런 소용이 없었던 질병이어야 한다. 그런데 갈라디아인들의 경우, 그러한 동정심은 바울을 돕기 위해 자신들의 눈을 기꺼이 빼어주려고 할 정도였다(5절). 히포크라테스(Hippocrates)와 다른 그리스와 로마의 저자들이 이 말라리아의 증세에 대해서 기록하였지만, 그 치료 방법은 그 시대 이후 수 백년 동안 알려져 있지 않았다. 따라서 주변 사람들의 동정심은 정신적 질환의 경우 영향을 미치겠지만, 말라리아의 경우에는 아무런 효과가 없었다.

(7) 이 질병은 환자가 회복할 수 있고, 원거리조차 여행할 수 있으며, 발작과 재발 사이에 설교도 할 수 있는 그러한 질병이어야 한다. 그런데 말라리아가 바로 그런 질병이다.

우리는 람세이의 다양한 출판물들 속에 기록되어 있는 그의 이론들에 따라 바울의 육체적 가시의 실체에 대한 가장 가능성있는 것으로서 말라리아를 언급하였는데, 비록 우리가 가장 수용할 만한 것으로 이 견해를 받아들이더라도, 람세이 이론의 모든 세부 사항들을 우리가 전부 수용하는 것에는 한 가지

난점이 있다. 그것은 말라리아가 가시의 실체가 아니라는 것이 아니라, 바울이 이 전염병에 감염된 시기와 장소에 관한 문제인 것이다. 위에서 살펴본 대로, 그는 바울의 1차 선교 여행 동안 밤빌리아의 버가 지역에서 이것이 발생했다고 주장했다. 그러나 이 여행은 보통 주후 47-48년으로 계산될 수 있다. 바울은 자신이 고린도후서를 기록하기 14년 전에 환상과 계시를 체험했다고 말하였는데, 고린도후서가 일반적으로 주후 56년에 기록된 것으로 추정되기 때문에, 이러한 사건은 바울의 경험들이 주후 약 42년에 일어났다는 것을 의미하는 것이 된다.

더욱이 람세이는 바울이 처음 갈라디아 지방을 방문할 무렵 육체의 가시가 바울에게 있었으며, 밤빌리아에서 일어난 발작은 아마도 바울이 경험했었던 최초의 발작이었을 가능성이 있다고 주장했는데, 만일 그렇다면 바울의 환상 체험과 육체의 가시가 출현한 것 사이에는 5-10년의 기간이 있었을 것이다. 이런 간격이 있다는 것은 바울이 고린도후서 12:7에서 분명히 언급한 두 가지 사건들 사이의 긴밀한 연관성을 매우 가능성이 적은 것으로 만들고 말 것이다. 그러므로 두 경험 사이의 시간적 간격은 이것(5-10년)보다 훨씬 적은 기간이었으며, 육체의 가시는 바울이 환상과 계시를 체험한 후 매우 짧은 기간 안에 주어졌다고 추측하는 것이 훨씬 더 합리적이라 할 수 있다. 라이트풋(Lightfoot)은 바울이 자신의 육체와 가시에 대한 경험을 묘사하기 위해 사용한 언어는 이 두가지 사건들이 '거의 동시에 발생하는' 것이었다는 점을 암시하고 있다고 설명한다.

그러면 바울의 육체적 가시가 환상과 계시 체험 후에 바로 그에게 주어졌다고 가정해 본다면, 이것은 가시의 출현이 바울의 인생에서 약 10년 동안의 조용한 기간에 발생하였다는 것을 의미한다고 볼 수있다. 이 기간에 바울의 인생은 갈라디어서 1:15-21에서 사도 바울 자신이 우리들에게 이야기 한 것 이상에 대해서 거의 알 수 없는 시기이다. 거기서 바울은 우리들에게 자신은 회심 후에 다메섹에서 아라비아(이곳은 다메섹 남쪽의 나바티안 왕국을 의미한다. 고후 11, 32을 보라)로 갔다고 말하고 있다. 거기서 다메섹으로 돌아오는데 바울은 3년이 걸렸고, 그 이후에 사도 베드로를 만나러 예루살렘으로 올라갔으며(갈 1:18), 그리고 나서 바울은 자신이 주후 35-46년의 대부분의 기간을 보냈던 시리아와 길리기아가 있는 로마제국의 영토로 갔던 것이다(갈 1:21). 이 기간 동안에 바울은 길리기아에 있는 다소라는 자신의 고향에 머물러 있었는데(행 9:30), 이곳은 바나바가 주후 46년에 바울을 만나서 시리아 안디옥에 교회를 세우고 감독하는 자신의 사역을 그와 협력하던 곳이기도 하다(행 11:25, 이 구절보다는 행 11:25-26로 하는 것이 더 좋을 듯 싶다). 그러므로, 바울은 자신의 침묵 기간 동안 이곳에 있었을 것이며 시리아와 길리기아 지방 어딘가에서 말라리아에서 감염되었을 것이다. 이 지역에서는 양성적 삼일열 유형의 말라리아가 발생하기 때문에 바울이 밤빌리아에서처럼 그렇게 간단히 이곳에서도 말라리아에 감염되지 않았을 이유가 없었던 것이다. 또한 바울이 고린도후서 12:1에서 주님께로부터 특별한 환상과 계시를 받았다고 언급한 시기가 바로 이 기간이었다는 것이 이러한 주장을 더욱 신빙성 있게 할 수 있을 것이다. 바울의 인생에서 소위 조용한 기간으로 불려지는 이 시기에 바울은 복음을 전파를 위한 자신의 사역을 준비하였고 시리아와 길리기아 지역에 교회들을 설립하도록 이끈 복음 전파에 참여 하였다(갈 1:23, 참조: 행 15:41). 그러므로, 그런 환상과 계시가 이방인들의 사도로서 바울앞에 놓여 있는 많은 사역을 위한 마음의 준비와 사역의 정당성을 그에게 부여한 것은 전적으로 타당하다 할 수 있다(갈 2:8).

이상의 정황으로 보아 결론을 최종적으로 내릴 수는 없으나, 그동안 주장되어 왔던 다른 어떤 다른 질병보다도 우리가 지금 살펴본 두 본문에서 말하고 있듯이, 말라리아(malaria)가 바울의 육체적 가시가 요구하는 모든 특징들을 모두 충족시키고 있다고 결론을 내리는 것이 합리적인 것으로 보인다. 또한 이런 견해는 육체의 가시가 두통이라고 묘사했던 초기의 전통과도 조화를 이루는 장점도 있는데, 그 이유는 말라리아의 두드러진 특징 중의 하나가 환자를 매우 심각하고 무능하게 만들 수 있는 두통(頭痛)이기 때문이다.

위에서 살펴본 대로 윌킨슨의 주장대로 육체의 가시는 말라리아로 해석하는 것이 가장 타당하다. 그러나 사실 '육체의 가시가 무엇이냐?' 하는 것은 별로 중요하지 않다. 중요한 것은 복음을 위해 살고 하나님의 나라와 영광을 위해 살려는 하나님의 사람에게도 육체의 가시가 있을 수 있다는 사실이다. 성령의 충만을 받고 능력있는 삶을 살며 결혼도 하지 않고 오직 복음만을 위해 살고자 했던 사도 바울에게도 육체의 가시가 있었다. 마찬가지로 오늘도 하나님의 일을 하는 사람에게 가시가 있을 수 있다. 성령충만한 사람에게도 고난의 가시가 있을 수 있다. 복음을 위해 살고자 하는 사람에게도 육체의 가시가 있을 수 있다. 죄를 지어서만 고난이 오는 것이 아니다. 기도가 부족하기 때문에 고난의 가시가 주어지는 것만도 아니다. 신비스러운 은혜를 체험한 사람에게도 은혜 충만한 사람에게도 고난의 가시가 주어진다.

바울은 이 육체의 가시가 그에게 너무나 괴롭고 힘들어서 그는 하나님께 기도하였다.

"이것이 내게서 떠나기 위하여 내가 세 번 주께 간구하였더니"(8절).

바울은 여기서 세 번 주께 간구하였다고 했는데 이 말은 문자적인 세 번이라기 보다는 여러번 간절히 기도한 것을 의미한다. 그런데 하나님께서는 이 바울의 기도에 어떻게 응답하셨는가?

"내게 이르시기를 내 은혜가 네게 족하도다 이는 내 능력이 약한데서 온전하여 짐이라"(9절).

이것은 사실 따지고 보면 하나님은 육체의 가시를 제거해 달라는 바울의 간절한 기도를 거절하신 것이다. 그런데 기도를 거절당한 바울의 반응은 어떠했는가?

"이러므로 도리어 크게 기뻐함으로 나의 여러 약한 것들에 대하여 자랑하리니 이는 그리스도의 능력으로 내게 머물게 하려 함이라"(9절 하).

바울은 도리어 크게 기뻐했다. 왜 그랬을까? 자신에게 육체의 가시를 주신 하나님의 뜻을 알았기 때문이다. 하나님의 섭리와 주권을 믿었기 때문이다. 바울은 지금 자신에게 있는 육체의 가시가 바로 하나님의 은혜임을 깨달았다. 그러면 왜 하나님은 육체의 가시를 주셨는가?

첫째는, 자고하지 않게 하시려고(7절) 즉 스스로 교만하지 않도로 하기 위해서 육체의 가시를 주셨다는 것이다.

둘째는, 그리스도의 능력이 내게 머물도록 하기 위해서이다. 구약에 하나님의 성전에 영광의 구름이 머물러 있었던 것처럼 바울 자신에게 하나님의 능력이 계속하여 머물러 있도록 하기 위해 육체의 가시를 주셨다는 것이다.

"이는 내가 약할 그때에 곧 강함이니라"(10절 하).

우리의 육체의 가시는 무엇인가?

그것이 육체의 질병일 수도 있으며, 가난일 수도 있으며, 배우지 못한 짧은 학벌일 수도 있으며, 신체적인 장애일 수도 있다. 그리고 남모르는 약점이나 과거, 혹은 좋지 못한 환경과 조건일 수도 있다. 그러나 그 육체의 가시가, 자신의 약함이 무엇이든지 상관없다. 왜냐하면 나의 약함이 곧 주님의 강함을 체험하는 지름길이 되기 때문이다.

2. 바울의 전도여행

스데반이 돌에 맞아 순교를 당한 후 예루살렘 교회는 핍박을 당하게 되어 유다와 사마리아 지방의 전역으로 흩어지게 되었다. 그런데 이것은 도리어 기대하지 않았던 축복으로 나타났다. 박해로 인하여 이리 저리로 흩어진 그리스도인들은 곳곳에서 하나님의 말씀을 증거하였기 때문이다. 전도자 빌립은 사마리아 성내에서 전도하여 많은 사람을 개종케 하였고, 그 후 다시 하나님의 성령의 인도하심을 받아 예루살렘과 가사 사이의 길인 광야에서 에디오피아 여왕의 국고를 맡아보는 내시를 개종케 하였다(행 8:39). 틀림없이 그 내시는 후에 본국에 돌아가서 그의 백성들에게 복음을 전하였을 것이다. 이와 같이 그리스도인들의 전도사역은 성공적인 결과를 가져오게 되었다. 성경은 다음과 같이 묘사하고 있다. "주의 손이 저들과 함께 함으로 많은 무리가 믿고 주께로 돌아오더라." 주님의 손이 복음의 열매를 이루어 내셨던 것이다. 안디옥도 마찬가지였다. 사도행전 11:19-21에 보면 수리아의 안디옥 교회의 형편에 대하여 다음과 같이 기록하고 있다.

> "때에 스데반의 일로 일어난 환난을 인하여 흩어진 자들이 베니게와 구브로와 안디옥까지 이르러 도(道)를 유대인에게만 전하는데 그 중에 구브로와 구레네 몇 사람이 안디옥에 이르러 헬라인에게도 말하여 주 예수를 전파하니 주의 손이 그들과 함께 하시매 수다한 사람이 믿고 주께 돌아오더라."

이 본문이 보여주는 사실은 주님의 세계 선교의 지상명령(마 28:16-20)이 스데반이 순교 사건으로 인해 유대와 사마리아로 전파되고 마침내는 그 흩어진 성도들에 의해 '수리아의 안디옥'이란 이방에까지 전파되었다는 것이다. 그런데 이방 전도의 주체가 흩어진 평신도들에 의해 이루어지고 있었다는 점이다. 안디옥 교회는 유대인들과 이방인들로 이루어졌다. 이곳에서는 두 가지 운동이 동시에 진행되고 있었는데 한가지는 예루살렘 출신의 유대 기독교인들이 주체가 되어 복음을 전한 운동이었는

바울의 1차 전도여행

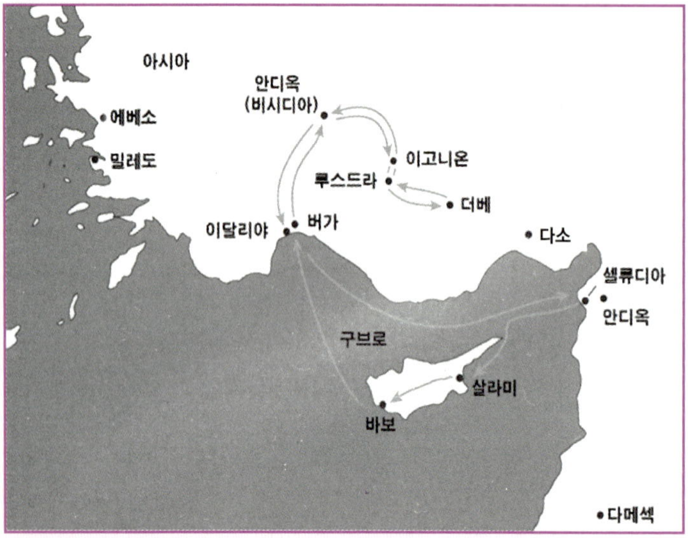

데 그 대상은 유대인들이었다. 또 하나는 구브로와 그레데 출신 헬라인들이 전개한 헬라인(이방인) 전도 운동이었다. 두 운동은 하나의 목표를 가지고 있었는데 그것은 주 예수를 전하는 것이었다. 이 두 운동은 하나로 통합되었다. 주님의 손이 전도자들과 함께 하였던 것이다. 안디옥에 교회가 세워졌다는 소식은 즉각 예루살렘 교회에 전해졌다. 이 소식의 사실 여부를 조사하는 것은 교회의 중요한 관심사가 되었다. 예루살렘 교회는 바나바를 안디옥 교회로 파송했다. 바나바는 착한 사람이요, 성령과 믿음이 충만한 사람(행 11:24)이었다. 바나바가 안디옥에 이르렀을 때 그는 안디옥 교인들이 주께 집착해 있음을 보고는 마음속으로 매우 기뻐했다. 그리고 안디옥에 있는 성도들 가운데 성령께서 역사하신다는 사실을 즉시 간파했다. 바나바가 안디옥 교회에서 사역을 시작하면서 믿는 무리의 수가 더

제1차 전도여행

- 전도 여행 기간 : 주후 47–48년(대략2년)
- 전도 여행 거리 : 대략 2240km
- 전도대 : 바울, 바나바, 마가 요한
- 전도 여행 지역 : 안디옥 ⇨ 이고니온 ⇨ 루스드라 ⇨ 더베 ⇨ 루스드라 ⇨ 이고니온 ⇨ 안디옥 ⇨ 버가 ⇨ 앗달리아 ⇨ (수리아의) 안디옥

욱 많이 늘어났다. 신자들이 놀라운 속도로 증가하였기 때문에 돕는 일손이 더 많이 필요하게 되었다. 바나바는 예루살렘의 사도들뿐만 아니라 다소의 사울(바울)로부터 도움을 얻기로 결정했다. 그리하여 바나바는 다소에서 바울을 데려와서 1년 동안 안디옥 교회를 섬기게 했다. 바나바와 사울의 만남은 교회의 발전에 큰 의미를 부여한 사건이었다. 사도행전 11:26에 보면 바나바와 바울이 섬기고 있는 안디옥 교회의 목회 사역에 대하여 "큰 무리를 가르쳤고"라고 표현하고 있다. 사역에 대단히 성공적이었다는 말이다. 그리고 이곳에서 처음으로 예수님의 제자들(넓은 의미에서)이 '그리스도인'(행 11:26)이라 불리게 되었다. 명실공히 안디옥 교회는 바울의 전도 여행을 위한 전초 기지가 되었으며 이방 선교의 중심지가 되었다.

(1) 제1차 전도여행(행 13:1-14:28)

"주는 것이 받는 것보다 복이 있다"(행 20:35)는 말씀대로 수리아의 안디옥 교회는 보다 광범위한 선교 사업을 위한 본부가 되었다. 교회의 지도자들은 성령의 권하심을 받아 바나바와 사울이 복음을 새 지역에 뻗어 나가게 하는 보다 큰 일을 하는데 헌신케 하였다. 누구를 보내야 하는가에 대하여 성령은 구체적으로 지시하셨으나 어디로 보내야 하는 가에 대해서는 아무런 언급도 하지 않았다. 선교지를 정하는 이 문제는 안디옥 교회 성도들이 기도하면서 결정해야 할 문제였다. 왜냐하면 그들은 성령의 사람들이었고 성령의 인도하심에 민감한 사람들이었기 때문이다.

구브로(Cyprus)에 전파된 복음(행 13:4-12)

첫번째 선교지는 구브로(Cyprus) 섬으로 결정되었다. 안디옥 교회에는 구브로 출신들이 많이 있어서 그들이 중심이 되어 헬라인들에게 복음을 전하고 있었다. 또한 구브로는 바나바의 고향이었다. 구브로섬과 밀접한 관계를 맺고 있던 안디옥 교회는 바나바와 사울을 격려하여 구브로에 보냈다. 그들은 요한 마가를 같이 데리고 갔다. 바나바의 생질(조카)이었던 마가는 바나바와 사울이 예루살렘에서 데리고 온 형제였

눈먼 엘루마와 서기오 바울을 회심시키는 바울 사도

다. 안디옥의 항구인 실루기아를 떠나면서 그들은 구브로(Cyprus) 섬을 향해 첫 선교 여행을 출발하였다. 구브로 섬에 도착한 그들은 살라미의 회당에서 그들의 선교 사업을 시작하였다. 살라미는 그 섬 동편의 끝에 있는 가장 큰 항구로 상업적 중심지였다. 그들은 유대인의 회당에서 그들의 복음을 전하면서 마침내는 로마 정부의 본거지요 서쪽 항구인 바보(Paphos)에 도착했다. 바보에서 로마의 총독 서기오 바울이 바나바와 사울에게 사람을 보내어 하나님 말씀 듣기를 요청했다. 그런데 그 곳에 엘루마라고 하는 마술사가 있었다. 그는 총독으로 하여금 하나님의 말씀을 믿지 못하도록 방해를 했다. 그는 악당으로 지목되었다. 바울이 그를 향하여 말하기를 "모든 궤계와 악행이 가득한 자요 마귀의 자식이요, 모든 이의 원수여, 주의 바른 길을 굽게 하기를 그치지 아니하겠느냐 보라 이제 주의 손이 네 위에 있으니 네가 소경이 되어 얼마 동안 해를 보지 못하리라"고 했다. 엘루마는 곧 소경이 되었다. 이 모양을 본 서기오 바울(Sergius Paulus)은 사울과 바나바가 과연 하나님의 보내심을 받은 사람임을 확신했다. 마침내 총독은 믿음을 갖게 되었다. 최초의 선교 여행에서 그렇게 저명한 인물이 주께로 돌아왔다는 사실은 선교사들에게 큰 격려가 되었다. 구브로 총독의 개종은 기독교가 최고의 상류 사회에까지도 영향을 끼칠 수 있는 힘을 가지고 있음을 입증해 준다. 그런데 사도행전에는 이 사건 이후(행 13:13부터) '사울'이란 이름 대신 '바울'이라고 부를 뿐 아니라 선교의 주도권이 바나바에서 바울로 옮겨지는 것으로 나타나고 있다.

'바울과 및 동행하는 사람들'이 구브로를 떠났다는 표현은 바울이 이제 선교 여행에서 주도적 역할을 맡게 되었음을 증명한다. 서기오 바울 사건이 있은 직후 바울이 선교 여행을 주도하기 시작한 것은 조금도 놀라운 일이 아니다. 바울은 바보를 떠나 밤빌리아에 있는 버가항에 항해했다. 왜냐하면 그 복음 여행의 지도자로 불리었기 때문이다. 밤빌리아는 소아시아의 남쪽 해안에 위치한 조그마한 로마의 지역으로 북쪽으로는 비시디아 갈라디아와 인접하고 그 동쪽에는 실루기아가 있었고 서남쪽에는 러시아가 있었다. 밤빌리아는 한 지역으로서 어느 정도의 중요성도 갖지 못했다. 그 복음 전도자들 즉 바나바와 바울은 버가에 도착했고 그곳에서 요한 마가는 그들을 떠나 예루살렘으로 돌아갔다. 왜 요한 마가가 예루살렘으로 돌아갔는지는 알 길이 없다. 그러나 바울과 마가는 그다지 사이가 좋지 않았던 것 같다(행 15:38). 최초의 선교 사역에 있어서 벌써 의견 충돌이 있었다는 사실은 그 이후의 교회 역사에서 이와 비슷한 사례들이 계속해서 일어나리라는 점을 보여준다.

비시디아 안디옥에서(행 13:13-41)

바울과 바나바는 내륙을 거쳐 비시디아 안디옥까지 갔다. 그곳에서 바울은 남갈라디아에 복음을 전하기 시작했다. 그가 갔던 길은 그 땅의 중심 대로였다. 그 길은 버가로부터 안디옥까지 약 100마일이 뻗혀 있었다. 그리고 해발 3600피트에 높이 언덕을 지니고 있었다. 그 길은 강도들에 의해 자주 사고가 발생했기 때문에 그 길은

비시디아 안디옥의 잔해▶

비시디아 안디옥의 수로 잔해▼

어렵고 위험했다. 비시디아 안디옥은 프리기아 지방에 있는 한 그리스의 도시였다. 아우구스투스가 거기에 가이사랴라고 불리는 로마 식민지를 세웠다. 그리고 그곳을 군대를 위한 중요 군사 기지로 삼았다. 이곳에 온 첫 안식일날 바울과 그의 일행은 회당장에게 초청받아 전도할 수 있는 기회를 갖게 되었다. 이곳에서 바울은 그들에게 최초로 복음 전도 설교를 했다. 사도행전 13:15-42에 기록된 설교는 율법 아닌 그리스도의 믿음으로 구원받음을 강조했다. 안디옥의 설교에서 바울은 유대교의 가르침을 정면으로 거부하기보다는 오히려 그의 청중들에게 구약에서 예언한 메시야가 바로 '나사렛 예수'라는 것을 설명하는 방법을 취했다. 바울의 설교에 대한 반응은 세차게 일어났다. 개종자와 이방인들의 반응은 호의적이었다. 그러나 유대인들은 그곳의 로마의 고관 부인들과 남편들을 충동하여 바울은 많은 매를 맞고 추방당하게 되었다. 바울과 바나바가 안디옥 시를 떠나면서 발의 먼지를 떨어버린 것은 안디옥의 사람들이 복음을 거부했음을 의미한다. 바울의 비시디아 안디옥에서의 전도는 외적인 면에서만 볼 때는 비참한 실패를

가져왔다. 그러나 그곳에 유대인의 회당과는 구별된 순수한 이방인만으로 구성된 최초의 교회가 설립되었다. 비록 바울과 바나바는 안디옥에서 추방당했으나 그곳에 설립된 새 교회는 자립할 만큼 충분히 성장하여 있었다. "기쁨과 성령이 충만한 교회"(행 13:52)로 성장하였던 것이다.

이고니온과 루스드라(행 14:1-8)

비시디아 안디옥을 떠난 바울 일행은 동편 길을 따라 이고니온(Iconium)에 도착했다. 이고니온은 브리기아 갈리티카에 있는 도시로서 주전 25년부터 갈리디아의 로마령에 편입된 도시였다. 그곳에 도착하자마자 그들은 회당으로 들어갔다. 이것이 그들의 복음전도 전략이었다. 그들은 복음을 전파할 기회를 받았고 안디옥에서 보다 더 오랫동안 아주 효과적으로 복음을 전했다. 성경은 "유대와 헬라의 허다한 무리가 믿더라"(행 14:1)고 언급하고 있다. 그러나 이곳에서도 유대인의 반대에 부딪쳤다. 이고니온의 유대인들은 이방인 청중들이 사도들에게 악심을 품게 만드는 것이었다. 그들은 두 사도를 돌로 치려 하였다. 결국 바울 일행은 이곳을 피하여 루가오니아 지방으로 갔다. 이곳은 루스드라와 더베가 있는 지역이었다. 루스드라의 사람들은 완전히

오늘날의 이고니온

루스드라와 더베가 있는 루가오니아 산지

이방인과 이교도들이었다.

바울은 그의 청중들이 참되신 하나님과 구약 성경에 대한 어떤 지식을 가지고 있다고 생각할 수가 없었다. 그런데 이곳에서 복음을 증거 하기 위한 하나의 이적이 일어났다. 그것은 하나님의 역사였다. 그 이적은 나면서부터 앉은뱅이가 고침을 받아 뛰어 걷게 된 것이다. 선천적으로 질병에 걸려 있던 사람이 기적적으로 치료되자 적지 않은 소동이 일어날 수밖에 없었다. 특별히 이곳에는 제우스와 헤르메스를 숭배하는 종교가 성행하고 있었다. 그들은 자신들이 섬기던 특별한 신들이 자신들을 방문했다는 믿음을 유감 없이 두 사도들에게 적용했다. 그래서 바나바를 '쓰스'(제우스신)라고 부르고 바울을 '허메'(제우스신의 대변자)라고 불렀다. 그리고 그들에게 제사를 드리려고 했다. 두 사도는 자신들이 평범한 인간에 지나지 않음을 나타내는 증거로 옷을 찢었다. 이러한 사람들에게 행한 사도 바울이 행한 설교가 사도행전 14:15-17에 기록되어 있다. 이 설교에서 바울은 거짓된 신을 버리고 살아 계신 하나님으로 돌아오라고 권면하였다. 바울에게 루스드라에서도 핍박이 따라왔다. 안디옥과 이고니온에서 바울 일행을 박해한 유대인들은 심지어 이방인의 지역까지 추적했다. 그래서 루스드라의 군중들을 선동하여 유대인들은 바울을 돌로 때렸다. 바울은 돌에 맞아 초죽음이 되었다. 바나바는 피했던 것으로 보인다. 유대인들은 그가 죽은 줄 알고 성밖에 끌어다 버렸다. 몇몇 기독교인들이 서둘러서 바울을 도왔으며 바울은 가까스로 목숨을 부지하여 바나바와 합류할 수 있었다. 그러나 이곳에서 바로 디모데가 회개하게 된 사실을 주목해야 할 것이다.

제1차 전도여행의 종결(행 14:19-28)

바울과 바나바는 원기를 회복해서 더베로 갔다. 이곳은 바울의 1차 전도 여행의 실질적인 종착역이다. 그들은 그곳에서 복음을 전하고 동시에 많은 제자들을 모으게 되었다(행 14:20, 21). 그 후 바울과 바나바는 전에 전도하였던 장소들, 곧 루스드라, 이고니온, 인디옥 등 문제 많은 지역을 다시 순회하면서 "믿음에 거하라"(행 14:22)고 권하였다. 돌아오는 길에 바울과 바나바는 각 교회마다 장로들을 세웠고, 전도 여행을 떠났던 수리아의 안디옥으로 되돌아 왔다. 남쪽 갈라디아를 통과한 여행을 통해서 이방인들이 개종했고, 이방인 교회가 설립되었다. 유대인들의 박해는 아주 강력했지만 그 영향력은 점차 줄어들기 시작했다. 반면에 그리스도의 복음은 더욱 불꽃처럼 퍼져 나갔다.

예루살렘 공의회(주후 50년, 행 15:1-35)

예루살렘 공의회가 열리게 된 원인에 대하여는 사도행전 14:27-15:2에서 언급하고 있다. 공의회가 열리게 된 계기는 이방인들을 중심으로 일어난 문제가 그 시초가 되었다. 엄격한 유대인들은 할례받지 않은 참된 하나님의 백성이란 상상조차도 할 수 없었다. 정통 유대교적 사고방식에서는 '할례 받지 않는 자'는 열등하고 저급한 종족에 불과했다.

바울과 바나바와 수리아의 안디옥에 있는 교회로 돌아 왔을 때 그들은 교회가 소동 가운데 있는 것을 보았다. 예루살렘으로부터 유대인의 믿는 자 몇 명이 안디옥 교회(이방인의 교회)로 들어가서 큰 소리로 만약 이방인들이 율법에 따라 할례를 받지 못한다면 그들은 구원을 받지 못할 것이라고 주장했다. 그래서 이전에 그렇게 배우지 않았던 이방인들은 어려움에 빠졌다. 만약 그들이 유대인들의 주장을 따른다면 이방인들은 유대인들의 의식 준수를 해야 했고 그것을 통해 구원의 상태에 이르게 될 것이었다. 그러나 만약 이방인들이 이것을 거절한다면 그들은 하나님의 옛적에 말씀하신 계시(구약의 율법 준수 부분－할례를 받아야 한다는 것)의 유용성을 거부하고 유대인의 형제들과 멀리하게 될 것이라고 생각했다. 마침내 바울과 율법주의자들 사이에 "적지 않은 다툼과 변론이 일어"(행 15:2)나게 되어 이제 바울이 이방에 전한 "복음의 진리"(갈 2:5)는 위험에 처하게 되었다. 이방인 성도들은 이 문제로 마음에 고통(행 15:19)을 가지게 되었다. 바로 이때에 바울과 바나바가 몇 사람을 대동하고 예루살렘으로 올라가도록 안디옥 교회가 결정하였다(행 15:1). 거기서 그 문제는 바울과 바나바를 포함한 사도들과 안디옥 교회의 대표자들과 예루살렘에 있는 교회로 구성된 회의에서 공개적으로 논의되고 있었다. 전에 유대교였던 신자들은 형식에 치우친 면을 주장하였다. 그들은 율법의 준수가 신자의 믿음에 더하여져야 한다고 생각하였다. 이때 베드로는 여기에 반대의 입장을 옹호하여 고넬료의 집에서 있었던 그의 체험을 인용하여 말했다. 그는 이방인들이 먼저 율법에 의함이 없이 성령을 받았다면 하나님께서는 이미 그들을 인정하셨음을 나타낸 것이라고 주장했다. 그는 말하기를 "우리(유대인 기독교도)가 저희(이방인 기독교도)와 동일하게 주 예수의 은혜로 구원받는 줄을 믿노라"(행 15:11)고 했다. 베드로는 한 걸음 더 진전 시켜 할례는 이방인들이 질 수 없는 멍에라고까지 말하였다. 바울과 바나바는 그들이 최근 여행하는 중 이방인들에게 나타나신 하나님의 능력의 '표적과 기적'을 설명하였다. 베드로, 바나바, 바울이 회의에서 말을 마치자 야고보가 나서서 세 사람의 말을 요약하여 결론을 내렸다. 이 야고보는 예수님의 형제 야고보로서 회의를 주재하는 의장 역할을 맡고 있었다. 그는 엄격한 유대 기독교인들과 같은 입장을 취하고 있었다. 그러나 그가 내린 결론은 이방인 가운데서 하나님께로 돌아오는 자들을 괴롭게 하지말고 모세 율법의 멍에를 지우지 말자는 것이었다. 그는 다음 네 가지 사항을 이방인들로 하여금 실천하게 하자고 제안했다. ① 우상의 더러운 것, ② 간음, ③ 목매어 죽인 것, ④ 피를 가까이 하지 말 것 등이었다. 위의 전자의 두 가지는 원래 도덕적인 성격을 띤 것으로 어느 경우에서나 믿는 자들에게 요구되어진 것이었다. 다음 후자의 두 가지는 유대인과 이방인들간의 예의의 문제였다. 야고보의 제안은 그 회의에서 받아들여졌다. 이러한 예루살렘 공회의의 결정은 유다와 실라를 보냄으로써 공적으로 전달되었다(행 15:23-29). 누가는 이 부분을 이렇게 기록하고 있다.

> "저희가 작별하고 안디옥에 내려가 무리를 모은 후에 편지를 전하니 읽고 그 위로한 말을 기뻐하더라"(행 15:30).

2) 제2차 전도여행(행 15:36-18:22)

바울과 바나바는 안디옥으로 돌아온 후 얼마 동안 가르침과 복음 전파를 하고 있

바울의 2차 전도여행

제2차 전도여행

- 전도 여행 기간 : 주후 49-52년 • 전도 여행 거리 : 대략 4500-5600km
- 전도대 : 바울, 실라, 디모데
- 전도여행지역 : 안디옥 ⇨ 더베 ⇨ 루스드라 ⇨ 드로아 ⇨ 사모드라게 ⇨ 네압볼리 ⇨ 빌립보 ⇨ 압비볼리 ⇨ 아볼로니아 ⇨ 데살로니가 ⇨ 베뢰아 ⇨ 아덴 ⇨ 고린도 ⇨ 겐그레아 ⇨ 에베소 ⇨ 가이사랴 ⇨ 예루살렘 ⇨ 안디옥

었다(행 15:35, 36). 바울은 그들이 어느 정도 발전하고 있는가를 알기 위해서는 갈라디아 교회를 다시 방문하는 것이 좋다고 제의하였다. 바나바도 이에 뜻을 같이하면서 그는 이전의 여행에서 그들을 버가에서 떠난 마가라 하는 요한을 데리고 가기를 원했다. 그러나 바울은 마가가 신뢰성이 없다고 생각하여 이의를 제기하였다. 그러나 바나바는 그에게 두번째의 기회를 주기를 원했다. 결국 이 두 사람은 서로 일치하지 못하여 서로 떠나 일할 범위를 나누어 정했다. 바울은 실라와 함께 수리아와 길리기아를 거쳐 육로로 북쪽까지 나아갔다(행 15:41). 그곳에서 그는 복음 전도를 시작하였다(행 11:25, 갈 1:21). 마가를 수행한 바나바는 그의 고향 땅인 구브로를 향해 항해하였다.

디모데의 합류(행 16:1-5)

바울은 수리아의 문들을 통해 북쪽으로 여행하면서 그의 이전의 노선을 바꾸어 먼저 더베와 루스드라를 방문했다. 루스드라에서 그는 디모데를 알게 되었는데 그의 아버지는 헬라인이었지만 그의 어머니는 유대인이었기 때문에 유대적인 교육을 받고

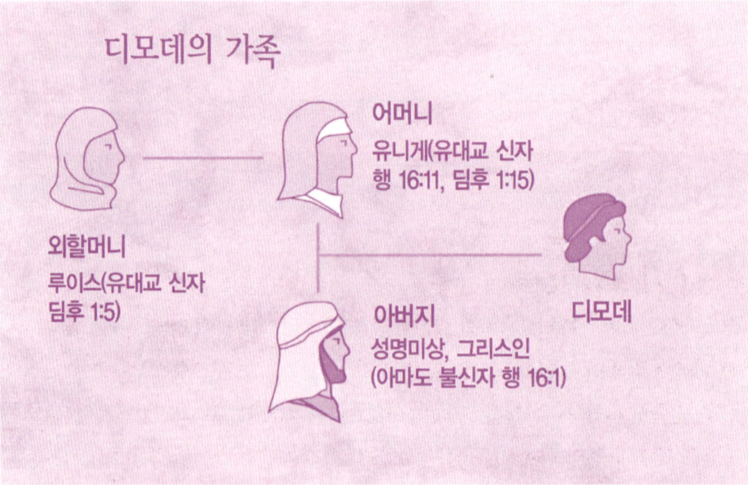

자라났다. 그는 어머니 유니게와 외조모인 로이스의 도움을 받아 성경에 정통할 수 있었다(딤후 1:5, 3:15). 디모데는 바울과 함께 가기를 원했으며 할례 받는 것도 기꺼이 수락했다. 바울은 여기서 디모데에게 할례를 행하였다. 왜냐하면 유대 사회에서 그의 정통성 여부가 할례 받지 못한 혼혈아로서 의심을 받을 가능성도 있기 때문이었다. 디모데는 구원의 조건으로 할례 받은 것이 아니며 율법의 의무를 지킨다는 증거로서 할례 받은 것은 아니었다. 그는 부분적으로 유대인이었기 때문에 순수한 이방인은 아니었다. 바울이 디모데에게 할례를 베푼 것은 편의상의 문제였다. 디모데가 할례 받지 않은 상태로 남아 있게 되면 바울이 유대인들 사이에서 사역을 할 때 방해물이 될 수도 있었기 때문이다. 그는 완전한 이방인인 디도가 할례를 받아야만 한다고 권하지는 않았다(갈 2:3). 제 2차 전도 여행에서 부여된 바울의 중요한 임무 가운데 하나는 예루살렘에서 내린 결정을 전달하는 것이었다. 그래서 바울과 실라는 만나는 교회마다 예루살렘 공회의의 결정을 전달했다. 바울이 갈라디아 교회를 다시 방문하면서 그곳에 복음전도 활동은 더욱 활발해졌다. 많은 수가 날마다 더하여졌다.

유럽으로(행 16:6-15)

아시아 지역은 복음을 전하기에 적합한 장소였다. 그곳에는 인구가 많았으며 중요한 도시들도 많았다. 사실상 바울은 후에 에베소에서 3년을 보냈으며 이 기간 동안에 그 지역에 많은 다른 교회들도 설립했다. 후에 아시아의 일곱 교회는 요한계시록에도 언급되어 있다. 그런데 어떤 이유 때문에 성령께서 이 시점에서 바울로 하여금 아시아에서 복음을 전하지 못하도록 막으셨다. 바울와 그의 동료들은 아시아 변경을 돌면서 갈라디아령에 인접한 브루기아 지방을 통과해야 했다. 마침내 그들은 아시아와 비두니아가 만나는 북쪽 지방에 도착했다. 바울을 비두니아가 적합한 선교 지역이라 생각했다. 그러나 바울과 그의 동료들은 다시 한번 성령의 제제를 받았다. 바울이 2차 여행을 하기 전에 두 번씩이나 성령의 제지를 받았다는 사실은 그가 하나님의 뜻에 민감했음을 보여준다. 그가 하나님의 목적을 알게 된 것은 아시아 북서 해안에 있는 항구도시인 드로아에 도착했을 때였다. 바울은 그 다음의 길 안내를 환상을

❶, ❷ 소아시아 건너편 마게도냐 도시

통해서 받았던 것이다. 바울은 밤의 환상 가운데서 마게도냐 사람 하나가 서서 그에게 청하여 가로되 "마게도냐로 건너와서 우리를 도우라"하는 것을 보았다(행 16:9). 즉시 바울은 출발하여 드로아와 마케도니아 사이의 높은 바위가 많고 산림 지역인 중간에 있는 사모드라게에서 잠시 쉰 후 현대의 카발라인 네압볼리라는 항구에 도착하였다. 그는 드로아로부터 누가의 수행을 받았다(행 16:11-40).

빌립보(행 16:11-40) - 유럽 선교의 전초 기지

바울과 그 일행은 네압볼리로부터 에그나티안 길을 따라 육로로 빌립보까지 여행하였다. 알렉산더 대왕의 아버지인 필립(Philippi)의 이름을 따서 이름지어졌던 빌립보는 에게해(Aegean Sea)로부터 내륙으로 약 10마일 정도 떨어져 있었다. 주전 4세기에 처음으로 사람들이 정착하기 시작했던 이 도시는 필립 시대부터 그 탁월함을 드러내 보였다. 그는 자기의 군대를 증강하기 위해 그 도시 근처에 있는 금광을 채굴했다. 그는 이 군대로 그리스의 도시들을 정복할 수 있었다. 후에 알렉산더는 아시아

빌립보

를 정복하기 위한 대대적인 군사행동을 감행하려고 병력을 아시아로 데려갔다. 빌립보는 에그나티아 도로(Egnatian Road) 상에 있다. 이 군사 도로는 로마인들에 의해 만들어졌는데, 마케도니아를 가로질러 거의 400마일의 거리가 된다. 주전 42년에 그 도시 근처에서 벌어졌던 결정적인 전투는 (쥴리우스 케사르를 암살했던 공모자들인) 브루투스(Brutus)와 카시우스(Cassius)가 한 편이 되어 다른 편인 옥타비안과 안토니에 대항하여 일으킨 것이다. 이 전투의 결과로 로마의 공화정은 끝나고 옥타비안(아우구스투스 케사르)을 그 첫번째 머리로 한 제정(로마제국)으로 대체되었다.

누가는 이 도시에 대해 두 가지를 언급하고 있다. 첫째는 빌립보가 마케도니아 지역의 첫째 가는 도시이며 둘째는 로마의 식민지라고 언급했다(행 16:12). 빌립보가 로마의 식민지였다는 그의 발언은 흥미롭다. 그 도시의 주민은 대부분 로마인이었다. 옥타비안은 빌립보 전투 후에 그의 휘하에 있는 정예 군인들 가운데 다수를 그곳에 정착시켰다. 이런 까닭에 누가는 그 도시의 통치자들을 일반적으로 '장군들'을 뜻하는 스트라테고이로 명명하고 있는데, 그 말은 다른 곳에서 공식적인 라틴어인 집정관들(praetors)을 가리키는 대중적인 칭호로 나타난다. 이러한 누가의 설명은 빌립보라는 도시가 로마적 성격이 아주 강했다는것을 보여주고 있는것이다. 후에 빌립보는 로마의 한 식민지로 퇴역 군인들이 그곳에서 살았다. 그 주민들은 로마의 시민권과 더불어 모든 권리와 특권이 인정되었다.

그러나 유대인의 인구가 적은 것이 분명하다. 거기에는 회당도 없었다. 그래서 바울은 오직 하나의 기도 모임을 발견했는데 그것도 그 도시 밖에서 열렸다. 바울은 빌립보에서 처음 사역을 시작할 때 강가에서 루디아를 만나게 된다. 루디아는 빌립보 토착민은 아니었다. 그녀는 아시아 지방에 있는 두아디라에서 온 여인이었다. 고향에서 자주 장사를 하던 사업가인 루디아는 아시아에서 유대적인 신앙에 정통했던 여인이었다. 회당이 없었기에 루디아와 다른 경건한 여인들은 강가에서 기도모임을 정기적으로 갖고 있었다. 루디아는 그 모임의 지도자이었음에 틀림없다. 바울은 이 여인들에게 복음을 상세하게 설명해 주었다. 주님은 루디아의 마음을 여셔서 바울의 말에 귀를 기울이도록 하셨다. 루디아가 세례 받음으로써 주님께 순종하게 되었을 때, 그녀는 바울과 그 일행을 자기 집에 초청하고 거기서 묵도록 했다. 이 사건은 마게도냐 사람의 환상을 통해서 나타난 하나님의 인도하심에 대한 최종적인 도장을 찍는 것이었다.

바울 일행은 루디아의 집에서 환대를 받은 후에도 계속해서 기도처를 빈번히 방문했다. 그런데 도중에 그들은 예기치 않았던 도전에 직면했다. 귀신에 사로잡힌 소녀를 바울이 고쳐주었던 것이다. 이로 인해 그 주인들이 격노하였는데 그들은 귀신들렸던 소녀의 점(점치는 것)으로부터 상당한 이익을 보고 있었는데 이익이 침해당한 것을 간파한 주인들은 가능한 모든 방법을 동원하여 바울 일행을 괴롭히기 시작한 것이었다. 그래서 그 주인들은 바울과 실라를 선동 혐의를 씌우고 "이 사람들이 유대인인데 우리 성을 심히 요란케 하여 로마 사람인 우리가 받지도 못하고 행치도 못할 풍속을 전한다"(행 16:20, 21)고 주장하여 소란 죄로 바울과 실라를 고소했다. 그들은 바울과 실라가 유대인이며 그들의 교리는 로마인들이 받아들일 수 없는 것이라고 주장했다. 이 말들로 군중들이 충분히 흥분되었다. 결국 자세한 조사도 없이 집정관들은 그들의 옷을 벗기고 때리며 착고에 채워진 채 깊은 감옥 속에 갇혔다. 그러나 하나님의 역사는 이 빌립보 감옥에서 일어나게 되었다. 고문을 받아 온몸이 상처투성이가 되고 발에는 쇠고랑을 찬 바울과 실라는 역경 속에서도 밤중에 그들은 여전히 기도를 드리고 찬송을 했다. 다른 죄수들이 그들의 신앙에 귀를 기울여 듣고 있을 때 갑자기 옥문이 흔들리더니 문이 열리고 죄수들을 묶었던 쇠고랑이 풀렸다. 잠을 깬 간수는 옥문이 열려 있는 것을 보고 그의 죄수들이 탈옥한 것이라고 생각했다.

직무 태만으로 인해서 사형을 받기보다는 차라리 자결하기로 결심하고 그의 칼을 뽑았다. 바울은 거기에 머물러 있으면서 이렇게 말했다. "네 몸을 상하지 말라 우리가 다 여기 있도다"(행 16:28). 간수는 옥문이 열리고 죄수의 착고가 풀리게 된 것은 모두가 하나님께서 하신 일인 줄 알게 되었다. 그래서 그는 바울과 실라 앞에 엎드려 그는 이렇게 물었다. "선생님들이여! 내가 어떻게 하여야 구원을 얻으리이까?" 바울은 이렇게 대답했다. "주 예수를 믿으라 그리하면 너와 네 집이 구원을 얻으리라"(31절). 누가는 덧붙여 기록하기를 "주의 말씀을 그 사람과 그 집에 있는 모든 사람에게 전하더라"(32절)고 했다. 믿고 회개한 후에 그와 그의 가족들은 세례를 받았다(33절). 그 이튿날 상관들이 아전을 보내어 바울과 실라를 석방시키도록 명령을 했다. 그러나 그들은 거기서 떠나기를 거절했다. 바울은 이 통치자들에게 그들이 범한 몇 가지 과오를 신랄하게 비난했다. ① 미결수를 공중 앞에서 구타한 사실 ② 로마의 시민을 때린 사실 ③ 그들을 투옥한 사실을 폭로했다. 결국 그들은 비굴하다고 생각할 정도로 바울 일행에게 사과했다. 그리고 상관들이 나와서 그들에게 그곳을 떠나 주도록 간청했다.

빌립보에서의 교회의 조직에 관한 상세한 설명이 없다. 그러나 사도행전의 말씀에는 거기에 많은 신자들 즉 '형제들'이 있다는 뜻이 내포되어 있다(행 16:40). 두 사람은 빌립보를 떠나기 전에 루디아의 집을 방문했고 거기서 다른 신도들을 만났다. 루디아의 집은 이미 교회의 집회 장소가 되고 있었다. 간수의 집도 또 하나의 기독교인 가정이 되어 있었다. 이외에도 바울이 빌립보 교회에 보낸 서신을 보면 클레멘트와 두 여인이 그와 함께 일했다는 기록이 나온다(빌 4:23). 이 두 여인인 유오디아와 순두게 역시 초창기 빌립보 교회에 속한 인물이었음이 분명하다. 주목할 것은 사도행전 16:10에서 시작한 말씀 '우리'라는 말은 빌립보와 더불어 사라지고 바울이 제3차 여행에서 그곳으로 돌아올 때까지 다시 나타나고 있지 않다(행 20:6). 그래서 아마 사도행전의 저자는 그 사이에 그 교회의 지도자로 거기에 남아 있지 않았나 추측하게 한다.

데살로니가(행 17:1–9)

바울과 그의 동료(누가가 포함되지 않는)는 매일 약 30마일씩 비아 에그나티아(Via Egnatia)로 알려준 유명한 길을 따라 빌립보로부터 압미볼리나 아볼로니아에 체류하지 않고 데살로니가(현대 사로니카)로 갔다. 데살로니가는 테르메 만(Thermaic Gulf)의 북단에 위치하고 있었다. 주전 315년에, 알렉산더 휘하의 장군들 가운데 한 사람인 카산더(Cassander)가 그 도시의 재건에 착수했으며 자기 아내 – 그녀는 알렉산더의 의붓 누이였다 – 의 이름을 따서 그 도시를 데살로니가로 명명했다. 현재의 이름은 살로니카(Salonika)이다. 빌립보 전투가 벌어졌을 때 그 도시는 옥타비안과 안토니의 입장을 지지했으며 그들이 승리를 거두었을 때 그것에 대한 보상을 받아, 자유 도시가 되었다(이것은 독자적으로 지방관리들을 가지며, 로마의 주둔군을 받아들이지 않아도 된다는 것을 뜻했다). 이 도시는 그 주위에 6마일이나 뻗어 있고 군데군데 망루가 세워져 있는 성벽으로 막강하게 요새화되어 있었다. 그 유명한 로마의 군사 도로인 에그나티아 길(Egnatian Way)이 그 지역을 둘로 가르며 뻗어 있었다.

데살로니가의 고대탑

데살로니가 항구

데살로니가에 있는
갈레리우스의 문

누가는 분명히 빌립보에 머물러 있었지만 데살로니가의 형편에 대해 잘 알고 있었다. 우리는 그를 통해 시 정부가 어떻게 구성되어 있었는지를 알 수가 있다. 거기에는 대중 집회(행 17:5에 나오는 '백성')와 시의회를 구성하고 있는 5-6명의 사람들 그리고 읍장들(폴리타르카스, 행 17:6)로 알려진 시 당국이 있었다. 데살로니가는 근본적으로 상업 도시였다. 주변 상황을 보면 북쪽에는 상당한 넓이의 기름진 골짜기가 자리잡고 있었고 남쪽으로는 에게 해(Aegean Sea)의 근해가 펼쳐져 있어서 여기저기로 수송이 가능했다. 그 도시의 인구는 이십만명에 달해 복음의 사자들에게 도전이 되었다. 데살로니가에 있는 회당은 광범위하게 뻗친 유대인의 무리에 의해 유지되고 있었다. 뿐만 아니라 회당에 모이는 청중들은 성경 강해에 익숙해 있었으며 그곳을 방문하는 교사들의 말을 청종하는 습관을 갖고 있었다. 바울은 이곳에서 3주 동안 예수 그리스도의 고난과 부활의 메시지를 전하고 메시야을 예수로 분명히 선언하는 설교를 했다. 바울의 주제는 유대인들의 반대에 부딪쳤다. 바울의 세편의 강해 설교는 유대인의 지도자들로 하여금 바울 일행을 그 도시의 선동가로 낙인을 찍고

데살로니가의 아고라 유적

▲ 아고라 유적과 현대도시
◀ 바울의 데살로니가 전도

다시 그를 선동 혐의로 고소하기에 충분했다. 온 성이 요동하는 가운데 그들은 관헌 앞에 끌려갔다. 이 관헌들은 '읍장들'이라 불렀으며 이 명칭은 마게도니아에서만 그 중에서도 특별히 데살로니가에서만 사용되었던 명칭이다. 관헌들은 바울과 실라를 대적하는 조치를 강하게 취할수 없었다. 결국 읍장은 야손과 그 나머지 사람들에게 보수를 받고 놓아주었다. 데살로니가 기독교인들은 바울과 실라가 계속해서 데살로니가에 머물 경우 도움이 되기보다는 짐이 될 수 있다는 사실을 깨달았다. 그래서 바울은 그의 지지자들을 위태롭게 하기보다는 그 도시를 떠나는 편을 택하였다.

베뢰아(행 17:10–15)

바울은 데살로니가로부터 중심 도로에서 떨어진 조그마한 도시인 베뢰아로 갔다. 이곳은 데살로니가로부터 약 60마일 떨어졌다. 베뢰아의 회당은 데살로니가 회당보다 덜 편파적이었다. 바울과 실라는 그곳 회당에서 정중한 영접을 받았으며 그곳의 유대인들이 보다 열린 마음을 가지고 있다는 사실을 알았다. 누가는 그때의 형편을 다음과 같이 기록하고 있다.

오늘날의 베뢰아 모습

"베뢰아 사람은 데살로니가에 있는 사람보다 더 신사적이어서 간절한 마음으로 말씀을 받고 이것이 그러한가 하며 날마다 성경을 상고함으로"(행 17:11).

그래서 베뢰아 사람들은 바울의 복음 전도에 쉽게 귀를 기울였다. 그러나 데살로니가의 불신 유대인들은 이곳까지 따라와 사람들을 움직여 요동케 했고 또한 바울 일행이 떠나도록 강요했다. 그래서 바울은 아덴으로 떠나게 되었다. 바울이 아덴을 향하여 여행하는 동안 실라와 디모데는 베뢰아에 남아 있었으며 후에 바울은 베뢰아의 형제들에게 소식을 보내어 그 두 사람의 합류를 요구했다. 그리고 바울이 아덴에 있을 동안에 두 사람은 그와 합류했다.

아덴(행 17:16–34)

아덴은 자랑스러운 과거를 가지고 있었다. 약 5세기 전에 아덴은 상업적, 정치적 전성시대를 이루었고 바울이 아덴에 있을 때에도 여전히 그리스의 지적 중심지였다. 그리스와 로마의 정복을 위한 전쟁 동안에도 아덴은 파괴되지 않은 채 보존되었다.

아덴의 폐허

파르테논 신전

물론 옛 전성기에 비교해보면 영광이 많이 쇠퇴했던 것은 사실이었다. 그러나 훌륭한 예술품들과 공공 건물들은 아덴의 전성기에 있어서와 꼭같이 보존되었다. 그러나 바울은 아덴의 예술과 건축의 심미적인 아름다움에 인상을 얻지 못하였다. 그는 그 도시가 '우상으로 가득 차서' 오히려 슬퍼했다. 그는 유대인 회당에서 유대인들과 시장터인 광장에서 이교도의 철학자들 가운데서 자유로이 논쟁을 했다. 그리고 '예수와 그 부활'을 전했다(행 17:18). 에피큐리안의 대표자들과 스토아 철학자들은 그의 기이한 말에 매혹되어 그의 견해에 대한 보다 상세한 설명을 듣기 위해 아레오바고에 데려갔다. 아덴 사람들은 종교적인 문제를 다루는데 최고의 권위를 가지고 있는 특별한 회를 열었다. 그 회의는 아주 오랜 전통으로부터 원래부터 아크로폴리스의 서쪽 언덕인 아레오바고에서 열렸다. 바울 당시 아레오바고 회의는 아마도 시장이나 광장에 서 있는 회의소에서 열렸을 것이다. 바울은 바로 아레오바고에서 설교를 한

아테네 아레오파고 언덕

것이다(행 17:22-34). 아레오바고의 청중은 지금까지 바울의 회당에서 만난 청중들과는 전혀 다른 거짓 신을 섬겨온 이방인들이었다. 바울의 복음 전도 설교는 아주 훌륭했다. 그의 설교의 주된 내용은 '참 하나님에 대한 지식'을 보여 주는 것이었다. 그는 유력한 아덴의 호기심에 호소하기 시작하여 그는 도덕적인 심판을 깨닫고 회개하라는 말씀과 더불어 하나님의 복음을 선포했다. 그리스도 안에서의 하나님의 계시를 언급했다. 바울이 부활에 관하여 이야기 하자 많은 청중들로부터 조롱 섞인 반응이 일어났다. 왜냐하면 희랍인들은 영혼의 불멸성을 받아들이면서도 육체의 부활에 대하여는 수긍하지 않았다. 하지만 그 중에서도 소수의 사람들이 신자가 되었다. 그 가운데 한사람은 '디오누시오'였다. 이 사람은 아레오바고 회의의 일원이었는데 유세비우스에 의하면 디오누시오가 아덴의 초대 감독이 되었다고 한다. 또 다른 사람은 '다마리' 라고 하는 여성이다(행 17:34). 이 사람에 대해서는 알려진 바가 전혀 없다. 그리고 초대 시대의 아덴 교회에 대하여는 더 이상의 기록이 없다.

고린도(행 19:1-17)

바울은 아덴으로부터 고린도로 갔다. 이 도시는 고린도의 이스트무스라고 알려진 반도에 위치해 있었다. 이 반도에는 두 개의 항구가 있었는데 하나는 반도 동편에 다른 하나는 서편에 있었다. 지금은 운하를 통해서 이 두 바다가 연결되지만 바울 당시만 하더라도 두 항구의 교역은 육로로 이루어졌다. 이것은 고린도가 전략적으로 중요한 위치에 있었음을 뜻한다. 아덴이 주로 거주 및 교육 도시인 반면 고린도는 상업 제조업 및 무역업에 중심을 이루고 있었다. 주전 146년 로마가 이곳을 파괴한 이후 1세기 후 율리어스 시저가 재건하였다. 그는 주위 변두리의 그리스 사람들과 그의 군대의 퇴역 군인들로 고린도를 식민 도시화했다. 아덴처럼 고린도의 아크로폴리스도 높은 언덕에서 도시를 굽어 보고 있었으며 시장과 광장을 장악하고 있었다. 고린도는 로마 제국에서 네번째로 큰 도시였으며(첫째는 로마, 둘째는 알렉산드리아, 셋째는 안디옥) 인구는 50만에 가까웠다.

고린도는 또한 문화적으로 볼 때에도 교차로에 위치해 있었다. 지중해 지역 여러 곳으로부터 급속히 성장하는 이곳으로 많은 사람들이 몰려 들었다. 애굽인들, 시리아 사람들, 동양에서 온 사람들, 그리고 그곳에 정착한 유대인들 등 각지에서의 다양한 여러 문화가 영향을 끼치었다. 고대 고린도를 일컬어 '죄악의 도시'라고 부를 만 하

고대 고린도 시장과 아폴로 신전

고린도의 아폴로 신전

아크로 고린도 산 정상에 있는 아프로디테 신전

였다. 대체적으로 로마 사회가 도덕적으로 부패하였으나 그 중에서도 고린도는 가장 부패한 사회로 이름이 알려져 있었다. 사도 바울 이전시대에도 "고린도 사람처럼 산다"는 말은 방탕하고 부도덕한 행위를 비난하는 속어로 사용되고 있었다.

좀 역설적이지만 고린도가 이처럼 도덕적으로 부패하게 된 것은 종교 때문이었다. 고린도에 있었던 풍요를 기원하는 제사에는 마술과 성적 타락행위가 그들의 '예배'의 한 부분이었다. 고린도의 사랑의 여신 아프로디테 신전에는 그 경내에 여사제들(창녀들)이 천여명씩이나 있었던 적도 있었다. 고린도의 주민들은 국제적인 성격을 띠고 공격적이고 개방적이고 방종했다. 그런데 이러한 면들은 이동하는 인구가 많은 항구 도시 가운데서 발견될 수 있다. 이런 곳에서 복음을 전파한다는 것은 대단히 어려운 일이었다. 이러한 복잡한 도시에 사도 바울이 왔다. 여기서 사도 바울은 아름다운 동역자 부부를 만난다. 그들이 바로 아굴라와 브리스길라였다. 이 두 사람은 글라우디오의 칙령(주후 49년)으로 로마로부터 쫓겨난 유대인의 피난민들이었다. 그들은 바울과 같은 직업을 가진 천막을 만드는 사람들이었다. 그는 그들과 함께 일하고 안식일에는 유대인과 이방인 모두에게 정기적으로 회당에서 사역을 했다. 이때 마케도니아로부터 실라와 디모데가 도착했다. 이들의 도착은 바울의 복음 전도를 더욱 활기 있게 만들었다. 그러나 이들은 고린도인들로부터 적대적인 대우를 받았다. 이 박해 역시 유대인들에게서부터 시작되었다. 바울이 예수를 메시야라고 열정적으로 선포했기 때문이다. 유대인들은 이를 거절했고 바울 일행을 반대 했다. 그런데 이 일로 인해 이방인이었던 디도 유스도가 바울에게 자기 집을 사

오늘날의 고린도 지방

용하도록 허용하게 되었다. 그의 집은 회당 옆에 있었다. 유대인들은 복음이 계속해서 전파되는 것을 보고 분노를 느꼈으나 회당장이었던 그리스보가 온 집으로 예수를 믿게 되었다. 그리고 수다한 고린도 사람도 듣고 믿어 세례를 받았다(행 19:8).

바울은 18개월 동안 그곳에서 복음 전도를 계속했다. 그러나 많은 고린도 사람들이 복음을 믿고 세례를 받는 장면을 볼 때마다 유대인들의 증오 역시 증가되었다. 마침내 유대인의 분개가 증가하여 시위로 폭발했다. 믿지 않는 유대인들은 바울을 아가야 총독 갈리오에게 데리고 가서 그가 모세의 율법을 어기고 하나님을 공경하도록 사람들을 선동시킨다고 고발하였다. 갈리오는 로마의 유명한 가문 출신으로서 로마 제국 궁정에서 영향력 있는 위치를 차지하고 있었던 철학자 세네카의 형제이며 시인 루칸의 아저씨였다. 그는 글라오디오 치세 동안에 아가야의 총독으로 재임하였다. 델피에 있는 한 비문에 의하면 갈리오가 부임한 때를 주후 51년이라고 소개하고 있다.

▲ 고린도의 아크로폴리스
◀ 고린도 운하

여하튼 고린도에 있는 바울의 유대인 적대자들은 갈리오의 부임이 바울을 공격하기 위한 절호의 기회로 생각했다. 그러나 갈리오는 이 문제가 유대인들의 율법에 관한 것이므로 자기가 법적 처리권이 없다는 사실을 지적하고 재판을 폐기하였다. 그는 그 사건을 법정 밖으로 끌어내고 고소하는 자들을 재판구역에서 쫓아내 버렸다. 이것은 바울을 반대하던 유대인들이 처음으로 실패한 사건이었다. 그리고 이러한 갈리오의 태도는 바울이 더 이상 유대인들로부터 방해를 받을 것을 두려워할 필요 없이 그 지역에서 사역을 계속할 수 있다는 것을 의미하였다. 총독의 태도를 간파한 유대인들은 새 회당장 소스데네를 잡아다가 몰매를 가했다. '소스데네'라는 이름은 고린도서에서(고전 1:1) 바울이 언급한 바 있다. 그러나 이 사건에도 갈리오는 개입하지 않았다. 바울은 즉시 고린도를 떠나지 않았다. 어느 정도 기간 동안 고린도에 체류하면서 바울은 그리스에서 가장 타락한 도시였던 고린도 안에서도 많은 신자를 얻을 수 있을 만큼 하나님의 능력이 크시다는 사실을 깊이 확인할 수 있었다. 그는 일년 반동안 머물면서 그 사실을 보았다. 그가 체류하는 동안 복음은 확산되었고 그 결과 그곳에 강력한 교회가 형성되었다. 그러나 그 교회는 바울의 고린도전 · 후서에서 보여주고 있은 바와 같이 많은 문제를 안고 있는 교회가 되었다.

고린도는 1858년과 1928년 지진으로 파괴되었으나 재건되었다. 옛 아폴로 신전의 기둥인 도리스식 기둥돌은 지상에 남아 있는 고대 고린도의 몇 개 안되는 유물 중의 하나이다. 오늘날 고린도의 인구는 약 2만명 정도이다. 그것은 아직도 중요한 항구도시이며 올리브 기름, 비단, 그리고 건포도 등을 수출하고 있다.

에베소(행 18:18-21)

바울은 수리아와 팔레스틴을 방문하기 위해 고린도를 떠났다. 그는 브리스길라와 아굴라를 데리고 고린도 동쪽에 있는 항구인 겐그레아로 갔다. 여기서 바울은 일찍 하나님께 서원한 적이 있으므로 머리를 깎았다. 겐그레아에서 바다로 오랜 여행을

폐허가 된
에베소의 모습

아데미 신전터

한 바울은 에베소에 도착했다. 에베소는 서부 소아시아에 있는 카이스터 강(Cayster River) 어귀에 자리잡고 있었다. 그 지역에서는 신약성경 시대 이전에 수 백년 동안 사람들이 거주했었다. 로마 사람들이 주전 133년에 아시아의 영민지(領民地)를 조직하였을 때, 에베소는 그 지역의 중심 도시가 되었다. 상황은 상업의 발달에 유리했다. 그래서, 그 도시의 인구와 부는 증가하게 되었다. 이런 점에 있어서 이 도시는 안디옥에 다소 뒤지기는 했지만 로마 시대 동안에는 두드러진 중심지였다. 아우구스투스에 의해 이루어진 평화의 시대는 많은 공공 건물의 건축이 가능케 했다. 이러한 건물 가운데에는 바울이 그 도시에서 사역하고 있을 때 폭도들이 모였던 연극장도 포함되어 있었다. 오늘날 볼 수 있는 이 건물은 대략 25,000명에 가까운 사람들을 수용할 수 있었을 것이다.

아데미(Artemis) 신전은 그 지역에 대한 6년 간에 걸친 조사 끝에 우드(J. T. Wood)에 의해 발굴되었다. 그는 그것을 본래 도시의 북동쪽에서 발견했다. 이 유명한 건물

디아나 신전에서 나온 조각난 구조물

에베소의 디아나 여신상

은 고대 세계의 7대 불가사의 가운데 하나이다. 그 높이가 60피트가 되는 100개의 기둥들이 그 건물에 눈길을 주지 않을 수 없게 한다. 그 신전 자체의 면적은 길이가 340피트, 너비가 160피트나 되는데, 상당히 더 넓은 단이 그것을 떠받치고 있다. 그것은 그림과 조각들로 채워져 있었다. 그 신전이 도시로부터 다소 떨어져 있었다 하더라도, 그 정도까지는 사실상 에베소의 생활 중심지였다는 것은 그것이 보물 보관소였으며 은행을 갖고 있었음은 물론 탈주자와 심지어는 도주한 노예들의 도피소였다는 사실로 암시되고 있다.

에베소는 아데미 숭배의 중심지였다. 아데미는 아시아의 대지(만물의 근원으로서의 대지) 숭배와 그리스의, 사냥의 여신 경배의 결합을 나타내었다. 아데미를 숭배하는 사람들은 그들의 헌신을 보여주기 위해 신전의 모형물－이것은 사람들이 집에 갖고 있는 그 여신의 소상(塑像)과는 구별된다－을 사서 그 여신에게 바쳤다. 누가의

에베소 도서관에 이르는 거리

설명이 주의를 끄는 것은 이 성물(聖物)에 대해서이다. 주로 테라코타(terra cotta)나 대리석으로 만들어지는 것들은 많이 발견되나, 이제까지 은으로 만든 것은 발견된 적이 없다. 아데미 숭배는 그 도시로 보면 '큰 사업'이었다. 많은 사람들은 아데미 신상을 제조하여 판매하면서 많은 이익을 챙겼다.

유대인들 역시 확실히 이교적인 숭배에 끌려서가 아니라 그 도시의 경제적인 이점에 끌려서 이러한 도시로 모여들도록 되어 있었다. 에베소는 전체적으로 디아스포라가 가장 많이 집중된 지역 가운데 하나였다. 에베소에 도착한 바울은 늘 하던 전도 방식대로 회당에서 복음을 전했다. 에베소 유대인들은 복음을 들을 준비가 되어 있었다. 에베소 교인들은 그가 더 오래 머물기를 원했다. 그러나 바울은 가이사랴와 안디옥에 여름 초에 도착하길 원했기 때문에 거절했다. 하지만 바울은 그들에게 하나님의 뜻이면 돌아오게 될 것이라고 안심시켰다. 아굴라와 브리스길라는 그들이 고린도에서 했던 것처럼 교회를 세우기 위해 에베소에 55년 말까지(고전 16:19) 머물고 56년에 로마에 돌아갔다. 브리스길라와 아굴라 부부는 바울이 로마서에서 말한 바와 같이(롬 16:3) '내 목숨을 위해 자기의 목숨을 내어놓은 동역자'였다. 바울은 예루살렘을 거쳐 그의 선교 본부인 안디옥에 돌아왔다. 이것은 제 2차 전도 여행의 종결을 의미하였다. 바울의 제2차 전도여행 중에 일어난 가장 주목할 만한 사건은 고린도에서 최초의 서신인 데살로니가 전 · 후서를 기록했다는 것이다.

3) 제3차 전도여행(행 18:23-21:19)

바울의 제 3차 전도여행은 에베소에 오는 중에 전에 세웠던 교회를 방문함으로 시작되었다. 먼저 길리기아를 거쳐 고향인 다소를 지나 더베, 루스드라, 이고니온, 비시디아 안디옥 등을 방문했을 것이다. 그 후 바울은 브루기아와 갈라디아를 방문해서 성도들의 신앙을 굳게 한 반면에 그의 3차 전도 여행의 대부분의 시간을 보낸 에베소에 오게 되었다.

에베소(행 18:24-19:41)

바울이 도착하기 전 브리스길라와 아굴라는 알렉산드리아의 유대인인 아볼로의 방문을 받았다. 그는 기독교에 대해서 잘 알고 있었으나 그것은 세례 요한에 의해서 알려진 정도의 초보적 단계였다. 아볼로는 학식이 많고 웅변에 능한 자이며, 특히 구약 성경에 능통한 사람이었다. 또한 그는 전도에도 열심인 자(행 18:25)였다. 아볼로는 에베소의 회당에서 담대하게 외쳤다(행 18:26). 아굴라와 브리스길라는 고린도에서 바울에게 배운대로 아볼로에게 기독교 진리에 관하여 좀더 완벽한 가르침을 주었다. 교양인이었던 아볼로는 이 부부의 성경주해에 귀를 기울였다. 이런 영향으로 아볼로는 유대인 가운데서 특히 아가야에서 유능한 그리스도의 변증자가 되었다. 바울이 에베소에 도착했을 때에는 이미 아볼로가 고린도에서 사역을 시작한 뒤였다. 아볼로가 아가야에 있는 교회를－바울의 제 2차 전도 여행 때 세워진－방문하기로

바울의 3차 전도 여행

제3차 전도여행

- 전도 여행 기간 : 주후 49-52년 • 전도 여행 거리 : 대략 4500-5600km
- 전도대 : 바울, 실라, 디모데
- 전도여행지역 : 안디옥 ➩ 에베소 ➩ 고린도 ➩ 빌립보 ➩ 드로아 ➩ 앗소 ➩ 미둘레네 ➩ 기완 ➩ 사모스 ➩ 밀레도 ➩ 고스 ➩ 로도 ➩ 바다라 ➩ 두로 ➩ 돌레마이 ➩ 가이사랴 ➩ 예루살렘

결정했을 때 그는 에베소 교회에서 얻은 추천장을 지니고 있었다. 이러한 추천장으로 인해서 열성있는 교회는 그를 따뜻하게 맞아들였다. 바울이 에베소에 도착했을 때 아볼로와 같은 오직 세례 요한의 세례를 알고 있는 알고 있는 몇몇 제자들을 만났다. 그들이 예수님의 이름으로 세례를 받았을 때 성령이 그들에게 임했다. 그리고 그들은 교회의 완전한 동역자로 이끌림을 받았다.

에베소에서 바울이 복음을 전도한 것은 그가 딴 곳에서 했던 방법과 꼭 같았다. 그는 먼저 유대인들과 접촉했었던 회당에서 설교했다. 바울은 석달 동안 하나님 나라에 관한 이야기를 할 수 있는 기회를 가졌다. 그러나 3개월말쯤 마침내 심한 반대가 있어 그는 그 제자들을 '두란도 서원'에 따로 옮겨 2년 이상 그의 복음을 계속 전했다. 모든 아시아가 이 기간 동안 주의 말씀을 들었다. 아시아의 각 지역에서 많은 사람들이 바울의 강론을 듣기 위해 이곳에 왔던 것이다. 그 결과 그리스도의 복음은 아시아 전 지역을 통해 널리 전파되었다. 이 기간 동안 바울이 직접 방문하지 않았음에도 불구하고 골로새, 라오디게아, 히에라폴리스, 그리고 리쿠스계곡의 모든 교회들이 설립되었다. 또한 요한계시록에 나타난 아시아의 일곱교회 역시 바울의 에베소 사역기간 동안에 설립되었을 것이다.

스게와의 아들들(행 19:11-22)

두란노 서원에서 사역하는 동안 바울은 기적들을 행했다. 바울이 가진 손수건과 앞치마만 닿아도 병이 나았다. 육체적인 질병만 나은 것이 아니라 귀신에 사로잡힌 사람들까지도 치유되었다. 바울은 이적의 결과를 "주 예수의 이름을 높이는"데 집중시켰다. 바울의 이적은 마술이 성행한 에베소에 큰 영향을 주었다. 이때 에베소에는 몇 명의 이름있는 유대인 마술사가 마술을 행하고 다니고 있었다. 그 중에는 제사장 스게와의 일곱 아들도 마술을 하고 다녔다(행 19:14). 그러나 악귀가 그들을 상하게 함으로 "벗은 몸으로 그 집에서 도망"하였다(행 19:16). 그리하여 마술사들은 바울이 행한 하나님의 더 큰 능력에 압도당하여 마술을 중지하였다. 마술적인 기교를 행하였던 많은 사람들이 은 5만에 해당하는 그들의 책들과 15,000조각의 각종 우상들을 불 속에 던져버렸다. 전 지역이 복음의 말씀에 영향을 받아 은 우상물의 판매가 줄어들고 동시에 은세공들이 경제적인 파멸 지경까지 이를 정도였다. 에베소에서 은장색들은 아데미의 은감실을 만들어서 많은 돈벌이를 했다. 이 때에 가장 유력한 은장색인 데메드리오가 바울의 전도로 인하여 그들의 업이 망하게 된 것을 보고 여러 은장색들을 모아서 바울에 대해서 분노를 터트리게끔 그들을 충동시켰다.

> "여러분도 알거니와 우리의 유족한 생활이 이 업에 있는데 이 바울이 에베소뿐만 아니라 거의 아시아 전부를 통하여 허다한 사람을 권유하여 말하되 사람의 손으로 만든 것들은 신이 아니라 하니 이는 그대들도 보고 들은 것이라 우리의 이 영업만 천하여질 위험이 있을 뿐아니라 큰 여신 아데미의 전각도 경홀히 여김이 되고 온 아시아와 천하가 위하는 그의 위엄도 떨어질까 하노라"(19:25-27).

데메드리오의 발언은 청중들을 격노케 하였다. 그들은 이구동성으로 "위대하신 에베소의 아데미여" 하고 외쳤다. 이러한 외침은 아데미 여신이 모욕을 당했다고 생각한 에베소 사람들의 감정을 자극시켰다. 이 군중들은 바울의 동역자인 가이오와 아리스다고를 잡아가지고 일제히 연극장으로 달려 갔다. 군중들은 약 25,000석이 확보된 극장에 모여 두 시간 동안 "에베소의 아데미는 위대하다"고 외쳤다. 바울은 미쳐 날뛰는 군중이 모인 연극장에 가려고 했으나 다른 그리스도인들과 아시아 관원 중에 바울의 친우들이 제지했기 때문에 들어가지 못했다. 이때 마침 유대인이요 구리 세공업자인 알렉산더가 억지로 사회를 맡게 되었다. 그는 먼저 에베소가 아데미 여신의 도시임을 말하면서 바울과 그 일행의 소속 사람들에 의해 큰 영향을 받지 않을 것이라고 했다. 그리고 구체적으로 바울 일행이 여신의 신전에서 무엇을 훔치거나 어떤 일을 방해한 행동도 없음을 지적했다. 또한 그는 이 집회가 인정받지 못한 집회로 문제가 생긴다면 그들 자신에게 책임이 돌아 갈것이라 지적했다. 이러한 알렉산더의 간단하고 핵심적인 연설로 이 군중 집회는 해산되고 위기는 무마되었다. 그러나 이일로 인해 오순절 때까지 에베소에 있으려 했던 바울의 일정은 자연히 앞당겨지게 되었다. 그는 에베소의 기독교인들과 작별인사를 나누고 마게도니아로 떠났다.

마게도니아와 아가야(행 20:1-6)

바울이 고린도에 보내는 서신을 마무리 지은 곳은 마게도니아 지방의 어느 곳이었다. 누가는 바울의 마게도니아와 아가야의 방문에 관한 상세한 설명을 하고 있지 않다. 바울은 마게도니아를 재빨리 지나서 아마도 고린도에 있는 아가야에서 그의 대부분의 시간을 보냈음이 분명하다. 이 삼개월간의 체류는 여러 측면에서 중요한 의미를 갖는다. 이 기간은 바울의 선교 사역에 있어서 하나의 전환점을 이룩한 기간이었다. 그의 마음은 동방, 곧 그의 복음증거의 결과로서 잉태된 교회들로부터 다른 곳으로 옮겨지고 있었다. 그의 마음은 복음을 증거해야 할 새로운 현장을 꿈을 꾸며 계획하고 있었다. 그의 계획은 스페인을 방문하는 것이었다. 이 스페인 방문 계획을 위해 로마의 성도들에게 보낸 서신에서 밝혔다. 이때 기록된 것이 '신학의 백미'라고 알려진 로마서였다. 3개월 이후 그가 안디옥으로 항해하려고 계획하고 있는 동안에 그는 유대인들이 그의 생명을 빼앗으려는 음모를 꾸미고 있음을 알게 되었다. 그래서 그는 더 쉽게 저격당할 수 있는 배를 타는 대신에 육로로 마게도니아로 돌아갔다. 이때에는 몇몇의 성실한 동료들이 동행하게 되었는데 이 가운데는 디모데와 누가도 있었다. 이들 대부분은 바울에 앞서 드로아를 통과하였다. 그리고 빌립보에서 의사인 누가가 합류하고 2~5일 후 바울은 그 뒤를 따랐다.

드로아(행 20:7-12)

드로아에 머무르는 중에 바울은 몇몇 성도들을 모아 놓고 떡을 떼며 말씀을 강해했다. 이미 드로아에 일주일 가량이나 머물렀음에도 불구하고 드로아에서의 능력의 역사는 주일날에 시작되었다. 이 주일 마지막 저녁은 바울에게 많은 의미를 부여했다. 그들은 하루 일이 다 끝난 저녁 무렵에야 비로소 모일 수 있었을 것이다. 바울은 다음날 드로아를 떠나 밀레도로 향하려고 계속하고 이었다. 그래서 그는 할 말이 많

오늘날의 드로아의 모습

았던 것 같다. 바울의 설교가 한밤중까지 계속되자 그들이 모인 삼층 방에 어두움을 밝히기 위해 호롱불이 켜졌다. 산소가 부족해진 방안 공기 때문에 졸음이 밀려오는 것은 당연한 일이었을 것이다. 그런데 유두고라 하는 한 청년이 그들이 모인 다락방의 창문 곁에 앉아 있다가 3층에서 땅으로 떨어져 버렸다. 그의 목숨이 끊어졌다. 바울은 허리를 굽혀 청년을 끌어안았다. 그리고 사람들에게 유두고가 살아 있다고 확신시켰다. 이 젊은이는 곧 집으로 보내졌다. 사도 바울이 다시 다락방으로 돌아갔을 때 청중들은 흩어지지 않고 모여 있었다. 바울은 설교를 계속하지 않았고 그들은 성찬에 참여했다.

밀레도로의 여행 (행 20:13-38)

누가를 포함한 중요한 무리들은 드로아 남쪽 20마일 떨어진 앗소로 항해하였다. 그 배는 그 두 도시 사이의 돌기를 피하여 주위로 항해를 해야 했기 때문에 바울은 육상으로 여행하여 앗소에서 그들과 합류할 시간을 가졌다. 그들은 밤에 떠나 레스보섬에 있는 미둘레네 항구에 도착하였다. 다음날 그들은 기오섬을 지나고 그 다음 사모를 지나 제 3일에 에베소의 남쪽 40마일 지점에 있는 밀레도에 도착했다. 바울은 에베소에 가지 않았다. 그가 에베소에 가지 않은 이유는 오순절에 맞추어서 예루살렘에 도착하기를 원했기 때문이었다. 바울은 에베소 교회의 장로들을 밀레도로 초청했다. 장로들은 28마일이나 되는 먼 거리를 불사하고 바울을 찾아왔다. 이것은 바울과 에베소 장로 사이에 친밀한 관계가 맺어져 있음에 틀림없다. 에베소 장로들과 작별인사를 하면서 그는 에베소 교회 장로들에게 어떠한 위험이 그의 앞에 가로놓여 있는지 알 수 없으나 설령 죽음에 이를지라도 예루살렘에 올라가서 하나님께 대한 그의 임무를 수행하기로 한 그의 결심을 이야기했다.

"오직 성령이 각 성에서 내게 증거하여 결박과 환난이 나를 기다린다 하시나 나의 달려 갈 길과 주 예수께 받은 사명 곧 하나님의 은혜의 복음 증거하는 일을 마치려 함에는 나의 생명을 조금도 귀한 것으로 여기지 아니하노라"(행 20:23-24)

또한 바울은 그가 3년 동안 그들 가운데서 행한 사역을 기억하게 했다. 그 사역은 겸손과 눈물과 수고가 넘치는 사역이었다. 그러나 그 사역은 에베소 교인들이나 바울 자신을 중심으로 한 것이 아니라 주님을 중심으로 한 사역이었다. 바울과 장로들의 작별하는 광경은 대단히 감동적인 것이었다. 장로들과 바울의 일행은 바울이 이끄는 대로 함께 무릎을 꿇고 기도했다. 울지 않은 사람은 하나도 없었고 장로들은 모두 바울의 목을 끌어안고 따뜻한 마음으로 작별의 입맞춤을 한 후 배까지 그들을 전송했다.

가이사랴 여행(행 21:1-16)

바울과 그의 동역자들은 산으로 이루어진 고스섬으로 항해하였다. 고스는 히포크라테스가 세운 의학교가 있는 곳으로 유명했다. 그리고 다음날에는 그들은 로도와 루기아의 항구인 바다라로 항해하였다. 바다라는 페니키아로 행하는 항로에서 중계무역항 역할을 하던 곳이었다. 그때 바람이 순풍이었던 것으로 보인다. 왜냐하면 그들은 그들이 육지가 보이는 곳인 구브로 북편을 통과하던 대신에 지중해의 동북 끝을 통과하여 배가 그 짐을 내리는 두로로 항해해 갔기 때문이다. 두로에서 이 여행자들은 상륙하여 두로 교회에서 일주일을 머물었다. 두로의 교인들은 성령 충만한 사람들이었다. 그 교인들은 바울이 예루살렘에 가지 말 것을 강권하였다. 그러나 바울은 그들의 권고를 듣지 않았다. 왜냐하면 동일한 성령께서 바울에게 예루살렘 방문 계획을 추진해야 함을 확신케 하셨기 때문이다. 두로의 기독교인들은 은혜로써 이 결정을 받아들였다. 그들은 아내와 어린아이들 동반하고 항구에까지 바울을 배웅했다. 바울과 그의 일행은 여행을 계속해서 돌레마이에 이르렀다. 그곳에서 하루를 머물고 가이사랴로 계속해 갔다. 가이사랴에서 바울 일행을 맞이한 사람은 초대교회

일곱집사 중 하나였던 빌립이었다. 그의 네 딸은 모두 예언 사역에 헌신하고 있었다. 여기서 바울은 아가보를 만난다. 아가보는 유명한 예루살렘의 예언자로서 그가 안디옥에 있을 때 유다 지방에 기근이 찾아 오리라고 예언한 바 있으며 안디옥 교회로 하여금 유대의 기독교인들에게 구호 기금을 보내도록 권고한 바 있었다. 또다시 아가보 선지자를 통해 바울이 예루살렘에서 맞이할 위험을 경고 받았다. 곧 유대인들이 바울을 결박해서 이방인들에게 넘겨 주리라는 것이었다. 아가보의 예언이 너무나 충격적이고 두려운 일이어서 가이사랴의 형제들은 바울에게 예루살렘에 가지 말도록 간청하였다. 그의 동역자들까지도 바울에게 예루살렘에서 기다리고 있는 위험에 뛰어들지 않도록 권고했다. 그러나 바울은 자기 의무를 수행하는 것이 개인의 이해 문제보다 더 중요하다고 생각했으므로 이렇게 말을 했다. "나는 주 예수의 이름을 위하여 결박 받을뿐 아니라 예루살렘에서 죽을 것도 각오하였노라." 이와 같이 바울이 자기의 계획을 관철하려고 했던 이유를 우리는 충분히 알 수는 없다. 그러나 바울은 가야만 하는 것이 하나님의 뜻이란 것을 확신하고 있었다고 말할 수밖에 없다. 곧 바울과 그의 일행은 나손과 함께 예루살렘을 향해서 떠났다. 나손은 예루살렘에 집이 있었기 때문에 바울과 그의 일행은 거기서 묵을 수 있었다.

예루살렘 도착(행 21:15-26) · 바울이 체포됨(행 21:27-40)

바울이 예루살렘에 도착한 다음날 바울 일행은 보고회를 가졌다. 예루살렘 교회는 진지하게 바울이 이방인들 가운데서 성공을 거두었다는 보고에 귀를 기울였다. 사회자인 야고보는 그에게 분산된 유대인들 특히 아시아에 있는 유대인들이 바울은 그 백성들에게 모세의 율법을 버리라고 가르치고 있다는 거짓 소문을 퍼뜨리고 있다고 말했다. 그래서 예루살렘의 장로들은 타협안을 제공했다. 그들은 바울이 유대의 서약을 한 사람이었으므로 다른 네 사람과 함께 그들이 모세의 율법을 반대하지 않는다는 사실을 유대 기독교인들에 보여주기 위해서 결례를 행하도록 요구하였다. 바울은 이 요구에 응하였고서원을 위한 정결 예식의 기간은 일주일 동안 지속되고 거의 끝나 가고 있었다. 그런데 그 서약이 거의 끝날 무렵 아시아의 유대인들 몇 명이 예루살렘 성전에 있는 바울을 보았다. 이들은 아시아에서 사도 바울의 활동을 방해했던 자들이었다. 이들을 곧 많은 예루살렘 유대인들을 자극시켜 폭동을 일으켰다. 그들은 바울이 이방인인 드로비모를 데리고 예루살렘 성전 안에 같이 있었다고 주장했다. 성전 안에 어느 한 이방인이 들어왔다는 생각만으로도 충성스러운 유대인들의 혈기를 끓어 오르게 하기에 충분했다.

왜 유대인들이 그렇게 흥분했을까? 먼저 성전 중심부에는 지성소가 있고 그 앞에는 제사장의 뜰이 있다. 이 뜰은 이스라엘의 뜰과 구분되어 있고 더욱이 여자의 뜰과는 차단되어 있다. 그리고 그 밖에는 이방인의 뜰이 양쪽에 위치하고 있는 데 이름 그대로 이 뜰의 규례는 엄격해서 이방인들이 이스라엘의 뜰에 들어갈 경우 성전 모독 죄에 해당된다. 무리들은 바울이 이 성전 모독죄를 범했다고 오해했다. 온 성이 소동할 정도로 유대인들은 바울에게 달려들어 그를 성전 뜰 밖으로 끌어냈다. 그리고 로마 군대가 개입해서 공식적으로 바울을 체포할 때까지 그는 두들겨 맞아야 했다. 천부장인 루시아스(C. Lysias)는 소동이 계속되고 있음을 알고 한 무리의 군대들을 보내었다. 그는 바울이 전에 난을 일으켰던 애굽인 두목으로 착각하였다. 그래서 두 쇠사슬로 결박하여 데리고 가려고 했다. 바울이 끌려갈 적에 그는 천부장에게 한 가지 청탁을 했다. "내가 당신에게 말해도 좋습니까?" 희랍어로 된 이 질문은 지금까지 죄수를 말썽많은 애굽인으로만 생각했던 관리에게 충격을 주었다. 바울은 그 자신을 소개하고 그의 청탁이 받아들여지기를 기대하면서 이렇게 말했다. "나는 유대인이라 길리가아 다소성의 시민이니 청컨대 백성에게 말하기를 허락하라." 천부장은 그의 발언을 통해서 왜 그렇게 소란한지 그 진상을 알 수 있을까 하여 그의 청탁을 들어 주었다. 군중들에게 조용하라고 손짓을 한 후 히브리 말로 무리들에게 자신을 변호하는 연설을 했다. 그 내용이 사도행전 **22:1-22**에 자세히 기록되어 있다.

군중을 향해 설교하는 바울(행 22:1-21)

바울은 모든 일을 오로지 폭력에만 의존해서 해결하려고 하는 군중 앞에서 자신의 입장을 변호하기로 결심했다. 그래서 바울은 히브리 말로 그 사람들에게 복음을 전하면서 그의 신분과 그의 행동에 대한 이유를 설명하였다. 이때 군중들은 조용히 듣고 있었다. 그런데 바울 이방인들에게도 복음을 전할 사명을 가졌음을 말할 때 무리들은 광적인 분노가 폭발되었다. 이때 히브리말을 이해하지 못하는 천부장인 루시어스는 바울이 그 폭동의 희생물이 된다는 것보다는 오히려 폭력을 일으키게 하고 있다고 생각하고 그로부터 진실을 캐기 위해 채찍을 가하도록 명령했다. 이때 바울은 곁에 서있던 백부장에게 로마시민을 죄에 대한 판결도 없이 법적으로 채찍질을 할 수 있는가를 물었다. 이 질문에 놀라 백부장은 천부장에게 이를 보고하였고 바울을 채찍으로 치라는 명령은 당연히 즉각 취소되었다. 심문하려던 사람들은 곧 물러나고 천부장과 바울만 남았는데 천부장은 두려워 떨었다. 다음날 천부장은 그 진상을 알기 위해 산헤드린 공의회 소집을 요구했다. 산헤드린 공의회는 로마 체제 속에서도 상당한 권한을 갖고 있었던 유대인 사법기관의 역할을 하고 있었다. 이 회로부터 천부장은 바울의 범죄의 내용을 알기 원했다.

산헤드린 공의회 앞에서의 답변(행 22:30-23:35)

산헤드린 공의회 앞에 선 바울은 그 자신을 이렇게 변명했다. "나는 오늘까지 범사에 양심을 따라 하나님을 섬겼노라." 바울의 이런 말에 아나니아는 그의 입을 쳐서 침묵케 할 것을 명했다. 이에 바울은 그를 치는 것은 비합법적임을 알고 율법을 어기는 일이라고 그 부당성에 대해 대제사장을 날카롭게 비난했다. 바울은 그가 공정한 재판에 대한 가능성이 없음을 알았다. 그는 산헤드린 공의회 회원들이 바리새인들과 서기관들로 구성된 것을 알고 자신이 바리새인이요, 그가 심문을 받는 것은 그의 부활에 대한 신념 때문임을 말했다. 그러자 산헤드린 회원들은 두 파로 나뉘게 되었다. 바리새인들은 바울 편이 되었고 반면에 사두개인들은 반대의 편에 섰다. 일부 바리새인들이 바울의 무죄를 주장하자 반대파의 반응은 아주 격렬하게 나타났다. 그 결과 공정한 조사를 위해 공의회를 소집했던 로마관리는 바울의 안전을 염려하여 바울을 공의회로부터 떼어 놓도록 명령했다. 바울에 대하여 노골적이고 격렬한 반감을 가지고 있었던 사두개인들은 공의회 안에서 바울을 대항하여 폭력을 사용하겠다는 위협을 서슴없이 했다. 결국 이 사건은 어떤 판정도 없이 미해결로 남게 되었다.

바울을 암살시키려는 유대인의 급진론자들의 음모는 그의 생질에 의해 발견되었다. 40명의 사람들이 바울의 시체를 보기 전에는 먹지도 않고 마시지도 않겠다고 맹세하면서 그를 암살하기로 각오했던 것이다. 그들은 공회에 가서 바울을 다시 출두시키라고 요청하고 그가 법정으로 끌려갈 때 숨었다가 죽이기로 계획을 세웠다. 이때 바울의 생질이 재빨리 바울에게 와서 이 음모의 사실을 알렸다. 바울의 지시대로 그는 천부장에게 가서 이 사실을 모두 고했다. 천부장은 급히 서둘러 오전 3시에 길을 떠나게 했다. 천부장은 백부장 두 사람에게 보병 200명과 마병 70명, 창병 200명을 거느리고 바울을 가아사랴에 호송하게 했다. 이 작전은 완전히 비밀리에 진행되었기 때문에 아무도 이 작전을 눈치채지 못하였다. 가아사랴 남쪽 26마일 지점에 위치난 안디바드리에 도착했을 때 200명의 보병은 예루살렘으로 돌아가고 70명의 기마병만 남아서 바울과 동행했다. 당시 가이사랴의 총독은 벨릭스였다. 바울은 그 지방의 총독인 벨릭스의 보호로 넘기워졌다.

가이사랴에서의 심문(행 24:1–27)

벨릭스 총독은 바울을 고소하는 자들이 도착하자마자 곧 청문회를 열 것을 동의하였다. 5일 후에 대제사장인 아나니아와 산헤드린 몇몇 회원들이 가이사랴에 나타났다. 변사인 더둘로가 바울을 송사했다. 그는 총독 앞에서 바울의 죄상을 자세히 진술했다. 먼저 더둘로는 총독이 베푼 몇가지 개량사업에 감사를 표현했다. 그 이유는 벨릭스가 이 사건을 심리할 때 자기에게 유리하도록 판결하도록 하는 속셈이 숨어 있었다. 더둘로는 바울을 깍아내리면서 ① 유대인을 소요케 하는 자요(이것은 로마의 법에 위배되는 죄임) ② 나사렛 이단의 괴수이며(이것은 모세의 율법에 대한 반역죄에 해당됨) ③ 성전을 더럽게 하는 자(이 죄는 유대인들 뿐만아니라 로마의 법에도 저촉된다)라고 하였다. 이러한 죄목들은 증명할만한 아무 근거도 없는 사실들이었다. 더둘로는 벨릭스가 죄수를 심문해 보면 자기의 주장이 옳은 것임을 알게 될 것이라고 하였다. 유대인들은 더둘로의 발언에 동조했음은 말할 것도 없다.

약 2년동안 바울은 가이사랴에 감금되어 있었다.

이 고소를 듣고 난 후 벨릭스는 바울에게 자신을 변호하라고 하였다. 이 사건에서 바울이 보여준 변호는 아주 훌륭한 것이었다. 바울은 자신을 체포한 원인이 되었던 예루살렘의 일련의 사건들을 사실적으로 묘사하였다. 바울은 자신이 예루살렘 성전에 들어간 목적은 예배를 위함이었지 소동을 일으키기 위함이 아니었다고 했다. 그리고 그는 어느때 그 도시 어느 곳에서도 소동을 일으킨 일이 없다고 하면서 바울은 자신이 '도'에 충성을 바친 몸이라는 것을 강조했다. 그는 복음의 핵심인 부활신앙을 언급하였다. 바울의 변론이 계속되자 더들로의 고소는 점차 힘을 잃어 갔다. 동시에 그가 예루살렘에서의 존재 이유는 그의 민족에 재정적인 도움을 주기 위한 것임을 설명했다. 또한 바울이 성전에 들어갔을 때 정결하게 있었기 때문에 신성모독에 대한 혐의가 없었다. 그는 원래 고소한 아시아파 유대인들이 만약 그에 대한 어떤 혐의를 가지고 있다면 소동의 주요 원인이 된 그들이 지금 있어야 할 것이라고 주장했다. 바울의 변론 후에 벨릭스는 바울에게 관대하게 대해 줄 것을 명령하였다. 그런데도 벨릭스는 그를 놓아주지 않았다. 그 이유는 무엇이었을까? 첫째, 그는 유대인들의 감정을 자극시키고 싶지 않았다. 둘째, 바울이 연보를 전달하기 위해서 예루살렘에 간다고 말했기 때문에 그는 바울을 놓아주는 대신 돈을 얻고자 했다(17절). 벨릭스는 자유를 돈과 바꾸고 싶어하는 한 사람이 여기 있다고 생각하였던 것이다(26절). 그는 바울을 2년 동안 구금상태로 붙들어 놓았다.

아그립바 앞에서의 심문(행 25:1-26:32)

바울이 갇힌 지 2년이 되어 갈 무렵 벨릭스는 그 위치에서 물러나고 베스도가 그 뒤를 계승했다. 베스도는 유대인들과 호의적인 관계를 수립하고자 지체 없이 예루살렘에 있는 유대 지도자들과 접촉했다. 유대의 지도자들은 다시 바울을 고소할 기회를 찾을 수 있었다. 바울의 원수들은 베스도에게 고소를 제기했다. 베스도는 유대인들의 환심을 사기 위해 바울에게 예루살렘에 올라가서 재판 받을 것을 물어 보았다. 그러나 바울은 유대인들의 의도를 잘 알고 있었기 때문에 그의 로마 시민권을 이용하여 가아사에게 재판 받게 해 줄 것을 호소했다(행 25:10, 11). 이 호소는 곧 승인이 되었으나 베스도는 황제의 법정에 내놓을 만한 적절한 죄목이 없어서 고민에 빠져 있었다. 마침 이때 새 총독 부임을 축하하기 위해서 헤롯 아그립바 2세와 그의 여동생 버니게가 방문했다.

헤롯 아그립바 2세는 당시 팔레스타인 북동부 지역을 관할하고 있었다. 자연히 바울의 문제가 대화의 주제가 되었다. 총독이 아그립바에게 바울이 가이사에게 호소한다고 이야기 했을 때 아그립바 왕은 바울의 이야기를 한 번 들어 보고 싶다고 했다. 베스도는 아그립바 왕에서 심리를 베푸는 것을 허용했다. 왜냐하면 그는 어떻게 해서든지 바울을 고소하는 명확한 죄목을 만들어 정해야 했기 때문이었다. 마침내 아그립바 앞에서 바울의 변호가 시작되었다. 바울의 변호는 주로 개종에 관한 이야기로 이루어졌다. 바울은 다메섹에서 있은 회심과 하나님의 소명, 그리고 유대인들로부터의 증오, 그러나 자신의 가르침이 구약성경에 따라서 되어 진 것을 아주 세밀하게 언급했다(행 26:2-33). 바울은 그의 복음에 대한 열정을 보여주었다. 이러한 바울의 변론을 들으면서 베스도는 더이상 감정을 억제할 수가 없었다. 그는 박해자였던 자가 박해를 당하게 된 자로 자기의 운명이 바뀌게 된 것을 회상하고 있는 사람의 이야기를 듣고 있었다. 그는 또한 재판정에 와서 자기의 무죄를 변명할 기회를 주었더니 오히려 거기에 배석하고 있는 재판관들을 개종시키려고 할 만큼 자기 신앙에 투철한 사람을 보고 있었다. 또한 아덴 사람인 그에게 '부활의 교리'는 참으로 어리석은 것이었다. 그래서 그는 이렇게 외쳤다. "바울아! 네가 미쳤도다 네 많은 학문이 너를 미치게 한다"(행 26:24). 그러나 바울은 이렇게 답변하였습니다. "베스도 각하여 내가 미친 것이 아니요 참되고 정신차린 말을 하나이다." 아그립바를 향해서 바울은 "왕께서는 이 일을 아시기로 이 일은 한편 구석에서 행한 것이 아니로소이다. 아그립바 왕이여 선지자를 믿으시나이까? 믿으시는 줄 아나이다"(행 26:28)라고 말했다.

바울의 설득력이 너무나 강했기 때문에 아그립바는 "네가 적은 말로 나를 권하여 그리스도인이 되게 하려는도다"(행 26:28)라고 대답했다. 바울이 설교한 목적은 그를 그리스도인으로 만들려는 것이었다. 그것이 바로 바울이 설교한 오직 하나의 목적이었다. 바울의 솔직함과 진지함은 아그랍바를 감동시켰다. 그래서 그는 바울이 사형이나 결박당할 만한 죄가 없다고 베스도에게 말했다. 덧붙혀서 바울이 가이사에게 호소하지 않았더라면 놓아줄 뻔하였다"고 아그립바는 변명하였다. 그러나 바울이 가아사에게 호소하였으므로 베스도는 벨릭스처럼 지체하지 아니하고 가이사에게 보내기로 결정했다.

4) 바울의 로마여행(행 27:1-28:15)

바울과 다른 몇 사람의 죄수들은 로마로 송환되기 위해서 백부장 율리오에게 넘겨졌다. 바울과 동료 죄수들은 백부장의 책임하에 가이사랴로부터 무시아 해변에 위치한 아드라뭇데노 항구에 가는 배를 타고 떠났다. 다음 날 시돈에 도착하고 그 다음 날을 구브로를 돌아 소아시아의 남쪽에 있는 무라로 항해했다. 무라 성에서 백부장은 그의 승객들을 이태리로 직접 출항하는 큰 알렉산드리아의 배로 갈아타게 했다(행 27:6). 그 배는 밀을 싣고 있었는데 276명의 사람들을 태울 수 있을만큼 큰 배였다(행 27:37-38). 배는 니도(Cnidus)로 가려 했으나 바람이 아주 심하게 불어 방향을 바꾸어 구브로 남쪽으로 향해를 하게 되었다. 배는 가까스로 구브로의 항구인 미항에 도착했다. 미항에 도착하자 바울은 백부장에게 더 이상 이 여행을 계속한다는 것은 위험하니 봄이 올 때까지 항해를 계속하지 말라고 권고했다. "여러분이여! 내가 보니 이번 행선이 화물과 배만 아니라 우리 생명에도 타격과 많은 손해가 있으리

바울의 로마여행

바울의 로마여행

- 그 날 밤에 주께서 바울곁에 서서 이르시되 담대하라 네가 예루살렘에서 나의 일을 증거한 것 같이 로마에서도 증거하여야 하리라 하시니라(행 23:11).
- 여행지역 : 가이사랴 ⇨ 시돈 ⇨ 무라 ⇨ 미항(그레데) ⇨ 멜리데 ⇨ 수라구사 ⇨ 레기온 ⇨ 보디올 ⇨ 로마

그레데섬 남부에 있는 미항

라"(행 27:10). 그러나 백부장은 바울의 말보다는 선장의 말을 더 신뢰했다. 선장에게 문제가 되었던 것은 미항이 자기 배를 충분히 보호해 줄 수 없다는 우려였다. 또한 미항은 겨울에는 지내기가 불편한 곳이었으므로 선장은 좀더 적절한 항구인 뵈닉스로 가고 싶어 했다. 이 항구는 미항으로부터 멀리 떨어져 있지 않았지만 항해는 대단히 위험한 것이었다. 처음에는 순풍이 불었다. 그런데 출항한지 얼마 되지 않아서 갑자기 바람이 폭풍으로 변했다. 유라굴로라는 광풍이 일어났다. 그 배는 광풍에 밀리기 시작했는데 그것이 며칠 동안 계속되었다. 선원들은 간신히 거루를 잡아 끌어올리고 줄을 가지고 선체를 감음으로써 배를 지탱하려고 했다. 그러나 광풍이 계속 누그러들지 않고 불어오자 먼저 화물을 바다에 던졌고 그 다음에는 기구들을 내버렸다. 선원들은 절망에 빠졌다. 이와 같이 공포와 절망에서 떨고 있을 때 바울은 그들에게 위로의 말을 해 주었다. 그는 그러한 위험을 미리 경고했던 사실을 그 동료들에게 상기시켰다. 그러면서 바울은 자기가 하나님께로부터 그들 모두가 구원을 받으리라는 계시를 받았으므로 조금도 낙심해서는 안 된다고 동료들을 위로했다. 그 배는 14일 동안이나 풍랑이 격심한 바다의 한 복판에서 표류되었다. 이들에게 유일한 소망은 육지에 도달하는 것이었다. 14일 밤에 물을 재어 보니 선원들은 육지가 가까웠다는 사실을 알아차렸다. 날이 밝기까지 그들이 도착하게 될 해안이 어느 종류의 해안인지 전혀 예상 할 수 없었다. 바울은 굳은 신념을 가지고 배에 탄 모든 사람들에게 결코 실망하지 말고 음식을 먹으라고 격려했다. 사도는 떡을 들어서 하나님께 감사하고 모든 사람 앞에서 먹기 시작했다. 바울의 이와 같은 침착성은 공포에 떨고 있던 사람들에게 용기를 불어넣어 주었다. 그리하여 그들도 음식을 먹기 시작했다. 날이 밝자 해안이 눈에 들어 왔다. 이것은 곧 배가 해안선에 도달할 수 있으리라는 것을 의미하는 것이었다. 그러나 배는 해안선에 도달하기 전에 암초에 걸려서 파선하기 시작했다. 순간 군인들은 죄수들을 죽이려 했다. 왜냐하면 죄수들이 도망치게 되면 자신들에게 책임이 돌아오기 때문이었다. 그러나 백부장은 명령을 내려서 죄수들을 죽이는 것을 금지시켰다. 거기에 타고 있던 모든 사람들은 무사히 육지로 헤엄쳐 나올 수 있었다. 그 총인원은 276명이었고 한 사람도 목숨을 잃지 않았다.

멜리데에서의 복음전도(행 28:1-10)

그들이 상륙한 섬은 '멜리데'라고 하였다. 이 섬의 토인들은 바울 일행을 따뜻하게 맞이했다. 그들은 불을 피워서 조난자들을 따뜻하게 해 주기도 하고 젖은 것을 말려주기도 했다.

불을 오랫동안 피우기 위해 나무들을 모아 불에 넣었다. 그런데 예기치 못한 일이 일어났다. 독사가 나무단에서 나와서 그의 손을 물었던 것이다. 독사에게 물리면 반드시 죽는다는 사실을 알고 있었던 멜리데인들은 바울이 살인한 자이므로 그가 비록 바다에서는 간신히 살아날 수가 있었지만 이번에는 신의 벌을 받는 것이라고 판단을 내렸다. 그러나 놀라운 것은 바울의 손에 아무런 이상도 나타나지 않았던 것이다. 하나님께서는 그가 반드시 로마를 보게 될 것이라고 약속하셨다(행 23:10). 즉 하나님의 인도하심이 있었다는 말이다.

석달 동안 바울이 멜리데섬에 머무는 동안 그를 통해 많은 이적이 일어났다. 그중에서 주목할 만한 사건은 "이 섬에서 제일 높은 사람"이었던 보블리오가 바울을 비롯하여 파선당한 사람들을 영접하여 사흘 동안이나 유숙케 했다. 이때 바울은 열병과 이질에 걸려 고통을 당하고 있던 보블리오의 아버지를 고쳐 주었다(행 28:8). 이 소문이 그 섬에 널리 퍼지게 되자 다른 병자들도 바울을 찾아왔는데 그들도 모두 고쳐 주었다. 성경에는 그 때에 바울이 전도를 했다고는 기록하고 있지 않다. 그러나 멜리데 주민들은 기도를 통해서 병고치는 강한 능력을 소유한 바울과 예수의 이름을 쉽게 잊지 않았을 것이다.

멜리데섬

멜리데에서 로마로(행 28:11-15)

겨울이 지나가 바울 일행은 멜리데에 정박해 있던 알렉산드리아 배를 타고 로마로 향하였다. 항해가 시작되었을 때 섬 사람들은 필요한 물건들을 가져다 주었다. 바울이 탄 배는 먼저 지중해 섬에서 제일 큰 섬인 시실리에 있는 수라구사 항에 잠시 정박하고 이 배는 계속해서 레기온으로 향했다. 그들은 멜리데를 떠나 시실리에 있는 수라구사 북쪽으로 항해하였다. 그리고 3일 후에는 레기온으로 갔다. 레기온은 이탈리아와 시실리를 분리하는 매시나 해협에 위치한 이탈리아 본토에 속한 항구였다. 레기온에 도착

알렉산드리아 호의 모습

사도 바울이 로마를 방문할 때 지나갔던 압비아 가도

한 다음 날 항해에 좋은 조건이 조성이 되어 레기온 항을 떠난 이틀 후에 보디올에 도착했다. 여기에서 일주일 동안 기독교인들은 바울 일행을 따뜻하게 영접했다. 일주일이 지난 후 바울 일행은 육로를 통해 로마로 향했다. 바울 일행이 로마에 도착하기 전에 로마의 기독교인 가운데 몇 사람이 바울이 온다는 소식을 듣고 남쪽 압비오까지 찾아왔다. 이 도시는 로마 남방 27마일 지점에 있는 압비로 대로가 있는 곳이었다. 로마의 기독교인들이 이곳까지 내려 왔다는 사실은 그들의 사랑이 얼마나 깊은 것인가를 보여 주는 것이다. 주 안에서 맺어진 이와 같이 따뜻한 형제들의 호송을 받으면서 로마로 들어갈 때 바울의 마음은 크게 위로를 받았다. 이때 백부장은 바울에게 깊은 감동을 받았을 것이다. 백부장은 바울이 다른 사람들과 상당히 자유롭게 만날 수 있도록 허락했다.

로마에서의 바울(행 28:6-30)

바울이 로마에 도착했을 때 그에게는 자유가 허용되었다. 또한 바울이 집을 한 채 빌릴 수 있도록 허락이 되었다. 거기에는 그를 감시하는 군인이 다만 한 명밖에 없었다. 즉 죄수를 취급하는 방법으로 대접 받은 것이 아니라 자유롭게 행동할 수 있도록 대접을 받은 것이다. 왜냐하면 베스도가 바울에게서 어떠한 범죄 행위도 발견할 수 없었을 뿐만 아니라 호송인 율리오가 바울이 로마에 오는 항해 도중에 보인 모범적이고 훌륭한 행동을 보고 그를 존경하여 바울을 관대히 취급해 달라고 로마 당국자들에게 부탁을 했기 때문이다. 로마에 도착해서 바울의 재판이 2년이나 지연되었다.

로마제국의 수도였던 옛로마 포럼

왜냐하면 로마법에 따르면 원고없이는 재판 할 수 없었기 때문이다. 이 2년 동안 바울은 로마의 치안 책임자인 시위대장 부루스(Burrus)의 감시 하에 셋집에 감금되어 있었으나(행 28:30) 다른 사람들과의 접촉이 허락되었다. 그러나 그 도시를 자유로이 벗어날 수는 없었다. 그래서 그는 로마에 도착한 즉시 유대인 지도자들을 자기가 유숙하고 있는 집으로 초청했다. 그것은 그가 유대인들에게 갈 수 없었기 때문이다. 그는 그들에게 유대인들에 의해서 투옥되기는 했으나 자신은 유대인들에게 아무런 해로운 행위도 하지 않았다고 주장했다. 그리고 더 나아가서 그는 로마의 집권자들이 그를 석방하려고 했을 때 유대인들이 그것을 방해했기 때문에 가이사에게 송사하지 않을 수 없게 된 사실도 이야기했다.

로마에 있는 유대인들은 유다에 있는 사람들로부터 아무런 보고도 받지 못했다. 그러나 그들은 여러 곳에서 문제가 되고 있는 '당파'에 대해서는 많이 듣고 있었기 때문에 그것에 대해서는 좀 더 자세한 것을 알고자 했다. 로마의 유대인들은 바울의 말을 좀 더 자세하게 듣기 위해서 다시 한 번 방문하기로 약속하고 돌아갔다. 그들이 후에 다시 찾아왔을 때 사도는 그들에게 교회와 교회의 머리에 관해서 설명해 주었다. 그 모임은 아침부터 저녁까지 계속되었는데 그 유대인들 가운데는 믿는 자도 있었고 믿지 않는 자도 있었다. 고린도에 있을 때 바울은 로마서를 썼다. 2년이 지난 후 가이사 앞에서 바울의 재판은 시작되었다. 재판장은 로마의 유명한 네로였다. 이

제 바울이 가이사인 네로 황제 앞에서 복음을 전할 수 있는 기회를 얻게 된 것이다. 이 재판이 결과가 어떻게 되었는지 확실하지 않다. 그러나 이 재판의 결과에 대하여 두 가지 입장이 있다. 하나는 여기서 사형언도가 집행되었다는 것이다. 또하나는 무죄로 석방되었다가 몇 년후에 네로에게 사형당했을 것이라는 견해이다. 많은 학자들은 일반적으로 후자의 견해를 지지한다. 그 이유는 몇가지 외증들이 이를 뒷받침해 주기 때문이다. 유세비우스는 "바울은 자신을 성공적으로 방어한 뒤 다시 복음을 증거했으며 그 후 다시 로마에 와서 네로에게 순교당했다"고 했다. 크리소스톰은 "바울이 로마에 거한 뒤 스페인으로 떠났다"라고 했고 제롬 역시 "바울은 네로에게 석방된 뒤 서방에서 그리스도의 복음을 전하러 갔다"고 말하고 있다. 사도행전에 나타난 증거로 미루어 볼 때 바울이 석방되었을 가능성이 높다.

> "바울은 온 이태를 자기 셋집에 유하며 자기에게 오는 사람들을 다 영접하고 담대히 하나님 나라를 전파하며 주 예수 그리스도께 관한 것을 가르치되 금하는 사람이 없더라"(행 28:30, 31).

일반적으로 알려진 견해는 스토아 학자인 세네카가 바울을 위해서 유리한 변호를 하여 무죄로 판결되었다고 보는 것이다. 그러면 로마에서 석방된 후 바울은 무엇을 했을까? 그는 그레데에서 얼마를 보내고(딛 1:5, 3:12) 다음 고린도와 에베소 및 드로아 등을 재방문하였다(딤후 4:13, 19, 20). 그리고 바울은 아마도 로마에서 다시 투옥되었을 것이다. 전설에 의하면 바울을 주후 68년 6월 초순 네로가 죽기 며칠 전에 순교했다고 한다. 즉 바울은 로마시에서 5km 떨어진 그는 오스티안 가도의 한적한 곳에 만들어 놓은 임시로 된 단두대에서 큰 칼에 목이 잘렸다는 것이다.

바울 참수 때 목받침대

이때 바울의 머리는 땅에 떨어져 세 번 뒹굴었다고 하며, 바로 그 자리에 세 줄기의 샘이 솟아났다고 하여 지금 그곳에는 '세 샘'이란 대 사원이 있어 바울의 순교를 기념하고 있다.

5) 바울의 전도 여행에 대한 평가

기독교 전도(선교)사상 바울 이상의 전도자는 없다. 그는 이방 전도의 선조가 되었고 많은 교회를 세웠으며 신약성경의 1/4(양에 있어서)을 기록했다. 그가 다메섹 도상에서 예수님을 만난 후 개종한 후 30년은 교회의 역사에 있어서 대단히 중요한 시기였다. 이 시기에 바울은 다음과 같은 괄목할 만한 유산을 남겼다.

첫째, 세 차례에 걸친 전도여행에서 그는 소아시아와 마게도니아와 헬라 지방에 복음의 기초를 심어 놓았다. 그가 세운 교회 중에 에베소 교회와 고린도 교회는 그가 사역하는 동안 전략상의 요충지가 되었다. 또한 바울이 로마제국에 대단히 큰 기독교적 영향을 끼친 사람이라는 것은 아무리 강조해도 지나치지 않는다.

둘째, 바울의 복음 전도 사역의 기초는 유대적 기반이었다는 점이다. 바울이 각 지방들을 순회하며 전도여행을 하면서 전도의 근거지로 삼은 것은 유대인의 회당이었다. 그는 전도 지역에 도착해서 가장 먼저 유대인의 회당에 찾아가서 예수 그리스도의 죽음과 부활을 설교하고 전하였다. 최초의 기독교인들이 유대인들이었으며 그들이 비록 복음과 상반되는 모세의 율법 준수와 할례를 주장했다 하더라도 이러한 유대적인 기반들은 바울 전도 사역에 징검다리 역할을 했음은 부인할 수 없다.

셋째, 바울의 가장 큰 공헌은 그가 기록한 서신들이었다. 그는 세 차례의 전도 여행과 로마여행을 통해 많은 서신을 기록했다. 대체로 그 내용들은 신자의 신앙과 생활에 관한 것들이었다. 신앙은 구원에 관한 교훈이요, 생활은 구원받은 자의 행위이

바울이 그의 서신을 기록한 곳

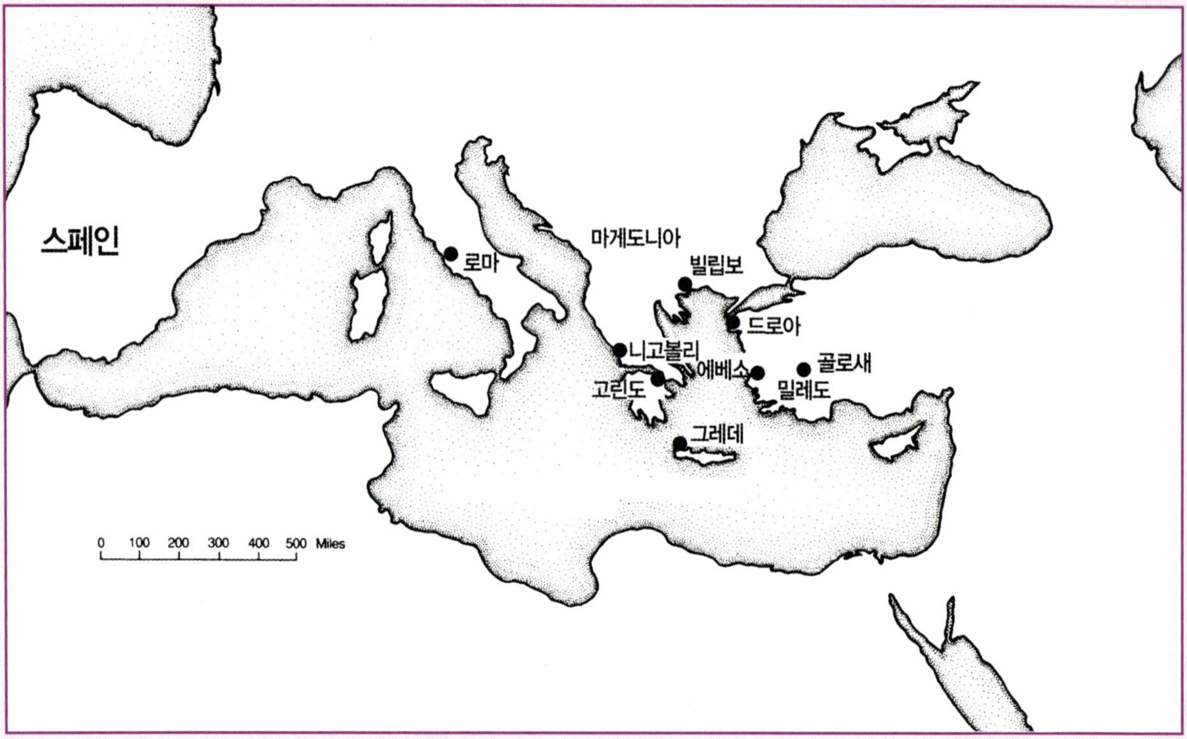

다. 바울은 그의 서신들에서 예수의 부활을 강조하였고 예수님의 삶과 죽음, 그리고 부활의 의미를 전파하였다. 그래서 몇 세기가 지난 후 마틴 루터가 종교 개혁의 깃발을 시작할 때 그가 잡은 것은 바울이 로마서에서 선포한 이신칭의(믿음으로 말미암아 구원을 얻는다) 사상이었음을 우리는 너무나 잘 알고 있다.

바울! 그는 그의 서신에서 기독교의 중추적 교리를 정립했다.

〈표 23〉 바울의 생애와 그의 서신들의 기록 연대표

사 건	관련 성경 구절	연 대
1. 출생(길리기아 다소에서)		그리스도의 탄생 무렵
2. 다메석 도상에서의 회심	행 9:1-19	주후 33
3. 제1차 전도 여행		
디모데가 더베에서 회심함	행 13:1-14:28	주후 47-48
갈라디아서가 1차 전도여행의 끝에 안디옥에서		
쓰여졌을 것이라 추측됨		
4. 예루살렘 종교회의	행 15:1-35	주후 49
디도가 바울과 동행함	갈 2:1	
5. 제2차 전도 여행	행 15:36-18:22	주후 49-52
디모데가 바울과 합류함		
데살로니가의 첫 번 전도를 포함		
데살로니가의 전후서가 고린도에서 쓰여짐		
6. 제3차 전도 여행	행 18:23-21:17	주후 52-56
에베소에서 약 3년간 디모데와 함께 일함	고후 7:6, 13, 14; 8:6, 16, 23	
적어도 두 차례의 마게도냐 방문을 포함		
(참고, 행 20:1-3; 고후 2:12-13)		
디도가 고린도에서 사역함		
고린도 전서(에베소)**후서**(빌립보?)와		
로마서(고린도)가 이 여행때 기록됨		
7. 예루살렘에서 체포됨	행 2:18-23:30	주후 56
8. 벨릭스와 베스도 총독 앞에 서다	행 23:31-25:12	주후 56-58
9. 아그립바 왕에 출두	행 25:13-26:32	주후 58
10. 바울의 로마여행 및 투옥		
로마감옥에서 씌여진 옥중 서신 :		
골로새서, 에베소서, 빌레몬서, 빌립보서	행 27:1-28:31	주후 58-61
11. 출옥	몬 22; 빌 1:25 참조	주후 62
12. 출옥 후 마침내 소아시아에 도착함		
에베소에 디모데를 남겨둠(딤전 1:3)		주후 62-66
마게도냐 방문		주후 62
마게도냐 혹은 아가야에서 디모데에게		
편지를 씀(**디모데 전서**)		
아마 에베소에 돌아갔을 것이라 추정됨		
그레데 방문		
그레데에 디도를 남겨둠(딛 1:5.)		
고린도 방문		주후 66
마게도냐 혹은 아가야에서 디도에게 편지함(**디도서**)		
13. 로마의 화재: 그리스도인들에 대한 네로 황제의		주후 64
심한 박해가 시작됨		
14. 두 번째 체포	딤후 1:16-17; 4:6-18	주후 66 혹은 67
15. 로마에서 두 번째 투옥		
(옥중에서 디모데에게 두 번째 편지함- **디모데 후서**)		주후 67
16. 순교(네로에게 처형됨)		주후 67

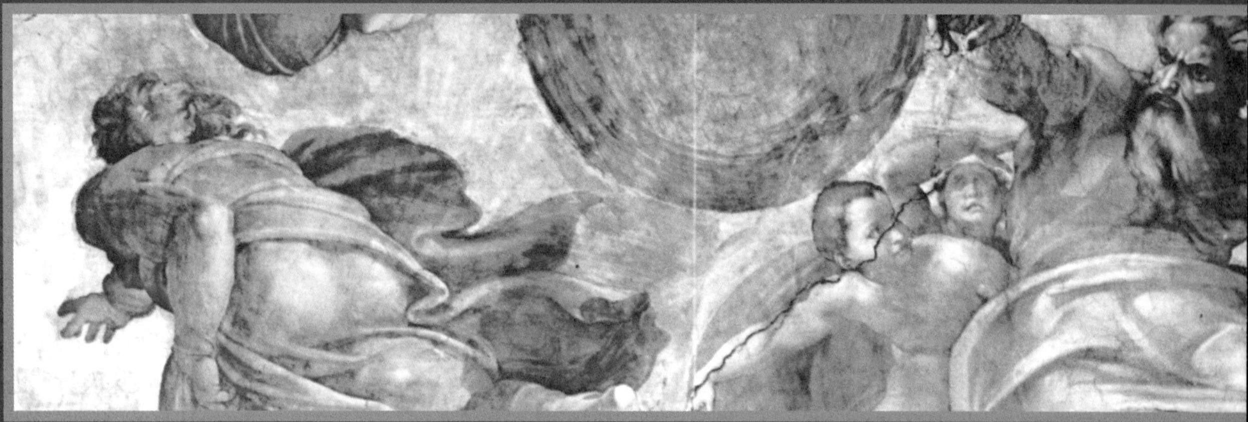

해,달, 별들의창조 해,달, 별들의 창조 해,달, 별들의 창조 해,달, 별들의 창조 해,달, 별들의창조 해,달, 별들의 창조 해,달, 별들의 창조 해,달, 별들의 창조 해,달, 별들의창조 해,달, 별들의 창

제4부
성경시대의 생활풍습

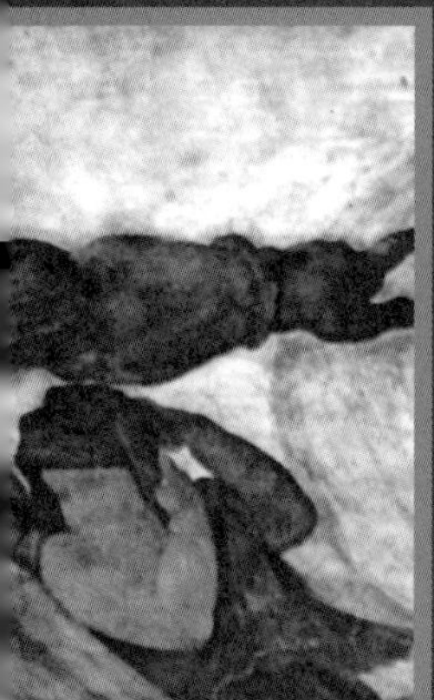

h the BIBLE lands Search the BIBLE lands Search the BIBLE lands Search the BIBLE lands Search the BIBLE lands Search the BIBLE lands Search the BIBLE lands Search the BIBLE lands Search the BIBLE lands Search the BIBLE lands

의 창조해,달, 별들의 창조해,달, 별들의 창조

제1장 가정 및 일상생활

Search the BIBLE Lands

1. 가 정

성경은 가족과 그들의 관계에 대하여 두 가지 특징을 말하고 있다. 첫째, 가족 구성원들이 각각 맡고 있는 소임이 성경시대 전체를 통해 변함없이 일관되어 있다는 것이다. 문화와 법이 바뀌었어도 가족적 관습에는 별로 큰 영향을 끼치지 못하였다. 구약성경 초기의 반쯤은 사실상 유목민의 생활을 해왔다. 그들은 자주 이 지역에서 저 지역으로 이주했다. 그러므로 그들은 정착해서 살고 사람들과는 어떤 면에서는 좀 달랐다. 모세의 율법은 누이와 결혼하는 것과 같은 유목민적 습관 중에서 일부를 폐하였다. 그러나 대부분의 가족생활 양식은 그대로 이어 받았으며 신약성경 시대까지 보존되었다.

둘째, 성경시대의 가정생활은 오늘 우리들 것과는 상당히 다른 문화를 나타내 주고 있다. 우리는 우리의 가정생활을 이끌어 나가는 인도자로 성경을 대할 때에 이러한 상이점을 주목해 보아야 한다. 우리는 성경이 그려주는 특별한 생활양식을 그대로 모방할 것이 아니라 성경이 말해주는 원칙이 무엇인가를 찾아야 한다. 이러한 생활양식은 작은 농경사회에 적합한 것이다. 따라서 모든 경우가 다 하나님을 기쁘시게 하는 것은 아니다. 예를 들면 당시의 문화는 사람들이 여러 부인을 거느리는 것을 허락했으며 하나님의 사람들도 그렇게 했다. 그러나 성경이 이를 규정하고 있는 것은 아니다. 가족 관계에 대한 성경적 가르침은 자녀, 어머니, 그리고 아버지에 대한 교훈들을 포함하고 있다. 우리는 하나님의 뜻대로 따름으로 크게 축복 받은 가정들의 예를 보게 될 것이며 또한 하나님께 불순종하여 그에 따른 결과를 가져 왔던 가정들도 살펴보게 될 것이다. 그렇게 하다 보면 우리는 이스라엘 역사 속에서 가정생활의 모습이 어떻게 바뀌어졌나 하는 것을 보게 될 것이다.

1) 족보의 존중

마태복음을 펼치면 1장 첫머리에 예수 그리스도의 족보가 길게 나열되어 있다. 특별히 마태복음의 수신자들이 유대인들이라는 것을 주목해야한다. 유대인들은 족보를 대단히 중요하게 생각했다. 이렇게 유대인들이 족보를 귀중하게 여긴 이유는 지파의 구별과 토지의 소유권과 지위와 권력이 모두 그 족보에서부터 나오기 때문이다(대상 5:1-3, 민 3:10, 느 13:27-28 참조). 그러므로 유대인의 족보는 대대로 내려 오면서 많은 소란과 변동 중에서도 안전하게 보존되어 왔다(대상 1:-9:).

마태복음 첫 머리에 기록된 예수님의 족보는 약 2천년 간 내려 온 것이고 누가복음 3장에 기록된 족보는 아담에서부터 시작하여 4천년 간이나 길게 내려 온 것이다. 마태복음을 기록한 저자가 제일 먼저 예수의 족보를 기록한 이유는 예수는 예언의 응답으로 아브라함의 후손으로 탄생하시고 또한 예언의 응답으로 다윗의 후손으로 탄생하여 그 왕통을 이어 받고 있음을 말해 주기 위함이다. 한마디로 "예수님은 왕이시다"라는 것이다. 재미있는 것은 예수님의 족보를 기록함에 있어서(마 1:17) 14대식 세계(世系)로 구별했다는 점이다.

스미스(W. Smith)는 그의 「성경사전」(*A Dictionary of the Bible*)에서 다음과 같이 쓰고 있다.

"자기가 마음대로 세계(世系)를 구분하고 또는 신비스러운 방법으로 같은 숫자를 만들고 또 이것을 만들 때에 대(代)를 중복시키든가 생략하는 것이 유대인의 통상적인 습관이다."

예수의 족보에 있어서도 그 저자는 몇 사람을 생략했다. 주의 깊은 연구가는 누구나 아는 바이다. 즉 8절에 "요담은 웃시야를 낳고"라고 하였지만 요담과 웃시야 사이에 아하시야, 요시야, 아마샤 등 3대가 생략되었다. 11절에 "요시야는 여고냐를 낳고"라고 했지만 그 사이에 여호야김이 생략되었다. 또한 마태는 예수의 세계(世系)를 완전수인 7의 배수되는 14대를 세 번 중복하여 42대로 한 것은 수에 특별한 의미를 포함시켜서 생각한 유대인이 좋아하는 수에 맞춘 것인데 이것은 유대인들로 하여금 예수의 왕되심을 강력하게 주장하기 위한 것이라는 것을 알 수가 있다.

2) 가족 제도

가족은 하나님께서 만드신 사회의 첫 번째 기본 단위이다. 하나님께서는 아담과 이브를 합하여 남편과 아내로 만드심으로 첫 번째 가정을 만드셨다(창 2:18-24). 남자와 여자는 가정의 핵심적 기본 단위가 되었다. 하나님께서 무엇 때문에 이러한 가정의 구조를 창조하셨을까? 창세기 2:18에 말씀하시기를, 하나님께서는 '남자를 돕는 배필'로서 여자를 만드셨다고 하셨다. 이말은 남자와 여자는 처음에는 동료로 묶어졌으며 아내는 남편을 돕도록 되어 있고, 남편은 아내를 보살피게 되어 있다는 말이다. 그 둘은 자녀와 자손들을 필요로 하게 되었다.

(1) 남편

히브리어의 남편이라는 말에는 '지배한다', '다스린다'는 의미도 포함되어 있다. 또한 '주인'이라고 번역될 수도 있다. 가장으로서 남편은 가정의 안정에 대한 책임이 있다. 그렇다고 이것이 히브리 남편들이 가정 전체를 통치하기를 좋아하는 독재자라는 말은 아니다. 오히려 그는 기꺼이 가정에 대한 책임을 떠맡으며 자기의 식솔들이 필요로 하는 모든 것을 공급해야 했다.

모든 유대 부부들은 자녀를 가질 것이라는 전제 하에 결혼한다. 그들은 특별히 아들 낳기를 갈구한다. 아들을 가진 아버지는 참으로 행복한 사람이다. 예레미야는 기록하기를 "나의 아비에게 소식을 전하여 이르기를 네가 생남하였다 하여 아비를 즐겁게 하던 자"(렘 20:15)라고 했다. 유대인의 아버지는 가정 내에서 영적인 지도도 담당했다(창 12:8. 욥 1:5).

또한 그는 가정 내의 제사장의 역할도 담당했다. 그에게는 그의 가족들에게 유월절 등의 각종 종교의식을 인도하는 책임이 주어졌다(출 12:3). 아버지는 자기 아내와 더불어, "마땅히 행할 길을 아이에게 가르치라"(잠 22:6)고 되어 있다. 아버지는 또한 모든 율법의 기록된 말씀들을 자녀에게 전해야 했다. 아버지는 필요한 경우 육체적인 체벌도 가해야 했다. 이것은 "자녀를 노엽게 말며 주의 교양과 훈계로 양육하라"(엡 6:4)고 말씀하신 대로 해야 하는 것이다. 성경시대에는 남자가 가정에 필요한 것들을 제대로 공급하지 못하면 큰 죄가 되는 것으로 생각했다. 그러한 사람은 동네 사람들로부터 소외되며 비웃음거리가 되었다. 바울은 기록하기를 "누구든지 자기 친족 특히 가족을 돌아보지 아니하면 믿음을 배반한 자요 불신자보다 더 악한 자니라"(딤전 5:8)라고 하였다.

유대인들을 지배하고 있는 것은 여러 가지 유대 전승이었다. 탈무드는 말하기를 아버지는 자기 아들에 대하여 율법을 가르치는 것 외에 네가지 책임을 지고 있다고 했다. 그는 자기 아들에게 할례를 행해야 하며(창17:12-13), 첫아들이면 하나님께로부터 대속할 것이며(민 18:15-16), 아내를 맞게 해주며(창 24:4), 장사를 가르쳐야 한다.

당시의 어떤 유대학자는 이렇게 말했다. "좋은 아버지는 자녀로 하여금 왼쪽 손으로부터 멀리하게 하고 오른쪽에는 가까이 하게 된다." 이것은 전형적이고 이상적인 유대인 아버지의 엄격함과 자애로움의 세밀한 균형을 말해주는 표현이다.

(2) 아내

결혼에 의해서 여인은 자기의 배우자에게 복종하는 자리를 기꺼이 차지하는 것이다. 부인의 책임은 남편을 '돕는 배필'(창 2:18)이 되는 것이다. 그는 남편이 살아 있는 동안에 그에게 "선을 행하고 악을 행치 아니한다"(잠 31:12). 그의 주된 임무는 가정과 어린이에 집중되며, 경우에 따라서 시장에까지 확대되고 또한 자기 가정의 후생복지에 영향을 주는 모든 분야로 확대된다(참고, 잠 31:16, 25).

생활 속에서 아내의 주 임무는 남편을 위하여 자녀들을 키우는 일이었다. 리브가의 집 청지기는 리브가에게 이렇게 말했다. "우리 누이며 너는 천만인의 어미가 될지어다. 네 씨로 그 원수의 성문을 얻게 할지어다"(창 24:60). 유대의 가정은 부인이 열매 많은 포도나무처럼 되기를 바랬으며 그 집을 많은 어린아이들로 가득 차게 하기를 바랐다(시 128:3). 그래서 어머니는 첫아기를 낳으면 행복감과 안도감으로 마음을 놓는다.

(3) 아들

성경시대에는 부모들이 늙어지면 그 아들이 그들을 부양해야하며 그들에게 적당한 매장지를 준비해 주어야 했다. 그러기에 부부들마다 보통은 여러 아들을 두기를 원했다.

맏아들(장자)은 집안에서 아주 특별한 영광을 누리게 되어 있었다. 그는 가정에서 두 번째 인물로 간주되었다. 그러기 때문에 아들들에게 자기 소유를 분배할 때 장자에게는 다른 아들들의 2배를 주지 않으면 안 되었다(신 21:17). 장자권은 다만 이에 그치지 않고 전 가족을 지배할 권한이 있었다(창 27:29). 그러므로 일생동안 장자는 자기의 모든 행동과 자기 동생들의 모든 행동에 대한 책임을 더 많이 지게 되어 있었다. 결국 장자라고 하는 말은 존귀와 특권을 의미하는 말이 되었다(출 4:22, 히 1:6, 히 12:23).

제5계명은 "네 부모를 공경하라 그리하면 너의 하나님 나 여호와가 네게 준 땅에서 새 생명이 길리라"(출 20:12)고 교훈하셨다. 부모 중의 두 사람 모두 똑같은 존경을 받게 되어 있었다. 그러나 탈무드의 랍비들은 만약 아들이 두 사람 중 하나만 택해야 한다면 아버지를 우선적으로 택해야 한다고 판단했다. 예를 들면, 부모님 두 분이 동시에 물을 달라고 요청할 때에 아들은 어머니 보다 아버지의 요청을 먼저 들어주어야 한다고 탈무드는 가르쳤다.

(4) 딸

고대시대에는 딸들은 아들들에 비해 높이 평가받지 못하였다. 어떤 아버지들은 실제로 그들을 귀찮은 존재로 보기도 했다. 예를 들면, 어느 아버지는 "딸을 위해 아무도 모르는 시간에 잠이 깨고, 그 딸을 돌보느라 잠이 달아나 버린다. 그리고 딸이 젊을 때에는 그 나이의 꽃이 시들어 버리지 않도록 애를 쓰며(결혼 못하는 것), 결혼해서 시댁의 미움 받지 않기 위해 힘쓰고, 남편이 생긴 후에는 몸 조심하도록 돌보며, 결혼한 후에 임신 못하는 일이 생기지 않도록 조마조마해 한다"(집회서 42:9-10).

그러나 주변의 다른 문화권에 비하면 히브리인들은 딸들을 비교적 인간적으로 대해 주었다. 실제로 로마인들은 갓 태어난 여자 아이들을 자연속에 방치해 두어 죽기를 기다리기도 했다. 히브리인들은 모든 생명은 – 남자이든 여자이든 – 하나님께로부터 온 것이라고 믿었다. 그러기에 그들은 자기들의 어린 아기들을 죽이려는 생각은 절대로 하지 않았다. 실제로 나단 선지자가 아버지와 자식의 친밀한 관계를 설명할 때에 아버지의 품에 머리를 대고 누워있는 딸의 모습으로 묘사했다(삼하 12:3). 만약 한 가정에 아들이 없으면 딸들이 아버지의 재산을 상속 받을 수 있었다(민 27:5-8). 그러나 아버지 지파 내에서 결혼할 때에만 그들이 상속을 받을 수 있었다(민 36:5-12).

딸은 결혼 전까지 아버지의 법적인 통제 하에 있었다. 그녀의 아버지가 그녀에 관한 모든 중요한 결정을 내렸으니, 예를 들면 '누구와 결혼해야 하는가?' 같은 문제이다. 그러나 신랑의 선택에 있어 딸의 동의를 구했으며 경우에 따라서는 자기가 좋아하는 사람이 누구라고 말하는 것을 허락했다(창 24:58, 삼상 18:20). 아버지는 딸이 맺어지기 전에 말한 모든 언약을 승인했다(민 30:1-5).

딸은 집에서 어머니를 돕도록 되어 있었다. 여자가 좋은 아내와 좋은 어머니가 되기 위해서는 자신이 갖추어야 할 여러 가지 집안 일하는 기술들을 어려서부터 배우기 시작한다. 12살이 되면 자기 의사로 가정을 꾸릴 수 있는 권리가 주어지며 결혼이 허락되었다. 근동의 어느 지역의 풍습은 딸이 집 떠나는 것을 가족들이 허락하지 않았다. 여러 사람 앞에 나타날 때에는 얼굴에 베일을 가려야 했으며 남자에게 말을 하는 것은 허락되지 않았다. 이스라엘 사람들은 딸에게 그런 제약을 가하지는 않았다. 소녀들은 비교적 자유롭게 왕래할 수 있었고, 맡은 바 일을 다 마쳐야 했다. 우리는 이러한 예를 리브가에게서 찾아볼 수 있다. 리브가가 우물가에서 낯선 사람과 이야기했고(창 24:15-21), 미디안 제사장의 일곱 딸들은 아버지의 양떼에 물을 주면서 모세와 이야기를 나누었다(출 2:16-22).

성경시대에는 젊고 부드러운 것이 아름답다고 믿었다. 여인이 햇볕에 피부가 검게 타면 사람들이 많이 있는 곳은 피하였다(아 1:6). 그러기에 여인들은 바깥의 일은 이른 아침에 하거나 오후 늦게 하려고 했다. 가끔은 그 여인은 자기를 포도원지기로 만들어 하루 종일 밖에 있도록 만든 자기 오라비들을 원망하기도 했다(아 1:6).

딸들은 일찍 결혼하는 일이 많았다. 일찍 결혼하더라도 오늘날처럼 문제가 되지는 않았다. 신부는 아버지의 그늘에서 벗어나지만 남편과 남편 가족의 지배 하에 새롭게 들어가게 된다. 이제까지 친정 어머니가 담당해 오던 지도와 훈련을 이제부터는 시어머니가 떠맡아 하게 된다. 신부는 시어머니와의 깊은 유대 관계를 갖기 시작한다. 이에 대해서는 룻기에 설명이 잘 되어 있다. 나오미는 사람들에게 룻을 소개할 때마다 '나의 딸'이라고 말한다. 분쟁이 가득한 집안을 묘사하면서 미가 선지는 "딸이 어미를 대적하며 며느리가 시어머니를 대적하다"(미 7:6)고 했다.

(5) 형제와 자매

형제들이 책임과 문제점들과 승리를 나누어 가지면서 함께 자라는 동안에 그 형제들 사이에는 사랑이 깊어진다. 잠언에 보면 이런 구절이 있다. "많은 친구를 얻는 자는 해를 당하게 되거니와 어떤 친구는 형제보다 친밀하니라"(잠 18:24).

요셉은 자기 형들에게 진정한 사랑을 보여주었다. 그러나 그가 어렸을 때에 형들은 아버지께서 요셉만 특별히 사랑하시는 것을 미워하여 그를 종으로 팔았다. 훗날 요셉이 힘과 지위를 얻게 되었을 때에 자기 형들에게 그대로 갚아 줄 수도 있었다. 그러나 그는 그들에게 사랑과 자비를 보여 주었다. 그는 이렇게 말하였다. "당신들이 나를 이곳에 팔았으므로 근심하지 마소서 한탄하지 마소서 하나님이 생명을 구원하시려고 나를 당신들 앞서 보내셨나이다"(창 45:5). 성경은 서로 간에 깊고 신실한 사랑 안에서 자기들의 사랑을 지켜온 많은 형제들에 대하여 기록하고 있다. 시편 기자는 형제간의 사랑을 이렇게 묘사했다. "머리에 있는 보배로운 기름이 수염 곧 아론의 수염에 흘러서 그 옷깃까지 내림 같고 헐몬의 이슬이 시온의 산들에 내림 같도다"(시 133:2-3). 형제와 자매들은 특별한 유대관계가 있다. 욥의 아들들은 세 누이들을 초청하지 않고는 잔치를 베풀지 아니하였다(욥 1:4). 디나가 욕을 당했을 때 오빠들은 그 죄에 대하여 복수해 주었다(창 34장). 옛날에는 젊은이들이 가끔 자기들의 이복누이와 결혼하기도 했다. 아브라함과 사라는 아버지는 같고 어머니만 달랐다(창 20:12). 우리가 이미 알고 있듯이 모세의 율법에서는 이런 것을 금하였다(레 18:9, 20:17, 신 27:22).

형제와 자매간의 사랑의 줄이 너무도 강력하기에 모세의 율법에서는 제사장일지라도 죽은 형제나, 자매, 부모, 혹은 자녀의 시체에 손대는 것을 허락하였다(레 21:1-3). 이것이 제사장이 죽은 사람의 몸을 만지고도 의례집행에 있어 부정하게 되지 않는 유일한 경우이다.

3) 넓은 의미의 가족 및 가족 윤리

가장 기본적 단위로서 히브리 사람의 가족은 남편, 아내, 그리고 자녀들로 구성되어 있다. 남편이 아내를 둘 이상 거느린 경우의 '가족'은 부인들 모두와 그들의 여러 자녀들 모두를 포함해서 하는 말이다(예: 창 30장). 어떤 경우에는 가족의 개념이 가장의 보호를 받으며 거처를 같이 사용하는 모든 사람 – 홀로 된 딸들과 그 자녀들을 포함하여 조부모, 종들, 방문자 등 – 을 말하기도 한다. 보통 넓은 의미로 이야기 할 때 가족이라고 하면 아들들과 그들의 부인 그리고 그 자녀들이 포함된다(레 18:6-18). 하나님께서는 아브라함의 종을 그 가족 중의 일원으로 간주하셔서 아브라함에게 명하시기를 그들에게도 할례를 행하라고 하셨다(창 17:12-14).

이스라엘 역사의 초기에는 4대까지의 가족이 함께 살기도 하였다. 이것이 절반 유목민적 생활양식의 일반적 형태이며 후에는 농경시대에까지도 이어져 갔다. 오늘날도 중동에서는 유목민들의 무리들이 생존을 위해서 대가족이 함께 모여 공동생활을 하고 있다. 각 대가족마다 자기들의 '아버지' 혹은 '족장'이 있으며 그의 말은 곧 법이기도 했다. 구약성경시대에는 대가족이 그 집안 남자 중에서 가장 연장자 – 그는 족장(아버지)이라고 불리워졌다 – 에 의해서 다스려졌다. 할아버지 혹은 증조 할아버지가 된다. 예를 들면 야곱의 가족이 애굽으로 이사했을 때, 비록 야곱의 아들들이 이미 부인과 자녀들이 있을 때였지만, 야곱은 그들의 '아버지'로 간주되었다. 야곱은 죽는 날까지 계속해서 자기 '가족'들을 다스렸다. 이 대가족의 '족장'은 그 가족 식구들 전체의 생사 문제에 대한 권한을 가지고 있었다. 우리는 이것을 아브라함이 자기 아들 이삭을 희생 제물로 드리려 했었던 사건(창 22:9-12)을 통해 알 수 있으며 또한 유다가 자기 며느리가 간음하였다 하여 그를 죽이려했던 일을 통해서도 알 수 있다(창 38:24-26).

그 후에 모세의 율법에서는 아버지의 권위를 제한하였다. 자기 아들을 제단에 희생물로 드리는 일은 허락되지 않았다. 자기의 딸을 파는 것은 허락되었으나 외국인에게 팔거나 창기로 파는 것은 허락되지 않았다. 율법에 의하면 아버지라 하더라도 첫아들로 태어난 권리를 박탈할 수 없었다. 비록 두 여인에게서 각각 아들을 낳았다 하더라도 그리할 수 없었다. 히브리인 아버지 중 어떤 이들은 이 율법을 어기기도 하였다. 입다의 경우에 그는 자기가 전쟁에 승리하고 돌아온 때에 자기를 맞으러 나오는 사람은 누구든지 그를 희생 제물로 드리겠다고 서약했었다. 그런데 그의 딸이 제일 먼저 그를 맞으러 나왔다(삿 11:31, 34-4). 이 서약을 꼭 지켜야 한다고 믿었던 입다는 그를 희생제물로 드렸다. 마찬가지로 므낫세 왕은 이방신을 유화시키기 위해 자기의 아들을 번제로 드렸다(왕하 21:6).

구약성경시대의 대가족제도가 오늘날 우리가 알고 있는 가족 구조로 축소된 것이 언제인지 우리는 알지 못한다. 어떤 학자들은 다윗과 솔로몬 시대에 사라져 버렸다고도 하고, 어떤 이들은 그보다 더 오래 계속되었다고도 한다. 그러나 신약성경시대에는 대가족 제도의 개념은 완전히 사라져 버렸다. 우리는 바울 서신에서 이를 확실히 알 수 있다. 그가 가정의 각 구성원들의 임무와 예절에 대해 기록할 때에 그가 언급한 것은 부모와 자녀와 노예에 관한 것뿐이었다(참고, 엡 5:21-6:9).

누가는 요셉과 마리아가 베들레헴에 호적 때문에 여행을 했다고 말하고 있다(눅 2:4-5). 마리아가 희생제물을 드릴 때에 그들만이 성전에 올라갔다(눅 2:22). 또한 예수를 데리고 애굽으로 갈 때에도 자신들만 여행 했다(마 2:14). 이 기사들은 신약성경에 있어 '가족'은 남편과 아내와 자녀들만으로 구성되어 있음을 확실히 보여준다.

(1) 씨족

대가족은 '씨족'이라고 부르는 좀 더 큰 집단을 말한다. 씨족은 비교적 크기 때문에 그 크기에 있어서 남자의 수가 수백 명이 되는 경우도 있었다. 씨족의 구성원들은 한사람의 공통된 조상의 자손이었으며, 그래서 서로 서로가 친척이었다. 그들은 서로 돕고 서로 보호할 의무가 있다고 느꼈다. 어떤 때는 그 씨족이 한 사람의 남자를 정해 족장으로 부르며 씨족의 모든 식구들이 필요하면 도와주도록 했다. 영어에서는 이 사람을 '친족을 해방하는 사람'으로 언급하기도 했다. 그의 도움은 여러 분야를 관할하는데 있어 꼭 필요했다. 그 씨족의 일원이 자기의 재산의 일부를 빚을 갚기 위해 팔아야 할 때는 친족 중 기업 계승자에게 그 재산을 살 수 있는 첫 번째 우선권을 주었다. 그러면 친족 중 기업 계승자는 가능한 한 그 재산을 자기 씨족의 재산을 지키기 위해 그 재산을 구입해야 했다(레 25:25; 참고, 룻 4:1-6). 이러한 일은 예레미야에게도 있었다. 예레미야의 사촌이 예레미야에게 와서 말했다. "너는 아나돗에 있는 내 밭을 사라, 이 기업을 계승할 권리가 네게 있느니라"(렘 32:6-8). 예레미야는 그 밭을 샀으며 그 일을 통해서 유대인들이 궁극적으로는 이스라엘로 돌아올 것이라는 것을 선포했다(렘 32:15).

가끔씩 군대가 포로들을 잡아오면 가장 많은 돈을 내는 사람에게 팔곤 했다. 또한 빚을 갚기 위해 스스로 종으로 팔리는 사람도 있었다. 두 경우 모두 그 종의 가장 가까운 친족이 자기친족을 자유케 하기 위하여 값을 주고 그를 샀다(레 25:47-49).

결혼한 남자가 아이 없이 죽으면 형제가 그 과부와 결혼을 해야 했다(신 25:5-10). 이것을 '시동생 결혼'(嫂婚, levirate marriage)이라 불렀다. 이렇게 해서 태어난 아이는 죽은 형의 자손으로 간주되었다. 룻과 나오미의 이야기는 친족 중 기업 계승자의 책임에 대해 잘 설명해 주고 있다. 과부인 나오미는 베들레헴 부근에 있는 자기의 재산을 팔아야 했다. 그리고 자식 없는 자기의 며느리 룻이 재혼하기를 원했다. 가장 가까운 친족은 밭을 사는 것을 동의했으나 룻과 결혼하는 것은 원하지 않았다. 그래서 그는 그 성의 장로들 앞에서 행해진 의식에서 두 가지 의무를 다 포기했다. 그때 친족 중 두 번째로 가까웠던 보아스가 그 땅도 샀고 또 룻과 결혼도 했다(룻 4:9-10).

족장은 친족이 살해 되면 그 복수를 해 주어야 했다. 그런 경우에 그는 피의 보수자(신 19:12)로 불리어졌다. 모세의 율법은 살인자가 도망갈 수 있는 도피성을 정해 주어 그 피의 보수(報讐)를 제한했다. 그러나 이것조차도 살인자의 안전을 보장해 주지는 못했다. 만약 살인자가 고의나 계획적인 살인을 했으면 보수자는 그 도피성 안에까지 따라가서 그를 내어 달라고 요구할 것이다. 그런 경우 살인자는 족장(장로)에게 넘겨지며 장로는 그를 죽일 것이다(참고, 신 19:1-13). 요압이 아브넬을 이런 방법으로 죽였다(삼하 3:22-23).

⑵ 가정의 부패

화합과 순수한 사랑 안에 살고 있는 가정은 모든 사람들을 기쁘게 한다. 바로 이 점이 하나님께서 가정을 세우실 때 계획하신 것이다. 그러나 불행하게도 성경에서는 이러한 이상적인 가정을 거의 찾아볼 수 없다. 성경역사 전체를 살펴보아도 사회적 경제적 그리고 종교적 압박감으로 인해 모든 가정들이 좀 먹어 들어가고 있었다. 이러한 압박감들 중에 몇 가지를 살펴보려 한다.

① 무자식

성경시대에는 자식이 없다는 것은 결혼 생활을 파괴하는 주범 중 하나였다. 어느 부부가 아이를 수태하지 못한다면, 이는 곧 하나님께로부터 벌을 받고 있는 것이라고 생각했다.

자기 부인을 계속 사랑하고 있음에도 불구하고 자식이 없는 사람은 가끔 두 번째 여인과 결혼을 하고 아이를 수태키 위하여 노예로 하여금 그 일을 대행토록 했다(창 16:2, 30:3, 신 21:10-14).

② 일부다처제

구약성경에 보면, 두 여인이 한 남편을 섬길 때 끊임없이 가정에 문제가 일어나곤 했다. 두 번째 부인에 대한 히브리어는 '경쟁자 부인'이란 문자적 의미가 포함되어 있다(예: 삼상 1:6). 이 말은 일부다처제에서는 보통 여러 부인들 사이에 극심한 적대감이 존재하고 있다는 점을 알려주는 말이다.

그렇기는 하지만 일부다처제가 습관적으로 전해 내려왔다. 특별히 족장시대에서는 더 심했다. 만약 어떤 사람이 두 번째 부인과 결혼할 돈을 마련치 못할 경우에는 노예를 특별히 사오거나 아니면 이미 자기 집에 있는 노예 중에서 하나를 취하였다(예: 창 16:2, 30:3-8).

일부다처주의 결혼에 있어서 남편은 언제나 어느 한 부인을 다른 부인보다 더 좋아하였다. 이것이 복잡한 문제를 야기시켰다. 예를 들어 어느 아들을 맏아들로 받아들일 것인가를 결정하는 문제 등이다. 자기의 유산을 자기가 좋아하는 부인의 아들에게 물려주고 싶은 경우가 있다. 실제로 자기가 좋아하는 부인의 아들에게 물려주기를 원하는 경우들이 종종 있다. 모세는 말하기를 장자는 올바르게 존경되어야 하며 남편은 장자의 모친에게 "그의 음식이나 의복이나 결혼에 있어서의 관리" 등을 축소시켜서는 안 된다고 했다(출 21:10).

출애굽기 후에 히브리인의 결혼은 대부분이 한 남편이 한 부인만 거느린 일부일처제였다(막 10:2-9). 잠언에는 히브리 문화의 다방면에 대해 많이 언급하고 있으면서도 일부다처제는 전혀 언급하고 있지 않다. 선지자들은 주님과 이스라엘과의 관계를 표현할 때 언제나 일부일처제의 결혼 관계를 들어 설명했다. 그러한 결혼생활이야 말로 이상적 가정생활이었다.

③ 남편의 죽음

남편의 죽음은 언제나 그 가족에게 대단한 문제를 일으킨다. 성경시대의 사람들도 예외는 아니었다. 일정기간 곡하는 시간이 지나면 미망인은 몇 가지 과정 중 한 가지를 택하게 되어 있다. 그녀에게 자녀가 없으면 레위기의 법에 의해 계속해서 남편의 가문에 남아 살게 되어 있었다(신 25:5-10). 그녀는 남편의 형제 중 하나 혹은 가까운 친족의 남자와 결혼하도록 되어 있었다. 거기에 해당하는 남자가 없으면 그녀는 타집안으로 시집갈 자유가 주어졌다. 어린아이가 딸린 미망인들은 그 외에도 다른 선택의 여지가 주어졌다. 토빗서의 신명기적 내용에 의하면 어떤 미망인은 아버지나 남자형제의 가정으로 되돌아 왔음을 알 수가 있다. 어떤 경우에는 미망인이 무일푼이고 의지할 남자친척이 하나도 없는 경우도 있었다. 그런 경우 그 여인들은 대단한 어려움을 겪게 된다. 신약성경은 자녀 없는 미망인이 훨씬 안전한 위치에 있게 되었다. 만약 그가 위에서 언급한 바와 같이 생활할 수 있는 일반적 지원이 없으면 교회에 도움을 청할 수 있었다. 바울은 권고하기를 젊은 미망인들은 재혼해야 하며 늙은 미망인들은 자녀들이 돌보아야 할 것이라고 했다. 그러나 만약 미망인들을 돌볼 사람이 아무도 없으면 교회가 돌보아야 한다고 했다(딤전 5:16).

④ 불순종하는 자녀들

자기 아버지나 어머니를 공경치 않는 것은 대단한 죄였다. 모세는 자기 부모를 때리거나 저주하는 자는 반드시 죽이라고 명했다. 이러한 처벌을 당한 것이 기록된 것은 없으나 성경은 자녀들이 자기 부모를 공경치 아니한 예를 많이 기록하고 있다. 에스겔이 예루살렘의 죄를 열거할 때에 이렇게 기록했다. “그들이 네 가운데서 부모를 업신여겼으며 네 가운데서 나그네를 학대하였으며 네 가운데서 고아와 과부를 해 하였도다.” 잠언 19:26에도 비슷한 내용이 있다. 예수님께서는 당시의 많은 유대인들이 부모를 공경하지 아니하였다고 책망하셨다(마 15:4-9).

⑤ 골육 상쟁

잠언 기자는 서로 다투는 자녀들의 문제를 생생히 언급하였다. “노엽게 한 형제와 화목하기가 견고한 성을 취하기보다는 어려운 즉 이러한 다툼은 산성 문빗장 같으니라”(잠 18:19). 성경에는 여러 가지 이유로 서로 다툰 형제들에 대하여 기록하고 있다. 야곱은 에서의 장자의 축복을 훔쳐내갔다(창 27장). 압살롬은 다윗이 암논을 처벌하지 아니했다 해서 그를 미워하였다(삼하 13장) 솔로몬은 자기 형제인 아도니아가 자기의 왕좌를 넘겨본다고 의심하여 그를 쳐 죽였다(왕상 2:19-25). 여호람은 왕위에 오르자 자기 형제들을 모조리 죽여 자기 나라를 넘보지 못하게 했다(대하 21:4). 이삭의 가정은 부모들이 골육상쟁을 부채질한 좋은 실례가 된다. “이삭은 에서를 사랑했고…그러나 리브가는 야곱을 사랑했다”(창 25:28) 이로인해 이삭이 에서를 축복하려 할 때 리브가는 야곱을 도와 그 축복을 야곱의 것으로 만들게 하였다. 에서는 화가 나서 야곱을 죽이려 했으나 야곱은 먼 나라로 도망을 했다(창 27:41-43). 그 가족들이 재결합하기까지는 한 세대의 기간이 온통 걸려야 했다. 불행하게도 야곱역시 자기 부모님의 실수의 전철을 그대로 따라갔다. 그도 자기의 아들 중의 하나를 특별히 사랑하여 요셉을 다른 형제들 보다 더 높여 주었다. 이것이 그 아들들을 격노케 하였고 그들은 아버지가 사랑하는 자를 죽일 계획을 세웠다. 성경은 이렇게 기록하고 있다. “그의 형들이 아버지가 형들보다 그를 더 사랑함을 보고 그를 미워하여 그에게 편안하게 말할 수 없었더라”(창 37:4).

⑥ 간음

간음이라는 것은 다른 사람의 아내나 혹은 약혼한 여자를 범(犯)하는 일이다. 히브리 사람들은 간음을 가족에 대한 심각한 위협으로 간주하였다. 그래서 간음한 사람들을 신속하고 엄하게 처벌했다. 이에 대한 형벌은 사형이다. 당사자는 돌로 쳐죽였다(신 22:22-27). 초기 로마법에 따르면 간통현장에서 아내를 붙잡은 남자는 반드시 아내와 이혼해야 했다. 왜냐하면 간통한 아내는 계약을 파기한 것에만 그치는 것이 아니라 어머니가 될 자격을 잃어버린 셈이기 때문이다. 가장 엄준한 법의 요구는 남자에게 아내를 죽이도록 명하는 것이었다. 그러나 반대로 남자가 간통하고 있는 장면을 아내가 발견하게 될 경우에는 아내가 남편에게 손을 대는 것이 금지되었다.

2. 자녀들

1) 자녀에 대한 욕망

나이 많은 여인, 젊은 여인, 어린 소녀 상(주전 13세기)

성경에 의하면 "어떤 사람이든지 자녀손이 번성치 아니하면 이는 피를 흘리는 것과 같고 또한 하나님의 형상을 축소시키는 것과 같다"고 했다. 자녀는 하나님의 축복으로 간주되었다[창 1:28, 창 15:4 18:14(아브라함), 사 7:14(선지가가 아하스 왕에게 전한 예언), 눅 1:31(동정녀 마리아)].

유대 부부의 결혼의 목적은 자녀를 갖기 위한 것이었다. 왜냐하면 자기들이 다른 사람들의 기억에 계속 남는 사람이 되는 것이 자녀를 통해서 된다고 믿었기 때문이다(삼하 14:4-7). 이스라엘 부부의 첫 번째 관심사는 자녀를 두는 것이었다(창 24:60). 젊은 부부들은 자녀가 아들이었음 한다. 하지만 자녀들이 아들이든 딸이든 기쁘게 받아들였다(다른 문화권과의 차이). 이스라엘 사람들은 임신 경위를 알고는 있지만 성행위 자체에 대해 토론하는 일은 거의 없었다. 어린아이는 '주님이 남겨주신 것'이라고 믿었다(시 127:3).

2) 자식이 없는 부부

어머니와 아기

불임증에 대하여 성경시대에는 문제의 책임을 부인에게만 돌렸다(예외: 신 7:14). 그러므로 임신하지 못하는 여인은 '부끄러움'(눅 1:25), 동정의 대상이요, 과부와 같은 부류로 취급되었다.

종교적 의미에 있어서 "네가 복을 받음이 만민보다 우승하여 너희 중의 남녀와 너희 짐승의 암수에 생육하지 못함이 없을 것이며"(신 7:14)라고 말씀한다. 그러므로 생육하지 못함은 하나님께 불순종한 결과요, 영구적인 불임증은 하나님께 저주받은 것으로 여겨졌으며 영적으로 파멸되고 사회적으로 불명예이며 심리적으로 위축되었다(삼상 1:6-8, 레 4:2, 창 25:21).

불임증 치료에 대한 음식으로는 합환채가 사용되었다. 이것은 생식능력을 강화한다고 믿었고 때에 따라서는 '사랑의 묘약'으로 사용되었다. 사과, 물고기 역시 아기를 낳는데 성적으로 힘이 있다고 보았다. 마지막 치료법은 ① 다른 부인을 맞아 결혼(족장시대)하는 것이었는데, 여종을 취하여 자기 이름으로 자녀를 낳도록 하였다(창 16:2, 30:3). 또 한가지는 ② 입양(창 15:2)이다. 이집트의 바로의 딸이 모세를 입양(출 2:10-애굽)한 경우와 모르드개가 에스더를 입양(에 2:7-15, 페르시아)한 경우이다. 불임증을 치료하지 않는 경우에는 자식 없이 그대로 죽기도 했다(예: 사가랴와 엘리사벳, 눅 1:7).

3) 유산

성경시대에는 여인들이 태아를 출산까지 이끌어 간다는 것은 쉬운 일이 아니었다. 그래서 성경은 유산에 대하여 여러 차례 언급하고 있다(욥 3:16).

유산의 원인으로는 ① 자기들(산모)이 먹은 음식이나 마신 것 때문이라고 생각했을 것이다. 예를 들면 엘리사와 여리고의 여인들은 부근의 우물물이 유산의 원인이었을 것이라고 확신했다(왕하 2:19-20). 또 하나는 ② 불의의 사고를 들 수 있다. 예를 들자면 동물에게 떠밀리거나 차이는 일, 싸우는 곳에 휘말리는 경우이다. 모세의 율법에 따르면 사람을 때려서 그가 유산을 하게 되면 그 사람에게 벌금을 물리게 되어 있었다. 만약 그 유산이 말썽이 되어 결국 여인이 죽게 되면 율법은 그에 대해 사형을 명했다(출 21:22-23).

4) 축복된 사건

히브리인들은 오늘날과 같은 현대의학의 자료들이 손쉽게 손에 잡히는 것이 아니었으나 그래도 성장의 과정에 대해 약간은 알고 있었다(시 139:13-16).

(1) 출산의 고통

아담과 이브가 '에덴동산'에서 하나님께 범죄 했을 때에 하나님께서 인류에게 내린 저주 중 하나가 여자들이 '출산의 고통'을 당하게 된다는 것이었다(창 3:16). 선지자들이 하나님의 심판을 선포할 때 여인의 해산의 고통으로 비유했다. 구약성경에는 합병증으로 인해 산모의 목숨이 위태로웠던 경우를 여러 차례 기록하고 있다. 예를 들면 다말에게서 태어난 아기를 베레스라 불렀으니 이는 "터지고 나온다"는 뜻이었다. 산파가 보니 아기가 어머니에게서 보통보다 크게 터지고 혹은 찢고 나왔다(창 38:28). 산모가 죽은 경우는 다음과 같다.

① 야곱의 아내. 라헬의 둘째 아들:베냐민(창 35:18-20)

② 비느하스의 부인(삼상 4:20)

(2) 출산

출산대(출 1:16)는 아이를 출산하는 곳이다. 출산대에 대한 성경적 기록은 없다. 그러나 중동지역 다른 문화권에 널리 알려져 있다. 출산 때 특별히 도와주는 경험이 있는 여인을 산파라 하는데 산파는 다음과 같은 역할을 하였다.

① 아기의 출산을 도움

② 산고 중에 있는 산모를 격려하며 조언을 함(창 35:17, 삼상 4:20).

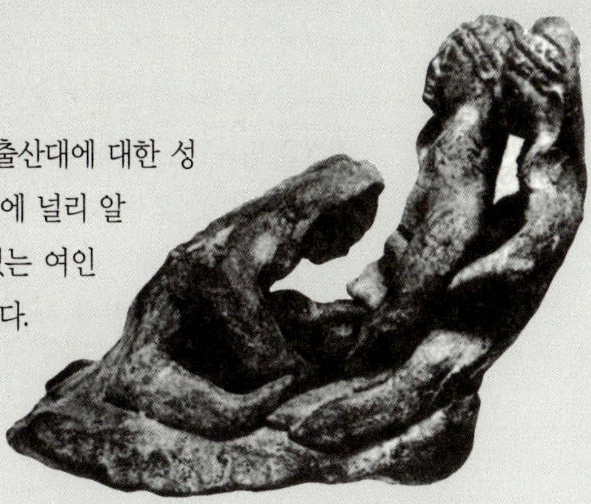

아기 낳는 여인(구브로에서 8세기경 출토)

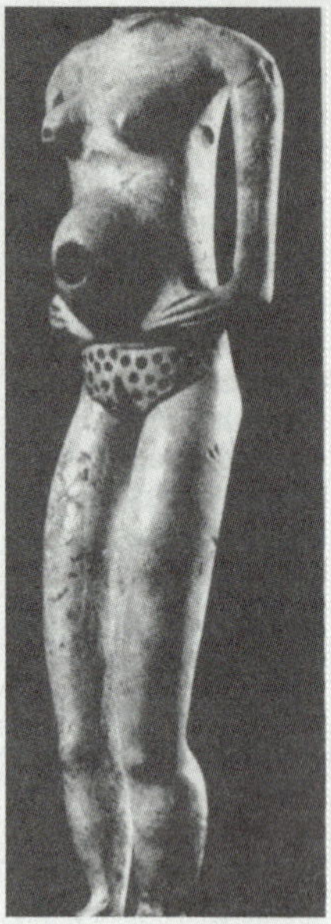
임신한 여인 상

③ 만약 쌍둥이를 낳으면 두 아이를 구별하는 책임이 있었다 (창 38:28 다말이 낳은 쌍둥이 이야기).
④ 아기를 산모에게 넘겨주어 돌보게 하면 되었다. 새로 태어난 아이는 어머니의 바로 옆에 누였다. 그래서 아이가 뒤바뀌는 사건이 있기도 하였다(왕상 3:16-28, '솔로몬의 지혜').

유아 사망에 대하여 알아 보면 다음과 같다.
① 생활 환경이 좋지 못해서 유아 사망률이 높았다. '유아 사망률 90%'였다. 그 원인은 현대적인 의료 시설이 없었으며 주위의 세균에 노출되었기 때문이었다(파리, 모기).
② 이스라엘의 고고학 발굴지를 보면 유아의 매장지가 유독 많이 발굴됨을 알 수 있다.
③ 아기는 한 달 이상 살면 그 아기는 어른이 되기까지 살 수 있는 확률이 높았다.

출생 직후에 해야 할 일은 다음과 같았다.
① 탯줄을 잘라 묶음
② 산파가 아기를 들어 올려 소금과 물과 기름을 아기의 몸 전체에 발랐다.
③ 아기를 옷이나 깨끗한 헝겊으로 싸서 7일 동안 두었다가 7일 만에 다시 같은 과정을 반복했다. 이것은 아기가 40일이 지날 때까지 계속하였다.
④ 산모는 아이를 모유로 키우는 것을 의무인 동시에 특권으로 생각하였다. 그래서 아기들은 최소한 1년 혹은 그 이상을 모유로 키웠다. 산모가 아이를 키우기에 힘들 때 젖이 풍부한 사람(유모)을 구하였다. 유모는 젖어미였는데 성경에 기록된 유모에 대한 구절은 창세기 35:8, 출애굽기 2:7-8 열왕기하 11:1-3에서 찾아볼 수 있다.

5) 아기 이름 짓기

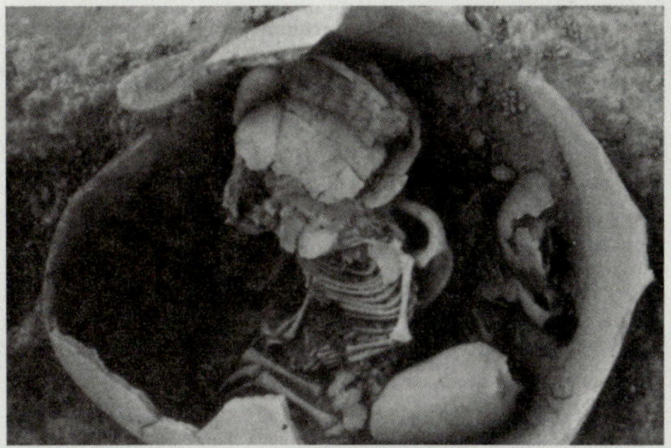
가나안의 하솔에서 출토된 유아의 무덤 (주전 16세기)

구약성경 시대에는 이름을 대단히 중요하게 생각하였다. 예를 들면, 야곱이란 이름은 '발뒤꿈치를 잡은 자'란 뜻이다. 이름을 안다는 것은 그의 기본적 인격을 아는 것이었다. 그러므로 아기의 이름을 지어 주는 일은 대단히 중요했다. 그러나 바벨론 포로 이후에는 이름의 의미가 크게 중요성을 갖게 되지 아니하였다. 예를 들어 다니엘의 경우를 보면 그 이름의 의미가 중요해서가 아니라 하나님께서 다니엘을 높이 보았기 때문이었다. '예수'라는 말은 히브리어 '여호수아'를 헬라어 식으로 부른 것인데 '여호와의 구원'이라는 뜻이다.

구약시대에는 새 아이가 태어나면 즉시 이름을 지어 주었지만, 신약성경 시대에 이르러서는 할례 의식을 행하면서 신생아를 위한 작명이 있었다(눅 1:59; 2:21). 작명이 할례와 연결된 배경에는 하나님께서 할례의 언약을 주시면서 아브라함과 사라의 이름을 고쳐주셨기 때문이었다. 신생아의 이름은 주로 어머니에 의하여 선택되었으나(창 29:32; 35:18), 아버지가 이름을 지어주는 경우도 많았다(창 16:15; 17:19; 출 2:22). 드문 예이긴 하지만 산파 역할을 했던 이웃 여자들이 아이의 이름을 지어 주는 경우도 있었다(룻 4:17).

고대 근동지방에서 이름은 사물의 본질을 표시하였다. 그러므로 사물의 이름을 부여한다는 것은 곧 사물의 존재를 인정하는 것이고 더 나아가 사물에 대한 지배권을 가진다는 것을 의미했다. 사람의 경우에 이름은 결국 그 이름을 지닌 본인의 성격과 운명을 드러내 주는 것이었다. 이런 관점에서 성경에는 이름을 바뀌는 경우가 자주 일어났다. 야곱의 새 이름은 '이스라엘'이었고, 예수는 시몬을 베드로라는 이름으로 바꾸어 주었다. 성경시대에 사람들이 얼마나 자주 자신의 이름을 바꾸었는지 정확하

아크나톤과 그의 처 네페르티티, 그리고 그의 자녀들

게 알 수 없다.

유대인들에게 이름 자체는 그가 속한 가족에서 상당한 중요성을 지닌다. 성경에서도 새로운 이름이 주어질 때마다 그 의미가 강조되었음을 볼 수 있다. 자녀의 출생과 그 자녀에게 이름이 주어지는 것은 너무도 중요하기 때문에 때로는 부모의 이름이 바뀌는 경우도 종종 있었다. 아버지는 '아무개의 아버지', 어머니는 '아무개의 어머니' 등으로 바뀌었다. 또 아들은 그의 이름 앞에 아버지의 이름을 붙이기도 하였다. 예수께서는 베드로를 '바요나 시몬'이라고 불렀는데, 그 의미는 '요나의 아들 시몬'이라는 뜻이었다(마 16:17). 작명 방법은 여러 가지 상황에 따라 이루어졌다.

(1) 대부분의 부모들은 신앙적 차원에서 하나님의 이름과 관련하여 작명하였다: 엘리야(나의 하나님은 여호와); 요나단(여호와는 주신다); 아비야(그의 아버지는 여호와이심); 오바댜(여호와의 종); 다니엘(주는 나의 심판자); 에스겔(하나님께서 힘 주심); 엘가나(하나님께서 만드심)
(2) 출생 당시의 주변 환경이 작명에 영향을 끼치기도 하였다: 바락(천둥, 폭풍우); 이가봇(영광이 이스라엘을 떠났다)
(3) 동물의 이름이 작명에 쓰이기도 하였다. 동물의 작명에 사용한 이유는 정확하게 알 수 없다. 아마도 고대 종족들 간에는 동물 숭배의 토템 사상이 있었을 것으로 추정된다. 그러나 그런 원시 종교적 이유 이외에도, 부모들은 동물의 좋은 특징이 아이의 성장에 나타나길 바라는 소망에서 그런 작명을 하였을 것

이다: 라헬(어미 양); 드보라(꿀벌); 갈렙(개); 요나(비둘기); 아이야(독수리)

(4) 어떤 경우는 아이가 자라 어른이 되었을 때 그 아이가 어떤 인물이 되기를 바라는 소망에 따라 이념적 특성이 담긴 이름이 지어졌다. 때로는 자식에게 바라는 바와 정반대의 뜻을 지닌 이름이 정해지기도 하였다. 원시문화권의 사회에서는 귀신들이 매력적인 아이들을 소유하려 한다고 믿었기 때문에 혐오감이 느껴지는 이름들을 지어주었다: 앗산(민 34:26; 강함); 나발 (어리석음)

고대 사회에서는 오늘날과 같은 성(姓)이 없었다. 아마도 당시에는 종족 중심의 공동체를 이루고 살았었기 때문에 그런 가족의 성이 필요 없었을 것이다. 그러나 인구가 증가하면서 같은 이름이 생기게 되었고 이런 동명이인들을 구별할 필요가 생겼다. 같은 이름을 가진 여러 사람을 구별하기 위하여 출신 고향 동네의 이름을 개인 이름에 추가시켰다. 다윗의 아버지 이세는 '베들레헴 사람 이새'(삼상 16:1)라고 불렀다. '막달라 마리아'는 '막달라'출신 마리아였으며, 가룟 유다는 '가룟'마을 출신의 유다이다. 어떤 이름의 경우에는 활동의 성격에 따라 '세례 요한'처럼 그 활동 내용이 이름에 추가되었다. 정치적 입장에 따라 이름이 달리 불리기도 하였다. 예를 들면, '셀롯인 시몬'은 '셀롯당'에 가입한 시몬이라는 뜻이다.

신약성경 시대 유대인들은 이중의 이름을 갖고 있기도 했다. 예를 들면, 요한복음은 도마를 "디두모라 하는 도마"(요 11:16)라고 불렀다. 이 두 이름의 의미는 모두 '쌍둥이'라는 뜻이다. '도마'는 아람어식 이름이고 '디두모'는 헬라식 이름이었다.

6) 할례의식

남자 아이는 태어난 지 8일 만에 할례의식을 거행한다(창 17:12; 레 12:3; 눅 1:59). 그러나 이스라엘 사람들 중에는 어른이 되어 할례를 받은 일도 있었다(수 5:2-5). 할례는 간단한 외과시술로서 남자 성기의 앞부분을 잘라내는 것이다. 최근의 연구에 의하면, 태어난 지 8일 만에 행하는 할례가 가장 안전하다는 것이다. 피를 응고시키

애굽에서의 할례하는 모습

는 비타민 K가 5일 내지는 7일까지 충분히 만들어지지 않지만 제 8일에는 보통 때보다 10%정도 더 많은 '프로트롬빈'이라는 물질이 생성되는데, 이 물질이 피를 응고시키는 일에 중요한 역할을 한다. 할례는 아브라함에게 주어진 약속(창 17:12-13)에 따라 하나님의 언약 백성이 되는 입문이기 때문에 조심스럽고 거룩하게 지켜졌다. 할례를 받지 않은 자들은 이방인 취급을 받았다. 블레셋 사람들은 할례를 받지 않았기 때문에 이스라엘 사람들을 그들을 우습게 여겼다(삼상 17:26). 할례를 행할 때 암송되는 축도문은 "말씀으로 우리를 거룩하게 하셨으며 또한 우리들에게 할례를 주신 우리의 하나님 여호와께서는 축복을 받으소서"이다. 자녀가 태어나서 할례의식을 행할 때까지의 8일 동안 가정에서는 축제가 벌어진다.

성경에는 누가 할례 시술을 행하였는지 분명하게 밝히고 있지 않다. 일반적으로 가정의 가장인 어른 남자가 할례를 행하였다(창 21:4). 성경에서는 단 한번 여자가 할례를 행하였다는 기록이 있다(출 4:25). 그러나 그 경우는 비정상적인 상황에서 이루어진 일이라 일반화 시킬 수 없다. 후대에 이르러 주의를 요하는 할례는 숙련된 전문가나 특별히 위임 맡은 자에 의하여 이루어졌다(마카비 1서 1:61). 할례가 성소에서 행해지거나 제사장에 의하여 집행된 적은 한번도 없었다. 수술을 위하여 사용된 칼은 돌칼과 같이 투박한 것이었다. 금속제 칼이 발달되기 이전에는 투박한 돌칼이 사용되었다(출 4:25; 수 5:2). 그러나 신약시대에 이르러 투박한 돌칼은 금속제 칼로 대체되었다.

고대 근동지방에서 할례는 널리 퍼져 있었던 관습이었다. 그러나 할례의 역사나 의미를 정확하게 말하기란 어렵다. 주전 3000년경의 것으로 추정되는 문서에서 할례가 언급되고 있으며 조각물들에서 할례의 모습이 보여지고 있다. 헬라의 역사가 헤로도투스도 할례에 관하여 언급하고 있지만 대부분의 미라에서는 할례의 흔적을 찾아 볼 수가 없다. 예레미야는 이집트인들이 유다 사람들과 같이 육체에 할례를 받았으나 마음에는 할례 받지 않은 자들이라고 하였다(렘 9:25).

원래의 할례가 정확하게 무엇을 의미하였는지는 알기가 힘들다. 유대인들이 할례의식을 받아들이기 이전 시대의 할례는 아마도 젊은 사람들의 힘과 성욕을 그들의 신에게 바친다는 일종의 입문의식이었을 것이다. 일반적으로 결혼생활을 시작하는 의식이었을 가능성이 높다. 당시의 결혼은 곧 종족의 공동생활에 들어오는 의식이었다. 아랍어에서는 '할례를 행하는 자'와 '장인' 그리고 '사위'가 모두 같은 단어이다. '할례를 행하다'에서 파행된 'hoten'은 장인이라는 의미이고, 'hatan'은 사위라는 뜻이다. 고대사회에서는 결혼이 장인 될 사람에 의하여 준비되었다는 점을 고려할 때 할례가 결혼과 관련됨을 증거해 준다. 세겜에 있었던 디나의 강간 사건에서도 할례를 결혼과 결부시키고 있다(창 34장). 아브라함은 할례의식을 출생 직후에 행함으로써 결혼과 관련된 할례의 의미는 더 이상 존재하지 않았다. 그러나 종족의 공동생활로 들어오게 되는 입문이라는 의미는 하나님의 언약 백성이 된다는 것에서 연결성을 보여준다. 즉 출생 직후에 있게 되는 할례의식을 통하여 이스라엘 민족은 전체적으로 하나님에게 속한 민족이 되었다(창 17:10).

이와 같은 종교적 이유 이외에도 할례를 행하는 다른 부수적인 이유들이 있었다. 그 내용들을 살펴보면 다음과 같다.

⑴ 건강의 목적 : 역사가들은 위생상의 목적으로 할례를 행하였다고 주장한다.

⑵ 동일성의 표시 : 할례는 유대인들이 다른 이민족들과 구별되는 근거이다.

⑶ 성년으로의 인정 : 할례가 태어난 지 8일 만에 행해지기 때문에 설득력이 없

는 주장이지만, 개종자의 경우에는 유대인이 되었다는 표시로서 어른이나 어린이에게 모두 행해졌다.

(4) 계약 관계 : 할례는 부모와 하나님 사이의 계약을 준수하는 행위였다.

7) 장자의 속량

모든 초태생은 하나님의 것으로 여겼다. 첫 열매가 모두 하나님의 것이듯이 첫 아들도 하나님의 것이다(민 8:17). 그러므로 한 가정에 장자가 태어나면 가족들은 그를 속량해야 했다. 즉 처음 태어난 아이를 하나님에게서 되사야 한다. 특히 최초의 유월절에서 유대인 장자들은 모두 죽임을 면하게 되었기 때문에 이스라엘의 모든 장자들은 하나님에게 속해있었다(민 18:15-16). 그러나 이스라엘 백성들이 금송아지를 섬긴 사건이 있은 이후에는 첫 아들의 권리와 의무가 레위 지파에게로 옮겨졌다(출 32:25-29). 따라서 첫 아들의 하나님에 대한 봉사 역할은 제한되었다. 속량의 값은 5세겔이었는데, 아이가 한달이 되면 그 속량금을 제사장에게 지불해야 했다(민 18:15-16). 아이가 고아로 태어나면 아이를 속량할 의무가 가장 가까운 남자 친척에게로 옮겨간다.

성경에는 장자의 속량과 관련된 의식에 대하여 언급이 없다. 그러나 랍비 시대의 의식에 의하면 다음과 같은 순서로 진행되었다. 우선 아이가 태어난 지 31일째가 되면 즐거운 축하연을 벌인다. 이 축하연은 아이의 집에서 집행되었으며 제사장을 비롯한 여러 손님들이 참석하였다. 제사장은 아이의 아버지에게 "당신의 이 아이를 속량 하시겠습니까? 아니면 이 아이를 내게 맡기겠습니까?"라고 묻는다. 이 때 아이의 아버지는 속량하겠다고 대답하면서 5세겔을 제사장에게 준다. 제사장은 아이를 아버지에게 돌려주고, 아버지는 하나님께 감사기도를 드린다. 제사장은 하나님을 대신하여 "당신의 아들은 속량 되었다"라고 선언한다. 제사장은 아이에게 축복을 선포한 후 초대된 손님들은 잔칫상으로 나아간다.

8) 유년기와 사춘기

성경시대의 사람들은 지혜와 지도의 근원으로서 연장자들을 존경하였다. 그들은 하나님께서 말씀하신 "너는 센머리 앞에 일어서고 노인의 얼굴을 공경하며 네 하나님을 경외하라"(레 19:32)는 명령을 귀기울여 들었다. 지역사회의 문제의 대부분의 결정은 마을의 노인들(장로들)에 의해 이루어졌고 어떤 때는 그 결정이 씨족 전체에 큰 영향을 미치기도 하였다(참고, 출 3:16-18).

성경시대의 어린이들에 대하여 연구를 시작하면서 먼저 기억할 것은 성경이 노인에 대하여 어떻게 말하고 있는지 하는 점이다. 오늘 우리 사회에서는 어린이들이 관심과 활동의 중심이 되는 때가 많다. 고대에는 물론 어린이도 중요했지만 그들의 부모나 노인들보다 더 중요하게 생각될 수 없었으며 자기들의 의견을 자유롭게 표현할 수도 없었다.

육체적 외모와 성장

복음서들은 예수님의 육체적 외모에 대해서는 별로 기록하고 있지 않다. 그러나 성경은 어떤 사람들에 대해서는 겉모습을 대강은 기록하고 있다. 근데 이스라엘 사람들은 어떻게 생긴 사람을 멋있는 것이라고 생각했었는지에 대해서는 우리가 알지 못한다.

고고학적 발굴들이 이스라엘 사람들의 육체적 특징을 좀 더 자세히 알려 주고 있다. 그들 중 몇 가지 단서가 되는 것들을 살펴보기로 하자.

(1) 성장의 단계들

레위기 27:1-8에는 사람의 삶을 대체로 다섯 단계로 나누었는데 이중 셋은 어린 시절과 청년시절을 말하고 있는 것이다. 첫 단계는 태어나서 30일이 될 때까지이며, 두 번째 단계는 한 달에서 다섯 살 될 때까지이며, 세 번째 단계는 다섯 살부터 스무

로마에서 출토된 어린아이부터 학교에 입학할 때까지의 모습

살까지였다. 마지막 두 단계는 성인과 노인시대였다.

(2) 몸의 크기

이스라엘 사람들은 이미 약속의 땅에 거하고 있었던 가나안 족속보다 자신들의 몸이 작다고 생각했다. 그러나 고고학자들이 발견한 바에 의하면 가나안 족속은 평균적인 크기였고 성읍들도 보통이었다. 이스라엘 성인의 머리뼈들을 연구한 과학자들은 그들의 머리뼈의 평균 크기가 160cm(63-67인치)라는 것을 발견하였다.

(3) 피부와 머리 색깔

에서라는 이름은 '붉그스레한 갈색'이라는 뜻이다. 에서의 후손들은 에돔 족속이라 불리우는 붉그스레한 갈색의 피부를 가진 사람들이었다. 이와는 대조적으로 이스라엘 사람들은 피부가 가볍고 좀 노르스름한 색깔을 띠고 있었다.

고대 이스라엘 젊은이들의 머리 색깔은 짙은 갈색 또는 검은색이었다. 아가서 5:11에는 "까마귀 같이 검다"고 표현하였다. 가나안 부모들은 가끔 그들의 아들들의 머리는 삭도를 대어 머리 주변을 둥글게 깍는 일이 있었다(레 19:27). 이것은 애굽의 풍습이었으나 이스라엘 백성들에게는 허락되지 않는 것이었다.

춤추며 놀고 있는 소녀들

3. 교 육

유대인은 교육을 중요시하는 백성이었다. 그것은 신명기 6:4-9에 나타난 쉐마 교육을 기초한 것이었다. 신명기에 나타난 '쉐마 이스라엘'에 나타난 말씀을 보면 "이스라엘아 들으라. 오늘날 내가 네 집에 명하는 이 말씀을 너는 마음에 새기고 네 자녀에게 부지런히 가르치며 집에 앉았을 때에 든지 길에 행할때에든지 일어날 때에든지 이 말씀을 강론할 것이며"라는 하나님의 말씀에서 나온 것이다.

그래서 회당에서 예배 드릴 때는 우선 '쉐마'를 외움으로써 시작되었다. 쉐마는 듣는다는 뜻의 히브리어의 명령형 동사로서 '오 들으라'라는 말이며 쉐마는 신명기 6:4-9의 "이스라엘아 들으라. 주 너희 하나님은 오직 한분이신 여호와시니…"라는 내용이다. 둘째로 배워야 하는 것은 할렐(Hallel)이었다. 이것은 '하나님을 찬양하라'는 뜻의 말로서 하나님께 올리는 찬양으로 가득찬 시편 113편에서 118편의 내용이었다. 셋째로 배워야 하는 것은 창세기 1장-5장의 창조의 이야기와 세계와 나라들이 어떻게 생겼나 하는 것이었다. 넷째로는 레위기 1장-8장의 깨끗한 것이 무엇이며 깨끗하지 못한 것이 무엇인가를 말해 주는 율법의 내용이다. 그리

어린이들의 게임

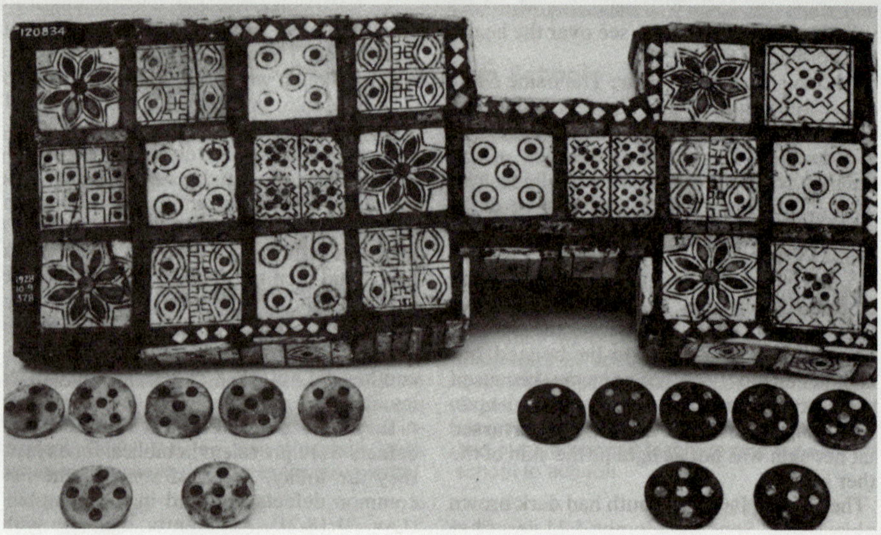

우르에서 출토된 놀이판 (주전 25세기)

고 다섯째로는 두루마리의 성경 내용을 공부하는 방법이었다. 그들은 쉐마를 작은 통(Phylectery)에 기록하여 팔과 이마에 붙여 말씀을 외웠고 내용을 테필림(Tephillim)이라 했다. 또 메주자로 문설주에 달고 하나님의 말씀을 묵상했다.

참으로 유대인들은 교육에 열의가 있는 백성이었다. 유대인 역사가 요세푸스는 말하기를 "우리들이 피 땀을 흘리며 토지를 경작하는 것은 그 목적이 자녀 교육에 있다"라고 했다. 유대인 한 랍비의 말에 의하면 "어미가 자녀의 교육을 게을리 하는 것은 자녀를 장사하는 것과 다름이 없다"라고 하였다. 교육 방침은 물론 가정교육에서부터 출발했다. 사람들은 자기의 자녀들을 위해 완벽한 교육을 실시하였다. 자기들이 세상을 살아가는데 실제적으로 필요한 기술들을 연마시키는 것뿐만 아니라 종교교육도 잘 실시하였다. 그들은 농경 민족이었다. 그러기에 종교적 지도자들만이 읽는 것과 글 쓰는 것을 배웠다.

신약 성경 시대에는 와서는 유대인들이 교육에 있어 좀 더 형식적인 접근 방법을 채택하였다. 마을 내의 모든 어린이들을 가르치기 위하여 교실 문제나 교사 문제는 중요하게 생각하지 아니하였다.

1) 가르침의 모형

유대 교사의 기능을 이해하기 위해서는 먼저 자기 자신을 가르침의 모형으로 삼았었던 하나님께서 정해 주신 교사에 대해 생각해 보아야 한다. 하나님께서 스스로 교사가 되사 그의 학생들에게 "이것이 정로니 이리로 행하라"(사 30:20-21)고 말씀하신다고 했다. 유대교사는 자기 임무를 수행하기 위해서 자기 나름대로의 교육방법을 정하고 있었다.

자녀들을 위한 유대인들의 회당 교육

오늘날의 유대 회당

2) 부모의 책임

어린이들에게 신앙 교육을 시키는 것은 부모의 책임이었다(신 11:19, 32:46). 부모들이 너무 바빠서 신앙교육을 시키지 못했다는 것은 인정되지 아니하였다.

이스라엘 사람들은 자녀 교육에 있어서는 아버지가 그 전적인 책임을 졌다. 그러나 어머니의 역할도 또한 대단히 중요한 것이었으니 특별히 어린이가 5살 이전이라면 더욱 더 중요한 것이었다. 이 인격형성 기간에 어머니는 그의 자녀들에게 미래의 모습을 형성하도록 만들어 주어야 했다.

젊은이는 어릴 때부터 이스라엘의 역사를 배웠다. 어릴 때에는 아마도 신앙고백문을 외웠을 것이며 최소한 일년에 한번은 첫 열매를 주님께 드리면서 그 신앙고백문을 암송하였다. 그 신앙고백문은 이스라엘 역사를 외우기 쉬운 단순 형태로 줄여 놓은 것이었다.

구약시대에는 아마도 공식적인 학교는 없었던 것 같다. 대부분의 배움은 일상생활 속에서 얻어지는 것이었다. 하루 종일 기회가 되는 대로 부모들이 자녀들을 가르치곤 했다.

3) 회당학교

회당학교가 언제 생겨났는지에 대해서는 잘 알 수가 없다. 어떤 이들은 그 시작된 때를 바벨론 초로 거슬러 올라가기도 한다. 언제 시작된 것이든 간에 신약 성경 시대에는 회당학교가 유대인 생활의 중요한 한 부분이었다. 안식일마다 유대인들은 회당에 경건하게 모여 랍비들이 성경을 읽고 율법을 설명하는 것을 들었다. 그들의 이러한 행위 때문에 모슬렘 교도들은 유대인들에게 '책의 사람들'이라는 별명을 붙였다. 집 밖에서의 공식적 훈련은 소년들에게만 부과되었다. 그들은 교사의 집에서 처음 그 훈련을 실시한다. 그들은 거기서 '쉐마'같은 성경 말씀이 기록되어 있는 두루마리를 읽었다. 이것이 바로 당시의 초등학교였다. 소년들의 나이가 좀 들어 안식일의 과제들에 대하여 배울 정도가 되면 그들은 '책의 집'인 회당에서 모였다. 그 후에 교사들과 더불어 율법에 대한 문제들을 토론하도록 허락되었다. 이 토론들은 유대교육에 있어 '두 번째'로 중요한 것이라고 생각할 수 있다.

4. 결혼관

성경은 결혼에 대한 하나님의 듯을 잘 표현해 주고 있다. 결혼에 있어 남자와 여자는 영적으로 또한 육체적으로 부족한 것을 채우는 뜻을 지니고 있는 것이다. 이러한 관계는 인류의 타락과 범죄로 인해 손상을 입었다. 이스라엘 역사를 보면 이스라엘 백성들이 경건치 못한 주변국들의 타락과 습관들을 받아들이게 됨으로 인하여 결혼의 풍습도 변하게 되었음을 알 수 있다. 예수님께서는 결혼의 의미를 재확인하셨다. 그는 유대인들의 이혼에 대한 태도를 책망하셨고 결혼한 부부들에게 서로 화합하여 살아갈 것을 권고하셨다.

1) 결혼

(1) 하나님께서 세우심

하나님께서는 먼저 한 쌍의 인간을 창조하셨으니 한 남자와 한 여자였다. 그들에게 내리신 첫 번째 명령은 "생육하고 번성하라 그리고 땅에 충만하라"는 것이었다. 이 한 쌍을 함께 두심으로 하나님께서는 결혼을 제도화하시었으니 이것이 모든 사회관계의 가장 기본이 되는 것이다. 결혼은 인간이 하나님의 명령대로 땅을 다스리고 충만케 할 수 있도록 만들어주는 것이다.

(2) 사랑으로 표시되다.

무엇보다도 사랑은 결합을 나타내는 것이다. 이삭과 리브가의 결혼에 대해 얼마나 간단명료하게 기록되었지를 눈여겨보라. "이삭이 그를 취하여 아내를 삼고 사랑하였으니." 진정한 우정과 존경심에 바탕을 둔 사랑이 결혼의 결합됨을 확실하게 인치고

❶

❷

유지시켜 주는 것이다. 베드로는 남편들에게 "지식을 따라 너희 아내와 동거하고 저는 더 연약한 그릇이요 또 생명의 은혜를 유업으로 함께 받을 자로 알아 귀히 여기라"고 했다. 남편과 아내 사이에 이런 사랑이 있으면 그들의 결혼 관계를 깨끗케 해줄 것이다. 성경은 말하기를 남편과 아내는 하나님이 앞에 서있는 인간으로서 평등하다고 했다. 왜냐하면 두 사람 모두 하나님의 형상대로 지음 받았기 때문이다. 두 사람 모두 예수 그리스도를 통해서 자기들의 죄에서 구원받을 수 있다. 그들의 결혼을 위한 하나님의 선물과 축복을 그들은 함께 받게 되는 것이다. 그들이 결혼하여 하나로 합쳐질 때에 그들이 함께 나누어 감당할 의무의 능력 범위는 비록 다양할 것이나 모두 그들 나름대로의 의무는 지게 된다.

(3) 성적 결합

결혼 관계에서의 또 하나 중요한 요소는 배우자 상호간의 성적인 결합이다. 성적 결합은 결혼에 있어 상호간에 결혼 관계에서의 의무라

❶ 전통적 로마의 결혼식 광경(좌: 결혼한 한 쌍이 서로 손을 붙잡고 있는 모습, 우: 이방신에게 바칠 제물을 들고 가는 모습)
❷ 성경시대의 결혼식 모습

는 점에 있어서 가장 중요한 요소이다. "그가 그의 아내를 알았다"는 표현은 성적 관계를 언급하는 방법으로 성경이 흔히 쓰는 말이다. 그러나 성경은 이 행위를 품위 있게 취급하여 귀히 여기고 침소를 더럽히지 않게 하라고 했다. 성경은 하나님의 백성들로 하여금 그들의 성적 관계를 깨끗이 유지하라고 부탁하고 있다. 그들은 불경건한 자들이 하는 것처럼 성을 육욕을 채우기 위한 수단으로만 사용해서는 안 된다. 성경은 결혼한 남자에게는 젊어서 취한 아내를 일생동안 기뻐하라고 격려해 준다. 그는 그녀에 대한 사랑으로 언제나 도취되어 있어야 한다.

왕족 부부(주전 1370년)

2) 성경적인 결혼 풍습

성경시대의 결혼의 첫 번째 단계는 남자 혹은 남자의 가족에서 먼저 시작이 된다. 우리는 특별히 구약 성경 시대의 풍습인 '신부의 가격'에 대해 살펴 볼 필요가 있다. 신부의 값이 언제나 현금으로 지불된 것은 아니다. 의복의 형태로 주어지기도 했고, 혹은 다른 어떤 것을 주기도 했다. 가장 소름끼치는 신부의 값으로는 사울이 다윗에게 블레셋 사람 100명을 죽인 물증을 가져오라고 했었던 일이었다. 신부의 값을 지불한다고 해서 그것이 신부가 아닌 남편에게 팔리는 것이고 또 재산이 되는 것은 아니었다. 그것은 딸의 값이 얼마나 귀한 것인가 하는 것을 깨닫게 해 주는 것이다. 후에는 율법이 여종을 돈 주고 사서 부인으로 삼는 것을 인정하게 되었다. 그러한 율법들은 여성들이 학대받거나 부당한 대우를 받는 것을 방지하는 것이었다.

(1) 대를 잇기 위한 결혼

이스라엘 사람들은 남자에게 자기의 상속자가 있다는 것을 대단히 중요하게 생각했다. 하나님께서 자기들에게 부여하신 재산 상속을 지키기 위해서 그들은 그것을 가족의 계보를 따라 전해 주어야 했다.

여인이 어린아이를 가질 수 없으면 이웃들로부터 비난을 들었다. 그리되면 그 여인과 가족들은 물러나 열심히 기도하곤 했다. 만약에 여인이 상속자를 낳기 전에 남편이 죽으면 더욱 심각한 문제가 생긴다. 이 문제를 해결하기 위하여 대를 잇기 위한 결혼이 시작됐다. 이것이 처음 언급된 것은 유다의 가족과 관련되어 언급이 되었고 대를 잇기 위한 결혼은 그 후 모세 율법의 한 부분이 되었다. 여인의 남편이 죽으면 그의 남편의 동생이 대를 잇기 위한 결혼의 율법에 의해 그녀와 결혼한다. 이 결혼으로 인해 아이들을 낳으면 죽은 형의 상속자가 되어 "이스라엘에서 이름이 끊어지지 않게" 한다. 만약 어떤 사람이 과부 된 자기 형수와 결혼하기를 거부하면 그는 공공연한 비난을 받는다.

(2) 결혼 관계의 파괴

하나님께서 결혼을 한 남자와 한 여자 사이의 거룩한 관계로 성별하셨으나 어떤 사람들이 두 사람의 부인을 두게 되자 곧 전체적으로 오염되고 말았다. 이국인과의 결혼 그리고 이교도들의 방법을 받아들임으로써 복잡한 문제들이 생기게 되었다. 성경은 기록하기를 아브라함은 자기 부인이 아기를 낳지 못하자 여종의 몸을 통해 아들을 낳음으로 이방습관을 따랐다고 기록하고 있다.

(3) 독신자

예수님께서는 그의 말씀을 통해서 또한 결혼하시지 않고 생을 마치신 자기의 삶을 통해서, 결혼은 그 자체가 끝이 아니며 완전한 인간이 되기 위한 필수적 기본 요소도 아니라는 것을 보여 주셨다. 하나님의 종은 배우자나 자녀를 가져야 하는 것은 아니다. 그리스도 제자라면 하나님의 나라를 위해서 부모나 소유를 망각해 버릴 필요도 있을 것이다. 바울은 모든 사람이 자기처럼 결혼하지 않고도 만족스럽게 살 수 있었으면 좋겠다고 했다. 그는 '분요함이 없이 주를 섬기는' 온전한 자유와 완전함을 발견하였다. 그러나 이런 면에 자제하는 은사를 갖지 못한 것을 알게 되거든, 그는 결혼해야 하며 그렇게 함으로 "죄짓지 않게"하는 것이다.

3) 이혼

성경학자들은 이혼에 대한 모세율법을 해석한 예수님과 바울의 방법들에 대하여 각각 다르게 해석들을 한다. 그러나 구약성경의 내용은 상당히 분명한 편이다.

(1) 모세의 율법

모세 율법은 사람이 아내를 취하여 데려 온 후에 "수치 되는 일이 그에게 있음을 발견하고 그를 기뻐하지 아니하거든" 이혼하는 것을 허락하였다. 이러한 법조문의 기본 뜻은 그녀가 다른 사람과 결혼한 후에 그 남편이 그를 다시 데려오는 일이 생기지 않게 하기 위함이다. 이런 일은 "주님께 가증한 일"이 되기 때문이다.

(2) 예수님의 가르침

예수님 시대에는 이혼의 근거에 대한 많은 혼란이 있었다. 랍비들은 신명기 24:1에 기록된 "수치 되는 일"이 무엇인가에 대해 의견이 일치되지 아니하였다. 두 가지 견해가 있었다. 랍비 삼마이를 따르는 사람들은 간음이 이혼의 유일한 근거라고 생각하였다. 랍비 힐렐을 따르는 사람들은 이혼의 사유를 몇 가지 인정했는데 그 주에는 요리솜씨가 없는 것 같은 것도 포함되어 있었다. 복음서들은 예수님께서 이혼에 관해 말씀하신 네 가지를 기록하고 있다. 이들 중의 두 가지에서 예수님께서는 간음한 연고가 있을 때에는 이혼을 허락한다고 하셨다. 간음의 연고이고 이혼하는 것을 예수님께서 인정하셨다 하더라도 꼭 그렇게 하라고 요구하신 것은 아니다. 오히려 반대이다. 이혼이 하나님께서 세우신 결혼에 대한 계획을 와해시키는 것이라고 주장하시면서 주님께서는 다른 죄 많은 사람들에게 하셨던 것처럼 회개와 용서와 성실하지 못한 결혼생활을 치유하는 문을 열어 놓으셨다. 화해는 결혼 생활의 문제들을 해결하는 방법으로 예수님께서 제시하신 방법이다.

하나님께서는 이러한 화해와 용서의 방법을 시범으로 보여주셨다. 호세아를 음란한 여인과 결혼하게 하시고 그녀가 다른 남자에게로 간 후에 그녀를 다시 데려 오라고 명하심으로 하나님께서는 화해와 용서의 방법을 시범적으로 보여주신 것이었다. 하나님께서 이스라엘을 바로 이런 방법으로 용서하신 것이었다. 이스라엘 백성들이 우상 섬기기를 계속하자 하나님께서 그들을 포로로 잡혀가게 하셨다. 그러나 그들을 구속하사 자기에게로 다시 돌아오도록 값을 주고 사 오셨다.

(3) 바울의 가르침

고린도전서 7:15에서 바울은 결혼할 부부 중 한 사람이 결혼생활을 버리고 떠나면 다른 한 사람은 기독교인이라 하더라도 자유로이 이혼할 수 있다고 했다. "혹 믿지 아니하는 자가 갈리거든 갈리게 하라 형제나 자매나 이런 일에 구속받을 것이 없느니라." 그러나 바울은 믿는 자들에게 결혼 관계를 지속하도록 노력하라고 했다. 이는 믿지 않는 배우자가 구원받게 되기를 바라며 자녀들도 고통당하지 않기를 바라기 때문이라고 했다. 회개하기 이전에 이미 결혼한 사람들을 위하여 바울은 깊이 생각해 주었으니 이는 그가 믿는 자가 믿지 않는 자와는 결코 결혼하지 말도록 권고했기 때문이다.

5. 직 업

이스라엘 사람들은 젊은이가 훈련받지 못하면 자기에게 닥칠 어려움을 이길 수 없다고 믿었다. 그들은 자기 자녀들에게 책임감이 무엇인지를 일찍부터 가르쳤다. 또 이스라엘은 농경사회였으므로 아버지가 자식에게 물려주는 실제적 삶의 지혜의 대부분은 농사짓는 일과 관련된 것들이었다. 자기 아들에게 무역과 기술을 가르치는 책임 또한 아버지에게 있었다. 소년들이 이러한 기술을 배우고 있는 동안 소녀들은 어머니의 지도 하에 빵굽기, 물레질, 뜨개질들을 배웠다(출 35:25-26; 삼하 13:18). 가족 중에 아들이 없으면 딸들이 아버지의 일을 배워야 했다(창 29:6, 출 2:16). 이러한 직업훈련을 통해 그들은 자신만의 직업을 소유할 수 있었다. 여기에서는 어부와 목축업에 대해서만 소개해 본다.

1) 고기잡이(Fishing) – 어부

어부

구약성경을 살펴보면 고기잡는 과정을 기술하지 않는다. 그러나 우리는 이스라엘 사람들이 고기잡는 방법에 대하여 잘 알고 있었다는 사실을 그런 직업에 대한 암시나 언급을 통해서 알 수 있고 또한 그들은 고기의 공급을 보충하기 위하여 아마 그 일에 종사했을 것이라고 추정된다(겔 47:10). 광야에서 유리 방황하는 이스라엘 백성들은 모세에게 나일강의 고기를 모두 빼앗아 갔다고 원망하고 불평했다(민 11:15). 느헤미야 시대에 바다의 고기가 예루살렘 시장에서 팔렸고(느 13:16), 또한 예루살렘으로 들어가는 한 통로 입구에는 부근에 형성되어 있는

어시장(魚市場)으로 인하여 '어문'(魚門)이라고 불려졌다(느 12:39; 대하 33:14). 구약성경은 다만 가벼운 언급만을 하고 있는데 반하여 신약성경은 우리에게 고기잡이에 대한 여러 가지 광범위한 설명을 부가하고 있다. 예수님의 제자인 시몬, 안드레, 야고보, 그리고 요한은 그들이 예수님을 따르기 이전에는 갈릴리 호수에서 고기잡이하는 어부로서 그들의 생계를 살았었다(마 4:21, 눅 5:5-6, 요 21:3).

(1) 어부들의 도구

① **던지는 그물**(amphilestron): 지름이 4.5m쯤 되는 둥근 모습이며, 그물눈이 좁은 것이다. 어부가 납으로 된 추를 그물 가장자리에 두어서 그물이 호수 밑으로 가라앉게 하여 물고기를 잡았다(막 1:16, 마 4:18). "바다에 그물을 던지는 것을 보시니 저희는 어부라."

② **끌리는 그물**: 저예망(sagene): 길이가 거의 100m나 되었고 폭은 약 2.5m 였으며 그물이 물에 뜨게 하기 위해서 한쪽에는 코르크를 다른 한쪽은 물에 가라 않게 하기 위해 납덩이를 달았다고 한다(마 13:47).

③ **창**: 고기를 잡을 때 창 또는 작살을 사용하기도 하였다(욥 41:7).

④ **낚시 바늘**: 고기잡이에 낚시 바늘이 사용되기도 했다(마 17:27).

⑤ **닻**: 고대에는 그저 커다란 돌 같은 것을 사용했으나 차츰 금속 고리에서 고리가 네 개 달린 닻이 개발되어졌다. 닻은 히브리서 6:19에 기록된 바와 같이 '소망의 상징'으로 이해되어졌으며 초대교인들은 인생 항해를 성공적으로 끝내는 것을 닻으로 표현했다. 그리하여 닻은 무덤에 문장(emblem)으로 발견되었다.

(2) 그물 사용법

갈릴리 호수는 아직까지도 여전히 여러 가지 다양한 종류의 민물고기가 서식하고 있는 곳이다. 그리고 디베랴 바다는(가이사 티베리우스의 이름을 따 명명된 바다)아직도 여전히 많은 어부들의 집이 있다. 고기를 잡는데 어서 선호하는 방법은 여러 가지가 있는데 고기의 종류에 따라 조잡한 것으로부터 섬세하게 만들어진 올가미와 같은 여러 가지 형태의 그물이 사용되었다.

살짝 담그는(떠내는) 그물은 손잡이 역할을 하는 약간 두터운 끝부분과 새로 잘라낸 가지의 얇은 끝부분으로부터 나무로 만든 원형틀에 의해 벌려진 원추형의 그물로 구성되어 있으며, 투망은 직경 약 10피트가 된다. 그물의 사용은 고도의 재치와 힘이 요구된다. 테니스망의 3배 정도 되는 높이의 긴 저인망을 두 배 사이에 연결하여 추를 달아 바다밑에 그물이 잠기게 하고, 부주(浮註)를 띠워 그 높이를 수면과 수평으로 유지해 나가며 고기를 잡는다. 그물은 또한 유목(遊牧)과 다른 찌꺼기 등으로 막혀 사용에 지장을 초래하므로 가끔 그물은 말끔히 청소하여 씻어야만 한다. 예수님 당시에는 저인망이 대부분 사용되었으며 제자들은 고기가 잡힌 그물을 끌고 바닷가로 오기도 했다(요 21:8).

이러한 방법은 여전히 지중해 연안에서 사용되고 있으며 그곳 사람들은 밤에 그물을 내려서 아침에 해안에서 그물을 거둔다. 예수님의 비유 중의 하나(그물 비유)에 의하면 예수님께서는 천국을 그물에 비유하셨다. 마치 어부가 저인망의 모든 종류의 고기를 해안으로 끌고 와서 그곳에서 나쁜 것과 좋은 것을 구분하는 것처럼(팔레스타인의 어부들은 고기를 잡으면 일단 식용 가능한 고기와 식용이 불가능한 고기를 분리하여 식용불가능한 고기는 도로 물에 놔주고 식용 가능한 고기만을 취했다) 세상이 끝날 때에는 이와같이 될 것이라고 했다. 부언하자면 천사가 와서 의인 가운데서 악인을 갈라놓게 된다는 것이다(마 13:46-50). 갈릴리 호수에서의 고기잡이는 주로 밤에 행해진다. 또한 그 때에는 고기들이 먹이를 찾으려고 바닷가로 많이 몰려든다. 밤새껏 고기를 잡으려고 많은 수고를 했으나 한 마리의 고기도 잡지 못하여 허탈감에 빠져있던 베드로에게 깊은 데로 가서 그물을 내려 고기를 잡으라고 말씀하시매 그가 말씀을 의지하여 그물을 내렸더니 그물이 찢어질 정도로 많이 잡히는 놀라운 일을 체험했다(눅 5:5). 부활하신 이후에 예수님께서는 일곱 제자들에게 나타나시고 후에 그들이 밤새껏 고기를 잡았으나 한 마리도 잡지 못했다. 그러나 굉장히 많은 고기를 잡는 기적을 행하시기도 하셨다(요 21:3-6).

⑶ 갈고리를 이용한 고기잡이

낚시 갈고리(바늘)는 아모스 4:2, 에스겔 29:4, 욥기 41:1, 그리고 마태복음 17:27에 언급되어 있다. 의심의 여지없이 낚시 갈고리(바늘)는 다른 이방 민족들에게 널리 사용된 것처럼 이스라엘 백성들에게 있어서도 널리 사용되었다. 철과 청동으로 만들어진 고대의 크고 작은 갈고리들은 가벼운 것으로부터 길이가 1인치를 넘지 않는 것과, 나일강에서 큰 고기를 잡고도 버틸 수 있는 크고 강한 것에 이르기까지 보전되어 왔다.

고대의 낚시 갈고리의 모양은 오늘날 우리들이 사용하는 것과 대단히 흡사한 것이었다. 아모스 4:2에 언급되어 있는 낚시 바늘들은 고기가 그물에서 배로 끌어 올려지는 작살에 대하여 언급해 주고 있다.

⑷ 고기잡는 창과 작살

애굽의 어부들은 배가 나일강물을 따라 흘러가도록 함으로써 어떤 큰 고기든지 시야에 들어오면 '작살을 쏠 수 있도록 갑판 끝에 무릎을 꿇고 준비한다.' 비록 이스라엘 사람들이 애굽에 체류하는 동안 분명히 나일강 삼각주의 풍부한 물에서 창이나 혹은 작살에 대한 사용법을 익혔다고 할지라도 갈릴리나 요단강에서의 고기잡는 양식에 대해서는 성경이 언급하지 않고 있다.

⑸ 사도들의 발전

예수님께서는 자신을 '목수의 아들'이라고 말씀하셨는데도 어찌하여 제자들 가운데서는 많은 어부들이 있었는가? 그것은 아마도 베드로, 야고보, 요한과 같은 인물들로부터 어부로서의 어려운 사역에 대한 가치를 배울 수 있었기 때문이었다. 그들은 밤이 새도록 고기를 잡으려했지만 한 마리도 잡지 못한 그 절망감을 극복하는 인내의 미덕을 배웠으며 그들은 고기를 잡으려고 기다리는 오랜 시간을 통하여 인내를 실천할 수 있었다.

그들은 갈릴리 호수의 엄청난 폭풍우에 시달려야만 했다. 예수님께서 그들이 배울 수 있었던 모든 인내심과 힘, 그리고 견인(堅靭)과 용기를 선용하는 어부의 직업을 가진 사람들을 선택하신 것은 결코 우연은 아니었던 것 같다(마 4:19).

2) 목축업[1)]

'바산의 힘센 소들'(시 22:12)을 연상케 하는 목축의 나라였던 동부 요단강의 심한 바람받이 고원지대는 '텍사스의 뿔이 큰 소'(Longhorns)를 연상시키는 대단히 잘 알려져 있는 목초지였다. 일년 내내 가축에게 목초를 먹이면서 유목민의 목장주는 정착된 상태에서 얻을 수 있는 농산물보다 오히려 야생실과들, 나무열매 그리고 야

❶, ❷ 목축업

1) Arthur W. Klink, *Home Life in Bible Times*(「성경시대의 가정생활」, 유재원 옮김, 서울총신대학출판부, 1993), 28-32.

❶, ❷ 농업

생약초에 의하여 흡수된 고기와 우유를 주로 먹고 살았다.

그들은 대도시로 수출되는 가공되지 않은 원료와 음식물로 이용되는 고기류와 짐승의 가죽들, 그리고 가축을 소유함으로써 자신을 부자라고 생각했다.

엄청난 당나귀떼와 말떼들은 목초가 우거진 고지대와 계곡에서 풀을 먹었다. 시리아 사막에서는 사실상 낙타들이 부(富)의 제일의 자원이 되었다. 아브라함과 같이 욥은 많은 양, 낙타, 소, 그리고 당나귀 떼를 소유한 대목장의 주인이었다(욥 1:3).

(1) 돼지 사육

모세의 법(모세 율법)에 의하면(레 11:7) 이스라엘 백성들은 불결한 돼지들을 사육하지 않는다. 따라서 누가복음 15:13-16에 잘 나타나 있는 바와 같이 탕자는 자신의 재산을 모두 탕진하고 돼지떼를 사육하면서 쥐엄열매로 생계를 이어가지 않으면 안 되었는데, 본문은 '먼 나라'에 가서 그가 돼지를 사육했다고 표현한다. 그리고 거라사 지방에서도 돼지떼는 비유대인(이방인)들에 의해 사육되었다.

(2) 양과 염소의 사육

많은 가축떼를 방목할 수 있는 팔레스타인의 요단강 서쪽 지역은 목초지를 위하여 따로 남겨 둔 곳이었다. 이곳은 농업용 목적에 대단히 필요한 공간이었다. 농부들은 하마차(荷馬車)와 농기구들을 운반하는데 사용하는 멍에를 맨 암수 한 쌍의 소를 소유하고 있었다. 농부는 자기의 농장과 포도원의 수확물을 운반하는데 당나귀와 같은 짐승을 이용했다. 또한 이러한 동일한 목적을 위하여 낙타를 사용하기도 했다. 그러나 많이 발견되는 짐승은 양과 염소인데 이것들은 분명치 않은 사막에서 살고 있는 것으로 소개되기도 했다(눅 15:4). 이것들은 가파른 비탈과 험한 바위산, 산악지대의 깊은 골짜기에서는 홀로 생활할 수가 없었기 때문에 사람들의 깊은 관심과 배려가 따라야만 했다.

(3) 목자의 장비

목자는 농사를 짓는 일 이외에 양떼를 위하여 자신의 시간의 일부를 할애하든가, 양떼를 돌보는 일에 자신의 모든 노력을 아끼지 않는 마을의 거주자여야만 했다. 따라서 목자는 다음과 같은 장비에 대하여 알아둘 필요가 있었다.

목자는 매일 매일 한결같이 자족할 수 있는 생활을 영위하는 한편 시골의 외딴

양

곳에서 풍성한 꼴을 먹이는 동안 어린양을 잘 돌아보고 사랑하며 편안하게 해주어야 한다. 그렇게 함으로써 양떼들이 목자를 언제나 신뢰하고 따를 수 있도록 해야 한다.

목자는 양떼들을 보호하기 위하여 막대기와 지팡이를 가지고 다닐 필요가 있었다(시 23:4). 막대기는 두꺼운 끝부분에서 마디 투성이의 매듭이 많은 약 2피트 길이의 곤봉 모양의 막대기였다. 한편 목자가 손으로 꽉잡거나 혹은 손잡이의 구멍을 통해 가죽끈으로 얇은 끝부분을 매었다. 이것은 강도들이나 야생동물들에 대항하여 양을 보호하기위한 일종의 방어용 무기였다.

목자는 양떼들을 인도하면서 이것으로 양떼들의 식물 공급을 위하여 나무에서 작은 가지들과 잎사귀들을 두드려 떨어지게 하고 또 가파른 바위투성이의 언덕을 올라가게 하는데 힘이 되어주기도 하였다. 또한 양떼에게 음식과 물과 안식처를 찾아주기 위해 좁고 깊은 골짜기로 안전하게 양들을 인도하기도 해야만 한다. 또한 한쪽 끝부분을 뾰족하게 만든 6-7피트의 길이의 똑바른 어린나무 막대기를 사용하기도 했다. 기독교 미술에 자주 등장하는 전통적인 목자의 지팡이는 팔레스타인의 목자들이 사용하는 지팡이보다 오히려 유럽인들이 사용했던 지팡이와 흡사하다.

사냥꾼들처럼 목자는 출몰하는 약탈자들과 야생동물에 대항하여 자신을 방어할 목적으로 투석기와 더불어 목자의 행낭 속에 2-3개 정도의 매끈매끈한 차돌이나 지갑을 지니고 다녔다.

투석기는 뜨개질로 짠 염소의 털과 힘줄 혹은 가죽에 단단히 동여 맨 양모(羊毛)로 만든 호주머니가 달린 두 개의 긴 끈으로 구성된다. 이 행낭(주머니)은 직경 2-3인치 정도의 부싯돌이나 혹은 석회석을 넣을 수가 있었다. 다윗은 거인 골리앗을 죽이는데 그의 투석기를 사용했다(삼상 17:40).

> "이 모든 백성중에서 택한 700명은 다 왼손잡이라 물매로 돌을 던지면 호리도 틀림이 없는 자더라"(삿 20:16)

그들의 행낭 속에는 또한 마른 무화과, 올리브(감람), 혹은 건포도, 치즈, 그리고 빵과 볶은 밀과 같은 점심이 들어있다. 또한 허리띠에는 물과 우유를 담는 그릇으로 진흙으로 만든 플라스크(길쭉한 병)나 조롱박이 매달려있다. 또한 뿔나팔도 지니고 다녔다. 양의 털가죽과 염소털로 만든 두터운 외투나, 낙타털이나 손으로 짠 양모(羊毛)로 된 두터운 외투를 어깨 위로 축 늘어뜨리고 허리에 띠를 동이고 낮에는 외투로, 밤에는 이불 대신으로 사용하기도 하였다.

양우리 안에서 목자는 병들어 죽어가는 상처입은 양을 품속에 따뜻이 안아주기도 했다(사 40:11).

그는 언제나 모든 장비를 갖추고 양떼들을 지키고 방어하며 돌보는 준비를 갖추고 있어야 했다. 또한 반드시 필요한 기구는 아니었지만 단순한 소리를 내는 갈대 피리를 지니고 다니기도 했다.

(4) 양우리를 만듬

고대의 양우리 하나가 석회석 벼랑(the limestoncliff)에서 조금 떨어져 있는 장소인 동굴에서 발견되었다. 이 동굴은 사사시대 이후로 그리고 이스라엘 조상들 때부터 대대로 걸쳐서 목자들에 의하여 팔레스타인에 존재해 온것이었다. 목자는 동굴에서 좀 떨어진 곳에 목자와 양들만이 들어갈 수 있는 유일한 입구인 높이가 약 6피트의 암벽을 만들었다(요 10:1). 종종 그 암벽 꼭대기에 가시나무들을 심어놓기도 했다. 따라서 양떼들은 앞마당으로 나와 그곳에서 모든 적으로부터 보호를 받으며 별들이 반짝이는 유쾌한 날씨에 신선한 공기를 마시면서 편한 잠을 잘 수가 있었다.

갓과 르우벤이 팔레스타인이 정복당하기 전 동부를 기업으로 받았을 때 그들은 양떼들을 보호하기 위하여 양우리를 지었다(민 32:16).

동굴이 유용하지 못한 곳에서 목자는 동일한 높이로 둘러싸인 암벽을 만들고 양들을 위하여 지붕을 만들어 덮었다. 양우리 내부는 앞마당 뜰 밖으로 나가는 아아치형의 출입구가 있다. 암벽으로 둘러싸여지고 목자들에 의해 방호되는 그와같은 양우리는 양을 철저하게 지켜주는 튼튼한 요새가 되었다. 목자들은 자신을 위하여 양우리 안(내부)에 좌석이나 만들어 놓고 가끔 하늘을 보기 위하여 열기도 하였다.

(5) 목자와 그의 양(The Shepherd and His Sheep)[2]

① 양풀 먹이기

유대의 산지에는 양들이 낮이나 밤이나 마음놓고 돌아다닐 수 있는 안정되고 환히 탁 트인 목초지가 거의 없다. 낮에는 목자가 위험한 산길을 넘어 조심스럽게 양떼들을 인도하고 풀이 우거진 경사지나 혹은 바람이 강하게 부는 계곡의 오지에서 가장 풀이 많은 목초지를 찾는다. 목자는 양떼들을 잔잔한 시냇가로 인도하고 그 곳에서 양떼들이 빠른 물살에 휩쓸리지 않고 안전하게 물을 마실 수 있게 한다. 목자는 나무 그늘이나 혹은 큰 바위들이 만들어 주는 그늘 밑에서 양떼들을 쉬게 해준다.

> "또 광풍을 피하는 곳, 폭우를 가리우는 곳과 같을 것이며 마른 땅에 냇물 같을 것이며 곤비한 땅에 큰 바위 그늘 같으리니…"(사 32:2)

양떼들이 쉬고 있는 동안 목자는 바위 위에 앉아서 경계하거나 항상 양떼들이 목자의 시야 속에 들어오도록 지팡이에 기대어 감시한다. 양떼들은 갑자기 놀라게 될 때면 놀라서 우르르 흩어진다. 그럴 때 목자는 투석기(물매)나 지팡이를 잡은 손을 잠시 쉬면서 간직하고 있던 피리를 불면서 망중한을 즐겼다(목자들은 흔히 지루함을 달래기 위하여 작은 피리(pipe)를 불기도 했다).

② 양우리로의 귀환

목자는 날씨의 징조를 잘 알아야 할 필요가 있었다. 천둥번개가 치는 폭풍우의 징조가 있거나 혹은 늦은 오후에 목자는 양떼들을 불러들였다. 양떼들은 종종 개들에

2) Arthur. W. Klink, *Home Life in Bible Times*(「성경시대의 가정생활」, 유재원 옮김, 총신대학교출판부, 1993) 참조.

게 쫓기기도 했다(개들은 낯설은 사람과 야생 동물들에게 사납고 위험한 동물이다).

갑자기 홍수가 나거나 날이 어두워질 때는 양떼가 해를 받지 않도록 하기 위해 집으로 인도한다. 목자는 양떼를 뒤에서 몰고 가지 않고 앞에서 인도하되, 피곤한 기색을 보이는 양들에게는 부드러운 음성으로 이름을 부른다. 또한 하루종일 걸어다닌 피곤한 양떼들이 양우리로 돌아가는 것을 살피면서 양떼들 앞에서 걸어간다. 그리고 나서 그는 양우리 문앞에 이르러 양들이 빽빽이 모이면 각각 양들의 이름을 부르면서 잃어버린 양이 없나를 확인한다.

> "너희 중에 어느 살마이 양 일백 마리가 있는데 그 중에 하나를 잃으면 아흔 아홉 마리를 들에 두고 그 잃은 것을 찾도록 찾아다니지 아니하느냐"(눅 15:4).

③ 밤의 위험

목자가 자기의 양떼들을 우리로 안전하게 인도했다고 해서 모든 위험이 다 지나간 것은 아니다. 다시 말해서 목자가 자신의 양떼들을 우리로 안전하게 인도했을지라도 또다른 위험이 따르기 때문이다. 적은 항상 한밤중에 기습하기 때문에 목자는 양떼가 잠자는 동안 벽이나 지붕 혹은 모닥불을 피워놓고 꾸벅꾸벅 조는 양떼들을 감시한다. 목자는 강도들이나 늑대들이 공격해 올 때 도망가지 않고 자신의 양들을 위하여 생명을 바칠 각오가 되어 있었다. 목자는 자신의 방어를 생각지 않고 적들이 격퇴될 때까지 용감하게 싸웠던 것이다.

⑹ 선한 목자

목자라는 말이 무엇 때문에 구세주(Savior)로 표현될 수 있었는가! 주님께서 그 자신과 그의 백성들간의 관계를 양과 목자의 관계로 설명하신 것을 지극히 당연한 일이었다. 그는 이스라엘을 지키시는 자이셨으며 그는 이스라엘을 지키는 자이시니 졸지도 아니하시며 주무시지도 아니하신다(시 121:4, 시 80:1). 푸른 풀밭에 눕게하시고 잔잔한 물가로 인도하는 분이셨다(시 23:2). 자기의 양떼를 목자와 같이 먹여주시고(시 40:11, 시 99:13, 시 95:7, 겔 34:14). "내가 사망의 음침한 골짜기로 다닐찌라도 해를 두려워하지 않을 것은 주께서 나와 함께 하심이라"(시 23:4), "잃은 양같이 내가 유리하오니"(시 119:176), "우리는 다 양 같아서 그릇 행하여 각기 제 길로 갔거늘 여호와께서는 우리 무리의 죄악을 그에게 담당시키셨도다. 그가 곤욕을 당하여 괴로울 때에도 끌려가는 어린 양과 털 깎는자 앞에 잠잠한 양같이 그 입을 열지 아니하였도다"(사 53:6-7).

이러한 예언적인 구절들은 양을 위하여 자신의 목숨을 바치는 선한 목자이신 예수님의 모습을 보여주고 있다(요 10:11, 19:30).

> "너희가 전에는 양과 같이 길을 잃었더니 이제는 너희 영혼의 목자와 감독되신 이에게 돌아왔느니라"(벧전 2:25).

> "또 찾은즉 즐거워 어깨에 매고"(눅 15:5).

> "저희가 조반 먹은 후에 예수께서 시몬 베드로에게 이르시되 요한의 아들 시몬아 네가 이 사람들보다 나를 더 사랑하느냐 하시니 가로되 주여 그러하외다 내가 주를 사랑하는 줄 주께서 아시나이다 가라사대 내양을 치라 하시고 세번째 가라사대 요한의 아들 시몬아 내가 나를 사랑하느냐 하시니 베드로가 근심하여 가로되 주여 모든 것을 아시오매 내가 주를 사랑하는 줄을 주께서 아시나이다 예수께서 가라사대 내양을 먹이라"(요 21:15-17).

선한 목자를 잘 알고 그의 말씀을 연구하며 또한 목자의 방법을 본받으며 더욱 무엇보다도 목자의 희생적인 사랑을 줄 수 있다면 우리는 양을 기르고 가르치고 바로 양을 돌봐주는데 성공할 수 있을 것이다.

> "또 이 우리에 들지 아니한 다른 양들이 내게 있어 내가 인도하여야 할터이니 저희도 내 음성을 듣고 한 무리가 되어 한 목자께서 있으리라"(요 10:16).

제2장 의식주 문화

Search the BIBLE Lands

1. 의복과 화장품

하나님께서 아담과 하와를 위하여 의복을 만드셨다. "여호와 하나님이 아담과 그 아내를 위하여 가죽옷을 지어 입히시니라"(창 3:21). 이 의복(히브리말로-케톤-)은 동물의 가죽으로 만든 한 겹자리 셔츠였다. 그 후에 히브리인들은 셔츠를 면이나 비단으로(귀한 사람이 입을 의복의 경우) 만들기 시작했다. '케톤'이 보통 사람들이 입는 의복이었다고 하면 '심라'라고 불리는 그와는 다른 형태의 긴 옷은 의례적 예복이었다. 처음에는 이스라엘 백성들이 양털로 심라를 만들었으나 후에는 낙타털이 사용되었다. 그것은 몸 밖에 입는 의복으로서 머리를 감싸는 두건이 있는 큰 수건같이 생긴 의복이며 유대인들은 몸을 좀 더 따뜻하게 하기 위해 밖에 입는 의복이었다. 이스라엘 사람들은 실내에서 특별한 일이 있을 때에 '베게드'를 입었다. 또 하나 '레보쉬'(옷을 입는다는 뜻)인데 이것은 평범한 사람들이 보편적으로 많이 입는 옷이었다. 마지막으로 '아데레트'란 옷은 그 옷을 입은 사람이 중요한 사람임을 알려 주는 것이었다. 이것은 외투 같은 옷이며 겉옷이었다.

① 의복 ② 실을 뽑는 여인

1) 의복과 건강

태초에 인간은 벌거숭이었다. 처음엔 인간도 야생동물과 마찬가지로 털이 있어 의복을 대신해 주었으리라 추측된다. 성경의 기록에 따르면 아담과 이브가 선악과를 따먹은 후 비로소 수치심을 느꼈고 이때 나뭇잎으로 자기 몸을 가리기 시작했음을 창세기에서 볼 수 있다. 에덴 동산에서 금단의 과일에 입을 댄 아담과 하와(이브)는 서로의 육체의 차이에 놀라게 되고 당황하여 나뭇잎으로 가렸다고 한다. 이 무화과 나뭇잎이야말로 속옷의 기원이고 결국, 남녀의 사랑에 대한 자각의 원동력이었다는 의미이다. 성경의 기록에 따르면 인류 최초의 의복은 나뭇잎이었던 셈이다. 태초에 인간이 의복을 입은 것은 신체 보호의 필요 때문이었다. 야생동물과 똑같이 생활하던 인간은 어느 순간 지혜가 싹 텄고, 병충해나 기후의 급격한 변화에 대비해 신체를 가리기 시작했다.

2) 성경시대의 피부 관리

고대인들도 피부가 건조해지는 것을 막기 위해서 목욕 후 기름을 몸에 바르는 습관이 있었다. 당시 고대 근동지역에서 기름을 몸에 바르는 것은 결코 사치스러운 일이 아니었다. 오히려 기름을 바르지 않는 것이 애도의 상징이 되기도 했다. 이집트인들은 30여 가지의 기름을 몸에 바르는데 사용하였고 에스더서의 경우에서와 같이 페르시아 궁전에서도 온갖 향유로 여인들의 몸을 치장하였다.

3) 의복

성경시대 사람들은 어떤 옷을 입고 어떻게 살았을까? 의복은 시대와 환경을 말해주는 대표적인 문화 도구로서 성경에 나타나는 시대적, 역사적 배경에 따라 변화해 왔다. 이러한 의복을 통해서 우리는 당시의 풍습을 경험할 수 있다.

(1) 직물의 종류

① 모시

모시는 이스라엘 사람들에게는 가장 중요한 직물이었다. 그것은 특별히 이를 위해 재배한 아마에서 만들어 낸 것이다. 곱게 짠 고운 모시는 지위가 높거나 돈이 많은 사람들이 입었고 거친 모시는 보통 사람들이 입었다. 커튼, 휘장, 그리고 히브리인들의 장막문의 문장은 세마포로 만들었다. 이는 성막과 성막 문에 휘장을 쳤었던 것과 같다. 대제사장의 예복의 흉배는 고운 모시로 만들었다. 튜닉, 허리띠, 짧은 바지는 모든 제사장들이 입었으며 희고 고운 모시로 만들었다. 유대인들은 그들의 내복이나 속에 입는 옷들은 주로 희고 가는 모시로 만들었다. 예수님의 수의는 이것으로 만들었다. 성경에는 아리마대 요셉이 세마포(고운 모시)를 사고 예수를 내려다가 이것을 싸서 두었다고 했다. 희고 고운 세마포는 또한 무죄함과 도덕적 순수함의 상징이었다.

② 양털

유대인들의 의복을 만드는 재로는 주로 양털을 사용하였다. 하나님의 율법은 면을 섞어서 의복을 짜지 못하게 금하였다. 이 율법은 몇 가지 다른 율법과 유사한 점이 있으니 밭에 씨를 뿌릴 때에 섞어 뿌리지 말 것이며 또한 소와 나귀로 함께 밭갈지 말라는 등이 그 예이다.

③ 비단

에스겔 16:10, 13에는 비단이 대단히 값진 식물이라고 설명하였다. 이 옷감은 히브리말로 '쉐시', 그리고 또 '메쉬'라고 한다. 어떤 학자들은 잠언 31:22에 있는 쉐시라는 말은 고운 무명을 말하는 것이라고 생각하고 있다. 섬유제품들은 그 고운 정도와 색깔의 선명함에 따라 그 값이 달라졌으므로 비단은 고대세계에서는 대단히 중요한 위치에 있었다.

④ 굵은 베옷

이스라엘 사람들은 베옷을 회개의 표시와 통곡의 표식으로 사용하였다. 어두운 색깔과 엉성한 섬유질의 이 염소털로 짠 베옷은 그 사용 용도에 맞는 안성맞춤의 재료를 사용하였다. 이스라엘 사람들은 슬픈 일을 당하면 베옷을 입고 머리에 재를 뒤집어쓰고 또 재위에 앉아 있다. 현대 서구인들이 장례식에서 어두운 색깔의 옷을 입는 관습은 이스라엘 사람들이 베옷을 입는 행동과 같은 것이다. 베옷의 재료는 또한 곡식을 담는 부대로도 사용되었다.

⑤ 광목

이스라엘 백성들이 광목으로 옷을 만들었었는지 우리는 알지 못한다. 히브리어의 '파쉬타'라는 말이 있는데 이 말은 식물에서 얻어지는 물질의 종류를 말하는 것이며,

이는 양털과 같은 동물에서 얻어지는 물질과는 대조되는 것을 뜻한다. 이 말은 모시를 만드는 아마식물을 뜻할 수도 있고 목화밭을 말하는 것이라고 볼 수도 있다.

(2) 직물 제품

① 가내 방식

그들은 양털이나 아마를 가내 방적기(막대기 혹은 긴 지팡이)에 고정시켜 놓은 후 실을 꼬기 위해 물레질을 했다.

② 방직

여인들은 실 짜는 재료들로 실을 짜낸 후 그 실을 사용하여 옷감을 짜냈다. 길이로 짜는 실을 '날실'이라 부르고 가로질러 짜는 실을 '씨실'이라고 부른다. 여인들은 씨실을 직조틀의 북에 연결시키는 데 이 북은 실이 날실의 위와 아래로 통과하도록 실을 고정시켜 두는 기계이다.

③ 햇볕에 말리기

햇볕에 말리기는 성경시대 사람들이 동물의 가죽들을 말려서 입을 옷을 만드는 과정으로 사용되었다. 그들은 가죽을 말리기 위하여 레몬 주스와 비슷한 과즙과 나뭇잎이나 껍질을 사용하였다. 유대인들은 가죽 말리는 직업을 천시하였다.

④ 수놓기

히브리 사람들은 바늘로 작업을 아주 잘했다. 수놓은 사람은 천을 다양한 색깔로 엮어서 그 위에 어떤 모양을 바느질로 수놓는다. 이렇게 장식이 된 옷감조각을 모직물의 한 면에 부착한다. 이와는 대조적으로 금실로 짜거나 '정교한 작업'으로 모직물 위에 모양을 수놓기도 하였다.

⑤ 염색

이스라엘 백성들은 염색기술에는 아주 숙달되어 있었다. 염색되지 아니한 광목과 아마포가 사용되었다. 광목은 짙은 청색으로 염색될 수 있었으나 아마포는 염색이 쉽지 않았다. 어떤 때는 청색 실이 보통 옷감에 장식이 되기도 하였다. 성경에 푸른색 이외의 직물 색깔이 언급되면, 그 직물은 모직물이었다. 유대인들이 주로 사용했던 염색 색깔은 흰색, 검은색, 붉은색, 노란색 그리고 녹색이었다. 히브리인들이 주로 사용했던 염색 색깔은 붉은 색이었다. 고대 근동지역에 널리 퍼져 있었던 자주색의 염색은 지중해의 갑각류 동물에게서 추출되었다. 히브리인들은 자주색 상품들을 대단히 값비싸게 평가하였다.

(3) 모직물의 관리

성경시대의 의복들은 전문 세탁인에 의해 세탁되었다. 세탁인이라 함은 '세탁하는 사람' 혹은 '밟는 사람'이라는 뜻이 있다. 전문적인 세탁인은 세탁물을 밟거나 물을 넣은 통에 잠겨 있는 세탁물을 막대기로 때려서 깨끗하게 했다. '세탁인의 들판'이라 불리는 것은 예루살렘 성 북편에 자리 잡고 있었으며, 거기서 세탁인들은 옷을 빨아서 말리었다. 그들이 사용하는 물은 성 북쪽에 있는 기혼 연못 윗부분으로부터 내려왔다.

4) 남성 의류

(1) 일반 복장

일반적으로 유대 남성들은 속옷과 겉옷을 입고 허리띠를 그리고 샌들을 신었다. 내복은 가벼운 옷감으로 만들고 바깥옷은 무겁고 따스한 옷감으로 만들었다.

① 내복

이스라엘 사람의 '내복'은 몸에 착달라 붙은 셔츠 같은 것이다. 이 옷을 말하는 히브리어의 가장 일반적인 말 '케토넬'은 코트, 예복, 제복, 혹은 의복 등의 말로 번역되었다. 양털 모시 또는 광목으로 만들었다.

② 허리띠

남자의 허리띠에는 가는 띠나 헝겊으로 된 납작한 띠, 줄 그리고 10cm 혹은 더 넓은 폭의 가죽 띠 등이 있었다. 유대인들은 허리띠를 두 가지로 사용했다. 속옷 허리를 조이는 허리띠에 부착된 허리띠 조리개는 허리띠를 느슨하게 하거나 조이는 일을 한다. 속옷을 조이는 역할을 할 때는 허리띠 혹은 요대라 부른다. 이 허리띠의 사용으로 해서 사람의 풍채와 외모가 좋아 보이며 길고, 흘러내리게 잘하는 긴 외투가 일상 활동이나 일에 지장을 주지 않게 된다.

옷을 입은 남자상(주전 8-9 세기 시리아에서 출토됨)

③ 겉옷

히브리 남자들은 '겉옷'을 입었는데 겉옷은 정사각형이나 직사각형의 긴 띠처럼 생긴 옷감으로 폭이 2-3m정도였다. 이 옷은 코트, 예복, 외투 등으로 불렸다. 그것은 몸을 둘둘 싸서 보호하며 입을 대는 모서리 두 개를 앞으로 보냈다. 겉옷은 허리띠에 의해 몸에 착 달라 붙게 된다. 어떤 때는 이스라엘 사람들이 허리띠에 비싸고 아름다운 귀금속 장식이나 값진 보석으로 수를 놓아 장식했다. 가난한 사람들은 이 겉옷을 잠잘 때 이불로 사용하였다. 부자들은 고운 모시로 만든 겉옷을 입는 경우가 많았으나 가난한 사람들은 염소 털로 조악하게 짠 겉옷을 입었다.

④ 전대

사람의 전대는 실제로 허리띠에 매었으며, 이중으로 꿰매었고 허리 조임대에 버클

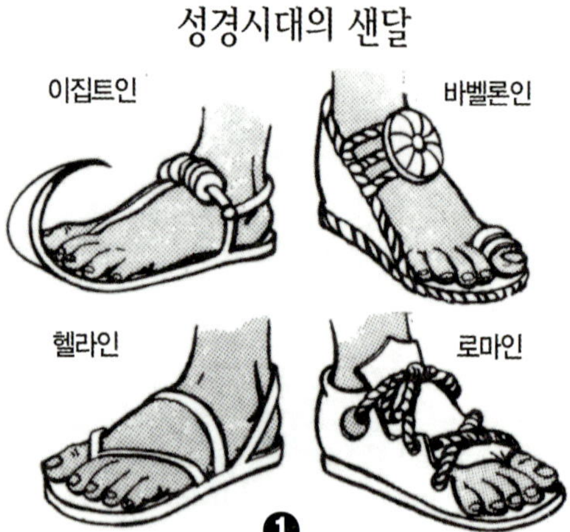

❶

❷

성경시대의 샌달들 ❶, ❷

옷을 입고 있는 아르메니아 남자 상아상(주전 850년)

로 꼭 맸다. 유대인들은 또한 오늘날의 지갑과 비슷하게 생긴 문서 휴대지갑을 가지고 있었다. 목동들은 도시락이나 그 외에 필요한 물건들을 이런 종류의 가방에 휴대했다.`

⑤ 신발

성경에서 신발이란 말은 단지 두 번 밖에 사용되지 아니하였다. 가장 간단한 형태로서는 나무로 된 신발 바닥에 가죽 끈을 묶은 것이 있었다. 예수님의 제자들이 이러한 신발들을 신었었다. 앗수르에서는 신발이 발뒤꿈치와 발 옆을 뒤덮었다. 신발과 가죽 끈이 널리 알려졌으며 그리하여 창세기 14:23에 언급된 대로 그것들은 대수롭지 않은 것으로 간주되었다. 신을 신지 않고 밖에 나가는 것은 가난하다는 표식이거나, 슬픔 속에 있다는 표식이었다.

(2) 특별한 행사 때의 복장

유대인 남성은 여러 벌의 의복들을 가지고 있었다. 옷 한 벌이라고 하면 그것은 안에 입는 옷과 밖에 입는 옷을 합쳐서 말하는 것이었다. 이 옷들 중 어떤 것들은 아주 얇은 모직으로 만들었고 다양한 색깔의 옷들 위에 입었다.

① 영예의 예복

사람이 영예로운 자리에 오르거나 중요한 지위에 오를 때 특별한 예복이 주어진다. 요셉이 애굽의 총리대신의 자리에 오를 때 그런 예복을 입었다. 다른 한편, 그 예복을 벗기는 것은 그 자리에서 물러나게 되는 신호가 된다. 좋은 예복을 입는 사람에게는 집안 내에서의 특별한 영예의 표식이 되었다.

② 결혼 예복

큰 생사 때에 잔치 주인은 손님들에게 특별한 예복들을 준비해 준다. 유대의 결혼식을 예로 들면, 주인은 모든 손님들에게 결혼예복을 준비해 준다. 어떤 때는 결혼 잔치에 관을 쓰기도 한다.

③ 곡하는 예복

④ 겨울 의복

겨울이 되면 성경시대의 사람들은 털로 만든 드레스 혹은 가죽옷을 입었다. 일반 소가죽 옷은 가난한 사람들이 입었고 털옷 중 어떤 것들은 대단히 값이 비싸서 궁중 예복의 일부가 되었다. 양털 옷은 무죄함과 부드러움을 나타내고 있다.

(3) 장식품

유대의 남자들은 다양한 종류의 팔지, 반지, 고리 목걸이들을 착용하였다. 근동에서는 남녀 모두가 금고리들을 장식용으로 또한 품위를 높이기 위해서 착용하였다. 정부의 관리들이 요셉과 다니엘에게 통치의 상징으로서 그러한 고리들을 채워 주었다.

① 반지

유대인들은 반지를 도장으로 사용하였고 또한 자기 권위의 표로 사용하였다. 이 도장 반지로 그들은 공식 문서에 반지를 도장으로 사용하였다. 줄에 매어 목에 걸기도 하고 손가락에 끼기도 하였다. 남자들도 반지 혹은 팔찌를 팔 윗부분에 끼기도 하였다. 아멜렉 사람이 사울을 죽이고 사울의 팔에 있는 고리를 다윗에게 가져와서 사울이 죽었음을 입증하였다.

② 부적

자신들을 보호하기 위해 그들은 마술적인 부적들을 몸에 지니고 있었다. 성경에 언급이 되어 있는 부적으로는 여인들이 귀에 걸었던 귀걸이가 있고, 남자들의 목둘레에 거는 목걸이에 매달려 있는 장식들이 있었다. 부적에는 거룩한 말씀이나 귀신의 형상들을 새겨 넣기도 했다.

③ 경문

경문에는 두 가지가 있다. 한 가지는 눈썹 사이의 이마에 붙이는 것이고 다른 하나는 왼편 팔에 붙이는 것이었다. 이마에 붙이는 것을 전면 경문이라 불렀다. 그것은 네 부분으로 되어 있었으며 각각 한 조각씩의 양피지로 되어 있었다. 이 네 조각의 종이는 동물의 가죽으로 둘러 싸여 이마에 붙였으며 가죽 끈이나 리본으로 묶여 있었다. 예수님께서는 "경문을 더럽게 하는 일"에 대하여 책망하셨다(마 23:5). 바리새인들은 그들의 경문을 보통 사람들보다 크게 만들어 부착하였고 모르는 사람들이 그것을 볼 때 대단히 거룩한 사람들이라고 생각하게 되었다.

(4) 머리 모양

애굽인들 또한 다양한 종류의 가발들을 착용하였다. 그러나 우리는 히브리인과 애굽인들의 머리손질 한 모양이 크게 달랐음을 창세기 41:14을 통해 알 수 있으니 요셉이 바로 앞에 서기 전에 "수염을 깎았다"고 되어 있다. 애굽인들은 머리를 빗질하고 수염을 가다듬어 주는 것으로 만족하였으나 히브리 남자들은 현대 서구인들이 하는 것과 마찬가지로 원시적 가위이긴 하나 가위를 사용하여 머리를 깎았다. 유대의 남자가 종교적 서원을 할 때에는 머리를 깎지 않았다. 이스라엘 사람들은 머리를 짧게 깎은 이방인들과 같아 보이는 것을 금하였다. 또한 머리에 삭도를 전혀 대지 않는 나실인과 같아 보이지 않도록 머리를 기르는 것도 허락되지 않았다. 남자들은 축제나 기쁜 행사들이 있을 때면 향수를 몸에 발랐다. 유대의 남자들은 또한 자기 수염의 관리에 깊은 관심을 보여 주었다. 그들은 남자들의 수염을 만지는 행위는 모욕적인 것으로 간주되었다. 수염을 뜯는 일이나 완전히 깎아 내는 일 혹은 잘 다듬지 않는 것은 깊은 애통을 표현하는 것이었다. 애굽과 로마의 남자들은 깨끗이 수염을 깍은 얼굴을 하고 다니는 것을 좋아했고 단지 애굽의 통치자들은 가짜 수염을 붙이고 다녔다.

(5) 두건

유대의 남성들은 특별한 일이 있을 때, 휴일 또는 슬픈 일을 당했을 때에는 두건을 썼다. 애굽과 앗수르의 남성들은 두건을 자주 착용했으나 히브리 남성들은 두건을 특별한 일이 있을 때에만 착용했다. 애굽의 보통 남성들은 간단한 두건을 썼는데 그 두건은 네모난 헝겊을 접어서 그 중 모서리 세 개는 어깨와 등 뒤로 넘기었다. 이것이 히브리인들이 일반적으로 사용하는 두건의 형태였다.

5) 여성 의류

여인들은 남자들의 옷과 아주 흡사한 옷을 입었다. 그러나 싸인이 들어 있는 손가락지와 다른 장신구와 같은 남성 특유의 것을 여자가 차는 것은 법으로 엄격하게 금지하였다. 유대 사학자 요세푸스에 의하면 남성들이 사용하는 무기를 여성들에게는 금지하였다. 마찬가지로 남성들은 여인의 기다란 외투를 입는 것이 금지되었다.

속옷

속옷은 남녀가 공히 입었는데 그것은 모직, 면 혹은 아마포로 만들었다.

겉옷

겉옷은 띠로 허리를 묶도록 되어 있었다. 남자들도 마찬가지였지만 개인의 사회적 신분에 따라 여인의 옷은 서로 다른 천으로 만들어졌던 것 같다. 여인의 겉옷의 앞자락은 허리춤에 접어 올리면 앞치마로 사용할 수 있을 만큼 축 늘어져있었다. 앞치마라는 말은 아담과 하와가 무화가 나뭇잎으로 앞치마처럼 엮어 입었다고 할 때 창세기 3:7에서 처음으로 언급되었다. 앞치마는 물건을 운반하거나 일할 때 옷을 더럽히지 않으려고 사용되었다.

면사포

히브리 여인들은 지금 중동 지방의 여러 나라의 습관인 것처럼 항상 면사포를 쓰고 다니지는 않았다. 면사포를 쓰는 것은 여인이 미혼인 것을 통상 나타내는 정숙한 행위였다.

손수건

손수건은 가져갈 물건을 싸거나 얼굴의 땀을 씻기 위해, 혹은 죽은 사람의 얼굴을 가리기 위해 사용했다. 요한복음 20:7을 보면 주님의 얼굴을 가렸던 수건은 수의와 떨어진 곳에 놓여있었다고 되어 있다. 오늘날 중동지방의 여인들은 아름답게 수놓은 손수건을 가지고 다닌다.

샌들

유대 여인들은 남자들처럼 샌들을 신고 다녔다. 샌들의 밑창은 낙타의 목 부분의 질긴 가죽으로 만들었다. 어떤 때는 여러 겹을 꿰매어 만들었다. 여자 샌들의 한 가지 형태는 끈이 두 개 달린 것이다. 한 끈은 엄지발가락과 둘째 발가락 사이로 지나고 다른 한 끈은 뒤꿈치를 돌아서 발등으로 지나간다.

장신구

히브리 여인들은 팔찌, 목걸이, 코걸이, 금팔찌 등을 차고 다녔다.

① 팔찌

히브리 여성과 남성들은 모두 팔찌를 하고 다녔다. 오늘날 중동 지방 사람들은 여인의 팔찌를 높은 사회적 지위나 왕실의 표시로 생각한다. 아마 다윗 시대에도 그랬던 것 같다. 왕실 팔찌는 금과 같은 귀한 재료로 만들었고 팔꿈치 위에 차고 다녔다. 보통 사람들의 팔찌는 오늘날처럼 팔목에 차고 다녔다.

② 발목 장식

여인들은 팔찌만큼이나 흔하게 발목 장식을 하고 다녔는데 팔찌와 같은 재로로 만들었다. 어떤 장식은 여인들이 걸을 때마다 소리가 나도록 고안되었다. 고위직 여성들은 속에 잔돌이 들어있는 발목장식을 차고 있어서 그들이 걸을 때마다 덜그럭 소리를 들을 수 있었다.

③ 귀걸이

히브리 사람과 애굽 사람은 여인들만 귀걸이를 하고 다녔다. 앗시리아 사람들은 남녀가 모두 귀걸이를 했다. 애굽 사람의 귀걸이는 직경이 3-5cm인 금으로 만든 원형이었다. 이방인들은 귀걸이를 호신부로 달고 다녔다.

④ 코걸이

여인들의 코걸이나 코장식은 중동지방의 가장 오래된 장식 중의 하나이다. 코걸이는 상아나 보석이 박힌 귀금속으로 만들었다. 코걸이를 하는 관습은 아직도 일부지역에 남아있는데 주로 무녀들이나 하층 계급에 전해지고 있다. 그러나 히브리 여인들이 코걸이를 했다는 증거는 찾아볼 수 없다.

⑤ 손 주머니

히브리말 '카리팀'은 흠정 영역 성경에 의하면 이사야 3:22에 손 주머니라고 번역되어 있고 열왕기하 5:23에는 전대라고 번역되어 있는데 그 두 군대에만 나와 있다. 이런 종류의 장신구가 무엇인지 혹시 보석으로 되어 있는지 여부를 우리로서는 알 수 없다.

⑥ 화장품과 향수

애굽과 앗시리아 여인들은 그림물감을 화장품으로 사용했다. 히브리 여인들도 눈썹을 색칠하였다. 그러나 눈썹 칠은 이세벨의 경우와 같이 통상 경멸의 대상이었다. 어떤 여인들은 그들의 손가락과 발가락을 색칠하기도 하였다. 특히 애굽 여인들이 그렇게 했는데 그들은 손, 발, 얼굴에다 문신을 하기도 하였다. 옛날 여인들도 오늘날 여성들처럼 향수를 사용하였다. 향수는 값진 교역 상품이었다. 그러나 사적인 사용은 법으로 금지하였다.

⑦ 머리 형태

사도 바울은 여인들의 머리는 자연적인 면사포나 덮개의 역할을 한다고 말하였다. 바울 시대에 기독교를 믿는 여인이 머리를 삭발하는 것은 수치스런 일이었다. 여인들은 그들의 머리를 길게 땋아 내렸다.

⑧ 머리장식

유대 여인들은 이웃나라 여인들의 관습처럼 머리장식으로 금이나 보석을 사용하기도 했다. 유대 여인들이 가끔 쓰고 다니던 베일은 비록 그것이 머리를 가리기는 했지만 머리장식이라고 말할 수 없는 것이었다. 그에 비하면 다른 중동지방 여인들은 사회적 신분과 재산정도에 따라 정교하고 비싼 장식을 하고 다녔다.

6) 제사장의 의상

반바지

히브리인들은 오직 제사장들만 반바지를 입었다. 인접국가에서는 보통 사람들이 반바지나 바지를 다 입고 다녔다. 유대인들은 엷은 아마포로 제사장의 옷을 만들었다. 그것은 제사장이 지성소로 가기 위해 교회 계단을 올라갈 때에 그의 몸이 노출되지 않도록 속옷으로 사용되었음이 분명하다.

예복

제사장들은 예배 중에 하얀 예복을 입었다. 이 겉옷은 이음매 없이 짠 것으로 수를 놓아 장식한 대로 허리를 묶어 입었다. 예수의 겉옷도 이음매 없는 예복이었으며 그것은 그가 만방의 제사장임을 상징하는 것이었다. 제사장의 예복은 거의 발끝까지 늘어졌고 마름모 형태나 바둑판 모형으로 짠 것이었다.

모자

모자(보네트)는 일반 제사장들이 쓰고 다녔다. 엷은 아마포로 만들었다. 히브리말로 모자는 고상하다는 뜻이다.

신발

모든 예배 중에 제사장들은 맨발이어야 했다. 신전에 들어가기 전에 제사장들은 그들의 손과 발을 씻어야 했다.

대제사장의 의상

머리손질

레위기 21:5에 보면 대머리인 사람은 성직자의 자격이 없다고 되어 있다. 성직자는 부모의 상을 당해 애도할 때조차도 삭발하거나 옷을 터놓을 수 없었다.

7) 대제사장의 의상

대제사장과 일반 제사장을 구별하는 특징 중에 하나를 대제사장의 옷에 기름을 뿌려 거룩하게 한 것이다. 그리고 대제사장의 옷은 그가 죽으면 그의 후계자에게 물려주었다.

에봇

대제사장의 겉옷은 모든 제사장들과 마찬가지로 세마포로 만들었다. 그러나 대제사장의 에봇은 금실과 청색 자색 홍색실과 가늘게 꼰 베실로 만들었다. 이것은 에봇이 아마포와 모직의 합성인 것을 보여준다. 아마포는 오직 파란 색으로만 물들이기 때문이다. 그 정교한 옷은 일종의 자수품임을 나타내준다. 에봇은 두 부분으로 되어 있는데, 하나는 등을 덮고 다른 하나를 가슴을 덮는다.

에봇 받침 긴 옷

에봇 받침 긴 옷은 청색으로 물든, 에봇 보다는 못한 천으로 만들었다. 그것은 에봇보다 긴 옷인데 에봇에 바쳐 입었다. 이 긴 옷은 어깨가 없이 팔을 위한 갸름한 구멍만 있었다. 이 옷의 옷자락 끝에는 청색, 자색, 홍색실로 석류를 수놓고 금방울을 각 석류 사이에 매달았다.

❶ 

❷ 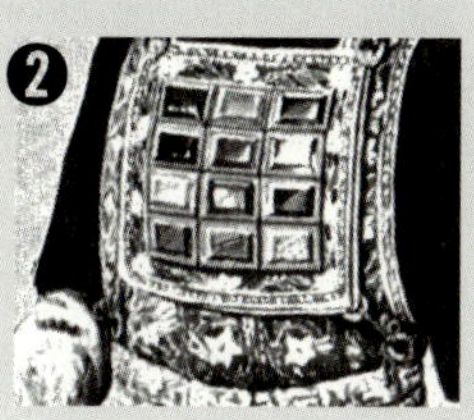

❸ 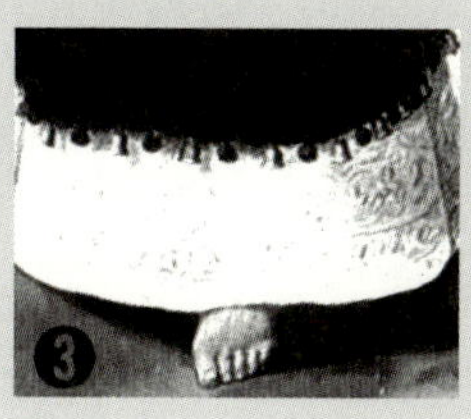

❹ 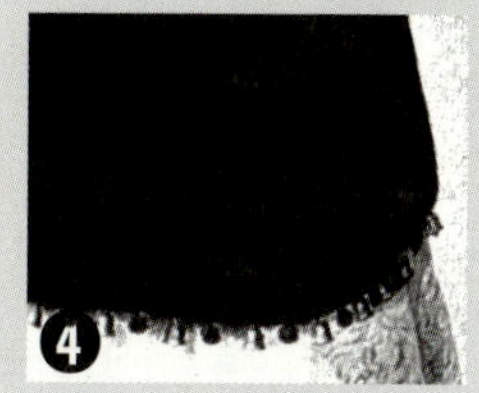

❶ 제사장의 겉옷 ❷ 흉패 ❸ 겉옷 ❹ 금방울

흉패

그것은 25.4평방 cm쯤 되는 크기로 주머니가 될 수 있도록 두 겹으로 만들었다. 이 제사장의 옷은 이스라엘의 열두지파의 이름을 새긴 열두 개의 보석으로 장식되어 있다. 흉패와 에봇은 이스라엘 열두 지파의 제사장임을 알려주는 것이어서 "기념할 만한 것"이라 한다. 그것은 유대민족에게 정의와 심판 내리는 하나님의 대변자였던 제사장이 입던 것이기 때문에 '판결 흉패'라고 불렀다. 흉패는 인간에게 하나님의 심판을 보여준 우림과 둠밈을 가져갔던 주머니였기 때문에 그렇게 불렸는지도 모른다.

두건

두건은 대제사장의 공식적인 머리장식이다. 그것은 엷은 베로 여러 겹 접어서 만들었고 총 길이가 7m30cm나 되었다. 두건 앞면에는 "여호와께 성결"이라고 히브리 말로 새긴 금속판을 달고 있었다.

수놓은 코트, 견대와 반바지

코드는 세마포로 옷자락이 길게 만들어졌고 마치 보석이 박힌 것처럼 문양을 수놓았다. 일반 제사장들도 이런 옷차림을 하였다. 대제사장들의 견대는 가슴에서 아래로 여러 번 늘어뜨렸다. 그 견대의 끝은 발목까지 내려왔다. 그와 같은 복장 속에 대제사장들은 일반 제사장들과 마찬가지로 반바지를 입었다.

2. 음 식

창세기 1:29을 보면 하나님께서는 "내가 온 지면의 씨 맺는 모든 채소와 씨 가진 열매 맺는 모든 나무를 너희에게 주노니 너희 식물이 되리라"로부터 시작하여 요한계시록 22:2을 보면 요한이 말한 "생명나무가 있어 열두 가지 실과를 맺히되 달마다 그 실과를 맺히고"라고 말씀하고 있다. 이와같이 성경에는 음식에 대한 기록들이 가득 차 있다. 팔레스타인의 따뜻한 기후에는 채소류들이 다이어트의 주된 음식이었다. 고기를 먹을 때는 대부분의 경우 길손을 대접할 때나 귀한 손님을 대접할 때였다.

1) 먹는 습관

성경은 잔치와 축제에 대한 언급들로 가득 차 있지만 매일 매일의 가족의 가사에 대해서는 거의 언급하지 않고 있다. 그러나 여러 가지 증거들을 종합해 볼 때 하루에 두 끼의 식사는 규칙적으로 하는 습관이 있었음을 알 수 있다. 즉 아침 식사는 간단히 했고 기온이 서늘해진 저녁에는 잘 차려 먹었다. 초기에는 유대인들이 식사할 때 바닥에 매트를 깔고 앉았었다. 그러나 후기에는 식탁을 사용하여 긴 의자에 기대앉는 것이 관습이 되었다. 먹기 전에 간단히 기도하거나 복을 빌었다. 이는 마치 예수님께서 군중들을 먹이실 때 떡을 가지고 축사하신 것과 같다. 손을 씻는 것은 필수적인 것으로 간주되었고 종교적 의무로서 지켜졌다. 특별히 바리새인들은 철두철미했다.

(1) 아침 식사

아침 식사(어느 기록에는 정찬으로 언급되어 있음)는 보통 9시부터 정오 사이에 했다. 가벼운 식사였으며 빵과 과일과 치즈, 저녁에 먹다 남은 것으로 때우기도 했다.

(2) 저녁 식사

아랍 사람들의 식사

지중해 세계에서 하루 중 가장 잘 먹는 정찬은 저녁식사였다. 팔레스타인의 대낮의 높은 온도는 저녁이 되면 좀 서늘해지고 안락한 기분이 되었다. 헬라인들은 이 저녁 식사를 심포지움(symposium)이라는 품위있는 만찬으로 발전시켰다. 저녁식사에 초대 받는 다는 것은 그 사람이 사회적으로 자부심을 가질 만한 중요한 문제였다. 부자들은 저녁식사에 많은 수의 친구와 피보호자, 그 밖에 사회의 여러 사람들을 초대하였으며 대개는 마태복음 22:1-14에 나오는 부자처럼 초대장을 보내었다. 이 초대장은 종들이 가져가서 손님에게 읽어 주었던 같다. 초대받은 사람들은 주인에게 무언가 해 줄 수 있는 사람이나 당시 명성이 있는 사람은 당연히 식사에 초대되었다. 예수님께서 바리새파 사람 시몬의 집에 초대 받으신 이유가 바로 이것이었을 것이다. 보통 식탁에는 고기, 야채, 버터, 그리고 포도주가 저녁식사 상에 올려놓아졌다. 이런 만찬에 제공하는 음식과 관련하여 종종 튀어나오는 불평은 음식의 질로 손님들을 차별한다는 것이었다. 주인 가까이 누워있는 (혹은 비스듬히 누워있는) 사람들이나 혹은 상을 여러 개 차렸을 경우 주인 가까이에 차려진 상에서 식사하는 사람들에게는 일류 요리가 제공되었지만 다른 식탁에 있는 덜 존경받는 손님들에게는 이류급의 음식이 제공되었다. 식사할 때 사람들을 구별하는 것은 고린고 교회의 분란의 이유가 되었다.

(3) 잔치

유대 백성들은 축하잔치를 즐겼다. 성경에 보면 잔치는 즐거운 행사를 축하하는

유대인들의 식탁

이스라엘 백성의 식사방법

좋은 방법이었던 것 같다. 음악은 잔치의 필수요소였으며, 춤추는 것이 접대의 한 부분이 되기도 했다. 종교적 잔치들은 연회를 베푸는 것이 대단히 중요한 한 부분이 되며 다음의 몇 개의 부분으로 나누어진다. ① 안식일, 월식, 안식년, 희년 등의 잔치 ② 유월절, 오순절 그리고 장막절 ③ 부림절과 첫이삭 드리는 절기. 잔칫날 동안에는 모든 일을 휴무했으며 7일 동안의 유월절 축제는 첫날과 일곱째 날에 일하지 않게 되어 있었다.

(4) 접대

히브리서 13:2에는 우리에게 "손님 대접하기를 잊지 말라 이로써 부지 중에 천사들을 대접한 이들이 있었느니라. 그러므로 우리는 기회 있는 대로 모든 이에게 착한 일을 하되 더욱 믿음의 가정들에게 할지니라"하신 성경말씀은 구약성경에 그 바탕을 둔 말씀이며 신약성경의 가르침 가운데서도 중심 부분이 되었다.

포도주틀

밀가루 방아간

2) 금식

잔치는 유대인들의 생활의 중요한 일부분이었으니 금식은 그저 기본적인 것이었다. 모세 율법("스스로 괴롭게 하고")에 의해 속죄하는 일에는 금식을 하게 되어 있었으니 이는 식탁의 법이 깨뜨려졌음과 유대 역사중의 다른 사건들을 기념하기 위함이었다. 금식을 하는 것은 겸손, 슬픔, 그리고 하나님께 의지한다는 것을 보여주기 위함이었다.

3) 곡식

곡식을 많이 공급해 주는 것은 사람을 잘 먹인다는 것을 의미한다. 애굽이 7년간 풍년 들었을 때에 남은 곡식을 저장하는 임무를 요셉에게 맡겼는데 이는 대단히 중대한 임무였음을 생각해 보라. "각국 백성들이 양식을 사려고 애굽으로 들어와 요셉에게 이르렀으니" 곡식으로 빵을 만들며 빵으로 온 나라 백성들을 살릴 수 있다.

보리

보리는 팔레스타인과 애굽에서 재배했으며 소 떼와 말 떼를 먹이는데 사용되었다.

옥수수(곡식)

성경에 곡식이라고 기록된 말은 실제로는 보리, 기장 그리고 밀들을 포함한 여러 종류의 곡식을 의미한다.

기장

팔레스타인에서 자라는 옥수수 같은 빵 만드는데 쓰인다. 유럽에서는 새들을 위한 모이로 사용되기도 한다.

밀

"한 알의 밀이…죽으면…많은 열매를 맺고" 예수님께서는 여기서 히브리인들이 가장 많이 먹는 곡식을 비유해서 말씀하셨다.

맷돌

히브리인들에게는 맷돌이 대단히 중요한 것이었으므로 율법에는 "사람이 맷돌의 전부나 그 위짝만이나 전집하지 말지니 이는 그 생명을 전집함이니라"고 기록되어 있다.

체(키)

체로 곡식을 친 후에 밑에 남은 가루들은 맷돌에 다시 넣어 갈게 되어 있다. 고대에는 체를 골풀이나 파피루스로 만들었다.

4) 빵

"오늘날 우리에게 일용할 빵(양식)을 주옵소서." 예수님께서는 빵을 위해 기도하셨는데 이는 일반적으로 음식을 말씀하신 것이었다. "수고의 떡(빵)", "불의의 떡(빵)" 등의 표현은 매일의 빵이 생활의 한 부분인 것처럼 이러한 경험들이 생화의 한 부분이 되는 것을 말해 준다.

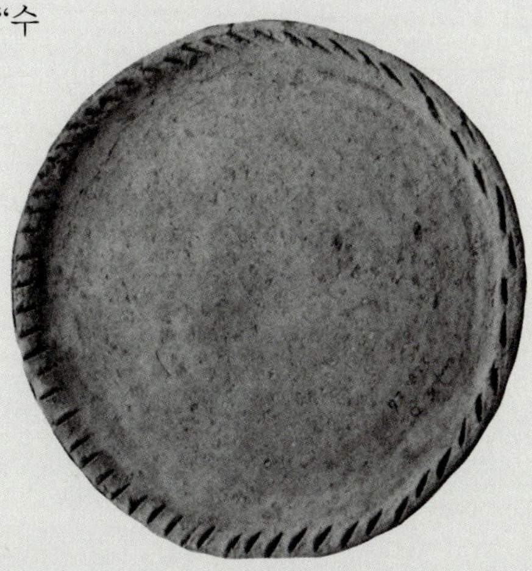
빵 굽는 판

진설병

매 안식일마다 누룩 없는 떡 열두 조각을 만들었다.

누룩

예수님께서는 누룩이라는 말을 비유로 사용하셨으니 이는 그가 잘 알려진 매일 매일의 생활 용어를 많이 사용하셨기 때문이다. 마태복음 13:33에서 하나님 나라가 전체를 변화시키는 능력을 가지고 있다는 것을 누룩 비유로 말씀하셨다.

기름 섞은 과자

이 가늘고 누룩을 넣지 않은 과자는 밀가루로 만들고 기름으로 발랐으며 제물을 드릴 때에 사용되었다.

5) 고기와 그에 관련된 음식들

"무릇 산 동물은 너희의 식물이 될지라. 채소같이 내가 이것을 다 너희에게 주노라." 특별한 잔치나 명절 때가 되면 고기도 약간씩 먹곤 했다.

송아지

히브리인들의 생활에서 송아지는 모든 고기 중에서 가장 좋은 것으로 생각되었다.

새끼염소

염소새끼는 흔한 고기였으며 값이 싸고 가난한 사람들이 먹는 고기였다. 그것은 희생제물을 드릴 때에 사용되었다.

물고기

갈릴리 바다와 요단강에서 주로 많이 잡히는 물고기들은 팔레스타인에서 사람들이 즐겼던 음식중의 하나였다. 예수님께서는 부활하신 후에 해변가에서 제자들에게 물고기와 빵을 숯불에 구워 아침식사를 준비하여 주셨다. 율법에는 모든 비늘과 지느러미가 있는 물고기들은 다 깨끗하니 먹을 수 있다고 되어 있다.

양

유월절 축제 때는 양을 잡아먹음으로 애굽의 노예생활에서 해방되었음을 되새겨 보곤 했다.

기름

동물의 순수한 기름은 하나님께 희생 제물로 드리게 되어 있었다. 이는 기름이 풍부하고 또 기름이 가장 좋은 부분으로 생각되었기 때문이었다.

6) 사냥

구약성경에서는 사자, 곰, 재칼, 여우, 숫노루, 담황색의 사슴들이 언급되어 있다. 이 동물들 중에서 어떤 것들은 식용으로 쓰기 위해 사냥을 하기도 했고 구덩이를 파거나 함정 혹은 그물 등으로 잡기도 했다. 이러한 야생동물의 피는 먹지 않았다. 우리가 알기에 그들은 음식을 먹을 때는 칼을 사용하지 않았으나 동물을 잡아 요리하거나 희생 제물로 드리기 위해서 칼이 필요했다.

7) 요리

음식을 만드는 일은 여성의 일이었다. 볶는 일을 위해서는 나무로 불을 지피고 솥을 사용했다. 끓일 때는 동물을 잡아 썰어서 냄비에 양념과 함께 넣고 물을 부었다. 고기와 국물은 따로따로 상 위에 놓았다. 야채들도 또한 끓였다.

8) 과일

히브리인들이 즐기던 음식 중에 그 지역의 따뜻한 날씨에서 풍부하게 잘 자라는 것이 과일이었다. 모세가 가나안땅에 보낸 정탐꾼들은 두 사람의 장대에 메고 올 정도로 큰 포도송이를 가지고 돌아왔다. 그들은 또한 석류와 무화과를 가져왔다. 이들을 비롯한 몇몇 과일들은 보통 다이어트 식물로 애용되었다.

폼페이 시대의 음식들을 재현한 것

건포도

건포도를 무수히 다윗에게 가져왔으니 "이는 이스라엘 중에 희락이 있음이었더라." 건포도는 포도를 따서 말린 것이다. 그에 대해서는 사무엘상 25:18과 사무엘하 16:1에도 언급되어 있다.

종지(건포도)

종지는 눌러서 과자로 만든 건포도를 의미한 것으로 표현되어 있다. 이것은 우상에게 드리는 희생으로 사용되었으며 진미로 즐겼다.

석류

씨가 많고 아름다운 이 장미 빛 붉은 과일은 사람들이 즐기던 것이었다. 씨가 많은 것은 풍요로움의 상징이었으며 석류를 재배하는 것은 맛있는 열매를 맺게 하려는 것도 있고 아름답기 때문이기도 했다. 대제사장의 제복은 "청색 자색 홍색실로 석류를 수놓고 금방울은 간격하여 달았다." 2백 개의 석류를 사슬에 달아 솔로몬 성전의 두 기둥(야긴과 보아스)에 장식하였다.

무화과

무화과 열매는 나무에서 따서 싱싱한 채로 먹거나 말려서 먹고 때에 따라서는 압축시켜 과자를 만들었다.

감람나무

나무의 몸체는 사과나무와 같으며 나무의 나이가 많이 들어도 열매를 맺을 수 있다. 나무에 꽃이 만발할 때는 꽃 뭉치가 마치 라일락처럼 생겼다. 열매는 푸를 때나 익은 후에 먹을 수 있었으나 수확된 감람 열매의 대부분은 감람유를 짜는데 사용되었다. 이사야 41:19에 언급된 '기름나무'는 아마도 감람나무였을 것이다.

9) 채소

"청하오니 당신의 종들을 열흘 동안 시험하여 채식을 주어 먹게 하고 물을 주어 마시게 한 후에." 다니엘은 왕이 주는 영양가 있는 음식을 마다하고 자기 백성들이 먹는 간단한 음식을 요청하였다. "열흘 후에 그들의 얼굴이 더욱 아름답고 살이 더욱 윤택하여 왕의 진미를 먹는 모든 소년보다 나아 보인지라."

콩

에스겔서 4:9에 보면 밀과 보리와 콩과 팥과 조와 귀리로 떡을 만들었다고 기록되어 있다. 들 콩에 기름과 마늘을 섞어 끓인 후에 먹었다.

팥

콩과 더불어 팥은 가난한 사람들이 빵을 만드는 재료로 삼기도 하였다.

오이

히브리 백성들은 광야에서 만나 이외에는 아무것도 먹을 것이 없을 때 애굽에서 먹던 참외 와 더불어 오이도 먹고 싶어 했다. 이사야 1:8에 보면 시온은 "어이 밭의 상직막같…황폐하여졌고…겨우 남았다"고 했다.

죽

야곱의 팥죽은 유명하다. 죽은 팥으로 쑤되 기름과 마늘로 양념을 했다. 죽에는 그 외에도 여러 가지를 넣어 맛을 돋았다.

쓴 나물

샐러드 같은 이 음식은 유월절 잔치의 한 부분이었다. 이것은 히브리인들이 애굽에서 해방되기 전에 애굽에서 겪었던 모든 슬픔들을 되새겨 보게 하기 위하여 먹는 것이었다. 나물에 포함되는 풀들은 고추냉이, 상추, 붉은 상추, 파슬리, 수박, 냉이 등이었다.

10) 딱딱한 과일류

야곱은 애굽에 있는 요셉에게 딱딱한 과일류를 보내었다. 딱딱한 과일류는 애굽에서는 자라지 않는 식물이었던 것 같다. 과수원은 솔로몬의 아가서 6:11에 언급되어 있다.

살구나무

히브리말로 쇼케드라 불리어지며 뜻안 '살핀다', '민감한' 등의 뜻이 있다. 살구나무에는 두 종류가 있다. 쓴맛을 내는 살구나무는 기름을 짜는데 쓰이고 단맛을 내는 살구나무는 후식으로 많이 이용되고 있다.

비자나무

야곱은 애굽에 있는 요셉에게 주는 선물 중에 열매를 보냈다. 그것은 과자류를 만들 때 사용되었다.

11) 꿀

주의 율법은 "꿀과 송이 꿀보다 더 달다"고 했다. 이스라엘 백성들은 "젖과 꿀이 흐르는 땅"으로 인도되었다. 최소한 20회 이상 이러한 말들이 기록되었다. 꿀은 주의 제단에 제물로 드렸다. 여로보암은 자기 아들이 병들었을 때에 자기 아내를 이사야 선지자에게 떡 열개와 과자와 "꿀 한 병"을 가지고 가라고 했다. 꿀이라는 말이 어떤 곳에서는 대추야자나 포도의 즙을 의미하기도 했다. "반석에서 꿀을 빨게 하신다"는 말은 벌들이 꿀을 바위에 두고 밀랍으로 덮어두는데서 나온 말이다.

12) 만나

어떤 사람들은 만나에 대해서 자연현상으로 설명해 보려는 시도를 했는데 타마리스크 나무와 관련지은 설명이었다. 이 나무는 시나이 반도에서 지금도 찾아 볼 수 있는 나무인데 1년 중 어느 계절이 되면 이 나무에서 사타린액 같은 나무진이 방울방울 떨어져 내리는데 이것이 이스라엘 백성들에게 내리셨던 만나와 비슷하다는 것이다. 출애굽기 16:14에는 "작고 둥글며 서리같이 세미한 것이 있는지라", "깟씨 같기도 하고 맛은 줄 섞은 과자 같았더라"라고 했다. 또 어떤 이들은 이러한 결론에 반론을 폈는데 그 이유는 원래의 만나는 40년간을 한결같이 내렸으나 타마리스크 만나는 불규칙적이며 계절적이다. 실제의 만나는 끓일 수도 있었고 눌리기도 하고 가루로 만들기도 했고 과자를 만들기도 했으나 타미리스크는 그럴 수가 없었다. 영양가도 달랐다. 원래의 만나는 온 나라 백성을 40년간 지탱시켰으나 타미라스크는 사카린 물질에 불과하다는 반론들이 있다.

13) 전통적 유월절

유월절의 예배의식은 유대인들 예배에 있어 핵심적인 것이었다. 페사하(히브리어의 '유월절')의 모든 요소는 역사적으로 유대 온 나라가 하나님의 인도로 노예에서 해방된 일을 기억하게 하기 위하여 제정된 것이었다.

유월절은 7일 동안 지켜졌으며 가장 큰 잔치는 그 첫날밤에 베풀어졌다. 동반되는 의식과 함께 진행되는 세데르(히브리어로 '봉사'라는 말) 식사는 유대민족이 약속의 땅 가나안 복지로 향해 떠나기 바로 전날 애굽에서 먹었던 마지막 식사를 회상하는 것이다. 세데르의 날 밤에 유대인들은 자기들이 포로생활에서 자유를 얻었던 그 역사를 기억해야 한다는 생명을 받았다. "너는 그 날에 네 아들에게 뵈어 이르기를 이 예식은 내가 애굽에서 나올 때에 여호와께서 나를 위하여 행하신 일을 인함이라 하라"(출 13:8). 세데르 식탁의 많은 전통적 음식 중에서 가장 중요한 것은 하나님께서 애굽에서의 마지막 식사로 특별히 정해주셨던 것들이다. "너희 어린양은 흠없고 일년 된 수컷으로 하되 양이나 염소 중에서 취하고"(출 12:5). 양은 구어야 되며 삶으면 안 된다. 세데르 식사에 참여하는 사람들은 첫 번째 유월절 밤에 맞지 않는 자들의 집을 재앙이 강타했을 때 유대 사람들이 양의 피를 문설주에 바름으로 보호를 받았음을 다시 한번 되새겨 보게 된다.

유월절 어린양은 출애굽기에 명하신대로 쓴 나물과 함께 먹었다. 구약성경 시대에는 쓴 상추, 치커리(야채로서 샐러드 용으로 쓰이며 뿌리는 커피대용으로 쓰인다), 꽃상추 등이 사용되었다. 오늘날 유대 가정들은 서양 고추냉이 혹은 양파를 사용하려는 경향이 있다. 이 풀들은 애굽에 포로생활 할 때 심하게 고생하던 것을 상징해 주는 것들이다.

첫 번 세데르는 유대인들이 황급히 나왔었던 기억이 있기에 이 절기에는 급히 서두르는 정신이 축제의 주제가 되어 버렸다. 과자 같은 모양의 맛소스빵 같은 누룩 넣지 않은 빵은 반죽과 부풀리는 것이 필요한 누룩 넣은 빵보다 급한 때에는 더 편하게 해 먹을 수 있는 빵이다.

세데르에 참여하는 사람에게는 모두 포도주잔이 주어진다. 잔치의 주인은 옛날 기대 앉아 식사하던 방법을 회상하면서 방석 같은 푹신푹신한 것에 몸을 기대고 앉는다. 주인 앞쪽으로는 접대용 접시가 놓이며 전통적이고 상징적인 음식들이 차려진다. 냅킨에 싼 맛소스 빵, 웨하스 3개, 쓴나물, 하로셋 혹은 과일 속, 양고기 튀긴 것, 달걀 완숙, 단채소, 그리고 손을 씻기 위한 소금물을 놓은 접시 등이 차려진다.

세데르 식사의 가장 보편적으로 알려진 부분은 아마도 '네 가지 질문' 순서일 것이다. 남자아이 중 가장 어린 아이가 세데르에 대하여 질문을 던지되 다음과 같은 질문으로 시작한다. "이 유월절 밤이 일년 중 다른 밤들과는 어떻게 다릅니까?" 그는 누룩 없는 빵, 쓴나물, 찍어 먹는 채소, 그리고 주인의자에 있는 쿠션 등에 대하여 폭넓게 질문을 한다. 집주인은 아이의 질문에 대해 이스라엘이 사슬에서 자유를 얻은 역사적 사실을 낭송해 보임으로 어린이들에게 대답을 했다.

세데르에 대한 준비에는 대단한 인내가 필요하나 재래식 음식의 어느 것도 먹는데 어려움이 없었다. 하로셋은 특별한 조리법이 필요한 유일한 것이었고 여러 종류의 조리법이 있었다. 사실상 하로셋에 있어서 중요한 것은 그 구조였으며(그 구조는 몰타르와 비슷하다). 그 구성 요소가 아니었다. 단순한 하로셋은 사과 부스러뜨린 것, 딱딱한 과일을 깨부순 것, 설탕, 계피 그리고 달고 붉은 포도주 등이었다. 이러한 내용물들이 함께 섞여 으깨어져 완전히 섞여 혼합된 액체처럼 되었다. 맛 소스 식사가 첨가되기도 했고 다른 과일이나 딱딱한 과일류가 대신하기도 했다. 또한 설탕과 계피가 개인의 취향에 따라 첨가되기도 하였다.

3. 주 택

이스라엘 사람들은 건축물과 가구들을 자기들의 일상생활에 필요한 것들을 위해 설계했으며 미적 감각을 높이기 위한 것이라는 생각들을 별로 하지 않았다. 그러나 건물과 가구들을 보면 사람들의 생활방식이 어떠했는가 하는 것을 알 수 있다.

고대세계에서 가장 보편적 주거지는 장막이었는데 기둥을 땅에 박고 그 위에 천이나 가죽을 씌워서 만든다. 장막에 거주하는 사람은 장막 지붕을 끈으로 기둥에 연결하고 그 기둥은 땅에 박아 고정시켰다. 또한 가나안 족속들과 앗수르 사람들이 도시를 건설하고 있는 동안에도 히브리 사람들은 장막에 살았다. 이들은 약속의 땅을 정복한 후에 완전한 건물을 지었다.

성경을 보면 이스라엘 백성들은 크고 값비싼 집들을 유대에 건설하였다(예; 렘 22:14; 암 3:15; 학 1:4). 그러나 이 집들에는 부자들만이 살 수 있었고 대부분의 사

고대시대의 보편적인 거주지인 장막(텐트)

람들은 아직도 장막에 거주하거나 아주 조악한 거주지에 살고 있었다. 부자들은 지붕이 있는 긴 복도를 자기들 집에 건축했으며 주변에는 뜰이 있었다. 사람이 그 집에 들어가려면 평소에는 언제나 잠겨 있으며 문지기 같은 사람이 지키고 있는 대문을 통해 들어가야 했다(참고, 행 12:13). 이 문을 열면 현관이 나오는데 현관에는 의자나 벤치가 몇 개나 놓여 있었다. 현관으로 걸어 들어가면 짧은 계단이 있고 그 계단을 올라가면 방과 사각형의 뜰로 각각 연결되어 있었다.

1) 가운데 뜰

유대인들의 집에서는 뜰이 중심부에 있었다. 예수님께서 앉아 계시는 바로 한 가운데에 중풍병자를 달아 내려서 예수님께로 인도해 왔던 곳이 바로 이곳이었을 것이다(눅 5:19).

후기에는 집을 지을 때에 가운데 뜰을 바라보는 발코니나 복도를 방 바깥쪽에 건축하기 시작하였다. 뜰에서 위에 있는 방으로 들어갈 때나 혹은 지붕으로 갈 때에는 돌이나 나무로 되어 있는 간단한 층계를 거쳐서 갔다. 집이 크면 이런 층계가 여러 개 있었다.

(1) 집주인의 처소

입구에 면한 뜰의 옆 족으로는 집주인 처소의 응접실이 있었다. 멋있는 가구들로

유대인의 집

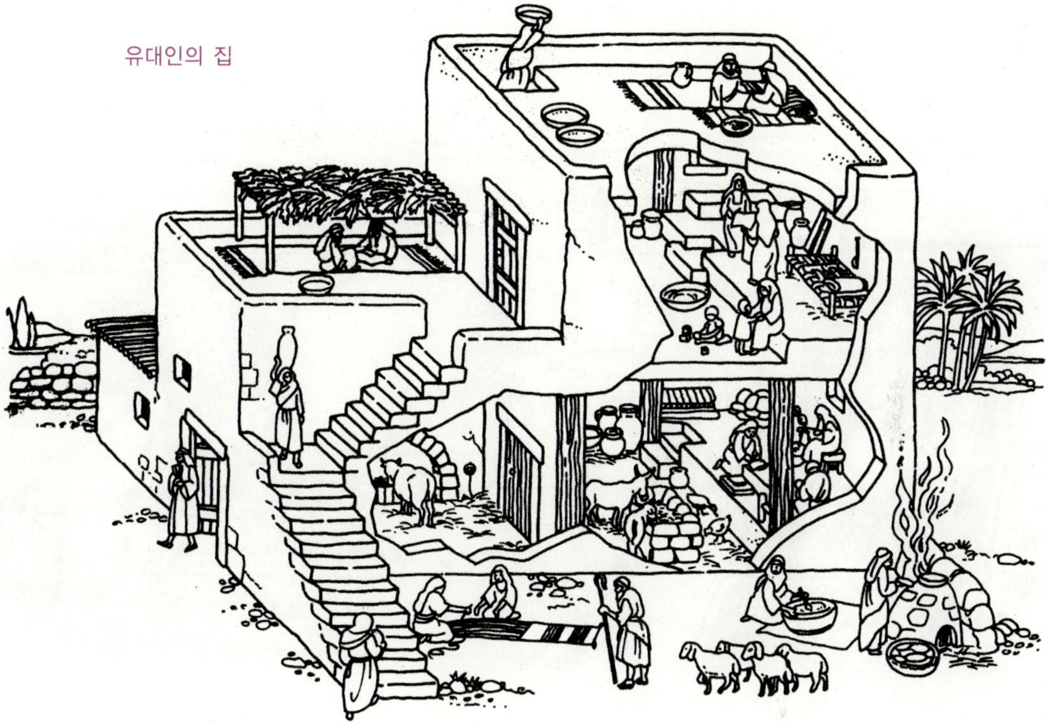

장식을 했고 바닥은 교단같이 약간 높게 되어 있다. 삼면으로는 각각 긴 의자가 하나씩 놓여 있는데 이 긴 의자들은 밤이 되면 침대로 사용되고 낮에는 의자로 사용되었다. 집안에 들어서는 손님들은 방의 약간 높은 단위에 올라서기 전에 자기의 신발을 벗었다. 그 집의 부인과 딸들은 보통 위층을 사용했으나 어떤 때는 가운데 뜰과 같은 층에 있는 경우도 있었다. 이 집주인의 처소에는 집주인 이외에는 아무도 들어갈 수 없었다. 이 방을 위해 많은 경비를 들여 치장을 했기 때문에 이 방은 '왕궁 호위소' 라고 불리기도 했고(왕상 16:18; 왕하 15:25). '여인의 집'이라 불리어지기도 했다. (에 2:3; 참고, 왕상 7:8-12).

고대 이스라엘의 큰 가옥의 모습

(2) 집안 막사

고대 유대에서는 오늘날 팔레스타인에서와 마찬가지로 사람들이 자기들의 집 마당 뜰의 막사를 집안을 위해 사용하였으니 음식을 저장해 두거나, 하인들의 처소로 삼거나 하였다. 이 마당의 막사는 방이 작았고 가구는 별로 없었다.

2) 다락방

층계를 통해 이층에 올라가면 거기에는 크고 바람이 잘 통하는 방들이 있었다. 이 방은 아래층의 방들보다 잘 꾸며 놓았다. 바울은 그런 방에서 고별 설교를 하였다.

재구성해 본 구약시대의 집

우리가 생각하기에 청중들은 두 줄 혹은 두 단계로 원을 그리며 서있거나 창문틀 옆의 부드러운 부분에 몸을 기대고 서 있었을 것이다. 그런 자세로 유두고는 잠이 들었으며, 거기서 길가로 떨어졌던 것이다(행 20:7-12).

① 골방

길에서 집안으로 발을 들여 놓으면 곧바로 이 골방으로 먼저 들어서게 된다. 또한 집 중앙에 있는 뜰에서 층계를 통해 곧바로 골방으로 들어가게 되어 있었다.

성경에는 이 골방에 대하여 여러 번 기록되어 있는데 엘리사의 담 위에 지은 '작은방'(왕하 4:10), 에글론 왕의 '서늘한 다락방'(삿 3:20-23), '문루'(삼하 18:33), 아하스의 '다락지붕'(왕하 23:12), 벤하닷이 숨었던 '골방'(왕상 20:30) 등이 그것이다.

② 지붕

성경 시대에 지붕은 집에서 대단히 중요한 부분이었다. 대부분의 경우 지붕은 평평했다. 그러나 건축하는 사람이 좀 중요한 방의 지붕은 평평하게 하지 않고 둥글게 만드는 경우도 있었다. 유대 법에 의하면 모든 집은 지붕 둘레를 따라 난간이나 울타리를 둘러 쳐서 사람들이 떨어지지 않도록 했다(신 22:8). 인접한 집들은 지붕을 하나로 만들고 지붕에 얕은 담을 쌓아 경계로 삼기도 하였다. 지붕에 금이 가면 집주인은 지붕위에 풀을 덮어 빗물이 새지 않도록 했다. 어떤 집들은 지붕에 타일을 깔거나 평평한 벽돌을 깔았다. 이스라엘 사람들은 지붕을 그들의 묵상과 수양의 장소로 사용하였다. 그들은 광목, 삼베, 옥수수, 무화가, 기타 여러 가지 과일 등을 지붕위에서 말리고 했다(수 2:6). 어떤 때는 지붕위에 텐트를 치고 거기서 밤에 잠을 자기도 했다. 사람들은 자기들의 지붕 위를 개인적 회합의 장소로도 사용하였다. 또한 개인적 예배장소로 사용하기도하였고 널리 알릴 소식을 소리쳐 전하기도 하였으며 사랑하는 사람들을 잃은 슬픔에 슬피 울기도 하였다(렘 48:38; 눅 12:3).

3) 창문과 대문

고대 가옥들의 창문은 단순히 직사각형의 구멍을 벽에 뚫어 놓은 것으로 뜰의 중앙이나 길거리를 향하여 열려 있었다.

발코니의 창문은 잔치나 특별한 일이 있을 때에만 열어 놓았다. 이세벨이 바로 그러한 창문으로 밖을 내다보다가 잡혀서 예후의 손에 죽었다고 생각된다. 이 창문이 바로 '살창'이라 불리어지지 않았나 생각된다. 옛날 집의 문은 돌쩌귀에 매달려 있지 아니하였다. 문의 찌그러진 부분이 위쪽과 아래쪽에 돌아가는 굴대에 튀어 나와 있었다. 흠정역 성경에서

창틀

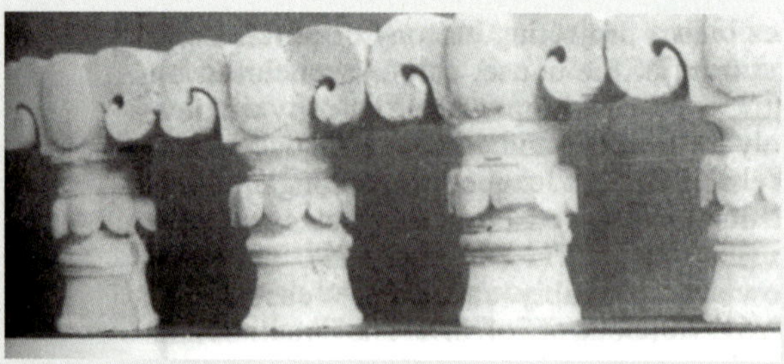

는 돌쩌귀라는 말이 문의 굴대를 지칭하여 사용되었다. 고대에 사용하던 열쇠들은 나무로 만들기도 하고 금속으로 만들기도 했으며, 어떤 것은 너무 커서 여러 사람 앞에 나타날 때에 다른 사람들 눈에 잘 띄었다.

4) 난로

호세아 13:3에는 굴뚝이라는 말을 쓰긴 했으나 고대 가옥에는 굴뚝이 없었다. 아궁이로부터 연기가 나서 벽에서 지붕으로 연결되어 있는 뚫린 구멍으로 빠져 나갔다. 아궁이 자체는 영구적 고정물은 아니었다. 그것은 작고 금속으로 된 스토브였거나 아니면 화로였을 것이다(참고, 렘 36:22-23). 이 난로는 이곳에서 저곳으로 옮기기에 편리하게 되어 있었고, 왕과 왕의 군대장관들은 군인들이 싸우는 곳에 이 난로를 이곳저곳으로 옮겨가면서 사용하였다.

5) 건축 방법

(1) 부유한 사람들의 집

건물을 짓는 건축 자재들이 팔레스타인에는 풍부히 있었다. 그들은 잘 다듬어진 돌을 사용하였으며 고급 광택이 나는 대리석을 사용하였다. 그들은 또한 벽과 천정의 돌출 부분을 위해서는 많은 양의 백향목을 사용하였고 필요에 따라 금, 은, 상아 등으로 입혔다. 사람들이 상아를 몹시 좋아했으므로 성경에는 '상아의 집' 과 '상아궁'이란 말들이 기록되어 있다.

부유하고 땅을 많이 가지고 있는 사람들은 그들의 '겨울 집' 과 '여름 집'을 지어 편하게 지냈다. 삼손이 블레셋 사람들의 신전을 무너뜨린 기사를 읽어보면 구약시대의 전형적인 건축양식의 한 면을 볼 수 있다(삿 16:23-30). 삼손의 대적들이 그를 신

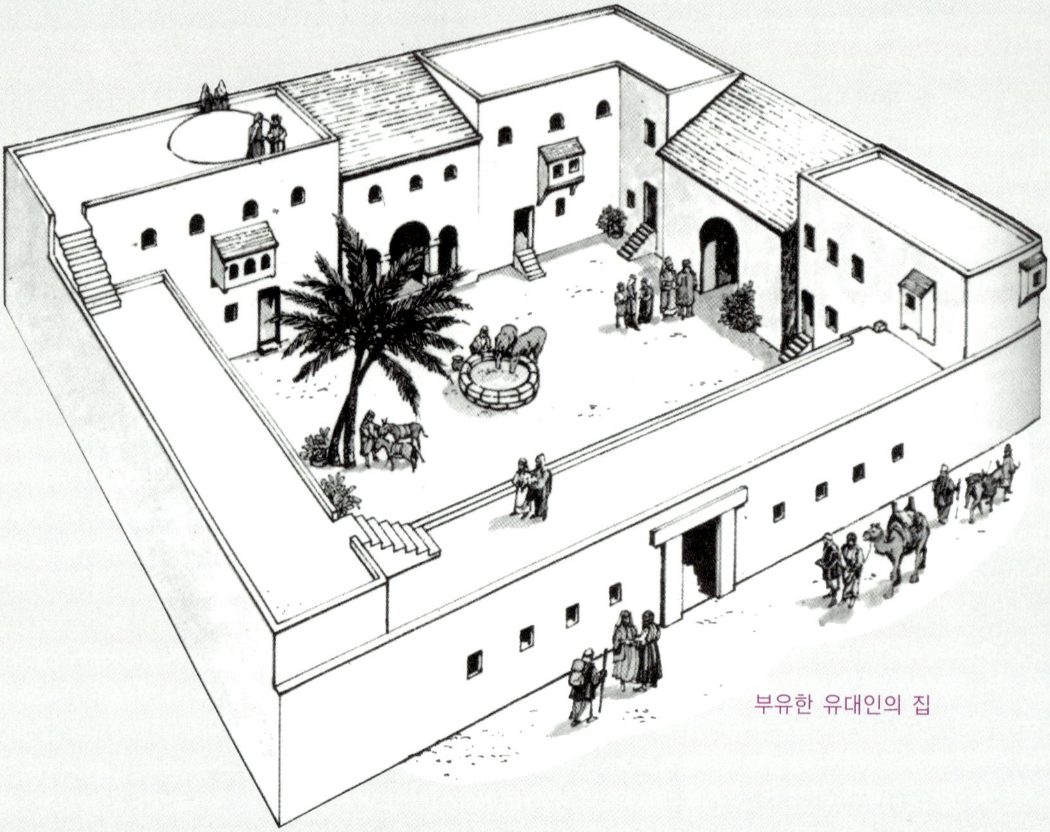

부유한 유대인의 집

전 중앙에 있는 뜰로 불러내었는데, 그 신전은 여러 개의 발코니로 둘로 싸여 졌고 발코니마다 하나 혹은 두 개의 기둥이 버티고 있었다.

(2) 가난한 사람들의 집

보통 사람들의 집은 벽이 흙으로 되었고, 방은 하나 뿐인 오두막집이었다. 집을 짓는 사람들은 벽을 좀더 튼튼하게 만들기 위해서 갈대 이엉과 골풀을 섞어서 만들거나 기둥에 진흙으로 반죽을 해서 붙였다. 그렇기 때문에 벽이 몹시 불완전하고 뱀이나 해로운 야생 동물들이 서식하는 장소가 되어 버렸다. 창문이라곤 벽의 좀 높은 곳에 뚫린 조그만 구멍에 빗장을 하나 가로지른 정도의 엉성한 것이었다. 농부들의 집 문은 대단히 낮게 만들어져 있어서 사람들이 집 안에 들어가려면 몸을 숙이지 않으면 안 되었다. 이것은 야생동물이나 대적의 침입을 막아주었다. 또 어떤 이들은 말하기를 아랍의 대상(隊商)들이 자기들 집 안으로 낙타를 타고 들어오는 것을 막기 위해서 집문을 그렇게 낮게 만든 것이라고 했다.

6) 헌당식

이스라엘 사람들은 새 집을 지으면 집안에 입주하기 전에 새집 봉헌을 하는 의식을 거행했다(신 20:5). 그들은 이 의식을 거행하면서 기쁨에 넘쳐 축하했으며 하나님의 축복이 그 집과 그 집안에 거하게 될 사람들이게 임하게 되시기를 간구하였다.

7) 가구

부잣집의 마루에는 놀라운 것들이 많은 더 아름다운 양탄자들을 볼 수 있을 것이며 긴 의자에는 푹신 푹신한 털실로 짠 방석들이 있었을 것이다. 괜찮게 사는 사람이라도 매트나 가죽을 깔아 낮에는 거기에 기대서 쉬고 밤에는 거기서 잠을 잤다. 의자와 작은 책상, 그리고 몸을 따뜻하게 해주는 작은 화로, 가구라고는 그 정도뿐이었을 것이다. 잘살았던 수넴 여인이 엘리사에게 겨우 침대 하나(아마도 매트리스 하나뿐이었을 것이다), 책상 하나, 등 받침 없는 의자 하나 그리고 촛대 하나 정도밖에 제공할 수 없었다(왕하 4:10-13).

좀 멋진 집에는 그 바닥에 타일을 깔았으나 회칠을 했을 것이며 비로 자주 쓸고 대를 자주 벗겨 주어야 했다(참고: 마 22:11, 눅 15:8). 밤이 되면 잠자리를 위해서 두껍고, 거친 매트리스를 내려서 깔았다. 가난한 사람들은 이 때 동물의 가죽을 매트리스 대신 사용했다. 부잣집의 방은 두 세면에 긴 의자들을 놓아두었으며 보통

30cm 정도의 높이에 속을 가득 채운 방석을 깔아 두었다. 아주 부자인 사람들은 긴 의자 옆에 나무로 만들었거나 상아 혹은 값비싼 물질로 만든 침대 밑받침을 두었다. 이 침대 밑받침은 신약성경 시대에 와서는 더 널리 사용되었다. 이스라엘 사람들은 보통 입고 있는 겉옷을 침대 덮개로 사용하기도 했다. 히브리 사람들의 베개는 염소가죽으로 겉을 하고 속에는 양털, 새의 깃털, 혹은 다른 부드러운 물질을 넣었다. 한편 등불은 아주 흔한 것이었다. 감람유, 피치, 나프타 혹은 왁스를 태워 불을 밝혔고 심지로는 면이나 삼베를 사용하였다

❶ 여리고성 무덤에서 출토된 식탁
❷ 놋으로 된 침대 받침

(유대 전승에 의하면 제사장들은 광목으로 된 낡은 옷을 찢어서 램프의 심지를 만들어 사용했다고 한다). 가난한 이스라엘 사람들은 진흙으로 등을 만들었고 부유한 사람들은 구리나 기타 여러 가지 금속으로 등을 만들었다. 예수님 당시 보통 가정집들은 정돈되어 있었고 깨끗했다. 헬레니즘 문화의 영향을 받아 모든 것이 깨끗이 정돈되어 있었다.

집으로 돌아가는 목자들과 양떼

제3장 예배와 예술

Search the BIBLE Lands

1. 예 배

이스라엘 백성들은 살아 계신 하나님께 여러 가지 방법으로 여러 다른 장소에서 일년 내내 계속하여 예배를 드렸다. 그들의 예배의식이 그들의 일상생활에 얼마나 큰 영향을 주는가 하는 것을 알아보는 것은 대단히 중요한 일이다. 우리는 성경시대의 사람들이 자기들이 예배 드리는 하나님에 대하여 어떻게 느끼고 있는가 하는 것을 이해할 필요가 있다. 하나님께서는 그들이 하는 일이나 그들이 어떤 존재라는 것 때문에 그들을 선택하신 것이 아니라 그들을 사랑하셨기 때문에 선택하신 것이었다. 이스라엘 백성들은 하나님이 하시는 이러한 일에 대한 응답으로서 하나님께 감사하는 민족이었다. 그들은 하나님께 대한 두려움을 갖고 있었다. 어느 현자는 여호와를 경외하는 것이 지식의 근본이라고 강조하였다. 이러한 반응은 그들의 예배 속에서 표현되었다. 우리는 또한 하나님과 이스라엘 백성들의 상관관계를 이해할 필요가 있다. 하나님께서는 이스라엘 백성과 더불어 말씀하셨고 백성들도 하나님과 말하였다. 그러나 이스라엘 백성들은 하나님을 결코 볼 수는 없었다. 모세는 하나님 앞에서 그의 얼굴을 가렸으니 이는 하나님 보기를 두려워하였기 때문이었다.

1) 모세 이전

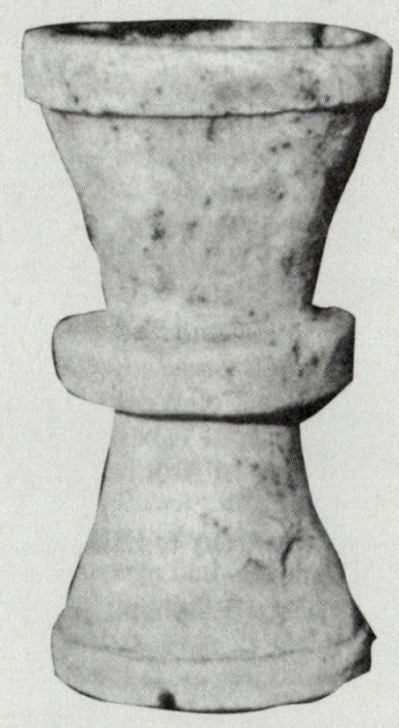
돌제단

예배 행위에 대한 첫 번째 분명한 언급은 창세기 4:2-7에서 찾아볼 수 있다. 아벨은 양치는 자였고 가인은 농사짓는 자였다. 그들은 두 가지 종류의 재물을 가지고 왔는데 하나님께서는 가인의 것은 열납하지 않으셨고 아벨의 것은 열납하셨다. 이 간단한 사건은 예배에 있어 대단히 중요한 두 가지 요소에 대해 설명해 주고 있다. 첫째는 하나님께서는 예배를 인정하신다는 것이다. 둘째는 예배의 중심은 하나님이시라는 것이다. 성경에는 제단에 대한 언급도 전혀 없고 이들이 무슨 말을 했는지도 언급이 없다. 그들이 어떤 기도를 드렸었는지도 전혀 알 길이 없다. 우리가 아는 것은 하나님께서 하신 일이다. 하나님의 움직임이 예배에 있어 핵심적인 부분이었다.

가인과 아벨이 왜 하나님께 제물을 드렸는가? 그들은 하나님께서 자신들을 축복하셨고 계속해서 축복해 주실 것이라는 것을 알고 있었다. 그리하여 그들은 과거에 하나님께서 자기들에게 주신 축복에 대한 감사로 제물을 드린 것이기도 하지만 앞으로 축복해 주실 것이라는 소망을 가지고 제단을 쌓은 것이다. 족장들은 그들이 정착하는 곳마다 거기에 제단을 쌓고 희생 제물을 드렸다. 그들은 또한 돌로 기념물들을 세웠다. 야곱이 돌을 취하여 베개로 삼고 기둥을 세웠고 그 위에 기름을 부었다. 그는 그것을 '벧엘'이라 불렀으니 이는 '하나님의 집'이란 뜻이었다. 족장들은 거룩한 나무를 지정하였고 또한 거룩한 우물도 정하여 놓았다. 이러한 것들은 하나님께서 그들의 생애 중의 특별한 때에 특별히 역사하심을 기억하게 해 주었다.

족장들은 흙과 돌로 이정표와 같이 간단하게 제단을 쌓고 동물을 잡아 제물로 드렸다. 사실상 히브리어의 제단(미즈베 아하)은 문자적으로 볼 때는 '도살의 장소'란 뜻이 있다. 족장 시대에는 공식적 제사장이 없었다. 그러나 우리는 아브라함과 "신비롭고 지극히 높으신 하나님의 제사장 멜기세덱"과의 놀라운 만남에 대하여 읽어 볼 수 있다. 하나님께서 아브라함에게 친척과 가족들을 구할 수 있게 해주셨으므로 그는 하나님께 감사와 예배로 응답하였다. 아브라함은 제단을 쌓고 희생 제물을 드리는 것 대신에 "그 얻은 것에서 십분의 일"을 희생 제물로 드렸고, 중보자 멜기세덱을 통하여 하나님의 축복을 받았다. 이 장면이 성경에 기록된 첫 번째 제사장에 대한 기록이었다.

족장들의 예배는 즉흥적인 면이 있었다. 처음에는 제단을 덮지 않고 바깥에 그대로 노출시켜 두었다. 이것은 제사 드리는 시간을 정하는데 큰 영향을 주었는데 이는 불에 태우는 것이 제사의 핵심 부분이었기 때문이다. 또한 하나님께서 자신이 정하신 시간에 행하시고 말씀하셨다. 그리고 족장들은 하나님께서 언제 그들을 불러 예배하라고 하실지는 미리 알 수 없었다. 같은 시간에 예배 드리는 사람이 불과 몇 사람밖에 되지 않기 때문에 예배 드리는 시간이 미리 고정되어 있어야 할 필요가 없었다.

2) 모세시대

모세는 이스라엘 백성들로 하여금 하나님께 예배 드리는 것을 주기적으로 하도록 제도화하였다. 그리고 그것이 제도화되는 기간은 모세의 생애 훨씬 이후까지도 연장되었다. 즉 예배 제도는 모세가 이스라엘 백성들을 애굽에서 인도해 나올 때에 시작되었다(주전 1446년). 그러나 실제 예배에 대한 모세의 직접적 영향은 유대 역사 전체에 널리 퍼져 있었다. 이 부분에서는 모세의 영향이 사사 시대(사울이 이스라엘 첫 번째 왕으로 즉위하는 주전 1042년에 끝남)에 까지 미쳤던 점에 초점을 맞춰 생각해 보는 것이 편할 것 같다. 사사 시대에 하나님의 백성들은 아직도 텐트 혹은 장막에서 예배를 드렸다. 다윗이 왕이 되었을 때에 비로소 성전 건축이 계획되었다.

회막의 모형

(1) 예배처

모세 시대에 하나님께서는 또한 새로운 예배 처소를 선별하셨다. 다른 여러 가지와 더불어 모세는 회막 안에 제단을 모신 구별된 예배 처소에 대한 계획을 하나님께 받았다. 이 예배 처소는 야외에 세운 제단과는 명백히 다른 것이었다. 한 가지 분명한 사실은 그것이 대단히 공을 들여 만들었다는 점이다.

"너는 아카시아 나무로 단을 만들어라. 가로 세로를 각각 2.3m로 하여 네모반듯하게 하고 높이는 1.4m로 하라 그리고 단 네 모퉁이에 뿔을 하나씩 만들어라 뿔과 단은 하나로 연결하여 만들고 그 단은 놋으로 싸야 한다. 또 재를 담는 통과 부삽과 피를 담는 그릇과 고기 갈고리와 불 옮기는 그릇을 다 놋으로 만들어라."

제단을 만든 재료가 첫 번째 제단과 달랐을 뿐만 아니라 제단을 만드는데 사용되는 도구들도 달랐고 부속되어 있는 그릇들도 달랐다(참고, 출 20:25).

이스라엘은 이 기간 동안 두 종류의 제단 밖에 있는 제단들과 회막 안에 있는 제단을 모두 사용했음을 알 수 있다. 후에는 좀더 영구적인 중앙의 제단을 회막 안에 세워졌다. 성경은 또한 제단을 덮고 있는 장막에 대하여 설명해 주고 있다. 모세는 야영지에서 약간 떨어진 곳에 천막을 치고 그것을 회막이라고 부르곤 했는데 여호와께 물어 볼 일이 있는 사람은 다 야영지 밖에 있는 이 회막으로 갔다. 모세는 이 회막에서 하나님과 대화했다. 모세와 그의 종 여호수아만이 회막 안으로 들어갔고 다른 백성들은 그 옆에 서서 기다렸다. 모세는 회막에서 한번 예배드린 후에 새로운 율법 판을 받으러 다시 산으로 갔다. 어느 면에서 보면 모세는 하나님과 이스라엘 백성들 사이를 오가며 소식을 전하는 자였다. 그는 공식적 제사장은 아니었다. 그러나 하나님께서는 자기의 소식을 전해 주는 대변인의 우두머리로 그를 정하셨다. 이것이 제사장직의 효시임을 우리는 알 수 있다.

(2) 제사장직

이스라엘 역사 중에서 제사장 직이 생겨난 시점이 있었으나 하나님의 명령에 의해서(출 28:1) 모세는 자기형 아론과 아론의 아들들을 제사장으로 선별하였다. 그들은 레위지파에 속하였다. 이때로부터 신 · 구약 중간 시대에 이르기까지 공식적 제사장직은 레위지파에 속한 것이다. 대제사장의 가장 중요한 임무는 매년 있는 속죄일에 제사를 주관하는 일이었다. 그 날에 대제사장은 회막 지성소에 들어 갈 수 있었고 속죄제의 피를 속죄소에 뿌렸다. 이렇게 함으로써 그는 자기의 죄를 속죄하는 것이며 자기 가족의 잘못과 모든 이스라엘 백성들의 잘못을 속죄하는 것이었다(레 16:1-25). 대제사장은 또한 속죄 제물에 있는 피를 성소 휘장 앞과 제단 뿔에 뿌려야 했다(레 4:3-21). 이스라엘의 영적 지도자로서 대제사장은 일반 제사장들보다 더 높은 수준의 정결함이 요구되었다. 레위기 21:10-15에는 일반 제사장들의 정결케 하는 기준이 기록되어 있다. 그가 어떤 죄를 지은 것이 있으면 이스라엘 백성 전체에게 그 영향이 미친다. 그는 그러한 죄를 속죄하기 위해서는 특별히 정해진 제물을 드려야 했다. 대제사장은 또한 매일 소제를 드렸다. 그리고 제사장으로서의 일반적 업무에 참여하였다. 이러한 일반적 업무는 많이 있었다. 제사장들은 모든 희생제물 드리는 일

언약궤의 모형

엘라 북부의 딤나 계곡에 있는 미디안인들의 예배 장소

과 축제를 주관하였다. 지역사회의 의료 자문역으로 봉사했으며, 재판관의 역할도 했다. 제사장들만이 하나님의 이름으로 축복할 수 있었으며 전쟁이나 축제일에 나팔을 불어 사람을 불러 모을 수 있었다.

(3) 5대 제사

레위기의 제사에 대한 묘사는 출애굽기 25장에서 민수기 10장에 걸쳐 있는 하나님께서 예배에 관해 이스라엘에게 주신 교훈의 일부분을 형성한다. 특히 레위기 1-7장을 중심으로 발견된 제사는 다섯 가지 형식으로 집약된다. 많은 학자들은 이 부분을 희생에 대한 안내서처럼 생각한다. 거기에는 다섯 가지 종류의 희생 제도가 기록되어 있으니 곧 번제, 소제, 화목제, 속죄제, 그리고 속건제이다.

① 번제(올라)

가장 중요한 제사로 제사 목록에서 제일 먼저 나오는 번제가 드려졌다. 제물은 수컷으로, 모두 태워서 드렸다. 이렇게 하는 목적은 무엇인가? 두 가지 견해가 있는데, 하나는 속죄하는 제사이고, 다른 하나는 하나님께 드리는 선물을 나타낸다. 이 두 가

〈표 24〉 5대 제사

제 사	제 물	활 동	제물을드리는 자	제 사 장	독특성
올라(번제) 레 1:1-17; 6:8-13	소나 양, 새 (산비둘기,집비둘기) 중 흠 없는 수컷	다 태움	제물을 가져옴 머리에 손 얹고 죽이고 가죽을 벗기고 조각 냄	피를 제단에 뿌림 조각을 단 위에 놓고 내장과 정강이를 씻 고 제물을 받음	태워 드림
하타트(정결제) 레 4:1-35; 민 15:22-31 참조	1.제사장: 소 2.회중: 어린 소 3.왕: 수컷 염소 4.개인: 암컷 염소,양 5.가난한 자: 비둘기	지방부분을 태움. 나머지 제사장이 먹음 (3, 4, 5) 또는 태움	1, 3-5: 제물 가 져 옴 2: 장로들이 회 중을 위해 그렇 게 함	지방 등을 태움 2: 진 밖에서 나머지 태움 3-5: 고기 먹고 나머 지피를 제단 밑에 뿌 림	피를 다룸
아삼(배상제) 레 5:14-6:7; 7:1-10	양	정결제와 동일	정결제와 같이 한 다음 배상함	기름 등을 불태움 고기 먹고 제단 위에 뿌림	추가적 배상
민하(소제, 곡물제) 레 2:1-16; 6:14- 23	고운 가루, 케익, 와 퍼, 첫 과일들. 기름 과 함께 향, 소금, 효 모나 꿀 없이	일부분(기념 부분을) 태움	제물을 가져 옴 조금 집음	조금 태움 제사장과 예배자는 나머지를 먹음	
쉘라밈(화목제) 공유제 교제, 완성 제, 희생 레 3:1-17; 11-36	소 떼나 양 떼 중 흠 없는 수컷이나 암컷	지방 부분을 태움 나머지 먹음	제물을 가져옴 머리에 손을 얹 고 죽이고, 벗기 고, 각을 뜸	제단에 피를 던짐 기름 부분을 태움 가슴과 오른 넓적 다리를 먹음	제물의 일부 분이 분배됨

지 개념은 서로 결합될 수 있다.

번제의 희생제물은 완전히 태운다. 어느 누구도 이것은 조금이라도 먹지 못한다. 불로 완전히 태우는 것이다. 사실 그 불은 끄지 않고 계속 탄다. 짐승을 단위에 올려 놓는 것 외에 제사장들은 불이 꺼지지 않게 해야 한다. 그들은 재가 단 바닥에 쌓이지 않도록 자주 재를 퍼내었다. 후에 그들은 그 재를 진 밖이나 성 밖 깨끗한 곳에 내다 버렸다. 이 일을 할 때에는 옷을 갈아입고 했다. 불에 태우는 것은 이스라엘 나라가 하나님께 대한 모든 범죄행위들을 제거하려는 소망을 상징하는 것이었다.

② 소제 (민하)

이스라엘 백성들은 동물들 이외에도 곡식이나 채소류를 제물로 드렸다. 이 곡식들은 번제와는 별도로 드리기도 했고 함께 드리기도 했다. 히브리어의 봉헌(민하)이란 말은 때에 따라 이 소제를 말하기도 하고 다른 희생제물을 말하기도 한다. 레위기 2장에는 네 가지 종류의 소제에 대해 말하고 있으며 각각의 경우에따라 만드는 방법을 알려 주고 있다. 예배 드리는 사람은 밀가루를 반죽하여 솥에 넣어 빵을 만들고 빵 굽는 판이나 구워 튀기는 판 위에서 튀기거나 구워서 빵을 만들었다. 모든 소제는 기름과 소금을 섞어 만들었고 꿀이나 누룩은 사용하지 못했다. 기름과 소금은 썩지 않으나 꿀과 누룩은 썩기 때문이다. 이렇게 요리한 것들 외에 예배 드리는 사람은 향료를 조금 가져와야 했다. 또한 제물과 함께 요리하지 아니한 것(곡물, 소금, 기름)들을 가져오기도 하였다. 소제의 목적은 번제와 비슷한 것으로 나타나 있다. 그러나 첫 열매와 관련지어 드리는 첫 이삭 소제는 예외였다. 첫 열매의 제물은 추수한 곡식 전체를 성별시키기 위한 뜻에서 드렸던 것 같다. 첫 이삭의 소제는 다른 모든 소제를 대신하는 것이었으니 모든 곡물이 다 여호와께 거룩하다는 것을 강조한 것이다.

③ 화목제(쉘라민)

이 화목제는 마지막 단계에 나타나는 특징이 있다. 이 제사는 속죄 제사가 아니기 때문에 제사장과 제물을 드리는 자도 먹을 수 있었다. 화목제의 독특성은 제사의 일부분이 분배되었다는 점에 있다.

화목제는 마지막 제사(완성제 라고도 번역)이다. 이 제사는 예배의 궁극적인 목적인 하나님과의 화평의 관계(출 24:9-11 참조)에 대한 적절한 표현이다. 화목제라 불리는 식사 의식은 하나님, 제사장, 그리고 때에 따라서는 다른 예배자들과의 공동제의 사귐이었다. 여기에는 소, 양, 염소의 암컷이나 수컷 모두가 포함된다. 그 과정은 실제 제물을 태우는 순서는 번제와 거의 똑같다. 다만 이때에는 짐승의 피를 모아서 단 주위에 부었다. 기름과 내장은 불에 태웠다. 그리고나서 나머지는 제사장들이 먹었고, 제물을 드린 사람들도 함께 먹었다. 이 희생 제물은 제물 드린 사람이 하나님께 감사와 찬양을 드리고자 하는 마음을 가지고 있다는 것을 나타내 주는 것이었다. 어떤 때는 이것을 의무적으로 드렸고 어떤 때는 자발적으로 드렸다. 의무적으로 드리는 제물에는 누룩을 넣지 않은 빵이 포함되어 있었다. 제사장들은 누룩을 넣지 않은 빵 중에서 기념으로 남겨 두는 부분을 제외한 나머지 부분과 동물의 나머지 부분을 희생 제물 드린 그 날에 다 먹어야 했다. 자유의사의 제물은 자기가 원할 때 드리면 되는 것인 반면 서약과 감사의 제물은 꼭 드려야 하는 것이었다.

④ 속죄제(하타트)

현대 성경학자들이 '정결제'라고도 번역하는 있는 이 제사는 죄의 용서에 초점을 맞춘다. 그러나 '하타트'는 개인의 죄 때문이 아니라, 그가 큰 부정을 가지고 있기 때문에 드려졌다.

희생제물은 예배자가 주님께 의례적으로 잘못한 것에 대하여 값을 치르는 것 혹은 서로 합의하는 것이다. 이 것은 부지중의 실수였다. "여호와께서 모세에게 일러 가라사대 이스라엘 자손에게 고하여 이르라 누구든지 여호와의 금령중 하나라도(부지중에)그릇 범하였으되." 모세는 이런 경우에 사람에 따라 각각 다른 희생제물을 드리라고 가르쳤다. 대제사장의 죄는 소를 제물로 드림으로써 속죄하였다. 그 피는 단에 붓지 아니하고 대제사장이 손가락에 찍어 단 위에 일곱 번 뿌렸다. 꼬리의 기름은 그 다음에 태웠다.

남은 것은 먹지 않고 진 밖이나 성 밖 깨끗한 불에 태웠고 재는 내다버렸다. 마을 지도자들의 죄는 숫염소를 드림으로 속죄되었다. 그 피는 한 번만 뿌릴 것이오, 나머지는 번제를 드릴 때와 마찬가지로 제단 주의에 부었다. 개인 각자의 죄는 염소, 양, 산비둘기, 집비둘기 등의 암컷으로 속죄했다. 그들 중의 하나를 드릴 만한 능력이 없으면 곡식을 제물로 드릴 수 있었다. 곡식을 제물로 드릴 때의 절차는 소제를 드릴 때와 같았다. 나라를 위한 제물과 대제사장을 위한 제물은 이 모든 것을 포괄적으로 포함하여 드리는 제물이었다. 이것이 최종 속죄의식이었다.

〈표 25〉 속죄제 제물의 종류

속죄제 제물의 종류		
대 상	**제 물**	**드리는 방법**
제사장이 범죄할 때	흠 없는 수송아지 	• 제물을 회막문 여호와 앞으로 끌어다가 안수하고 잡음 • 기름 부음 받은 제사장이 피를 가지고 회막에 들어가 성소의 장(커튼) 앞에 일곱 번을 뿌린다. • 제사장이 피를 향단 뿔에 바르고, 나머지 피 전부를 번제단 밑에 쏟는다. • 기름(내장에 덮인 기름, 두 콩팥과 허리 근방, 간에 붙은)을 제거해 번제단 위에 불사른다. • 가죽과 고기 머리, 다리, 내장, 똥을 진 바깥 재 버리는 곳에서 불사른다.
이스라엘 회중이 범죄할 때 레 4:13-21	흠 없는 수송아지 	• 제물을 회막문 앞으로 끌어다가 회중의 장로들이 안수하고 잡는다. • 기름 부음 받은 제사장이 피를 가지고 회막에 들어가 성소의 장(커튼) 앞에 일곱 번을 뿌린다. • 제사장이 피를 향단 뿔에 바르고, 피 전부를 번제단 밑에 쏟는다. • 기름을 제거해 번제단 위에 불사른다. • 가죽과 고기 머리, 다리, 내장, 똥을 진 바깥 재 버리는 곳에서 불사른다.
족장이 범죄할 때 레 4:22-26	흠 없는 수염소 	• 족장이 예물을 가져다가 그 머리에 안수하고 번제 희생을 잡는 곳에서 잡는다. • 제사장이 그 피를 가지고 번제단 뿔에 바르고, 피 전부를 번제단 밑에 쏟는다. • 기름을 제거해 화목제 희생의 기름같이 번제단 위에 불사른다.
평민이 범죄할 때 레 4:27-35	흠 없는 암염소 또는 어린 양 	• 죄를 범한 자가 제물을 끌고와 안수하고 번제소에서 잡는다. • 제사장이 그 피를 가지고 번제단 뿔에 바르고, 피 전부를 번제단 밑에 쏟는다. • 기름을 제거해 화목제 희생의 기름같이 번제단 위에 불사른다. • 어린 양을 제물로 드릴 때도 위와 같은 방법으로 드림.
구체적 실례 레 5:1-13		속죄제를 드릴 때 • 증언을 숨길 경우(5:1) • 부정한 것에 접촉해서 부정하게 된 경우(5:2-3) • 경솔하게 맹세한 경우(5:4) • 극빈자의 속죄제의 규례(5:7-13) / 제물 : 산비둘기나 집비둘기

⑤ 속건제(아삼)

대부분의 학자들은 '속건제'보다는 재정적인 배상이 특징이기에 '배상제'라는 번역을 선호한다. 이 제사는 하나님께 빚진 것에 대해 배상하며 제의적인 빚을 갚는 것이다

속건제는 속죄제와 비슷했다. 그래서 많은 학자들은 이것을 속죄제에 포함시키고 있다. 속죄제는 돈을 드린다는 것만이 속죄제와 다른 점이었다. 이런 희생제물의 예로서는 부지중에 남을 속인 죄를 속하기 위해 드리는 경우가 있다. 예배 드리는 자가 부지중에 다른 사람을 속여 돈이나 재산을 취했다고 하면 그의 희생제물은 자기가 취한 것과 같은 것이다. 보상은 1/5를 더한 것이라야 했다. 그는 이 액수를 제사장에게 드렸고 그리고 전 주인에게 비슷한 보상을 해 주어야 했다. 그러므로 그는 자기가 취한 액수의 배액에다 자기가 취한 액수의 40%를 더한 금액을 갚아야 했다. 이 모든 희생물들은 속죄론(죄책의 면제) 혹은 화해론(하나님의 은혜를 구함)과 직접 관련이 있다. 그들은 모든 예배에 있어 두 가지 감정적인 특성이 있음을 우리에게 되새겨 주고 있으니 곧 경외함과 감사함이다.

(4) 3대 절기

① 유월절과 무교절

이스라엘 대 순례 명절들 기간 중에 모든 남자들은 여호와의 전 앞에 나와야 했다. 그 중에서 가장 중요하고 첫째 되는 명절은 유월절이었다. 유월절은 두 가지를 기념하는 절기인데 원래는 그 두 절기가 따로따로 구분되어 있었다. 하나는 유월절이니 애굽에서 히브리인들의 집을 죽음의 천사가 그대로 넘어 갔었던 그 밤을 기억하고 축하하는 절기이며, 또 하나는 무교절이니 출애굽 첫 7일간을 기념하는 절기이다. 이 두 절기는 밀접한 관계를 가지고 있다. 예를 들면 유월절 어린양을 잡기 전에 누룩을 집안에서 제거해야 한다. 그러므로 유월절 음식 그 자체는 누룩 없는 떡 한 조각이었다. 그리하여 결과적으로 이스라엘 백성들은 두 절기를 하나로 결합시킨 것

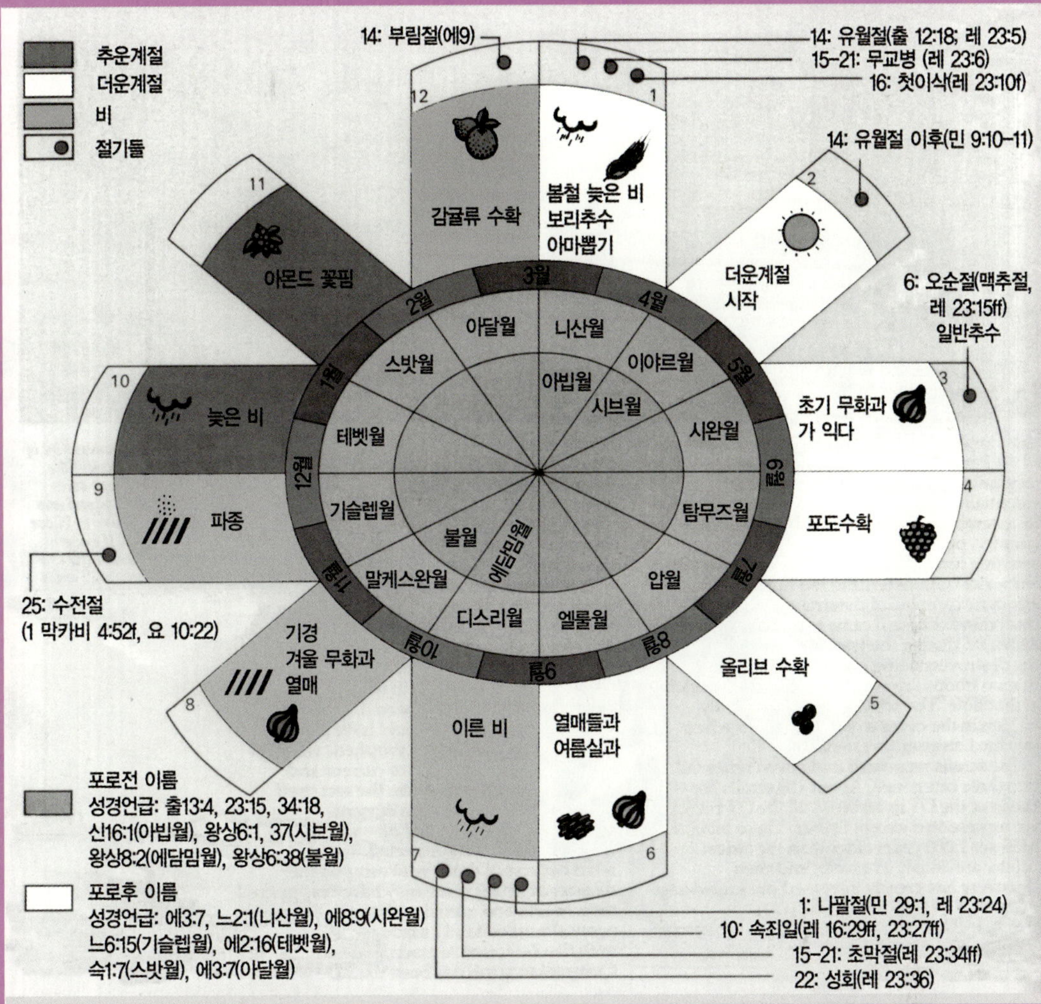

이다. 이 큰 명절은 아빕월 14일 저녁부터(이 시간이 15일이 시작되는 시간이다) 시작되었다. 어린 양이나 어린 염소를 해가 지기 바로 전에 죽였고 그 고기를 모두 불에 구워 무교병과 쓴 나물과 아울러 먹었다. 이 의식은 전체가 큰 뜻을 지니고 있었다. 동물의 피는 죄를 깨끗케 하는 것을 상징했다. 쓴 나물은 애굽의 포로 생활의 극심한 고통을 말하는 것이었고, 무교병(누룩 없는 빵)은 순수함을 상징하는 것이었다. 절기의 첫 날과 끝 날은 안식일처럼 지켰다. 일을 하지 않았고 사람들은 거룩한 모임으로 함께 모였다. 절기의 둘째 날은 처음 익은 보리 한 단을 주님 앞에 흔들어서 추

▼유월절 가정축제

2

3

▲ 사마리아 제사장들의 유월절 축제행사
◀ 유대인들

수의 시작을 성별 시켰다. 성전에서는 보통 때의 희생 제물 외에 제사장들은 매일 어린 수송아지 두 마리, 수양 한 마리, 그리고 어린 양 일곱 마리를 번제로 드렸고, 수염소 한 마리를 속죄제로 드렸다.

② 칠칠절(오순절, 레위기 23:15-21 참조)

이스라엘의 제 2의 국가적 절기는 오순절이다. 이 절기는 무교절에 곡식 단을 드린 후 50일이 지난 후 지켰다. 이것은 추수가 끝난 것을 표시하는 것이며 첫 열매를 드리는 계절이 시작되었음을 암시했다. 하루 동안 지키는 이 절기는 장막에 모이는 거룩한 회집과 더불어 안식일처럼 지켰다. 이 절기는 애굽을 나온 후 50일 되는 날에 시내산에서 율법 받은 것을 기념하기 위해 지키는 절기이다. 누룩 없는 떡 두덩이를 드렸으며, 그와 더불어 열 마리의 규정된 동물들을 번제로 드리며, 숫염소 한 마리를 속죄제로, 2년된 수양을 화목제로 드렸다.

③ 초막절(장막절)

제 3의 국가적 절기는 장막절이다. 이것은 유대 민족이 애굽의 고난으로부터 구출되어 젖과 꿀이 흐르는 가나안 땅에 들어 온 때까지 광야에서 장막 생활 한 것을 기념하는 동시에 그 해의 수확에 감사 하는 절기이므로 이것을 '추수절'이라고 했다. 장막절을 지키는 장소는 예루살렘과 그 근처에 한했다. 사람들은 이 절기 동안에는 지붕 위와 정원 안, 또는 도로, 성외의 빈터에는 모두 감람나무와 종려 나무 등 기타 무성한 나뭇가지로써 초막을 짓고 그 안에서 천막 생활을 기념하며 또한 매일 율법에 따라 보통보다 많은 희생의 제물을 바쳤다. 특히 첫째 날과 8일은 안식일에 해당하므로 성회를 열었다.

마지막 날은 최대의 날로서 특별히 사람들이 환희에 젖는 날이다. 순례의 대 행렬은 음악을 연주하면서 예루살렘 성을 7회를 돌면서 "호산나 호산나"하는 환호성을 질렀다. 제사장은 황금의 기물을 가지고 물을 길으려 실로암 못에 내려간다. 그 뒤를 따르는 군중들은 이구동성으로 "오 목마른 자는 다 물로 오시오"라고 이사야서의 말을 외쳤다. 제사장은 그 떠온 물을 성소에 부었다. 이것은 하나님의 은혜가 백성에게 내리신 표이다. 초막절은 7월 15일에 지켰다. 이때는 농산물의 최종 수확기이다. 이때에 절기를 지켰다는 것은 의미가 매우 크다. 레위기 23:40 이하를 보아도 이스라엘은 "아름다운 과실을 가지고 가서 초막절을 지킨 것이다. 그러므로 초막절은 추수기와 관계를 가지고 있고, 또 아름다운 열매와도 관계를 가진다.

예배의식시 손 씻을 때 사용된 도구
(Ritual bath)

신약 성경을 찾아보면 예수님은 추수의 열매와 성도의 관계를 말씀하셨다. "추수할 것은 많다. 일꾼이 적으니 추수하는 주인에게 청하여 추수할 일꾼을 보내주소서"하라고 했다(마 9:37, 눅 10:2). 이것은 복음선포와 교회 형성을 말씀하신 것 같다. "또 너희가 넉달이 지나야 추수할 때가 이르겠다 하지 아니하느냐? 내가 너희에게 이르노니 눈을 들어 밭을 보라 희어져 추수하게 되었다. 거두는 자가 이미 삯도 받고 영생에 이르는 열매를 모으나니"(요 4:25)라고 했다. 이것은 복음 선포와 영혼을 수확하여 주의 창고인 교회에 저장하는 것과 같다.

3) 속죄일과 안식일

(1) 속죄일

7월 10일은 속죄일로 지키는 성일(聖日)이다. 이 속죄일은 일년 중 가장 중요한 날 중의 하나이다. 대제사장이 속죄의 피를 들고 지성소에 들어갈 수 있는 유일한 날이다. 온 백성들이 안식을 해야하면서도, 스스로 자기 몸을 '괴롭게'해야 하는 날이었다.

이 속죄일에는 두 염소를 취하여 하나는 이른바 아사셀의 양으로 먼 광야로 보내고 하나는 속죄물로 삼아 그 피를 가지고 대제사장은 지성소에 들어가서 속죄소에 뿌려 지성소에 회막과 제단을 속죄하고 또 제사장들과 온 백성의 회중을 위하여 속죄해야 했는데, 이것은 일년에 한 번씩 반드시 있어야 하는 것이었다.

이스라엘 백성들은 하나님을 예배하되 하나님께서 정하신 시간에 혹은 자기들이 하나님을 찾고 싶을 때에 하나님께 예배를 드렸다. 그러나 모세의 지도 아래, 예배는 일년 중 특정한 시간에 의무적으로 드려야 하는 것으로 바뀌었다. 사람들은 안식일과 다른 여러 정해진 예배일을 준수하기 시작하였다. 절기력에서 가장 중요한 절기는 세 가지 중요한 순례자의 절기들이었다. 곧 유월절, 칠칠절(오순절), 그리고 장막절(초막절)이었다. 각 절기 때마다 이스라엘의 남자들은 하나님의 희생 제물을 드리기 위하여 중앙의 예배처소로 여행을 했다.

(2) 안식일

히브리인들은 모세 이전에는 휴식을 위한 특별한 날을 정해서 지키는 일은 없었던 것 같다. 안식일을 처음 언급한 것은 출애굽기 16:23에서이며 히브리 사람들이 아직 10계명을 받기 전 신 광야에 머무르고 있을 때였다. 하나님께서는 거기서 그들에게 명하시기를 매 7일마다 하나님께서 창조하신 역사를 기억하며 안식일을 지키라고 하였다. 안식일은 이스라엘 백성들로 하여금 모든 일과 모든 일반적 활동으로부터 멀리하게 하였다. 그렇게 함으로 그들에게 이스라엘이 주변 여러 나라들과는 구별되며 약속의 백성으로서 하나님과 특별한 관계에 있음을 되새기게 하였다. 안식일을 지키지 않는 것은 하나님과 이스라엘과의 언약을 깨뜨리는 것이며 그러기에 이를 어기는 자는 그 벌이 사형에 해당되었다. 평일에는 어린 양 한 마리씩을 드렸다. 진설병 열두 조각이 안식일 장막에 진열되었다.

◀ 신성한 돌
▼ 안식일의 유대인 가정

참고자료

안식일에 해서는 안되는 39가지

유대인들은 안식일에 일하지 않기 위하여 다음과 같은 39가지 금지 사항을 갖고 있다(미쉬나, shabbat 7:2).

1) 바느질 2) (밭)가는 일 3) 농작물을 거두어들이는 일 4) 곡식단 묶는 일 5) 타작 6) 곡식등을 까부는 일 7) 곡식이나 거두어들인 것들 가운데서 좋은 것과 버릴 것을 고르는 일 8) 곡식 등을 가는 일 9) 체질 10) 반죽 11) 빵을 굽는 일 12) 양털 깎는 일 13)그것을 빠는 일 14) 그것을 치는 일 15) 그것에 물들이는 일 16) 실을 잣는 일 17) (실 따위를) 엮는 일 18) 두개의 고리를 만드는 일 19) 두 개의 실을 엮는일 20) 두개의 실을 푸는 일 21) 묶는 일 22) 푸는 일 23) 두 조각을 꼬매는일 24) 두 조각을 꼬매기 위해 찢는 일 25) 사슴을 덫으로 잡는 일 26) 그것을 도살하는 일 27) 사슴의 거죽을 벗기는 일 28) 그것에 소금을 치는 일 29) 그 가죽을 가공하는 일 30) 그것을 반반하게 만드는 일 31) 그것을 자르는 일 32) 두 글자를 쓰는 일 33) 두 글자를 쓰기 위해 두 글자를 지우는 일 34) (건물을) 짓는 일 35) 그것을 부수는 일 36) 불을 끄는 일 37) 불을 켜는 일 38) 망치질 39) 물건을 한 곳에서 다른 곳으로 옮기는일. 이러한 금지 사항들을 공공연하게 어기는 사람들은 우상숭배자로 여겼으며, 반대로 우상숭배자라도 안식일을 거룩히 지키면 그 죄를 사함받는다고 가르쳤다(탈무드, shabbat 118b).

한편, 에세네파들은 안식일을 바리새인이나 보통 유대인들보다 더 엄격하게 지켰다. "다마스커스계약"(Covenant of Damascus)은 자세하게 안식일에 지켜야 할 규정들에 대해서 기록하고있다. 그들은 안식일에는 500m 이상 움직여서는 안되었다(당시의 랍비들은 1Km까지는 허용하고 있었다. 참조 행 1: 12). 에세네파들은 마실 물을 길어다 항아리에 붓는 것,무엇을 집에서 밖으로 내가거나 밖에서 집으로 들여오는 것, 닫힌 항아리를 여는 것, 새끼를 낳는 짐승을 도와주는 것, 집안 청소, 아이를 안아 주거나 업어 주는 것도 금했다. 그들은 이방인들에게도 일을 시키지 않았고, 그들 가까이 머물러 있지도 않았다. 엣세네 종파는 다만 사람의 생명을 구하기 위해서는 이러한 금지 조항들을 어겨도 되도록 허락하였다. 이러한 금지 조항들을 어겼을 때에는 7년동안 가두도록 규정하였다. 위에서 언급 한 대로, 안식일을 거룩히 지키기 위하여 금지 사항들은 범하지 않아야 했다. 그러나 생명의 위협이 있는 경우에는 안식일 규례들을 범하는 것이 용납되었다(미쉬나, Yoma 8:6). 예수께서 안식일에 손 마른 사람을 치유하셨던 것이 문제가 된 일이 있었다(마 12:9-14, 막 3:1-6, 눅 6:6-8). 안식일에 사람을 고쳐 주는 것은 원칙적으로 허락되었다. 다만 그 사람의 생명이 위험하거나 아니면 긴급한 치료를 요하는 경우에는 그를 치료할 수가 있었다. 그러나 예수의 경우에는 환자(손 마른 사람)이 생명의 위협을 느끼거나 긴급한 치료를 요하는 사람은 아니었다. 그는 다음날까지 기다렸다 치료를 받아도 괜찮은 사람이었다. 그러나 그를 안식일에 고쳐 주심으로 해서 예수께서 바리새인들에게 비난을 받았던 것이다.

그러나 랍비 유다(Judah the Prince)와 메이어(Meir)는 안식일에 치료하는 것을 허락하였다. 예수께서는 바리새인들의 비난에 대하여, 양이 구덩이에 빠졌으면 안식일이라도 그 양을 꺼내주지 않겠느냐 라고 반문하시면서 '하물며' 안식일에 아픈 사람을 고쳐 주는 것이 무엇이 문제냐고 반박하셨다. 그러나 랍비 유대교에서는 안식일에 양을 구덩이에서 들어올려 구해 주는 것을 허락하지는 않았다. 다만 그 동물에게 먹을 것을 준다든지 아니면 그 동물이 스스로 나올 수 있도록 매트레스 같은 것을 그 구덩이에 넣어 주도록 했다.

예수께서는 또한 안식일에 18년동안 귀신에 잡혀 있던 여자를 고쳐 주셨다(눅13:10-17). 이에 대해 회당장이 일할 날이 엿새가 있는데 안식일에 병을 꼭 고쳐 주어야 할 이유가 무엇이냐고 비난하였다. 여기에서도 문제가 된 것은 안식일에 응급 환자

참고자료

가 아닌 사람을 고쳐 주었다는 데 있다.

이에 예수께서는 "너희가 각각 안식일에 자기의 소나 나귀나 마구에서 끌어내어 이끌고 가서 물을 먹이지 아니하느냐 그러면 십 팔년 동안 사단에게 매인바 된 이 아브라함의 딸을 안식일에 이 매임에서 푸는 것이 합당치 아니하냐"고 반박하셨다(15-16 절). 이러한 예수의 논리에는 모순이 있다고 다음과 같이 지적되기도 한다. "소는 매일마다 물을 주어야 하며, 이는 안식일이라도 마찬가지다. 만일 소에게 물을 먹이지 아니하면, 그 소는 큰 고통을 당할 것이다. 동물들에 대한 학대는 랍비들이 싫어하는 것이었다. 그러나 18년동안 류머티스에 시달리던 이 여인은 다음 날까지 기다릴 수도 있었을 것이다." 여기에서 예수께서는 랍비들의 전형적인 성경 해석 방법인 kal va-homer("작은 전제에서 큰 전제로")을 사용하셨다. 즉 동물도 안식일에 풀어 주는데 "하물며" 사람을 풀어 주는 것은 당연한 일이라는 해석이다.

이러한 해석 방법에 기초해서 예수는 자신의 행위의 정당성을 옹호하셨던 것이다. 손 마른 사람을 안식일에 고쳐 주셨을 때에도 예수는 똑같은 논리를 사용하셨음을 우리는 위에서 보았다. "어느 사람이 양 한 마리가 있어 안식일에 구덩이에 빠졌으면 붙잡아 내지 않겠느냐? 사람이 양보다 얼마나 더 귀하냐? 그러므로 안식일에 선을 행하는 것이 옳으니라"(마 12:11-12). 한편, 예수께서도 말씀하신 것처럼 미쉬나와 탈무드는 안식일에 어떻게 동물들을 돌보아야 하는가 하는 것을 자세하게 규정하고 있다.

또한 예수께서 안식일에 베데스다 못가의 38년 된 병자를 고쳐 주면서 "일어나 네 자리를 들고 걸어가라"고 말씀하셨다(요 5:12). 유대인들은 예수께서 안식일의 금지 사항 가운데 마지막으로 제시한 것을 어겼다고 그를 못마땅히 여겼다.

한편, 안식일에 제자들이 밀밭 사이를 지나다가 밀 이삭을 까서 먹은 것 때문에 예수께서 안식일을 어겼다고 비난받으시기도 했다(마 12:1-8; 막2:24-28, 눅 6:1-5). 이러한 제자들의 행위는 바리새인들의 눈에 곡식을 거두어들이는 일임과 동시에 그것을 까부는 일로 비쳤다. 이러한 행위는 위에서 살펴본 대로 안식일에 금지된 일들이었다. 그러나 이 경우에 예수께서는 안식일 규례를 범하지 않았다. 다만 제자들이 그렇게 했을 뿐이다. 그러나 바리새인들은 제자들이 안식일 규정을 범하는 것을 내버려 둔 것에 대하여 예수를 비난하였던 것이다. 예수께서는 다윗이 안식일에 성전에 들어가서 그에게 금지된 거룩한 떡을 먹은 것(삼상 21:1-6)을 예로 들면서 제자들을 변호하셨다. 그러나 바리새인들은 이때에 다윗은 자신의 생명을 구하기 위해 떡을 먹었으나 예수의 제자들은 그들의 생명을 구하기 위하여 이삭을 잘라먹은 것이 아니라고 생각하였다. 또 안식일에 제사장들이 성전 안에서는 안식일 규정을 범해도 죄가 없다고 율법에서 말하고 있다고 말씀하셨으나 토라(율법서)에서는 그러한 명백한 규정을 찾을 수가 없다.

예수께서는 "안식일은 사람을 위하여 있는 것이요 사람이 안식일을 위하여 있는 것이 아니니 이러므로 인자는 안식일에도 주인이니라"고 말씀하셨다(막 2:27). 예수의 이 말씀을 안식일 규정으로부터 우리를 해방시키는 선언이라고 이해하는 사람도 있다. 그러나 랍비들도 이렇게 가르쳤다. "안식일은 사람을 위하여 만든 것이지 사람이 안식일을 위하여 만들어진 것은 아니다. 그러므로 사람이 안식일의 주인이다"(Mekilta Exodus 31:13, 14; 탈무드, Yoma 85b). 예수께서는 안식일에 병을 고쳐 주신 것에 대하여 이렇게 자신을 변호하시기도 했다. "모세의 율법을 어기지 않으려고 사람이 안식일에도 할례를 받는데, 내가 안식일에 사람의 온 몸을 성하게 해주었다고 해서, 어찌하여 너희가 나에게 분개하느냐?"(요 7:23). 이러한 규정도 역시 랍비들의 가르침(전통)가운데 하나였다. 예수께서는 여기에서 잘 알려진 랍비들의 결정에 대해서 언급하고 있다. 모세의 법을 따라서 아이들은 8일만에 할례를 받게 되어 있었다. 그러나 할례 받는 날이 안식일이 되게 되면, 이런 경우는 안식일이라 할지라도

참고자료

할례를 주도록 랍비들은 결정을 했다. 안식일에 할례받는 것 자체가 안식일을 범하는 것은 아니었다. 문제가 된 것은 할례를 주기 위해 할례에 사용될 도구를 운반하고 그것을 사용하는 것이었다. 이러한 것들은 위에서 본대로 금지 조항들이었다. 그러나 이런 경우는 예외 사항으로 허락을 했던 것이다(미쉬나, Shabbat 19:1). 그러나 아이의 건강 때문에 8일째에 할례를 받을 수 없을 경우는 아이가 회복된 다음에 받도록 했다(미쉬나, shabbat 19:5). 이러한 사실을 근거로 해서 예수께서는 안식일에 할례도 베풀거늘 "하물며" 사람의 전신을 온전케 하는 것이 무엇이 잘못인가 하고 반박하셨다. 여기에서도 마찬가지로 예수께서는 랍비들의 보편적인 해석 방법이었던 kal vaho-mer("작은 전제에서 큰 전제로")를 사용하셔서 토라와 구전법을 해석하셨다. 예수께서는 한번도 당시의 유대인들이 지키는 안식일 규정을 부정하거나 폐해야 한다고 주장하지 않으셨다. 그는 한번도 고의적으로 안식일을 어기신 적이 없다는 사실도 우리는 기억을 해야 한다. 오히려 예수께서는 유대인들의 전통(구전법)에 근거해서 자신이 안식일에 병 고치는 일이 그들의 안식일 규정의 정신에 어긋나지 않음을 보여주셨다.

사마리아인들의 안식일 축제

4) 왕정시대

(1) 성전

이스라엘의 첫 번째 왕이었던 사울 왕은 예배 드리는 적합한 절차에 혼동을 느꼈던 것 같다. 블레셋 사람들의 손에 패할 것 같은 상황에 처하게 되자 그는 옛날의 방식대로 제사를 드린 것이다. 자기 진지(陣地)에 한 장소를 정해 거기에 단을 쌓고 하나님께 도와 달라고 기도한 것이다. 곧 이에 사무엘이 도착했고 사무엘은 아무곳에

나 예배를 드리지 말라고 하신 하나님의 명령을 그에게 되새겨 주었다.

다윗의 영도 하에 이스라엘은 나라가 더욱 강성해졌고 부유해졌다. 그가 백향목으로 거대한 궁전을 지은 후에 그의 마음에 '자기는 백향목 궁에 거하거늘 하나님의 궤는 휘장 가운데 있다'고 하여 잘못된 것이라는 생각이 들었다. 그래서 나단 선지자가 축복해 주는 가운데 다윗은 하나님의 집인 성전을 지은 재료들을 수집했고 장소를 구입하였다. 그러나 성전을 짓는 일은 그에게 주어진 것이 아니었고 그의 아들 솔로몬에게 주어졌다. 열왕기상 6장과 7장, 역대하 3장과 4장에는 성전에 대한 설명이 기록되어 있다.

솔로몬의 성전과 장막을 짓는 계획은 상당히 많은 유사점이 있다. 예를 들면 성전과 장막은 각각 두 개의 방, 두 개의 뜰이 있다. 성전의 계단은 동으로 되어 있고 거기 있는 그릇들은 장막에 있는 것들과 비슷하다. 성전의 모습을 그린 그림들을 보면 현관까지 올라가는 계단이 있고 옆 출입문 쪽으로 두 개의 기둥이 세워져 있다. 작은 방의 안 쪽에는 언약궤가 있었다. 나라의 보좌들은 저장해 두는 복도가 건물 전체의 바깥쪽으로 쭉 둘러 있다. 후에 솔로몬의 성전은 불신앙적인 유대 왕들에 의해 여러 가지로 더럽혀졌다. 그 성전이 마지막으로 파괴된 것은 주전 586년 느부갓네살 왕에 의해서였다.

(2) 제사장, 선지자 그리고 왕

왕정 시대에는 레위 지파 이외에서 나온 제사장들의 예가 있었다. 열왕기상 12:31에 의하면 북쪽 이스라엘의 첫 번째 왕인 여로보암은 자기 스스로 제사장 직분을 수행함으로써 레위 자손 이외에서 나온 제사장이 되었다. 왕정 시대의 제사장들의 임무는 특별히 한정되어 있었다. 예를 들면 몇 사람들은 제단을 책임지는 등 각자의 책임을 나누어서 담당하였다. 이스라엘 백성들이 왕을 원할 때에 그들은 사무엘 선지자에게로 갔다. 선지자들은 왕들에게 조언을 했으며 또한 백성들에게도 성전에서 말씀을 전했다. 제사장과 선지자 이 두 그룹은 각각 다른 목적과 기능을 지니고 있었다. 예를 들면 성경에서 선지자가 예배에 관여한 것으로 언급된 일은 별로 없다. 오히려 실제 예배를 드리는데 있어 잘못된 점을 비판하는 입장에서 더 많이 언급되어 있다. 이스라엘 백성들의 예배에 있어서 왕도 중요한 역할을 담당했다. 어떤 이들은 그가 가장 중요한 역할을 담당했다고 말하고 있다. 왕이 하나님과 더불어 역사하면 나라 전체가 그 영향을 받게 된다. 대제사장은 왕에게 기름을 부으면서 하나님께서 그를 택하셨고 나라의 일을 맡기신다는 것을 널리 알렸다. 백성의 대표자로서 기름 부은 왕은 희생제물을 드렸다. 그는 성전 짓는 재료들을 모았으며 성전 건축을 명하였다. 말기에는 이스라엘 나라의 예배 드리는 것과 관련된 일은 무엇이든지 영향력을 행사할 만한 능력까지도 가지게 되었다. 말기의 왕들 중에는 이방 예배 의식과 우상으로 성전 행사를 오염시킨 사람들이 있었다. 그러나 그 이외의 왕들은 올바른 예배 의식으로 되돌아 오라고 하는 권고를 받았다.

(3) 절기

이 기간 중의 주요 절기로는 주중절, 무교절(유월절) 그리고 장막절 등이 있다. 절기에 참여하는 것은 의무적이었으나 그 절기들은 모두 예루살렘에서 진행되었다. 초기에는 어디든지 법궤가 머물러 있는 곳에서 행사를 가졌다. 일반적으로 왕정 시대의 예배는 즐거운 분위기에서 진행되었다. 음악이 있었고 소리쳐 외치기도 했으며 춤도 추었다. 그러나 예배는 또한 기도하는 것과 서약, 철야, 약속, 거룩한 식사, 의

사마리아 제사장들의 희생제사

례적인 정결 의식 등의 특성도 그대로 지니고 있었다. 이 나라들의 영향이 이스라엘 예배에 침투해 들어오기 시작했고 선지자들은 이것을 크게 책망하였다. 아모스는 예배의 규례를 어기는 일과 예배의식을 빙자한 매음, 그리고 회개를 동반하지 아니한 예배 등에 대하여 크게 책망하였다. 그는 말하기를 하나님께서는 이스라엘의 절기를 미워하신다고 했다. 선지자들은 또한 이스라엘의 예배에 있어서의 우상에 대하여 책망하였다. 성전 자체도 – 가구라든지 상징물이든지, 예배 드리는 형식이라든지 등등 – 가나안, 페니키아, 그리고 이집트의 영향을 받았음을 보여 주고 있다.

5) 포로 시대와 신구약 중간 시대

주전 586년에 느부갓네살 왕은 예루살렘을 약탈하고 솔로몬이 지은 성전을 파괴했다. 그래서 이스라엘 백성들은 전처럼 예배드릴 수가 없었다. 그들은 새로운 방법을 찾아야 했다. 이 포로 기간이 우리가 말하는 바 이스라엘 예배 의식의 후기에 해당된다. 이스라엘 백성들 중 소수의 사람들만이 성전으로 되돌아 왔고 그리하여 자본과 노동력이 최소의 상태였다. 새로 지은 성전은 솔로몬의 성전보다 더 작았고 화려하지도 않았다. 그러나 그것을 출애굽기 25장에서부터 28장에 나타난 모세의 성전 모형과 같이 지어졌다. 모든 유대인의 예배는 새로운 성전을 중심으로 이루어졌다. 유대인들은 자기들이 하나님의 진노와 심판의 무거운 짐 밑에 놓여 있다고 생각하였다. 여기서 벗어나려는 생각에서 그들은 제물과 희생을 다시 드리기 시작했다. 레위 사람들 모두가 제사장으로 간주되지 아니하였다. 아론의 자손들만이 제사장으로 간주되었다. 왕정 시대에는 레위지파의 다른 족속들도 다 제사장으로 받아들여졌다. 그러나 포로에서 돌아온 후에는 제사장이 되려고 하는 자는 그 허락이 되기 전에 그가 아론의 자손이라고 하는 것을 증명해야만 했다. 그 외의 다른 성전 봉사자들로서 귀환한 자들은 노래하는 자들과 문을 지키는 자들, 혹은 안내하는 자들, 성전 봉사자들, 그리고 솔로몬의 종들의 아들들 등이었다.

포로에서 돌아온 후 이 기간 중에 대단히 중요한 변화가 한 가지 있었다. 레위기

10:10-11에는 제사장들에게 도덕적 가르침을 주고 예배 의식을 주관하는 책임이 주어졌으나, 포로 이후에는 제사장의 가르치는 것과 연관되어 있는 기록은 한 곳 밖에 없다. 대제사장은 왕과 같은 존재로서 종교적 기능과 국가적 기능을 동시에 수행하는 위치에 있었다. 초기 종교의식의 분위기가 기쁨에 넘친 것이었다고 하면 후기에는 대단히 심각하고 회한에 넘치는 분위기였다. 종교 의식적 축제는 이제 자기를 반성하며 두려움으로 되돌아보는 기간이 되었다. 바벨론 포로 후 이스라엘 백성들은 자기들이 어떻게 하면 하나님과의 언약에 더 순종할 수 있을까 하고 노력하였다. 좀더 새롭고 즐거운 축제 – 부림절 – 가 이 기간에 새로 추가되어 절기로 지키게 되었다. 이 축제는 아달월 14일과 15일이며 유대인들이 페르시아의 통치 하에 있을 때 하만의 손에서 구원받은 것을 기억하는 축제였다.

포로가 된 때로부터 유대인들은 이 절기를 지켰으며 이는 하나님께서 자기 백성들을 계속하여 구원하셨다는 것을 되새기는 절기였다. 주전 167년에 시리아 통치자가 이름이 알려지지 않은 이유는 유대인을 성전으로 데리고 가서 제우스신에게 드리는 희생 제물을 강제로 드리게 했기 때문이다. 맛다디아라는 이름의 제사장이 이 사실을 목격하였다. 그는 그 두 사람을 다 때려 죽이고 경건한 유대인들을 모아 자기를 따르게 하고 예루살렘 성 밖 언덕으로 도망갔다. 거기서 그와 그의 아들들은 셀루키드 왕조와의 전쟁을 위한 군대를 조직하였다. 그들은 예루살렘을 점령하고 시리아 군대를 쳐부순 후 예루살렘 성을 지켰다. 시리아의 지도자들은 이스라엘의 예배 규정과는 반대되는 자기들의 규칙을 이스라엘 백성들에게 강요하였다. 이 기간 동안 좀 더 뚜렷해진 예배의 특징은 율법의 연구였다. 그것은 기본적으로 제사장의 임무였으며 하시딤(바리새인)들은 그 연구에 집중적 관심을 기울였었다. 그러한 연구의 과정에서 죽음 부활에 대한 교리와 같은 많은 새로운 가르침과 교리를 만들어 내었다.

6) 신약 성경 시대

주전 47년에 줄리어스 시저는 이두메(유대남쪽) 유대인 헤롯 안티파터를 유대의 통치자로 선정했다. 그의 아들 헤롯 대왕이 그 자리를 이어 받았으며 자기 스스로를 유대인의 왕이라고 불렀다. 백성들 사이에 소요가 많이 있었음을 알고 있었던 헤롯은 어떻게 해서든지 그들의 호감을 사고 신뢰를 주어야겠다고 생각하여 예루살렘에 세 번째 성전을 건축한다고 발표하였다. 제사장들 중에 특별히 훈련받은 건축 기술자들은 새로 건축되는 건물의 구조가 모세의 율법에 있는 성전 설계에 맞게 지어지고 있는지를 확인하는 일에 상당한 시간과 노력을 들였다. 대부분의 공사는 약 10년 내에 끝냈으나 주후 60년경까지도 아직 완전히는 끝나지 않았다. 실은 새 성전이 주후 63년 로마 장군

예루살렘 통곡의 벽

폼페이에 의해 예루살렘이 함락될 때까지도 완성되지 않았다고 생각하는 학자들도 있었다. 대부분의 예배 행사는 이곳에서 이루어졌다. 그러다가 이스라엘 나라가 박해를 받고 포로로 끌려갔었던 시기에 많은 유대인들은 자기들이 예루살렘까지 가서 예배 드리기에는 너무 멀리 떨어져 있다고 생각하였다. 그렇다면 그들이 예배를 드리지 못했다는 말인가? 그렇지는 않다. 그래서 그들은 각 지역 별로 회당을 짓고 회당 예배를 제도화하였다.

구약성경에서 회당이란 말은 단 한번밖에 기록되지 아니하였다. 이 비공식적 예배 장소들 중 상당수가 포로 기간 중에도 그대로 존속되었음이 분명하다. 신약성경은 회당을 여러 번 언급하였다. 그러나 회당에 대한 구체적 설명은 거의 찾아 볼 수 없다. 랍비들의 문헌에 의하여 초기 회당의 모습들을 약간 알 수 있을 뿐이었다. 또한 회당에서는 율법의 말씀들을 공부하였고 낭송하였다. 유대인들은 예수님을 따르는 사람들을 유대주의에 속해 있는 사람들이라고 생각하였다. 그러기에 그들은 안식일에 회당과 성전에서 예수님을 따르는 사람들이 자기들과 함께 예배를 드려도 그것을 막지 않았다. 예수께서는 성전을 사랑하셨고 높여 주셨다. 그는 성전이 거룩한 곳이라고 말씀하셨다. 처음에는 제자들이 성전 예배와 회당 예배 사이에서 갈등을 느꼈었다. 그러나 결과적

유대인 회당 모형

오늘날의 유대인 회당

으로 유대인들과 기독교인들이 서로 적대감을 가지게 되어 결국엔 따로 예배 드릴 수밖에 없이 되고 말았다. 이러한 갈등은 예배 의식이나 예배 드리는 장소의 문제에 국한된 것이 아니라 예배의 성격 자체의 본질적인 문제의 차이에서 온 것이었다. 예수님과 사도들이 유대인들의 예배 의식과 명절에 모두 참여했었는지 아닌지는 알지 못한다. 신약성경에는 그들의 활동에 대하여 철저하게 알려주지 않고 있다. 그러나 유대인들이 각 지역 회당에 모였었던 것과 같이 초대 기독교인들이 예배 드리기 위하여 모였었다는 증거를 찾아볼 수 있다. 바울은 '네 집에 있는 교회'라고 언급하였고 '그들의 집에 있는 교회', '그 여자의 집에 있는 교회'라고 말하였다. 후에 극심한 로마의 박해를 받게 될 때, 모이는 장소들은 더욱더 초라했고 비밀스런 장소이기도 했다.

2. 예술적 활동들

조각 및 미술

고대의 애굽인, 바빌로니아인, 페니키아(베니게)인, 시리아인, 희랍인, 그리고 로마인들은 사원의 조상과 신당, 사원의 모형과 우상숭배와 관계된 물신을 만드는데 기여했다. 사도행전 19장에 보면 데메트리오라 하는 어떤 은장색은 아데미의 은감실을 만들어 직공들로 적지 않은 벌이를 했음을 알 수 있다(행 19:24).

하나님께서는 인간의 타락과 죄를 깨닫게 하기 위해 십계명을 통해 다른신을 섬기든지 우상을 만드는 것을 금지시셨다. 그러나 이스라엘은 모세가 시내산에 십계명을 받으러 올라갔을 때 금송아지를 만들어 경배하고 있었다(출 32:1-2). 또한 벧엘과 단에서 그들은 여로보암이 만들어 놓은 송아지를 섬겼다(왕상 12:26-33). 아합의 시대에도 이스라엘 백성들은 바알을 섬기는 우상숭배에 깊이 탐닉했다(왕상 16:30-33, 12:17-46). 그리고 유다는 그후에도 이사야, 예레미야, 그리고 다른 선지자들의 경고를 무시했다(사 44:9-10; 렘 10:3-4). 결국 하나님께서는 그의 백성들에게 멍에를 메게 했던 것이다.

이방 나라인 바벨론에서 유대인들은 항상 우상숭배의 유혹에 빠질 수밖에 없었다. 그들이 팔레스타인으로 돌아온 에스라와 느헤미야 시대에는 우상숭배를 하지 않았다. 그대신 랍비들은 우상숭배를 암시하는 모든 것들을 금했다.

애굽에서는 미술이 대단히 발전해 있었다. 이곳에서 이스라엘 사람들은 그것을 배울 수 있었고 관찰을 통해 그 방법과 기술을 배울 수 있었다. 그러나 팔레스타인에서는 미술을 발전시키지 못했다. 따라서 구약시대의 많은 이방의 왕들과 함께 고대의 바로 왕이 어떻게 생겼는지 정확히 알지 못했고 모세, 다윗, 솔로몬, 이사야, 다니엘 등에 대한 그림이나 주상들을 지니고 있지 못했다.

음악

유대인은 매우 음악을 좋아하는 민족이었다. 그들은 종교상 또는 사교상 잔치 때는 반드시 음악을 연주했다. 따라서 춤도 추고 시도 지어서 불렀다. 그리고 보리와 밀을 벨 때, 포도를 딸 때, 이것을 기계에 넣어서 밟을 때에는 노래를 부르면서 했다.

1) 히브리 음악의 개요

레슨 모습

히브리 음악의 역사는 한 사람이 바위에 가만히 앉아 그 바위를 두드리는 데서부터 시작되어 성전의 합주단과 시편 150편에서 말하고 있는 기쁜 소리까지 발전되었다. 첫 음악가는 원시적 악기를 두드리며 리듬에 귀를 기울였다. 사람들은 자기들의 음악을 만들어 낼 수 있다는 사실을 깨닫기 시작하면서도 좀 더 복잡한 악기들을 만들어 내기 시작하였다.

(1) 마음을 산란케 하는 것

일상생활에 있어 음악은 중요한 부분이었다. 흥겨운 행사, 결혼식, 장례식 등에는 음악이 필수적이었다. 또한 전쟁조차도 음악에 의존하였으니 특별한 악기로 싸움의 시작을 알리었다. 귀족들은 그들의 오락과 긴장해소를 위해 음악가들과 그들의 기교를 후원해 주었다.

(2) 예배에서의 음악의 기능

음악은 이스라엘의 종교 생활에 있어 중요한 부분이었다. 이스라엘 백성들은 그들의 공적 예배에서 하나님께서 정해 주신 다양한 종교의식을 잘 수행하였다. 음악은 이러한 종교의식을 수행함에 있어 필수적인 역할을 담당하였다. 구약성경은 성전 관현악단에서 연주하는 악기 종류를 여러 가지로 열거하고 있다(참고: 대하 15:28, 16:42, 25:1). 이 악기들 중에는 대형 하프, 수금, 양각나팔, 트럼펫, 탬버린 그리고 심벌 등이 포함되어 있다.

(3) 우리 지식의 한계

구약성경에는 음악의 형태 악기의 기원 등에 관하여 별로 언급하지 않고 있다. 연주법이나 악기 제조법 등은 기록된 문서로 전해 온 것이 아니라 구전으로 전해져서 알게 되었고, 고대 음악의 악기들이 그대로 보전되는 것은 별로 없었다. 그래서 지금 시대 사람은 그것들이 어떻게 생겼고, 어떤 소리가 났다는 것을 짐작할 뿐이다.

2) 악기의 종류

악기는 그 소리를 내는 방법에 따라 세 가지 종류로 분류된다.

- 현악기 – 줄에 떨림을 통해 소리를 내는 악기
- 타악기 – 막이나 금속의 얇은 판을 떨리게 해서 소리를 내는 악기
- 풍악기 – 공기를 통과시켜 떨림판을 울려 소리내는 악기

뿔나팔과 북 치는 사람(주전 8-9세기), 현재의 뿔나팔

(1) 타악기

이스라엘 백성들은 자기들의 음악에 리듬을 위해 다양한 종류의 타악기를 사용했다. 리듬은 시와 노래에 있어 생명이라고 할 수 있는 기본적 요소이다.

① 종(鍾)

종 중에서 이름(멧실롯)을 가지고 있는 것이 있는데 그 이름은 '즐거워하다' 혹은 '딸랑딸랑 소리를 내다'는 의미를 지닌 히브리어에서 온 것이다. 그것은 작고 순금으로 된 종인데 대제사장 제복에 옷단을 달아서 장식용 석류와 간격을 두고 다는 것이었다. 이 딸랑거리는 소리는 대제사장이 하나님께 가까이 오는 것을 알려주며 대제사장 이외의 사람이 지성소에 들어오려고 하면 그는 죽이도록 되어 있었다.

② 양금, 제금(심벌)

심벌은 놋쇠로 만들어져서 성전 오케스트라의 유일한 타악기였다. 다윗이 법궤를 예루살렘으로 옮길 때 이스라엘 온 족속이 이런 악기를 손에 들고 힘을 다해 춤추었다. 하나님께 축하하고 찬양할 때 많이 사용되었고, 트럼펫, 합창단과 함께 기쁨과 하나님께 대한 감사를 표현할 때 사용되었다.

③ 소고

히브리 말로는 '도후'이며 아랍인은 지금까지도 '도후'라고 한다. 출애굽 당시 홍해 동쪽 해안에서 구원의 노래를 부를 때 모세의 누이 미리암과 모든 부인들이 손에 들고 춤춘 것은 이 소고였다(창 31:37, 출 15:20, 욥 21:12, 시 18:25). 소고는 유자형 틀에 구부러진 부분의 밑에 손잡이가 달린 것이며, 한쪽 면에서 다른 쪽 면으로 조그마한 막대기를 금속이나 다른 것으로 된 작은 물질을 매달아 연결시키는 것이다. 이것은 그저 소리를 내는 것으로서 기쁜 일이나 슬픈 일을 당했을 때 여성들이 사용하였다.

④ 철금(Triangle의 일종)

이것은 제금과 비슷하다. 소년 다윗이 골리앗을 죽임으로 이스라엘 백성이 승리했을 때 많은 부녀들이 춤추며 사울은 천을 죽이고 다윗은 만을 죽였다고 서로 화답하면서 노래할 때 사용했던 악기의 하나로 성경에는 경쇠(삼상 18:6)라고 언급하고 있다.

⑤ 징

고린도전서 13:1에 언급된 구리는 실제로는 금속으로 만든 징을 말하는 것이다. 이것은 결혼식과 같은 즐거운 잔치에 많이 사용되었다.

양각나팔(역대상 15:28) 탬버린(시 81:2) 심벌즈(시 150:2)

(2) 현악기

고고학자들은 하프나 다른 현악기의 조각들은 애굽과 근동 지역 여러 나라에서 발견하였다. 성경은 이스라엘에서 사용되던 여러 가지 현악기에 대해 기록하고 있다.

① 하프
하프는 귀족 계급이 즐겨 하던 악기였고 호화롭게 장식되었다. 이것은 성전 합주단에서 사용되었고 기쁨의 소리를 내는 데 사용되었다.

② 경쇠
이 세 줄짜리 삼각형의 악기는 사무엘상 18:6에 언급돼 있는 악기이다.

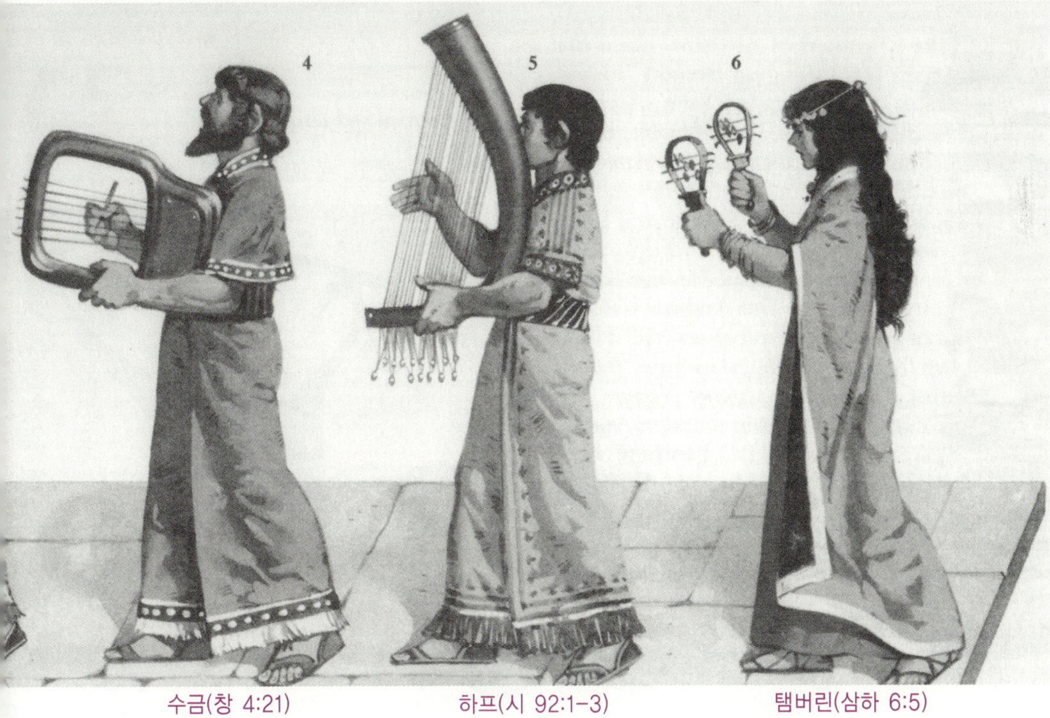

수금(창 4:21) 하프(시 92:1-3) 탬버린(삼하 6:5)

하프켜는 여자

③ 삼현금

삼현금은 바벨론에서 수입해 온 것으로 나타나 있으면 그러기에 이스라엘의 악기 중에서는 그리 널리 사용된 것은 아니었다.

(3) 풍악기

금속가공에 대한 지식이 제한되어 있었지만 이스라엘 사람들은 뿔나팔이나 각종 풍악기를 만들었다.

① 클라리넷

원시적인 클라리넷은 성경시대에는 흔한 악기였다. 이것은 흠정역 성경에서는 파이프로 번역되었고. RSV에서는 플루트로 번역되었다. 주로 사용된 곳은(잔치, 결혼식, 장례식)에 많이 사용되었다.

② 플루트

플루트는 실제로는 큰 파이프였다. 그 소리는 날카롭고 깊이 파고드는 소리를 내며 오보에 같은 소리를 냈다. 플루트는 세속적으로 사용하기도 했고, 종교적으로도 널리 사용되었다.

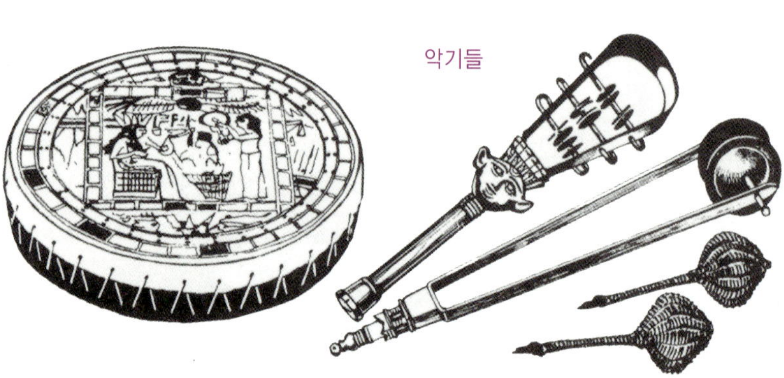

악기들

하프

음악당

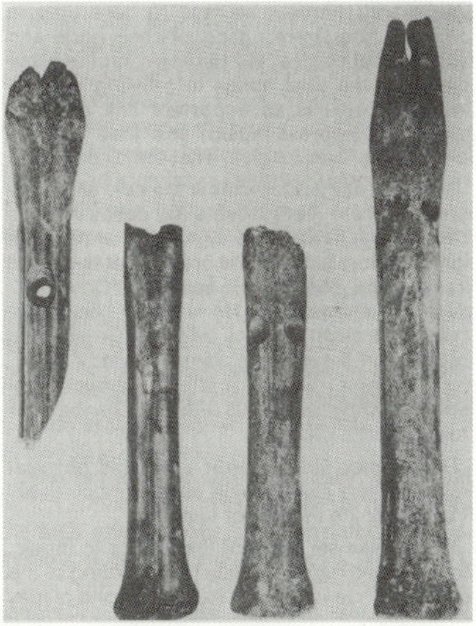
트럼펫

③ 트럼펫

트럼펫은 뼈, 조개껍질 혹은 금속, 청동, 구리, 은, 금 등으로 만들어졌으며 이 모든 것들은 높고 날카로운 소리를 내는 것들이었다. 이 트럼펫들은 소발도 그렇지만 음악 연주를 할 만큼 다양한 음의 고저를 낼 수는 없었다. 주로 복잡한 신호들의 모임이나 전쟁 그리고 매복 등을 알리는 복잡한 신호로 이용되었다.

제4장 경제생활

Search the BIBLE Lands

1. 화 폐

화폐, 금융 그리고 경제의 기능은 대단히 이해하기 어려운 것처럼 보인다. 사실은 그렇지 않다. 화폐는 가치를 지닌 것은 무엇이나 해당되는 것이며, 쉽게 이동할 수 있고 교환될 수 있다. 동전, 현금, 보석 등은 화폐의 한 면이다. 금융은 돈을 관리하는 일이다. 경제는 화폐를 사용해서 행하는 것에 관한 연구이다. 성경은 화폐의 발전에 대하여 흥미 있게 조명해 주고 있다. 또한 화폐 사용과 관리의 기본 원칙에 대해 알려주고 있다.

1) 돈(화폐)

오랜 옛날에는 종이 돈이나 동전이 없었다. 사람들은 물물교환을 했다. 다시 말하면 물건과 물건을 가치가 비슷한 것끼리 서로 맞바꾸었다. 금, 은, 구리 등 귀중한 금속과 서로 교환하였다. 후에 이 금속들을 가지고 동전들을 만들어 기준으로 삼았다.

성경에는 이러한 동전의 발전에 대하여 기록되지 않았다. 그 당시 물물교환과 동전 사용의 두 가지 교환 방법이 거의 비슷한 시기에 같이 사용되었음을 알 수 있다.

(1) 물물교환

아브라함의 재산은 소와 낙타와 가축과 하인들의 은과 금으로 계수되었다. 가축은 재산의 한 형태로서 당시에는 중요한 평가 대상이었다. 그것은 교환 매매의 대상이었는데 특별히 아브라함에게는 알맞은 생활수단이 되었으니 이는 그가 "갈 바를 알지 못하고"하나님의 지시를 따랐기 때문이었다. 바로는 아브라함을 잘 대접하였으니 이는 아브라함의 부인을 아브라함의 누이동생이라고 믿었기 때문이었다. 바로는 그에게 양과 소와 당나귀와 낙타와 남녀 종들을 주었다. 그 후 그와 똑같은 상황이 벌어지매 아브라함은 자기 아내 사라를 누이동생이라고 했다. 그랄 지방의 아비멜렉은 이러한 속임수가 있었음을 깨달은 후에, 사라를 자기 남편에게로 돌려보내면서 손해배상조로 양과 소, 남녀종을 딸려 보냈다. 뿐만 아니라 그는 아브라함에게 "은 일천

〈표 26〉 성경에 나타난 물물교환	
	물물교환 : 어떤 물건이나 용역을 다른 것과 맞바꾸는 것
고　대	목수와 농부 - 집을 지어주고 채소와　곡식을 받음
	가축을 기르는 사람 - 가축과 목초의 교환
동　양	기술자들, 수업 자들, 농부, 사업가들이 자기들의 상품과 기술 교환
	1930년 미국과 서방 여러 나라들과 물물교환
성　경	흉년에 가축과 양식 교환 (창 47:13-17)
	이스라엘 백성 - 밀을주고 백향목 교환(왕상 5:1-12)
	호세아 - 곡식과 은을 달아주고 부인을 사옴(호 3:2)

개"를 주었다.

(2) 금속조각들

영어 성경 흠정역에는 히브리어의 '은'이라는 단어를 번역하여 '돈'이라고 기록한 것이 112번 나타나있다(같은 단어가 은으로 만든 제품을 지칭한 것은 287번이다). 고대 이스라엘에서 은은 상거래의 보편적인 수단으로 사용되었다. 야곱의 지참금의 경우 상인들이 거래를 확실하게 하기 위하여 작은 금속 조각들을 교환하는 일들이 있었다.

(3) 동전 사용

고고학자들은 많은 고대의 동전을 발견하였고 동전에 새겨진 그림들을 살펴보게 되었는데, 이로써 초기의 동전들이 어떻게 생겼는지를 알 수 있게 되었다. 구브로섬의 살레미에 있는 12세기 경의 무덤에서는 한 달란트짜리 금화 두개가 발견되었다.

이집트의 벽화에는 그레데 사람들과 시리아 사람들이(주전 1501-1447년) 구리 덩어리를 조공으로 바치는 장면들이 그려져 있다. 초기의 화폐는 그 화폐가 지니고 있는 물물교환의 가치의 표준에 따라 이름이 정해졌다. 성경에서는 이러한 용어들을 그것이 화폐를 지칭하는 것인지 아니지 분명히 밝히지 않고 사용한 곳이 많다.

① 구약성경의 주화

구약성경에서 동전에 대하여 분명하게 언급이 되어 있는 첫 구절은 주전 458년에 에스라가 예루살렘으로 운반해 온 1000다릭 어치의 금잔 20개에 대한 기록이었다. 다릭은 페르시아의 금화로서 그 이름은 다리우스 1세의 이름을 따 온 것이었다. 그 무게는 8.4그램이니 한 세겔 보다 조금 더 무거운 것이었다.

② 신약성경의 주화

두로와 시돈의 주화

신약성경 시대에는 두로와 시돈의 은화가 '성전 주화'로 불렸다. 이것은 순수하게 은으로 만들어졌다고 알려졌다. 그러나 로마의 데나리온이 급속히 같은 가치의 모든 은화들보다 널리 보급되었다. 데나리온은 군인의 하루 임금이었으며 오늘날 미국 화폐가치로 44센트의 가치가 있다. 한 데나리온은 포도원 일꾼의 비유에서 하루의 품삯으로 언급되었다. 이 은화는 또한 황제에게 바치는 세금으로 사용되었다. 예수님께서는 가이사에게 바치는 세금으

참고자료

가룟 유다가 예수님을 팔고 받은 은 30에 대하여

성경에 있는 이야기 중에서 가장 수치스러운 이야기는 은 30에 그리스도를 배반한 가룟 유다에 대한 이야기 일 것이다. 은 30의 가치가 적확히 얼마나 되는 것인지를 알 수 없으나, 하여튼 그것은 좋은일이 못된다. 예수님 당시에는 로마의 은전 데나리온이 가장 많이 쓰이는 돈이었다. 은으로 만든 이 은전은 황제의 머리가 새겨져 있었다. 이로 인해서 유대인들은 종교적 행사에 은전을 헌금으로 사용하지 못하게 하였다. 그들은 이 은전들을 조각 조각 내어 은으로 사용하였다. 이 작업을 하는데에는 데나리온이나 세겔의 은전을 12%의 수수료를 받고 녹여서 다른 것으로 만들어 주었다.

데나리온은 그 은의 무게와 내용으로 보아 약 20센트쯤의 가치가 있다. 그러나 한 데나리온은 그 당시 보통 노동자의 하루 임금에 해당되는 돈이었으므로 어느 정도의 구매력이 있었다. 그렇다 하더라도, 이 비율로 계산해보면 가룟 유다가 그리스도를 팔아 넘긴 것이 한달 임금에 지나지 않으니 이 어찌 불행이 아니리오. 스가랴서에 예언하기를 그 정도의 돈이 메시야를 대신하여 지불될 것이라고 하였다(슥 11:12). 유다가 은 30에 그리스도의 생명을 팔아 넘김으로 예언이 성취되었다(마 26:15). 이 액수는 또한 그 당시 노예 혹은 종 한사람의 보통 가격이었다.

참고자료

도량형의 단위들

단위	오늘날의 단위와의 비교
무게의 단위	
베카 1/2세겔	1.9그램
세겔 20개라	3.8그램
므나 50세겔	0.57킬로그램
달란트 3000세겔	34.02킬로그램
부피의 단위(액체)	
❶ 록	0.3리터
❷ 갑	1.2리터
❸ 호멜	2.2리터
❹ 세아	7.3리터
❺ 에바	22리터
부피의 단위(고체)	
❶ 갑	1.2리터
❷ 힌	3.66리터
❸ 밧	22리터

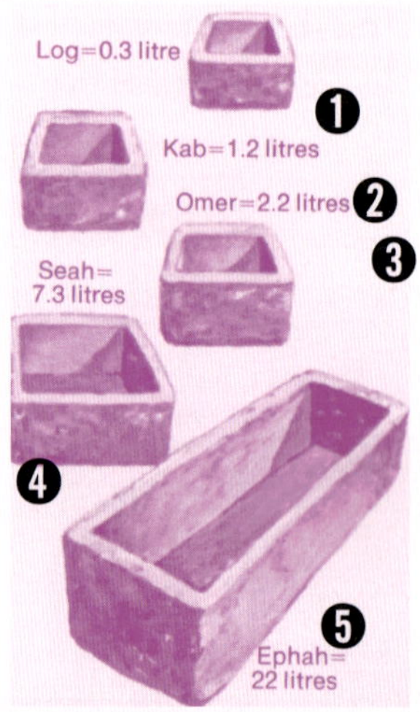

• 금과 은의 단위는 이와 다르다.

참고자료

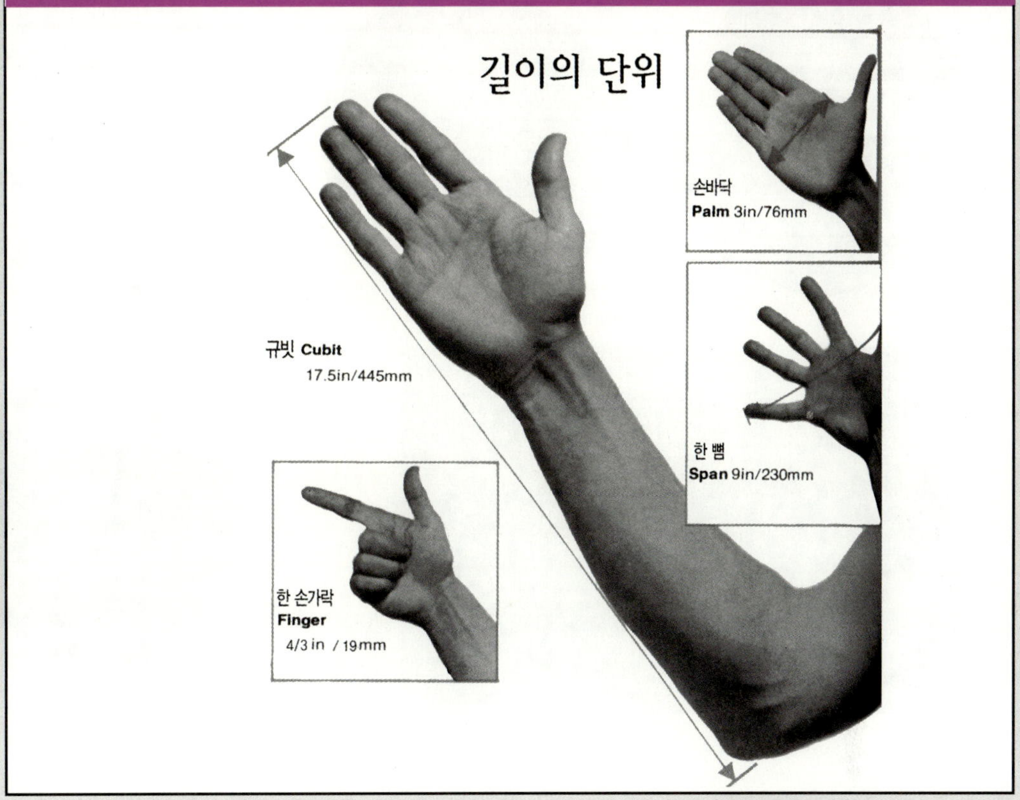

로 인정하셨다.

③ 로마시대의 주화

신약성경에는 언급되지 않은 주화들로서, 로마시대로부터 지금까지 남아 있는 것들이 그 외에도 많이 있다. 그 중의 몇몇은 유대민족의 역사를 증언해 주고 있다. 예를 들면 헤롯 왕 혹은 헤롯 대왕이라고 새겨져 있는 주화도 있다. 헤롯은 왕으로 나신 아기를 제거하기 위하여 군병들로 하여금 베들레헴에 있는 두 살 아래의 남자 아

로마시대의 주화들

기들을 모두 죽이게 한 왕이다. 그 외에도 많은 동전들을 통해서 누가의 기록이 정확한 것이었음을 알게 되었다.

2. 경 제

경제를 통제하고 있는 원리들 생산, 분배, 그리고 인간의 욕망을 만족시켜 주는 물질적 요소들을 소비하는 것은 기업의 직접적인 재정관리나 경영과 마찬가지이다. 성경은 이러한 요인들에 대하여 좋은 안내를 해 주고 있다.

1) 십일조

십일조란 '1/10세', '1/10 교구세'라고도 한다. 고대의 유대교도에게 수입의 1/10을 야훼 신께 바칠 것을 명한 구약성경의 율법에서 연유한 것인데, 구약시대의 제사의식에 참여하는 유대인들은 형편에 따라 빵과 포도주를 들고 와서 나누어 먹는 정도였다. 서유럽에서 십일조가 처음에는 이를 기독교가 하나님에게 자의로 즐겨 바치는 경건한 신앙행위로 받아들여졌으나 6세기 이후의 교회는 점차 신자에게 이를 강요하다가, 8세기에 이르러 가롤링거 왕조의 피핀과 카를 대제 등은 이를 아예 의무화하였다. 특히 10세기에 성행한 사유 교회제를 이용하여 세속 영주들은 자신들의 영민들이 바치는 십일조를 사유화 하여갔다. '십일조를 드린다'는 것은 자기가 하나님께서 창조해 주신 만물을 관리하는 청지기에 불과하다는 것을 인정하는 것이다.

구약성경은 인간의 모든 영적 관계는 물질적인 것으로 표시되어 있다고 명백하게 보여준다. 예배 의식들은 이스라엘 백성들에게 모든 면에서 그들의 신앙의 활동을 고백하는 방법을 제공해 주었다. 그것은 대부분 경제적인 면이다. 이스라엘 백성들이 드리는 예배의 경제적인 면을 주의해 보라. 그들은 많은 시간을 하나님께 드렸다. 곡식과 가축의 첫 소산을 드렸고 축제에 나올 때에는 헌물과 십일조를 가지고 나왔으며 자기들의 삶과 재산을 기꺼이 하나님께 드렸고, 성막과 성전을 위한 예물도 자유로이 드렸다. 그들이 하나님께 드리는 것은 자기들이 있는 것 가운데 가장 좋은 것들이었다. 이러한 그들의 봉헌은 십일조에 명확히 나타났다.

2) 재산권

모든 가정은 땅의 한 구역씩 완전히 소유하도록 분할 받았다. 이 땅은 하나님께로부터 위탁받은 재산이었다. 그 땅으로부터 모든 가정은 자기들이 필요로 하는 것을 충분히 생산해 낼 수 있었고, 일부는 이웃을 위해 사용했으니 특별히 자기 주변의 가난한 사람들과 나그네들을 위해서 사용하였다. 땅은 영영히 하나님의 것이다. 그러나 하나님께서 각 가정의 필요로 하는 식량과 의복을 그 땅으로부터 생산하도록 그 땅을 위임해 주신 것이었다.

3) 가난한 자를 돌보는 것

율법은 모든 사람들에게 가난한 사람들에 대한 개인적 관심을 기울이라고 하였고, 그들 한사람 한사람을 격려해 주라고 하였다. 율법은 모든 사람들이 이웃에 있는 가난한 사람들을 가난한 정도에 맞추어 대해 주는 방법을 가르쳐 주었다. 율법은 가난한 사람을 '네 형제'라고 불렀다. 이들은 이스라엘 사람들의 친구였고, 그 보다 더욱 중요한 점은 하나님의 언약 안에서 형제 된 사람이었다는 것이다. 일반적으로 율법은 히브리어 '토라'에서 온 말로 '교훈'이라는 뜻인데, 보통은 십계명을 중심으로 한 모세 5경을 가리키나 때로는 구약성경 전체를 가리키기도 한다.

4) 솔로몬의 통치 : 재정적으로 풍부했던 시기

솔로몬은 하나님을 사랑하였고 그의 법도를 준행하였다. 그의 요청에 하나님께서 응답하시며 그에게 큰 지혜를 주셨다. 이 지혜를 가지고 솔로몬은 그의 백성들을 잘 조직화하여 이웃나라들과 물자 교류를 위한 조약을 맺고 부를 축적하였으며 성전건축 계획을 추진했다.

5) 분열왕국

이스라엘 경제는 농업과 무역로를 통제함으로써 얻어지는 수입에 의존하였다. 그러나 분열 왕국 기간동안 수리아(현재명: 시리아)는 강력해졌고 요단강 동편의 모든 녹지대와 갈릴리와 이스라엘 평원을 차지하였다. 여호아하스 왕에게, 시리아는 사마리아 주변의 약간의 땅만을 남겨 두었다. 사실상 이스라엘은 쪼그라들어서 가난해졌고 거의 파멸 직전에 이르렀다.

6) 신약성경 시대

신약성경은 하나님께서 우리 삶의 모든 분야에 궁극적인 권위를 가지신 분이시라는 것을 확실히 보여 주었다. 예수님과 사도들은 돈, 재정, 경제 등의 문제에 있어 하나님의 백성들의 특권과 책임이 함께 있다는 것을 말씀하셨다.

7) 경제문제에 대한 예수님의 가르침

예수님께서는 가난한 자에게는 좋은 소식을, 포로 된 자에게 자유를 선포하셨다. 그는 백성들에게, 그들이 경제적으로 추구하는 바가 하나님께 전적으로 의지하는 것임을 보여주라고 촉구하였다. 예수님께서는 심오한 진리를 단순한 사실로 비유하여 설명하시기를 하나님께서는 들의 꽃을 아름답게 입히시고 새들에게 먹을 것을 주시는 것과 마찬가지로, 그의 백성들이 필요로 하는 것을 제공해 주실 것이라고 하셨다. 그는 자기를 따르는 자들은 의롭게 살도록 힘써야 하며 그리하면 "이 모든 것을 너희에게 더하시리라"라고 말씀하셨다. 예수님께서는 참된 하나님의 자녀는 어려움에 처한 형제를 도와줌으로 외식하는 자들과 다르다는 것을 보여 주어야 한다고 하셨다. 그는 물질적인 것에 대한 어떤 새로운 이론을 가르치지는 않으셨다. 그는 모세의 율법을 폐하러 오신 것이 아니라 온전케 하시기 위하여 오신 것이었다. 그는 영광의 주인이셨으며 인간으로 오셔서 하나님의 율법에 절대 복종하셨던 분이다. 사도들은 가르치기를 그리스도께서 우리를 위하여 자기 몸을 내어 주셨으니 우리도 우리 형제들을 위하여 우리 삶을 내놓은 것이 마땅하다고 했다. 이것은 우리가 이 세상의 물질을 가지고 있는데 형제 중 하나가 어려움에 처한 것을 보게 되면 우리가 가지고 있는 물질을 그를 위하여 사용하면서 그를 사랑하여야 한다는 것을 의미한다.

3. 무 역

고대 근동 지방의 사람들은 주로 사람과 사람 사이의 직접적 대면을 통해서 의사소통을 하였으며, 상품교환과 동시에 그날 그날의 새소식과 좋은 생각들을 교환하곤 하였다. 그렇기 때문에 성경시대에는 무역이 사회 전반에 깊은 영향을 주었다. 무역은 사람들에게 세계에 대한 새로운 발견을 하게 하는 역할을 하였다. 무역상들은 사막을 가로질러 가거나 바다를 통해 돌아서 가야만 했고 아무리 오랜 시간이 걸리더라도 물건을 팔기 위해서라면 근동 끝까지도 갔다.

각 나라의 무역상들은 외국 땅을 밟는다는 것이 대단히 위험한 일임에도 불구하고 외국을 왕래하면서 무역을 했고 도로상에서 절도 행위를 한 자들에게는 엄한 벌을 내렸다. 성경시대의 무역상들은 끊임없는 강도들의 위험으로부터의 보호를 위한 대책이 필요하였다.

가나안은 무역에 있어 중요한 위치에 있었다. 북쪽에 있는 나라들(페니키아와 아람)과 남쪽에 있는 나라(애굽)는 가나안을 통과하는 공로(public road)를 이용하여 통행하였다. 가나안은 싫든 좋든 이웃의 여러 나라들과 어울리지 않고는 존재할 수 없었다. 이러한 전략적 위치를 이용하여 이스라엘 백성들은 그들의 무역과 문화적 교류를 통해 하나님을 증거하였다(신 4:6). 그러나 불경건한 이웃 여러 나라들의 영향을 받아 이스라엘 백성들은 서서히 그들에게 물들어 갔다.

1) 무역의 시작

무역에 있어 가장 기본적인 상품이 음식이다. 아주 옛날에는 사람들이 야생 곡물과 콩과 식물 그리고 죽은 동물들을 수집하여 식량으로 삼았다. 야생 곡물을 더 이상 수집하기 어려워지자 한곳에 정착하여 자기 스스로 곡식을 경작해 보는 모험을 시도해 보았고 한 곳에 정착해 보려는 생각을 하게 된 후에는 물, 토질, 그리고 대적들에 대한 자기 보호능력 등을 생각해 보지 않을 수 없게 되었다. 사람들은 여러 가지 재료를 사용하여 도구와 가정용구 등을 만들어 내었다. 만든 후에는 그 물건들을 필요로 하는 사람들과 물물교환을 했다. 그러나 사람들이 좀 더 많이 모여 살게 되고 마을을 형성하게 되어 그들이 필요로 하는 것들이 많아지자, 정착한 사람들 중에는 무역하는 사람들이 생기게 되었다.

천연 자원들을 구하는 것이 어려웠고 그러기에 천연 자원들을 생산해 내는 지역들에 대한 지배권을 확보하기 위하여 전쟁을 하게 되었다. 애굽, 메소포타미아, 아나톨리아, 시리아, 페니키아, 가나안 등은 주전 3000년 이전에 이미 무역을 통해서 서로 관계를 맺고 있었다.

무역에 종사하는 대상들은 '비옥한 초승달 지역'(Fertile Crescent)으로부터 다른 지역들 – 페르시아 만으로부터 소아시아, 시리아, 가나안 그리고 이집트 등을 이르기까지 – 을 향하여 이동하였다. 그 두 도시는 좋은 항구 도시였고 내륙의 주요 간선도로 부근에 위치하였다.

예수님 당시에는 대부분의 상인들이 금속 화폐를 사용하였다. 그러기에 예수님께서는 로마 동전에 새겨진 상이 누구의 것이냐고 물으셨다(눅 20:19-26).

(1) 이집트

얼마 후에 근동지역의 금속들은 이집트의 시장경제 속에 예속되어 버렸다. 금은 대단히 귀한 금속으로서 대단한 가치를 지니고 있었고 상인들은 금을 매우 높은 가격으로 계산하여 지불의 수단으로 사용하였다. 이집트는 또한 은도 풍부하였다. 이집트의 보석상들은 금에 이어 은을 합금으로 사용하였다.

상인들은 점차 금을 더 값비싸게 평가하였다. 그리하여 주전 1500년경에는 금이 은보다 두 배의 값이 나갔다. 이집트는 나무와 구리와 터키옥과 같은 보석도 필요했으며 이러한 것들은 무역을 통해 얻을 수밖에 없었다. 이집트가 가장 먼저 추진한 일은 구브로, 아나톨리아, 메소포타미아 그리고 기타 근동의 여러 나라들과 무역에 대한 계약을 맺는 일이었다.

이집트는 안전한 무역로를 확보하고 무역로를 통하여 식료품과 다른 여러 필수품들을 공급받게 되었다. 그 후에 이집트 동족에 있는 광활한 사막지대 특별히 시나이와 남쪽의 네게브 지역을 개발하여 구리와 터키옥과 같은 자원을 찾아 나섰다. 이집트는 모시 종류의 옷감과 피파피루스(오랜 역사의 관점에서 볼 때 이것이 이집트가 서방세계의 문명에 기여한 가장 중요한 것이었다)가 있다.

(2) 가나안

가나안은 언제나 비옥하고 산물이 풍부한 곳이었다. 얄묵(Yarmuk) 계곡에는 감람나무, 포도나무, 꿀, 올리브, 과일, 그리고 보리가 풍성하였다고 했다. 이것은 모세가 그 땅에 대하여 기록한 것과 같다. 모세가 말하기를 그 땅은 "밀과 보리의 소산지요 포도와 무화과와 석류와 감람들의 나무와 꿀의 소산지"였다고 했다. 여호수아가 가나안을 침략해 들어간 후 이스라엘 백성들은 가나안 사람들이 재배해 온 작물들을 그대로 경작하였다.

가나안은 위치상으로 이집트, 시리아, 페니키아, 바벨론, 그리고 앗수르 등 여러 곳으로 통하는 주요 무역로에 있었기 때문에 무역의 주요 거점이 되었다. 가나안은 꿀, 감람유, 곡식, 포도주, 그리고 여러 종류의 양념 등을 생산 공급하였다. 또한 고대 세계는 타르와 석유의 수요가 증대되고 있었는데, 가나안은 이것들을 대량으로 생산하고 있었다. 많은 나라들이 석유를 수입하였다.

고대에는 상인들의 상거래의 대부분이 성문에서 이루어졌다. 성문은 정부가 백성을 다스리는데 있어서도 중요하게 활용되었다. 성의 장로들은 성문에 모여 지역 사회에 관한 일들과 법적인 문제를 의논하였다(암 5:10). 낯선 사람이 그 성에 들어오느냐 못 들어오느냐는 성문에서 결정된다.

구약성경에서 장사하는 사람들에게 또 다른 문제점이 있으니 이는 저울과 자를 속이는 문제였다. "공평한 저울과 공평한 추와 공평한 에바와 공평한 힘을 사용하라" (레 19:36). 일상생활에 있어서 정직하지 못한 것은 – 장사에 나타난 문제들 – 이스라엘 백성들에게 좀 더 심각한 문제를 야기시켰다.

여인들도 남자들처럼 사업에 종사하기도 하였다. 잠언 기자는 말하기를, '현숙한 여인은 여러 가지 기술을 가지고 있다'고 하였다.

하나님의 직접 다스리는 통치는, 이스라엘 백성들이 스스로 다스리도록 도와줄 뿐만 아니라 다른 나라들에도 이러한 영향을 미칠 수 있게 하였다. 그러나 이스라엘이 강대한 나라들과 협약을 맺으려 접촉을 시도할 때마다 어려움을 겪었다.

2) 다윗과 솔로몬 시대 이스라엘의 무역

사울 왕은 이스라엘의 열두 지파를 통합하여 하나의 강력한 국가로 만들었다. 다윗이 통치하던 때쯤(주전 10세기)의 이스라엘은 상당한 위력이 갖추어져 있었다. 전쟁과 협상의 양면 작전을 통해서, 다윗은 이웃 여러 나라들을 자기편으로 끌어 들였고 그들의 대부분은 이스라엘과 평화를 유지하기 위하여 꽤 많은 액수의 돈을 갖다 바쳤다. 솔로몬은 그의 아버지 다윗과 마찬가지로 주변의 약한 나라들로부터 조공을 받음으로 평화를 유지하였다(왕상 4:21). 솔로몬은 이웃 나라로부터 성전에 필요한 것들을 수입하였다(왕상 9:15). 두로에서 백향목, 잣나무, 그리고 금을 보내왔다(왕상 5:8 9:11, 14).

3) 남 · 북 이스라엘의 무역

이스라엘이 남 왕국과 북 왕국의 두 나라로 나누어지게 되었다. 따라서 나라는 쇠약해졌다. 당시 페니키아는 강력한 상업적 세력을 가지고 있었다. 지중해 연안의 페니키아의 항구들과 포구들은 많은 도움이 되었다. 에시온게벨은 일등급 무역항으로서의 그 위치를 회복하지 못했다. 그러나 북쪽의 아람 나라가 급속히 성장하여 강력한 군사적 세력을 갖추었다.

페니키아 사람들 이후에 아람 사람들이 무역에 주도권을 잡게 되었다. 그들은 아람의 통치기간 동안 사마리아에 무역의 거점을 마련하였다. 그들의 군대가 이웃 영역들을 정복해 나감에 따라 그들은 새로운 시장을 개장하였고 아람 제국은 점점 강성해졌다. 그 후 아합은 아람의 벤하닷을 정복하였고 두 사람은 다메섹에 무역 거점들을 마련하도록 허락하는 조약을 맺었다(참고, 왕상 20:34).

4) 주요 무역물품

옷감, 귀금속, 동물, 농업, 생산품들, 양탄자, 밧줄, 그리고 의복 등등의 물품들로 기록되었다. 동물들과 농업 생산품들에 대해서는 가나안에 대한 설명에서 언급되었기에, 그 이외의 무역대상 품목들에 대하여 살펴보기로 하자.

(1) 금

이집트에서는 바로가 통치하는 정부가 모든 금을 소유하였다. 이집트의 동쪽 사막은 금광석이 풍부했고, 임금들은 자기들의 재정을 풍부하게 하기 위하여 금광석을 채굴하였다.

그들은 금으로 왕궁과 여러 신전들을 장식하였다. 이집트 사람들은 금을 얻기 위해서는 모든 수단을 동원하였다. 이스라엘은 자체 생산되는 금이 없었다. 이스라엘 사람들은 에일랏 산맥의 규암 층이나 화강암 층에서 작은 금싸라기들을 볼 수 있었으나 그것은 금으로서의 가치가 없는 것들이었다.

(2) 은

사람들은 처음에는 은을 화폐로 사용하였다. 장사하는 사람들은 은의 가치를 일정하게 정하여 사용하였다. 이집트 사람들과 초기 수메르 사람들은 북부 시리아와 이집트의 일정 지역으로부터 은을 구할 수 있었다.

(3) 구리

고대 가나안 사람들은 구리와 청동을 생산했다. 가나안 사람들은 주전 3500년경에 이미 연광술(광석을 녹여서 바위와 광물질을 분리시키는 기술)을 습득하였다. 아라바는 공작선(구리를 많이 함유하고 있는 광석)을 생산하였고 그 지역 주민들은 이것을 대량으로 제련하였다. 주전 3500년경에 브엘세바 남서쪽에 있는 텔아부 마타르에 구리를 녹이는 공장을 지었다. 아랍의 기능공들은 구리를 얻기 위하여 시나이 사막으로 탐사대를 파견하였다(주전 3000년경).

구리의 발견과 사용은 근동 세계의 무역을 번성케 하였다. 구리는 은이나 금에 비해서 상당히 널리 사용되었으니 금, 은에 비해서 단단하기 때문에 실제 사용하기에 좋았다.

(4) 주석

고대세계의 사람들은 청동을 만들기 위해 주석이 필요하였다. 구리와 주석을 합금하여 좀 더 강하고 단단한 금속을 만들 수 있었다. 페니키아 사람들이 주석을 팔았는데 그 주석이 어디에서 난 것인지 알 수는 없다. 아마도 주석이 풍부했던 영국의 콘웰 지방으로부터 왔으리라 생각된다.

(5) 철

사람들은 옛날부터 철광석으로부터 철을 추출해 내는 방법을 배웠다. 그러나 진정한 철강산업은 사람들이 철광석을 가열하고 녹여서 돌과 철을 구분해 낼 수 있게 된 이후부터 시작되었다고 볼 수 있다. 이러한 철강 산업은 소아시아 지방에서 주전

1400년경에 시작되었다. 다윗은 무기를 만들고 그 외의 여러 군사적으로 필요한 철을 충분히 구했다. 또한 굉장히 많은 양의 철을 비축해 둠으로 성전을 건축하는데 필요한 것을 준비하였다. 성경에는 "다윗이 또 문짝 못과 거멀 못에 쓸 철을 한없이 준비하고 또 심히 많아서 셀 수 없는 놋을 준비하고"(대상 22:3)라고 말씀한다.

(6) 상아

상아는 코끼리의 송곳니에서 생기는 것이기 때문에 근동에서는 구하기가 힘들었다. 부유한 가정에서는 보석으로 사용하거나 장식용 가구로 사용하였다. 코끼리는 한 때 시리아에도 살았으나, 상아를 찾는 이들이 코끼리를 마구 잡았기 때문에 주전 800년경에는 멸절되고 말았다. 근동 지역에서 사용되는 상아의 대부분은 아시아 코끼리라고 불리어지는 코끼리에게서 취한 것들이었다.

(7) 유리

유리는 대단히 희귀하였으므로 부를 나타내는 방법 중 하나였다. 욥기에는 "황금이나 유리라도 비교할 수 없고 정금 장식으로도 바꿀 수 없으며"(욥 26:17)라고 기록되어 있다.

(8) 나무

인간이 사용한 가장 오래된 물질 중의 하나가 나무이다. 근동 지방 사람들은 나무를 많이 사용하였고 오늘날도 나무에 대한 의존도가 높은 편이다.

(9) 역청

성경에 언급된 역청은 탁한 산업용 기름을 말한다. 역청은 땅속 깊은 바위 층으로부터 스며 올라오며 아스팔트와 비슷하다. 사해 바다 부근 '트리니다드'섬에 있는 '아스팔트 호수'에는 수면에 역청이 상당히 많이 떠있는 것을 보게 된다.

⑽ 아마 섬유(베)

이집트는 고운 아마 섬유를 아마 나무에서 생산해 내었는데, 아마 나무는 나일 강 주변에 잘 자라는 식물이었다. 이집트 사람들은 아마 섬유의 섬유질을 부드럽게 하여 입기에 편하도록 실을 만들어 내는 비법을 알고 있었으며, 이로 인해 그들이 만든 섬유는 더욱 널리 퍼지게 되었다. 이스라엘 사람들은 여리고 부근과 갈릴리 지역에서 아마를 재배하였다.

⑾ 광목(면)

광목은 가나안 사람의 옷감으로서 모시보다 훨씬 많았고 또 널리 사용되었다. 광목은 목화밭으로부터 따 온 목화에서 만들었고 사용할 수 있는 천으로 만드는 과정이 모시보다는 훨씬 간단했다.

⑿ 양털(모)

양털은 고대 세계에는 널리 또 풍부하게 있었던 양에게서 얻은 것이었다. 근동 지역 사람들은 양과 염소를 매우 일찍부터 길렀고 털옷을 많이 입었다.

4. 교 통

예수님께서 걸어 다니시고 말씀을 가르치시던 땅은 조그맣고 지중해 동쪽에 있는 좁고 긴 땅이었다. 그러나 이스라엘 주변의 나라들은 그 땅을 통과하는 일이 많았고 전략적 요충지로서 그 곳을 차지하기 위한 싸움은 자주 있었다. 그래서 이스라엘 백성들은 이 자연 도로와 통행로를 방어하기 위한 요새들을 건설하였다.

근동에서는 어느 나라고 간에 자기 나라에 필요한 것을 자급자족하는 나라는 하

소아시아의 도로망

나도 없었다. 나라마다 자기 나라에 필요한 것들 중 일부를 다른 나라에 의존할 수밖에 없었다. 천연 자원과 생산된 제품을 서로 교환했다. 선박들은 무역국들의 여러 항구를 다니며 물건을 실어 날랐다.

1) 팔레스타인 이외 지역의 도로망

팔레스타인 주변의 여러 나라들은 그들의 도로를 통해 상품과 소식을 교환했고, 전쟁이 나면 그 도로는 군사 도로로서도 이용되었다. 로마 제국이 그 유명한 도로망을 근동 지역에 건설하기 이전부터도 이 지역은 장거리 수송 도로망을 개발해 놓았다.

(1) 소아시아

소아시아는 3면이 바다이다. 남쪽으로는 지중해가 있고 서쪽으로는 에게해, 그리고 북쪽으로는 흑해가 있다. 경사지고 돌이 많은 산들이 흑해의 해변을 이루고 있는데, 이것이 소아시아의 북쪽과 남쪽을 이어 주는 통로에 가로놓인 천연 장애물이 되었다. 남쪽의 타우러스 산맥은 지중해로부터 북쪽으로 이동하려는 사람들에게 상당한 장애물이 되었다. 그러나 여행자들은 이 산맥 사이의 협곡을 통해 여행할 수가 있었다.

바울은 이러한 통로 중의 하나로 알려진 길리기아 관문을 통하여 전도 여행을 했는데, 그의 제 2차 전도 여행과 제 3차 전도 여행 때에 길리기아의 관문으로 알려진 더베, 루스드라, 이고니온, 안디옥 등을 통과하는 이 통로를 이용했다.

고대 근동의 도로망

(2) 사이프러스(구브로)

사이프러스에는 천연 자원이 풍부했고, 자연 항구가 있었으며, 지중해 무역로를 따라 편리한 위치에 있었기 때문에 예로부터 무역이 성하였다.

사도행전 13:5에는 바울이 바로 살라미에 도착했다고 기록하고 있다. 그는 육로로 살라미에서 바보까지 가면서 그리스도의 복음을 전하였다. 총독이 바울이 전하는 복음의 말씀을 듣고 예수를 믿었다. 바울은 사이프러스를 떠나 소아시아로 향하여 바보 항구에서 배를 타고 떠났다.

(3) 시리아(아람)

소아시아에서 메소포타미아, 팔레스타인, 이집트, 그리고 시리아 사막에 이르기까지의 도로를 점령 지배하였다. 시리아의 서쪽 국경은 아마나 산맥이 대부분을 차지하였으며 페니키아의 해변 평원에까지 연결되어 있었다.

아람 왕국의 수도로서 다마스커스는 근동 지역에서 대단히 중요한 역할을 하였다. 다마스커스는 국제 무역 통로의 교차점에 있었는데, 바벨론에서 마리와 다마스커스를 지나는 사막의 교통로와 메소포타미아 북부에서 알레포와 하맛을 경유하여 소아시아로 가는 베카길, 이집트에서 해안도로를 경유하여 메소포타미아로 가는 내륙 통로, 그리고 에시온게벨에서 암만으로 가는 왕의 고속도로 등등이 통과하는 교통의 요지에 있었다. 이 모든 길들이 다마스커스를 경유하였다.

사도행전에 보면, 유대의 랍비 가말리엘의 제자였던 사울이 다마스커스에 예수님을 따르는 제자들이 수가 늘어나면 교회가 든든해진다는 소식을 듣고 그들을 모두 없애 버리려고, 예루살렘으로부터 다마스커스까지 간 것이 기록되어 있다. 가는 도중에 예수님께서 사울에게 나타나셔서 그에게 기독교인들에 대한 박해를 중단하라고 말씀하셨다. 사도행전 9:17-22에 보면 사울은 다마스커스에서 확실한 믿음을 갖게 되었다고 했다. 그는 다마스커스를 떠나 아라비아 사막에서 3년을 지냈고 다시 다마스커스로 돌아온 후 다시 예루살렘에 이르렀고 거기서 베드로를 만났다.

(4) 페니키아

페니키아 사람들은 해상 무역으로 생계를 유지하였고 뛰어난 항해술을 가지고 있었다. 지중해를 따라 우가릿, 비블로스, 시돈, 두로 등의 여러 항구가 연결되어 있었으나 큰 도로가 없었는데, 이는 육로로 연결되는 것보다는 바다로 연결되는 것이 더 쉬웠기 때문이었다. 육로 여행을 더욱 곤란하게 만든 것은 각 도로를 지나는 사람들에게 통행료를 부과하였는데, 바다로 여행할 경우에는 이러한 통행료를 내지 않아도 되었기 때문이었다. 두로와 시돈은 가나안 땅과 육로로 연결되어 있었는데 이 길은 해안도로 또는 '바다의 길'이라고 불리어졌다.

2) 팔레스타인의 도로망

처음 생긴 길은 양이나 가축들이 다니는 오솔길이었으나, 흙먼지 날리는 길이었다. 비가 많이 올 때는 강이 되었다가 강물이 말라 버리면 강바닥이 드러나는 '와디'(Wa-di)가 강바닥을 따라 길이 되기도 한다. 어떤 길들은 산골짜기를 따라서 세워졌다. 무역이 점점 성해짐에 따라 이웃 나라들과 교통할 때에 왕래하는데 있어 도로는 대단히 중요한 역할을 하게 되었다.

팔레스타인은 남서쪽에 있는 이집트로 갈 때, 북서쪽에 있는 소아시아 지역으로 갈 때, 그리고 북동쪽에 있는 메소포타미아로 갈 때 그 길목이 되는 지점에 있었기 때문에, 많은 상인들이 이 곳을 지나가게 되어 있었다. 평화 시에는 도로를 상인들이 이용하였고 전쟁 시에는 군대가 이용하였다. 이사야 35:8에 언급된 대로는 지중해에서 팔레스타인을 통과하여 지나는 해안도로를 말하는 것이었다. 이 길은 므깃도에서 카멜 산맥을 통과하여 지나간다. 거기에서 지중해 연안을 따라 남쪽으로 모래 언덕을 가로질러 늪지대를 지나 시나이 반도를 통해 이집트까지 통하게 되어 있었다. 이집트의 왕들은 이 길을 통해 그들의 군대를 보내서 북쪽을 정복해 나갔다. 므깃도에서 해안도로는 둘로 갈리어졌다. 하나는 지중해 해안을 따라 두로, 시돈, 우가릿 등에 이

하솔

르는 길이고, 다른 하나는 갈릴리 바다를 통해 하솔에 이르는 길이다. 하솔에서 길은 다시 둘로 나누어진다. 하나는 북쪽으로 베카를 거쳐 알레포에 이르는 길이고, 다른 하나는 북동쪽으로 다마스커스에 이르는 길이다. 왕의 고속도로는 팔레스타인의 남북을 관통하는 두 번째 주요 도로였다. 이것은 사우디아라비아와 다마스커스 사이의 산악 도로이다. 이 길은 요단강 건너편에 있는 사막 부근을 지나는 길이며 해안도로 길보다 험한 길이었다. 왕의 고속도로는 에돔 족속과 모압 족속, 암몬 족속, 이스라엘 백성 등 여러 족속들이 관리하였다. 왕의 고속도로 중 몇 군데는 전혀 고속도로가 되지 못하였다. 왜냐하면 곳곳이 너무 가파르고 험하며 군대나 대상들이 여행할 수 없는 '와디' 길이 있었기 때문이었다.

애굽으로 가는 통로에는 가나안과 요단강 건너편으로 이어지는 세 개의 길이 있었다. 이 세 길은 모두 사막을 지나게 되어 있었다. 아라바, 네게브 그리고 시나이 사막을 통과하기 위한 길들이었다.

남쪽으로 통하는 길은 엘랏을 떠나 '엘랏 만'을 끼고 '알-티 평원'을 지나 '이집트'까지 연결되었다. 북쪽 통로는 '가나안'과 '이집트'가 연결되는 길인데 해안도로를 경유하였다. 이 길은 일반적으로 많이 이용되던 길이었는데 대부분의 낙타 상인들이나 진군하는 군대들은 이 길을 이용하였다. 헤롯 왕이 모든 남자 아이들을 다 죽이라고 명령을 내림에 따라 요셉이 마리아와 아기 예수를 데리고 팔레스타인으로부터 이집트로 피신했을 때에 이 길을 통해 갔으리라고 생각된다.

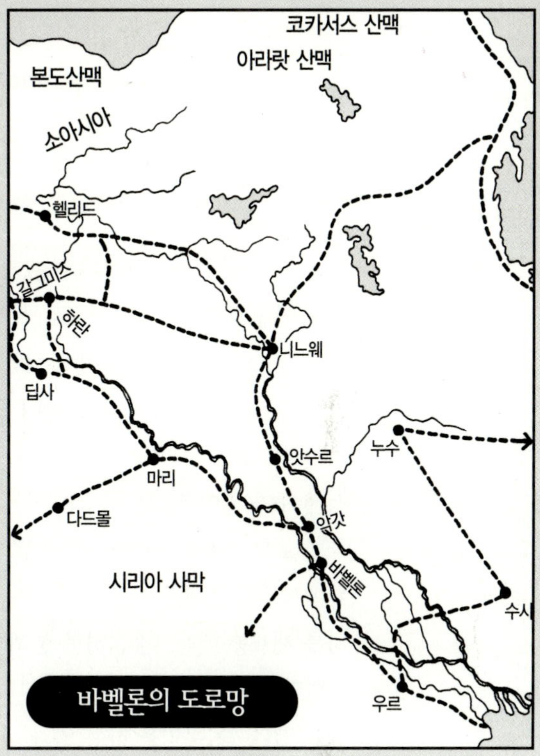

바벨론의 도로망

3) 메소포타미아의 도로 체계

강 중류와 하류 지역은 통행하기가 용이하였다. 작은 배들이 운하를 통해 왕래하였다. 페르샤 만에는 바벨론과 인도 사이를 큰 배들이 왕래하며 금과 목재를 실어 날랐다. 내륙의 도로들은 메소포타미아와 그 북쪽과 서쪽의 여러 이웃 나라들을 서로 연결시켜 주었다. 남쪽으로 가는 다른 도로는 유프라테스 강을 따라 형성되었다. 도로가 교차되는 곳에는 큰 무역 도시들이 형성되었다. 마리에서 도로가 세 갈래로 갈라졌다.

- 북쪽으로는 하란에 이르는 길이 뚫렸고,
- 북서쪽으로는 알레포와 우가릿으로 연결되었고
- 남서쪽을 가로질러 가면 다드몰 사막과 다마스커스와 만나게 되었다. 티그리스 강과 평행으로 니느웨로 통하는 또 하나의 길이다. 니느웨는 북동쪽(카스피해쪽)에서 오는 길과 서쪽에서 오는 길이 만난다. 북서쪽으로 가는 길은 산길을 통해 소아시알 뻗어 있다. 다른 길이 남서쪽으로 뚫려 강 사이의 초원 지대를 가로질러 니느웨를 하란과 갈그미스와 연결되게 하였다. 유프라테스 강가의 갈그미스에서 이 길은 둘로 갈라진다. 하나는 북쪽으로 소아시아에 이르며 다른 하나는 남쪽으로 알레포에 이른다. 서부 페르시아의 자그로스 산맥과 메소포

타미아를 연결해 주는 통로는 몇 개에 불과하다. 동쪽으로 통하는 남부 통로는 우르와 수사 사이를 통과한다. 그 통로는 군사 도로로 사용된 적이 많았다. 이는 엘람 사람들과 바벨론 사람들 사이에 전쟁이 자주 있었기 때문이었다.

(1) 선박

숲이 많이 있고 자연적으로 형성된 항구들이 있으므로 고대 세계 몇몇 나라들은 선박 건조에 관심을 기울이게 되었다.

이집트에는 거대한 나일 강이 있어서 지중해로부터 큰 폭포가 처음 나타나는 지점인 아스완까지 배로 여행할 수 있었다. 시리아와 페니키아에는 항만이 많이 있어서 항구가 많이 생겨나게 되었다.

수로를 이용한 여행이 점점 많아짐에 따라 바로 느고의 군대는 나일 강의 한 지류에서부터 홍해에 이르는 운하를 팠다. 주전 279년에 '톨레미 필라델푸스'는 이 운하를 재개통 했다. 이 운하를 통해서 아스완으로부터 수로를 통한 여행을 할 수 있게 되었다. 이 수로는 나일 강으로부터 홍해에까지 이른다. 선박들은 두 가지 중요한 역할을 했다. 즉 무역을 하는 일과 나라를 지키는 일이었다.

바울 시대의 사람들은 일반적으로 배편으로 여행을 하였다. 바울은 그의 선교 여행 시 배를 이용했다. 로마로 가는 도중에, 그가 탄 배가 암초에 걸려 파선하였다. 멜리데섬이 가까이 있었기에 모든 사람이 해변 가에 무사히 당도하였다. 거기에서 로마인들은 바울을 배에 태워 수라구사와 레기온에 잠시 머물렀다가 로마에 도착하였다(행 28장 참조).

(2) 낙타

낙타는 어떤 곳이라도 갈 수 있었으므로 낙타 상인들은 낙타를 잘 훈련시켜서 지름길을 택해 여행을 하였다. 사람들에게는 통행에 어려움을 주는 사막의 악조건들(먼지, 물의 부족, 모래, 더위, 바위, 발이 푹푹 빠지는 가시덤불 등)은 낙타에게는 보통 흔히 있는 일이었다.

낙타

고고학자들이 발굴해 낸 바에 의하면, 주전 3500년경 등에 혹이 두 개 있는 낙타가 터키 지역에서 짐 나르는 일에 이용되었다고 한다. 낙타의 몸은 튼튼해서 쟁기질도 할 수 있고 타고 다닐 수도 있었기 때문에 낙타를 '사막의 배'라고 부르기도 한다. 낙타는 하루에 230kg 싣고 160km 정도까지 갈 수가 있었다. 족장들은 이동 할 때에 낙타를 활용했다. 아브라함이 자기 종을 보내 이삭의 아내를 데려오라고 했을 때에, 그 종은 낙타 열 마리를 이끌고 밧단 아람으로 갔다. 요셉을 이집트로 데리고 간 이스라엘 사람들은 자기들의 물품을 낙타에 실었다.

(3) 당나귀

옛날의 그림들을 보면 당나귀는 농사짓는데 활용되었고 또한 장사꾼들이 이를 활용했다. 당나귀는 사막을 여행하는데 어려움이 없었다. 부유한 사람이나 가난한 사람이나 모두 당나귀를 가지고 있었고 타고 다녔다. 솔로몬은 산 위에 진 친 그의 군대에 말을 지급하여 무장시켰고, 그렇기 때문에 당나귀는 무거운 짐을 나를 때에만 사용되었다. 그러나 왕궁에서는 천하게 여겨 이를 사용하지 않았다. 스가랴 선지는 메시야의 강림에 대하여 예언할 때에 그가 나귀를 타고 오실 것이라고 하였는데(슥 9:9) 이것은 그의 겸손을 나타내 주고 있는 것이다.

Bibliography

Anderson W. Bernhard. *Understanding The Old Testament*(「구약성서이해」, 강성열 · 노향규 옮김, 크리스찬 다이제스트, 1996).

Archer L. Gleason. *A Survey of Old Testament Introduction*(「구약총론」, 김정우 역, 기독교문서선교회, 1985).

Beers V. Gilbert. *The Victor Journey through the Bible*. Cook Communications Ministries. 1996.

Bell A. Albert. *Exploring The New Testament World*(「신약 시대의 사회와 문화」, 오광만 옮김, 생명의 말씀사, 2001).

Beckwith T. Roger, Selman J. Martin ed. *Sacrifice in the Bible*(「성경에 나타난 제사법 연구」, 김병길 역, 도서출판 그리심, 2002).

Bohl Edurd. *Christologie des Alten Testamentes* (「구약속의 그리스도」, 권호덕 역, 도서출판 그리심, 1993).

Boren C. Henry. *The Ancient World; An Historical Perspctive*(「서양고대사」, 이석우 역, 탐구당, 1984).

Bright John. *A History of Israel*(「이스라엘의 역사」, 김윤주 역, 분도출판사, 1978).

Connolly. Ken. *The Indestructible Book*. Baker Book House, 1996.

Dudley, Donald R. *The Civilization of Rome*(「로마문명사」, 김덕수 옮김, 현대지성사, 1997).

E. M. Blalklock. *The World of the New Testament*, Ark Publishing(「신약의 배경」, 성경유니온 옮김, 성경유니온 선교회, 1998).

F. F. Bruce. *New Testament History*(「신약사」, 나용화 역, 예수교 문서선교회, 1983).

________. *Second thoughts on the Dead Sea Scrolls*(「사해사본」. 신성종역, 총신대학교출판부, 1982).

________. *Israel and The Nations*(「구약사」, 유행열 역, 예수교 문서선교회, 1981).

Finegan Jack. *Light from The Ancient Past*, Vol. Ⅰ. Ⅱ. Princeton University Press, 1974.

Great Events of Bible Times. Doubleday & Co Inc. 1987.

Guthrie Donald, *New Testament Introduction*(「신약서론」, 김병국 · 정광욱 옮김, 크리스찬다이제스트, 1992).

Hall. Terry. *The Old Testment Express*, (「특급 구약 관통」, 한상식 옮김, 나침반사, 1987).

________. *The New Testament Express* (「특급 신약 관통」, 한상식 옮김, 나침반사, 1980).

Heichlheim, Fritz M. *History of the Roman People*(「로마사」. 김덕수 옮김, 현대지성사, 1999).

Hengel, Martin. *Judaism and Hellenism*, Philadelphia: Fortress press, 1974

Jeremias, Joachim. *Jerusalem zur Zeit Jesu*(「예수 시대의 예루살렘」, 한국신학연구소번역실, 한국신학연구소, 1988).

John Bimson. *The World the Old Testament*(「구약의 배경」, 윤종석 옮김, 성서유니온선교회, 1998).

John W. Drane. *Old Testament Faith*, (「구약신앙」, 이중수 옮김, 두란노서원, 1989).

________. *An Illustrated documentary* (「구약이야기」, 이중수 옮김, 두란노서원, 1985).

Keller Werner. *The Bible as History: Archaelogist Show the truth of the Old testament*, Lion Publishing, 1991.

Klink W. Arthur. *Home Life in Bible Times*(「성경시대의 가정생활」, 유재원 옮김, 총신대학출판부, 1993).

Koester Helmut. *Introduction to the New Testament:History*, Culture, and Religion of The Hellenistic age(「신약성서 배경연구」, 이억부 역, 은성, 1996).

Laney J. Carl. *Baker's Concise Bible Atlas*, Baker Book House, 1988.

Larue A. Gerald. *Babylon and The Bible*(「바빌론과 성경」, 배제민 옮김, 보이스사, 1980).

Livingston G. Hebert. *The Pentateuch in Its Cultural Environment*(「모세 오경의 문화적 배경」, 김의원 역, 기독교문서 선교회, 1990)

Martens A. Elmer. *God's Design*(「하나님의 구원계획」, 김의원 역, 아가페문화사, 1989).

Martin P. Ralph. *New Testament Foundations: A Guide for Christian Student The Four Gospels*, Vol. Ⅰ. Ⅱ.(「신약의 초석」, 정충하 옮김, 크리스찬다이제스트, 1993).

Metzger M. Bruce, *The New Testament : Its background, growth, and content*(「신약성서개설」, 나

채운역, 대한기독교출판사, 1986).

Moody Atlas of Bible Lands. Chicago:Mooy press. 1985.

Nelson's Complete Book of Bible Maps& Charts Old and New Testament(「손에 잡히는 넬슨 성 경 개관」, 죠이선교회출판부, 2002).

New Bible Atlas. IVP, 1985.

Packer I. James ed, *The Bible Almannac*, Thomas Nelson Publishers, 1980.

________. *The World of the Old Testament*, ThomasNelson Publishers, (「구약성서 시대의 세계」, 노광우 옮김, 성광문화사, 1993).

________. *The World of the New Testament*, ThomasNelsonPublishers, (「신약성서 시대의 세계」, 노광우 옮김, 성광문화사, 1994).

________. *Daily Life in Bible Times*, Thomas Nelson Publishers, (「성서 시대의 일상생활」, 노광우 옮김, 성광문화사, 1992).

________. *Public Life in Bible Times*, Publishers, (「성서시대의 공공생활」, 노광우 옮김, 성광문화사). 1993).

Pfeiffer F. Charles, Vos F. Howard, *The Wycliffe Historical Geography of Bible Lands*, Moody Press, 1967

Roland K. Harrison. *Introduction to the Old Testament*, (「구약서론」, 류호준, 박철현 옮김, 크리스찬다이제스트, 1993).

Robertson O. Palmer. *Yesterday. Today and Tomorrow: The Israel of God*(「하나님의 이스라엘」, 오광만 역, 도서출판 그리심, 2002)

Surburg F. Raymond. *Introduction to the Intertestamental Period*(「신구약 중간사」, 김의원 역, 기독교문서선교회, 1984).

Stott R. W. John. *Understanding The Bible*(「성경연구입문」, 최낙재 옮김. 성서유니온, 1988).

The Lion Encyclopedia of the Bible. Lion Publishing, 1978.

Walter C. Kaiser. *Toward an Old Testament Theology*(「구약성경신학」, 최종진 역, 생명의 말씀사,

1985).

_______. *Toward Rediscovering The Old Testament*(「새롭게 본 구약」, 김의원 옮김, 도서출판 바실래, 1989).

Wanderwaal, Corneils. *Search the Scriptyres*(「반더발 성경연구」, 명종남 옮김, 연합선교회, 1991).

Wenger G. S. *6000 years of the Bible*, Hudson Ltd London, 1963.

Willkinson. John. *The Bible and Healing*(「성서와 치유」. 김태수 옮김, 기독교연합신문사, 2001).

Wood, Leon. *A Survey of Israel's History*(「이스라엘의 역사」, 김의원 역, 기독교문서선교회, 1985).

Young J, Edward. *An Introduction to the Old Testament*(「구약총론」, 홍반식, 오병세 옮김, 개혁주의신행협회, 1981).

권성수 著. 「요한계시록」횃불, 2001.

김세윤 著. 「구원이란 무엇인가」. 두란노, 2001.

김의원 著 .「구약역사」. 개혁주의신행협회, 1995.

김희보 著. 「구약 이스라엘사」, 총신대학교 출판부, 1984.

문희석 編著. 「구약성서 배경사 Ⅱ」. 대한기독교서회, 1995.

신성종 著. 「신약역사」, 개혁주의신행협회, 1985.

윤두혁 著. 「팔레스틴 풍습의 이모저모」, 기독교문사, 1991.

장종길 著. 「백투더 바이블」(창세기상 - 열왕기상). 도서출판 그리심, 1999.

홍창표 著. 「성서고고학」, 개혁주의신행협회, 1996.

●그리심산(Gerizim Mt.)은 이스라엘 중부 에발산 맞은 편으로 이스라엘이 가나안을 정복한 후, 모세의 명을 따라 율법의 축복을 선포하며 신앙의 갱신의식을 새롭게 했던 곳입니다. 「도서출판 그리심」도 경건서적과 신학서적을 통해 주님의 몸된 교회의 복된 모습을 일깨우는 사역을 계속할 것입니다.

손에 잡히는 성경의 세계

●2003년 11월 10일 초판 발행
●2008년 9월 10일 2판 발행

●저 자 신 종 철
●발행인 조 경 혜

●발행처 도서출판 그리심 ●등록번호 제7-258호(1998. 4.23)
●도서출판 그리심 · since 1998
●Home page: grisim.biz ●E-mail:grisimcho@hanmail.net
●서울특별시 동작구 사당동 200-1(156-763)
●TEL : 523-7589(출판), FAX : 523-7590(출판)

●ISBN 89-88291-91-3